2023 SEGUNDA EDIÇÃO

JOSÉ LUIZ DE MOURA
FALEIROS JÚNIOR

TALES
CALAZA

COORDENADORES

LEGAL DESIGN

VISUAL LAW
DESIGN THINKING
USER EXPERIENCE
DETOX LAW
METODOLOGIAS ÁGEIS
EXPERIÊNCIAS PRÁTICAS
ENTRE OUTROS

TEORIA E PRÁTICA

MATERIAL COMPLEMENTAR

Dados Internacionais de Catalogação na Publicação (CIP) (Câmara Brasileira do Livro, SP, Brasil)

L497
    LEGAL DESIGN: teoria e prática / Alexandre Zavaglia Coelho ... [et al.] ; coordenado por José Luiz de Moura Faleiros Júnior, Tales Calaza. - 2. Ed. - Indaiatuba, SP : Editora Foco, 2023.

    582 p. ; 17cm x 24cm.

    Inclui índice e bibliografia.

    ISBN: 978-65-5515-662-1

    1. Direito. 2. Legal Design. I. Coelho, Alexandre Zavaglia. II. Steinwascher, Aline Rodrigues e. III. Medeiros, André. IV. Novaes, Anthony. V. Basan, Arthur Pinheiro. VI. Haikal, Beatriz. VII. Souza, Bernardo de Azevedo e. VIII. Calaza, Bruno. IX. Feigelson, Bruno. X. Mills, Camila. XI. Telles, Camilla. XII. Carvalho, Carla. XIII. Kathleen, Chrys. XIV. Iwakura, Cristiane Rodrigues. XV. Batista, Cynara de Souza. XVI. Becker, Daniel. XVII. Pacheco, Daniela. XVIII. Nybø, Erik Fontenele. XIX. Branco, Fellipe. XX. Khayat, Gabriel Fernandes. XXI. Ueno, Gisele. XXII. Leonel, Guilherme. XXIII. Barci, Heloísa. XXIV. Moreira, Horrara. XXV. Ribeiro, João Henrique Cardoso. XXVI. Faleiros Júnior, José Luiz de Moura. XXVII. Lima, Juliana. XXVIII. Xavier, Júlio Miranda Gomes. XXIX. Tatagiba, Laís. XXX. Sousa, Leonardo Sathler de. XXXI. Finelli, Lília Carvalho. XXXII. Coelho, Lillian de Souza Oliveira. XXXIII. Dadalto, Luciana. XXXIV. Clementino, Marco Bruno Miranda. XXXV. Villani, Mônica. XXXVI. Rosenvald, Nelson. XXXVII. Cardoso, Paula. XXXVIII. Mourão, Pedro Borges. XXXIX. Gueiros, Pedro. XL. Quinelato, Pietra Daneluzzi. XLI. Proto, Rhaissa Souza. XLII. Gugliara, Rodrigo. XLIII. Coppola Júnior, Ruy. XLIII. Calaza, Tales. XLIV. Título.

2022-3502
                                CDD 340   CDU 34

Elaborado por Vagner Rodolfo da Silva - CRB-8/9410

Índices para Catálogo Sistemático:

1. Direito 340   2. Direito 34

SEGUNDA EDIÇÃO

JOSÉ LUIZ DE MOURA
FALEIROS JÚNIOR

TALES
CALAZA

COORDENADORES

LE
GAL
DE
SIGN

VISUAL LAW
DESIGN THINKING
USER EXPERIENCE
DETOX LAW
METODOLOGIAS ÁGEIS
EXPERIÊNCIAS PRÁTICAS
ENTRE OUTROS

TEORIA E
PRÁTICA

MATERIAL
COMPLEMENTAR

2023 © Editora Foco

Coordenadores: José Luiz de Moura Faleiros Júnior e Tales Calaza

Autores: Alexandre Zavaglia Coelho, Aline Rodrigues e Steinwascher, André Medeiros, Anthony Novaes, Arthur Pinheiro Basan, Beatriz Haikal, Bernardo de Azevedo e Souza, Bruno Calaza, Bruno Feigelson, Camila Mills, Camilla Telles, Carla Carvalho, Chrys Kathleen, Cristiane Rodrigues Iwakura, Cynara de Souza Batista, Daniel Becker, Daniela Pacheco, Erik Fontenele Nybø, Fellipe Branco, Gabriel Fernandes Khayat, Gisele Ueno, Guilherme Leonel, Heloísa Barci, Horrara Moreira, João Henrique Cardoso Ribeiro, José Luiz de Moura Faleiros Júnior, Juliana Lima, Júlio Miranda Gomes Xavier, Laís Tatagiba, Leonardo Sathler de Sousa, Lília Carvalho Finelli, Lillian de Souza Oliveira Coelho, Luciana Dadalto, Marco Bruno Miranda Clementino, Mônica Villani, Nelson Rosenvald, Paula Cardoso, Pedro Borges Mourão, Pedro Gueiros, Pietra Daneluzzi Quinelato, Rhaissa Souza Proto, Rodrigo Gugliara, Ruy Coppola Júnior e Tales Calaza

Diretor Acadêmico: Leonardo Pereira
Editor: Roberta Densa
Assistente Editorial: Paula Morishita
Revisora Sênior: Georgia Renata Dias
Capa Criação: Leonardo Hermano
Diagramação: Ladislau Lima e Aparecida Lima
Impressão miolo e capa: FORMA CERTA

DIREITOS AUTORAIS: É proibida a reprodução parcial ou total desta publicação, por qualquer forma ou meio, sem a prévia autorização da Editora FOCO, com exceção do teor das questões de concursos públicos que, por serem atos oficiais, não são protegidas como Direitos Autorais, na forma do Artigo 8º, IV, da Lei 9.610/1998. Referida vedação se estende às características gráficas da obra e sua editoração. A punição para a violação dos Direitos Autorais é crime previsto no Artigo 184 do Código Penal e as sanções civis às violações dos Direitos Autorais estão previstas nos Artigos 101 a 110 da Lei 9.610/1998. Os comentários das questões são de responsabilidade dos autores.

NOTAS DA EDITORA:

Atualizações e erratas: A presente obra é vendida como está, atualizada até a data do seu fechamento, informação que consta na página II do livro. Havendo a publicação de legislação de suma relevância, a editora, de forma discricionária, se empenhará em disponibilizar atualização futura.

Erratas: A Editora se compromete a disponibilizar no site www.editorafoco.com.br, na seção Atualizações, eventuais erratas por razões de erros técnicos ou de conteúdo. Solicitamos, outrossim, que o leitor faça a gentileza de colaborar com a perfeição da obra, comunicando eventual erro encontrado por meio de mensagem para contato@editorafoco.com.br. O acesso será disponibilizado durante a vigência da edição da obra.

Impresso no Brasil (11.2022) – Data de Fechamento (11.2022)

2023
Todos os direitos reservados à
Editora Foco Jurídico Ltda.
Avenida Itororó, 348 – Sala 05 – Cidade Nova
CEP 13334-050 – Indaiatuba – SP

E-mail: contato@editorafoco.com.br
www.editorafoco.com.br

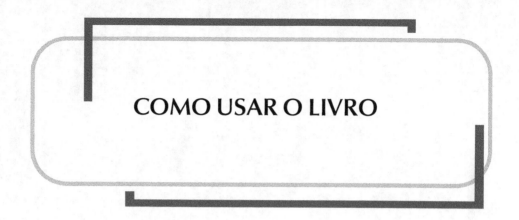

COMO USAR O LIVRO

Na intenção de tornar a interação do leitor com os capítulos ainda mais intuitiva, optamos por gravar vídeos complementares nos quais os autores apontam aspectos adicionais e destaques aos temas explorados em seus textos. Da mesma forma, há materiais disponibilizados para complemento, como modelos em formato PDF.

Para simplificar o acesso a esses conteúdos, a obra apresentará QR Codes nos pontos onde for pertinente a consulta. Basta que, se utilizando de dispositivo móvel, seja feita a leitura do código pela câmera do aparelho para imediato acesso.

"Legal design is a way of assessing and creating legal services, with a focus on how usable, useful, and engaging these services are. It is an approach with three main sets of resources – process, mindsets, and mechanics – for legal professionals to use. These three resources can help us conceive, build, and test better ways of doing things in law, that will engage and empower both lay people and legal professionals".

MARGARET HAGAN

(*Law by Design*)

AGRADECIMENTOS

A construção de uma obra sobre tema atualíssimo nunca é tarefa fácil. O Legal Design, enfim, começa a ser estudado com maior profundidade no Brasil e tivemos a honra de contar com a adesão de um time qualificadíssimo de pesquisadoras e pesquisadores, todos dedicados à pesquisa do tema em variadas frentes. Esse grupo se ampliou para a 2ª edição da obra, o que nos demonstra como a pujança dos debates sobre Legal Design no ano de 2021 trouxe novas perspectivas temáticas importantíssimas para a consolidação do debate no país.

Para a 1ª edição da obra, lançada em abril de 2021, tivemos a honra de contar com um grupo formidável de autoras e autores: Alexandre Zavaglia Coelho, Aline Rodrigues e Steinwascher, André Medeiros, Arthur Pinheiro Basan, Beatriz Haikal, Bernardo de Azevedo e Souza, Bruno Calaza, Bruno Feigelson, Camila Mills, Camilla Telles, Carla Carvalho, Chrys Kathleen, Cynara de Souza Batista, Daniel Becker, Daniela Pacheco, Erik Fontenele Nybø, Fellipe Branco, Gabriel Fernandes Khayat, Gisele Ueno, Guilherme Leonel, Heloísa Barci, Horrara Moreira, Juliana Lima, Laís Tatagiba, Lillian de Souza Oliveira Coelho, Marco Bruno Miranda Clementino, Mônica Villani, Nelson Rosenvald, Paula Cardoso, Pedro Borges Mourão, Pedro Gueiros, Pietra Daneluzzi Quinelato, Rhaissa Souza Proto, Rodrigo Gugliara e Ruy Coppola Júnior.

Todos continuam conosco nessa nova etapa do projeto e, a cada um, expressamos nossa gratidão pela confiança e pela parceria!

Além disso, para a 2ª edição da obra, tivemos a honra de contar com 7 novos textos, que expandem as linhas temáticas da edição anterior. Cada trabalho foi elaborado com enorme esmero e se uniram ao brilhante time de autoras e autores nomes de peso: Anthony Novaes, Cristiane Rodrigues Iwakura, João Henrique Cardoso Ribeiro, Júlio Miranda Gomes Xavier, Lília Carvalho Finelli e Luciana Dadalto, a quem também expressamos nossa sincera gratidão, na certeza de que o projeto não se expandiria se não fosse o brilhantismo de cada um de vocês! Muito obrigado!

Também precisamos registrar nossa gratidão à Editora Foco e à sua excepcional equipe. Sem o apoio editorial de excelência que nos foi oferecido, esse projeto jamais se materializaria. Tivemos a honra de ver publicadas as duas edições da obra nesta Casa Editorial que se consolida, cada vez mais, como a principal do Brasil para temas ligados à inovação, tecnologia e ao Direito Digital!

Por fim, agradecemos aos nossos leitores e leitoras, que nos motivam a perseverar na busca por novas soluções e atualizações no intuito de manter a Ciência do Direito sempre renovada e em sintonia com o tempo presente! Esperamos que sejam instigados pelas ideias lançadas nos textos e nos conteúdos complementares!

Belo Horizonte/Uberlândia, novembro de 2022.

José Luiz de Moura Faleiros Júnior
Tales Calaza

SUMÁRIO

COMO USAR O LIVRO V

AGRADECIMENTOS

José Luiz de Moura Faleiros Júnior e Tales Calaza IX

APRESENTAÇÃO

José Luiz de Moura Faleiros Júnior e Tales Calaza XV

PARTE I
ASPECTOS CONCEITUAIS E METODOLÓGICOS

1. LEGAL DESIGN: A APLICAÇÃO DE RECURSOS DE DESIGN NA ELABORAÇÃO DE DOCUMENTOS JURÍDICOS

Erik Fontenele Nybø 3

2. A IMPORTÂNCIA DO USUÁRIO

Guilherme Leonel e Juliana Lima.. 15

3. METODOLOGIA ÁGIL E O LEGAL DESIGN EM PROJETOS DE TRANSFORMA-ÇÃO DIGITAL

Gisele Ueno 31

4. *LEGAL CUSTOMER EXPERIENCE*

Bruno Feigelson, Fellipe Branco e Horrara Moreira............................... 45

5. DESIGN DE SERVIÇOS JURÍDICOS

Alexandre Zavaglia Coelho e Cynara de Souza Batista 57

6. O PROFISSIONAL DO DIREITO NO SÉCULO XXI

José Luiz de Moura Faleiros Júnior 75

7. *VISUAL LAW* E O DIREITO

Leonardo Sathler de Sousa... 87

8. TIPOGRAFIA JURÍDICA: A BUSCA DO NOVO PELO NOVO *VERSUS* A PRO-MOÇÃO DE ACESSO À JUSTIÇA

Júlio Miranda Gomes Xavier e Lília Carvalho Finelli 111

9. LEGAL DESIGN E *VISUAL LAW – CASES* PRÁTICOS

Lillian de Souza Oliveira Coelho 131

10. METODOLOGIA APLICADA AO LEGAL DESIGN

André Medeiros... 145

PARTE II
LEGAL DESIGN APLICADO

11. OS CONTRATOS EM QUADRINHOS

Nelson Rosenvald.. 171

12. ELES, OS ELEMENTOS VISUAIS, VISTOS POR ELA, A MAGISTRATURA FEDERAL

Bernardo de Azevedo e Souza 185

13. ELES, OS ELEMENTOS VISUAIS, VISTOS POR ELA, A MAGISTRATURA ESTADUAL

Bernardo de Azevedo e Souza 197

14. LEGAL DESIGN E A UTILIZAÇÃO DE *NUDGES* NOS CONTRATOS DE CONSUMO

Arthur Pinheiro Basan e Rhaissa Souza Proto... 207

SUMÁRIO

15. EXPERIÊNCIA DO USUÁRIO (*USER EXPERIENCE*) E LEGAL DESIGN

Camilla Telles 225

16. O MODELO *"LEAN UX"* E A EXPERIÊNCIA DO USUÁRIO (UX) EM PERSPEC-TIVA RELACIONAL

José Luiz de Moura Faleiros Júnior 243

17. APLICAÇÃO DO LEGAL DESIGN COMO FERRAMENTA ESSENCIAL DO *COMPLIANCE* DE PROTEÇÃO DE DADOS

Mônica Villani, Rodrigo Gugliara e Ruy Coppola Júnior 253

18. TERMOS DE USO E POLÍTICA DE PRIVACIDADE: DESIGN E *VISUAL LAW* COMO PROMOTORES DO PRINCÍPIO DA TRANSPARÊNCIA

Beatriz Haikal, Daniel Becker e Pedro Gueiros....................................... 269

19. LEGAL DESIGN E SEGUROS: IMPACTO REAL E DURADOURO

Anthony Novaes... 285

PARTE III
LEGAL DESIGN NA PRÁTICA

20. *JOBS TO BE DONE* E O LEGAL DESIGN

Bruno Calaza e Tales Calaza.. 305

21. LAB DE INOVAÇÃO: PRATICANDO A METODOLOGIA DO LEGAL DESIGN E APLICANDO NO ENSINO JURÍDICO

Chrys Kathleen, Daniela Pacheco e Heloísa Barci................................... 317

22. A IMPORTÂNCIA DO LEGAL DESIGN PARA *STARTUPS*

Pietra Daneluzzi Quinelato e Gabriel Fernandes Khayat.......................... 341

23. LEGAL DESIGN E AS *FINTECHS*

Aline Rodrigues e Steinwascher, Camila Mills e Paula Cardoso............... 363

24. LEGAL DESIGN NO PODER JUDICIÁRIO

Marco Bruno Miranda Clementino 379

25. LEGAL DESIGN NO MINISTÉRIO PÚBLICO

Pedro Borges Mourão 401

26. REFLEXÕES SOBRE A IMPORTÂNCIA DO LEGAL DESIGN NO DESENVOLVIMENTO DE SISTEMAS OPERACIONAIS A PARTIR DA EXPERIÊNCIA DA ADVOCACIA PÚBLICA FEDERAL

Cristiane Rodrigues Iwakura e João Henrique Cardoso Ribeiro 421

27. A UTILIDADE DAS FERRAMENTAS DE LEGAL DESIGN PARA O CONSENTIMENTO EFETIVAMENTE ESCLARECIDO

Carla Carvalho e Laís Tatagiba 441

28. TESTAMENTO VITAL E LEGAL DESIGN

Luciana Dadalto 459

29. COMO APLICAR O *VISUAL LAW* NA PRÁTICA

Tales Calaza e Bruno Calaza... 473

30. COMO ORGANIZAR O DOCUMENTO COM *DETOX LAW*

Tales Calaza e Bruno Calaza... 495

31. O LEGAL DESIGN COMO FERRAMENTA PARA MELHORAR A EXPERIÊNCIA DO USUÁRIO EM CONTRATOS COMERCIAIS

Bruno Calaza e Tales Calaza... 513

32. O LEGAL DESIGN COMO INSTRUMENTO PARA APRIMORAR O NÍVEL DE ARGUMENTAÇÃO DO ADVOGADO

André Medeiros.. 531

LISTA DE VÍDEOS 557

APRESENTAÇÃO

https://youtu.be/ckfenUsTHS0

https://youtu.be/RmrlxsrRWII

Em sua emblemática obra *Law by Design*, Margaret Hagan inicia suas reflexões com os seguintes dizeres: "*When we (in the world) of law talk about innovation, often we end up in one of two discussions. First, there is resistance – with lawyers listing off all of the barriers to why change won't happen, why it hasn't happened, and what will stop it from happening. Or alternatively, we end up in a haze of technophilia.*" De fato, a inovação repercute, em um primeiro momento, gerando resistência dos operadores do direito, além de ceticismo e críticas pela ruptura com modelos mais tradicionais. O que autora indica com o neologismo "tecnofilia" é outro sintoma da inovação; uma adesão cega e acrítica à tecnologia, que ofusca a percepção do operador aos riscos e gargalos que determinada novidade pode causar.

A expressão inglesa Legal Design, também conceituada de forma pioneira por Hagan, indica a viabilidade de implementação de técnicas de design ao direito no intuito de recolocar o indivíduo na centralidade das rotinas e dos processos levados a efeito na seara jurídica. Trata-se de estudo bem mais amplo do que o *Visual Law*, por exemplo, e seu vasto campo de aplicação tem despertado grande interesse em tempos nos quais tanto destaque se dá ao que se convencionou chamar de "direito 4.0".

A aliança entre a técnica – propiciada pelo design – e a dogmática jurídica tem o poder de simplificar e acelerar a compreensão dos instrumentos disponíveis no ordenamento, tornar documentos complexos mais acessíveis ao cidadão, melhorar a prestação jurisdicional, a atuação ministerial, a prática advocatícia, as rotinas empresariais (em vários segmentos) e, de modo geral, a experiência que se tem com o Direito. Não se trata, portanto, somente do festejo à dimensão estética – embora esta seja igualmente relevante – que o bom design proporciona.

O intuito de lançar luz sobre temas ainda pouco explorados no Brasil e concernentes ao Legal Design foi o que motivou a concepção da presente obra. Para realizar tal objetivo, foram convidados autores que, em tempos recentes, vêm dedicando seus estudos ao tema e à vasta gama de contextos nos quais sua aplicabilidade produz resultados efetivos. Desse modo, a preocupação em estruturar um projeto coletivo capaz de condensar aspectos teóricos e práticos, inclusive com a apresentação de resultados palpáveis já colhidos da experimentação realizada por vários dos autores convidados, é um dos grandes diferenciais da obra. Mais do que um compilado de artigos, tem-se um conjunto coeso e previamente estruturado de trabalhos que se complementam e se reforçam.

Para a segunda edição, ressaltamos o papel importantíssimo dos colegas que se uniram a nós nesse projeto: Júlio Miranda Gomes Xavier, Lília Carvalho Finelli, Anthony Novaes, Cristiane Rodrigues Iwakura, João Henrique Cardoso Ribeiro e Luciana Dadalto.

Foram estabelecidas três subdivisões estruturais entre os capítulos: (i) na *Parte I*, são explorados os aspectos conceituais e metodológicos do Legal Design; (ii) na *Parte II*, são apresentados modelos de Legal Design aplicado; (iii) na *Parte III*, busca-se apresentar ao leitor como o Legal Design é consolidado na prática.

Além dos textos, a obra está composta por conteúdos complementares em vídeo, que podem ser acessados pela leitura de QR Codes. Vários autores apresentam, em contato mais direto com o público, comentários de aprofundamento sobre seus respectivos temas com o objetivo de reforçar o que está posto no texto.

Sobre os capítulos, a *Parte I* se inicia com o excelente trabalho de Erik Fontenele Nybø, intitulado "Legal Design: a aplicação de recursos de design na elaboração de documentos jurídicos", no qual várias premissas conceituais são estabelecidas com clareza e densidade para abrir caminho aos estudos posteriores. Em seguida, Guilherme Leonel e Juliana Lima assinam o capítulo "A importância do usuário", explicitando ao leitor as razões pelas quais o Legal Design tem na pessoa sua centralidade.

Partindo para aspectos metodológicos, ainda na *Parte I*, Gisele Ueno traz o capítulo intitulado "Metodologia ágil e o Legal Design em projetos de transformação digital". Na sequência, Bruno Feigelson, Fellipe Branco e Horrara Moreira tratam do tema "*Legal Customer Experience*", de fundamental compreensão para o aprofundamento teórico concernente à centralidade do usuário-consumidor em modelos de experiência baseados em Legal Design. O quinto capítulo da obra, de autoria de Alexandre Zavaglia Coelho e Cynara de Souza Batista, cuida do "Design de serviços jurídicos", se aprofundando em investigações sobre os impactos do design na orientação de soluções desdobradas da problemática concernente ao direito. Ainda nesse contexto, José Luiz de Moura Faleiros Júnior traz algumas reflexões sobre "O profissional do direito no século XXI", ensaio no qual contrapõe os modelos de atuação do operado jurídico dos dias atuais aos de outrora.

Finalizando a *Parte I*, trabalha-se mais detidamente com o *Visual Law*, a tipografia jurídica e aspectos metodológicos, segmento importantíssimo para o Legal Design, que é explorado por Leonardo Sathler de Sousa no capítulo "*Visual Law* e o Direito", e contextualizado por Lillian de Souza Oliveira Coelho no capítulo "Legal Design e *Visual Law* – *cases* práticos". Por sua vez, Júlio Miranda Gomes Xavier e Lília Carvalho Finelli assinam o capítulo "Tipografia Jurídica: a busca pelo novo *versus* a promoção de acesso à justiça". Já André Medeiros apresenta seu capítulo intitulado "Metodotologia aplicada ao Legal Design". Tais trabalhos aprofundam as premissas conceituais apresentadas anteriormente e aproximam design e direito sob a ótica científica.

A *Parte II* da obra se dedica ao Legal Design aplicado. Nela são apresentados modelos concretos e já realizáveis de design com reflexos jurídicos. O décimo primeiro capítulo da obra, de autoria de Nelson Rosenvald, apresenta o curioso tema dos "Contratos em quadrinhos", desdobramentos dos chamados "contratos visuais". Na sequência, Bernardo de Azevedo e Souza assina os capítulos intitulados "Eles, os elementos visuais, vistos por ela, a Magistratura Federal" e "Eles, os elementos visuais, vistos por ela, a Magistratura Estadual", em que descreve os resultados de suas pesquisas realizadas quanto à ótica da magistratura, nos âmbitos federal (juízes e juízas federais) e estadual (juízes e juízas estaduais) sobre o uso de elementos visuais em petições.

Ainda na *Parte II*, Arthur Pinheiro Basan e Rhaissa Souza Proto escrevem sobre "Legal Design e a utilização de *nudges* nos contratos de consumo", ponderando como estratégias de design influenciam a percepção e fomentam o consumo por estratégias sutis. Em seguida, Camilla Telles trata do tema "Experiência do usuário (*user experience*) e Legal Design, no qual demonstra os reflexos e a relevância da centralidade da pessoa na busca por soluções de design aplicado a partir do que se convencionou designar pela sigla UX (*user experience*). Em seguida, José Luiz de Moura Faleiros Júnior analisa "O modelo "*lean ux*" e a experiência do usuário (UX) em perspectiva relacional".

O décimo sétimo capítulo, de autoria de Mônica Villani, Rodrigo Gugliara e Ruy Coppola Júnior, trata da "Aplicação do Legal Design como ferramenta essencial do *compliance* de proteção de dados", revelando a importância dessa matéria para o direito digital, especialmente após o advento da Lei Geral de Proteção de Dados Pessoais. Por sua vez, Beatriz Haikal, Daniel Becker e Pedro Gueiros assinam o capítulo intitulado "Termos de Uso e Políticas de Privacidade: design e *Visual Law* como promotores do princípio da transparência", no qual revelam o imprescindível realce à transparência (princípio essencial para as atividades de proteção de dados) que técnicas de *Visual Law* podem conferir a documentos essenciais como Termos de Uso e Políticas de

Privacidade. Finalizando a *Parte II*, Anthony Novaes traz o capítulo "Legal Design e seguros: impacto real e duradouro".

A *Parte III* da obra traz capítulos relacionados à prática do Legal Design e indica formas pelas quais o leitor pode iniciar sua experimentação com novos formatos e estruturas aplicadas às suas atividades jurídicas. De início, Bruno Calaza e Tales Calaza assinam o capítulo "*Jobs to be done* e Legal Design", demonstrando como a abordagem de concretização de tarefas pode mudar a forma como os operadores lidam com suas rotinas, gerando novo *mindset*. Na sequência, Chrys Kathleen, Daniela Pacheco e Heloísa Barci apresentam o capítulo "Lab de Inovação: praticando a metodologia do Legal Design e aplicando no ensino jurídico", no qual descrevem como modelos pedagógicos baseados em Legal Design podem impactar o ensino.

Em seguida, os aspectos ligados à prática empresarial – particularmente de empresas que lidam com inovação – são explorados em dois capítulos. No primeiro deles, intitulado "A importância do Legal Design para *startups*", Pietra Daneluzzi Quinelato e Gabriel Fernandes Khayat analisam a relevância do Legal Design para todo modelo de empresa que possa ser enquadrado como *startup*, revelando a dimensão prática que pode determinar o modo como uma jovem empresa se diferencia no mercado – e exemplificam com o caso da "locação sem fiança". No segundo texto sobre o tema, Aline Rodrigues e Steinwascher, Camilla Mills e Paula Cardoso tratam do tema "Legal Design e *Fintechs*", no qual realçam a importância do *mindset* ágil e ilustram suas constatações a partir do caso concreto da empresa Koin.

Prosseguindo, tem-se o capítulo de Marco Bruno Miranda Clementino, intitulado "Legal Design no Poder Judiciário", no qual o autor (que é Juiz Federal), apresenta suas impressões sobre a institucionalidade da inovação judicial e lança instigante reflexão sobre o surgimento do *Judicial Design*. Na sequência, o autor Pedro Borges Mourão, que é Membro do Ministério Público do Estado do Rio de Janeiro, assina o capítulo intitulado "Legal Design no Ministério Público", em que expressa suas reflexões sobre o Legal Design e estruturas complementares, como o *Legal Storytelling*, o *Legal Data Science* e a Jurimetria e comenta o exemplo concreto de sua atuação ministerial no Sistema Nacional de Identificação e Localização de Desaparecidos – SINALID. O vigésimo sexto capítulo da obra, escrito por Cristiane Rodrigues Iwakura e João Henrique Cardoso Ribeiro e intitulado "Reflexões sobre a importância do Legal Design no desenvolvimento de sistemas operacionais a partir da experiência da Advocacia Pública Federal", traz importante análise prática da utilização de técnicas de Legal Design pela AGU.

No vigésimo sétimo capítulo da obra, Carla Carvalho e Laís Tatagiba assinam o capítulo intitulado "A utilidade das ferramentas de Legal Design para o consentimento efetivamente esclarecido", no qual demonstram como o design pode ser bem empregado na confecção de documentos fundamentais para a área da saúde: os Termos de Consentimento Livre e Esclarecido. Em seguida, Luciana Dadalto nos brinda com importante análise sobre o tema "Testamento Vital e Legal Design", sinalizando outro contexto do direito médico no qual o Legal Design tem importantíssima aplicação.

Finalizando a obra, Tales Calaza e Bruno Calaza proporcionam ao leitor três capítulos de grande relevância: "Como aplicar o *Visual Law* na prática", "Como organizar o documento com *Detox Law*" e "O Legal Design como ferramenta para melhorar a experiência do usuário em contratos comerciais". Primeiramente, oferecem um apanhado geral de ferramentas e técnicas que o leitor poderá utilizar imediatamente para reformular sua atuação jurídica pela revisão estética dos documentos que produz, o que envolve o uso de QR Codes, ícones, cores e imagens. No antepenúltimo capítulo da obra, exploram o conceito de "*Detox Law*", que enfrenta o polêmico "juridiquês" e desperta a atenção do leitor para conhecimentos sobre tipografia, diagramação, mapas mentais, fluxogramas e linhas do tempo como itens visuais essenciais ao labor jurídico. No penúltimo, sinalizam a importância do Legal Design para o incremento de aspectos ligados à experiência do usuário em tratativas comerciais. Finalmente, André Medeiros assina o texto final da obra, intitulado "O Legal Design como instrumento para aprimorar o nível de argumentação do advogado".

Como se disse no início dessa apresentação, a proposta desse projeto foi atingida graças ao empenho dos colegas autores, que abraçaram a ideia de construir de uma obra coletiva metodologicamente coesa e bem estruturada, que contém os conceitos essenciais, a visão pragmática e também indica caminhos e tutoriais para que o leitor chegue ao final de sua leitura consciente dos fins e propósitos de uso das técnicas de Legal Design, instigado a se valer de sua criatividade e em condições de trabalhar com ferramentas e aplicações acessíveis e eficazes!

Belo Horizonte/Uberlândia, novembro de 2022.

José Luiz de Moura Faleiros Júnior
Tales Calaza

Parte I
ASPECTOS CONCEITUAIS E METODOLÓGICOS

1
LEGAL DESIGN: A APLICAÇÃO DE RECURSOS DE DESIGN NA ELABORAÇÃO DE DOCUMENTOS JURÍDICOS

Erik Fontenele Nybø

CEO na BITS Academy. Legal Designer. Legal UX Researcher. Growth Hacker. Advogado.

https://youtu.be/q3YKy3WvwMw

Sumário: 1. Qual é a razão do surgimento do legal design? 2. O que é design? 3. Design da informação. 4. A distinção entre design da informação e legal design. 5. Como o legal design surgiu. 6. O que é legal design. 7. O que é experiência do usuário (UX). 8. O que é *design thinking*. 9. Como aplicar o legal design. 10. Referências.

---

1. QUAL É A RAZÃO DO SURGIMENTO DO LEGAL DESIGN?

O legal design surgiu como uma resposta à necessidade de criação de produtos jurídicos mais claros e que realmente atendam às necessidades de seus usuários. Não é à toa que a prática ganha relevância na atualidade.

A sociedade passou a ser impactada e orientada cada vez mais pelas interfaces digitais nos últimos anos. São smartphones, computadores pessoais, *tablets* e *smart-tvs* que dividem a atenção das pessoas no dia a dia. Segundo um estudo elaborado pela We Are Social em 2020[1], as pessoas passam em média 6 horas e 43 minutos por dia na internet. Esse tempo de uso da internet é distribuído entre o uso de computador, televisão e smartphone.

---

1. Disponível em: www.wearesocial.com/digital-2020. Acesso em: 28 jun. 2022.

Essas telas possuem em comum o fato de que os criadores dos aplicativos que usamos em cada um desses dispositivos tem uma alta preocupação com design e com o que chamamos de experiência do usuário.

Acontece que no Direito, em âmbito mundial, é comum não existir esse tipo de preocupação. Os advogados, responsáveis pela elaboração da maioria dos documentos jurídicos, não costumam levar em consideração o fato de muitos não entenderem os termos utilizados ou sequer saberem ler. Ao mesmo tempo, há essa constante influência de outras áreas que acabam considerando aspectos do usuário e parecem agradecer mais o seu público.

Diante disso, ao recorrer a elementos de design e experiência do usuário aliados ao Direito, a prática do legal design acabou se difundindo pelo mundo. Por essa razão, o legal design é uma área multidisciplinar[2] que pode ser categorizada dentro do Design e/ou do Direito.

Essa área surgiu recentemente como uma prática combinada do design da informação, com Direito e uma necessidade cada vez maior de adequação às exigências do usuário. Apesar de utilizar diversas técnicas do design da informação essa área possui algumas particularidades e questões específicas.

2. O QUE É DESIGN?

Quando falamos em design, as pessoas logo remetem o termo a desenho. No entanto, isso está longe de ser a explicação do que é design. Design significa a concepção de um produto.

A definição do termo é importante porque a concepção de um produto envolve sim o seu desenho, mas também a sua funcionalidade. Ou seja, o design não é apenas o aspecto estético, mas também funcional.

Assim, uma criação focada apenas na beleza estética não pode ser considerada design, mas talvez possa ser classificada como arte. O mesmo ocorre quando falamos em legal design. Um documento que utiliza recursos puramente estéticos, sem qualquer funcionalidade ou um objetivo claro não poderá ser considerado um fruto de legal design – sequer poderá ser um produto de design da informação.

Essa é uma distinção importante quando falamos em legal design, pois uma das queixas mais recorrentes dos críticos aos modelos criados por recém-adeptos a essa prática é que se trataria apenas de documentos "mais bonitinhos". Se esse fosse o caso, não seria necessário criar uma divisão no Design ou no Direito.

---

2. JI, Xiaoyu. Where design and law meet. Aalto University School of Arts, Design and Architecture, 2019. Disponível em: www.aaltodoc.aalto.fi/bitstream/handle/123456789/42645/master_Ji_Xiaoyu_2019.pdf?-sequence=1&isAllowed=y. Acesso em: 28 jun. 2022. p. 36.

3. DESIGN DA INFORMAÇÃO

O Legal Design se distingue de design da informação, pois envolve alguns aspectos de Direito importantes na concepção dos seus produtos. De forma resumida, o design da informação foi criado para organizar informações para que pudessem ser transmitidas de uma forma mais eficiente para as pessoas[3]. Portanto, o foco dessa área específica dentro do design é passar informações de uma maneira clara.

O design da informação é uma prática que consiste no processo de planejamento, seleção do conteúdo, organização, escrita, formatação, revisão e teste de documentos para que seus autores tenham certeza de que tais documentos atingem os objetivos pelos quais foram criados.

Para ser bem-sucedido, um documento precisa garantir que as informações que o usuário precisa estão lá. No entanto, também é necessário garantir que essa informação esteja correta e que os usuários podem confiar nela.

Por fim, o documento deve ser útil, no sentido de que um usuário deve ser capaz de encontrar a informação que precisa no documento, entender essa informação e aplicá-la para o objetivo pelo qual o usuário recorreu ao documento em primeiro lugar dentro de um tempo razoável[4].

Nesse processo, é importante reconhecer que os documentos não existem apenas para guardar informações. Até porque se a sua única função fosse guardar informações não faria sentido existirem documentos. Guardamos informações em documentos para que alguém possa fazer uso dessas informações.

Apesar disso, durante muito tempo, advogados vem escrevendo documentos da mesma maneira como sempre escreveram. Se compararmos o código de Hamurabi com os códigos atuais, ou mesmo contratos da época do descobrimento do Brasil com os contratos atuais notaremos que eles possuem muitas similaridades em sua estrutura, linguagem e uso.

A maior parte dos documentos jurídicos hoje são elaborados por advogados sem levar em consideração o usuário para o qual esse documento se destina e, por isso, é comum que esse usuário não entenda ou sequer faça uso desse documento. Apesar disso, quando precisa utilizá-lo, ainda precisa recorrer a um advogado que possa explicar o que está escrito.

Por essa razão o usuário se torna um ponto essencial na elaboração de documentos utilizando técnicas de design da informação e legal design. Quando os fundamentos dessas matérias não são levados em consideração para a elaboração

---

3. HORN, Robert E. Information design: emergence of a new profession. In: JACOBSON, Robert. (Ed.). *Information design*. Cambridge: The MIT Press, 1999. p. 15.
4. REDISH, J. C. Document and information design. *Encyclopedia of electrical and electronics engineering*, v. 6, p. 10-24, New York: John Wiley & Sons, 1999. p. 10.

dos documentos jurídicos o documento se torna inútil – afinal, são documentos que apenas guardam informações.

Esses documentos precisam ser úteis ao usuário, de forma que ele seja capaz de encontrar as informações necessárias e aplicá-las para os objetivos que o levaram a utilizar o documento.

4. A DISTINÇÃO ENTRE DESIGN DA INFORMAÇÃO E LEGAL DESIGN

Embora a prática do design da informação pareça ser muito similar ao legal design pelo fato de ambas tratarem da comunicação de informações por meio de documentos, há uma distinção importante entre as matérias.

Os documentos jurídicos, ainda que sejam elaborados usando diversos recursos já utilizados na área de design da informação, devem seguir algumas formalidades exigidas por lei ou padrões legais. Alguns desses requisitos são, inclusive, essenciais para a validade de um documento jurídico e, por isso, não podem ser ignorados. Este é um fator essencial para a diferenciação entre as áreas.

Ao mesmo tempo, o objetivo de um documento elaborado a partir de técnicas de legal design não foca apenas em transmitir informação como é o caso do design da informação. A ideia é produzir documentos juridicamente válidos, mas que também otimizem a sua finalidade dentro de uma estratégia jurídica.

Existe também um aspecto social importante no legal design. Em um mundo e um país onde grande parcela da população é analfabeta ou analfabeta funcional, o uso de documentos e serviços jurídicos criados a partir de técnicas de legal design promovem a inclusão social. Trata-se do acesso à Justiça. Sim, Justiça com J maiúsculo.

Acesso à Justiça não significa apenas peticionar uma ação no Judiciário. É mais do que isso. Significa conseguir exercer seus direitos. É exatamente isso que o legal design procura garantir em seus documentos como um de seus objetivos principais.

5. COMO O LEGAL DESIGN SURGIU

Como visto, o legal design pode ser considerado como uma derivação do design da informação por ser algo mais específico. Assim, não existe um marco específico que funda a prática do legal design. Apesar disso, é possível buscar em 1994 um dos primeiros textos publicados sobre a matéria, ainda que na época não tenha sido atribuído o nome legal design.

Em 1994, os psicólogos Julie E. Howe e Michael S. Wogalter publicaram um texto chamado "The Understandability of Legal Documents: are they adequate?"[5] (em tradução livre, "O entendimento de documentos jurídicos: eles são adequados?"). No

---

5. HOWE, Julie E.; WOGALTER, Michael S. The Understandability of Legal Documents: are they adequate? *Proceedings of the Human Factors and Ergonomics Society*. 38th Annual Meeting – 1994. Disponível em: www.safetyhumanfactors.org/wp-content/uploads/2020/07/67)Howe,Wogalter(1994).pdf. Acesso em: 28 jun. 2022.

texto eles discutem sobre o uso de um jargão de difícil entendimento em documentos jurídicos e como isso poderia ser modificado. Eles inclusive chegam a mencionar que seria uma oportunidade de trabalho pesquisar sobre os fatores que influenciam o entendimento dos documentos e a vontade das pessoas assiná-los sem sequer entendê-los.

Na pesquisa realizada, ambos indicam que o uso do jargão técnico é um dos fatores que mais dificulta o entendimento dos documentos. Além disso, eles indicam que seria interessante os pontos mais importantes de contratos conterem avisos sobre a importância do seu conteúdo ou qualquer outro tipo de elemento que atraia atenção do leitor. Elementos como tamanho das fontes, brevidade da mensagem e formatação poderiam servir como auxílio na leitura[6]. Estes são todos fatores considerados hoje dentro do legal design.

Apesar da falta de um evento inicial que tenha gerado o legal design, alguns expoentes acabam se destacando nessa prática no cenário mundial. Existe uma escola importante na Finlândia na qual alguns dos nomes que se destacam são a Stefania Passera, pelo trabalho realizado na política de privacidade de uma empresa chamada Juro, e Antti Innanen, fundador do estúdio de legal design. Dot. Helena Haapio também se destaca pelo trabalho acadêmico realizado. No momento de consolidação em que a matéria de legal design se encontra, esse esforço é importante para dar base científica e insumo para que a matéria se dissemine e evolua.

Nos Estados Unidos, Margaret Hagan se destacou por ter criado o Legal Design Lab na faculdade de Stanford, levando a matéria para uma instituição de ensino superior renomada mundialmente. Ela também acabou se tornando uma das principais expoentes por ter popularizado o nome legal design para se referir a essa prática dentro do Direito. A Holanda também possui um estúdio importante de legal design chamado Aclara.

Por fim, a África do Sul também se destaca no cenário mundial pelo trabalho feito pela Comic Contracts de Robert de Rooy. Robert é responsável por criar contratos no formato de quadrinhos para conseguir gerar inclusão social, principalmente focando na população analfabeta que precisa lidar com documentos jurídicos sem saber sequer ler.

Justamente por ser um movimento mundial recente e sem um líder claro, bem como uma matéria multidisciplinar, o legal design ainda não possui uma conceituação definida e compartilhada por e com todos[7].

O que fica claro, no entanto, é o uso de recursos que vieram do design da informação e de outras áreas do design – geralmente as práticas mais atuais, tais como design centrado no usuário e, por isso, também a experiência do usuário e a metodologia do *design thinking*. Por essa razão, é possível verificar diferentes abordagens e conceituações de acordo com cada país ou expoente da matéria.

---

6. HOWE, Julie E.; WOGALTER, Michael S. The Understandability of Legal Documents: are they adequate? *Proceedings of the Human Factors and Ergonomics Society. 38th Annual Meeting* – 1994. Disponível em: www.safetyhumanfactors.org/wp-content/uploads/2020/07/67)Howe,Wogalter(1994).pdf. Acesso em: 28 jun. 2022. p. 442.

7. JI, Xiaoyu. Where design and law meet. Aalto University School of Arts, Design and Architecture, 2019. Disponível em: www.aaltodoc.aalto.fi/bitstream/handle/123456789/42645/master_Ji_Xiaoyu_2019.pdf?-sequence=1&isAllowed=y. Acesso em: 28 jun. 2022. p. 17.

Apesar disso, foi criada uma aliança internacional composta por alguns legal designers para um esforço conjunto para que os expoentes cheguem a um acordo quanto à conceituação da matéria. Trata-se da LEDA – Legal Design Alliance e dentro dessa aliança os membros procuram discutir uma definição compartilhada por todos os membros e que conte com o seu endosso publicamente.

6. O QUE É LEGAL DESIGN

Feitas as distinções necessárias, o legal design é uma área que combina os princípios e práticas de design, bem como de experiência do usuário[8] para a criação de produtos ou serviços jurídicos.

Em algumas das conceituações é possível verificar também que é mencionado o uso de tecnologia. No entanto, o legal design não depende de base tecnológica para ser executado.

Além disso, em outros casos é possível verificar na conceituação que necessariamente se aplica o *design thinking*. Embora esta seja uma metodologia de design para prototipação e resolução de problemas recomendável, ela não é necessária para a execução do legal design. Afinal, é uma metodologia dentre várias outras disponíveis. No entanto, por ser altamente recomendável o uso dessa metodologia é possível colocá-la como uma boa prática, embora não seja requisito para a conceituação do legal design.

7. O QUE É EXPERIÊNCIA DO USUÁRIO (UX)

Segundo Don Norman, um dos principais expoentes da experiência do usuário, justamente por conta do movimento de tecnologia digital mencionado anteriormente as pessoas confundem o que é experiência do usuário.

Isso porque empresas de tecnologia digital utilizam diversos profissionais cujos cargos apresentam o nome de especialista em experiência do usuário. A função dessas pessoas está intimamente ligada à verificação de como um usuário reagirá em relação aos elementos distribuídos na tela de um aplicativo ou qualquer outro tipo de programa de computador, *smartphone*, *tablet* ou *smart tv*.

Para Norman[9], esse entendimento está equivocado. A experiência do usuário abrange todo a experiência que o usuário tem com o produto ou com a empresa que comercializa esse produto, desde o início até o final[10]. A partir disso, é possível entender a preocupação com o usuário dentro do universo do design.

---

8. JI, Xiaoyu. Where design and law meet. Aalto University School of Arts, Design and Architecture, 2019. Disponível em: www.aaltodoc.aalto.fi/bitstream/handle/123456789/42645/master_Ji_Xiaoyu_2019.pdf?-sequence=1&isAllowed=y. Acesso em: 28 jun. 2022. p. 94.
9. NORMAN, Don. The term "UX". Vídeo, 2016. Disponível em: www.nngroup.com/articles/definition-user--experience. Acesso em 28 jun. 2022.
10. Definição utilizada pela Nielsen Norman Group. Disponível em: www.nngroup.com/articles/definition-u-ser-experience.Acesso em: 28 jun. 2022.

Essa preocupação então vai ditar a criação dos produtos criados a partir do design e, por isso, fala-se em design centrado no usuário: a experiência que o usuário terá passa a ser um novo condutor no desenvolvimento de produtos. Dentro desse entendimento, surgem metodologias que também facilitam a criação desses produtos e resolução de problemas existentes.

Por essa razão, é importante realizar pesquisas dentro da área de experiência do usuário. Essas pesquisas buscam entender como um usuário lida com determinadas funcionalidades ou elementos e, assim, podem indicar como criar documentos e serviços jurídicos melhores. Por exemplo, em 2012 foi realizada uma pesquisa[11] que identificou que a assinatura aplicada no início dos documentos em vez do tradicional campo de assinatura ao final de um documento poderia ter como resultado um adimplemento maior das pessoas nas obrigações ou declarações assumidas em documentos. O estudo foi realizado simulando formulários tributários e declarações de seguros, áreas que sofrem com muitas fraudes nos EUA. O resultado verificado em tal pesquisa foi o de que as assinaturas no início do documento levaram a uma declaração mais próxima da realidade dentre os entrevistados.

Por outro lado, também sabemos que documentos jurídicos têm migrado cada vez mais para o ambiente online. Diversas empresas e pessoas estão utilizando métodos de assinatura digitais, eletrônicos ou virtuais. Nesse sentido, torna-se importante verificar como as pessoas se comportam quando leem um documento online.

Para compreender isso, foi realizada uma pesquisa pela Bits Academy no Brasil[12] em que o objetivo foi analisar o padrão de leitura de documentos pelas pessoas. A pesquisa foi realizada com 463 pessoas cuja idade variava majoritariamente entre 21 e 51 anos, todos com formação superior completa e a maioria com alguma formação posterior (pós-graduação, mestrado ou doutorado). Os entrevistados estavam distribuídos em 20 estados diferentes, cobrindo as 5 diferentes macrorregiões brasileiras. Esses voluntários foram angariados por meio de redes sociais, por meio de um chamado que solicitava voluntários para participar de uma pesquisa.

Esses voluntários foram divididos em 3 grupos diferentes: um grupo controle, que representaria a sociedade no geral que lida com contratos tradicionais e, por isso, era formado por pessoas de diversas profissões, inclusive jurídicas; um grupo de advogados, que representa um grupo profissional que cria a maior parte dos documentos jurídicos hoje e que mais utiliza esses documentos no dia a dia; e, por fim, um grupo de leigos (pessoas sem formação jurídica), que são os principais usuários dos documentos jurídicos no dia a dia e não possuem formação jurídica.

A pesquisa identificou que existe uma diferença relevante no padrão de leitura realizado em documentos tradicionais e em documentos em que as técnicas de legal

---

11. SHU, Lisa L. *Signing at the beginning makes ethics salient and decreases dishonest self-reports in comparison to signing at the end.* Disponível em: http://www.pnas.org/content/109/38/15197. Acesso em: 28 jun. 2022.
12. BITS ACADEMY. Pesquisa de análise de comportamento de usuários de documentos jurídicos. Novembro, 2020. Disponível em: www.bitsacademy.com.br. Acesso em: 28 jun. 2022.

design foram aplicadas. O padrão de leitura identificado pela pesquisa em documentos tradicionais tem poucas interações, enquanto os documentos elaborados com as técnicas de legal design possuem um grau de interação muito maior. O grau de interação com o documento é medido por meio de mapas de calor que analisam os padrões dos cliques e movimentos realizados pelos entrevistados com o cursor do mouse e a barra de rolagem (*scroll down*).

Essa interação pode estar relacionada ao grau de atenção das pessoas durante a leitura de um documento, embora isso não seja comprovado pela pesquisa. Caso o grau de interação que as pessoas têm com um documento esteja relacionado ao grau de atenção que as pessoas mantêm durante a sua leitura, isso significa que as pessoas prestam mais atenção em documentos criados com as técnicas de legal design. Embora isso não seja comprovado, existem razões para crer que existe uma correlação entre o grau de interação e o grau de atenção já que não há muitos outros motivos plausíveis para haver uma discrepância tão grande entre os padrões de leitura de um documento e outro. Veja abaixo:

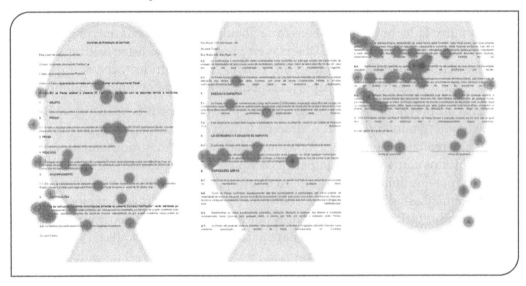

Análise do padrão de leitura do grupo de controle em contrato tradicional.

A APLICAÇÃO DE RECURSOS DE DESIGN NA ELABORAÇÃO DE DOCUMENTOS JURÍDICOS

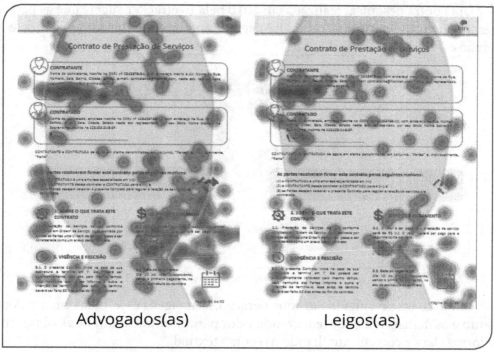

Análise do padrão de leitura de contrato elaborado com técnicas de legal design por advogados e leigos, respectivamente.

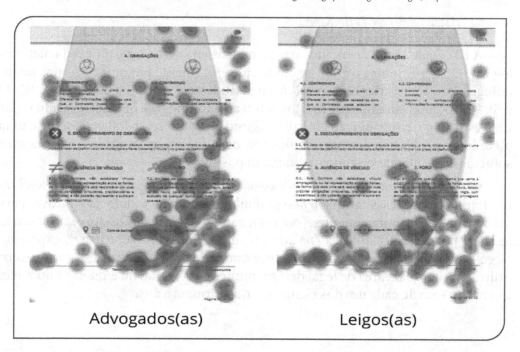

Análise do padrão de leitura de contrato elaborado com técnicas de legal design por advogados e leigos, respectivamente.

Uma outra pesquisa, realizada em 2010 pela Eyetracker sugere que as pessoas prestam atenção em títulos, caixas e imagens, enquanto textos são geralmente ignorados.

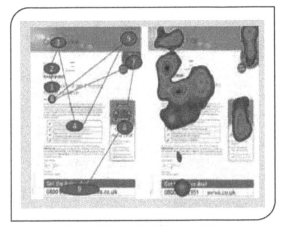

Fonte: Behavioural Insights Team, 2012.

Levando esse resultado em consideração, as imagens escolhidas em um documento e os demais recursos tem grande valor para comunicar direitos e obrigações de forma clara e correta, auxiliando o recurso textual.

8. O QUE É *DESIGN THINKING*

A IDEO, de Tim Brown, uma das principais empresas expositoras da metodologia de *Design Thinking* tornou-se conhecida exatamente por organizar uma metodologia clara para a criação de produtos pensando no usuário. Apesar disso, a IDEO deixa claro publicamente que não inventou a metodologia e que isso é resultado de uma evolução e contribuição global[13]. Segundo a empresa, o *design thinking* é uma metodologia para transformar desafios complicados em oportunidades de design e solucionar problemas criando um impacto positivo[14].

O *design thinking* segue alguns passos bem definidos para poder ser executado. É importante ressaltar que o *design thinking* é uma metodologia aplicável para qualquer área do conhecimento e, por isso, não se restringe ao Direito e também não se altera por conta da aplicação na área jurídica. Por essa razão, o uso da expressão "*legal design thinking*" é incorreta. Ocorre que, pela quantidade de estrangeirismos utilizados dentro da área de legal design, muitos se confundem e/ou não entendem a conceituação de cada um dos elementos que formam a área.

---

13. Informação disponível na descrição da história da IDEO em: www.designthinking.ideo.com/history. Acesso em: 28 jun. 2022.
14. IDEO. Design Thinking For Educators Toolkit. 2. ed. 2012. Disponível em: www.designthinkingforeducators.com. Acesso em: 28 jun. 2022.

A metodologia consiste em alguns passos. Os primeiros são considerados os passos de problematização e os últimos são os passos de solução. Esse processo é bastante iterativo – ou seja, passa pelo processo de iteração[15].

- *Passo 1 – Entender o problema:* nesta etapa é necessário entender o problema a ser tratado e quem deve ser integrado ao processo. Pesquisas e observação são realizados sobre o problema identificado. O resultado é a compreensão do usuário e suas necessidades. Por conta desse foco no usuário essa metodologia é entendida como empática.

- *Passo 2 – Definir o problema:* o problema desse usuário bem definido deve ser sintetizado em uma questão clara.

- *Passo 3 – Ideação:* nesta etapa são encontradas e selecionadas ideias geradas durante uma sessão de brainstorming. O brainstorming é um processo criativo que consiste na criação de ideias pelas pessoas envolvidas no processo, sem que os participantes façam qualquer juízo de valor sobre as ideias colocadas. Essa forma de colocar ideias estimula o máximo de ideias a serem criadas.

- *Passo 4 – Prototipação:* nesta etapa as ideias precisam ser tangibilizadas. A ideia é tentar criar um projeto da ideia apresentada para aplicação posterior.

- *Passo 5 – Teste:* na etapa final, as ideias devem ser testadas por meio de experimentos e opiniões expressadas pelos usuários (*feedback*).

9. COMO APLICAR O LEGAL DESIGN

Pensando na explicação apresentada neste documento existem alguns fatores que devem ser levados em consideração na elaboração de documentos utilizando as técnicas de legal design.

Em primeiro lugar, o usuário deve ser considerado na elaboração desses documentos. Para isso é necessário analisar o seu comportamento, para quais fins aquele documento será utilizado pelo usuário e em quais situações. Para essa análise a metodologia de *design thinking* pode ser utilizada, além de ser recomendada.

Os recursos estéticos, por sua vez, devem ser utilizados para auxiliar o documento a atingir seu objetivo. Apesar disso, esses recursos estéticos não podem ser utilizados sem um motivo, propósito ou objetivo claro. Neste ponto entram os elementos de design. É necessário que o documento elaborado seja funcional – por isso, qualquer recurso de design utilizado no documento deve ter uma função clara. Caso não tenha, não deverá ser utilizado no documento.

Considerando os tempos atuais, em que muitos documentos estão sendo elaborados em interfaces digitais é necessário entender também que a tecnologia pode ser

---

15. MÜLLER-ROTERBERG, Christian. Handbook of Design Thinking. Disponível em: www.researchgate.net/publication/329310644. Acesso em: 28 jun. 2022. p. 4.

utilizada como um recurso. Ao mesmo tempo, isso significa que os documentos tais como são feitos tradicionalmente podem sofrer mudanças no ambiente digital. Um exemplo claro disso são os contratos inteligentes (*smart contracts*). Por essa razão, são diversas possibilidades que se abrem e estão disponíveis para exploração dentro do campo do legal design, em vez do tradicional formato e modelo de documento jurídico tradicional e/ou padrão.

10. REFERÊNCIAS

BITS ACADEMY. Pesquisa de análise de comportamento de usuários de documentos jurídicos. Novembro, 2020. Disponível em: www.bitsacademy.com.br. Acesso em: 28 jun. 2022.

IDEO. Design Thinking For Educators Toolkit. 2. ed. 2012. Disponível em: www.designthinkingfore-ducators.com. Acesso em: 28 jun. 2022.

HORN, Robert E. Information design: emergence of a new profession. *In*: JACOBSON, Robert. (ed.). *Information design*. Cambridge: The MIT Press, 1999.

HOWE, Julie E.; WOGALTER, Michael S. The Understandability of Legal Documents: are they adequate? *In* Proceedings of the Human Factors and Ergonomics Society. 38th Annual Meeting – 1994. Disponível em: www.safetyhumanfactors.org/wp-content/uploads/2020/07/67)Howe,Wogalter(1994). pdf. Acesso em: 28 jun. 2022.

JI, Xiaoyu. Where design and law meet. Aalto University School of Arts, Design and Architecture, 2019. Disponível em: www.aaltodoc.aalto.fi/bitstream/handle/123456789/42645/master_Ji_Xiaoyu_2019. pdf?sequence=1&isAllowed=y. Acesso em: 28 jun. 2022.

MÜLLER-ROTERBERG, Christian. Handbook of Design Thinking. Disponível em: www.researchgate. net/publication/329310644. Acesso em: 28 jun. 2022.

NORMAN, Don. The term "UX". Vídeo, 2016. Disponível em: www.nngroup.com/articles/definition--user-experience Acesso em: 28 jun. 2022.

NORMAN, Don. *The design of everyday things*. New York: Basic Books, 2013.

REDISH, J. C. "Document and information design." *Encyclopedia of electrical and electronics engineering*, v. 6, p. 10-24, New York: John Wiley & Sons, 1999.

WE ARE SOCIAL. Digital 2020: global digital overview. Disponível em: www.wearesocial.com/ blog/2020/01/digital-2020-3-8-billion-people-use-social-media Acesso em: 28 jun. 2022.

2

A IMPORTÂNCIA DO USUÁRIO

Guilherme Leonel

Advogado, fundador da Lex Design e Coordenador do Legal Hackers. Atuou em escritórios, empresas e startups. Palestrante e professor convidado de diversas faculdades. Mestre em Finanças pela Queen Mary University of London. Estudou LL.M. Direito do Mercado de Capitais pelo Insper. Graduou-se pela Facamp.

Juliana Lima

Advogada, Legal Designer na Lex Design e Staff no Legal Hackers, capítulo Belo Horizonte. Atuou em Procedimentos Arbitrais e frente às câmaras de arbitragem de Minas Gerais. Pós-graduada em métodos de solução de conflitos pela Escola. Superior do Ministério Público de Minas Gerais. Graduou-se pela PUC Minas.

Sumário: 1. Introdução. 2. Você conhece seu usuário? 3. Usuários extremos. 4. O poder da empatia. 5. Entrevistas – ouça os seus usuários. 6. *Design thinking* e pesquisas qualitativas. 7. Como fazer uma pesquisa qualitativa? 8. Dicas para entrevista qualitativa – observe, escute e seja empático. 9. O que fazer após a pesquisa qualitativa – mapeando de dores e desejos. 10. Considerações finais. 11. Referências.

> *"People ignore design that ignores people."*
> – Frank Chimero

1. INTRODUÇÃO

> *"A coisa mais importante é focar obsessivamente no cliente.*
> *Nosso objetivo final é ser a empresa mais centrada no cliente do mundo."*
> – Jeff Bezos

Jeff Bezos, fundador e CEO da Amazon, tem uma tara por entender e compreender seu cliente. Neste caso, clientes podem ser comparados a usuários, ainda que em tese esses papéis possuem posições diferentes. O site da *amazon.com* dispõe no topo da seção "About Amazon" 7 Princípios de Liderança que norteiam as ações dentro da companhia. O primeiro destes sete princípios chama-se "Customer Obsession" e diz o seguinte[1]: "Leaders start with the customer and work backwards. They work vigorously to earn and keep customer trust. Although leaders pay attention to competitors, they obsess over customers."

O mundo está em constantes mudanças. Luis Rasquilha exemplifica muito bem tais transformações ao demonstrar que "o telefone levou 75 anos para chegar a 50 milhões de pessoas, a rádio, 38 anos, a televisão, 13, a internet, 4, o iPhone apenas 3 e, mais recentemente, o Instagram, 2 anos, o Angry Birds, 35 dias e o Pokémon Go, apensar 15 dias."[2]

Nesse cenário de incertezas e mudanças na velocidade de um jato supersônico, o design como modelo de pensamento possui papel fundamental para buscar saídas, construir novos caminhos e moldar a jornada de transformação a que estamos todos sujeitos. Clarissa Biolchini explora muito bem a dimensão do design ao estabelecer que "O Design de Serviço tem uma dimensão estratégica: é uma disciplina que une pontas, estabelece objetivos, propõe resultados concretos e precede a implementação do serviço projetado."[3]

No entanto, para nos apoderarmos desse modelo de pensamento e entender, na prática, as transformações que o design pode trazer para dentro do Direito, precisamos passar por algumas etapas fundamentalmente necessárias.

Este capítulo não tratará sobre os conceitos do design como abordagem de transformação ou todas as etapas que seguem o modelo. Nosso objetivo aqui é focar no usuário, sua importância e a aplicação prática de ferramentas para ajudá-lo a pesquisar, compreender e extrair os melhores insights, a fim de propor novos serviços dentro do universo jurídico.

Iremos abordar e demonstrar, na prática, os métodos adotados pela Lex Design[4] para entender o usuário, preparar a abordagem, guiar entrevistas qualitativas, usar a empatia no processo de conexão, mapeamento de dores e direcionamento para a definição do problema.

Com o intuito de trazer um debate relevante e prático do design que não é comumente abordado dentro das discussões travadas no universo do Direito, resolvemos

---

1. Disponível em: https://bit.ly/3abjy06. Acesso em: 28 jun. 2022.
2. Luis Rasquilha no prefácio de KELLY, Kevin. *Inevitável*: As 12 forças tecnológicas que mudarão nosso mundo. Rio de Janeiro: Alta Books, 2017.
3. Clarissa Biolchini, em prefácio à edição brasileira do Livro "Isto é Design de Serviços na Prática: Como aplicar o design de serviço no mundo real – manual do praticante", de STICKDORN, Marc. *Isto é Design de Serviços na Prática*: Como aplicar o design de serviço no mundo real – manual do praticante. [et al], Porto Alegre: Bookman, 2019.
4. Lex Design é um estúdio de inovação jurídica que aplica o design como método de transformação do Direito. Para saber mais, acesse www.lexdesign.io

A IMPORTÂNCIA DO USUÁRIO

fazer este recorte específico e entendemos que os métodos podem ser valiosos dentro de algum projeto que você venha a realizar.

Mais do que pensar ou conceituar, o design é sobre criar, executar, testar. Como bem diz Marc Stickdorn[5], "Design, em geral, é um ato de fazer (*doing*)". Desse modo, esperamos que nossa abordagem possa ser útil na sua execução.

2. VOCÊ CONHECE SEU USUÁRIO?

É muito comum termos nossas próprias definições sobre os nossos usuários. No caso de um escritório de advocacia empresarial, alguém poderia simplesmente dizer que o usuário é um diretor de uma empresa.

Esta definição simplista costuma ser suficiente para a maioria das pessoas ao projetarem um novo serviço ou produto. Em outros casos, não há sequer a discussão sobre o usuário. Tem-se um verdadeiro achismo sobre uma ideia e tal ideia é colocada em prática a despeito de qualquer informação ou dado sobre quem receberá aquele serviço. A presumida verdade basta para o pretenso sucesso do empreendimento.

No entanto, na maioria das vezes a falta dessa análise de usuário acaba sendo parte do insucesso da empreitada. O design prega a centralidade do usuário na construção desse novo caminho e aqui iremos explicitar as razões desta prática ser mais efetiva.

A construção de uma solução sem levar em consideração o usuário a quem se destina pode gerar um serviço desumanizado e sem foco para a resolução do problema. Ademais, raramente um produto que não leve o usuário em consideração poderá ser revolucionário ou capaz de quebrar paradigmas, do ponto de vista da inovação.

Conhecer o usuário torna-se, então, extremamente necessário para construir uma solução que realmente entregue valor para seu usuário. Afinal, ele está pagando pelo serviço e espera uma entrega que realmente resolva seu problema.

Quais são suas expectativas, seus desejos, suas dores? O que lhes move, quais são suas aspirações pessoais e profissionais? Qual é o contexto em que seu usuário está envolvido? Muitas dessas respostas não tocam diretamente no serviço que você irá oferecer mas podem influenciar significativamente na forma como o serviço será prestado e, consequentemente, a percepção de valor que seu usuário terá dele.

---

5. STICKDORN, Marc. *Isto é Design de Serviços na Prática*: Como aplicar o design de serviço no mundo real – manual do praticante. [et al]. Porto Alegre: Bookman, 2019.

De acordo com Peter Drucker[6], "o trabalho do designer é converter necessidade em demanda". Se isto te parece trivial, na prática a afirmação encontra bem mais complexidade.

Como descobrir o que o seu usuário quer? Muitas vezes ele não fala, outras vezes ele não sabe. Muitas vezes o que ele quer não funciona. No entanto, ainda assim, a chave está em realmente entender o usuário e, a partir dessa profunda análise, procurar novas soluções. Como bem apresenta Tim Brown[7], o verdadeiro desafio está em "ajudar as pessoas a articular as necessidades latentes que elas podem nem saber que tem."

Desse modo, estude, observe, interaja e se conecte com seu usuário para entender seu contexto, suas dores e desejos e somente depois pense nos serviços que irá prestar. Como, então, fazemos para estudar, observar e interagir com o usuário? Continue lendo que demonstraremos como fazemos isso aqui na Lex Design.

3. USUÁRIOS EXTREMOS

"Em 1972, Vint Cerf programou os primeiros protocolos de e-mails para a internet ainda no seu nascedouro. Ele acreditava fervorosamente no poder das mensagens eletrônicas. Sua prova era sua própria experiência: Mensagem eletrônica era a única forma que Vint conseguia se comunicar com sua esposa enquanto estava no trabalho, pois ela era surda."[8]

Antes de iniciar o processo de observação do usuário, é preciso definir qual tipo de usuário será observado. Geralmente temos diferentes tipos de usuários para o mesmo serviço. Recortes diferentes, momentos diferentes, aspectos diferentes. E não estamos falando de persona (que iremos abordar mais abaixo). Escolher o usuário requer uma análise sobre o processo de transformação que você quer aplicar no seu serviço. Ao olhar para o usuário padrão, por exemplo, tem-se uma validação de informações possivelmente já conhecidas. Existirão mais padrões de comportamento, validação de hipóteses e maiores graus de certeza sobre alguns serviços.

No entanto, é na observação dos usuários extremos e radicais que conseguiremos extrair os melhores insights e ideias para a construção de novas soluções.

Imagine os problemas que um cego possui ao caminhar pelo centro de São Paulo; ou uma mãe com dois filhos pequenos atrasada para um voo no embarque de um aeroporto; ou ainda um advogado júnior que ingressou no escritório há pouco

---

6. BROWN, Tim. *Design Thinking*: Uma metodologia poderosa para decretar o fim das velhas ideias. Rio de Janeiro: Alta Books, 2017, p. 37.
7. BROWN, Tim. *Design Thinking*: Uma metodologia poderosa para decretar o fim das velhas ideias. Rio de Janeiro: Alta Books, 2017, p. 38.
8. STRACHAN, Jack. *Why use extreme users?* Disponível em: https://uxplanet.org/why-use-extreme-users--345e97719e52. Acesso em: 28 jun. 2022.

tempo e seu superior imediato foi desligado no meio de uma transação empresarial. Estes usuários certamente possuem mais dificuldades, mais sensações e percepções que a média dos demais usuários.

Tim Brown, neste ponto, destaca que "Se nos concentrarmos exclusivamente na massa de pessoas que compõem o centro da curva de distribuição normal, temos mais chances de confirmar o que já sabemos do que de aprender algo novo e surpreendente. Para obter insights profundos, precisamos nos voltar aos extremos, aos locais em que esperamos encontrar usuários radicais, que vivem de forma diferenciada, pensam de forma diferenciada e consomem de forma diferenciada."[9]

A figura abaixo[10] demonstra a curva de distribuição normal apontando para os usuários extremos:

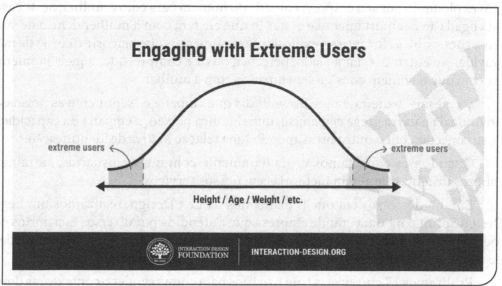

Figura 2: Curva de distribuição padrão da Interaction Design Foundation com usuários normais e usuários extremos nas pontas, indicando a prioridade em analisar estes últimos em função dos ricos insights que geram para a construção de soluções inovadoras.

Saber escolher o tipo de usuário requer conhecimento do processo, mas também resiliência para encontrar este usuário extremo e, posteriormente, se conectar com ele. O simples fato de ele ser extremo já indica que será mais difícil encontrar pois tem-se em menor número. Conseguir contato, agendar entrevistas, extrair insights são processos que podem dificultar o processo de conhecimento do usuário, mas certamente trarão um valioso retorno para seu conhecimento.

---

9. BROWN, Tim. *Design Thinking*: Uma metodologia poderosa para decretar o fim das velhas ideias. Rio de Janeiro: Alta Books, 2017, p. 42.
10. Disponível em: https://bit.ly/37fcspp. Acesso em: 28 jun. 2022.

4. O PODER DA EMPATIA

"Ser empático é ver o mundo com os olhos do outro e não ver o nosso mundo refletido nos olhos dele." Com essa frase, o psicólogo americano Carl Rogers criador da psicologia humanista através da abordagem centrada na pessoa, define o que é empatia.

Sentir o que o outro sente. Muita gente pensa e fala essa frase se referindo a empatia. No entanto, é impossível efetivamente sentir o que o outro sente. Nunca teríamos a capacidade de fazê-lo.

Imaginem um homem tentando sentir os sentimentos de uma mulher grávida, com a barriga enorme no último mês de gestação, as dores físicas e todos os hormônios explodindo por seu corpo. A empatia do homem para com a mulher, neste caso, está ligada ao comportamento e conexão que ele terá com a mulher dentro de suas sensações. Nunca ele sentirá a explosão de sentimentos que percorre o corpo da mãe grávida. No entanto, estar ao lado, perceber, ouvir e compreender aquele momento faz com que o homem consiga ser empático com a mulher.

Da mesma maneira, Brene Brown[11] diz que empatia é "sentir com as pessoas." Advindo da palavra grega *empatheia*, que significa paixão, a empatia é a capacidade de se conectar com o outro pressupondo uma relação afetiva de identificação.

Quando nos conectamos verdadeiramente com nossos usuários, extraímos valiosos insights que geram melhorias em nossos serviços.

Em um dos casos em que trabalhamos na Lex Design, realizamos um Legal Design Sprint para uma grande empresa que é atendida por diversos escritórios em todo o Brasil. Um dos problemas levantados era a falta de informação estruturada e de comunicação entre os diferentes escritórios e a empresa.

Realizamos 17 entrevistas com usuários para compreender o contexto, as dores e os ganhos durante a operação. Muitas dúvidas foram solucionadas, surpresas foram levantadas e hipóteses foram testadas a partir dessas análises qualitativas.

Um dos ricos insights que tivemos durante o processo foi que um tipo de informação que a empresa já possuía e que não era comunicada aos escritórios por não entender importante era, na verdade, relevante para as análises que os advogados faziam na estratégia processual e, assim, aquela informação poderia otimizar tempo do processo.

---

11. Disponível em: https://bit.ly/3nkWu2I. Acesso em: 28 jun. 2022.

Figura 4: Foto da oficina de Legal Design Sprint realizada pela Lex Design12.

Esta valiosa informação só foi possível após várias entrevistas de empatia onde conseguimos aprofundar a conexão entre as partes, a relação humana e pessoal entre os envolvidos e demonstrar, a partir de histórias, que tal informação era relevante para a estratégia processual e, consequentemente, para melhor resolução das dores levantadas.

A empatia, então, é um dos grandes pilares do processo de design na medida que estabelece uma conexão verdadeira com o usuário para entender suas dores, desejos e percepções que em alguns casos nem o próprio usuário sabe que possui. Como diz Travis Lowdermilk[13], "os usuários nem sempre tem razão. Com frequência, eles são terríveis para descrever ou para compreender o que necessitam. Fazer perguntas continuamente e chegar até a raiz do que eles estão pedindo é nossa tarefa".

> *"Empathy is the capacity to step into other people's shoes, to understand their lives, and start to solve problems from their perspectives. Human-centered design is premised on empathy, on the idea that the people you're designing for are your roadmap to innovative solutions. All you have to do is empathize, understand them, and bring them along with you in the design process."*[14]
> – The Field Guide to Human-Centered Design by IDEO

---

12. Foto do banco de dados da Lex Design.
13. LOWDERMILK, Travis. Design Centrado no Usuário: Um guia para o desenvolvimento de aplicativos amigáveis. São Paulo: O'Reilly/Novatec, 2013, p. 50.
14. Definição de empatia no *The Field Guide to Human-Centered Design*, by IDEO. Disponível em: https://bit.ly/382N6tZ. Acesso em: 28 jun. 2022.

Existem várias ferramentas e frameworks como a construção de um roteiro estruturado, a criação de persona ou um mapa de empatia que nos auxiliam a construir este processo com nossos usuários. Falaremos dessas ferramentas abaixo com mais detalhes.

5. ENTREVISTAS – OUÇA OS SEUS USUÁRIOS

Uma das premissas do design é que ele é uma abordagem centrada no ser humano, então, para criar soluções para as pessoas é preciso entender primeiro, o que realmente agrega valor para elas.

Trazer soluções pautadas apenas no que você entende por ideal e perfeito, provavelmente fará com que seu produto ou serviço não atenda as expectativas e necessidades de seu público alvo, pois não gera engajamento em sua utilização.

É por isso que a etapa de entrevistas qualitativas de empatia é uma das mais importantes no processo de design. É a partir dessas entrevistas que podemos buscar histórias, emoções, sentimentos, percepções e, com isso, obter inferências de como aquela pessoa se sente dentro daquela experiência e/ou dentro daquele contexto.

Existem diversas formas de realizar pesquisas de mercado, como, por exemplo, as pesquisas tradicionais de marketing e as pesquisas de insights ou de profundidade e podemos extrair informações por meio de dois modelos de entrevistas: as qualitativas e as quantitativas.

O método quantitativo tem como objetivo quantificar um problema e a dimensão dele. Em suma, esse tipo de pesquisa fornece informações sobre o comportamento de um nicho de pessoas e visa coletar números. Dados quantitativos são estruturados e estatísticos. Eles formam a base para tirar conclusões gerais da sua pesquisa.

Na pesquisa quantitativa usa-se questionários estruturados que, via de regra, contém perguntas fechadas onde os respondentes selecionam entre uma lista de possíveis opções. Alguns modelos estruturais de perguntas são: múltipla escolha, dicotômica, resposta única, de valores (de 0 a 10, por exemplo) e matriz.

Em se tratando de pesquisa quantitativa há um afastamento do pesquisador e o foco é obter um resultado conciso e limitado. Não há grande abertura para interpretações diversificadas nem para aprofundamento das respostas fornecidas.

Já no método qualitativo, as informações são coletadas não apenas buscando números e estatísticas, mas também impressões, opiniões e pontos de vista. A pesquisa qualitativa é menos estruturada e busca se aprofundar em um tema para obter informações sobre as motivações, as ideias e as atitudes dos usuários.

A amostra geralmente é menor, e os respondentes são selecionados para uma cota específica para ajudar a entender as motivações de um grupo; compreender e interpretar comportamentos e tendências; identificar hipóteses para um problema; descobrir opiniões e expectativas dos indivíduos e mapear dores e desejos de um determinado perfil de usuários.

Na pesquisa qualitativa usa-se entrevistas de profundidade que, via de regra, contém perguntas abertas que visam invocar histórias, emoções, sentimentos, percepções e com isso, obter inferências de como aquela pessoa se sente dentro daquela experiência, dentro daquele contexto.

A pesquisa qualitativa é feita com um grupo menor de pessoas, porém com entrevistas mais profundas que possibilitam extrair uma quantidade maior de insights sobre o usuário.

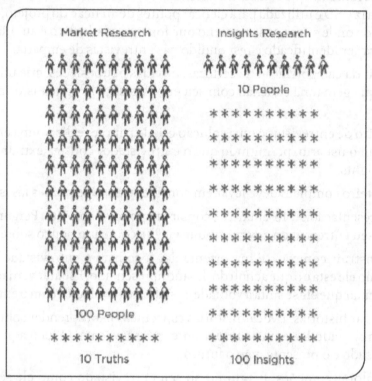

Figura 5: Demonstração de diferenças entre pesquisas de mercado quantitativas e pesquisas de insights qualitativas.

6. *DESIGN THINKING* E PESQUISAS QUALITATIVAS

A abordagem do *design thinking* não tem como objetivo obter amostras numéricas e volumosas, mas sim entender como se comporta um recorte específico de usuário.

A pesquisa quantitativa, como mencionado, é muito utilizada para um resultado estatístico e a amostragem precisa ser maior.

Por isso, a pesquisa qualitativa é o que realmente revela qual o fator de desejo do produto ou serviço e é a mais usual dentro de um processo de design. Entender quais as reais necessidades de uma pessoa ao comprar determinado objeto ou serviço, e qual o seu ganho com isso.

7. COMO FAZER UMA PESQUISA QUALITATIVA?

Primeiro, é importante ter um perfil de usuário. Para quem você está criando determinado produto ou serviço? Quem é o seu público alvo?

Definido o seu usuário, esboce as tarefas, dores e ganhos que, na sua opinião, caracterizem o cliente desejado e priorize pela ordem de importância.[15]

Uma ferramenta que colabora muito com este momento do processo é a matriz CSD. A matriz CSD é utilizada para elencar pontos de atenção do projeto, facilitando a definição de onde se concentrar ou no que focar e seu objetivo é auxiliar e alinhar o que deverá ser identificado e respondido nas entrevistas de empatia.

A partir da categorização de certezas, dúvidas e suposições, crie um roteiro de entrevista que gere uma conexão com seu entrevistado. Evoque histórias e explore emoções.

O roteiro de entrevistas é uma solução criada para se realizar uma entrevista de empatia com o usuário, permitindo que o entrevistador consiga extrair uma variedade de insights.

Um roteiro completo deve levar em consideração as seguintes fases[16]:

1. Apresentação: Apresentar-se e contar um pouco do projeto. Perguntar o nome do seu entrevistado e permitir que ele lhe conte um pouco sobre si;

2. Construir conexão: É importante dar foco para o entrevistado. Perguntar como ele está e o que achou do desafio apresentado. Escutar verdadeiramente e deixar que ele se sinta à vontade e estabeleça confiança com o entrevistador;

3. Buscar histórias: Evocar histórias específicas para aprender sobre o que seu entrevistado faz e, mais importante, pensa e sente. O foco aqui deve ser o passado e o presente, não o futuro;

4. Explorar emoções: Perguntar ao seu entrevistado como ele se sentiu em determinada situação, o porquê é importante e o que o levou a tomar uma decisão. Falar mais dos sentimentos gerados por alguma situação relatada;

5. Perguntas de fechamento: Ao caminhar para o final da sua entrevista, deve-se aproveitar para perguntar ao entrevistado como ele solucionaria o desafio apresentado, o que ele gosta e o que não o agrada. Pontos específicos do desafio podem ser explorados neste momento buscando insights para a sua solução;

6. Agradecer e se colocar à disposição: Por mais básico que pareça, é muito importante agradecer o entrevistado pelo tempo disponível e pela ajuda

---

15. O jornalista: entreviste seus clientes. Value Proposition Design: Como Construir Propostas de Valor – Alex Osterwalder; Greg Bernarda; Yves Pigneur; Alan Smith; Papadakos.

16. Baseado no artigo: PLATTNER, Hasso. *Empathy Fieldguide* – Institute of Design at Stanford. Disponível em: https://bit.ly/3nfA4jh. Acesso em: 28 jun. 2022.

no projeto. Em alguns casos será preciso testar a solução com essa mesma pessoa, por isso é importante deixar a porta aberta para um novo contato. Se possível, pode-se oferecer algum brinde ou benefício. Isso cativa e deixa a pessoa satisfeita por ter ajudado.

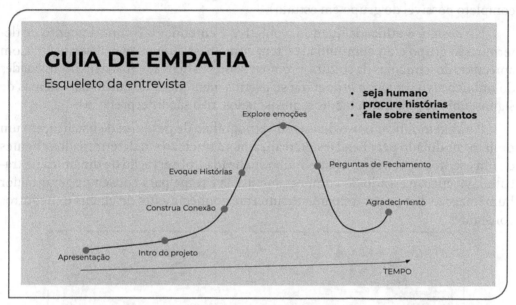

Figura 6: Esqueleto de uma entrevista qualitativa de empatia realizada pela Lex Design.[17]

Aqui, vale mencionar, também, o modelo de pesquisa etnográfica. Esse modelo de pesquisa é a base da pesquisa de empatia e consiste em compreender, na sua cotidianidade, os processos do dia a dia em suas diversas modalidades, os modos de vida dos indivíduos ou do grupo social.[18]

A etnografia é uma metodologia das ciências sociais, principalmente da disciplina de antropologia, em que o principal foco é o estudo da cultura e o comportamento de determinados grupos sociais. Literalmente, etnografia significa descrição cultural de um povo (do grego *ethnos*, que significa nação e/ou povo e *graphein*, que significa escrita).[19]

Através da pesquisa etnográfica busca-se analisar o comportamento de um determinado grupo, sistema social ou cultura. Por isso, pode-se dizer que a pesquisa etnográfica é antropológica por excelência, já que se volta para o estudo das múltiplas manifestações de uma comunidade ao longo do tempo e do espaço e requer dos pesquisadores- estranhos à comunidade – uma longa permanência em campo.[20]

---

17. Banco de dados da Lex Design.
18. SEVERINO, Antônio Joaquim. *Metodologia do Trabalho Científico*. 24 ed. São Paulo: Cortez, 2016.
19. Definição do BPAD – Instituto Brasileiro de Pesquisa e Análise de Dados. Disponível em: https://bit.ly/3n-jDNMP. Acessado em 13 dez. 2020.
20. GIL, Antônio Carlos. *Métodos e Técnicas de Pesquisa Social*. 7. ed. São Paulo: Atlas, 2019.

O método etnográfico é diferente do modelo anterior, pois segue alguns princípios, como: (i) pesquisa de campo (conduzido no local em que as pessoas convivem e socializam); (ii) multifatorial (conduzido pelo uso de duas ou mais técnicas de coleta de dados); (iii) indutivo (acúmulo descritivo de detalhe); (iv) holístico (retrato mais completo possível do grupo em estudo).

No design, é utilizada quando o objetivo é entender o comportamento de determinado grupo e/ou comunidade e tem como base a imersão e observação. Com apreensão dos símbolos da cultura, promove soluções mais adequadas às necessidades do público alvo. Então, a etnografia se destina a entender de culturas, sistemas de signos, objetos, comportamentos, que isolados, não são interpretáveis.

Para exemplificar o uso do método etnográfico de pesquisa de usuário, em um projeto conduzido pela Lex Design realizamos a imersão em determinados clientes de um escritório, com entrevistas individualizadas, observação da dinâmica de trabalho, vivência e estudo do comportamento da equipe para conseguir gerar maior humanização da equipe, treinamento interno, conhecimento do cliente e encontros constantes.

Figura 7: Esqueleto de uma oficina de entendimento de usuários realizada pela Lex Design.[21]

O método de observar e se integrar junto ao time gerou insights importantes que resultaram em uma nova abordagem de trabalho e gestão de clientes e colaboradores.

---

21. Banco de dados da Lex Design.

8. DICAS PARA ENTREVISTA QUALITATIVA – OBSERVE, ESCUTE E SEJA EMPÁTICO

Figura 7: Foto de uma entrevista de empatia durante Legal Design Sprint realizada pela Lex Design[22].

De maneira a exemplificar, na prática, como conduzir uma entrevista de empatia com seu usuário, descrevemos aqui algumas dicas[23] para melhorar o processo de conexão e de empatia. Vale dizer que muitas outras técnicas e procedimentos podem ser válidos neste processo e que estas são apenas algumas das formas de atingir um grau de qualidade nas respostas e, consequentemente, nos insights.

(a) Não sugira respostas para suas perguntas: Mesmo que elas façam uma pausa antes de responder, não os ajude sugerindo uma resposta. Isso pode levar as pessoas, sem querer, a dizer coisas que estão de acordo com suas expectativas. Pergunte de forma neutra;

(b) Não tenha medo do silêncio: Muitas vezes, se você permitir que haja silêncio, uma pessoa irá refletir sobre o que acabou de dizer e dirá algo mais profundo;

(c) Procure inconsistências: Às vezes, o que as pessoas dizem e o que eles fazem (ou dizem mais tarde) são diferentes. Tente sondar essas contradições;

(d) Esteja ciente das dicas não verbais: Considere a linguagem corporal e emoções;

(e) Fique no mesmo caminho de uma pergunta: Responda o que seu entrevistado oferece e acompanhe para se aprofundar. Usar perguntas simples para fazê-lo dizer mais: "por que você diz isso?" ou "o que você estava sentindo naquele momento?"; e

---

22. Foto do banco de dados da Lex Design.
23. Baseado no artigo: PLATTNER, Hasso. *Empathy Fieldguide* – Institute of Design at Stanford. Disponível em: https://bit.ly/3nfA4jh. Acesso em: 28 jun. 2022.

(f) Pergunte "por que?": Quando você indaga o entrevistado com o "porquê" de determinada resposta, você instiga que ele lhe conte mais sobre uma experiência, sobre um sentimento ou um desejo e dor.

9. O QUE FAZER APÓS A PESQUISA QUALITATIVA – MAPEANDO DE DORES E DESEJOS

A partir das informações coletadas nas entrevistas, é essencial fazer uma clusterização das informações, mapeando as dores e os desejos comuns identificados.

Chamamos esse momento de *unpack*. Ao fazer isso, detectamos padrões e mapeamos as informações coletadas de forma a entender e classificar as dores, os desejos e os insights que surgiram durante as entrevistas.

Para isso, exponha, agrupe os perfis semelhantes e sintetize os pontos coletados.

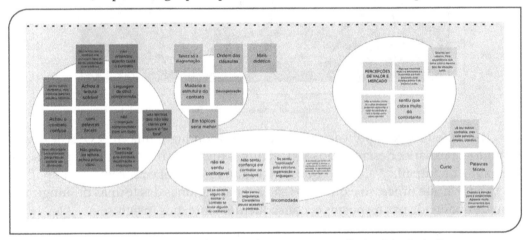

Figura 8: Imagem do material do Curso Legal Design Experience realizada pela Lex Design [24]

Feito isso, classificamos as principais informações e as personificamos através da nossa matriz de persona.

A persona é a criação de arquétipos[25] ou personagens ficcionais, concebidos a partir da síntese de comportamentos observados durante as entrevistas com usuários e permitem o entender como as pessoas se comportam, quais são as suas frustrações, seus desejos e como utilizam os produtos e serviços estudados.

Personas contam uma história e ajudam a entender melhor seus clientes. Para criação de um persona leve em consideração os padrões observados nas pesquisas com usuário. Ainda, descreva o contexto em que o usuário está inserido, explique atitudes e comportamentos e realce dores e desafios.

---

24. Banco de dados da Lex Design.
25. Modelo ou padrão passível de ser reproduzido em simulacros ou objetos semelhantes. Definição Oxford Languages.

Estruturar personas representativas tem um grande valor para criar melhores produtos ou serviços, tais como: podem ser usadas para validar ou invalidar decisões de design; permitem focar e priorizar funcionalidades; servem como base para momentos de ideação e são elementos chave para basear críticas construtivas.

O ideal é que sua persona contenha características pessoais (nome, idade, gênero etc.); características profissionais (escolaridade, profissão, cargo etc...); ambiente físico/social/tecnológico; dores, desejos e surpresas.

Figura 8: Imagem de construção de uma persona durante um Legal Design Sprint realizado pela Lex Design. [26]

O objetivo é consolidar o seu usuário e traçar o perfil de forma sintetizada, por isso todas as informações adicionadas devem ter um objetivo, pois ajuda a humanizar o processo e focar em seres humanos com necessidades reais que precisam de soluções simples e objetivas.

10. CONSIDERAÇÕES FINAIS

Buscamos neste capítulo trazer informações e dinâmicas práticas sobre a importância de uma adequada compreensão do usuário no processo de Legal Design.

Outras abordagens e métodos podem ser utilizados para a construção de novos caminhos para o Direito. Nós acreditamos que a empatia exerce papel fundamental nesse processo e, por isso, decidimos trazer esse debate.

---

26. Banco de dados da Lex Design.

Muito se fala de tecnologia, de ferramentas, aplicativos e sistemas como a grande virada neste mundo em transformação. Nós preferimos acreditar que o ser humano tem – e continuará a ter – um papel fundamental nesta jornada. Conexão, percepção, compreender sentimentos, saber ouvir e tantas outras habilidades comportamentais terão um papel cada vez mais relevante – e isto será também tão transformacional quanto uma nova tecnologia exponencial.

Esperamos que estas informações possam ser úteis para sua jornada.

"Get closer than ever to your customers.
So close that you tell them what they need well before they realize it themselves."

— Steve Jobs

11. REFERÊNCIAS

AMAZON.COM. About Amazon. Disponível em: https://www.aboutamazon.com/about-us/leadership-principles. Acesso em: 28 jun. 2022.

BROWN, Tim. *Design Thinking*: Uma metodologia poderosa para decretar o fim das velhas ideias. Rio de Janeiro: Alta Books, 2017.

GIL, Antônio Carlos. *Métodos e Técnicas de Pesquisa Social*. 7. ed. São Paulo: Atlas, 2019.

KELLY, Kevin. *Inevitável*: As 12 forças tecnológicas que mudarão nosso mundo. Rio de Janeiro: Alta Books, 2017.

LOWDERMILK, Travis. Design Centrado no Usuário: Um guia para o desenvolvimento de aplicativos amigáveis. São Paulo: O'Reilly/Novatec, 2013.

PLATTNER, Hasso. *Empathy Fieldguide* – Institute of Design at Stanford. Disponível em: https://bit.ly/3nfA4jh. Acesso em: 28 jun. 2022.

SEVERINO, Antônio Joaquim. *Metodologia do Trabalho Científico*. 24 ed. São Paulo: Cortez, 2016.

STICKDORN, Marc. *Isto é Design de Serviços na Prática*: Como aplicar o design de serviço no mundo real – manual do praticante. [et al]. Porto Alegre: Bookman, 2019.

STRACHAN, Jack. *Why use extreme users?* Disponível em: https://uxplanet.org/why-use-extreme-users-345e97719e52. Acesso em: 28 jun. 2022.

3

METODOLOGIA ÁGIL E O LEGAL DESIGN EM PROJETOS DE TRANSFORMAÇÃO DIGITAL

Gisele Ueno

Advogada, Sócia-Fundadora da Hi-LAW Agência de Inovação Jurídica. Sócia no BRAINLAW Legal Management. Software de Gestão de Dados Jurídicos. E-mail: *gisele@hi-law.com.br*

https://youtu.be/o-znbrdxkuY

Sumário: 1. A transformação digital no Direito. 2. A desconstrução do modelo mental. 3. O *design thinking* no Direito. 3.1. Imersão. 3.2. Ideação. 3.3. Prototipação e teste. 4. Legal Design além do *design thinking*. 5. O aprendizado com os clientes. 6. A conexão Legal Design e a metodologia ágil. 7. Relacionamento entre teoria e prática. 8. *Cases Hi-Law*. 9. Conclusão. 10. Referências.

1. A TRANSFORMAÇÃO DIGITAL NO DIREITO

A transformação digital tem impulsionado o planejamento estratégico de inovação nas corporações. Departamentos jurídicos e escritórios de advocacia também têm sido impactados pela avassaladora era das novas tecnologias

A Terceira Revolução Industrial[1], iniciada em meados do século XX, foi marcada pelo avanço das tecnologias da informação, abrindo a largada para a corrida da era digital[2].

---

1. SCHWAB, Klaus. *Aplicando a Quarta Revolução Industrial*. São Paulo: Edipro, 2018.
2. Idem.

Atualmente, a chamada Quarta Revolução reflete a continuidade da era digital e suas inúmeras mudanças, no entanto, tais transformações têm sido tão profundas que chegam a romper os modelos tradicionais de negócio, alterando inclusive a forma como nos relacionamos em sociedade.

A disrupção tem impactado os próprios sistemas digitais atuais, fazendo com que as atividades econômicas passem por uma fase de adequação ao novo modelo mental, o tão falado novo *mindset* requer a adaptação à nova realidade e padrões comportamentais

Cabe ao Direito o papel transformador de acompanhar e positivar, ou não, os novos modelos sem criar barreiras regulatórias à adoção de novas tecnologias, em todos os campos da sociedade. Ainda, com relação à adaptação, cabe também aos operadores do direito exercer o papel de usuários, críticos e desenvolvedores de novos modelos de negócios decorrentes das tecnologias disruptivas.

Os investimentos em tecnologia, especialmente na área jurídica, têm ganhado proporções exponenciais em todo o mundo. No entanto, a provocação reflexiva vai além da implantação de novas tecnologias e do uso de plataformas digitais. O planejamento requer mais habilidades humanas do que se imagina.

Como citamos acima, a fase atual decorrente da era digital continua sendo representada pela expressão "se adaptar ao novo". Adaptar-se às mudanças não é, e nem nunca foi, o forte do ser humano. As habilidades de planejamento para a transformação digital ultrapassam a adoção da tecnologia, e é por isso que o *design thinking* tem ganhado cada vez mais espaço nesse processo.

Precursor no *design thinking*, Tim Brown[3] é o nome referência no tema, colocando a resolução de um problema no cerne da equação. Os princípios por ele disseminados representam uma abordagem funcional como num processo mental para solução de problemas. Segundo ele, e compactuo dessa lógica, não há um manual ou receita que faça com que as habilidades sejam desenvolvidas senão na prática.

Que há uma imensidão de ofertas tecnológicas nós já sabemos. O trabalho diário de encontrar soluções tecnológicas para os inúmeros problemas dos advogados tem habilitado empresas com a Hi-LAW a desenvolver uma série de experimentos e conclusões a respeito da transformação digital no Direito

Para começar: habilidades da liderança. Planejar o futuro diante de tantas transformações requer uma combinação de muitas habilidades e visão aguçada dos líderes. Investimento em inovação e transformação digital passou a ser meta compulsória em grandes companhias, prazo curto para implementação e foco em resultados de sustentabilidade do negócio. Em meio a esse cenário é que inúmeros projetos de inovação vêm sendo executados.

---

3. BROWN, Tim. *Design Thinking*: uma metodologia poderosa para decretar o fim das velhas ideias. Rio de Janeiro: Alta Books, 2017.

Acompanhar essa busca incessante por melhorias no modelo de negócio que se encaixe às necessidades dos clientes atuais se traduz em planejar a mudança. Não há mais espaço para perspectivas diferentes por área meio ou área fim, todos têm o mesmo objetivo – facilitar o caminho para a transformação dos negócios tradicionais em digitais ou, para os que já nascem digitais, se tornar sustentáveis e crescer exponencialmente.

Métricas financeiras e performance bem afinadas são quesitos determinantes para o sucesso do processo de transformação. Para entender a importância desse alinhamento, os profissionais da era digital precisam ter clareza quanto à importância de poupar o tempo que comumente dispensam em tarefas repetitivas para não deixar escapar oportunidades de inovar, produzir melhor, mais e em menos tempo.

O retorno do investimento em inovação ainda é pouco tangível, mas as aplicações em *machine learing* e inteligência artificial têm sido os maiores aliados na tomada de decisões, minimizar riscos e atuar preventivamente a partir dos dados. Desenvolver uma visão mais estratégica aproxima o profissional do Direito ao negócio

A inovação acontece quando aprendemos a ser flexíveis suficientemente para ampliar horizontes e estar preparado para a mudança, seja ela qual for.

Nestas condições, o planejamento se torna diretivo e essencial para a transformação e, a efetividade de qualquer projeto dependerá do engajamento dos envolvidos e da habilidade de lidar com as constantes mudanças.

2. A DESCONSTRUÇÃO DO MODELO MENTAL

O primeiro fator a ser considerado na inovação é ter um modelo mental favorável ao novo, ao desconhecido, a tudo que é diferente do modo como comumente fizemos ou continuamos a fazer.

Por óbvio, especialmente pós-pandemia Covid-19, todos nós passamos a ser adeptos ao uso da tecnologia e serviços prestados por meio de plataformas digitais. Os hábitos de consumo, interações e experiências que exigimos como consumidores passaram a ser parâmetro de avaliação de qualidade de um produto ou serviço.

Novos negócios são constituídos com base tecnológica e a jornada do consumidor passa a ser norteada pela experiência. Tudo é monitorado, das reações aos feedbacks, do tempo gasto, dos hábitos nas redes sociais e tantas outras métricas modelam outras propostas de consumo.

O mercado e os hábitos de consumo ditam as regras de comportamento na era digital.

Aproximando este paradigma com o Direito, resumidamente somos empurrados no efeito manada a compreender a realidade digital, ajudar a conceber modelos de negócio, resolver litígios gerados no ambiente virtual, amenizar riscos e impactos negativos quanto ao uso da tecnologia. Além disso, a segurança cibernética, a proteção de dados, a relativização de conceitos básicos que norteavam as questões jurídicas passara a fazer parte da realidade da advocacia.

Somos convidados diariamente a desconstruir padrões e a sair da zona de conforto. É assim o cenário mundial e muitas vezes estamos despreparados para conduzir a resolução destes conflitos. Deixamos de ter certeza em todas as respostas e passamos a aprender com o problema e propor novas soluções de resolução de conflitos.

Encarar questões jurídicas a partir da perspectiva do problema começa a ter certa semelhança com o modelo mental já pensado, proposto e experimentado por Tim Brown.

Desperdiçar energia procurando respostas, gerindo erros ou criando mecanismos para conviver com ele é tirar o foco da solução dos problemas.

Definir o problema ainda é um problema.

O caminho primário é identificar o real problema, onde surge e como ele atinge a rotina. Somos treinados para encontrar solução rápida e imediata que amenize a "dor" do paciente, do cliente, do gestor. No entanto, esse modelo de propostas sem fundamento, sem testes, sem experimentos é que não cabe mais. Identificar o problema sob a perspectiva de quem convive com ele, revivê-lo e passar a enxergá-lo como uma questão a ser resolvida tem sido o caminho adotado por muitos laboratórios mundo a fora.

Não é à toa que a Universidade de Stanford na Califórnia se destaca por desenvolver soluções criativas a partir da análise do problema e visão centrada no usuário. Muito além da questão estética, o design se traduz na percepção da experiência do cliente. A pesquisa, o experimento e a análise das reações são capazes de identificar alternativas e o aprofundamento no estudo da causa relacionada ao problema.

A cada novo projeto de transformação digital vamos absorvendo pontos de vista, repertórios de vida e diferentes níveis de desenvolvimento pessoal e profissional que estão envolvidos nas relações humanas e, consequentemente, nas equações jurídicas.

Em 2017 conclui uma pesquisa no Vale do Silício, sobre o mercado de *lawtechs*. O objetivo era estudar soluções de tecnologia americanas que pudessem inspirar modelos de negócio e solucionar problemas nas rotinas dos advogados brasileiros. O momento da tecnologia jurídica no Brasil ainda estava dando os primeiros passos.

Na contramão do que eu tinha vivenciado como advogada corporativa até 2016, os americanos estavam carregados de propósito buscando soluções jurídicas para facilitar o acesso à justiça, conectando profissionais da computação, engenheiros e designers para desenvolver soluções para o cidadão comum. Isso foi pura inspiração e uma primeira chamada para uma visão mais humana e justa da conexão Direito e Tecnologia.

A perspectiva do cidadão comum buscando acesso à justiça permeia inúmeros projetos no laboratório de Legal Design de Stanford. Aliás, foi lá que tive o primeiro contato com profissionais que desenvolviam estudos unindo *design thinking* à solução de problemas jurídicos. Não tinha me dado conta do quanto dependeríamos de uma metodologia adotada pelos designers para encontrar as melhores respostas para os problemas relacionados à área jurídica.

Antes mesmo de voltar ao Brasil comecei a fazer parte de movimentos internacionais que conectam profissionais interessados em colaborar em projetos jurídicos globais, estudando, discutindo e até mesmo desenvolvendo soluções tecnológicas.

Idealizei a Hi-LAW como agência de inovação jurídica logo que cheguei, conectei pessoas, empresas e soluções com esse propósito e, já logo no início, passei a lidar com uma das principais barreiras neste trabalho: a cultura dos advogados, o medo do desconhecido e a aversão à mudança.

Nos últimos três anos assisti a maior mexida nesse mercado. Como um filho prematuro, o mercado brasileiro entrou na corrida para não ficar atrás. Muitas soluções brotaram inspiradas em outros segmentos e passamos a buscar pela automação, estudo de dados, inteligência artificial etc. Tudo isso foi exponencialmente acelerado com o início da pandemia de Covid-19 em 2020.

Nessa jornada, fomos amadurecendo em conteúdo e conhecimento sobre novas tecnologias e benefícios que poderiam trazer para os advogados. Ora com foco na gestão, ora com foco na estratégia do negócio, as tecnologias têm impulsionado o mercado jurídico brasileiro.

Com toda essa transformação acontecendo na sociedade, inevitável a conclusão de que é preciso aceitar e desconstruir o modelo mental que tínhamos herdados do passado.

Inovar, desconstruindo o modelo mental tradicional e estático do meio jurídico é percorrer um extenso primeiro passo. Ser criativo, unir tecnologia para construir a solução, desmitificar o erro e aprender com ele faz com que um *mindset* seja disruptivo suficientemente para acompanhar as novas necessidades da era digital.

Para desconstruir é preciso entender e mapear o processo (a jornada), definir o foco, imergir no problema e ter o olhar crítico suficiente para validar e readequar processos e soluções, quantas vezes for necessário.

3.   O *DESIGN THINKING* NO DIREITO

Metodologias e reflexões fazem do *design thinking* uma das principais ferramentas para desenhar soluções para problemas jurídicos.

> *Design Thinking* é uma metodologia que aplica ferramentas do design para solucionar problemas complexos. Propõe o equilíbrio entre o raciocínio associativo, que alavanca a inovação, e o pensamento analítico, que reduz os riscos. Posiciona as pessoas no centro do processo, do início ao fim, compreendendo a fundo suas necessidades. Requer uma liderança ímpar, com habilidade para criar soluções a partir da troca de ideias entre perfis totalmente distintos.[4]

---

4. MELO, Adriana; ABELHEIRA, Ricardo. *Design Thinking & Thinking Design* – Metodologia, Ferramentas e Uma Reflexão Sobre o Tema. 1 ed., 1 reimp. São Paulo. Novatec, 2017, p.15.

Definido o problema já estamos no meio do caminho para resolvê-lo, seja qual for a solução. Como dissemos anteriormente, o difícil é descrever o problema, imergir e observar, antes de partir para a fase de geração de ideias. Na fase de investigação do problema é onde identificamos os comportamentos.

Para qualquer problema ou dor, seja ela jurídica ou não, há um indivíduo envolvido. A denominação pode ser usuário, cliente, *stakeholder*, público-alvo, pouco importa, o objetivo nesse desenho é observar e extrair a essência.

A essência nem sempre é perceptível, alguns detalhes desse processo de imersão ao problema podem ser tornar "pulo do gato" para uma solução criativa e factível.

3.1. Imersão

A vivência de um problema gera uma conexão de sentimentos enquanto se está atravessando por ele. Imergir em algo representa estar nele, observar e adotar formas de percepção e questionamento sobre o problema e a resposta que buscamos.

Para imergir de verdade é preciso engajar as pessoas envolvidas. O verdadeiro envolvimento revela os pontos de conflito, dores e também demonstra oportunidades para onde e como atuar.

Em muitos casos, vivenciar a experiência do outro já nos faz ressignificar paradigmas e redefinir formas de atuação, identificar potenciais ajustes em fluxos de trabalho, identificar pessoas que são o elo fraco na operação, dentre tantos outros problemas e soluções a serem trabalhadas.

3.2. Ideação

Vencidas as etapas de compreensão do contexto e da empatia, partimos para a ideação. Invocando processos e momentos de colaboração, a ideação é o momento onde somos convidados a pensar em hipóteses e cocriar para depois definirmos um foco de atuação.

A ideação é o campo necessário de abertura para ouvir, oportunidade para propostas e, em muitos casos, a facilitação pode interferir no sucesso ou não desta fase. Utilizar os mecanismos certos fomentam a construção de ideias e potenciais soluções.

3.3. Prototipação e teste

"Prototipar" é construir previamente soluções que podem ser ajustadas de acordo com o resultado do teste piloto. Validar um modelo mínimo viável, testando e coletando feedbacks enriquece o processo de desenvolvimento de soluções.

Enxergar os ajustes no decorrer do processo torna o resultado final muito mais assertivo.

É nessa fase de experimentação e validação onde enxergo a maior oportunidade de conectar a metodologia ágil. Testar, validar e corrigir passam a integrar projetos de gestão, planejamento ou execução.

Unir metodologia do *design thinking* aos *frameworks* ágeis aceleram a execução e minimizam erros de gestão de projetos. É com essa visão que temos realizado inúmeros experimentos na área jurídica.

Do desenvolvimento de novos serviços à melhoria da gestão jurídica conseguimos conectar o ágil ao legal design e potencializar resultados de inovação.

4. LEGAL DESIGN ALÉM DO *DESIGN THINKING*

Os elementos do design, a experiência, a jornada e a análise de dados são fundamentais para compor a função da quarta dimensão do design. Integrando, por exemplo, o *storytelling*, é possível no meio do processo de transformação usar uma narrativa para compreender a amplitude de um problema jurídico.

Contar uma história ganha um destaque no modelo mental de pensar o problema e trabalhar na resolução dele. Os elementos da narrativa fazem diferença na interação do usuário, qual seja, a pessoa para a qual a solução de um problema se destina.

Sentir-se parte dessa grande narrativa representa o primeiro e mais importante elemento, ao meu ver, da construção da solução.

Vale ressaltar que inúmeras ferramentas, como entrevistas, observação, mapas de empatia, personas, jornadas etc. podem compor o rol de métodos para atingir o resultado almejado. No entanto, a ponderação com relação à qual delas escolher, continua dependendo do perfil do cliente.

A transformação digital requer o uso de design de interação com os usuários, muito mais do que o design de um produto, as percepções de valor e expectativas impulsionam a experiência do usuário (UX ou *User Experience*).

A experiência do usuário ao percorrer a jornada de um serviço representa os pontos de interação com o negócio e, são neles que os advogados devem se debruçar para entender e descrever o sentimento do cliente.

A construção conjunta não se refere apenas ao processo de colaboração com o cliente, mas pode representar inclusive a validação de uma estratégia. Segundo Rogers[5], a estratégia de colaboração pode ser convertida a resultado financeiro e sustentabilidade do negócio.

O Legal Design pode contribuir desde a resolução de problemas complexos, desenvolvimento de novos serviços a soluções para melhorar a experiência do cliente ou até mesmo melhorar o desempenho da operação jurídica em si.

---

5. ROGERS, David L. *Transformação digital*: repensando o seu negócio para a era digital. Trad. Afonso Celso da Cunha Serra. 1 ed., 1 reimp. São Paulo. Autêntica Business, 2018.

5. O APRENDIZADO COM OS CLIENTES

Impressionante como a cada novo cliente, mergulhamos em culturas e percepções diferentes. Cultura do medo, do erro, das vulnerabilidades e tantas outras que mostram que, independentemente da formação profissional, a inovação e transformação de fato ocorrem onde há o melhor ambiente de adaptação e, onde preponderantemente os profissionais envolvidos estejam abertos a colaborar.

Ser criativo e estabelecer condições favoráveis para o processo colaborativo está ligado ao desenvolvimento das chamadas de *skills*, *softskills*, *reskilling*, todas expressões relativas às habilidades (não técnicas) do profissional do futuro, incluindo inteligência emocional, negociação, programação, dentre outras.

A transformação digital está intimamente relacionada à gestão de habilidades e ao entendimento do processo criativo de solucionar problemas, dores e propor melhorias.

Desconstruir paradigmas obsoletos, desenvolver novas habilidades, propor novas formas de prestação de serviços e perceber necessidades advindas do cliente são elementos essenciais na fórmula da inovação.

Entender e considerar que cada ecossistema possui uma cultura e, que a influência organizacional deve ser levada em consideração é, no mínimo, prudente antes de aplicar os princípios de *design thinking* indiscriminadamente.

Trabalhar com inovação e acompanhar a execução de inúmeros projetos, em diferentes ambientes e com diferentes níveis de aceitação da mudança, nos faz refletir sobre os créditos gerados pelo uso da tecnologia.

O ativo da inovação deve ser repensado. A transformação nos obriga a incluir a tríade: pessoas, processos e tecnologia nas adaptações necessárias à realidade digital, conectando a capacidade do ser humano de ser criativo e abraçar a mudança.

6. A CONEXÃO LEGAL DESIGN E A METODOLOGIA ÁGIL

A aplicação do Legal Design como facilitador na transformação digital vai muito além da adoção de elementos gráficos e visuais em documentos jurídicos. A compreensão do conteúdo é parte importante, mas quando se trata de inovação no amplo aspecto, precisamos conectar pessoas, processos e tecnologia.

A jornada de inovação pode ser muito mais efetiva se o elemento colaborativo seja permeado pela visão sistêmica que traz o Legal Design, integrado às novas metodologias e experimentos "importados" de outras áreas.

Os desafios da gestão jurídica obrigam o advogado a buscar outras fontes de conhecimento e habilidades além das técnicas. Reside nessa necessidade pelo novo e funcional a ideia de aproveitar a contribuição da área de tecnologia para desenvolvimento de software.

A gestão fundamentada na transparência e comunicação efetivas é capaz de engajar muito mais pessoas no processo de transformação e adaptação à mudança. Priorizar as entregas constantes, a participação e a satisfação do cliente permeiam todo o processo de desenvolvimento de software e é nele que busco inspiração para adotar o ágil em projetos de inovação jurídica.

Sob a minha ótica, a capacidade de adaptação de forma rápida e a entrega de valor para cliente desde o início de qualquer projeto são as principais contribuições da metodologia ágil. Lidar com imprevistos e entender que a mudança faz parte do cenário em que atuamos é uma das *softtskills* mais valorizadas no profissional moderno.

Mais do que uma metodologia, o ágil é uma cultura, um modo de pensar e agir.

Cada vez mais pessoas engajadas pelos princípios e valores da gestão ágil estão disseminando o uso e aplicabilidade do Manifesto Ágil em outras áreas. O documento refletiu a proposta de reunir comportamentos e prioridades para o desenvolvimento de software. O grupo formado por 17 pessoas se reuniu em fevereiro de 2001 e proclamaram seus valores:

"Manifesto para o Desenvolvimento Ágil de Software.

Estamos descobrindo maneiras melhores de desenvolver software, fazendo-o nós mesmos e ajudando outros a fazerem o mesmo. Através deste trabalho, passamos a valorizar: *Indivíduos e interações* mais que processos e ferramentas; *Software em funcionamento* mais que documentação abrangente; *Colaboração com o cliente* mais que negociação de contratos; *Responder a mudanças* mais que seguir um plano; Ou seja, mesmo havendo valor nos itens à direita, valorizamos mais os itens à esquerda."[6]

---

6. MANIFESTO ÁGIL. 2001. Disponível em: https://agilemanifesto.org/iso/ptbr/manifesto.html. Acesso em: 28 jun. 2022.

Interessante enfatizar que não há uma hierarquia de importância entre ferramentas, documentação, contratos, mas sim uma proposta de destacar a importância das pessoas, resultado, parceria e ações que realmente fazem sentido no processo.

Dentre os doze princípios[7], os quatro valores acima destacados são os que traduzem basicamente a metodologia proposta, ressaltando o foco nos indivíduos e a riqueza com a interação entre eles. Outro ponto de destaque é a colaboração das partes envolvidas, portanto aqui a qualidade da relação interpessoal novamente sendo invocada.

A execução como fase de implantação de tecnologia, solução ou melhorias tem levado em consideração os valores do ágil, refletindo com hegemonia todo o processo de inovação idealizado e prototipado utilizando o *design thinking*.

Aproximar os dois ciclos (ágil e *design thinking*) nos projetos de inovação jurídica, conferem o complemento necessário para a inovação e ganha um papel ainda mais relevante na cultura e *mindset* dos indivíduos envolvidos.

Os primeiros ciclos de execução de um projeto ágil para a área jurídica sempre são os mais difíceis. É onde encontramos as resistências e críticas à adoção do ágil por aqueles que não estão preparados.

A diferença entre o sucesso e o fracasso depende da união das duas pontas: a liderança e o facilitador.

---

7. Recomendo a leitura do ebook #juridicoagil desenvolvido pela Hi-LAW para entender os papéis e conhecer todos os doze princípios ágeis, os quais sempre estão atualizados em www.agilealliance.org. Acesso ao ebook: http://hi-law.com.br/2020/08/25/ebook-juridicoagil/. Em suma, os princípios do Manifesto podem ser elencados como: satisfação do cliente e entregas recorrentes, vantagem das mudanças, entrega de software funcionando, trabalho conjunto entre pessoas de negócio e desenvolvedores, indivíduos motivados, conversas face a face, software sempre em funcionamento, desenvolvimento sustentável, excelência e design, simplicidade, equipes auto-organizáveis, ajuste de comportamento.

Ambientes dinâmicos, modelos de negócio que precisam de revisão e ajuste às novas necessidades impostas pela sociedade permeiam a inovação. Não basta inovar em produtos e serviços, as empresas demandam inovação para seus processos, fluxos, ferramentas e comportamentos.

Inspirada por Sutherland[8] defendo que é necessário conectar a teoria do ágil para a prática do ágil. O ambiente deve estar preparado para promover times auto gerenciáveis, multidisciplinares, com foco no cliente e especialmente integrados com a diversidade.

Onde há visão restritamente hierárquica e discriminatória não há espaço para inovar. Como preparar o terreno? Simples, experimentando, ajustando e deixando a cultura absorver os novos modelos.

7. RELACIONAMENTO ENTRE TEORIA E PRÁTICA

Um projeto de inovação jurídica depende da execução de pontos refletidos no início do projeto, sobressaltando pontos de ataque na operação. Os esforços redundantes, as horas não contabilizadas, a baixa performance da equipe jurídica, a má distribuição das tarefas e o esforço técnico gasto em atividades operacionais são alguns dos exemplos de dores identificadas no início dos projetos.

A partir daí a execução em busca das soluções dependem de um bom facilitador e do apoio e engajamento dos *stakeholders*. O ágil é o ponto focal para não perdermos o valor a cada entrega que o time faz para o cliente.

No cenário jurídico, a inovação na gestão, a habilidade de saber mensurar o esforço do time, estar disposto a corrigir fluxos quando necessário e abandonar velhos hábitos para focar no resultado e experiência do cliente, até pouco tempo atrás, não eram critérios de planejamento.

A transformação digital foi propulsora de toda inovação jurídica que, por muitos anos, ficou atrelada à adoção de tecnologia. Hoje, pessoas e processos foram incorporados à gestão jurídica.

A inovação e a visão centrada no ser humano, seja cliente ou usuário, passou também a integrar a experiência jurídica e muito vem se ajustando desde então.

Depois que acompanhar centenas de workshops de Legal Design, catalogar inúmeros problemas nas operações jurídicas posso concluir que: o que é mais simples é o mais funcional.

Explicar o óbvio e fazer com que as pessoas envolvidas nos processos entendam todo o percurso, de forma transparente e racional é essencial.

---

8. RIGBY D. K.; SUTHERLAND J.; TAKEUCHI H. *Embracing Agile*. Harvard Business Review. 26.05.2016. Disponível em: https://hbr.org/2016/05/embracing-agile. Acesso em: 28 jun. 2022.

Excessos de indicadores, cálculos mirabolantes de honorários, fórmulas complicadas de cobrança dos clientes, as manobras e softwares complexos para controle de horas dos colaboradores são alguns exemplos de hábitos desnecessários e obsoletos.

É preciso trabalhar o engajamento do time do início ao fim do processo, esclarecer as razões por que devem ou não fazer determinada ação, qual a causa do controle e onde isso impacta no negócio. Transparência e simplicidade são os princípios da inovação nos projetos que conduzimos.

Repensar o processo, identificar melhorias, buscar tecnologias e implementá-las é o cerne da transformação.

Imersão no problema, *know-how* do mercado de tecnologia e inúmeros projetos de implementação assistida são a chave do sucesso para os projetos de inovação.

8. CASES HI-LAW

A Hi-LAW é uma agência de inovação especializada no mercado jurídico. Desde 2017 executando projetos, já foram executados centenas de workshops de Legal Design, eventos, parcerias e dezenas de projetos para departamentos jurídicos e escritórios.

A transformação digital tem movimentado todo o mercado jurídico. Novas soluções e novas tecnologias caminham juntas para oferecer ao advogado a agilidade nas operações. No entanto, um dos fatores se destacada nestes projetos – o fator humano.

Lideramos a integração do *design thinking* com a metodologia ágil para projetos de gestão jurídica, mapeamos dores e propomos soluções, mas o denominador mais relevante nesse processo é facilitar a condução da execução, desenvolver a autonomia dos times, tornar a liderança a maior compradora dessa revolução.

De todos os feedbacks que coletamos nesses inúmeros cases de inovação, o mais importante para nós são aqueles carregados de verdade pelo propósito de inovar e que tornam as pessoas envolvidas as mais empoderadas nesse processo.

Dentre os cases públicos, um dos mais relevantes onde combinamos Legal Design e ágil foi desenvolvido para uma indústria de bebidas.[9]

O objetivo foi identificar medidas preventivas para redução do passivo trabalhista. O projeto considerou a investigação de causas-raízes, envolvimento e sensibilização dos gestores das áreas de operação da indústria e análise de argumentos jurídicos dos reclamantes. A partir das perspectivas coletadas e a realização de sessões de *design thinking*, os problemas foram amplamente discutidos e analisados para então catalogar as ações possíveis e cadenciá-las para a execução do projeto utilizando metodologia ágil.

---

9. Saiba mais em: https://www.youtube.com/watch?v=yr1SwHO5A7U&t=221s.

Outro grande case executado pelo time da Hi-LAW foi o de mapeamento de fluxos e proposta de melhorias com a implementação de tecnologia desenvolvido em parceria com o BRAINLAW, uma *lawtech* brasileira que concentra a gestão de dados jurídicos do maior varejista do país.

O case do Magazine Luiza[10] foi executado utilizando Legal Design na fase inicial de implantação do software. Nesta fase foram utilizadas ferramentas de validação de dores e expectativas, bem como a sequência de prioridades das funcionalidades e fluxos, por área do Direito (contencioso trabalhista, cível, tributário, consultivo, societário e contratos).

A integração com outras tecnologias e a unificação dos fluxos internos da operação jurídica facilitou a adoção da metodologia ágil para o desenvolvimento e parametrizações do software pelo time de desenvolvimento do BRAINLAW.

Outro projeto de grande relevância desenvolvido pela Hi-LAW foi o planejamento de inovação de uma gigante do mercado financeiro.

Para viabilizar o planejamento anual das ações de inovação e contratação de ferramentas tecnológicas para melhorar a operação de todo o jurídico do banco, foi necessário recorrer à combinação das metodologias, integrando análise e consultoria técnica de tecnologia.

As prioridades foram estabelecidas utilizando métricas de avaliação combinadas com o framework SCRUM, OKRs e outras ferramentas do ágil.

Por fim, a gestão da mudança também é necessária e plenamente possível em estruturas menores como escritórios de advocacia ou até mesmo departamentos jurídicos de empresas de médio porte. Para estes casos a imersão pode resultar num planejamento de inovação, planejamento estratégico ou até mesmo para implementação de um projeto específico, considerando os pontos de interação com o cliente.

9. CONCLUSÃO

O Legal Design é uma metodologia incrível para imergir, explorar, entender e vivenciar processos, idealizar, construir, testar e melhorar propostas de soluções.

A implementação das soluções propostas e a condução das mudanças representam, efetivamente, inovação e transformação. Ferramentas e metodologias estão disponíveis para aqueles que se propõem a encarar uma nova forma de praticar o Direito.

Ainda, o processo de mudança e acompanhamento integrando design e ágil deve ser permeado pela análise e atuação com foco na experiência do cliente, repensando os pontos de contato e o modo da prestação do serviço jurídico.

---

10. Saiba mais em: https://www.youtube.com/watch?v=Kt6PfPgnXYU&t=3178s.

Abandonar velhos hábitos e controles desnecessários liberam tempo e disposição para coletar, analisar e traçar estratégias com base em dados. A atuação mais preventiva e consultiva tem se consolidado e a adoção de novos modelos de gestão jurídica passarão a protagonizar a atuação do advogado.

Compartilho de um grande sentimento de simplificação de processos e gestão, invocando princípios e valores do ágil para executar projetos jurídicos, rever planejamentos e estabelecer prioridades, seja na implementação de tecnologia, seja na gestão delas com o único objetivo de melhorar a atuação dos advogados e ampliar a visão estratégica.

Liderar projetos de inovação e combiná-los com o ágil demandam duas principais ações: engajar e inspirar.

Selecione o que vai medir, simplifique e seja transparente. Seja o agente da mudança.

10. REFERÊNCIAS

BROWN, Tim. *Design Thinking*: uma metodologia poderosa para decretar o fim das velhas ideias. Rio de Janeiro: Alta Books, 2017.

MANIFESTO ÁGIL. 2001. Disponível em: https://agilemanifesto.org/iso/ptbr/manifesto.html. Acesso em: 28 jun. 2022.

MELO, Adriana; ABELHEIRA, Ricardo. *Design Thinking & Thinking Design* – Metodologia, Ferramentas e Uma Reflexão Sobre o Tema. 1 ed.; 1 reimp. São Paulo. Novatec, 2017, p.15.

RIGBY D. K.; SUTHERLAND J.; TAKEUCHI H. *Embracing Agile*. Harvard Business Review. 26.05.2016. Disponível em: https://hbr.org/2016/05/embracing-agile. Acesso em: 28 jun. 2022.

ROGERS, David L. *Transformação digital*: repensando o seu negócio para a era digital. Trad. Afonso Celso da Cunha Serra. 1 reimp. São Paulo. Autêntica Business, 2018.

SCHWAB, Klaus. *Aplicando a Quarta Revolução Industrial*. São Paulo: Edipro, 2018.

4

LEGAL CUSTOMER EXPERIENCE

Bruno Feigelson
Doutor e mestre em Direito pela UERJ. Sócio do Lima ≡ Feigelson Advogados. CEO do Sem Processo. Fundador e Membro do Conselho de Administração da AB2L (Associação Brasileira de Lawtechs e Legaltechs). CEO da Future Law. Fundador da Lif≡ Aceleradora. Chairman da Dados Legais e da Lawgile. É professor universitário, palestrante e autor de diversos livros e artigos especializados na temática Direito, Inovação e Novas Tecnologias.

Fellipe Branco
Chief of Visual Law Officer na Lima ≡ Feigelson Advogados Visual Design and Visual Law Advisor na Future Law.

Horrara Moreira
Estagiária na Lima ≡ Feigelson Advogados. Graduanda em Direito pela Universidade Federal do Estado do Rio de Janeiro (UNIRIO).

https://youtu.be/kxTy_8I4J-4

Sumário: 1. Introdução. 2. O que é *customer experience*. 3. Conceitos fundamentais de marketing. 4. Todos nós somos clientes. 5. A construção do *legal customer experience*. 6. Cultura – O que podemos aprender com as organizações exponenciais. 7. Pessoas – Só atende bem quem gosta de atender. 8. Processos – Um pequeno guia para não se perder no mar de informações. 9. Considerações finais. 10. Referências.

1. INTRODUÇÃO

"Nosso propósito é claro: reinventar e aplicar o direito na realidade exponencial. Acreditamos que toda conexão tem o seu valor e evoluímos constantemente para aproveitar os benefícios que as tecnologias oferecem.[1]".

Para nós do Lima ≡ Feigelson Advogados, é um prazer compor essa coletânea de artigos que tem por objetivo discutir tendências do design aplicadas ao direito. Escrever sobre a experiência do cliente no contexto legal é um desafio e uma responsabilidade. Afinal, aqui e agora, casa de ferreiro não pode ter espeto de pau.

Desejamos ser o mais assertivo possível, para conduzir você que nos lê por uma jornada inquietante, desafiadora, mas altamente recompensante ao término do nosso trabalho. Esqueça o aprendizado pelo medo, o famoso: "Aprenda os conceitos de *legal customer experience* agora, ou perderá seu trabalho!", ou mesmo a expectativa de adicionar mais uma *buzzword*[2] ao seu vocabulário para se sair bem na próxima reunião.

O que propomos agora é um caminho, que apesar de não podermos chamar de novo, não comporta o blefe. Se conseguirmos alcançar nosso objetivo, depois desta leitura, você terá bastante trabalho pela frente. A parte boa é que teremos feito mais um colega.

As revoluções tecnológicas mudam o mundo significativamente ao longo dos séculos. A Primeira Revolução Industrial alterou a produção manual para mecanizada, entre 1760 e 1830. Por volta de 1850, a Segunda Revolução Industrial, ocasionada pelo advento da eletricidade, possibilitou o surgimento da manufatura em massa. Em meados do século XX, a Terceira Revolução Industrial saudou a chegada da eletrônica, da tecnologia da informação e telecomunicações.

Em todos esses momentos, a tecnologia, compreendida como um conjunto de métodos e processos usados para a produção de bens ou serviços, transformou a forma com que nós, seres humanos, vivemos e nos organizamos socialmente.

Agora, argumenta-se que vivemos a Quarta Revolução Industrial. O termo refere-se à mudança provocada pela união de ativos físicos e o avanço de tecnologias digitais como Internet das coisas (IoT), Inteligência Artificial (IA), computação em nuvem, nanotecnologia, impressão 3D, veículos autônomos, e além. Assim como as

---

1. Lima & Feigelson Advogados Associados. *O que nos define*. Disponível em: http://limafeigelson.com.br/. Acesso em: 28 jun. 2022.
2. Um chavão é uma palavra ou frase, nova ou já existente, que se torna muito popular por um período de tempo. Os chavões frequentemente derivam de termos técnicos, mas muitas vezes têm muito do significado técnico original removido pelo uso da moda, sendo simplesmente usados para impressionar outras pessoas. Colaboradores da Wikipedia. "*Buzzword*". Wikipedia, The Free Encyclopedia. Wikipedia, The Free Encyclopedia, 4 de janeiro de 2021. Web. Acesso em: 28 jun. 2022.

organizações, consumidores tornaram-se mais flexíveis, responsivos e inteligentes no processo de tomada de decisões baseadas em dados[3].

Acreditar que o mercado jurídico, integrante da cadeia produtiva de prestação de serviços, estaria incólume aos desafios competitivos que infligem todos os demais setores da economia, é estar desassociado da realidade.

A Revolução 4.0 permitiu agilizar, eliminar processos manuais e automatizar tarefas repetitivas dentro das empresas. Nesse sentido, no mundo do Direito, são muitas as ferramentas disponíveis: recebimento de publicações, aplicação da ciência de dados em peças processuais através da utilização da jurisprudência de forma acessível, algoritmos preditivos para a melhora do desempenho processual[4], dentre outros.

O famoso Direito 4.0 faz circular entre o universo jurídico um medo infundado da substituição dos operadores do direito por máquinas. Há também quem acredite ser necessário investir grandes somas para utilização de inteligência artificial e outros recursos tecnológicos sem antes compreender o essencial: a cultura organizacional, ou seja, quais são os valores que unem as pessoas em torno de um objetivo.

Para Jonathan Levav, pesquisador da Universidade de Stanford na área da teoria da decisão comportamental do consumidor, nós "Somos muito bons em fazer novas tecnologias, mas não tão bons em saber o que elas significam para as pessoas"[5].

O ideal é, então, que os "robôs jurídicos" sirvam para poupar tempo dos advogados para que esses possam se concentrar em tarefas realmente inteligentes, aquelas que os computadores não são capazes de fazer: se relacionar com seus clientes e compreender seus desejos, suas ansiedades e suas necessidades para com o serviço.

2.   O QUE É *CUSTOMER EXPERIENCE*

você pode se concentrar na adoção, retenção, expansão ou defesa; ou você pode se concentrar no resultado desejado dos clientes e obter todas essas coisas.

Tweet de @lincolnmurphy – 11 de abr de 2016.

A frase acima pertence a Lincoln Murphy, considerado um dos precursores do conceito de *customer success* – sucesso do cliente (CS), que tem por objetivo apresentar "como as empresas inovadoras descobriram que a melhor forma de aumentar a receita

---

3. Deloitte. *The Fourth Industrial Revolution At the intersection of readiness and responsibility*. Deloitte Insights, 2020. Disponível em: https://www2.deloitte.com/content/dam/Deloitte/de/Documents/human-capital/Deloitte_Review_26_Fourth_Industrial_Revolution.pdf Acesso em: 28 jun. 2022.

4. Aplicação de ferramentas de ciências de dados para análise da probabilidade de êxito processual e utilização de estratégias adequadas para o tratamento do conflito. Para saber mais acesse: https://www.spectter.com.br/.

5. Época Negócios. *Como a tecnologia muda o comportamento do consumidor?*. Disponível em: https://epocanegocios.globo.com/Marketing/noticia/2017/10/como-tecnologia-muda-o-comportamento-do-consumidor.html. Acesso em: 28 jun. 2022.

é garantir o sucesso dos clientes". O conceito é desenvolvido na obra "Customer Success" impressa no Brasil pelo grupo Autêntica *Business*.

CS é uma estratégia de gestão de negócios que coloca o cliente e suas necessidades no centro de todas as decisões tomadas pela organização, indo muito além da mera pesquisa de satisfação de *call center*. De acordo com a Gainsight, empresa que desenvolve produtos orientados ao sucesso do cliente, e que prefacia a obra que acabamos de citar, o *customer success* enquanto conceito, abordagem e método:

> " (...) preserva os negócios em curso, escancara as portas para novas oportunidades, e transforma nossos clientes em apóstolos vitalícios. Quando otimizado, o sucesso do cliente é o melhor indutor possível de vendas e marketing."[6]

O *Customer Success* começou a ser desenvolvido por empresas de tecnologia que ofereciam *software* como serviço (conhecido como SaaS). Vinculado primariamente às estratégias de marketing, o conceito evoluiu e hoje o que se almeja é o *Customer Experience*, que ultrapassa o relacionamento que se estabelece com quem já é cliente e alcança a todas as pessoas e organizações que tenham contato com a marca.

Todo o processo de gestão da experiência precisa visar a satisfação do cliente para que exista uma boa percepção e se atinja a fidelização. Sendo assim, os pontos a se ter em mente quando falamos dessa experiência são: a busca constante por melhorar a qualidade de vida; entender o que é e o que gera valor e trabalhar para criar produtos com foco na satisfação do cliente.

Segundo Steve Denning, autor do livro "A Linguagem Secreta para Liderança", empresas que mantêm o foco na fidelização do cliente garantem um exército de indicações. Mais do que isso, estima-se que manter um cliente fiel seja cinco vezes mais barato do que conseguir um novo[7].

3. CONCEITOS FUNDAMENTAIS DE *MARKETING*

Antes de nos determos ao diálogo sobre a experiência do cliente direcionada a serviços jurídicos, será preciso abordarmos conceitos centrais de *marketing*. De acordo com Philip Kotler "Marketing é um processo social e gerencial pelo qual indivíduos e grupos obtêm o que necessitam e desejam através da criação, oferta e troca de produtos de valor com outros".[8]

O Código de Ética da Ordem dos Advogados do Brasil, assim como o Provimento OAB 94/00, foram taxativos ao estabelecer a proibição do marketing ativo, também

---

6. Nick Mehta, Dan Steinman, Lincoln Murphy; tradução Afonso Celso da Cunha Serra. *Sucesso do Cliente*. São Paulo: Autêntica Business, 2017.
7. Endeavor. *Fidelização de clientes*: 5 dicas essenciais para encantar o comprador. Disponível em: https://endeavor.org.br/marketing/fidelizacao-de-clientes/. Acesso em: 28 jun. 2022.
8. *Rockcontent. Philip Kotler*: história, contribuições e influência do maior nome do Marketing. Disponível em: https://rockcontent.com/br/blog/philip-kotler/. Acesso em: 28 jun. 2022.

conhecido como *marketing outbound*[9], na prática da advocacia, à primeira vista, essa imposição pode parecer absurda, mas tem seu lado positivo.

Somente são permitidos conteúdos informativos que levem ao público dados objetivos e verdadeiros a respeito dos serviços que a advocacia se propõe a prestar. Assim, resta ao marujo jurídico, navegante das marés tempestuosas da concorrência, as estratégias do *marketing inbound*, pela tradução livre, *marketing de atração*. A estratégia de captação de clientes é direcionada para atrair e fidelizar, despertar o interesse para que venham até você ou à sua organização pela identificação com a sua proposta.

Uma pesquisa divulgada recentemente pela *Harvard Business Review* mostrou que empresas líderes na fidelização de clientes aumentam suas receitas 2,5 vezes mais rápido do que seus concorrentes no mesmo setor, e em 10 anos entregam a seus sócios o correspondente em dividendos[10].

Então, caso esteja em condições de jogar fora a possibilidade de conseguir novos clientes ou acredite que "Em time que está ganhando não se mexe", prescinde a leitura desse artigo, ele não terá serventia para você. Mas se, assim como nós, acredita que sempre é possível melhorar o que entregamos diariamente, fica mais um pouco, vai ter bolo.

4. TODOS NÓS SOMOS CLIENTES

Como resultado da mudança de paradigma de consumo, atrelada ao avanço tecnológico, nós consumidores estamos mais exigentes. Em pesquisa realizada pela Microsoft com clientes ao redor do mundo, 96% dos entrevistados disseram que o atendimento é importante na escolha de se tornarem leais a uma marca; 72% esperam que os atendentes conheçam seu histórico de compras e contatos anteriores e 77% dos entrevistados têm uma visão mais positiva em relação a marcas que pedem e aceitam o feedback do cliente[11].

E como seria um bom atendimento para você? Nós pensamos em um conjunto de aspectos como: rapidez, preço justo, um produto ou serviço que resolva a nossa necessidade – veja a importância do marketing novamente – que seja personalizado. Se todos nós somos clientes, por acaso, você já calçou os sapatos dos seus e por alguns instantes pensou como gostariam de ser tratados?

---

9. Também conhecido como marketing tradicional, no *marketing outbound* busca por clientes como quem procura "agulha num palheiro", apesar das técnicas de predição estarem cada vez mais sofisticadas no direcionamento do material publicitário, esse tipo estratégia se aplica geralmente a veículos de massa, na tentativa de atingir o maior número possível de pessoas: propagandas no rádio, TV, jornais, revistas, mala direta, cartazes, nos meios mais tradicionais de veiculação, e na internet, Banners, e-mails em massa e pop-ups são alguns tipos de publicidade presentes nessa metodologia. Acho que você assim como nós, você não é o que podemos chamar de fã desse tipo de abordagem, digamos um tanto sufocante.

10. Rob Markey. Você Subestima Seus Clientes? *Harvard Business Review Brasil*. Disponível em: https://hbrbr.com.br/voce-subestima-seus-clientes/ . Acesso em: 28 jun. 2022.

11. Microsoft. State Of Global Customer Service Report. *Info.Microsoft*, 2017. Disponível em: https://info.microsoft.com/rs/157-GQE-382/images/EN-CNTNT-Report-DynService-2017-global-state-customer-service.pdf . Acesso em: 28 jun. 2022.

Dos entrevistados da pesquisa de atendimento ao cliente da Microsoft, 56% responderam que deixariam de comprar com uma empresa devido a uma experiência ruim de atendimento ao cliente[12]. Certamente queremos ter a sensação de que vivenciamos a melhor experiência possível.

Outra tendência global de atendimento ao consumidor é a integração dos canais de atendimento – conhecido como *omnichannels*. Nesse contexto, utilizamos uma profusão de canais de compra, com um aumento significativo do consumo on-line. Assim, 90% dos clientes abordados esperam que a marca ofereça um portal online de autoatendimento, 52% disseram que a primeira interação com as marcas ocorre online e 85% obtiveram resposta quando entraram em contato com a empresa via mídias ou redes sociais.[13]

Os dados apontam o quanto a presença digital pode ser um fator determinante para a escolha do cliente, corroborando a tese de que o grande diferencial entre empresas não será mais o produto ou o preço, mas sim uma boa experiência e atendimento.

Finalizamos essa sessão com a seguinte pergunta: Como anda a sua presença digital? O mármore bonito da fachada e o endereço privilegiado precisam estar presentes na internet, afinal, a tendência é que boa parte de nossa interação aconteça virtualmente.

5. A CONSTRUÇÃO DO *LEGAL CUSTOMER EXPERIENCE*

Em 2018, uma pesquisa realizada pela LexisNexis e pela Judge Business School da Universidade de Cambridge revelou uma "desconexão significativa e persistente entre escritórios de advocacia e seus clientes".[14] Tal cenário se repetiu em nosso quintal, em 2020, quando o relatório publicado pela Análise Editorial demonstrou que boa parte dos departamentos jurídicos estava descontente com os serviços prestados por escritórios que os atendiam.

Os motivos geradores da insatisfação dos consumidores de serviços jurídicos podem ser resumidos em quatro causas: (i) *Consultoria ao invés de soluções práticas* – aquela *legal opinion* cara, de incontáveis páginas e linguagem rebuscada não parece valer muito diante do que o cliente espera; (ii) *Perfeito x Bem feito* – O desafio do cliente não contempla a espera por um produto "sem erros" e sim algo suficientemente bom; (iii) *Quanto tempo leva e quanto custa?* – O seu modelo de negócios é preditivo? Aplica jurimetria? Qual o valor da homem-hora em seus processos?; e a cereja do bolo (iv) *Falta de conhecimento* – Quais são os desafios enfrentados pelo seu cliente? Todo mundo espera o melhor atendimento possível, lembra?

---

12. Ibidem.
13. Ibidem.
14. Mark A. Cohen. *Too Many Legal Awards – Too Little Customer Satisfaction*. Forbes. Disponível em: https://www.forbes.com/sites/markcohen1/2018/07/02/too=-many-legal-awards-too-little-customer-satisfaction/?sh-7c88bbaa46d7. Acesso em: 28 jun. 2022.

Uma boa experiência de consumo do serviço jurídico precisa oferecer muito mais do que o Direito. É necessário pensar, definir, desenhar, implementar e acompanhar os processos organizacionais para que *o cliente esteja no centro de todas as decisões*. Inverter o foco do "o que funciona para nós?" para "o que funciona para o consumidor?"

Para que se possa construir uma estratégia de negócios pautada pelo *Customer Experience,* ainda que existam uma infinidade de produtos, serviços, softwares, metodologias disponíveis, elegemos três itens básicos: *Cultura, Pessoas e Processos.*

Apresentamos a seguir um caminho que julgamos coerente para que organizações jurídicas de qualquer tamanho e até mesmo com baixo poder aquisitivo, possam gerir uma *Legal Customer Experience.* Comece ajustando o leme e corrigindo a rota.

6. CULTURA – O QUE PODEMOS APRENDER COM AS ORGANIZAÇÕES EXPONENCIAIS

Para que uma organização que preste serviços jurídicos esteja alinhada aos desafios dos dias atuais e preparada para o futuro, acreditamos que é preciso adotar os princípios das organizações exponenciais como estratégia de atuação.

O termo Organizações Exponenciais foi introduzido em 2014 por Salim Ismail, Michael S. Malone e Yuri van Geest no livro de mesmo título, que identificou diferenças desproporcionais quanto à inovação, faturamento, retenção de clientes e, consequentemente, rentabilidade entre instituições disruptivas e organizações tradicionais.

No geral, o crescimento de uma organização disruptiva[15] chega a ser dez vezes mais rápido do que a de suas concorrentes por conta do uso da inovação a favor do negócio, pois sua produção se baseia em dados, formato atualmente priorizado por toda a sociedade.

De acordo com as pesquisas realizadas por Ismail, empresas que possuíam crescimento exponencial tinham algo em comum: Um propósito transformador massivo (PTM). Mas o que exatamente isso quer dizer?

O PTM indica o que uma empresa deseja fazer, e não o que ela já faz, daí a aplicação do termo Propósito. A transformação fica a cargo das mudanças que precisam ocorrer no processo para que vá além de leves melhorias, e precisa ser massivo, para impactar o maior número de pessoas possível.

Organizações tradicionais costumam ter sua ideologia corporativa baseada em Missão, Visão e Valores, por vezes difíceis de se difundir. Estão presentes no papel,

---

15. O termo disruptivo aplicado à prática de negócios, criado por Clayton Christensen, professor de Harvard, representa a mudança provocada pelos ciclos experienciados pela produção dentro do sistema capitalista, que a cada nova revolução (industrial ou tecnológica) destrói a anterior e toma seu mercado. Em linhas gerais, um produto ou serviço, que ofereça uma solução mais simples, acessível, eficiente ou atende a um público que não era priorizado e desestabiliza seus concorrentes tradicionais. Para saber mais, recomendamos a leitura do livro The Innovator 's Dilemma: When New Technologies Cause Great Firms to Fail (Management of Innovation and Change), do professor Christensen.

mas longe de representarem a cultura praticada no cotidiano pelas pessoas que se submetem às estruturas empresariais, fortemente hierarquizadas e centralizadoras.

Um PTM bem elaborado tem capacidade de inspirar pessoas dentro e fora da organização e assim atrair clientes. Para que fique mais claro, veja o PTM da Google[16]:

> Nossa missão é organizar as informações do mundo para que sejam universalmente acessíveis e úteis para todos.

Segundo Ismail "O Propósito Transformador Massivo não é uma declaração de missão, mas uma mudança cultural que move a equipe interna para o impacto externo. A maioria das grandes empresas contemporâneas está focada internamente e, muitas vezes, perde o contato com seu mercado e seus clientes."

Você já ouviu dizer que advogados são obstáculos, que seguram a bola, atrasam e/ou atrapalham o fluxo dos negócios? Já refletiu sobre como está sua relação com seu cliente? Seja um escritório, departamento jurídico interno, serviço de apoio ao mercado jurídico ou mesmo um órgão público, insta questionar como tem sido a identificação e o atendimento dado às demandas direcionadas a você e/ou sua equipe.

A Revolução 4.0 está diretamente ligada à eficiência, redução de custos e maximização de lucros. E como já foi dito na introdução, não há como não ser impactado por essas mudanças. Empresas que estão tendo sucesso são as que compreendem que a tecnologia pode auxiliar em todas as áreas, incluindo a estratégia geral do negócio e o direito, precisa ser esse parceiro.

Pronto para redefinir a rota da sua organização? Qual é o tamanho do seu desafio na aplicação do Direito? Lembre-se que "Sonhar grande e sonhar pequeno dá o mesmo trabalho".[17]

7. PESSOAS – SÓ ATENDE BEM QUEM GOSTA DE ATENDER

Temos o costume de dizer que uma organização não é seu CNPJ, seu contrato social, e sim uma união de CPFs trabalhando por um objetivo. A experiência do cliente deve impactar todas as áreas da organização para que a cultura seja viva. Em cada ponto de contato com o cliente ele tem de ser a prioridade.

Assim, não importa se o colaborador não faz parte do time de vendas, ou em nosso caso, não realiza a captação de clientes, deve estar claro no dia a dia, em cada tarefa executada, o que se espera da atuação de todos na organização. Assim, é preciso contratar, capacitar, oferecer boa remuneração e ter políticas de gestão que despertem o sentimento de pertencimento e engajamento do time.

---

16. Sobre o Google. Disponível em https://about.google/intl/ALL_br/. Acesso em: 28 jun. 2022.
17. A máxima dita com frequência por Jorge Paulo Lemann, é abordada no livro Sonho grande – Como Jorge Paulo Lemann, Marcel Telles e Beto Sicupira revolucionaram o capitalismo brasileiro e conquistaram o mundo. Recomendamos fortemente a sua leitura, é paradigmático.

Um mal atendimento pode ter vários motivos: salários baixos, má liderança, jornada extenuante... O que queremos destacar é: para que a experiência do cliente seja bem-sucedida, é preciso pensar nas pessoas que atendem a esses clientes.

Proporcionar espaço adequado para o desenvolvimento das rotinas executadas por seus colaboradores, construir diálogo, oportunizar o crescimento dentro da organização, valorizar a meritocracia, estabelecer um plano de carreira com critérios transparentes, entre outros. Não existe uma fórmula pronta, e a estratégia de gestão da experiência do funcionário, assim como a do cliente, vai acompanhar os recursos disponíveis, mas precisa ser real.

No fim, todos os esforços têm de ser direcionados para compreensão das pessoas e de como elas se sentem em contato com o objetivo da organização, que só é realizável, por pessoas tão reais quanto você.

8. PROCESSOS – UM PEQUENO GUIA PARA NÃO SE PERDER NO MAR DE INFORMAÇÕES

Em resumo, para construção do legal customer experience, defina seu objetivo e – mais importante – coloque o cliente no centro das decisões. Depois, cuide dos relacionamentos – valorize a experiência das pessoas que somam forças para o alcance do seu objetivo, sejam colaboradores, sócios, fornecedores. E por último, mas não menos relevante, cuide dos processos – a cultura precisa ser viva, tem de estar presente em todas as áreas e departamentos da sua organização.

As ferramentas disponíveis para gestão da experiência do cliente, são muitas, diversas e existem opções configuradas para cada tipo de negócio. Basta *googlar* pelo que precisa para se perder na quantidade de propostas. Não conseguiremos esgotar o tema deste artigo nas poucas páginas a que nos dedicamos, tão pouco temos a pretensão de estabelecer uma metodologia única de estratégia legal da experiência do cliente. Dito isso, preparamos um pequeno guia dos assuntos que consideramos a chave para uma operação bem-sucedida, com o DNA exponencial e guiada pelo *customer success*.

- *Antes de buscar por novos clientes, cuide dos que estão em casa*

Fortalecer laços já existentes é extremamente importante do ponto de vista econômico. Segundo pesquisa realizada pela Bain & Company, aumentar a taxa de manutenção dos clientes em 5% pode fazer com que seu lucro suba de 25% a 95%[18].

Entender a importância desses números nos motiva a nutrir as relações já existentes. Não importa o tamanho ou o valor monetário por ele convertido hoje, tratar bem a todos os clientes é uma estratégia acessível de *marketing inbound*. Tenha um verdadeiro time de indicações a seu favor e você expandirá os serviços ofertados para quem já está em casa.

- *Identifique seus clientes mais fiéis e crie vantagens*

---

18. Bain & Company. *Prescription for cutting costs* – Loyal relationships. Disponível em: https://media.bain.com/Images/BB_Prescription_cutting_costs.pdf . Acesso em: 28 jun. 2022.

Existem diversas formas de definir e descobrir quais são seus clientes mais importantes (VIPs), seja por venda direta ou por venda cruzada, quando o cliente realiza indicações do serviço e traz outros clientes. Independentemente de como você definirá como e quais são esses VIPs, é necessário implementar estratégias de marketing e relacionamento diferenciado para esses grupos. Criar canais exclusivos, preços diferenciados, prazos mais curtos... todas essas vantagens podem ser muito importantes.

- *Determine o que faz com que seus clientes retornem e personalize o atendimento*

Depois de identificar esses clientes VIPs, descubra o que é preciso para que eles continuem retornando. Assim, você poderá replicar a estratégia para os clientes que ainda não são VIPs e alavancar seu escritório para outros clientes.

A interação *online* é ferramenta essencial no nosso cotidiano, mas nada substitui a interação humana e todos gostam de se sentir exclusivos. Realizar reuniões presenciais (quando possível) ou fornecer acesso facilitado e direto é uma estratégia muito poderosa.

- Considere a contratação de um profissional ou software especializado

Outra ferramenta importante de manutenção de clientes e também prospecção de novos, é o *Customer Relationship Manager* (CRM)[19]. Existem profissionais e softwares facilitadores do processo de implementação dessa ampla estratégia de negócios.

9. CONSIDERAÇÕES FINAIS

Sabemos que a quantidade e variedade de informações que trouxemos para nossa conversa é grande. Se você chegou até aqui, queremos te agradecer pelo tempo que nos concedeu, é algo extremamente importante e valioso. Nos preocupamos em construir algo verdadeiro, com base naquilo que vivenciamos diariamente.

E sim, o tamanho do desafio gerado pela interdisciplinaridade de conteúdos jurídicos e não jurídicos é grande. Por vezes assustador. A revolução tecnológica no direito e nas relações sociais mudou as áreas de conhecimento necessárias para uma prática jurídica eficiente.

A imagem do advogado imerso em calhamaços jurídicos está cada vez mais ultrapassada: o advogado do futuro precisa entender a tecnologia disponível, a men-

---

19. *"Customer Relationship Management" (CRM)* é um termo em inglês que pode ser traduzido para a língua portuguesa como Gestão de Relacionamento com o Cliente. Foi criado para definir toda uma classe de sistemas de informações ou ferramentas que automatizam as funções de contato com o cliente. Estas ferramentas compreendem sistemas informatizados e fundamentalmente uma mudança de atitude corporativa, que objetiva ajudar as campanhas a criar e manter um bom relacionamento com seus clientes armazenando e inter-relacionando de forma inteligente, informações sobre suas atividades e interações com a empresa." TURBAN, Efrain; LEIDNER, Dorothy E.; WETHERBE, James C.; MCLEAN, Ephraim (2010). *Tecnologia da informação para gestão: transformando os negócios na economia digital*. 6. ed. Porto Alegre: Bookman. p. 348-355.

talidade dos clientes e os fluxos do mercado. Parece impossível, mas já é realidade. E pode ter certeza: essa nova realidade é prazerosa.

Como dissemos na introdução, esperamos ter feito mais um colega capaz de entender e encarar o desafio da aplicação do Direito na realidade exponencial. Caso queira conversar, gostaríamos de permanecer conectados com você. Preparamos uma série de conteúdos extras, que poderão te auxiliar na jornada pelo Direito 4.0.

Law by Design – Margaret Hagan – https://www.lawbydesign.co/legal-design/

Introduction to Human-Centered Design – https://www.acumenacademy.org/course/design-kit-human-centered-design

Podcast Experiência do Cliente na Veia – https://open.spotify.com/episode/48UQmAGcDM2KyIsn05u91c?si=sRBuObE0S5Sa3iLBZDAHfA –

Pesquisa de Satisfação – Legal Customer Experience – https://www.survio.com/survey/d/M6W7N7E9T8M1V1Y4H –

10. REFERÊNCIAS

BAIN & COMPANY. *Prescription for cutting costs* – Loyal relationships. Disponível em: https://media.bain.com/Images/BB_Prescription_cutting_costs.pdf. Acesso em: 28 jun. 2022.

COHEN, Mark A. *Too Many Legal Awards – Too Little Customer Satisfaction*. Forbes. Disponível em: https://www.forbes.com/sites/markcohen1/2018/07/02/too=-many-legal-awards-too-little-customer-satisfaction/?sh-7c88bbaa46d7. Acesso em: 28 jun. 2022.

COLABORADORES DA WIKIPEDIA. "*Buzzword*". Wikipedia, The Free Encyclopedia. Wikipedia, The Free Encyclopedia, 4 de janeiro de 2021. Web. Acesso em: 28 jun. 2022.

DELOITTE. *The Fourth Industrial Revolution At the intersection of readiness and responsibility*. Deloitte Insights, 2020. Disponível em: https://www2.deloitte.com/content/dam/Deloitte/de/Documents/human-capital/Deloitte_Review_26_Fourth_Industrial_Revolution.pdf Acesso em: 28 jun. 2022.

ENDEAVOR. *Fidelização de clientes*: 5 dicas essenciais para encantar o comprador. Disponível em: https://endeavor.org.br/marketing/fidelizacao-de-clientes/. Acesso em: 28 jun. 2022.

ÉPOCA NEGÓCIOS. *Como a tecnologia muda o comportamento do consumidor?*. Disponível em: https://epocanegocios.globo.com/Marketing/noticia/2017/10/como-tecnologia-muda-o-comportamento-do-consumidor.html. Acesso em: 28 jun. 2022.

LIMA & FEIGELSON ADVOGADOS ASSOCIADOS. *O que nos define*. Disponível em: http://limafeigelson.com.br/. Acesso em: 28 jun. 2022.

MICROSOFT. State Of Global Customer Service Report. *Info.Microsoft*, 2017. Disponível em: https://info.microsoft.com/rs/157-GQE-382/images/EN-CNTNT-Report-DynService-2017-global-state-customer-service.pdf. Acesso em: 28 jun. 2022.

MARKEY, Rob. *Você Subestima Seus Clientes?* Harvard Business Review Brasil. Disponível em: https://hbrbr.com.br/voce-subestima-seus-clientes/. Acesso em: 28 jun. 2022.

MEHTA, Nick; STEINMAN, Dan; MURPHY, Lincoln. *Sucesso do Cliente*. Trad. Afonso Celso da Cunha Serra. São Paulo: Autêntica Business, 2017.

ROCKCONTENT. *Philip Kotler*: história, contribuições e influência do maior nome do Marketing. Disponível em: https://rockcontent.com/br/blog/philip-kotler/. Acesso em: 28 jun. 2022.

SOBRE O GOOGLE. Disponível em https://about.google/intl/ALL_br/. Acesso em: 28 jun. 2022.

TURBAN, Efrain; LEIDNER, Dorothy E.; WETHERBE, James C.; MCLEAN, Ephraim. *Tecnologia da informação para gestão*: transformando os negócios na economia digital. 6. Ed. Porto Alegre: Bookman, 2010.

5

DESIGN DE SERVIÇOS JURÍDICOS

Alexandre Zavaglia Coelho

Presidente da Comissão de Direito, Inovação e Tecnologia do IASP, advogado e um dos pioneiros do Brasil no uso de técnicas de ciência de dados e uso de inteligência artificial na área do Direito, e em projetos de privacy by design. Professor de diversas instituições de ensino e Coordenador executivo do Grupo de Pesquisas de Governança de Dados e Regulação de Inteligência Artificial do CEPI – Centro de Educação e Pesquisa em Inovação da FGV Direito SP. Membro da Comissão Especial de Proteção de Dados do Conselho Federal da OAB. Membro do GT do CNJ para adequação dos Tribunais a LGPD. Fundador e conselheiro de diversas startups, Diretor da Legal Score, da Villa – Visual Law Studio e da Finted Tech School, autor de artigos e publicações na área de Direito e Tecnologia.

Cynara de Souza Batista

Advogada atuante em Legal Design, Visual law, UX Writing e produção de conteúdo voltado ao Direito, sempre buscando integração entre ética, filosofia, negócios, tecnologias disruptivas e diversidade. Head de Client Sucess da Finted Tech School – escola de Finanças, Direito e Tecnologia.

Sumário: 1. Legal design. 1.1. Ciência de dados (*data science*) e legal design. 2. Design de serviços. 2.1. Design centrado no ser humano e design centrado no usuário. 3. Design de serviços jurídicos relacionados à Lei Geral de Proteção de Dados Pessoais – LGPD.

1. LEGAL DESIGN

O Design é uma ciência voltada para a resolução de problemas. Nos últimos anos, a influência de suas técnicas nas mais diversas áreas do saber tem transformado a forma como pensamos e criamos produtos, serviços, softwares, repensamos os processos e as organizações, as formas de inovar a comunicação, entre milhares de possibilidades. E tudo isso também tem se refletido na área do Direito.

E aí é que surgiu o Legal Design, como uma nova abordagem para (re)desenhar a maneira como resolvemos problemas jurídicos complexos.

O conceito de design vai muito além da parte estética de um objeto ou de metodologias para sua aplicação – como o *Design Thinking*, *Agile*, Canvas, entre outras, que são métodos que realmente podem nos ajudam a organizar esses passos até a solução. Mas Legal Design não é o *Design Thinking* do Direito, como alguns dizem, pois essa é apenas uma dessas metodologias. Está ligado a resolução de problemas, sobre como navegar por meio de estratégias e funcionalidades para pensar, evitar ou solucionar uma situação de conflito de interesses, para a criação de um novo modelo de negócios, entre outras questões.

Ou seja, o design orientado para a resolução de problemas vai desde o entendimento e a observação do caso (que na prática do Direito geralmente se faz através dos processos judiciais, contratos e demais documentos jurídicos, da observação do ordenamento jurídico e do comportamento da jurisprudência), passando pela definição sobre quais as ferramentas e os melhores caminhos dessa trilha (processos), até chegar ao protótipo e aos testes necessários para garantir a sua eficácia para a fase de validação dessa trajetória (funcionalidades, usabilidade, design da informação).

Por isso é que não podemos restringir esses conceitos a uma única técnica ou simples metodologia, embora possamos nos valer dessas práticas ao longo dos projetos. Mas limitar o Legal Design a um método, neste contexto, traria uma expectativa equivocada de fórmula estanque que serve para todo e qualquer tipo de situação. Legal Design, na prática, é a busca por novas formas para solucionar problemas e desafios jurídicos, e isso vai depender do tipo de problema que se quer resolver e das múltiplas formas para se fazer isso.

E assim, temos o design de sistemas, de organizações, de serviços, de produtos e o design da informação, como a camada final dos projetos. Então o design é sobre resolver problemas, e o conceito de Legal Design foi desenvolvido para aplicar essas técnicas para a solução de problemas sociais refletidos no judiciário, de conflitos de interesses, de adequação de uma atividade ao ordenamento jurídico etc.

Para cada uma dessas possibilidades, segundo a professora Margareth Hagan no ensina em seu famoso livro *Law by Design*[1], podemos nos valer das subáreas do Legal Design:

Disponível em http://www.legaltechdesign.com/

Mesmo que de forma inata ou inconsciente, até pelo dom natural do profissional do Direito, a utilização de alguns desses conceitos sempre esteve presente na prestação dos serviços jurídicos, só que mais artesanal, manual, a exemplo da leitura de milhares de documentos e pesquisas de jurisprudências nas primeiras Revistas dos Tribunais. Advogados, por exemplo, são resolvedores de problemas por natureza, são contadores de histórias (*storytelling*), e desde os primórdios de sua atuação integram a técnica jurídica com formas criativas para desenvolver modelos de negócios ou para convencer seus interlocutores de suas ideias e argumentos.

Nesse ponto, a influência do design tem auxiliado a trazer novas técnicas e metodologia a esse trabalho. E a evolução da tecnologia também tem auxiliado bastante, na medida em que passamos a usar novas ferramentas desde a fase inicial do design, tanto para organizar as informações para compreender melhor o problema e definir o que fazer para a sua solução, como pela utilização de ambientes digitalizados e plataformas automatizadas para otimizar as atividades cotidianas e a entrega de serviços jurídicos.

Além disso, essa metodologia também tem sido utilizada para a adaptação das informações para cada finalidade e tipo de destinatário (partes, juízes, demais departamentos ou setores, consumidores etc.), por meio da subárea do Legal Design denominada *Visual Law*, ampliando as estratégias de acesso à justiça.

O design, com suas metodologias e técnicas, tem se mostrado capaz de direcionar tais inovações na medida das necessidades das pessoas e de suas organizações, de integrar o Direito, a gestão estratégica e a tecnologia. E, como dito, as possibilidades do Legal

---

1. Disponível em https://www.lawbydesign.co/.

Design vão muito além do *design thinking* e da apresentação visual. É possível desenhar formas inovadoras de prestar os serviços jurídicos, de apoiar a criação dos novos modelos de negócios demandados pelo mundo atual, de criar leis mais aderentes aos anseios sociais, de aprimorar procedimentos internos e também entregar a informação que o usuário final precisa, no formato mais simples e adequado às suas necessidades.

Até porque a inovação não é algo necessariamente ligado à tecnologia informática, mas a novas formas de pensar e agir no mundo do Direito.

O novo perfil de comportamento social e cultural desse ambiente conectado e *data driven*, orientado por dados em tempo real para a tomada de decisão, é o grande balizador de todas as iniciativas de inovação nos mais diversos setores da economia, e no Direito não tem sido diferente. Até porque a eficiência, com resultados mensuráveis, e a experiência do cliente, têm sido estratégias-chave de competição nos mais diversos mercados e setores.

Esse consumidor dos produtos e serviços jurídicos é o mesmo consumidor digital de todos os outros setores da economia. Consumidor empoderado pelo avanço tecnológico, hiperconectado, muito informado, tem pressa, mas busca qualidade, é bastante crítico, tem liberdade de escolha concorrencial (custo-benefício), tem capacidade de criação, é exigente, curioso, persuasivo, influenciador. É com as expectativas desse consumidor que os prestadores de serviços jurídicos devem se preocupar e adequar suas atividades para esse ambiente em transformação.

Além disso, esse caminho é muito relevante para o relacionamento com as empresas, pois alinha de forma mais eficiente a colaboração, inclusive transpondo eventuais barreiras de comunicação entre o ambiente jurídico, de negócios e seus clientes.

Apesar de nossa formação técnica e cultural estar muito ligada ao relacionamento por meio de disputas judiciais, essa visão tem mudado nos últimos anos, tanto pela busca de meios alternativos de resolução de conflitos, como pela melhor compreensão dos problemas. Isso faz com que essas novas possibilidades de solução permitam a transformação de uma atividade que sempre teve uma postura reativa, a partir do conflito, para também proporcionar a prevenção pela mudança de procedimentos e práticas, entre outras estratégias que tem ganhado destaque internacional.

Além disso, no caso do Direito, a grande parte das informações está em milhares de processos judiciais, contratos e demais documentos. E essa possibilidade de entender melhor situações e problemas legais, assim como essas novas dinâmicas e conflitos sociais, são os pontos de partida para essa transformação e a digitalização da prestação de serviços jurídicos.

E tudo isso requer novas habilidades e competências, até porque já está claro que a mera implementação de ferramentas tecnológicas não garante os resultados prometidos por esse movimento.

É preciso formar os profissionais da área do Direito para compreender essas estratégias, para que possam desenvolver e oferecer esses novos serviços jurídicos com mais eficiência, integrando seu conhecimento técnico com a gestão de projetos, uso de novas ferramentas tecnológicas, relacionamento com times multidisciplinares, geração de indicadores de performance, experiência do cliente, entre muitas outras possibilidades, já que os juristas são os verdadeiros atores desse movimento e estão no centro dessa revolução tecnológica que estamos vivenciando.

Se analisarmos profundamente esse fenômeno, vamos compreender que todo esse arcabouço de adaptação do Direito a essa nova realidade, se integram pela busca de acesso à justiça, do melhor caminho para dar a cada um o que lhe é de direito. Assim temos visto muitas iniciativas, seja no setor público e no privado, nos escritórios de advocacia ou nos departamentos jurídicos das empresas, em que o uso dessas ferramentas de gestão, de automação de documentos, de plataformas de acordo e de *analytics* (análise e cruzamento de dados), proporcionam, por exemplo, a criação de políticas de acordo e de provisão individualizadas e com mais precisão, a fim de ampliar a base de solução de conflitos por meios alternativos, assim como para melhorar a definição sobre qual a melhor tese ou entendimento da jurisprudência sobre cada tema. Ou seja, já são muitas as iniciativas para transformar o jurídico em um ambiente de ativos estratégicos para a gestão.

E essas oportunidades estão tanto no reflexo dessas novas dinâmicas sociais e da digitalização de todos os setores da economia nos mais diversos ramos do Direito, gerando a necessidade de novas áreas e serviços jurídicos, como pela utilização das novas tecnologias, como no ferramental necessário para apoiar essas atividades dos profissionais da área.

O Direito Material está se adaptando a essas novas demandas oriundas do uso de automação, de inteligência artificial e da análise de big data no dia a dia da sociedade, e se essa automação e as técnicas de ciências de dados estão nos auxiliando a otimizar a produção de bens e serviços, é certo que o uso das técnicas mais avançadas de *design* também está ajudando a trilhar novas formas de resolver problemas jurídicos e a colocar o ser humano como o centro de todo esse movimento.

Outra característica importante na aplicação de técnicas de design na área do Direito, é a interação com times multidisciplinares. Matemáticos, estatísticos, designers, jornalistas, cientistas de dados, engenheiros, entre outras áreas, estão participando efetivamente dessa jornada e isso tem feito toda a diferença. Mas isso não tira o protagonismo do jurista, que é quem entende o que é preciso pesquisar, o que fazer com essas informações e como definir os caminhos para as soluções.

Os advogados precisam, cada vez mais, integrar seu conhecimento técnico com as habilidades e insights dessas outras áreas. Daí a importância da criação de equipes multidisciplinares para a troca de pontos de vista, ideias e experiências, para alavancar o processo criativo e o desenvolvimento de um novo modelo de entrega de serviços jurídicos.

1.1. Ciência de dados (*data science*) e legal design

Para que toda essa disrupção possa acontecer na prática, é fundamental iniciarmos a jornada de inovação com a organização do que podemos extrair da quantidade massiva de dados que são produzidos no universo jurídico, seja setor público ou privado. O design no Direito sempre começa pela observação, e as informações a serem observadas encontram-se nos documentos, processos judiciais, contratos, na comunicação entres as partes.

E a tecnologia, através da automação e da inteligência artificial, tem ajudado bastante na compreensão de todo esse contexto, para que possamos utilizar esses dados como o principal ativo da gestão estratégica da transformação digital no Direito.

Fazemos sempre uma analogia a essa etapa inicial do Legal Design, e da sua correlação com a ciência de dados (Data Science), com a criação de uma espécie de radiologia do Direito, onde os sistemas de tecnologia funcionam como uma máquina de Raios X, uma tomografia avançada, fazendo a leitura e correlacionando todos esses arquivos, transformando dados desestruturados (desorganizados – imagem, texto, voz) em dados estruturados (organizados – dentro de sistemas). Na sequência, entra a figura do Radiologista, que é quem organiza essas informações para que, por fim, o Médico – que no nosso caso são os Advogados, Juízes, Promotores, Delegados e demais operadores do Direito, possam compreender com mais precisão onde está o problema e definir o seu tratamento.

O processo de design, nessa nossa abordagem, na grande maioria das vezes se inicia pela "leitura" dos dados com apoio da tecnologia para, a partir daí, realizar o seu cruzamento e análise (B.I. + *analytics*). E esse laudo, que é o raio-x do problema como mencionamos, reflete os pontos principais e os subsídios para decidir o que fazer, sobre qual caminho seguir, sobre qual o design (arquitetura) mais adequado para a solução. A partir de nossa experiência em projetos de Legal Design, criamos a metodologia de trabalho a seguir:

Vale ressaltar, nesse ponto, a grande importância da percepção e experiência humana em todo esse processo de design, seja em qualquer de suas modalidades. Por exemplo, a modelagem e a criação das regras de um sistema não devem ser definidas por um robô ou IA, mas sim pelas ideias e a supervisão de seres humanos, a partir da identificação do problema decorrente da organização das informações. Isso desmistifica um outro ponto de bastante discussão entre os operadores do Direito, quando dizem que a tecnologia vai acabar com o Direito. Ao contrário, ainda que sejamos entusiastas de tecnologia e do avanço do uso da IA em nossos fluxos de trabalho, as prerrogativas, atribuições e atos privativos de cada profissão devem sempre estar ancorados no limite ético do uso da tecnologia.

Ademais, as dinâmicas sociais são sempre mutantes, e nada é tão permanente ou escalável quanto alguns possam pensar, de modo que é preciso alcançar o conceito de "justo meio termo de Aristóteles", interseccionando ao máximo as potencialidades humanas com a tecnologia de ponta.

O uso dessas técnicas de design pode e deve acontecer em todas as fases, pois seus conceitos estão ligados a novas formas de trabalhar, à integração da inovação (incremental ou radical) com a solução e a prevenção de problemas jurídicos, com foco no usuário/destinatário. Também podem ser utilizadas metodologias adequadas para facilitar cada uma dessas etapas, como Design *Thinking*, *Agile*, *UX*, Scrum, entre outras. Elas só não podem ser confundidas com o Legal Design, já que são trilhas criadas para apoiar o processo de observação, criação, prototipagem e aplicação de seus conceitos.

E nunca podemos nos esquecer que tudo isso começa no entendimento e na delimitação correta do problema. Através da identificação correta do problema é que poderemos selecionar quais ferramentas tecnológicas podemos utilizar, tanto na análise dos problemas (*analytics*), na definição da solução e na forma de entrega final desses serviços (*user experience-UX* e *customer experience-CX*), por meio de plataformas de acordo, automação de documentos, *chatbots*, entre outras. E na camada final, ou seja, na fase de entrega da informação/solução, a aplicação das técnicas de *Visual law*, para adaptar a informação de forma clara e objetiva para cada finalidade e destinatário, inclusive se utilizando de elementos como infográficos, *QRcodes*, vídeos, imagens etc.[2]

Compreendidos esses conceitos e as diferentes possibilidades, o objetivo dessa análise é a demonstrar a aplicação dessas técnicas para o design de serviços jurídicos, tanto para a criação de novas áreas dos escritórios de advocacia ou adaptação das já existentes, como para a inserção de ferramentas tecnológicas de última geração para potencializar os resultados e apoiar as suas atividades e entregas.

---

2. Para aprofundar os conhecimentos sobre Legal Design e *Visual Law*: Holtz, Ana e Zavaglia Coelho, Alexandre. Legal Design | Visual Law, Thomson Reuters, disponível em: https://www.thomsonreuters.com.br/pt/juridico/legal-one/biblioteca-de-conteudo-juridico/legal-design-visual-law.html.

2. DESIGN DE SERVIÇOS

Nesse contexto, o design de serviços é uma área emergente e em franca expansão, que resulta de uma abordagem holística e interdisciplinar, combinando habilidades de design, gestão e engenharia de processos, para criar workflow de tarefas, melhores funcionalidades e gerar eficiência, além de oferecer a melhor experiência possível, a partir de uma observação cuidadosa, abrangente e empática das necessidades de seus clientes.

UK DESIGN COUNCIL	A ideia do design de serviços é transformar o serviço entregue em algo útil, utilizável, eficiente, eficaz e desejável.
STEFAN MORITZ, 2005	O design de serviços ajuda a criar novos serviços ou melhora os já existentes, de modo a torná-los mais úteis, utilizáveis e desejáveis para os clientes, bem como eficientes e eficazes para as organizações. Trata-se de uma nova área de atuação do design que se caracteriza como holística, multidisciplinar e integradora
CONTINUUM, 2010	Desenvolver ambientes, ferramentas e processos para ajudar os funcionários a entregarem um serviço de alta qualidade de uma maneira condizente com os valores da marca

Para explorar a sua potencialidade, também vale a compreensão sobre os conceitos principais relacionados ao design centrado no ser humano e no design centrado no usuário, para contextualizar a análise que faremos dos novos serviços jurídicos, como no exemplo da nova área do escritório voltada para adequação dos clientes à Lei Geral de Proteção de Dados – LGPD, que será apresentado na sequência. Do mesmo modo, o entendimento dessas expressões vai proporcionar uma visão capaz sobre o quanto essa abordagem pode ampliar a prevenção e o acesso à justiça.

2.1. Design centrado no ser humano e design centrado no usuário

Também conhecido como Design Centrado no Homem ou Design Centrado em Pessoas, o HDC (*Human Centered Design*) baseia-se em uma filosofia que capacita um indivíduo ou equipe a projetar produtos, serviços, sistemas e experiências que abordem as necessidades centrais daqueles que experimentam um problema, e é a espinha dorsal de muitas organizações em todo mundo. O HCD é uma metodologia criativa que leva em conta o comportamento humano e as necessidades humanas em cada etapa do processo de design.

Ele pode ser usado para projetar hardwares, softwares, desenvolvimento urbanístico de cidades, iniciativas sociais, dinâmicas eleitorais, empreendedorismo social, produtos, serviços e até mesmo organizações – desde que os seres humanos sejam mantidos no centro dos objetivos durante todo o processo.

A ideia de Design Centrado no Ser Humano foi conceituada por Herbert Simon na Stanford University Design School. Simon mencionou pela primeira vez o design como uma forma de pensar em seu livro, Sciences of the Artificial, em 1969. Ao contrário da métrica de projetar um processo destinado a maximizar a eficiência ou capacidades da própria tecnologia, o HCD se esforça para resolver os problemas que o usuário está enfrentando.

O Design Centrado no Ser Humano tem tudo a ver com a construção de uma profunda empatia com as pessoas para as quais o produto ou serviço está sendo projetado.[3]

O que distingue o Design Centrado no Ser Humano de outras abordagens de resolução de problemas é seu foco absolutamente voltado a entender a perspectiva da pessoa que experimenta um problema, suas necessidades e se a solução que foi proposta e projetada para realmente atender às suas necessidades de forma eficaz. Para o HDC, as próprias pessoas que experimentam um problema são uma parte constante do processo de design e, sempre que possível, tornam-se parte da própria equipe de design.

Para a criação de sistemas verdadeiramente centrados no ser humano, precisamos mudar o foco da pesquisa e do design, para colocar os atores humanos e o campo de prática em que eles estão no centro do desenvolvimento tecnológico. Isso, inclusive, fará uma diferença significativas em nossa capacidade de aproveitar o poderio computacional para alavancar o comportamento e desempenho das pessoas e as atividades em que elas usarão a tecnologia.[4]

Boa parte das discussões conceituais em torno do design da experiência do usuário (UX) consideram o design "centrado no ser humano" e "centrado no usuário" como essencialmente intercambiáveis ou sinônimos. No entanto, com o objetivo de os definirmos com clareza, exploraremos seus conceitos.

Pode-se supor que o Design Centrado no Ser Humano é o processo de criação de soluções profundamente baseadas em características naturais gerais e peculiaridades da psicologia e percepção humanas. Não importa se você projeta softwares, sites, móveis, carros, eletrodomésticos ou qualquer outra coisa – qualquer objeto do design pode ser feito de forma centrada no ser humano, baseando-se no terreno da psicologia, fisiologia, sociologia e outras ciências que analisam a vida humana e a sua interação com o meio ambiente.

Isso, em última análise, significa que os produtos ou serviços centrados no ser humano não só serão agradáveis, mas também funcionais de acordo com questões psicológicas e características típicas para grandes grupos de usuários.

O Design Centrado no Ser humano é uma abordagem que se concentra na compreensão total das perspectivas da pessoa para cada etapa do processo e isso requer uma grande quantidade de ideias, testes, aprendizados e ajustes com base no feedback

---

3. Disponível em: www.designkit.org//human-centered-design, disponível em www.designkit.org//human-centered-design. Acesso em: 28 jun. 2022.
4. Winograd, T. & Woods, D. (1997) O Desafio do Design Centrado no Ser Humano Disponível em: http://www.ifp.illinois.edu/nsfhcs/bog_reports/bog3.html. Acesso em: 28 jun. 2022.

de uma amostra do público-alvo a ser atingido.[5] Então, podemos defini-lo como um processo que coloca as necessidades e limitações humanas em uma prioridade maior em comparação com outros alvos durante as etapas de design e produção. Durante esse processo, o designer é obrigado não apenas a analisar e criar uma solução para os problemas existentes, mas testar e validar os produtos ou serviços projetados para atingir metas planejadas no mundo real.[6]

Essa abordagem de design de projetos, produtos ou serviços, tenta enfrentar desafios relacionados às motivações, percepções ou contextos culturais das pessoas que estão sendo servidas pela solução. Através dela, prioriza-se a interação e feedback das pessoas e voltam seus esforços para tornar as soluções mais acessíveis, desejáveis e culturalmente apropriadas. Dessa forma, coloca os humanos, não a engenharia de processos, no centro do processo e do projeto. A ideia primordial de colocar as pessoas no centro das investidas do design pode parecer óbvia. Claro que devemos projetar soluções que coloquem as pessoas em primeiro lugar, mas por décadas, mesmo séculos, não operamos dessa forma.

Em sua essência, o Design Centrado no Ser Humano é um apelo à humildade e à empatia. Nós, como desenvolvedores de soluções jurídicas, podemos acreditar que sabemos o que faz sentido e o que é melhor para os outros, é o que comumente fazemos quando estamos lidando com a figura do "usuário" que está experimentando nosso produto ou serviço. Porém, na maioria dos casos, somente as pessoas que estamos servindo sabem ou podem dar as pistas sobre o que é melhor para elas. Como provedores de soluções e/ou serviços, fazemos melhor quando permitimos que seu conhecimento e sabedoria inspirem e guiem nosso trabalho do início ao fim.

Um bom exemplo para destrincharmos o conceito é o seguinte: existem condições básicas de habilidades humanas físicas gerais, percepção de cor, percepção de contraste, legibilidade, interação com um produto em diferentes ambientes que são típicos para a grande maioria das pessoas. Digamos que, normalmente as pessoas não são capazes de ver na escuridão. Um ambiente escuro torna mais difícil a percepção de algo visualmente, não importa qual idade, nível de educação, camada social ou habilidades profissionais. Esta é uma característica física humana comum, e negligenciá-la significa criar um produto que as pessoas não poderão usar corretamente, sendo limitados em suas habilidades.

Ao criar produtos ou serviços com os quais as pessoas vão interagir, os designers têm que estar cientes dessas características e levá-las em conta no processo. Essa é a razão para estudar pelo menos o básico da psicologia, percepção física e emocional, para criar coisas convenientes e amigáveis para as pessoas em geral. Também acreditamos que essa é uma forte razão para também envolver psicólogos, outros

---

5. Disponível em www.designkit.org//human-centered-design. Acesso em: 28 jun. 2022.
6. Disponível em https://www.designorate.com/characteristics-of-human-centered-design/. Acesso em: 28 jun. 2022.

profissionais que lidam com questões comportamentais, fisiologistas e especialistas no processo de design, tornado toda a jornada do projeto de soluções uma atividade cada vez mais multidisciplinar.

Continuando a discussão sobre o design "centrado no humano" e "centrado no usuário", podemos dizer que o centrado no usuário é uma versão mais focada e concisa do design centrado no homem, com uma análise mais profunda do público-alvo ou audiência. Concentra-se não apenas nas características e percepção humanas em geral, mas também em características específicas dos usuários-alvo, para tornar o potencial de resolução de problemas do produto ou serviço projetado o mais adequado possível, na perspectiva de seus usuários finais.

Este é o estágio em que detalhes sobre o usuário-alvo da solução de design começam a desempenhar seu papel, por meio de pesquisas profundas sobre preferências e peculiaridades, entre os vários aspectos especiais das interações e da forma e nível compreensão desse usuário sobre o objeto e serviço definidos.[7]

Assim, pode-se dizer que o design de escopo centrado no ser humano é o primeiro passo obrigatório para tornar o produto aplicável, enquanto a solução centrada no usuário é o próximo passo para torná-lo concentrado nas dores e necessidades de uma categoria específica de usuários.

Em resumo, o desenvolvimento de design de soluções digitais (p.ex.), sejam elas definidas como "centrada no homem" ou "centrada no usuário", apenas mostram diferentes níveis de detalhe no processo de design. Esses diferentes estágios de detalhamento no primeiro consideram recursos de interação humana e, no segundo, se aprofundam em minúcias de certas categorias de usuários, suas necessidades, desejos e problemas.[8]

Por fim, o Design Centrado no Usuário ou Centrado no Humano são abordagens que se colocam de maneira complementar à maneira inerente das pessoas de fazer as coisas. Ao invés de as pessoas se ajustarem à tecnologia e ao design em si, o processo de design e a tecnologia tentam levar em conta as tendências de comportamento humano em suas etapas de construção e (re)modelagem.

A partir dessas análises e premissas, vale trazer um exemplo prático de um novo tipo de serviço jurídico, relacionado à adequação de empresas e seus modelos de negócios, produtos ou serviços à Lei Geral de Proteção de Dados – LGPD, com o objetivo de demonstrar a aplicação desses conceitos.

---

7. Disponível em https://www.designorate.com/characteristics-of-human-centered-design/. Acesso em: 28 jun. 2022.
8. Disponível em https://design4users.com/human-centered-vs-user-centered-are-the-terms-different/. Acesso em: 28 jun. 2022.

3. DESIGN DE SERVIÇOS JURÍDICOS RELACIONADOS À LEI GERAL DE PROTEÇÃO DE DADOS PESSOAIS – LGPD

Há uma discussão global crescente sobre a utilização de dados pessoais pelos mais variados setores da nova economia, e sobre os direitos dos titulares sobre como, quando, e em que circunstâncias as empresas podem utilizá-los. O fundamento de toda essa discussão é a importância da garantia dos direitos das pessoas, já considerados direitos fundamentais, de serem informadas sobre como seus dados são tratados.

A grande quantidade de conflitos relacionados ao vazamento de dados pessoais e uso indevido, fora da finalidade ou adequação do que foi combinado ou consentido, inclusive gerou a criação de uma regulação específica do tema em diversos países, inclusive no Brasil, com a promulgação da Lei Geral de Proteção de Dados – LGPD (Lei n. 13.709/18).

Com a vigência da LGPD, muitos escritórios de advocacia criaram ou estão na fase de criação de uma área específica para o oferecimento dos serviços de adequação de empresa aos requisitos e dispositivos dessa lei.

Assim, para a criação dessa área segundo os conceitos apresentados, é preciso compreender primeiro a lei e as necessidades, a cultura das empresas nessas questões, as suas facilidades e dificuldades para a implantação desses projetos de adequação, analisar o tamanho do mercado, o número de advogados e demais funcionários necessários para as áreas de apoio, o modelo dos documentos jurídicos que integram os serviços, os modelos de questionários para os diagnósticos e dos relatórios, quais as tecnologias aplicáveis e os parceiros correspondentes, quais os entregáveis, o custo dos serviços para o mercado, as metas de venda, a rentabilidade esperada da área, entre diversas outras questões, para efetivamente desenvolver e implantar essa esteira desses novos serviços jurídicos.

Obviamente que essas atividades não esgotam todas as etapas e possibilidades, mas representam o caminho e o pensamento do designer dos serviços para estruturar essa esteira do início ao fim, desse *"framework end to end"*.

Mais que isso, na oportunidade de cada projeto específico, é preciso compreender os valores da empresa contratante, e também quem são os clientes do seu cliente, seu perfil, necessidades, anseios, para a adaptação desse serviço às suas necessidades/possibilidades.

Em se tratando de clientes de grandes empresas varejistas, ou de redes de farmácias, por exemplo, que tem seus dados coletados e utilizados para campanhas de marketing, para oferecimentos de descontos e benefícios, entre outras finalidades, percebe-se uma crescente apreensão e insatisfação desses clientes sobre o compartilhamento desses dados com terceiros ou fora da finalidade eventualmente consentida. Ou mesmo da sua utilização sem consentimento e em desacordo com outras hipóteses de tratamento, como a obrigação legal ou o legítimo interesse.

Portanto, é preciso compreender que, na oferta desse serviço, além da confecção de todos os relatórios, políticas e regulamentos, também é preciso o mapeamento de todos os sistemas existentes, as eventuais relações e transferência de dados para terceiros, e quais são, onde estão e para que foram ou estão sendo utilizados os dados.

Nesse aspecto, é imprescindível para a oferta desse serviço a parceria com uma empresa de tecnologia e/ou consultoria especializada nessas atividades, para que esse mapeamento em tempo real possa se interconectar, por exemplo, com o portal do titular (art. 18 da LGPD). Conforme os direitos do titular previsto na lei, é possível solicitar a existência de tratamento, a utilização dos dados, a correção do cadastro, a exclusão dos dados, a revogação do consentimento, entre outros.

Assim, se formos aplicar os conceitos de design centrado no ser humano, é certo que não basta a criação dos documentos e a identificação dos riscos jurídicos, mas se mostra imprescindível a utilização de tecnologia para que, de forma integrada, possa trazer efetividade dos demais requisitos da lei, tanto para o monitoramento e a prestação de contas, como para promover a segurança da informação, garantindo a satisfação desse cliente para a sua fidelização, de modo que a continuidade desse relacionamento vai requerer esses cuidados.

Além das preocupações sobre como criar soluções que sejam efetivas para o consentimento consciente e inequívoco dos dados dos usuários, as empresas precisam estar atentas à construção de produtos e serviços, modelos de negócios e sistemas que garantam a incorporação dos requisitos de segurança e proteção desses dados em todas as etapas de seu processo de desenvolvimento.

Isso vai mitigar os riscos e promover a aproximação com seus clientes, proporcionando o acesso à justiça, no sentido de garantia dos direitos do titular, da efetividade dessa adequação para o respeito e tutela desses direitos conforme a legislação vigente.

Isso ilustra bem a relevância do design no Direito, quando pensamos na integração de serviços jurídicos com a gestão de projetos, com o design de sistemas, por meio do conceito de *Privacy by Design*. No que tange à governança, todo e qualquer problema que aconteça com relação ao tratamento dos dados vai ocorrer dentro de um sistema (vazamentos, transferência não autorizada, utilização em desconformidade com o consentimento e/ou da base legal definida etc.).

Como uma forma de diminuir os perigos e garantir a efetividade da LGPD, é necessário criar ambientes que se preocupem e respeitem seus dispositivos a cada passo. Seja para o desenvolvimento de produtos, serviços, para o desenvolvimento de software ou sistemas de TI, a organização deve garantir que a privacidade seja incorporada e respeitada durante todo o ciclo de vida do dado, inclusive assegurando a segurança das informações de ponta a ponta, a criação de sua matriz de risco conforme as peculiaridades do setor e da operação, o monitoramento de potenciais incidentes, as evidências em tempo real de forma integrada com o portal do titular, entre outras estratégias.

Após um vazamento de dados pessoais, ou do uso indevido ou não autorizado, o dano está posto, não há como voltar atrás. Por isso é que o pensamento e o design desses serviços devem contemplar uma visão proativa, e não reativa, de modo que essa visão do *Privacy by Design* antecipe e evite situações indesejadas.

Inclusive, os projetos que se utilizam dessa metodologia são pensados de forma que o usuário tenha o controle para alterar as configurações padrão e possa optar por fornecer ou não seus dados, e ainda assim conseguir utilizar o produto ou serviço. Sempre que possível, as transações que envolvam dados pessoais devem serem feitas com dados não identificáveis (anonimizados), ou seja, que resguardem o titular daquelas informações, e que permitam que as configurações mais benéficas e seguras de privacidade devem ser aplicadas sempre como padrão (*privacy by default*), sem a necessidade de alteração pelo usuário.

Ademais, todos os dados pessoais fornecidos pelo usuário para permitir o uso ideal de um produto devem ser mantidos apenas pelo tempo necessário, com o mínimo de dados coletados, entre outros cuidados.

A preocupação com o tratamento de dados dos usuários, sem dúvida, deve ser parte integrante da agenda de desenvolvimento tecnológico e também da maneira como um produto ou serviço é criado. A aplicação dessas metodologias de design de serviços jurídicos relacionados à LGPD, certamente provocará uma mudança significativa na cultura, trazendo como resultado mais transparência e credibilidade para a entrega e, assim, grandes ganhos para a organização e para a sua relação com os seus clientes, ou seja, valor agregado ao serviço ou produto e ganhos de reputação. Além de evitar passivos, seja por multas ou demandas judiciais.

Outro ponto importante do design desse serviço jurídico, é a forma de organização e criação dos vários documentos e comunicados sobre a lei para os diferentes destinatários. Em relação ao *design* da informação (*Visual Law*), é também importante entender que o formato e o tipo de texto para uma comunicação com a Autoridade Nacional de Proteção de Dados – ANPD, com um magistrado, é diferente da forma de comunicação sobre as responsabilidades da empresa relacionados à LGPD para o CEO, e ainda mais distinta da comunicação para os seus clientes finais (que pode ser esquemática e se utilizar de mais imagens).

Ou seja, os documentos para explicar o tratamento de dados e os detalhes da lei também devem ser adequados para as necessidades dos usuários e para cada finalidade, atendendo suas expectativas, sendo compreensíveis, acessíveis e o mais simples possível. Embora essas necessidades sejam prementes, ainda observamos documentos e sites exibem políticas de privacidade com letras pequenas, em locais difíceis de encontrar, com linguagem complexa, prolixa ou confusas demais.

As políticas de privacidade desenvolvidas para os sistemas que fazem a coleta dos dados frequentemente são escritas por advogados para outros advogados. De acordo com um estudo, seria necessário em torno de 40 minutos para que uma pessoa de instrução média consiga ler as políticas de privacidade dos serviços digitais que usam[9].

Mesmo quando as pessoas leem essas políticas, pode ser difícil a compreensão de seus objetivos, deixando os usuários descontextualizados sobre a importância do consentimento, além das outras hipóteses de tratamento no caso concreto, para a prática de suas atividades e experiências online. Temos visto que, nas últimas décadas, muitas empresas, incluindo o Facebook, Google e Amazon, vem trabalhando para tornar os avisos de privacidade mais transparentes e amigáveis ao usuário, adotando práticas como privacidade em camadas, avisos *just-in-time* e notificações no contexto.[10]

No contexto da privacidade, o conceito de transparência foi codificado pela primeira vez há décadas na Organização para Cooperação Econômica e Desenvolvimento ("OCDE"), por meio das Diretrizes sobre a Proteção da Privacidade e Transfronteiras Fluxos de Dados Pessoais, que incluíam obrigações em relação à abertura e orientações para permitir que um indivíduo participe da governança de seus dados.[11]

Desde então, a transparência foi codificada em outras estruturas básicas de privacidade, como a Convenção do Conselho da Europa para a proteção de indivíduos com relação ao processamento de dados pessoais ("Convenção 108")[12], na Diretiva 95/46/EC, e posteriormente, no Regulamento Geral de Proteção de Dados – GDPR, que reiterou o princípio fundamental de transparência e as informações exigidas a serem fornecidas de uma "forma concisa, transparente, inteligível e facilmente acessível, usando de forma clara e linguagem simples'[13] Esses mesmos conceitos estão nos princípios presentes no art. 6º da LGPD.

A entrega de informações de forma transparente, concisa, inteligível, facilmente acessível e que utilize uma linguagem clara e simples não é uma tarefa simples. E não há clareza ou métrica absoluta sobre quais práticas são capazes de transmitir informações às pessoas com eficiência.

---

9. Alecia M. McDonald & Lorrie Faith Cranor, The Cost of Reading Privacy Policies, 4 I/S: J. L. & Pol'y for Info. Soc'y 543, 563 (2008). Disponível em: https://kb.osu.edu/bitstream/handle/1811/72839/ISJLP_V4N3_543.pdf. Acesso em: 28 jun. 2022.

10. A Design Space for Effective Privacy Notices, Proc. 11th Symp. Usable Security and Privacy 5 (2015) [hereinafter "A Design Space". Disponível em: https://www.ftc.gov/system/files/documents/public_comments/2015/10/00038-97832.pdf. Acesso em: 28 jun. 2022.

11. Organization for Economic Cooperation and Development ("OECD"), OECD Guidelines on the Protection of Privacy and Transborder Flows of Personal Data, Guidelines 12 & 13 (originally published 1980, updated 2013). Disponível em: https://www.oecd.org/sti/ieconomy/oecd_privacy_framework.pdf. Acesso em: 28 jun. 2022.

12. Ver: Council of Europe, Convention for the Protection of Individuals with regard to Automatic Processing of Personal Data, Strasbourg 28 January 1981, as modernized in the 128th session of the Committee of Ministers (Elsinore, Denmark, 17–18 May 2018). Disponível em: https://search.coe.int/cm/Pages/. Acesso em: 28 jun. 2022.

13. Regulation (EU) 2016/679 of the European Parliament and of the Council of 27 April 2016 on the protection of natural persons with regard to the processing of personal data and on the free movement of such data, and repealing Directive 95/46/EC, OJ 2016 L 119/1, art. 12 ["GDPR"].

Embora não haja soluções fáceis ou óbvias para o desafio da transparência, existem novos caminhos empolgantes. Um caminho destacado aqui é considerar notificações de privacidade como desafios de design dinâmicos, e não apenas obrigações de conformidade.

Então, podemos fazer duas observações a respeito da eficiência da entrega desses avisos: (a) as políticas de privacidade não devem ser as únicas maneiras para as empresas se comunicarem às pessoas sobre a forma de utilização de seus dados e, (b) ao invés de simplesmente atender aos padrões legais mínimos, as empresas precisam encontrar novas maneiras de informar e capacitar as pessoas a fazerem escolhas de privacidade que sejam significativas para elas. Ou seja, além das abordagens tradicionais de conformidade, é preciso contabilizar como as pessoas processam informações em seus diferentes contextos, bem como seus objetivos e preferências individuais.

As melhores políticas de privacidade de dados e a forma de sua comunicação terão que ser adaptadas para diferentes setores e diferentes casos de uso, e também, para diferentes grupos de pessoas, sobre como entendem a privacidade, o tratamento de seus dados e como interagem com diferentes notificações e avisos.

Estamos em plena jornada de construção desses modelos e acreditamos que o caminho será trilhado invariavelmente por equipes multidisciplinares, e que o desenvolvimento de novas ideias a respeito do design centrado no ser humano será incorporado às estruturas regulatórias do futuro.

Além das preocupações sobre como criar soluções que sejam eficazes para o consentimento consciente e inequívoco dos dados dos usuários, as empresas precisam estar atentas à construção de sistemas que garantam a incorporação da privacidade e segurança dos dados em todas as etapas de seu processo de desenvolvimento.

Tudo isso vai garantir a efetividade e o acesso à justiça.

Além disso, ainda existem outros serviços possíveis para o escritório nessa área, como a criação de um conteúdo de um *chatbot* para explicar aos usuários seus direitos e os detalhes da LGPD, o uso de *analytics* (*big data*) para compreender os pedidos e decisões de processos judiciais e administrativos sobre o tema, o uso de plataforma de automação de documentos para apoiar a criação de contratos, relatórios e outros documentos para essa finalidade, além de diversas possibilidade de design de informação (Visual Law), como contratos, políticas de privacidade, vídeos, petições, memoriais, esquemas para explicar o funcionamento de um software ou uso de dados, que trabalhem com a comunicação de forma acessível para cada público e finalidade.

E, mais uma vez, é importante ressaltar que isso não muda o direito, que sempre se adapta à essas novas demandas (como se vê na criação das leis específicas e na regulação dessa problemática) e gera novas oportunidades e serviços jurídicos, mas sim a forma de prestação de serviços jurídicos e a sua efetividade.

Logo, essas inovações e as novas ferramentas tecnológicas precisam de criadores dos conteúdos (*contentmakers*) e dos resolvedores de problemas, que são os profissionais do direito, e da sua interação com times multidisciplinar para uma oferta integrada e completa.

Por fim, entendemos que a transformação digital no Direito e o design de novos serviços jurídicos refletem uma integração entre a mudança de cultura, a importância da organização dos dados, a padronização e taxonomia das informações, da tecnologia para nos auxiliar nesses processos, e do ser humano no centro da arquitetura e engenharia de todas essas soluções jurídicas inovadoras.

Assim, com a utilização do design em todas as etapas do projeto, inexoravelmente o destinatário final será muito beneficiado, pelo respeito aos seus direitos, com grandes ganhos para todos os lados. Esse, sem dúvida, é mais um exemplo da utilização do Legal Design como ferramenta de aprimoramento dos serviços jurídicos e da ampliação ao acesso à justiça.

6

O PROFISSIONAL DO DIREITO NO SÉCULO XXI

José Luiz de Moura Faleiros Júnior

Doutorando em Direito Civil pela Universidade de São Paulo – USP/Largo de São Francisco. Doutorando em Direito, na área de estudo 'Direito, Tecnologia e Inovação', pela Universidade Federal de Minas Gerais – UFMG. Mestre e Bacharel em Direito pela Universidade Federal de Uberlândia – UFU. Especialista em Direito Digital, em Direito Civil e Empresarial. Associado do Instituto Avançado de Proteção de Dados – IAPD. Membro do Instituto Brasileiro de Estudos de Responsabilidade Civil – IBERC. Advogado e Professor.

https://youtu.be/sU6aPs69VYE

Sumário: 1. Introdução. 2. Coerência e unidade: estruturas essenciais para a (re)estruturação da dogmática jurídica. 3. Aporias da sociedade da informação: o apogeu das redes e o labor do "jurista 4.0". 4. *Digital skills*: o autoaprimoramento do profissional do direito. 5. A criatividade enaltecida: os domínios cognitivos ainda dependentes do fator humano. 6. Referências.

> "If I had an hour to solve a problem and my life depended on the solution, I would spend the first 55 minutes determining the proper question to ask... Once I know the proper question, I can solve the problem in less than five minutes."
> – Albert Einstein

1. INTRODUÇÃO

O profissional do direito do século XXI convive com condicionantes diversas das de qualquer outra época. A pujança da tecnologia é o fator diferenciador dos contextos de outrora em relação aos de hoje e, sem dúvidas, o desafio de pensar o direito com unidade e coerência passa a demandar habilidades e conhecimentos que enaltecem a criatividade e os domínios cognitivos que apenas humanos possuem.

A abertura às influências do tempo e das transformações sociais demonstram que o direito não pode ser a-histórico. Ao contrário, deve ser estruturado em torno das perspectivas e dos desafios do presente, com olhares voltados ao futuro, mas sem perder a essência que colhe das tradições.

Esse brevíssimo ensaio explorará o contexto no qual se insere o profissional que se dedica às ciências jurídicas no apogeu da sociedade da informação. Mais do que o conhecimento dogmático, buscar-se-á evidenciar que a abertura da disciplina a outros saberes demanda coerência para que não se deturpe o sistema de valores que lhe garante ordenação; igualmente, buscar-se-á demonstrar que, a despeito de inegável abertura epistêmica às influências externas, o direito mantém sua unidade e confere racionalidade ao ordenamento jurídico, permitindo que o profissional do direito atue de novas formas, em sintonia com a tecnologia e a despeito da relutância que se nota diante da inovação.

Ao fim, demonstrar-se-á que o jurista que atua como *legal designer* não deve abandonar a dogmática; deve, em verdade, atualizar-se quanto à ancoragem da dogmática em conceitos, categorias e institutos que passam por constante transformação, abrindo espaço a novos horizontes de investigação conceitual sem nutrir o desprezo pelos paradigmas do passado.

2. COERÊNCIA E UNIDADE: ESTRUTURAS ESSENCIAIS PARA A (RE) ESTRUTURAÇÃO DA DOGMÁTICA JURÍDICA

O Direito é uma ciência de problemas que conjuga soluções plurais e, exatamente por isso, é papel do profissional do direito dedicar grande atenção à problemática e à tópica. É pelo estudo dos precedentes, das teses e dos entendimentos que se constrói a dialética, abrindo espaço a novas perspectivas igualmente válidas na busca pela sobredita unidade.

A formação do pensamento jurídico contemporâneo tem lastro no positivismo de Kelsen e na edição de fontes dogmáticas monumentais. Grandes obras jurídicas foram construídas no curso do século XX, pois o acesso à informação representava grande desafio. Buscava-se soluções prontas e postas à disposição do operador pelo ordenamento[1], de modo que não era usual que se fizesse qualquer questionamento sobre o percurso que teria levado a determinada resposta. O jurista se limitava a replicar a lei.

Talvez o manuseio acrítico das fontes jurídicas tenha criado condicionantes para que o intérprete "objetifique"[2] o direito, deixando de lado a reflexão, o questionamento e se limitando à busca imediata do que prontamente lhe interessa.

Essa postura é tipicamente visualizada no anseio pela localização do entendimento mais conveniente nas fontes jurisprudenciais, pela pressa em simplesmente transcrever julgados alinhados à conclusão que se almeja construir, ou mesmo pelo desejo de jus-

---

1. KELSEN, Hans. *Teoria pura do direito*. Trad. João Baptista Machado. 8. ed. São Paulo: Martins Fontes, 2009, p. 391.
2. STRECK, Lenio Luiz. Hermenêutica e ensino jurídico em *Terrae Brasilis*. *Revista da Faculdade de Direito da UFPR*, Curitiba, v. 46, p. 27-50, 2007, p. 32.

tificar determinada posição sem a necessária reflexão, ou sob a falácia de que o escoro em ementas reflete o direito "correto". O hábito que se cria com tais comportamentos, tipicamente positivistas, é o de *concluir* para depois *fundamentar* o raciocínio.[3]

A superação desse paradigma sempre norteou, por exemplo, a fenomenologia hermenêutica de Heidegger, que pressupõe a plenitude de significação do homem, visualizando-o como vetor de sentido ao mundo (e à existência). Nunca o contrário.[4]

A técnica, para Heidegger, teria se introjetado na vida social, impregnando o pensamento, na medida em que tem o potencial de torná-lo "refém" de estruturas preconcebidas e herméticas. A superação desse modelo interpretativo sempre sinalizou a necessidade de reexame do conceito de validade jurídica a partir da compreensão de que há, entre a dogmática jurídica (real, inescapável) e a hermenêutica jurídica (agora reconfigurada), uma relação essencial pela qual esta prepondera sobre aquela.[5]

Isso gera reflexos diretos no papel do jurista quanto ao desempenho da tarefa interpretativa: não é de hoje que já se reconhece a necessidade da racionalidade humana e da construção jurídica lastreada em boa hermenêutica. A evolução das construções teóricas vem norteando o pensamento jurídico desde o século XX, mas com um elemento diferenciador: a aceleração comunicacional, que já alterou o modo de realização do direito. E, embora se trate de um fenômeno contínuo e de efeitos crescentes, os desafios que impõe continuam a instigar...

3. APORIAS DA SOCIEDADE DA INFORMAÇÃO: O APOGEU DAS REDES E O LABOR DO "JURISTA 4.0"

Há anos a sociologia se dedica a encontrar explicações claras para a transformação digital pela qual a sociedade vem passando. Muito antes da Internet, a doutrina já indicava um futuro no qual a informação se tornaria o substrato essencial da vida em sociedade. Esse estágio já foi ultrapassado e o que se tem hoje não é mais a dependência informacional, mas a consolidação da sociedade hiperconectada, em que os grandes fluxos informacionais (*Big Data*) adquiriram mais valor do que a informação em si.

O apogeu da sociedade *em rede* é vivido, a partir do século XXI, em decorrência da plenitude comunicacional que a tecnologia passou a proporcionar.[6] Para van

---

3. Sobre isso, descreve Ferraz Júnior: "O tipo de argumentação que se propõe fundar a validade de uma proposição pela enumeração de julgados da jurisprudência (*argumentum a judicatio*) é um típico exemplo do raciocínio *a posteriori*. A força do argumento repousa no conhecimento, admitido como mais claro, das consequências, o que permite voltar às causas, eventualmente, menos conhecidas do caso em tela." FERRAZ JÚNIOR, Tércio Sampaio. *Introdução ao Estudo do Direito*: técnica, decisão, dominação. São Paulo: Atlas, 2007, p. 356.

4. HEIDEGGER, Martin. A questão da técnica. Trad. Marco Aurélio Werle. *Scientiae Studia*, v. 5, n. 3, p. 375-398, 2007. Disponível em: https://www.revistas.usp.br/ss/article/view/11117/12885. Acesso em: 28 jun. 2022.

5. GADAMER, Hans-Georg. *Verdade e Método*: traços fundamentais de uma hermenêutica filosófica. Trad. Flávio Meurer. 7. ed. Petrópolis: Vozes, 2005, v. I, p. 433.

6. WEBSTER, Frank. *Theories of the information society*. 3. ed. Londres: Routledge, 2006, p. 2.

Dijk, a comparação entre o presente e o futuro da sociedade moderna, a partir da inserção da tecnologia nas relações comunicacionais, viabilizou uma aglutinação dos arquétipos interpessoal, organizacional e das comunicações em massa, o que permitiu trazer "o mundo todo" para dentro das casas e dos ambientes de trabalho, graças à Internet. Esta, paulatinamente, se tornou elemento nuclear do conceito de sociedade, afetando todos os aspectos da vivência coletiva pelo fato de o computador se tornar o modal de interlocução por excelência, ou, em termos mais técnicos, pela inserção social das "CMCs" (*computer-mediated communications*, ou comunicações mediadas por computador).[7]

Não é difícil perceber que essa mudança social interferiria (e interferiu) nas profissões. A eficiência computacional, potencializada pela predição algorítmica, já suplantou a capacidade humana de realização do labor intelectual em diversas atividades. A despeito disso, segundo Richard e Daniel Susskind, esta não é uma preocupação aterrorizante, uma vez que, para alguns, "o futuro mais eficiente está em máquinas e seres humanos trabalhando juntos."[8]

O profissional do direito do século XXI já recorre a estruturas computacionais para o exercício de suas atividades. Há perigos a se considerar, como em toda mudança drástica de paradigma, mas benefícios podem ser colhidos da boa aplicação dos resultados propiciados pela inovação.

De fato, o que já se percebe é o recurso a estruturas preditivas que são baseadas em dados e que remetem ao fenômeno descrito por Harari como "datificação".[9] Não é por outra razão que o estudo dos algoritmos de inteligência artificial vem se tornando o fio condutor do desenvolvimento tecnológico mais recente, seja em mercados e atividades econômicas, seja no exercício das atividades jurídicas.

O processo judicial eletrônico, por exemplo, marcou uma transição muito emblemática dessa tendência, fomentando a consolidação da sociedade "sem papel" (*paperless*).[10] Para que isso se tornasse viável, entretanto, não apenas a informática evoluiu e se popularizou; também seus operadores precisaram desenvolver habilidades específicas para o manuseio de computadores, *scanners*, telefones móveis e sistemas eletrônicos. Em linhas gerais, pode-se dizer que o principal impacto da transformação digital já foi sentido no contexto das profissões, mas avanços ainda são notados e é preciso que se avance ainda mais! Então, o que é necessário para "transformar o direito"? Richard Susskind identifica cinco dimensões de viabilida-

---

7. VAN DIJK, Jan. *The network society*. 3. ed. Londres: Sage Publications, 2012, p. 19-21.
8. SUSSKIND, Richard; SUSSKIND, Daniel. *The future of professions*: how technology will transform the work of human experts. Oxford: Oxford University Press, 2015, p. 293, tradução livre. No original: "(...) the most efficient future lies with machines and human beings working together. Human beings will always have value to add as collaborators with machines."
9. HARARI, Yuval Noah. *21 lições para o século 21*. Trad. Paulo Geiger. São Paulo: Cia. das Letras, 2018, p. 83.
10. O conceito é de LANCASTER, Frederick W. *Toward paperless information systems*. New York: Academic Press, 1978.

de: possibilidade técnica, solidez jurisprudencial, viabilidade comercial, adequação organizacional e adequação estratégica.[11]

A partir da implementação da tecnologia 5G, da computação quântica, da nanotecnologia e da proliferação da Internet das Coisas (*Internet of Things*) – já iminentes –, novos horizontes irão surgir, ampliando as comunicações a patamares até então considerados inimagináveis. O potencial dessa mudança sinalizará, dentre outros fatores, a viabilidade do abandono de práticas até então consideradas essenciais para o labor jurídico.

É inegável que o ano de 2020 produziu aceleração aguda da transformação digital em razão da pandemia de Covid-19. Segundo pesquisas, o futuro do trabalho teria sido antecipado em 5 a 10 anos[12], revelando dimensões disruptivas que, embora já fossem tecnicamente viáveis, não eram esperadas para 2021.

De fato, atendimentos e audiências virtuais, sessões de julgamento por webconferências, aulas on-line e, de modo geral, a proliferação do que se convencionou chamar de teletrabalho são exemplos recentes que impuseram mudanças drásticas às rotinas de profissionais[13] antes acostumados ao deslocamento presencial aos fóruns, aos escritórios, às universidades... De repente, tudo se tornou virtual e, para as carreiras jurídicas, a mudança que vinha ocorrendo em ritmo paulatino quanto à implementação gradual do processo judicial eletrônico se tornou uma necessidade premente!

Trata-se de um caminho sem volta e que já se introjetou nas rotinas de profissionais de diversas carreiras. Subitamente, a estrutura física onde usualmente se realizava o labor jurídico se tornou dispensável e todos passaram a se valer apenas de seus computadores para tudo. Não fosse o suficiente, há abundância de sistemas auxiliares oferecidos ao profissional, que pode se valer de algoritmos para automatizar rotinas como a confecção de peças processuais e contratos, filtrar julgados e informativos, mapear riscos, catalogar e estratificar decisões, gerar relatórios... Enfim, rotinas operacionais estão sendo relegadas a algoritmos e a tendência de crescimento do uso dessas ferramentas conduz à verdadeira disrupção (e não apenas transformação) tecnológica.

4. *DIGITAL SKILLS*: O AUTOAPRIMORAMENTO DO PROFISSIONAL DO DIREITO

Conhecer a dogmática jurídica tem se tornado um dilema cada vez maior em uma sociedade que prima pela simplificação. Com isso, as clássicas obras da doutrina e a jurisprudência fartamente catalogada em grandes tomos de papel têm sido deixadas de

---

11. SUSSKIND, Richard. *Transforming the law*: essays on technology, justice and the legal marketplace. Oxford: Oxford University Press, 2000, p. 170.
12. TENG, May. A PwC exec says the global disruption has accelerated the future of work by 5 to 10 years. *Business Insider*, 11 ago. 2020. Disponível em: https://www.businessinsider.com/pwc-consulting-disruption-telecommuting-future-of-work-trends-2020-8. Acesso em: 28 jun. 2022.
13. GALINDO, Fernando. Technologies, teaching of law and a communicative theory of law. In: HÖTZENDORFER, Walter; TSCHOHL, Christof; KUMMER, Franz (Ed.). *International Trends in Legal Informatics*: Festschrift for Erich Schweighofer. Berna: Weblaw AG, 2020, p. 104-108.

lado. Prepondera a sensação de que "memorizar é desnecessário", afinal, tudo está ao alcance das mãos, em *smartphones* que garantem acesso imediato a fontes infinitas de informação e a aplicações que, em frações de segundos, filtram todo o acervo de conhecimento já produzido pela humanidade e apresentam respostas baseadas em heurística.

O fenômeno já tem nome na doutrina especializada: *cognitive offloading*.[14] Trata-se, em linhas gerais, do crescente relaxamento quanto à prática da leitura e à memorização de informações, no cotidiano ou nos estudos, em razão da comodidade e da instantaneidade do acesso à Internet. É mais fácil acionar um aplicativo que mostra uma rota de GPS do que memorizar um percurso, assim como é mais prático utilizar a função Ctrl + F para buscar palavras-chave de um tema em um *e-book* ao invés de folhear um livro de papel. Noutros termos, estamos "descentralizando" nossas capacidades cognitivas cada vez mais e nos tornando mais dependentes da Internet. O principal efeito deletério dessa mudança também é conhecido: nomofobia, ou o medo irracional de ficar sem o celular ou sem sinal, enfim, sem acesso à Internet.[15]

Esses termos revelam uma preocupação que poderia ser comparada àquela que assombrou Heidegger quanto à tendência ao pensamento acrítico. O excedente informacional tem o potencial de moldar a percepção, na medida em que o discernimento passa a ser condicionado por um processo quase imperceptível de dependência tecnológica, causando ansiedade pela mera cogitação de perda do acesso à Internet.

Se, no positivismo jurídico, o profissional do direito confiava cegamente nos grandes códigos, se limitando a reproduzir regras previamente estabelecidas, o jurista do século XXI passa a enfrentar uma situação muito diversa, mas de efeitos similares: há excesso de informação consultável e escassez de informação memorizada e previamente estudada. Como consequência do relaxamento cognitivo, também a confiabilidade das fontes consultadas passa a ser um fator de relevância: busca-se a informação instantânea, então textos longos e explicações rebuscadas – o "juridiquês" – se tornam repugnantes. Até mesmo as aulas se tornam desejadamente mais enxutas, objetivas, resumidas. Não há espaço para o direito prolixo de outros tempos e o que se percebe é que, cada vez menos, se atribui importância à dogmática.

O que fazer?

Se a tendência à descentralização cognitiva já produz efeitos, talvez o "novo modo" de estudar as disciplinas jurídicas tradicionais demandará do profissional que se dedicar à Ciência Jurídica o desenvolvimento de aptidões igualmente novas. Fala-se nos "*digital skills*", em remissão à expressão adotada por van Dijk e van Deursen[16],

---

14. STORM, Benjamin C.; STONE, Sean M.; BENJAMIN, Aaron. Using the Internet to access information inflates future use of the Internet to access other information. *Memory*, Oxfordshire, v. 25, n. 6, p. 717-723, 2017.

15. ELMORE, Tim. Nomophobia: A Rising Trend in Students. *Psychology Today*, 18 set. 2014. Disponível em: https://www.psychologytoday.com/us/blog/artificial-maturity/201409/nomophobia-rising-trend-in-students. Acesso em: 28 jun. 2022.

16. VAN DIJK, Jan; VAN DEURSEN, Alexander. *Digital skills*: unlocking the information society. Londres/Nova York: Palgrave Macmillan, 2014, p. 21-23.

representando o hábito que os usuários da Internet devem consolidar para que possam melhorar constantemente suas habilidades críticas, como a capacidade de pesquisar, selecionar, processar e aplicar informações colhidas de uma superabundância de fontes, sem menosprezar os modelos tradicionais e com atenção constantemente voltada à confiabilidade dos conteúdos.

Apesar disso, não se pode deixar de considerar que significativa parcela da população mundial ainda não tem acesso à Internet[17], o que revela potenciais distorções e segregações, culminando em verdadeira ruptura social – uma *digital divide*[18] – entre aqueles que nascem, crescem e se desenvolvem em meio à tecnologia e os demais.

É fato que viver sem computadores está se tornando cada vez mais difícil[19], pois se perde um número crescente de oportunidades. Em várias ocasiões, as pessoas serão excluídas do acesso a recursos vitais, como vagas de emprego para as quais trabalhar com computadores e a Internet é simplesmente crucial. Nas entrevistas de emprego, os empregadores já solicitam cada vez mais certificados ou outras provas de habilidades digitais.[20] E, como consequência, não basta saber acessar a Internet e explorar tecnicamente as plataformas: é preciso que o profissional saiba lidar com estruturas algorítmicas, alimentadas por dados e, por vezes, dependentes de conhecimentos técnicos mais sofisticados.

Por um lado, a presença da Internet alterou sobremaneira as relações profissionais no Direito, despertando um fenômeno individualista e que restringe o escopo ampliativo do acesso à informação, de modo que a propagação de conteúdos direcionados e algoritmizados tem conduzido a restrições. Os cidadãos menos experientes são considerados alvos fáceis de estratégias de propagação da desinformação, o que traz como resultado um número progressivo de pessoas conectadas, mas despreparadas para o uso da Internet. Para o jurista que se insere nesse novo contexto, o conhecimento das leis, das posições doutrinárias e dos entendimentos dos tribunais

---

17. CARDIN, Adele. Almost Half the World has no Internet Access, Says Study. *The Rio Times*, 29 set. 2019. Disponível em: https://riotimesonline.com/brazil-news/miscellaneous/almost-half-the-world-has-no-internet-access-says-study/. Acesso em: 28 jun. 2022.

18. COMPAINE, Benjamin M. Information gaps: myth or reality? In: COMPAINE, Benjamin M. (Ed.). *The digital divide*: facing a crisis or creating a myth? Cambridge: The MIT Press, 2001, p. 105.

19. ABOUJAOUDE, Elias. Problematic Internet use two decades later: apps to wean us off apps. *CNS Spectrums*, Cambridge, v. 24, n. 4, p. 371-373, out. 2018.

20. Comentando o cenário legislativo brasileiro, Renato Opice Blum explica que "(...) pouco adiantará a aprovação de leis para garantir uma segurança maior ao usuário da rede mundial de computadores se ele, antes de iniciar a conexão com um mundo tão rico, tão vasto, tão cheio de informações, mas por vezes perigoso, não for educado digitalmente. Primeiro, é necessário que o usuário, tanto no âmbito pessoal, quanto profissional, e de forma preventiva, seja educado para isso. Por meio de educação voltada para o uso correto da Internet e de suas informações. Esse aprendizado deveria começar na fase escolar e perdurar por toda a vida do ser humano, ante o dinamismo e a abrangência do mundo virtual. Da mesma forma, as escolas devem fazer uso de uma Política de Segurança da Informação, aplicando sistemas eficientes para resguardar o sigilo de suas informações, especialmente de seus alunos. Entretanto, é importante observar que de nada adiantará a escola empresa ter uma estrutura adequada na área de Tecnologia da Informação se os professores, alunos e pais não tiverem consciência da importância de se garantir a segurança da informação." OPICE BLUM, Renato. O Marco Civil da Internet e a educação digital no Brasil. In: ABRUSIO, Juliana (Coord.). *Educação digital*. São Paulo: Ed. RT, 2015, p. 189-190.

é progressivamente negligenciado, uma vez que algoritmos singelos são mais eficazes na realização do mapeamento desses conteúdos, e o que se busca no mercado são habilidades relacionadas ao manejo eficiente e proativo de ferramentas tecnológicas.

Os grandes perigos que pairam são a retomada do pensamento acrítico, o desprezo à formação humanística e a proliferação da tecnocracia. Apesar disso, é preciso reconhecer a natureza plural do ensino jurídico, como anota Alysson Mascaro:

> (...) a quantidade de disciplinas técnicas em face das humanísticas e críticas, a quantidade de disciplinas técnicas plenamente favoráveis ao interesse privado em face das disciplinas técnicas de direitos sociais e direitos humanos, o ensino direcionado aos concursos ou à formação crítica, todos esses são pontos vertebrais que fazem a educação jurídica pender para múltiplos horizontes.[21]

Para que não se produza o resultado indesejado de tornar o ensino jurídico cada vez mais desconectado da realidade do tempo, soluções devem ser buscadas a fim de conciliar os impactos da inovação tecnológica com as tendências citadas.[22] Se, como se disse, boa parte da população mundial está desconectada da Internet, mas é inevitável o processo de migração disruptiva para o meio virtual, medidas devem ser adotadas para prover conectividade à parcela da população que não dispõe de acesso a esse universo e para que tal acesso seja o mais letrado possível.

No Brasil, o Marco Civil da Internet (Lei n. 12.965/2014) cuidou de determinar ao Estado o dever de promover a educação e a inclusão digital:

> Art. 26. O cumprimento do dever constitucional do Estado na prestação da educação, em todos os níveis de ensino, inclui a capacitação, integrada a outras práticas educacionais, para o uso seguro, consciente e responsável da internet como ferramenta para o exercício da cidadania, a promoção da cultura e o desenvolvimento tecnológico.
>
> Art. 27. As iniciativas públicas de fomento à cultura digital e de promoção da internet como ferramenta social devem:
>
> I – promover a inclusão digital;

Tais previsões atendem a um objetivo maior, que, nos dizeres de Guilherme Damasio Goulart, "preenche não apenas a lacuna legal referente aos direitos civis na Internet, mas também afirma e reconhece uma sociedade digital".[23] Na medida em que a Internet "aumenta o poder da sociedade civil para atuar mediante cooperação e solidariedade frente aos demais poderes que atuam de forma vertical"[24], a promoção da

---

21. MASCARO, Alysson Leandro. Sobre a educação jurídica. In: TAGLIAVINI, João Virgílio; SANTOS, João Luiz Ribeiro (Coord.). *Educação jurídica em questão*: desafios e perspectivas a partir das avaliações. São Paulo: OAB, 2013, p. 43-44.

22. VAGADIA, Bharat. *Digital disruption*: Implications and opportunities for economies, society, policy makers and business leaders. Cham: Springer, 2020, p. 277.

23. GOULART, Guilherme Damasio. Os impactos das novas tecnologias nos direitos humanos e fundamentais: o acesso à Internet e a liberdade de expressão. *Revista Direitos Emergentes na Sociedade Global*, Santa Maria, v. 1, n. 1, p. 145-168, jan./jun. 2012, p. 158-159.

24. BENACCHIO, Marcelo; SANTOS, Queila Rocha Carmona dos. A Lei 12.965/14 como instrumento de promoção dos direitos humanos. In: DE LUCCA, Newton; SIMÃO FILHO, Adalberto; LIMA, Cíntia Rosa Pereira de (Coord.). *Direito & Internet III*: Marco Civil da Internet (Lei 12.965/2014). São Paulo: Quartier Latin, 2015, t. I, p. 168.

educação digital desempenha papel essencial. Conciliar esse dever com a busca pelo autoaprimoramento é o caminho a ser trilhado, e sua concretização envolve reflexões e releituras de modelos tradicionais – e não o seu completo abandono ou menosprezo.

Magda Pischetola registra três tipos de "competências digitais":

1) As *operacionais*: ou seja, o conjunto de habilidades técnicas que permitem ao usuário acessar as aplicações básicas das TICs on-line e off-line, como, por exemplo, o editor de texto, o e-mail, as atividades de busca on-line.

2) As *informacionais*: habilidades para pesquisar, selecionar e elaborar as informações que se encontram nos recursos da rede.

3) As *estratégicas*: habilidades para determinar metas específicas orientadas a alcançar outras mais amplas, com o fim de manter ou melhorar sua própria posição social.[25]

O desenvolvimento dessas competências (ou '*skills*'[26]), é uma das chaves para a efetiva transição à sociedade da informação. Por isso, conclui-se que o ensino hodierno está intimamente ligado ao preenchimento das necessidades humanas, definidas por Abraham Maslow[27] e perfeitamente enquadráveis no contexto da atual sociedade da informação, na qual se impõe o convívio com um novo ambiente chamado cibe-

---

25. PISCHETOLA, Magda. *Inclusão digital e educação*: a nova cultura da sala de aula. Petrópolis: Vozes, 2016, p. 42. Aprofundando-se no tema, a autora ainda explica: "No nosso entender, as três competências refletem, de fato, três graus de desigualdade. Alcançar a inclusão digital, no sentido que demos ao termo, significa obter todos os níveis de competência cognitiva mencionados (...). Antes da mídia digital, para formar um grupo engajado em uma ação social, cultural ou política, era geralmente necessária uma instituição, com todos os seus processos burocráticos hierarquizados. Hoje, as plataformas digitais permitem que os indivíduos participem de grupos com interesses afins, se organizando espontaneamente, em um sistema de grande flexibilidade estrutural, que lhes oferece a possibilidade de interagir de forma constante. A competência alfabética inclui não apenas a capacidade de ler e escrever, mas o desenvolvimento de novas habilidades de comunicação, categorias de pensamento, linguagem, decorrentes da utilização das TICs e, em especial, do computador e da *web*".

26. VAN DIJK, Jan; VAN DEURSEN, Alexander. *Digital skills*: unlocking the information society. Nova York: Palgrave Macmillan, 2014, p. 1. Anotam: "In the first decade of the twenty-first century, the attention given to the so-called digital divide in developed countries gradually decreased. The common opinion among policy makers and the public at large was that the divide between those with access to computers, the Internet, and other digital media and those without access was closing. In some countries, 90 percent of households were connected to the Internet. Computers, mobile telephony, digital televisions, and many other digital media decreased in price daily while their capacity multiplied. On a massive scale, these media were introduced in all aspects of everyday life. Several applications appeared to be so easy to use that practically every individual with the ability to read and write could use them. Yet, we posit that the digital divide is deepening. The divide of so-called physical access might be closing in certain respects; however, other digital divides have begun to grow. The digital divide as a whole is deepening because the divides of digital skills and unequal daily use of the digital media are increasing."

27. Anota: "If we examine carefully the average desires that we have in daily life, we find that they have at least one important characteristic, i.e., that they are usually means to an end rather than ends in themselves. We want money so that we may have an automobile. In turn we want an automobile because the neighbors have one and we do not wish to feel inferior to them, so that we can retain our own self-respect and so that We can be loved and respected by others. Usually when a conscious desire is analyzed we find that we can go behind it, so to speak, to other, more fundamental aims of the individual. In other words, we have here a situation that parallels very much the role of symptoms in psychopathology. The symptoms are important, not so much in themselves, but for what they ultimately mean, that is, for what their ultimate goals or effects may be." MASLOW, Abraham H. *Motivation and personality*. 2. ed. Nova York: Harper & Row, 1970, p. 21.

respaço, em que a tecnologia atua como um poderoso componente do ambiente de aprimoramento individual. Nesse contexto, é preciso ressaltar que as relações sociais e pedagógicas, assim como os benefícios e malefícios trazidos pelas Tecnologias de Informação e Comunicação, são desdobramentos de comportamentos da própria sociedade, e não consequências da simples existência da Internet.

5. A CRIATIVIDADE ENALTECIDA: OS DOMÍNIOS COGNITIVOS AINDA DEPENDENTES DO FATOR HUMANO

Relutar diante da inovação ou resistir aos impactos da transformação digital são posturas contraditórias e improdutivas, embora naturais e até compreensíveis.[28] Se não é possível evitar por completo os impactos da disrupção, o próprio futuro das carreiras jurídicas imporá novos olhares ao labor desempenhado pelo jurista que se dedicar a explorar o direito nesse novo contexto.[29] O que está claro é que o aspecto criativo ainda prepondera e diferencia a atuação humana do labor automatizado propiciado pela tecnologia, especialmente pelos algoritmos.

Investir nos domínios cognitivos dependentes da produção criativa sempre foi essencial para masterizar o pensamento jurídico. Sem dúvidas, a partir da compreensão abstrata da realidade social, do desenvolvimento da hermenêutica e da dialética jurídica e da busca por soluções adequadas aos problemas, pode-se afirmar que sempre se esperou do bom operador do direito que fosse um construtor do saber, um questionador de ampla capacidade cognitiva. Isso não mudou, mas vem sendo ofuscado pelo relaxamento indesejável provocado pela tecnologia.

Nesse sentido, pensar o Legal Design – conceituado por Margaret Hagan como "uma forma de avaliar e criar serviços jurídicos, com foco em quão utilizáveis, úteis e envolventes são esses serviços"[30] – significa avançar rumo ao desenvolvimento e à manutenção de habilidades que não se tornarão superadas ou desnecessárias em função da transformação digital. Ao contrário, serão desejadas e festejadas, pois serão o fator essencial de diferenciação do pensamento humano em relação ao processamento computacional, como aponta Harari:

> Conhecemos hoje uma tecnologia muito mais sofisticada – o computador – e assim explicamos a *psique* humana como se fosse um computador processando dados, e não um motor a vapor regulando pressões. Mas essa analogia pode revelar-se tão ingênua quanto a anterior. Afinal, computadores não têm mente. Eles não anseiam por nada, nem quando têm um *bug*, e a internet não sofre nem quando regimes autoritários cortam países inteiros da rede. Então por que usar computadores como modelo para compreender a mente?[31]

---

28. FLAVIN, Michael. *Disruptive technology, enhanced learning*: the use and misuse of digital technologies in higher education. Londres: Palgrave Macmillan, 2017, p. 53-86.

29. SUSSKIND, Richard. *Tomorrow's lawyers*: an introduction to your future. 2. ed. Oxford: Oxford University Press, 2017, p. 43-55.

30. HAGAN, Margaret. *Law by Design*. 2019. Disponível em: https://www.lawbydesign.co/. Acesso em: 28 jun. 2022. Tópico "Legal Design", tradução livre.

31. HARARI, Yuval Noah. *Homo deus*: uma breve história do amanhã. Trad. Paulo Geiger. São Paulo: Cia. das Letras, 2016, p. 125.

O profissional do direito do século XXI deve manter-se atento a problemas e buscar soluções criativas se valendo de todas as fontes postas à sua disposição. A busca incansável por soluções e a inquietação podem ser conciliadas com técnicas de *design thinking* – ora compreendido como o conjunto de ideias que permite aferir a melhor pergunta a ser feita para solucionar um problema –, viabilizando a consolidação do fator humano na construção cognitiva.

A reflexão de Einstein, lançada na epígrafe desse capítulo, ilustra os contornos perspicazes e argutos que se deseja do profissional que está em constante autoaprimoramento. Pensar criticamente continua sendo fundamental para superar bloqueios criativos e para potencializar as chances de encontrar soluções para problemas de toda espécie.[32] É caminho necessário e esperado do profissional que deseje se dedicar à compreensão do Direito sem as amarras dos caminhos dogmáticos mais tradicionais. Representa, enfim, desejável conciliação entre a tecnologia e os elementos humanos.[33]

6. REFERÊNCIAS

ABOUJAOUDE, Elias. Problematic Internet use two decades later: apps to wean us off apps. *CNS Spectrums*, Cambridge, v. 24, n. 4, p. 371-373, out. 2018.

BENACCHIO, Marcelo; SANTOS, Queila Rocha Carmona dos. A Lei 12.965/14 como instrumento de promoção dos direitos humanos. In: DE LUCCA, Newton; SIMÃO FILHO, Adalberto; LIMA, Cíntia Rosa Pereira de (Coord.). *Direito & Internet III*: Marco Civil da Internet (Lei 12.965/2014). São Paulo: Quartier Latin, 2015, t. I.

CARDIN, Adele. Almost Half the World has no Internet Access, Says Study. *The Rio Times*, 29 set. 2019. Disponível em: https://riotimesonline.com/brazil-news/miscellaneous/almost-half-the-world-has-no-internet-access-says-study/. Acesso em: 28 jun. 2022.

COMPAINE, Benjamin M. Information gaps: myth or reality? In: COMPAINE, Benjamin M. (Ed.). *The digital divide*: facing a crisis or creating a myth? Cambridge: The MIT Press, 2001.

DENNIS, Pascal; SIMON, Laurent. *Harnessing digital disruption*: How companies win with design thinking, agile, and lean startup. Londres: Routledge, 2021.

ELMORE, Tim. Nomophobia: A Rising Trend in Students. *Psychology Today*, 18 set. 2014. Disponível em: https://www.psychologytoday.com/us/blog/artificial-maturity/201409/nomophobia-rising-trend-in-students. Acesso em: 28 jun. 2022.

FERRAZ JÚNIOR, Tércio Sampaio. *Introdução ao Estudo do Direito*: técnica, decisão, dominação. São Paulo: Atlas, 2007.

FLAVIN, Michael. *Disruptive technology, enhanced learning*: the use and misuse of digital technologies in higher education. Londres: Palgrave Macmillan, 2017.

FROMM, Erich. *The revolution of hope*: toward a humanized technology. Londres: Harper & Row, 1968.

GADAMER, Hans-Georg. *Verdade e Método*: traços fundamentais de uma hermenêutica filosófica. Trad. Flávio Meurer. 7. ed. Petrópolis: Vozes, 2005, v. I.

---

32. DENNIS, Pascal; SIMON, Laurent. *Harnessing digital disruption*: How companies win with design thinking, agile, and lean startup. Londres: Routledge, 2021, p. 35.

33. FROMM, Erich. *The revolution of hope*: toward a humanized technology. Londres: Harper & Row, 1968, p. 141.

GALINDO, Fernando. Technologies, teaching of law and a communicative theory of law. In: HÖTZENDORFER, Walter; TSCHOHL, Christof; KUMMER, Franz (Ed.). *International Trends in Legal Informatics*: Festschrift for Erich Schweighofer. Berna: Weblaw AG, 2020.

GOULART, Guilherme Damasio. Os impactos das novas tecnologias nos direitos humanos e fundamentais: o acesso à Internet e a liberdade de expressão. *Revista Direitos Emergentes na Sociedade Global*, Santa Maria, v. 1, n. 1, p. 145-168, jan./jun. 2012.

HAGAN, Margaret. *Law by Design*. 2019. Disponível em: https://www.lawbydesign.co/. Acesso em: 28 jun. 2022.

HARARI, Yuval Noah. *21 lições para o século 21*. Trad. Paulo Geiger. São Paulo: Cia. das Letras, 2018.

HARARI, Yuval Noah. *Homo deus*: uma breve história do amanhã. Trad. Paulo Geiger. São Paulo: Cia. das Letras, 2016.

HEIDEGGER, Martin. A questão da técnica. Trad. Marco Aurélio Werle. *Scientiae Studia*, v. 5, n. 3, p. 375-398, 2007. Disponível em: https://www.revistas.usp.br/ss/article/view/11117/12885. Acesso em: 28 jun. 2022.

KELSEN, Hans. *Teoria pura do direito*. Trad. João Baptista Machado. 8. ed. São Paulo: Martins Fontes, 2009.

LANCASTER, Frederick W. *Toward paperless information systems*. New York: Academic Press, 1978.

MASCARO, Alysson Leandro. Sobre a educação jurídica. In: TAGLIAVINI, João Virgílio; SANTOS, João Luiz Ribeiro (Coord.). *Educação jurídica em questão*: desafios e perspectivas a partir das avaliações. São Paulo: OAB, 2013.

OPICE BLUM, Renato. O Marco Civil da Internet e a educação digital no Brasil. In: ABRUSIO, Juliana (Coord.). *Educação digital*. São Paulo: Ed. RT, 2015.

PISCHETOLA, Magda. *Inclusão digital e educação*: a nova cultura da sala de aula. Petrópolis: Vozes, 2016.

STORM, Benjamin C.; STONE, Sean M.; BENJAMIN, Aaron. Using the Internet to access information inflates future use of the Internet to access other information. *Memory*, Oxfordshire, v. 25, n. 6, p. 717-723, 2017.

STRECK, Lenio Luiz. Hermenêutica e ensino jurídico em *Terrae Brasilis*. *Revista da Faculdade de Direito da UFPR*, Curitiba, v. 46, p. 27-50, 2007.

SUSSKIND, Richard. *Transforming the law*: essays on technology, justice and the legal marketplace. Oxford: Oxford University Press, 2000.

SUSSKIND, Richard; SUSSKIND, Daniel. *The future of professions*: how technology will transform the work of human experts. Oxford: Oxford University Press, 2015.

SUSSKIND, Richard. *Tomorrow's lawyers*: an introduction to your future. 2. ed. Oxford: Oxford University Press, 2017.

TENG, May. A PwC exec says the global disruption has accelerated the future of work by 5 to 10 years. *Business Insider*, 11 ago. 2020. Disponível em: https://www.businessinsider.com/pwc-consulting--disruption-telecommuting-future-of-work-trends-2020-8. Acesso em: 28 jun. 2022.

VAGADIA, Bharat. *Digital disruption*: Implications and opportunities for economies, society, policy makers and business leaders. Cham: Springer, 2020.

VAN DIJK, Jan. *The network society*. 3. ed. Londres: Sage Publications, 2012.

VAN DIJK, Jan; VAN DEURSEN, Alexander. *Digital skills*: unlocking the information society. Londres/Nova York: Palgrave Macmillan, 2014.

WEBSTER, Frank. *Theories of the information society*. 3. ed. Londres: Routledge, 2006.

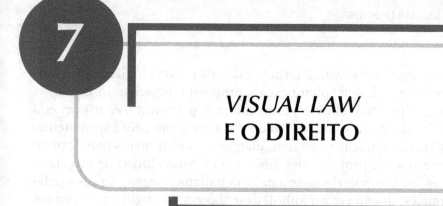

VISUAL LAW E O DIREITO

Leonardo Sathler de Sousa

Designer, UX/UI, Bacharelando em Direito. Mentor em projetos de tecnologia e inovação jurídica, Especialista em Legal Design e Visual Law, Instrutor de História do Design e da Arte. Treinamentos para advogados e equipes jurídicas, com foco em design, criatividade e experiência do usuário.

https://youtu.be/6Td4ay0kcOM

Sumário: 1. As origens do design. 1.1. Moderna abordagem da forma e as escolas artísticas. 1.2. Evolução do design. 2. A escrita como representação abstrata da linguagem. 2.1. Abstrações representadas na cognição do Direito. 2.2. O conceito de abstrato. 3. Influências da abstração visual na sociedade. 4. Memética: da natureza ao mundo digital. 5. Inter-relação *jurissignum*: *visual law* e Direito. 5.1. Revisando a prática legal. 5.2. Revisando a teoria jurídica: do analógico ao visual. 5.3. A ciência da visão e pensamento visual: por que as imagens são importantes. 5.4. Revisando a educação jurídica. 5.5. *Visual law*: os desafios à frente. 6. Referências.

1. AS ORIGENS DO DESIGN

A inserção de um conhecimento em outro – que, em primeira leitura, não aparenta ênfase e correlação ao primeiro – promove algo que é notório no campo acadêmico: a interdisciplinaridade integra conteúdos de diferentes disciplinas, sendo uma prática educacional que procura fazer com que as áreas do conhecimento se complementem de forma que os conteúdos das disciplinas sirvam de apoio ao aprendizado numas e noutras.

Mas, o que é Design? No Brasil, o termo deriva da palavra inglesa que é usada como um substantivo, *design* (planificação, propósito, objetivo, intenção), e do verbo, *"to design"* (projetar, simular, esquematizar, planificar). A origem está relacionada à produção de um signo, derivado do latim *segno*[1]. No Latim medieval, a palavra *designare* significava designar, diagramar, achar meios para formar, alinhando-se com a ação de projetar. Desenhar, então, é uma forma de projetar e designar as formas. Do Latim derivou-se a palavra italiana *disegno*, depois a palavra *dessein*, no francês, *diseño* em espanhol, desenho em português e design em inglês.[2] Mas estas palavras tiveram o sentido alterado através do tempo. Surgiram dois conceitos conectados: um mais direto, que se refere ao ato de desenhar, que, no inglês, foi substituído pela palavra *draw* (além de desenhar, significa extrair, atrair, chegar a uma conclusão, basear-se em) e, no espanhol, pela palavra *dibujo*; e um indireto, que se refere ao ato de planejar, designar e projetar que, no inglês, ficou como *design* e, no espanhol, como *diseño*.

Essa alteração no sentido da palavra design nos países de língua inglesa se acentuou com a Revolução Industrial, que deu origem a novos usos que respondessem às novas atividades produtivas. Nesse contexto, se fez cada vez mais necessário diferenciar entre o ato de desenhar (*to draw*) e o ato de planificar, projetar, designar, esquematizar (*to design*).[3]

O período pré-histórico foi essencial para o desenvolvimento da comunicação visual e dos primeiros elementos de design, através de pinturas rupestres, composições com pigmentos, uso de materiais rústicos para esculturas e abrigos fabricados com fibras vegetais e monumentos de pedras colossais. Passando para a Antiguidade, uma das primeiras civilizações a utilizar elementos de design foi a egípcia, na arquitetura das pirâmides, em pinturas que imitavam os movimentos dos corpos, em esculturas de ouro, móveis com formas rígidas e no uso de linhas geométricas.

Trazendo esta reflexão como ponto de partida para o assunto-cerne desta obra, pode-se compreender melhor a confluência entre o campo jurídico e o Design, com uma breve introdução deste para implantar conexão naquele. O design moderno, pelos estilos do século XX, surgiu de uma junção de movimentos artísticos e outras influências variadas, sendo que uma das origens remonta às ideias e aos princípios estabelecidos por John Ruskin – escritor inglês, crítico de arte, desenhista, aquarelista, pensador social – na Inglaterra no século XIX, cujos escritos relacionavam valores estéticos com moralidade, e por William Morris – designer têxtil, poeta, romancista,

---

1. Cf. ROSSI, D. C. Design. Desígnio. Desenho. O mapa das Vizinhanças do Desejo. *Revista Triades*, v. 1, n. 1, 22 jun. 2016.
2. MARTINS, Luiz G.F. *A etimologia da palavra desenho (e design) na sua língua de origem e em quatro dos seus provincianismos*: desenho como forma de pensamento de conhecimento. XXX Congresso Brasileiro de Ciências da Comunicação, São Paulo. 2007.
3. MARTINS, Luiz G.F. *A etimologia da palavra desenho (e design) na sua língua de origem e em quatro dos seus provincianismos*: desenho como forma de pensamento de conhecimento. XXX Congresso Brasileiro de Ciências da Comunicação, São Paulo. 2007.

tradutor e ativista socialista britânico associado ao *British Arts and Crafts Movement* – que promovia a revalorização da tipografia clássica na impressão e nas habilidades artesanais do design de produtos.

Merecem menção, ainda, os arquitetos Louis Sullivan e Frank Lloyd Wright, pioneiros no movimento de valorização da forma e da função das suas construções. Importante salientar estas duas palavras: "forma" e "função". As duas serão abordadas nesse estudo. Mundialmente, no início do século XX, ocorreram diversos movimentos significativos para o que é o design atual, sendo o Cubismo o movimento apontado como origem do design gráfico. Também é importante mencionar Picasso, que conseguia diminuir a ilusão da terceira dimensão, nivelando a superfície da tela e reforçando os contornos e ângulos da imagem.

1.1. Moderna abordagem da forma e as escolas artísticas

Em 1909, Sigmund Freud publicava sua obra "A Interpretação dos Sonhos", que permitiu uma revelação dos processos do inconsciente humano. Em 1905, a Teoria da Relatividade de Albert Einstein também teve contribuição valiosa para as artes visuais, mudando a visão da realidade e deixando o abstrato e as ciências influenciarem as artes gráficas. Iniciava-se uma grande profusão de movimentos artísticos, também chamados de "escolas", nas quais expressões e mensagens visuais se apresentavam de maneiras *sui generis*, tais como o movimento *Art Noveau*, o primeiro movimento voltado exclusivamente para o design. Seu estilo é marcado pela decoração elaborada e superficial e pelas formas curvilíneas e sinuosas, tendo reflexos na influência de criação de formatos de letras e de marcas comerciais e, por sua criação e desenvolvimento, pôsteres modernos, formando um estilo para a página impressa, através dos trabalhos de Toulouse-Lautrec, Pierre Bonnard, Alphonse Mucha, Aubrey Beardsley. Esta escola privilegiava o decorativo, o ornamental.

Outro movimento artístico de grande importância foi o *cubismo*, que teve início com *Les Demoiselles d'Avignon*, de Pablo Picasso, em 1907, e também nas estilizações geométricas de esculturas africanas e nas observações do artista pós-impressionista Paul Cézanne, transformando o plano tridimensional em plano bidimensional e sugerindo novas formas de combinar as imagens e comunicar ideias, em diferentes planos e sob variados pontos de vista. A inovadora abordagem que o Cubismo deu às composições visuais mudou o curso da pintura e do design gráfico. Ele impulsionou as artes e o design à abstração geométrica e à exploração do espaço pictórico.

Outra escola artística de grande importância foi o *futurismo*, que surgiu com os trabalhos do poeta Filippo Marinetti, ao publicar seu *Manifesto do Futurismo* num jornal francês. Referida publicação apresentava o Futurismo como um movimento revolucionário para todas as artes com a finalidade de testar suas formas e ideias contra a nova realidade da sociedade científica e industrial. Os futuristas transformavam ideias poéticas em imagens visuais. Eles animavam as páginas com uma dinâmica e não linear composição das palavras e letras, sendo estas não simplesmente signos alfabéticos, mas, sim, formatos e pesos diferentes que expressavam elementos marcantes e capazes de substituir as imagens.

Atualmente, existe no design a Hierarquia da Informação, que é justamente esta diferenciação entre tamanhos, formas e posicionamentos das letras para compor uma mensagem, seja na tela do dispositivo digital, em um vídeo, em um livro ou em um pôster qualquer.

Além destes, houve ainda o *dadaísmo*, que nasceu com foco na revitalização das artes visuais, quebrando todas as regras e todos os conceitos tradicionais e derrubando estruturalmente a representação racional. A influência do dadaísmo nas artes gráficas reforçou a ideia cubista do uso da letra como experiência visual, tendo em vista que as palavras eram separadas do seu contexto de linguagem para serem puramente estruturas visuais. Tal movimento também iluminou designers para o fato de que o 'chocante' e o 'surpreendente' podem despertar a atenção do receptor e ser elementos importantes para a superação da apatia visual.

No *surrealismo*, a procura era do mais real do que o próprio mundo real, sendo inspirado pelas ideias de Sigmund Freud, com atenções voltadas para o inconsciente, para o mundo da intuição e dos sonhos. Os designers gráficos tiveram grandes benefícios dos pintores surrealistas. Max Ernst sugeriu a irreverência; René Magritte usou um estilo realista para retratar objetos num ambiente insólito; Salvador Dalí sustentava os pesadelos surrealistas usando como fundo um permanente estilo acadêmico. Além destes, outros dois grandes nomes contribuíram para o enriquecimento das formas gráficas: Joan Miró e Hans Arp. Ambos exploraram um nível de criação ainda mais abstrato, usando formas e figuras que influenciaram o design. Pela relação do surrealismo com as reações emocionais e os estímulos do inconsciente, este movimento trouxe repercussão na comunicação visual e na ilustração contemporânea, propiciando infinitas ideias ao conteúdo das imagens visuais.

Em contraposição, o *construtivismo* surgiu para dar um novo sentido de ordem ao design, que estava tomado pelo caos imposto pelos dadaístas e surrealistas. Os construtivistas eram a favor das formas geométricas simples, básicas, e do emprego racional do material a fim de encontrar soluções para problemas de comunicação. A intenção era eliminar a divisão da arte e do trabalho, portanto, o uso da fotografia como produção mecânica de imagens fazia parte de sua ideologia. Deve-se a essa escola a utilização de técnicas como a fotomontagem, os fotogramas, a superposição, a justaposição, a colagem e o uso da tipografia livre nas artes aplicadas. Os designs de Lazar Markovich Lissitzky – artista russo, designer, fotógrafo, tipógrafo, polemista e arquiteto – uniam abstração geométrica com funcionalismo, e declaravam que palavras impressas devem ser vistas, não ouvidas, e que uma sequência de páginas pode fazer um livro se tornar um filme. Com essa preocupação, Lissitzky fez os designers pensarem num contexto conexo entre as páginas, criando a base para o estudo de diagramação e design. A proposta do Construtivismo abriu uma nova concepção a comunicação visual que teria seu fechamento nos movimentos artísticos *De Stijl* e *Bauhaus*.

Existe também o *Art Déco*, movimento não considerado de extrema importância para a formação do design contemporâneo, pois muitos trabalhos dessa tendência não têm a preocupação com a funcionalidade e a simplicidade das formas, características fundamentais do design moderno. O estilo chamado *De Stijl* surgiu na Holanda, em 1917, e foi o que firmou, em muitos sentidos, o estilo do design do século XX. Seu fundador e teórico foi o arquiteto Theo van Doesburg e faziam parte do movimento o pintor Piet Mondrian, Bart van der Leck e o arquiteto J.J.P. Oud. Os designers do *De Stijl* fizeram-se notar pela rigorosa precisão com que dividiam o espaço, às vezes contrastando as divisões com linhas negras; pela tensão e pelo equilíbrio, alcançados com a assimetria; pelo uso das formas básicas, das cores primárias e pela máxima simplicidade nas soluções. As curvas foram eliminadas e preferiam os tipos sem serifa, compostos em blocos retangulares. Vermelho era a cor preferida em contraste com o preto, pois representava revolução. Aí foi criado o termo neoplasticismo, para designar sua concepção de pintura bidimensional, o que acabou virando sinônimo do estilo do grupo.

Bauhaus, considerada a mais influente e mais famosa escola de arte do século XX, foi fundada por Walter Gropius, em 1919, em Weimar, na Alemanha, desenvolvendo ideologias e tendências inovadoras para o estudo do design, propondo restabelecer o contato entre a arte e a produção industrial, unindo artesãos, engenheiros, designers, arquitetos, pintores e artistas, pesquisando e construindo juntos protótipos a serem produzidos em escala industrial. O construtivista húngaro Lásló Moholy-Nagy contribuiu com uma importante declaração sobre a tipografia, descrevendo-a como uma ferramenta de comunicação que tem que comunicar de sua forma mais intensa, desejando criar uma linguagem nova da tipografia, cuja elasticidade, variação e renovação da composição tipográfica é ditada pela expressão interior e pelo efeito óptico. A paixão de Moholy-Nagy por tipografia e fotografia inspirou o interesse da escola *Bauhaus* pela comunicação visual que levou a importantes experimentos na unificação dessas duas artes. Ele viu o design gráfico, principalmente o pôster, se desenvolvendo em direção ao *typophoto*. Ele propôs essa objetiva integração da palavra e da imagem a fim de comunicar uma mensagem à nova literatura visual, sendo um raciocínio tão brilhante que o Legal Design também vem promover uma nova forma de comunicar o conteúdo jurídico nas expressões contemporâneas.

Outro importante recurso explorado pelos mestres e aplicadores da *Bauhaus* foi a fotomontagem. Com o surgimento desse novo veículo de comunicação, eles cortavam e juntavam as fotos, a fim de compor uma narrativa mais dramática às páginas. Seria algo semelhante ao que se tem nos dias atuais (telas digitais, cores, imagens etc.). Sua contribuição por ter colocado em práticas várias ideias e concepções novas acabou tornando a *Bauhaus* um movimento... Um movimento que fez surgir o design moderno, a nova estética do século XX!

1.2. Evolução do design

O design passou a ser de grande interesse para as indústrias por volta dos anos 1970 e 1980. Além disso, passou a integrar um novo setor nos processos produtivos. Nessa época, começaram a surgir projetos de regulamentação da profissão, bem como associações de designers. No Brasil, a validação da profissão de designer se consolidou em 1995 com a criação do Programa Brasileiro do Design (PBD). Além de esses profissionais passarem a fazer parte dos escritórios e departamentos internos das indústrias e das respectivas áreas de criação, estreitaram suas relações com os processos produtivos e o desenho industrial, que se tornaram partes importantes dessa união, buscando unir a estética e a funcionalidade. A partir da década de 2010, os reflexos dessa transição aportaram no meio jurídico, sendo fruto de suas dores perante os usuários, sejam clientes ou outros operadores do Direito.

Atualmente, as relações entre marca e consumidor têm se atualizado, e as soluções têm se tornado cada vez mais personalizadas e tecnológicas. Com isso, as responsabilidades do designer têm crescido bastante e influenciado profundamente o modelo de negócios no mercado jurídico. Sem restar nenhuma dúvida, a transformação digital potencializou o cenário atual do design, exigindo dos criativos o domínio dos principais softwares de criação, participação em mais etapas da produção de projetos, trabalho por meio de uma abordagem mais humanizada em relação ao usuário, foco no processo criativo de soluções úteis para os usuários, desenvolvimento de habilidades de comunicação e trabalho em equipe, aprimoramento da capacidade de lidar com a diversidade de profissionais envolvidos em um mesmo projeto e atuação que tenha em vista os objetivos de negócio.

Analisando este breve histórico, percebe-se que, antes, o design se limitava à união da estética e da funcionalidade. Hoje, vai muito além: seu foco está em proporcionar melhores experiências aos usuários, e à sociedade em geral, o que não se difere no campo jurídico.

2. A ESCRITA COMO REPRESENTAÇÃO ABSTRATA DA LINGUAGEM

Jean Piaget, psicólogo suíço conhecido por seu trabalho no desenvolvimento infantil, desenvolveu uma teoria denominada "Teoria do Desenvolvimento Cognitivo", em 1936. Como Diretor do Bureau Internacional de Educação, ele declarou, em 1934, que "somente a educação é capaz de salvar nossas sociedades de um possível colapso, seja violento ou gradual." A representação, dentro da teoria de Piaget, é gerada pela função semiótica, a qual possibilita à criança reconstruir em pensamento um objeto ausente por meio de um símbolo ou de um signo. A representação é a condição básica para o pensamento existir, uma vez que, sem ela, não há pensamento, só inteligência puramente vivida como no nível sensóriomotor. É através do surgimento da função semiótica que a criança consegue evocar e reconstruir em pensamento ações passadas e relacioná-las com as ações atuais.

Assim, nota-se que a representação está presente em tudo no meio humano – social, a saber: nas placas, nas cores, nas formas que se correlacionam para formar letras, sentidos, nos objetos que apontam para um raciocínio lógico (exemplo, a aritmética, "1+1") ou perceptível (*v.g.*, seta indicando uma direção a seguir). Quando o ser humano – bem antes do surgimento do *homo sapiens* – definia a sua vitória perante uma gigante fera trazendo a carne para alimento da tribo ou aldeia, ele a representava nas paredes das cavernas, mostrando aos seus pares que ali houve um ato relevante, algo que deveria ficar registrado ao alcance da visão e mente de todos. Mostrava ao mundo que se iniciava um grande movimento de mudança na linguagem, antes somente oral, para algo representativo visualmente. E isto inicia a comunicação visual na história humana.

Essa abstração do pensamento – da fala, do oral, para algo que se transforma em um objeto que pode ser visto – evolui para a formação da escrita milênios mais tarde, com a convenção de sons traduzidos em sinais gráficos. E foi na religião que se notou as primeiras utilizações de sinais para a representação do "divino", materializado aos homens como uma fala das "entidades superiores" que supostamente governavam o mundo, a vida. Isso é percebido claramente quando se estuda as histórias do Oriente, do Egito, da Grécia Antiga e demais civilizações que convencionaram estipular sinais gráficos em organizações visuais denominadas letras e números. E, após isso, também no surgimento do Direito, das Leis, dos acordos privados e públicos, essas representações visuais ganharam força para dirigir o modo de vida da sociedade, sendo tacitamente sinalizadas na expressão *o que foi escrito é o que está valendo entre nós*.

2.1. Abstrações representadas na cognição do Direito

O processo de abstração cognitiva é de suma importância para a formação da consciência e da aquisição do conhecimento, bem como para o estudo e para a prática da filosofia, sendo também fundamental para o processo de busca da realidade e da verdade, pois à medida que avançamos em conhecimento, estes se coadunam para chegarem a um conceito ou ideia que goze da unidade e universalidade entre todos os seres humanos. Conceituar algo é um indispensável primeiro passo para entendê-la. Assim, faz-se mister que a gente se conscientize de que a complexidade do "pensamento abstrato" já começa pela própria dificuldade de se definir o que é "pensamento" e o que é "abstrato". Pensamento é um "processo mental que se concentra nas ideias" ou "é o poder de formular conceitos". Buscando na língua inglesa, encontra-se definições como: "é a faculdade da razão". Entretanto, as conceituações de filólogos ainda não satisfazem as exigências de filósofos, psicólogos e neurocientistas.

Para Jung, o pensamento é uma função psicológica racional, que estabelece relações de ordem comportamental entre conteúdos representativos, através da utilização de categorias como 'verdadeiro' ou 'falso, ou como 'certo' ou 'errado'. E, para Jolivet, pensamento é a capacidade que tem o ser humano de conhecer em que consistem as coisas e as relações que elas têm entre si.

2.2. O conceito de abstrato

Na Língua Portuguesa, de acordo com o Dicionário Aurélio, "'abstrato' é o que expressa uma qualidade ou característica separada do objeto a que pertence ou a que está ligada." Na Língua Inglesa, recorrendo ao The Oxford Desk Dictionary and Thesaurus, temos conceitos mais simples, como este: "abstrato é o que existe no pensamento ou na teoria e não na matéria ou na prática." Consultando outras fontes, científicas e filosóficas, obtivemos conceituações bem mais lúcidas, as quais, conquanto aparentando, à primeira vista, um certo grau de complexidade, nos permitiram, a partir de palavras relacionadas, como 'abstração' e 'ideia', definir e compreender, mais claramente, o significado de 'abstrato'. Assim, temos que a 'abstração' é um conceito no qual não se leva em conta um valor específico e determinado, mas qualquer entre todos os valores possíveis daquilo com que estamos lidando ou ao que estamos nos referindo. Exemplificando, em álgebra quando aplica-se o "X" como variável, desconsidera-se seu valor atual, mas considera-se todos os possíveis valores de "X" como sendo números, os quais não são objetos físicos, mas objetos linguísticos, formados pela abstração durante o ato de contar. Daí ser talvez a matemática o exemplo ideal do 'abstracionismo', uma vez que, como regra, não estuda o mundo real, e sim modelos, que são abstrações do mundo real.

No Direito, começando com o título de "conselheiro" nos regimes tribais mais simples, a figura do advogado existe há milhares de anos. Mas foi quando sua presença chegou aos grandes impérios, que os símbolos ganharam significados fundamentais para a definição e o exercício da profissão de maneira mais próxima da conhecida hoje.

A evolução jurídica, impulsionada pela tecnologia e pela soma de outros saberes, trouxe mudanças importantes para a prática da operação legal. E não foi diferente com a representação dos símbolos, como exemplo: Balança – atribuída ao significado de justiça, do comportamento correto segundo as leis, e do equilíbrio, pela nivelação das partes envolvidas em um processo e expressada na equivalência e equação entre o castigo e a culpa. Culturalmente, no antigo Egito, o deus Osíris, na presença de Maat, a deusa da justiça para aquela cultura, pesava o coração dos mortos em uma balança para decidir sobre o seu destino além da Terra. A prática de medir as ações terrenas também esteve presente nos julgamentos dos antigos persas e tibetanos. Na Grécia, Zeus usava a balança para definir o destino da humanidade.

Outra representação é o martelo, todo em madeira, utilizado pelo juiz, sendo um dos mais significativos e conhecidos símbolos jurídicos. Ele representa o sinal de alerta, respeito e ordem para o silêncio. Alguns autores referenciam o símbolo à mitologia grega, relacionando o objeto ao deus Hefesto, também conhecido como ferreiro divino. Há também quem faça referência a uma espécie de cajado utilizado pelos sacerdotes judeus e cristãos, que utilizavam o martelo para chamar a atenção da assembleia.

Prosseguindo, a venda – ou cegueira – é sinal de imparcialidade. De forma mais abrangente, o símbolo representa abandono ao destino e desprezo pelo mundo exterior. Na Grécia Antiga, adivinhos e poetas eram representados como cegos pois acreditava-se que a ausência de visão permitia a essas pessoas ver os segredos reservados aos deuses. Fortuna, a deusa da sorte, era representada com os olhos vendados, assim como a deusa da justiça, que toma as decisões sem julgamentos particularmente pessoais.

Outra representação abstrata é a espada, que simboliza poder. Nesse aspecto, a arma expressa tanto o poder de destruição – no caso do direito e da advocacia, se posicionando contra a injustiça e a ignorância – quanto o de construção, por ser uma ferramenta para estabelecer e manter a paz e a justiça. Na mitologia grega, Themis é representada por uma figura de mulher e traz em seu significado a personificação da justiça. É filha de Urano (o Céu) e de Gaia (a Terra). A deusa da justiça exibe uma espada e uma balança. Enquanto a balança expressa o bom senso e o equilíbrio no julgamento das causas, a espada reflete a força e a potência de suas decisões.

A beca é uma veste talar, que vai do pescoço aos pés, com origem nos trajes sacerdotais da antiga Roma. Geralmente preta, se assemelha a uma capa. De simbologia forense e representa o sacerdócio dos defensores do direito e da justiça. O Crucifixo frequentemente presente nos plenários do júri, carrega uma simbologia que ultrapassa seu significado religioso. Enquanto parte dos símbolos do Direito, o crucifixo representa um erro judiciário, cometido há milênios, e serve de alerta ao corpo de jurados. O objeto está ali para lembrá-los de guiar suas decisões e ponderações pela lei, fortalecendo o compromisso com um julgamento genuinamente justo. A representação mais notória que essa cruz carrega é a do julgador político Pôncio Pilatos, que, sem provas ou vislumbres de qualquer culpa do acusado, entregou o réu, perante o povo de Israel, para ser crucificado. Isso porque não interessava à Roma se envolver com questões que não eram de sua conveniência. Como abstração do ato de escrever, a pena e os livros têm uma relação direta escrever defesas e petições para garantir o direito de uma pessoa ou entidade. E faz alusão ao tempo histórico, em que papel e a pena molhada na tinta eram os principais objetos de trabalho dos operadores do Direito. Ademais, esta combinação representa a consolidação das leis em código e a validade dos veredito, que eram escritos e registrados com a ajuda da pena e "eternizados" no papel.

Como símbolo da sabedoria e da inteligência, a coruja era a preferida de Minerva, figura mitológica ligada à justiça. Conhecida pelo nome de Palas Atena, na Roma antiga, Minerva é deusa da sabedoria e da guerra. A expressão "voto de Minerva", vai se referir ao julgamento de Orestes, filho do rei Agaménon e da rainha Clitemnestra. Ao haver empate na deliberação pela culpa ou absolvição, a deusa decidiu a favor do réu. Desta forma, até os dias atuais, o "voto de Minerva" refere-se ao voto de desempate.

3. INFLUÊNCIAS DA ABSTRAÇÃO VISUAL NA SOCIEDADE

A sociedade é construída sobre a abstração.

Durante todo o dia, milhares de máquinas e tecnologias pulverizam abstrações no meio social. O funcionamento interno e os princípios por trás dessas máquinas estão ocultos da vista. Por exemplo, a maioria das pessoas não sabe como o design de um avião permite que ele seja aerodinâmico, mantendo uma certa altitude. Os princípios subjacentes de como essa máquina foi projetada estão ocultos. Apesar disso, a maioria das pessoas ainda acredita que um avião nos levará do destino A para B com segurança. Esse método de abstrair certos princípios e camadas de entendimento, a menos que sejam pertinentes à sua carreira, não é uma falha em nosso modelo de sociedade. Na verdade, é uma das maneiras incríveis pelas quais nossa sociedade cresceu e floresceu tão rapidamente.

Por exemplo, se cada pessoa fosse forçada a entender como um processador de computador interpreta o código binário para compreender um comando antes de tocar em um computador, imagino que os computadores seriam bem menos populares. Este nível de abstração nos permite, como humanos, construir sobre o que nossos ancestrais descobriram. Em uma época em que toda a base de conhecimento da raça humana está na ponta dos dedos, não há desculpa para as pessoas espalharem ideias baseadas em seus mal-entendidos.

Nas placas de trânsito, para quem já possui uma habilitação autorizando a dirigir um veículo automotor, as informações são claramente perceptíveis e inteligíveis, ao contrário de uma pessoa que nunca estudou nem prestou atenção nos sistemas urbanos e rurais de circulação de veículos. São abstrações iconográficas (do original *ícone*), resumidas, compreensíveis, que rapidamente se traduzem em informação na mente do observador: a pessoa vê, ela entende e toma uma decisão a respeito daquele ícone na estrada (velocidade máxima permitida, sentido obrigatório, proibido estacionar etc.)

4. MEMÉTICA: DA NATUREZA AO MUNDO DIGITAL

Mimesis, princípio teórico básico na criação da arte. A palavra é grega e significa "imitação" (embora no sentido de "reapresentação", ao invés de "cópia"). Platão e Aristóteles falaram de mimese como a representação da natureza. Segundo Platão, toda criação artística é uma forma de imitação: o que realmente existe (no "mundo das ideias") é um tipo criado por Deus; as coisas concretas que o homem percebe em sua existência são representações sombrias desse tipo ideal. Portanto, o pintor, o trágico e o músico são imitadores de uma imitação, duas vezes distante da verdade. Aristóteles, falando em tragédia, enfatizou que se tratava de uma "imitação de uma ação"–a de um homem caindo de um estado superior para um inferior. Shakespeare, no discurso de Hamlet aos atores, referiu-se como sendo "... o espelho da natureza."

Assim, um artista, ao selecionar e apresentar habilmente seu material, pode buscar intencionalmente "imitar" a ação da vida.

E, nos dias atuais, como a percepção desse conceito se alinha com a sociedade?

Mesmo não sendo objeto de estudo nesta obra, é necessário um liame entre mimetismo – um mecanismo utilizado por algumas espécies, em que se observa uma espécie imitando outra, sendo essa imitação física ou comportamental – e Darwinismo Universal, uma versão generalizada dos mecanismos de variação, seleção e hereditariedade propostos pelo biólogo Charles Darwin, de modo que possam ser aplicados para explicar a evolução em uma ampla variedade de outros domínios, incluindo psicologia, economia, cultura, medicina, ciência da computação e física. Assim, pode-se compreender o que é a mimética: o algoritmo da evolução por seleção natural aplicada diretamente à cultura. Foi justamente para deixar mais intuitiva a ideia de que a evolução independe do substrato que Dawkins cunhou, no último capítulo de seu livro O Gene Egoísta, em 1976, o conceito de meme:

> "Precisamos de um nome para o novo replicador, um substantivo que transmita a ideia de uma unidade de transmissão cultural, ou uma unidade de imitação. "Mimeme" provém de uma raiz grega adequada, mas quero um monossílabo que soe um pouco como "gene". Espero que meus amigos helenistas me perdoem se eu abreviar mimeme para meme. Se servir como consolo, pode-se, alternativamente, pensar que a palavra está relacionada com "memória", ou à palavra francesa même."[4]

Uma vez percebido o que é o darwinismo universal, podemos compreender que a memética, atualmente, o meme, como o algoritmo da evolução por seleção natural aplicada diretamente à cultura. O meme parte do pressuposto que as ideias e comportamentos se espalham como um vírus, fazendo com que outros "imitem" aquele trejeito, gesto, feição, movimento. Como exemplo, escute essa canção:

https://youtu.be/c1NN9rnNpEQ

Virou meme. Isso é comum para a geração de 2000 adiante, entendida quase que por osmose pela sociedade. Apenas o fato de escutar o áudio apresentado remete ao que se propõe a cultura disseminada pelo coletivo digital.

---

4. DAWKINS, R. *O gene egoísta*. Belo Horizonte: Itatiaia, 2001, p. 214.

5. INTER-RELAÇÃO *JURIS SIGNUM: VISUAL LAW* E DIREITO

O ordenamento pátrio tem sempre seguido significativas mudanças culturais. Nossa era não é exceção. A lei, hoje, tem entrado na era digital. A prática da lei como verdade e justiça é cada vez mais dependente do que aquilo que aparece em telas eletrônicas em comparação a salas de audiência, escritórios, agências governamentais e outros lugares. A teoria e o ensino do Direito também devem se adaptar a essas condições alteradas. Isso não é simplesmente uma questão de retórica superficial ou estilo. O que está em jogo é um paradigma de mudança na maneira que se pensa sobre a comunicação e o ensino jurídico, sua criação, disseminação e interpretação.

Por décadas, tem-se buscado entender como são feitas interpretações sobre conceitos como verdade, falsidade, julgamentos de responsabilidade e culpa. Muitas outras disciplinas, incluindo a filosofia da linguagem, também reconhecem que a atribuição de um significado depende do contexto e que a verdade depende das maneiras pelas quais são representadas. Em suma, estudiosos têm procurado explicar como o conhecimento é localmente construído e culturalmente incorporado a práticas e técnicas de investigação e representação. Muitos têm reconhecido que o significado jurídico é produzido pelas maneiras pelas quais a lei é praticada e a retórica, construída.

As tecnologias digitais permitem que imagens e palavras com significados sejam compostas para que sejam perfeitamente modificadas e recombinadas em qualquer forma. A Internet, mais especificamente, permite que praticamente qualquer pessoa, em qualquer lugar, divulgue significados. A tarefa que se põe é a de fazer sentido quanto à prática jurídica não exclusivista, restrita a quem detém a condição econômica de "dominar uma tela para pulverizar a cultura pública imersa em uma era digital. Como advogados, magistrados, acadêmicos jurídicos, interessa-nos compreender o que já é reconhecido em muitos outros campos, inclusive no design. Por aplicação de sinais e representações visuais, ajudando na compreensão da essência dialética, não se procura ser meramente simplista quanto ao pensamento. Ao contrário, podemos pensar que tipos de conhecimento e significado são criados, e com que resultados, quando eles são visualmente e digitalmente construídos por determinadas maneiras.

Hoje, ferramentas visuais e multimídia se tornaram essenciais para ampliar exponencialmente essa vertente do discurso, sendo o principal destaque em áreas que buscam conjugar o direito à técnica a partir de elementos estéticos, a signos e representações que robustecem sua apresentação. Já se sabe que compreender os efeitos que essas ferramentas podem ter sobre percepções, pensamentos e emoções é importante para propagar uma visão geral sobre a transformação pela qual passa o ordenamento e sobre o real significado da prática visual. Também importa destacar que esta transformação digital exige daqueles que se lançaram a teorizar, julgar, interpretar, trabalhar e ensinar a lei sob a nova ótica cultural, cognitiva, com condições tecnológicas, a construção de um novo quadro para a compreensão transformadora da prática, antes desconectada de uma era digital pulsante, "que não desliga nunca".

5.1. Revisando a prática legal

A contínua transformação da lei prática por digitais visuais e multimídia tecnologias podem ser aferida em parte pelos crescentes números de alta tecnologia nos tribunais e materiais visuais instrutivos para advogados. Mas, ainda mais importante, a proliferação de ferramentas digitais e visuais está mudando profundamente a maneira como os litigantes abordam seus trabalhos. Em primeiro lugar, a capacidade para colocar seu pensamento em telas visuais, advogados traçam estratégias de seus casos de forma diferente. Quando visualizada uma cena ou gráfico, podem surgir diferentes relações entre os elementos que permanecem invisíveis quando esses mesmos elementos são descritos apenas verbalmente. Isso ocorre porque os arranjos espaciais visuais são diferentes das sequências linguísticas lineares.

Por exemplo, pode-se falar sobre canais de informação em um ambiente corporativo hierárquico no qual fluxos de organogramas bem desenhados podem ser imediatamente inteligíveis, afetando caminhos cognitivos e gerando influência. Ademais, os processos de montagem e das apresentações visuais a serem mostrados durante negociações, procedimentos de arbitragem ou julgamentos obriga os advogados a preparar seus casos mais cedo e mais detalhadamente do que fariam de outra forma.

É preciso pensar por teorias e casos de modo que se possa planejar e integrar recursos visuais em apresentações. Ainda, como evidências científicas desempenham um papel cada vez maior nas disputas jurídicas, o implemento visual permite que advogados e outros especialistas apresentem seus casos mais eficazmente para testemunhas, juízes e jurados. Ao usar o *visual law*, prima-se por maneiras de interação mais efetivas com diversos estilos de aprendizagem. Ao longo do tempo, isso permite maior competitividade e mudança de entendimento sobre o papel dessas mídias e quanto à maneira pela qual advogados e seus públicos-alvo reconstroem a realidade jurídica para um propósito benéfico da prestação jurisdicional.

5.2. Revisando a teoria jurídica: do analógico ao visual

A narrativa, na cultura popular de hoje, é cada vez mais visual. Fotos, gráficos digitais, imagens através de televisão, filmes, vídeos, *smartphones*, *tablets*, serviços de *streaming*, e mesmo modelos mais tradicionais de impressão de mídia, têm vindo a dominar os nossos meios de entretenimento, nossa política, nossa mídia, e nossos métodos de educação. Como não poderia ser diferente, agora, estão se infundindo também no universo jurídico para praticá-la de maneira moderna e intuitiva.

Imagens são consideradas, por alguns, como mais reais do que a realidade não tecnológica. Deseja uma prova disso? Analise a foto a seguir:

Fonte: StyleGAN2 (2019)[5]

Por mais que se duvide, esta pessoa não existe. Veja a precisão da feição, dos traços e sombras, do olhar, do sorriso, da textura... Foi inteiramente criada por um algoritmo de inteligência artificial (IA).[6] Acesse o domínio https://thispersondoesnotexist.com e veja imagens novas de pessoas artificialmente criadas nessa plataforma. A cada ato de atualizar a página (ou o famoso F5), a IA cria uma nova feição, com diversas etnias, formas, especificidades culturais, apenas com base em dados espalhados pela internet.

No entanto, estudiosos têm sido menos rápidos do que suas contrapartes em outros campos acadêmicos na atenção às implicações das mudanças culturais para o visual e o digital. Consequentemente, eles não têm sido adequadamente abordados a partir de questões urgentes, como: quais tipos de conhecimento e significados os operadores do Direito constroem quando retratam visualmente a realidade para os tribunais e a sociedade? Como fazer que advogados usem recursos visuais em consonância com decisões éticas, dentro da legalidade, influenciando decisores jurídicos? Como permitir ao público a aceitação de significados e a participação na reconstrução de uma história, uma versão da realidade, em vez de outra?

A interdisciplinaridade é o sinal dos nossos tempos. O reconhecimento generalizado de que os significados são socialmente (bem como psicologicamente e culturalmente) construídos acarreta uma necessidade crescente de múltiplos sistemas de interpretação. A comunicação visual parece especialmente adequada para uma

---

5. Imagined by a GAN (generative adversarial network) StyleGAN2 (Dec 2019) – Karras et al. and Nvidia
6. https://en.wikipedia.org/wiki/Generative_adversarial_network.

abordagem interdisciplinar. Nossa cultura está inundada de imagens cuja importação pode, simultaneamente, dizer respeito a situações determinadas e indeterminadas, com camadas de significado que podem ser esmiuçadas usando uma variedade de ferramentas interpretativas. No domínio da lei, o pragmatismo, como uma lição de hesitação e pelo acesso a várias ferramentas, mostra-se benéfico para uma variedade de ensinamentos disciplinares.

De forma pragmática, portanto, bem como em resposta a novos desenvolvimentos teóricos, a proposição da lei no ambiente visual da era digital é construtivista e multiperspectiva. Explora-se como os significados são construídos quando defensores argumentam ou juízes e jurados decidem, como os significados que emergem a partir de quaisquer outras atividades em uma cultura, como são construídos a partir percepções, via recursos cognitivos, emocionais e tecnológicos. Desenhar, em grande parte, intuitivamente, permite construir entendimentos contextuais em elucubrações explícitas. Trata-se da premissa construtivista de que, tanto o conhecimento, quanto os meios de saber devem ser imanentes, contingentes, e contextualmente sensíveis, inclusive por meio visual.

Há quatro conjuntos interdisciplinares percepções da lei por técnicas visuais e digitais de construção de significados nas práticas atuais. Este exaustivo conjunto de ferramentas inclui a neurobiologia e psicologia da visão; a psicologia cognitiva e a teoria narrativa; os estudos de mídia e os julgamentos da realidade; e a psicologia cultural da experiência digital. Tomadas em conjunto, estas múltiplas ferramentas e ideias de uma variedade de disciplinas estabelecem uma rede de sobreposição e mutuamente informam métodos de análise e persuasão. Esta rede constitui o mais amplo domínio da retórica na era digital. Isoladamente ou em aplicadas em conjunto, estas ferramentas retóricas induzem objetivos de credibilidade que representam a realidade enquanto, persuasivamente, ativam decisões por memórias visuais, emoções e crenças em sua busca de julgamento.

5.3. A ciência da visão e pensamento visual: por que as imagens são importantes

Quando os juízes e jurados examinam fotografias, vídeos, animações de computador e outros materiais gráficos (como tabelas, gráficos e mapas) usados como evidência demonstrativa enquanto se esforçam para tomar decisões, eles estão fazendo algo muito diferente do que quando ouvem testemunhos ou leem documentos. Quando olham para as fotos, estão lendo um tipo diferente de dado que vem com seus próprios métodos de decodificação, evidenciando maneiras de ressoar com o resto de nossa cultura. Para avaliar o quão profundamente a virada visual está afetando a Ciência do Direito, portanto, deve-se primeiro entender um pouco sobre visão e visualidade – o que é diferente de percepção visual e pensamento visual –, e os motivos pelos quais exibições visuais podem exercer uma influência especialmente forte em tomadas de decisão.

Importante será abordar a biologia e a neuropsicologia da visão. Apesar do aparentemente perfeito desdobramento do mundo externo através das percepções visuais, as pessoas realmente constroem as suas ideias sobre o mundo por discretos pedaços de informações que constroem em imagens visuais. Com uma velocidade que faz o processo parecer automático, as pessoas chegam a um senso consciente de percepções contínuas. Mas isso não remete à forma como as coisas são antes de o cérebro compor a coerência de percepção da realidade. A visualização e o pensamento visual não são apenas rápidos, mas também altamente maleáveis. Os julgamentos perceptivos básicos são propensos à influência social. A informação verbal pode remodelar a interpretação visual e as memórias.

Noutros termos, o pensamento visual é maleável porque as imagens mentalizadas pelas pessoas não são armazenadas como fac-símiles, fotos, palavras ou frases. O cérebro assimila representações visuais (ou *percepts*). Quando as pessoas reconstroem "imagens mentais", seus pensamentos são deflagrados conforme lhes é exigido pela tarefa e pela situação respectiva.

À luz dessas características de percepção visual e formulação do pensamento, considerar alguns fatos a partir de propensões visuais, em contraste com as puramente verbais, pode afetar decisões de pensamento e julgamentos. Imagens de todos os tipos, ainda que em movimento – a partir de diagramas – tendem a ter um maior impacto do que as expressões não visuais sobre a mesma quantidade de informações, pois imagens tendem a ser mais "vívidas".

As exibições visuais podem transmitir mais informações do que apenas palavras e permitir que os visualizadores entendam mais. Por exemplo, matrizes espaciais, gráficos e diagramas podem mostrar relacionamentos entre dados que permaneceriam obscuros se os dados permanecessem em forma de notação tabular. Da mesma forma, as reconstruções de eventos animadas por um software visual podem representar com clareza e precisão pequenas, mas legalmente significativas, mudanças dentro de um determinado período de tempo (como as posições relativas e velocidades dos veículos antes de uma colisão).

Esses detalhes factuais podem permanecer difíceis para um tomador de decisão imaginar e, portanto, mais difíceis de entender se deixados apenas para as descrições verbais. Imagens fotorrealísticas tendem a despertar respostas cognitivas e emocionais semelhantes para aqueles que assistem e para aqueles que experimentaram "ao vivo" o fato, despertando em ambos a mesma sensação, ou seja, uma argumentação visual. Por exemplo, um filme de uma montanha-russa em realidade virtual pode induzir vertigem em espectadores confortavelmente sentados em suas salas, da mesma forma que se estivessem presentes no equipamento de diversão radical. Ao contrário, palavras ou textos descrevem como "poderia ter sido o fato", não aproximando o espectador tão proximamente quanto fotografias fotorrealistas, gráficos, vídeos e filmes. Consequentemente, eles tendem a ser aceitos como evidências altamente confiáveis da realidade que retratam, embora não tenham as outras modalidades sensoriais que o espectador encontraria na vida real.

Ao contrário da comunicação linear de palavras, que deve ser captada sequencialmente, muito do significado de uma imagem estática pode ser compreendido de uma só vez. Demora muito menos tempo e esforço mental para ver uma imagem do que ler mil palavras. Isso permite que os tomadores de decisão recebam mais informações e desenvolvam uma melhor compreensão do caso – ou, pelo menos, sintam que o fizeram. Quando as pessoas tiram fotos que parecem reais, elas tendem a acreditar que já conseguiram tudo o que poderiam e, consequentemente, não estão dispostas a prosseguir com o assunto.

Esse senso de eficácia comunicativa é ainda mais forte em mídias baseadas no tempo, como filmes, vídeos e animações por computador, que oferecem sequências visuais rápidas aos olhos. Isso tende a desabilitar o pensamento crítico, porque os espectadores estão muito ocupados assistindo à imagem imediatamente diante de seus olhos para refletir sobre as que a antecederam. Como resultado, em comparação com as palavras, as comunicações visuais tendem a gerar menos contra-argumentos e, portanto, mais confiança nos julgamentos. Quando imagens são usadas para comunicar afirmações proposicionais, pelo menos parte de seu significado sempre permanece implícito, pois imagens não podem ser reduzidas a proposições verbais explícitas. As imagens, mais do que as palavras, transmitem significado por meio da lógica associativa, que opera em grande parte subconscientemente por meio de seu apelo emocional. Assim, uma pessoa pode estar ciente de que uma imagem está fortemente ligada a uma resposta emocional sem saber ou compreender qual é a conexão. E, quando os fundamentos emocionais do julgamento permanecem fora da consciência, eles são menos suscetíveis a críticas e contra-argumentos eficazes.

As estruturas cognitivas e a teoria narrativa das pessoas, crenças e julgamentos podem ser mais ou menos firmemente amarrados à percepção da realidade, mas elas sempre ultrapassam isso. Para entender a conversa, para fazer uma previsão, ou para atribuir culpa, indivíduos sempre fazem apenas o que eles fazem em resposta a imagens, isto é, interpretam e extraem inferências de novos dados à luz de seus hábitos de pensar e sentir, suas concepções amplamente intuitivas de como o mundo funciona e como as coisas acontecem.

A psicologia cognitiva e social ajuda a identificar e explicar o material do qual as crenças são feitas. A psicologia delineia os estereótipos que as pessoas usam para classificar e julgar os outros; ela revela os *scripts* de ações que orientam as expectativas sobre o comportamento dos outros e identificam os desvios como dignos de consideração. A psicologia também mostra como as emoções das pessoas, embora altamente variáveis e aparentemente irredutíveis a qualquer cálculo empírico, interagem com suas percepções e cognições para guiar o julgamento e o comportamento.

Outras disciplinas também se esforçam para articular os fundamentos não falados da compreensão e da crença. Estudos na filosofia da linguagem, linguística, e antropologia cultural, por exemplo, indicam os entendimentos implícitos que as pessoas devem compartilhar para fazer sentido de uma mais das palavras. Das múltiplas formas pelas quais os seres humanos organizam e fazem sentido de suas experiências, nenhum pode ser mais importante do que a narrativa. As histórias fazem muito mais do que contar o que aconteceu, embora isso, em si, não seja pouca coisa.

Cada dado revelado é moldado de expectativas, convenções de gênero, adequações de tempo e meio, para inferir uma realidade. Na cultura contemporânea, a maioria das pessoas obtém seus fatos principalmente da mídia visual popular. O aparelho celular e a internet fornecem a mais pessoas dados sobre o mundo, bem como informações sobre leis e política, mais do que a mídia impressa tradicional. Diferentes meios de comunicação exercem diferentes tipos de influências nas mensagens que transmitem. Por exemplo, a cultura impressa geralmente opera em um campo de conceitos e categorias. A televisão, por outro lado, se destaca na representação de dramas pessoais, oferecendo aos espectadores enredos e tipos de personagens que são familiares e imediatamente acessíveis. O dispositivo de celular, ou tablet, conectado a uma rede mundial de informações, permite que ocorra a interação daquela informação com o espectador em tempo real, em suma, a cultura do compartilhamento. Isso dificilmente é uma questão de mera estética. Os códigos visuais que vêm da cultura popular se tornam uma parte da sociedade em sentido comum, ou seja, ela é inconscientemente assimilada em suas habituais decisões cognitivas.

As capacidades avançadas de imagem digital estão agora amplamente difundidas. No passado, um advogado solicitava um gráfico a um profissional de ilustração, mas não tinha nenhuma verdadeira ideia de como aquele gráfico foi feito. Agora, esse mesmo advogado provavelmente possui uma câmera digital e pode fazer *upload* e edições simples (como cortar ou ajustar a orientação ou o contraste entre claro e escuro). O mesmo é válido para vídeos e imagens em movimento. Quase todos podem fazê-los – mesmo câmeras e celulares são, agora, capazes de fazer vídeos curtos – e qualquer um pode modificar qualquer coisa que eles ou qualquer outra pessoa tenha feito.

Reaproveitar o trabalho visual dos outros não é algo novo. Artistas buscam inspiração nos trabalhos uns dos outros e aprendem a partir de conjecturas que constroem desde o início. Agora, entretanto, isso pode ser feito com dados digitais "originais". Qualquer pessoa, mesmo advogados, pode fazê-lo, e sua arte pode ser publicada on-line nas redes sociais digitais, disseminando-se globalmente sem praticamente nenhum custo.

A onipresença da vigilância e das câmeras de vídeo amadoras, em conjunto com uma ampla gama de ferramentas de edição de imagem prontamente disponíveis e fáceis de usar, deu origem a muitos outros tipos de evidências demonstrativas. Mas, a experiência generalizada de modificar e manipular imagens tem um significado cultural e cognitivo ainda mais profundo. O típico advogado pode não ser adepto ao uso avançado profissional de programas de edição, como Adobe Photoshop, mas em toda a probabilidade, ele vai ter ouvido falar de "*photoshopping*" como neologismo que simboliza um verbo que se refere à alteração da imagem. Esse termo expressa uma relação dramaticamente alterada com a fotografia. De mesma maneira, com o surgimento da forma de buscar informações on-line, criou-se o verbo "googlar" na versão em português-brasileira, representando o ato de buscar informações com a ferramenta virtual da emprega Google.

Nas telas de cinema, as pessoas se acostumaram a ver seus sonhos em letras grandes enquanto se sentavam com outras pessoas em uma sala escura. A televisão, por outro lado, com a sua antiga e relativamente pequena tela, trouxe notícias do mundo e do entretenimento para a íntima esfera do agregado familiar, tornando-se quase um membro familiar. As telas de *smartphones* diferem de ambos. Ao contrário de televisores, onde grupos podem se reunir em torno da comum experiência e de comentários, celulares são mais frequentemente utilizados em lugares onde as pessoas estão, isto é, onde se tem interações a todo tempo e em todos os lugares, e suas interações com os outros estão ao alcance das mãos.

O Direito está presente no mundo onde que vivemos. O desafio específico que é enfrentado hoje é o de traduzir, sob novas condições culturais e tecnológicas, a complexidade dos discursos multidisciplinares em retórica jurídica e prática dentro das específicas restrições e exigências da argumentação jurídica. Para realizar essa tarefa, precisamos de um *kit* de ferramentas para a descrição e análise cultural, e para a argumentação eficaz e a solução de problemas jurídicos. Daí que se percebe a fundamental importância da aplicação visual no ambiente jurídico-normativo. Não apenas de dados sequenciais de palavras e escopos textuais que se compreende na amplitude humana das intenções do legislador, do defensor, do acusador e do julgador público: a imagem e o visual são partes integrantes da sociedade contemporânea, também no âmbito jurídico, tanto quanto o livro cimentou as bases do ensinamento acadêmico por séculos a fio. É nova a percepção cognitiva, que permite compreender aquilo que os olhos enxergam e que o cérebro traduz em informação, e a análise dessa informação como algo para embasar o poder de decisão do indivíduo.

Isso é o que a nova abordagem construtivista molda, com múltiplas raízes, incluindo realismo jurídico, pragmatismo jurídico, estudos jurídicos críticos, o Direito e a literatura, a teoria do Direito e o gênero mais recente de estudos jurídicos culturais: o *visual law*. Um denominador comum entre estas diversas abordagens de estudos é multidisciplinariedade.

Expandir a aplicação jurídica para os elementos de aplicação construtivista da mensagem nos tempos contemporâneos, inevitavelmente englobam o mundo cotidiano de vídeos, TV, internet, entre outros elementos digitais e recursos de multimídia, a partir de múltiplas perspectivas e com olhar na direção de ramificações das argumentações jurídicas nos cenários visuais e digitais que têm vindo a permear a prática da lei.

Com a ascensão de monitores eletrônicos, tanto dentro da sala de audiências quanto fora, estudantes, professores, e profissionais de direito devem ser capazes de contar suas associações e narrativas jurídicas diárias simplesmente na tela. Eles devem também ser capazes de acomodar os detalhes de informação em esquemas gráficos, que espectadores absorvem a partir de telas de celulares em casa e nas ruas. À medida que os usuários de dispositivos digitais internalizam as ferramentas de pensamento fornecidas pelo software em conjunto com os hábitos de pesquisa de dados criados na Internet por meio de associação livre, podem ser necessários ajustes na comunicação jurídica e na defesa de direitos. Em suma, a educação jurídica deve adaptar para as contingências da tecnologia e para as culturas digitais vernaculares emergentes a forma de transmitir a lei, os ordenamentos em estudo e as correntes doutrinárias que permeiam o incansável labor rotineiro dos operadores do Direito.

5.4. Revisando a educação jurídica

Estudantes e profissionais do Direito têm de fazer muito mais do que tornarem-se familiarizados com as novas tecnologias visuais que vêm sendo usadas hoje. Eles precisam, para entender como novas (e mais estabelecidas) tecnologias visuais mudam as maneiras pelas quais seus usuários e seus públicos-alvo pensam, desenvolver uma crítica visual inteligente que permita-lhes antecipar as consequências cognitivas e emocionais que os efeitos visuais fazem emanar e, para responder aos seus adversários com armamento visual e apresentações digitais, precisam, para se tornar familiarizados com kits de ferramentas conceituais e tecnológicos, não simplesmente ordens para se comunicar e persuadir mais eficazmente, mas também porque este multidisciplinar kit de ferramentas é precisamente o que irá informar sua apreciação, afetando o pensamento jurídico, o julgamento e a construção de significados como um todo. Em suma, eles precisam se tornar jurídico-visualmente alfabetizados.

Desde 2000, a tecnologia vem demonstrando o caminho para ensinos de nível superior de Direito para o conhecimento e habilidades necessárias para a prática da lei na era digital. Em sua essência, a alfabetização visual significa ser capaz de identificar os significados que as imagens deixam por dizer e de traduzir essas percepções em palavras. A alfabetização visual não pode ser aprendida em um manual. Ela é uma questão de *connoisseurship*, ou seja, além do conhecimento empírico, é uma apreciação sensitiva, discernimento, percepção imagética, gosto discriminação delicada, especialmente de valores estéticos. Os alunos devem tornar-se conscientes de suas próprias respostas para as imagens, e discernir os culturais significados que são divulgados quando uma imagem é entendida para se referir implicitamente a outras imagens, outras palavras, e outros meios de comunicação. Alunos podem desenvolver essas habilidades apenas por meio da experiência em interpretação e criação de apresentações visuais. Assim como a escrita é ensinada junto com a leitura, de modo a fazer visuais argumentos é tão crítico como a interpretação para o desenvolvimento da alfabetização visual.

A combinação de interpretar e fazer com que indivíduos precisem aprimorar suas respostas aos visuais jurídicos não é totalmente provável de ter sido cultivada na sua educação passada. Mesmo se os estudantes tiverem estudado história da arte, têm mais provável tendência a simplesmente terem estudado os pontos de vista de autoridades sobre as obras sob escrutínio, em vez de articular as suas próprias respostas. Além disso, a história da arte e os estudos culturais, como disciplinas acadêmicas, raramente fornecem qualquer experiência na criação de "coisas" visuais.

Em suma, quando a alfabetização visual e a persuasão visual entram no campo acadêmico, a estrutura de autoridade na sala de aula deve mudar. Ela deve ser descentralizada para facilitar um processo criativo pelo qual todos têm igual relevância, em hierarquia planificada. O uso crescente de novas tecnologias visuais, mesmo em salas de aula tradicionais, está preparando o terreno para essa mudança. Enquanto muitos ainda usam os famosos e pesados *vade mecum* de papel, usando o colorido das canetas de marcar, para analisar seus estudos materiais (e provavelmente continuarão a fazer assim porque tal mapeamento visual é muito útil), eles vão sendo direcionados em híbridos textos (digitais/papel) onde eles se movem no tempo de linear pensamento (ou seja, uma palavra se desdobrando após outra) para colagens visuais em que significados são estabelecidos tanto espacialmente como temporalmente, os efeitos visuais e digitais voltam a transformar o processo de educação em algo mais (inter)ativo, colocando mais responsabilidade sobre o estudante com vistas a buscar e reconfigurar as palavras em imagens, criando argumentos necessários para realizar a tarefa de um futuro operador do Direito, com amplitude no *visual law*.

Discussões de visão, visualidade, e cultura visual abundam no ambiente não jurídico de hoje, e tendem a se perder na discussão de que imagens são apenas estéticas. A quem está fora do ambiente da faculdade de Direito, quando se deparam com este ensino de *visual law*, costumam comentar: "A faculdade está ensinando arte para estudantes de Direito?" Não há a percepção, ainda, no senso comum, de que efeitos visuais podem ser usados para transmitir informações, bem como argumentos. A cultura visual, assim como a verbal, é importante no campo jurídico, onde a justiça dependia antes somente da retórica para persuadir e explicitar pensamentos e ideias.

5.5. *Visual law*: os desafios à frente

Reequipar a mente jurídica para que ela possa ser mais bem adaptada para funcionar, efetivamente, em uma cultura jurídica transformada por novas tecnologias de comunicação constitui o desafio mais urgente diante do cenário jurídico de hoje.

Alguns questionamentos podem vir à tona: a) será que as pessoas sentem cada vez maiores disjunções entre representações e realidade, e, se assim for, como operadores jurídicos reafirmarão a autoridade da verdade de suas reivindicações? b) como a vontade da lei na era digital visual lida com a mente padrão e a capacidade de aceitação de crenças visuais? c) novos níveis visuais literalmente atendem às demandas de forma crítica, confrontando imagens da tela persuasivas? d) A engenharia digital de crenças e julgamentos cognitivos vai aumentar seu controle sobre a mente das pessoas perante a capacidade de distinguir entre ficção e realidade?

O uso crescente de telas visuais e multimídia por parte dos advogados pode ter um profundo efeito democratizador. Eventos e relacionamentos complexos e seus significados jurídicos podem se tornar mais inteligíveis para jurados atentos e para o público, reduzindo o apelo de ofuscações verbais. Eles, de fato, podem se tornar mais plenamente envolvidos na argumentação explanada se entenderem melhor, ou seja, captarem visualmente a evidência. E como o acesso a e familiaridade com os meios visuais de produção digital se tornam mais generalizados, o poder para fazer/compartilhar imagens propicia participação na criação de significados culturais e jurídicos, sendo mais amplamente difundidos no meio social.

As perspectivas de uma cultura jurídica em que predomina a retórica visual podem ser menos otimistas. A publicidade contemporânea, "a mais bem-sucedida retórica empresa no planeta", tem sido descrita como o que Aristóteles rotulou de epideítica retórica. Para ser claro, hábeis operadores do Direito têm se envolvido em oratórias epideíticas como estratégia para triunfar nas ações praticadas para defender seus clientes, transfigurando o fato em um direcionamento para que aquela sua verdade seja a que, de fato, se configura como aceitável e verídica.

A internet tem mudado esta dinâmica. A ênfase sobre a imagem, o pensamento jurídico-visual, o método construtivista empregado para compreender, e a pedagogia contemporânea, oferecem uma resposta afirmativa a perguntas que, em última análise, se abrem aos amantes da lei e da democracia na era digital visual. Imagens, por si só, ficam em silêncio até que as pessoas falem e interajam sobre elas. Quando isso se inicia, comparações e perspectivas diversas a construir socialmente os significados daquela imagem emergem com uma flamejante cultura colaborativa, influenciada e proporcionada pela tecnologia.

Além disso, a interação visual permite responder criticamente imagens e articular respostas individuais, formando um senso coletivo, até que a amplitude dessas similares significações tornem-se algo plenamente concebível e inteligível, ou seja, a aceitação de que tal imagem significa tal discurso ou intenção. Portanto, é essencial entender como significados visuais são construídos e crenças em fotos engendram (ou suprimem) em determinadas situações. Um *ethos* (descrever crenças ou ideais orientadores e que caracterizam uma comunidade, nação ou ideologia) faz emergir, para fora do coletivo, a prática de ser aquilo que ela demonstra ser.

Advogados que são capazes de navegar as novas correntes visuais que permeiam as relações sociais e culturais, bem como dentro do ordenamento jurídico, têm melhores chances na expressão de fundamentos, e no compartilhamento retórico de seus discursos. Este desafio vai exigir um novo modo de agir do profissional, incorporando o aspecto persuasivo-visual de modo que, cada vez mais, se caracterize a prática jurídica a partir de elementos visuais.

6. REFERÊNCIAS

AMARAL, J.R.; OLIVEIRA, J. M. *Cérebro e mente*. O Pensamento Abstrato. Revista Eletrônica de Divulgação Científica em Neurociência, 2007. Disponível em: https://cerebromente.org.br/n12/opiniao/pensamento.html Acesso em: 28 jun. 2022.

AURUM, Software. *Os 10 principais símbolos da advocacia, seus significados e origem*. Blog da Aurum. Disponível em https://www.aurum.com.br/blog/principais-simbolos-da-advocacia/ Acesso em: 28 jun. 2022.

BRITANNICA, Encyclopaedia. *Bauhaus German School of Design*. Disponível em https://www.britannica.com/topic/Bauhaus Acesso em: 28 jun. 2022.

BRITANNICA, Encyclopaedia. *Mimesis*. Disponível em: https://www.britannica.com/art/mimesis Acesso em: 28 jun. 2022.

DARWIN, C. *A origem das espécies*. Rio de Janeiro: Ediouro, 2004.

DAWKINS, R. *O gene egoísta*. Belo Horizonte: Itatiaia, 2001.

DESIGN, Mak&Kam Art &. *História do design*. Disponível em: http://www.makkam.com.br/13.html Acesso em: 28 jun. 2022.

DESIGN, Mac. *Do rústico ao moderno*: conheça a história do design. Bons Ventos. Blog MacDesign. 2016. Disponível em: http://macdesign.com.br/blog/do-rustico-ao-moderno-conheca-a-historia-do-design

HERRMANN, Bernard. *Twisted Nerve*. The Definitive Horror Music Collection. 2010. (5m37s). Disponível em: https://www.youtube.com/watch?v=c1NN9rnNpEQ. Acesso em: 28 jun. 2022.

JOLIVET, R. *Curso de filosofia*. Rio de Janeiro: Editora Agir, 1986.

JUNG, C. G. *Tipos psicologicos*. Edição Argentina. ED. Sudamericana. Buenos Aires. 1960.

KWG, Gráfica. Blog. *História do design no Brasil*: principais personagens. Disponível em: https://blog.revendakwg.com.br/destaque/historia-do-design-no-brasil/ Acesso em: 28 jun. 2022.

MARTINS, Luiz G.F. *A etimologia da palavra desenho (e design) na sua língua de origem e em quatro dos seus provincianismos*: desenho como forma de pensamento de conhecimento. XXX Congresso Brasileiro de Ciências da Comunicação, São Paulo. 2007.

NAGY. László Moholy. *Artist Overview and Analysis*. 2012. TheArtStory.org. Disponível em: https://www.theartstory.org/artist/moholy-nagy-laszlo/artworks/ Acesso em: 28 jun. 2022.

PILLAR, Analice Dutra. *Desenho e escrita como sistemas de representação*. 2012. Editora GrupoA.

ROSSI, D. C. *Design. Desígnio. Desenho*. O mapa das Vizinhanças do Desejo. *Revista Triades*, v. 1, n. 1, 22 jun. 2016.

THURMAN, David. *Society is built on abstraction*. Blog Inspire & Improve. Disponível em: https://medium.com/inspire-improve/society-is-built-on-abstraction-85ddbb454875 Acesso em: 28 jun. 2022.

TOLEDO, Gustavo Leal. *Em busca de uma fundamentação para a memética*. SciELO. Disponível em https://www.scielo.br/scielo.php?script=sci_arttext&pid=S0101-31732013000100011 Acesso em: 28 jun. 2022.

8
TIPOGRAFIA JURÍDICA: A BUSCA DO NOVO PELO NOVO *VERSUS* A PROMOÇÃO DE ACESSO À JUSTIÇA

Júlio Miranda Gomes Xavier

Bacharel em Direito pela Universidade Federal Fluminense. Pós-graduado em Direito da Administração Pública pela Universidade Federal Fluminense. Técnico da Justiça Federal desde 2011, onde atualmente ocupa a função de oficial de gabinete. Conciliador habilitado pelo CNJ. Criador do Instagram @tipografiajuridica e do curso Tipografia Jurídica, no qual é professor. Professor convidado em dois cursos de pós-graduação do Instituto Conect de Direito Social. Autor do e-book "Os 7 erros de Tipografia que comprometem a sua petição e como resolvê-los".

Lília Carvalho Finelli

Advogada. Doutora em Direito pela Faculdade de Direito da Universidade Federal de Minas Gerais. Mestra em Direito do Trabalho pela Faculdade de Direito da Universidade Federal de Minas Gerais. Atua principalmente nos seguintes temas: metodologia, direito do trabalho e processo do trabalho. Sócia da Olhos de Lince, que atua no melhoramento de trabalhos acadêmicos, em especial de teses e dissertações, via ensino de aspectos de metodologia, formatação de textos e ABNT, além de treinamento para exposições orais e escritas.

Instagram @professoraliliafinelli

https://youtu.be/oSsy-PUeMxg

Sumário: 1. Introdução – 2. O que é tipografia? – 3. Normatização e normalização tipográfica – 4. Liberdade com responsabilidade: como passar do uso do novo apenas pela novidade para o uso com finalidade específica – 5. Um pouco de história ou como chegamos até aqui? – 6. A tipografia jurídica – 7. Conclusão – 8. Referências.

1. INTRODUÇÃO

Vivemos um período de inflexão no Judiciário brasileiro em muitos aspectos. A digitalização ampla dos processos, os sistemas eletrônicos virtuais e as audiências online são algumas das grandes mudanças observadas na última década. Em paralelo, temos a primeira geração de bacharéis nascida em um mundo totalmente conectado.

Essa combinação vem gerando um processo acelerado de busca por inovações e mudanças. Novas ferramentas importadas de outras áreas e termos como *legal design* e *visual law* ganham cada vez mais espaço.

A constatação de que há muito espaço para melhoria é totalmente verdadeira. O Judiciário, embora devesse acompanhar as evoluções e responder às demandas sociais, muitas vezes nos parece bem distante disso. A maioria de seus problemas históricos (entre eles o enorme volume de processos intermináveis) permanece, ano após ano. E é para suprir essas lacunas que estão sendo pensadas e apresentadas novas soluções capazes de mitigar tais problemas e impulsionar o Direito rumo a uma nova era.

Ocorre que a efetiva assimilação dessas inovações muitas vezes é lenta. Esse fato, embora frustrante para alguns, também é um mecanismo de segurança, pois privilegia a estabilidade do sistema em detrimento de uma evolução errática. Apenas aquilo que é de fato bom e sobrevive ao teste do tempo é incorporado e esperamos demonstrar que a tipografia é um desses casos.

O principal objetivo deste texto passa pela apresentação da tipografia jurídica e pela desmistificação da ideia por vezes sedutora de que tudo que é novo é bom e de que tudo que é velho deve ser substituído. A inovação neófila, aquela que busca o novo apenas pelo novo, é tão vazia quanto a manutenção do velho sob o argumento de que "sempre foi assim".

A batalha entre os que querem conservar e os que querem inovar deveria ser substituída por um outro paradigma: a soma de esforços conjuntos para a curadoria das novas ferramentas, analisando o que de fato contribuirá para a melhoria do Judiciário e beneficiará os seus usuários internos e externos. Tal soma teria, na hipótese que aqui se trabalha, a consequência de ampliar o acesso à justiça, dentro da perspectiva das ondas de acesso, que têm como marco as teorias de Mauro Cappelletti e Bryant Garth[1], Kim Economides[2] e Leonardo Avritzer, Marjorie Marona e Lilian Gomes[3].

---

1. Cf. CAPPELLETTI, Mauro; GARTH, Bryant. *Acesso à justiça*. Trad. Ellen Gracie Northfleet. Porto Alegre: Fabris, 1988.
2. Cf. ECONOMIDES, Kim. Lendo as ondas do Movimento de Acesso à Justiça: epistemologia versus metodologia? In: PANDOLFI, Dulce et al. (org.). *Cidadania, justiça e violência*. Rio de Janeiro: Fundação Getulio Vargas, 1999. p. 61-76.
3. Cf. AVRITZER, Leonardo; MARONA, Marjorie; GOMES, Lilian (Coord.). *Cartografia da justiça no Brasil*. São Paulo: Saraiva, 2014.

Para solucionar o tema-problema, cujo objetivo-geral envolve saber se a tipografia jurídica é um instrumento a ser considerado pelos operadores do Direito ou se consiste apenas de inovações que logo deixarão de ter lugar, pretendemos percorrer o caminho de alguns objetivos específicos, que se dividirão nos tópicos deste artigo. O primeiro deles é indicar o conceito real de tipografia, tendo em vista as diversas incompreensões que o cercam. O segundo, diferenciar as questões relativas à forma de textos técnicos e acadêmicos, afastando a tipografia de documentos jurídicos da formatação tradicional científica. Em terceiro lugar, após algumas breves considerações históricas, cabe indicar os critérios a que a boa tipografia precisa obedecer e os problemas advindos de sua regulamentação. Por último, apresentaremos o que entendemos como primordial no conceito de tipografia jurídica e como ele pode ser utilizado no Brasil.

Como marco teórico que permeará todos esses objetivos, indicamos a ideia de que é necessária uma mudança de mentalidade sobre o acesso à justiça, partindo primeiro do pressuposto de que muitos dos obstáculos identificados por Cappelletti e Garth[4] ainda persistem, como é o caso do formalismo exacerbado dos procedimentos; segundo da comprovação de que a formação e atuação adequada dos profissionais do Direito é pré-requisito para esse acesso[5]; e terceiro que a efetividade passa pela via dos direitos[6].

A filosofia por trás da criação da tipografia jurídica consiste exatamente na união de boas e centenárias práticas de formatação e *layout* de texto com algumas inovações que têm se mostrado eficazes e vêm ganhando validação. E essa nova forma de pensar, dispor e organizar o texto jurídico, longe de ser inútil, permite um funcionamento cada vez mais adequado do Judiciário e, com isso, da Justiça, como demonstraremos.

2. O QUE É TIPOGRAFIA?

"Tipografia é a aparência da linguagem"[7]. Essa definição de Ellen Lupton é uma das mais precisas. A maioria das definições encontradas em outros livros será bem parecida. Para Matthew Butterick, por exemplo, "Tipografia é o componente visual

---

4. Cf. CAPPELLETTI, Mauro; GARTH, Bryant. *Acesso à justiça*. Trad. Ellen Gracie Northfleet. Porto Alegre: Fabris, 1988.
5. Cf. ECONOMIDES, Kim. Lendo as ondas do Movimento de Acesso à Justiça: epistemologia versus metodologia? In: PANDOLFI, Dulce et al. (Org.). *Cidadania, justiça e violência*. Rio de Janeiro: Fundação Getulio Vargas, 1999. p. 61-76.
6. Cf. AVRITZER, Leonardo; MARONA, Marjorie; GOMES, Lilian (Coord.). *Cartografia da justiça no Brasil*. São Paulo: Saraiva, 2014.
7. LUPTON, Ellen. *Thinking with type*: a critical guide for designers, writers, editors, & students. 2. ed. New York: Princeton Architectural Press, 2010, contracapa, tradução nossa. No original: "Typography is what language looks like."

da palavra escrita"[8]. Já para Gavin Ambrose e Paul Harris, "tipografia é o meio pelo qual uma ideia escrita recebe uma forma visual"[9].

O ponto é: um texto, como um discurso, pode ter o mesmo conteúdo, mas mensagem diversa, dependendo da escolha da forma de apresentação. A forma mais simples de demonstrar essa realidade é com a seguinte imagem, na qual o conteúdo da frase é o mesmo, mas a compreensão se transforma com a alteração da fonte:

Figura 1 – Diferenças entre fontes

Fonte: Google imagens.

E não só a fonte é capaz de alterar a compreensão do conteúdo, como no exemplo, mas cada escolha vai impactar na percepção do seu leitor acerca *do que* está escrito e *de quem* o escreveu.

Para quem costuma ser cético em relação ao assunto, podemos fazer um paralelo com a oratória. Dê a duas pessoas – um ótimo orador e um péssimo orador – um discurso incrível. Mande os dois falarem. O primeiro fará o discurso brilhar ainda mais, arrancará emoções e fará a plateia vibrar. O segundo, com sorte, apenas se ocupará de não fazer as pessoas dormirem.

Conteúdo não é tudo. A forma importa, e muito.

Não fosse isso, ninguém se preocuparia com a oratória. Quer dizer, se a mensagem é a mesma, isso deveria bastar ao convencimento. Mas não é o que acontece.

Existem, todavia, algumas regras que decorrem dessa presunção. A primeira delas é que a tipografia deve ser utilizada em benefício do leitor.

Esse é um princípio basilar da tipografia. O seu propósito geralmente é facilitar a compreensão do que está sendo apresentado; há sempre um objetivo claro e bem definido. Não tem a ver com documentos pomposos ou extravagantes, mas com

---

8. BUTTERICK, Matthew. *Typography for lawyers*: essential tools for polished & persuasive documents. 2. ed. Eagan: West Group, 2015, tradução nossa. No original: "Typography is the visual component of the written word."
9. AMBROSE, Gavin; HARRIS, Paul. *Typography*. La Vergne: Ava Books, 2005, p. 6, tradução nossa. No original: "Typography is the means by which a written idea is given a visual form."

atingir um fim específico. E é em torno desse objetivo que todo o documento deve ser pensado e elaborado.

Isso não significa que as incompreensões não ocorram. Elas acontecem em especial quando existe uma confusão conceitual entre o que ficaria a cargo da livre tipografia e o que denota mera normatização ou normalização tipográfica. Para tornar mais claros esses conceitos, o próximo tópico os aborda.

3. NORMATIZAÇÃO E NORMALIZAÇÃO TIPOGRÁFICA

A formação do bacharel em Direito, como em alguns outros cursos, envolve um fechamento de ciclo relacionado, em geral, à escrita. Eis aí uma parte temida e odiada: a elaboração de um trabalho final.

Esse trabalho, em termos de regulamentação legal, não está atrelado a nenhuma norma que diga exatamente como ele deve ser executado. O Conselho Nacional de Educação (CNE), por meio dos Pareceres 776/1997 e 583/2001, de sua Câmara de Educação Superior (CES), não indicou sua obrigatoriedade nas diretrizes curriculares nacionais. Isso não impediu o mesmo conselho de, em 2004, estipular para o curso de Direito que o "Trabalho de Curso é componente curricular obrigatório, desenvolvido individualmente, com conteúdo a ser fixado pelas Instituições de Educação Superior em função de seus Projetos Pedagógicos" (art. 10, Resolução CES/CNE 9/2004).

No Direito, portanto, a obrigatoriedade existe. O que não existe é um modelo federal que indique como esse trabalho deva ser executado, o que fica a cargo de cada Instituição de Educação Superior (IES). A essa altura, você pode estar se perguntando: mas e a ABNT?

A Associação Brasileira de Normas Técnicas (ABNT) não é um órgão ligado a quaisquer estruturas governamentais. Ela é uma entidade privada, sem fins lucrativos e de utilidade pública, fundada em 1940 e, por isso, já há muito se sabe que sua normalização é facultativa, até que cada instituição a tome para si como obrigatória, a adote.

O fato de não existir regulamentação federal sobre a forma que os trabalhos de conclusão devem ter não significa que possam ser feitos de forma livre e o motivo para isso está na diferença entre normatização e normalização. Este também é o motivo pelo qual as IES vêm adotando como base as normas da ABNT.

Normalizar não é normatizar. A normalização estabelece soluções a partir de um consenso, para aqueles assuntos que são muito repetitivos. Essa ferramenta serve para a autodisciplina e simplifica assuntos.

É a partir da normalização que até o legislador fica sabendo se há matérias não cobertas por normas específicas. Ao estabelecer uma norma técnica, ou seja, quando uma entidade cria uma norma, podemos saber quais as características básicas que desejamos que um produto ou serviço tenha.

A escolha das IES pela adoção da normalização feita pela ABNT passa por uma questão de simplificação: ao ditar a você qual norma da ABNT é aplicável, não estamos falando como queremos que seu trabalho saia? Como seria se cada trabalho recebido tivesse uma forma diferente?

A adoção das normas tipográficas para o ambiente acadêmico obedece, por essa razão, um mandato científico. Esse mandato diz respeito ao fato de que, em termos de ciência, o conteúdo se sobrepõe em definitivo sobre a forma. A forma está ali apenas como suporte do conteúdo, deve parecer quase invisível.

E, embora a invisibilidade seja uma das características de toda boa tipografia e que seja papel do tipógrafo dar contorno e visibilidade à parte invisível do texto[10], o fato é que, na ausência de uma normalização como a da ABNT, estamos livres para usar a tipografia em nosso favor e fazer, com ela, escolhas estratégicas com alguma finalidade específica, como persuadir, comunicar ou explicar.

Ao nos depararmos com um texto científico, queremos poder identificar de pronto todos os seus elementos intrínsecos. Qual é o tema-problema? Qual é a hipótese, o objetivo, o marco? Quais foram as conclusões? Quanto mais padronizada e repetitiva é a forma, mais evidentes ficam esses elementos, de maneira que essa mesma forma tem a função apenas de destacá-los sem que se perceba.

Em termos analógicos, poderíamos pensar a diferença entre a tipografia e a normalização tradicional da ABNT como a iluminação de peças teatrais. Na normalização tradicional, haveria apenas uma única luz; suficiente para que víssemos os atores e compreendêssemos seu diálogo. A tipografia permite ir muito além: dar contornos, favorecer este ou aquele personagem, imprimir drama, ação, incitar novos sentimentos.

A função da normalização e da normatização tipográfica em trabalhos acadêmicos é dar ao leitor a garantia de que as referências podem ser encontradas, que as palavras em outras línguas estarão sinalizadas, que se há um texto recuado a 4 cm da margem esquerda é porque se trata de uma citação direta longa. A repetição dá, assim, a segurança de que foi seguido um método comum a todos.

O texto científico, o trabalho de conclusão de um curso de graduação ou de pós-graduação, precisa da impessoalidade que a formatação oferece. Sua finalidade é, exatamente, transmitir o resultado de uma pesquisa que não foi baseada no sentir do pesquisador e sim num método seguido.

O que poucos percebem é que as IES, ao adotarem as NBRs da ABNT, o fazem modificando-as, resultando no que costumamos chamar de normatização. Normalizar, portanto, envolve uma padronização que, embora não ditada em lei, é importante para o avanço da sociedade e sua segurança. Normatizar, por outro lado, ocorre quando optamos por criar, nós mesmos, regras próprias.

---

10. BRINGHURST, Robert. *The elements of typographic style*. 3. ed. Vancouver: Hartley & Marks, 2004, p. 193, tradução nossa. No original: "The typographer gives outward and visible form to the text's intrinsic, invisible order. This determines, in large part, who will read the text and how."

Normalizar é submeter à norma, padronizar. Normatizar é estabelecer a própria norma, criá-la.

Nesse sentido, a tipografia e a normatização partiriam do pressuposto idêntico de estabelecer o que faz sentido para aquele conteúdo, em termos de forma. Ao fixar, por exemplo, o formato dos documentos em um escritório de advocacia, estaríamos nada mais do que normatizando. Só que isso pode ser feito de maneira a maximizar os resultados desejados com aqueles documentos ou não.

Por que existe, então, um atrelamento da tipografia à normalização? Por que nos deparamos com decisões que determinam a utilização das normas da ABNT (normalização) em detrimento do modelo escolhido pelo autor da peça jurídica?

É simples: desde a Resolução CES/CNE 9/2004, temos vinculado a formatação ao texto acadêmico e, nesse mesmo fio, à ABNT, que é a instituição cujas normas são as mais utilizadas para isso (embora não seja a única). Se, sobre a forma dos documentos, só conhecemos a ABNT, é a ela que nos referenciaremos para tentar dizer que o formato do conteúdo tornou incompreensível o próprio conteúdo.

A normalização (padronização) e a normatização (criação de regras em cima de um padrão) têm funções diferentes a depender do texto jurídico. Todavia, em ambas, só nos submetemos a uma regra tipográfica quando assim pactuamos (bilateralmente ou por adesão), e esse não é o caso de petições e outros documentos jurídicos. Ao contrário, neles a forma é livre. E essa liberdade sem dúvida também tem efeitos colaterais. Hoje muitas petições são verdadeiras caixinhas de surpresa. Imagens e vídeos sem critérios, *QR codes*, excesso de cores e ícones para todo lado. Mas será que é essa a inovação de que o Judiciário precisa? Será que esses elementos realmente colaboram com o leitor e com o sistema como um todo?

O questionamento é especialmente válido quando compreendemos o papel que cumprem os documentos jurídicos. Diferentemente dos textos científicos, que envolvem os trabalhos de conclusão, dissertações e teses, as peças e pareceres estão na ponta do que se tornará acesso à justiça para os que delas se valem.

Desde 1970 vem se desenvolvendo a ideia de que esse acesso possui diversas barreiras, que deveriam ser ultrapassadas a partir de "ondas renovatórias" que alcançassem todos os segmentos sociais. Alguns desses obstáculos se relacionam às custas processuais, aos gastos externos, como os com deslocamento e tempo despendido fora do trabalho, e ao formalismo dos procedimentos, além de questões de representatividade[11].

Distantes do ambiente acadêmico, esses obstáculos se relacionam de forma direta à ponta do acesso à justiça, que envolve o preparo de seus operadores, que são os que possibilitam a aquisição ou o reconhecimento de direitos por meio dos processos judiciais e extrajudiciais. A padronização tradicional acadêmica é, aqui, inútil.

---

11. Cf. CAPPELLETTI, Mauro; GARTH, Bryant. *Acesso à justiça*. Trad. Ellen Gracie Northfleet. Porto Alegre: Fabris, 1988.

Mas não é inútil a criação de regras que possam permitir não só uma formação e atuação adequadas dos profissionais do Direito[12], como a efetividade dos direitos[13]. Isso porque essa efetividade não depende de forma direta da padronização, mas sim de uma informação acerca dos direitos, do conhecimento que permita recorrer a uma instância ou entidade capaz de resolver eventuais conflitos e da efetiva reparação de injustiça ou desigualdade ocasionada pela violação de um direito.

Nenhum desses pressupostos consegue ser atingido se a peça ou parecer não transparece o melhor do conteúdo. E esse melhor há de transparecer por meio da tipografia jurídica.

Veremos, a seguir, dois problemas comuns que observamos em documentos jurídicos, especialmente petições que buscam inovar sem o domínio das técnicas de tipografia. Depois, traçaremos um breve histórico de como chegamos até aqui para, enfim, apresentarmos o tripé da tipografia jurídica, ou seja, os principais requisitos que um bom documento deve seguir.

4. LIBERDADE COM RESPONSABILIDADE: COMO PASSAR DO USO DO NOVO APENAS PELA NOVIDADE PARA O USO COM FINALIDADE ESPECÍFICA

Não é porque a forma é livre que vale tudo. Ok, você não precisa seguir a ABNT, claro que não. Na verdade, ela sequer oferece a melhor opção de *layout*. Mas a necessidade de se ter alguns critérios existe. E essa existência se baseia, por decorrência lógica dentro do Direito, no fato de que o resultado ótimo, como visto, deve levar ao acesso à justiça.

Como primeiro critério, há a familiaridade. A familiaridade influi no conforto cognitivo[14] e, portanto, é componente fundamental de qualquer documento que tenha como objetivo convencer alguém de algo. Familiaridade – e conforto cognitivo – gera receptividade e há poucas coisas mais valiosas para um advogado do que um juiz receptivo.

Quando se apresenta uma petição cheia de cores e figuras e com um *layout* pouco intuitivo (disposição em mais de uma coluna, sem margens, em formato paisagem etc.), corre-se o risco de ativar exatamente o oposto do conforto cognitivo. O resultado é um estado de vigilância e desconfiança[15].

---

12. Cf. ECONOMIDES, Kim. Lendo as ondas do Movimento de Acesso à Justiça: epistemologia versus metodologia? In: PANDOLFI, Dulce et al. (Org.). *Cidadania, justiça e violência*. Rio de Janeiro: Fundação Getulio Vargas, 1999. p. 61-76.
13. Cf. AVRITZER, Leonardo; MARONA, Marjorie; GOMES, Lilian (Coord.). *Cartografia da justiça no Brasil*. São Paulo: Saraiva, 2014.
14. Cf. KAHNEMAN, Daniel. *Rápido e devagar*: duas formas de pensar. Rio de Janeiro: Objetiva, 2012.
15. Cf. KAHNEMAN, Daniel. *Rápido e devagar*: duas formas de pensar. Rio de Janeiro: Objetiva, 2012.

A ruptura pura e simples de um padrão sem a reflexão necessária que essa ruptura exige pode não gerar o efeito desejado. Pense, por exemplo, em uma torneira. Torneiras abrem no sentido anti-horário, essa é a convenção. Existem milhares de tipos de torneiras, mas você sabe que, ao se deparar com uma, por mais diferente que pareça, ela terá um comportamento familiar. Se você decide, por sua conta e risco, criar uma com padrão distinto, ainda que ela seja superior em algum aspecto, perceberá que as pessoas terão dificuldade de manuseá-la. E mais: como todas as outras continuarão da mesma forma, será muito difícil de se construir um novo aprendizado. Seria necessário que a maioria das torneiras mudasse por tempo razoável para que isso acontecesse.

Se a completa normalização é inútil, a ausência total de aspectos de familiaridade também não se demonstra medida inteligente.

Mas a familiaridade não é o único problema quando se tenta inovar demais. Muitas ferramentas ainda não encontram regulamentação específica e são utilizadas de forma tão livre que perdem sentido.

Pense no caso do advogado que junta, como prova, um *link* para um vídeo no YouTube. Essa prova é válida? O juiz e o advogado da parte contrária são obrigados a acessá-la? E se os computadores do tribunal não permitirem a navegação nesse domínio por seus servidores, o que tem se mostrado muito comum na prática? O juiz abrirá o *link* fora do ambiente de trabalho?

Situação similar ocorre com os *QR codes*. Embora possa se presumir que quase todos os serventuários e juízes tenham um *smartphone* e possam escanear o código por meio dele, é razoável exigir a utilização de ferramenta pessoal (e recursos próprios, como internet por dados) como extensão do trabalho?[16] Isso sem falar na questão de segurança. *Links* escaneados pelo celular pessoal não passam por qualquer filtro institucional prévio, como passam aqueles clicados dentro da rede dos tribunais.

Em que pese possa se pressupor a boa-fé dos atores processuais, não se pode perder de vista a possibilidade de *links* maliciosos com a finalidade de se obter informações pessoais, sigilosas e sensíveis do juiz ou da parte contrária para fins de chantagem ou mera exposição, o que já vem acontecendo mesmo sem a utilização para leitura de *QR codes*[17].

---

16. Nota de Júlio Xavier: este que escreve já trabalhou em duas varas da região metropolitana do Rio de Janeiro que não dispunham de wi-fi. Em uma delas a rede de dados era precária até para tarefas simples como uso do WhatsApp, o que nos faz refletir sobre o uso desse tipo de recurso Brasil afora, incluindo interiores mais remotos e, consequentemente, sobre seu caráter pouco democrático e nada inclusivo. Se o cliente não souber o que é um QR Code – o que está longe de ser uma suposição descolada da realidade (meu pai, mestre, não sabe) –, ele não saberá como acessar aquela informação, tampouco como verificá-la.

17. QUEIROGA, Louise. Após conversa entre juiz e assessora vazar, processo é atualizado com sentença feita pelo mesmo magistrado. *O Globo*, 19 abr. 2021. Disponível em: https://oglobo.globo.com/politica/apos-conversa-entre-juiz-assessora-vazar-processo-atualizado-com-sentenca-feita-pelo-mesmo-magistrado-24978969. Acesso em: 28 jun. 2022.

Há quem indique que o Poder Legislativo tem trabalhado ativamente para inserir essa ferramenta, por meio da permissão expressa de sua utilização. Como exemplo, Projeto de Lei 1.643 de 2021 propõe a inclusão do artigo 192-A[18] ao Código de Processo Civil. Todavia, não traz a resposta ou a solução para nenhuma dessas questões[19].

Embora algumas de suas razões sejam louváveis, como a de desburocratizar um processo que hoje consiste no acautelamento de mídias em cartório, o fato é que falta uma regulamentação mais detalhada e específica para tratar de um tema que assim o exige. Isso sem mencionar que 39,2% dos magistrados federais ouvidos em uma pesquisa afirmaram que o *QR code* não deveria ser aplicado em petições, o que o coloca como o elemento visual com maior índice de rejeição[20].

Como dito na introdução deste trabalho, há de se ter um grande cuidado para não confundir inovação com neofilia. Sob o paradigma correto – de efetiva melhoria do sistema –, ainda há dúvidas razoáveis se o uso de ferramentas como *QR codes* e *links* em petições de fato contribuem para a experiência do usuário, para a melhoria do sistema ou para o efetivo acesso à Justiça, em conformidade com as ondas renovatórias.

Não fazemos aqui uma crítica ao *QR code* em si – até porque ele é uma ferramenta poderosa que com certeza tem seu espaço –, mas à maneira muitas vezes superficial de se pensar essa e outras ferramentas, introduzindo-as de imediato sem o devido estudo e regulamentação prévios: a inovação pela inovação.

O que nos chama a atenção, por outro lado, é a falta de preocupação com a base, com o fundamental. Apesar de a mesma pesquisa apontar que 66% dos magistrados concordam que uma boa formatação torna a leitura da peça mais agradável para leitura e análise[21], muito pouco se discute sobre o tema. Nas Universidades, quando muito, se ensinam as normas da ABNT nas aulas de prática jurídica, possivelmente na falta de conhecimento de outra opção.

E o que torna o estudo da tipografia tão atraente e fundamental é o fato de que todo texto deve ser formatado. Se há texto, haverá escolha de elementos e métricas de *layout*. Enquanto se discute sobre o uso ou não de elementos como *QR codes* em petições, o texto sempre estará lá.

---

18. Art. 192-A Nos processos judiciais eletrônicos, admite-se a utilização de Código QR para acesso a informações paratextuais em ambiente extra-autos.

19. BRASIL. Câmara dos Deputados. *Projeto de Lei 1.643 de 2021*. Acrescenta dispositivo à Lei 13.105, de 16 de março de 2015, Código de Processo Civil, para permitir a utilização de Código QR nos processos judiciais eletrônicos. Disponível em: https://www.camara.leg.br/proposicoesWeb/fichadetramitacao?idProposicao=2279854. Acesso em: 28 jun. 2022.

20. SOUZA, Bernardo de Azevedo e (Coord.). *Elementos visuais em petições na visão da magistratura federal*. [2021]. Disponível em: https://visulaw.com.br/wp-content/uploads/2021/04/pesquisa-visulaw.pdf. Acesso em: 28 jun. 2022.

21. SOUZA, Bernardo de Azevedo e (Coord.). *Elementos visuais em petições na visão da magistratura federal*. [2021]. Disponível em: https://visulaw.com.br/wp-content/uploads/2021/04/pesquisa-visulaw.pdf. Acesso em: 28 jun. 2022.

A BUSCA DO NOVO PELO NOVO *VERSUS* A PROMOÇÃO DE ACESSO À JUSTIÇA

E é disso – da correta disposição do texto e dos elementos que o compõem, inclusive visuais – que a tipografia jurídica cuida. Vejamos, então, um pouco sobre sua história.

5. UM POUCO DE HISTÓRIA OU COMO CHEGAMOS ATÉ AQUI?

Embora a tipografia exista desde o século XV, a partir da criação dos primeiros sistemas de tipos de metais móveis pelo alemão Johannes Gutenberg, e alguns indiquem sua invenção até em período anterior, nos anos 1040, na China, com Bí Sheng[22], foi só com as máquinas de escrever, no final do século XIV, que pessoas comuns passaram a "imprimir" os seus textos em casa. Até então, a única possibilidade no Ocidente era a escrita à mão. Os tais tipos de metal e as escolhas tipográficas (de fontes, espaçamentos, recuos etc.) estavam restritos a profissionais da área[23].

As máquinas de escrever, porém, não traziam muita liberdade. Havia apenas uma fonte (nada de itálico ou negrito) em um tamanho, com as variações em minúscula e caixa alta. Também não havia regulagem ou possibilidade de alteração de métricas como entrelinhas, margem ou alinhamento. Tudo já estava pré-definido[24]. (LUPTON, 2010).

Ou seja, havia muito pouca margem de escolha, o que tinha um lado positivo (com menos liberdade, menor a chance de se cometer grandes "crimes" tipográficos) e um negativo (a escassez de ferramentas, pois nem sequer havia o negrito e o itálico como formas de destaques, por exemplo, o que obrigava o escritor a usar o famigerado e nada ergonômico sublinhado).

Com o advento dos computadores e dos editores de texto, as possibilidades se multiplicaram de uma forma nunca vista: dezenas de tipos diferentes de fontes e suas variações, uma porção de tamanhos e de formas de destacar. Surgiu também a possibilidade de se inserir tabelas, formas, imagens, *hiperlinks* e outros elementos visuais, além de se regular cada pequena métrica do texto (recuos, margens, entrelinhas e outros espaçamentos)[25]. (LUPTON, 2010).

Porém, o advogado – e a maioria dos profissionais, diga-se de passagem – continuava a formatar o texto de forma intuitiva, até porque essa nunca foi uma disciplina do currículo jurídico. Surge agora, portanto, a possibilidade de ramificar a tipografia para atender a esse meio específico, ramificação a que se dá o nome de tipografia jurídica, como veremos a seguir.

---

22. BRINGHURST, Robert. *The elements of typographic style*. 3. ed. Vancouver: Hartley & Marks, 2004, p. 119.
23. Cf. LUPTON, Ellen. *Thinking with type*: a critical guide for designers, writers, editors, & students. 2. ed. New York: Princeton Architectural Press, 2010.
24. Cf. LUPTON, Ellen. *Thinking with type*: a critical guide for designers, writers, editors, & students. 2. ed. New York: Princeton Architectural Press, 2010.
25. Cf. LUPTON, Ellen. *Thinking with type*: a critical guide for designers, writers, editors, & students. 2. ed. New York: Princeton Architectural Press, 2010.

6. A TIPOGRAFIA JURÍDICA

Chegamos, então, ao objeto principal do nosso estudo. Já explicamos que a tipografia cuida da aparência do texto. A tipografia jurídica, por sua vez, além de se preocupar com a aparência do texto, e com a mensagem que essa aparência comunica, se une a outras disciplinas – principalmente ao design e à ciência cognitiva – para apresentar uma solução completa para documentos jurídicos. Há, porém, um tripé de pilares a ela conectado.

A tipografia jurídica intersecciona três conceitos que guiarão toda a forma de pensar o texto, muito antes da sua criação. São eles: ergonomia visual, experiência do usuário e conforto cognitivo, como se percebe da figura a seguir:

Figura 2 – Tipografia Jurídica

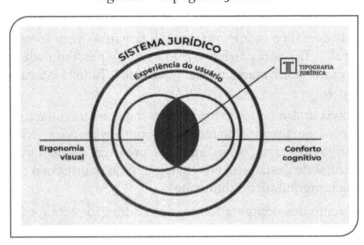

Fonte: elaboração própria de Júlio Xavier.

Iniciaremos pela ergonomia visual, cujo campo de estudo mais amplo, a ergonomia, pode ser conceituada da seguinte forma:

> 1 Estudo científico da engenharia industrial, em conjunto com anatomistas, fisiologistas e psicólogos, para estudar a relação do homem com as máquinas em seu ambiente de trabalho. Até a década de 1970 se voltava mais para a interação homem-máquina e atualmente é voltado para a interação homem-computador.
> 2 Adequação da tecnologia, da arquitetura e do desenho industrial em benefício do trabalhador e de suas condições ideais de trabalho[26].

A ergonomia visual – reconhecida formalmente como uma subárea da ergonomia desde 2009 pela International Ergonomics Association (IEA) – cuida exatamente

---

26. ERGONOMIA. Dicionário Brasileiro da Língua Portuguesa Michaelis. [2022]. Disponível em: https://michaelis.uol.com.br/moderno-portugues/busca/portugues-brasileiro/ergonomia/. Acesso em: 28 jun. 2022.

da interação dos processos visuais do homem com o ambiente e os sistemas[27]. Aqui, para fins deste estudo, entre o leitor e o documento, seja ele virtual ou físico. Se não temos controle sobre a iluminação do ambiente, a cadeira utilizada ou a distância do monitor (questões afetas à ergonomia visual em sentido amplo e à ergonomia física), podemos ao menos fazer escolhas que colaborem para que o texto contribua para uma leitura com menos esforço, que cause menos fadiga e, por conseguinte, seja capaz de reter a atenção do leitor por mais tempo.

Para isso, buscamos oferecer conforto visual a partir das melhores práticas tipográficas. Essa, portanto, é a parte que mais se relaciona às métricas da tipografia em si. Aqui, cabe enumerar alguns elementos cujas escolhas adequadas são fundamentais à ergonomia visual:

- Fonte;
- Tamanho da fonte;
- Espaço entre linhas;
- Margens;
- Comprimento de linha;
- Ausência de ruídos e poluição visual;
- Contraste.

Quando as escolhas relacionadas a esses elementos não são bem pensadas em termos de ergonomia visual, o resultado são peças e pareceres que não possuem a mesma facilidade em termos de leitura, como se percebe na próxima figura:

---

27. IEA. *Visual ergonomics*. [2022]. Disponível em: https://iea.cc/member/visual-ergonomics/. Acesso em: 28 jun. 2022.

Figura 3 – Documento sem e com ergonomia visual

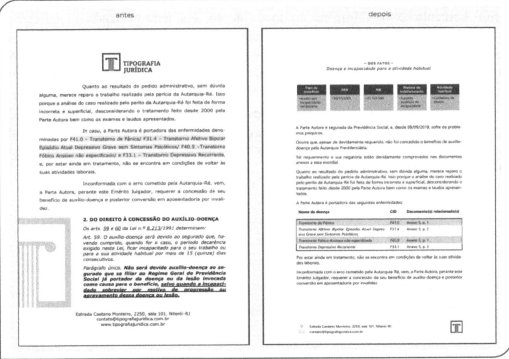

Fonte: elaboração própria de Júlio Xavier.

Trazer ergonomia a um documento é o primeiro passo para que ele atinja o seu fim, pois o resultado depende da interação do seu destinatário com ele e a aplicação correta dos elementos da tipografia é o ponto de partida e chegada quando buscamos oferecer conforto visual. Mas a ergonomia não atua sozinha, se apoiando também na experiência do usuário (ou *User Experience* – UX, em inglês), que pode ser caracterizada como o "conhecimento adquirido ao fazer algo".

Cunhado por Don Norman há algumas décadas, envolvendo atividades mais amplas, à medida que o campo se desenvolve, o UX agrupa aspectos da "antropologia cultural, interação entre humanos e computadores, engenharia, jornalismo, psicologia e design gráfico", que podem se desdobrar em dois campos, o primeiro relacionado ao *design* e o segundo à pesquisa. O campo do *design* "envolve o design de algo. Esse algo pode ser um produto ou serviço ou só parte de um produto ou serviço". Já a parte relacionada à pesquisa se conecta a dados originais e revisão de dados[28].

---

28. STULL, Edward. *Fundamentals for Non-UX professionals*: user experience principles for managers, writers, designers, and developers. Upper Arlington: Library of Congress, 2018, p. 4, tradução nossa. No original: "User experience design involves the design of a thing. That thing may be a product or service, or just a part of a product or service. For example, someone might design a web application to manage a nail salon, or design an iPhone app to file complaints about wayward manicurists. User experience research includes

Interagimos com pessoas e coisas a todo momento. Você, agora, está interagindo com este artigo. O resultado dessa interação é o que chamamos de experiência do usuário. A experiência do usuário é de natureza subjetiva[29], o que significa dizer que não só varia de acordo com o sujeito e com o tempo, mas nem sempre depende de fatores claramente mensuráveis.

O que se persegue com a tipografia jurídica é oferecer a melhor experiência possível objetivamente, para que a percepção subjetiva seja igualmente afetada de maneira positiva, já que não há como dissociar completamente essas experiências.

Um documento com pouca ergonomia visual (métrica objetiva) provavelmente gerará uma percepção subjetiva igualmente negativa do ponto de vista da experiência do usuário. Desse modo, podemos afirmar que a ergonomia visual em documentos colabora para a experiência do usuário, mas a experiência do usuário não se encerra nela. Há tantos outros fatores – diretamente relacionados ou não à tipografia – que também cumprirão essa função. São exemplos desses fatos os seguintes:

- Hierarquia textual e outras ferramentas de navegabilidade, como sumários, que auxiliam o leitor a encontrar rapidamente informações no texto,

- Uso de elementos visuais de suporte ao texto jurídico, que facilitem a compreensão do texto;

- Organização e hierarquia das informações;

- A própria apresentação estética do documento, que, além de agregar valor de forma subjetiva, ative vieses como a coerência emocional exagerada (efeito halo)[30].

Conforme demonstrado no gráfico do começo deste capítulo, é muito difícil delimitar onde começa e onde termina cada um dos pontos da tipografia jurídica, pois eles estão intimamente ligados, interagindo e se influenciando mutuamente. Nesse sentido, ergonomia visual e experiência do usuário se conectam ao conforto cognitivo e o conforto cognitivo impacta diretamente na experiência do usuário.

Já falamos do conforto cognitivo quando tecemos críticas a documentos com muito baixa familiaridade, afinal, o conforto cognitivo gera sensação de familiaridade e a recíproca também é verdadeira. O termo em si foi cunhado por Daniel Kahneman, ganhador do prêmio Nobel de Economia, e popularizado junto à difusão de sua obra *Rápido e devagar, duas formas de pensar*, que possui um capítulo exclusivamente dedicado a ele.

---

primary research (i.e., discovery of original data), such as interviewing nail salon customers. In addition, it encompasses secondary, third-party research (i.e., reviews of previously discovered data), such as reading reports about customer behavior within the health and beauty sector."

29. No original: "The experience of use is subjective and focuses on the act of use." (LECCI, 2019).

30. Cf. KAHNEMAN, Daniel. *Rápido e devagar*: duas formas de pensar. Rio de Janeiro: Objetiva, 2012.

O conceito é relativamente simples. Quanto maior o conforto cognitivo, maior é a nossa capacidade de tomar uma decisão com tranquilidade e facilidade. O desconforto cognitivo, por sua vez, gera tensão, desconfiança e vigilância[31].

Por que abaixamos a música alta no carro quando procuramos um endereço se a música não está relacionada diretamente à nossa capacidade de ler? O fato é que esse ruído causa desconforto cognitivo e aumenta o esforço que temos que despender, tornando a tarefa, simples, mais difícil.

Agora imagine que sua petição vem acompanhada de uma música muito alta (ruído). Como será a leitura e o processo decisório do juiz? Bem, se sua imaginação não é tão boa, trago as próprias palavras do autor: "[...] uma frase impressa em uma tipologia legível, ou que foi repetida, ou que foi evocada, será processada fluentemente como facilidade cognitiva [...] Por outro lado, você sente desconforto cognitivo quando lê instruções em uma fonte ruim ou em cores fracas, ou em linguagem complicada, ou quando está de mau humor [...]"[32].

Tal qual falamos com relação aos elementos da ergonomia física (monitor, cadeira, iluminação etc.), também não temos controle sobre o humor do nosso destinatário, seja ele um cliente ou um juiz. Porém, de novo, temos controle sobre a apresentação do nosso documento e de como podemos facilitar a vida do leitor de modo a gerar conforto cognitivo e evocar sensações positivas (familiaridade, veracidade e facilidade) que, no fim, repercutirão no nosso próprio objetivo (fechar um contrato, convencer o magistrado ou apenas passar uma mensagem adiante), que ainda se conecta diretamente ao acesso à Justiça, já que esse é o objetivo final de qualquer peticionamento jurídico.

Mas, afinal, o que gera conforto cognitivo em um documento?

Sem dúvida, a ergonomia visual (o próprio Kahneman fornece-nos o exemplo da tipologia legível) e a experiência do usuário fazem parte desse pacote (já vimos como todos eles se interseccionam). Traremos o exemplo da ferramenta que é possivelmente um dos maiores geradores de conforto cognitivo em documentos: o resumo.

Documentos jurídicos são, por sua própria natureza, longos e muitas vezes cansativos. Sejam contratos, termos de uso ou petições, geralmente nos deparamos com uma quantidade grande de informação para processar.

Os resumos ou quadro-resumos, quando apresentados no início, têm dupla função: introduzem o leitor ao assunto, facilitando a compreensão do que será apresentado a seguir (não à toa os trabalhos acadêmicos contam sempre com resumos), ao mesmo tempo em que dão uma visão geral do documento, o que já facilita inclusive a tomada de decisões. Resumos também minimizam a possibilidade de que alguma informação importante passe despercebida na leitura, uma vez que o autor já iniciará a leitura ciente dela, pois foi avisado de antemão.

---

31. Cf. KAHNEMAN, Daniel. *Rápido e devagar*: duas formas de pensar. Rio de Janeiro: Objetiva, 2012.
32. KAHNEMAN, Daniel. *Rápido e devagar*: duas formas de pensar. Rio de Janeiro: Objetiva, 2012, p. 78.

O uso dos resumos é tão poderoso em petições que são comuns relatos de despachos e decisões que se valem quase que integralmente deles. Isso acontece porque a síntese é exatamente um dos trabalhos que um juiz ou assessor faz ao analisar e redigir suas decisões. O resumo facilita uma tomada de decisão mais rápida e segura.

Os elementos visuais, se bem utilizados, também geram conforto cognitivo. Imaginem a narrativa escrita de dez fatos ocorridos em momentos distintos ao longo de cinco ou seis parágrafos. Agora pensem na mesma narrativa disposta em uma organizada linha do tempo. A diferença é brutal e, por isso mesmo, amplia o potencial de gerar, ao cliente, o acesso à justiça de que ele necessita.

Ao facilitar a compreensão, o elemento visual propicia conforto cognitivo, tal qual o resumo, diminuindo o gasto de energia do leitor e desencadeando aquelas sensações positivas já expostas. Optando pelo uso da tipografia jurídica, há, portanto, que se respeitar o tripé no qual ela se apoia, uma vez que as métricas e escolhas tipográficas são importantes, mas não compõem, por si só, um documento eficaz.

7. CONCLUSÃO

Abordamos neste ensaio alguns conceitos iniciais e importantes para a compreensão da tipografia como um todo e, em especial, da tipografia jurídica. No primeiro tópico, indicamos as definições de Lupton, de Butterick, e de Ambrose e Harris, que condensam a ideia de que a tipografia dá forma, aparência, é componente visual do texto escrito.

Cada escolha que fazemos em termos visuais altera a compreensão do conteúdo e, por isso, apenas podemos falar de boa tipografia quando essa é usada em benefício do leitor, facilitando seu entendimento. Todavia, há incompreensões em torno do assunto, em especial quando se identifica de forma errônea tipografia com normatização e normalização tipográfica.

Por isso, no segundo tópico, apontamos que a obrigatoriedade, no Direito, de elaborar trabalhos científicos como conclusão do bacharelado, momento no qual em geral se adotam normas de formatação, via de regra elaboradas pela ABNT, é responsável por grande parte da incompreensão indicada. A normalização, que é a padronização, e a normatização, que é o estabelecimento ou criação de normas próprias, são essenciais ao texto científico pelo fato de que sua função é fazer o conteúdo se sobrepor em definitivo sobre a forma, invisibilizando esta última.

Assim, tipografia e normatização partem de um pressuposto equivalente, qual seja o de estabelecer a forma que mais dá sentido àquele conteúdo. Mas o atrelamento da tipografia à normalização, ou seja, às padronizações - como ocorrem no caso da ABNT -, não tem razão de ser.

Os textos jurídicos presentes na prática consultiva ou contenciosa possuem forma livre e esse fato tem contribuído para a utilização de novas ferramentas apenas pelo fato de serem novas e não por propiciarem maior acesso, em conformidade com as ondas renovatórias descritas por Cappelletti e Garth, Economides, e Avritzer, Marona e Gomes. Questionamos, portanto, se os elementos que vêm sendo atrelados à tipografia de fato colaboram com o leitor e com o sistema como um todo.

No terceiro tópico, indicamos dois problemas comuns observados em documentos jurídicos não científicos, que acabam sendo utilizados sem o domínio das técnicas próprias. O primeiro problema é a ausência de familiaridade, o que prejudica a receptividade e ativa o oposto do conforto cognitivo indicado por Kahneman. É a ruptura do padrão sem motivo e, por isso mesmo, sem gerar o efeito desejado - o acesso. O segundo problema de utilizar sem critérios as inovações previstas na tipografia é a ausência de sentido na inserção da ferramenta, como no exemplo dos *QR codes*.

A conclusão a que se chega é que se mostra necessário um grande cuidado para não confundir inovação com neofilia. O estudo da tipografia em sua faceta jurídica é atraente e fundamental pelo fato de que todo texto será, inevitavelmente, formatado. Se isso ocorrerá de forma correta e segundo critérios é que é o cerne da questão.

Em função disso, optamos por retomar, no quarto tópico, um pouco da história da tipografia. Se seu início foi marcado por uma pequena margem de escolha, que impedia erros, mas engessava a forma, sua evolução a partir dos computadores e editores de texto multiplicou as possibilidades de compreensão do conteúdo. No entanto, para a advocacia, essas possibilidades ainda estão latentes, podendo ser exploradas apenas por meio da tipografia jurídica.

Ao trazer este conceito no quinto tópico, buscamos indicar o tripé teórico que deve ser observado quando se fala do tema. Dentro desse tripé, estão a experiência do usuário, que abrange também a ergonomia visual e o conforto cognitivo. Remover os ruídos presentes na forma do documento, em especial, propicia melhor compreensão e, como consequência, maior acesso, como ocorre com a inserção de resumos e elementos visuais em peças, pareceres, contratos etc.

A conclusão a que podemos chegar é de que a tipografia jurídica é um instrumento a ser considerado pelos operadores do Direito e está longe de possuir uma aplicação que se guia apenas pelo critério de novidade. Ao indicar o conceito real, diferenciar as questões de formatação acadêmica e prática, mostrar seu surgimento histórico e indicar os critérios a que uma boa tipografia deve obedecer, comprovamos quão primordial a tipografia jurídica pode ser no campo prático do Direito.

Ao unir boas e centenárias práticas de formatação e layout de texto com inovações úteis, atinge-se a premissa de efetividade de direitos que é central na elaboração de documentos jurídicos. Abrem-se, portanto, novas possibilidades de permitir o funcionamento mais adequado do Judiciário e da Justiça.

8. REFERÊNCIAS

AMBROSE, Gavin; HARRIS, Paul. *Typography*. La Vergne: Ava Books, 2005.

AVRITZER, Leonardo; MARONA, Marjorie; GOMES, Lilian (Coord.). *Cartografia da justiça no Brasil*. São Paulo: Saraiva, 2014.

BRASIL. Câmara dos Deputados. *Projeto de Lei 1.643 de 2021*. Acrescenta dispositivo à Lei 13.105, de 16 de março de 2015, Código de Processo Civil, para permitir a utilização de Código QR nos processos judiciais eletrônicos. Disponível em: https://www.camara.leg.br/proposicoesWeb/fichadetramitacao?idProposicao=2279854. Acesso em: 28 jun. 2022.

BRASIL. Ministério da Educação. Conselho Nacional de Educação. Câmara de Educação Superior. *Resolução CES/CNE 9, de 29 de setembro de 2004*. Institui as Diretrizes Curriculares Nacionais do Curso de Graduação em Direito e dá outras providências. Disponível em: http://portal.mec.gov.br/cne/arquivos/pdf/rces09_04.pdf. Acesso em: 28 jun. 2022.

BRINGHURST, Robert. *The elements of typographic style*. 3. ed. Vancouver: Hartley & Marks, 2004.

BUTTERICK, Matthew. *Typography for lawyers*: essential tools for polished & persuasive documents. 2. ed. Eagan: West Group, 2015.

CAPPELLETTI, Mauro; GARTH, Bryant. *Acesso à justiça*. Trad. Ellen Gracie Northfleet. Porto Alegre: Fabris, 1988.

ECONOMIDES, Kim. Lendo as ondas do Movimento de Acesso à Justiça: epistemologia versus metodologia? In: PANDOLFI, Dulce et al. (Org.). *Cidadania, justiça e violência*. Rio de Janeiro: Fundação Getulio Vargas, 1999. p. 61-76.

ERGONOMIA. Dicionário Brasileiro da Língua Portuguesa Michaelis. [2022]. Disponível em: https://michaelis.uol.com.br/moderno-portugues/busca/portugues-brasileiro/ergonomia/. Acesso em: 28 jun. 2022.

IEA. *Visual ergonomics*. [2022]. Disponível em: https://iea.cc/member/visual-ergonomics/. Acesso em: 28 jun. 2022.

KAHNEMAN, Daniel. *Rápido e devagar*: duas formas de pensar. Rio de Janeiro: Objetiva, 2012.

LUPTON, Ellen. *Thinking with type*: a critical guide for designers, writers, editors, & students. 2. ed. New York: Princeton Architectural Press, 2010.

QUEIROGA, Louise. Após conversa entre juiz e assessora vazar, processo é atualizado com sentença feita pelo mesmo magistrado. *O Globo*, 19 abr. 2021. Disponível em: https://oglobo.globo.com/politica/apos-conversa-entre-juiz-assessora-vazar-processo-atualizado-com-sentenca-feita-pelo-mesmo--magistrado-24978969. Acesso em: 28 jun. 2022.

SOUZA, Bernardo de Azevedo e (Coord.). *Elementos visuais em petições na visão da magistratura federal*. [2021]. Disponível em: https://visulaw.com.br/wp-content/uploads/2021/04/pesquisa-visulaw.pdf. Acesso em: 28 jun. 2022.

STULL, Edward. *Fundamentals for Non-UX professionals*: user experience principles for managers, writers, designers, and developers. Upper Arlington: Library of Congress, 2018.

9

LEGAL DESIGN E *VISUAL LAW* – CASES PRÁTICOS

Lillian de Souza Oliveira Coelho

Advogada, sócia e CEO da Legalhack, especialista em Legal Design, professora, palestrante, mentora e consultora de inovação e design para o mercado jurídico. Criou o CANVAS para Inovação na Advocacia para ensinar o método que transformou sua carreira em 1 ano. Especialista em Direito para Startups pela FGV, atuou na consultoria de empresas de tecnologia, com quem aprendeu a implementar as metodologias ágeis na prestação do serviço jurídico e a importância de uma comunicação mais clara e efetiva com os clientes através do *Visual Law*. Coordenou o Núcleo de Legal Design e *Visual Law* do Escritório Faria, Cendão & Maia Advogados, de onde surgiu a spin-off Legalhack, hoje uma das maiores empresas de referência em inovação para o mercado jurídico.

https://youtu.be/v3nQJGAdVdA

Sumário: 1. Introdução. 2. A metodologia por trás do legal design que tem promovido inovação no Direito. 2.1 Um novo conceito de escritório de advocacia. 2.2 Atendimento mais humanizado em um cartório judicial. 2.3 Laboratórios de inovação em diversas esferas. 3. *Cases*. 3.1 Como ganhar agilidade na assinatura de um contrato aplicando *visual law*. 3.2 Melhora na compreensão jurídica de ações judiciais complexas e de grande repercussão. 3.3 Inovação com uso de recursos visuais em teses acadêmicas. 4. Considerações finais. 5. Referências.

1. INTRODUÇÃO

Qual é a primeira imagem que nos vem à cabeça quando pensamos em Direito? Em escritórios de advocacia? Em advogados e departamentos jurídicos? Qual a imagem que nos remete ao mercado jurídico quando fechamos os olhos?

Desafio alguém que não tenha pensado ao menos uma vez em homens com terno e gravata e mulheres de salto alto e bem vestidas; em uma sala com uma estante de madeira cheia de livros e códigos; muitos documentos extensos e complicados e o famoso martelinho ou a balança da justiça como ícones que representam essa profissão.

O meio jurídico é conhecido pelos seus padrões e modelos tradicionais. Repetimos há séculos a mesma forma de escrever, de se vestir, de dispor os ambientes e as liturgias das cerimônias solenes, totalmente incompreensíveis para as partes.

Inovação se faz com pessoas e o que se pretende com a aplicação de Design no Direito é voltar nossos olhos para o ser humano usuário do serviço jurídico e entender o que ele precisa.

Nas palavras de Margareth Hagan, ícone e referência mundial sobre esse tema: "Legal Design é a forma como avaliamos e desenhamos negócios jurídicos de maneira simples, funcional, atrativa e com boa usabilidade".[1]

Entender o que as pessoas pensam, o que elas falam, o que elas sentem e veem, é um trabalho de empatia pouco aplicado pelos operadores do Direito, e que o Design vem tentando implementar em nossas rotinas. Promover inovação jurídica não é "rasgar" tudo o que já conhecemos, mas sim ajustar a lente e aprender a gerar soluções que atendam às necessidades dos usuários, e não a nossa.

De que adianta um escritório bonito e bem equipado em um prédio sofisticado e sem elevador, se o seu perfil de cliente precisa de acessibilidade? Qual o sentido de um contrato extenso e rebuscado para uma pessoa que é analfabeta funcional?

Essa é a reflexão que buscamos fazer neste artigo. E para isso, vamos trazer alguns casos práticos de como o Design tem sido aplicado para tornar o Direito de fato acessível a todas as pessoas.

Procuramos focar no cenário brasileiro, para abordar como que o nosso país tem um terreno fértil para se beneficiar de métodos inovadores que melhorem o acesso à Justiça.

2. A METODOLOGIA POR TRÁS DO LEGAL DESIGN QUE TEM PROMOVIDO INOVAÇÃO NO DIREITO

Quando falamos de Design aplicado ao Direito, devemos ter em mente que o principal objetivo é a solução de problemas com foco no ser humano. Tudo gira em torno das pessoas, seja como usuária ou como prestadora do serviço jurídico. Afinal de contas, elas estarão sempre presentes nas duas pontas dessa relação.

Todos os casos que iremos abordar neste artigo não chegaram a resultados bem-sucedidos com base no "achismo". E todos estiveram embasados nos três pilares do Legal Design: Empatia, Colaboração e Experimentação.

---

1. HAGAN, Margaret. Law by Design. Disponível em: https://www.lawbydesign.co/.

Empatia	Colaboração	Experimentação
É conectar usuários com soluções que dialogam com o seu universo. É o famoso "se colocar no lugar do outro". Entender, ouvir, pesquisar, perguntar. Descobrir as dores e as necessidades das pessoas para construir a solução mais próxima do que elas anseiam.	Trabalho em equipe, diversidade e multidisciplinariedade promovem conexões. Promover a troca de experiências entre pessoas com habilidades e percepções diversas é fundamental para gerar soluções criativas e inovadoras.	Ideias que não são colocadas em prática são apenas sonhos. Errar faz parte da curva de aprendizagem e testar é a melhor maneira de descobrir se você está no caminho certo.

Vejamos agora como esses três pilares estão sendo aplicados em diversos setores, tanto na iniciativa privada quanto na esfera pública, para promover inovação no mercado jurídico.

2.1 Um novo conceito de escritório de advocacia

Com sede no Rio de Janeiro, o escritório Faria, Cendão & Maia Advogados (FCMLAW) tornou-se referência nacional por desenvolver um modelo de negócios totalmente inovador para prestar assessoria jurídica ao mercado de inovação e tecnologia.

Criado com o objetivo inicial de atender *startups*, os sócios fundadores realizaram um robusto trabalho de empatia com esse perfil de empreendedor para entender as dores e necessidades dos clientes que eles pretendiam atender.

Frequentaram eventos, trabalharam em *coworkings* por um tempo para ver como funcionava a dinâmica desses espaços de trabalho compartilhados pelos "startupeiros", estudaram a fundo a estrutura dessas empresas para mapear como poderiam aplicar o direito material às reais necessidades daqueles empreendedores. Quais especialidades o escritório deveria oferecer? Como deveria ser o ambiente para receber esse cliente? O que eles precisavam?

O resultado se tornou *case* de sucesso e objeto de desejo de qualquer empreendedor quando procura por assessoria jurídica.

De tanto frequentar *coworkings*, os sócios optaram por montar a sede do escritório com a mesma estrutura, não só para que o cliente se sentisse à vontade ao ser recebido, mas para que a equipe também entendesse como é a realidade de trabalhar em um ambiente de *open space*, sem salas individuais e com mesas livres para sentar onde quiser e conectar o seu computador à internet.

Além disso, criaram salas de descompressão parecidas com as áreas comuns dos *coworkings* onde a equipe pode relaxar e interagir nas pausas durante o trabalho. Abriram esses espaços para receber os clientes e promover networking.

Toda a equipe precisa entender a fundo como funciona o mercado de tecnologia e inovação. Aplicam design e métodos ágeis nos documentos e fluxos internos para conseguirem atender os clientes com a agilidade que eles precisam e com uma comunicação que eles entendam.

Criaram o CANVAS Jurídico para Startups, um quadro ilustrativo que facilita o atendimento e permite mapear junto com o cliente os principais pontos de atenção e que podem gerar riscos para a empresa. Tudo de forma extremamente visual com o uso de técnicas de *Visual Law*.

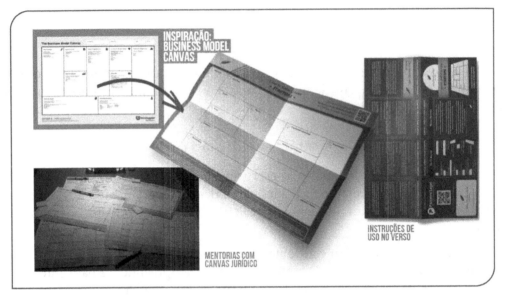

A cultura digital está no DNA do escritório, que tem sua equipe espalhada pelo Brasil e pelo mundo, mas todos conectados em uma plataforma online de trabalho para atender os clientes independente de espaço físico.

A estrutura empresarial foi incorporada ao escritório para que toda equipe esteja imersa em um cenário parecido ao dos clientes, isso permite entender as dores e mapear os riscos a que eles estão expostos com maior facilidade.

2.2 Atendimento mais humanizado em um cartório judicial

Outro case muito interessante é o da 6ª Vara Federal do Rio Grande do Norte, que mudou a tradicional forma de atendimento no balcão dos cartórios judiciais, criando uma central de relacionamento para dar mais atenção ao usuário.

A 6ª Vara Federal é responsável por execuções fiscais e o juiz titular, Dr. Marco Bruno Miranda, decidiu reunir todos os funcionários em uma sessão de *design thinking* para encontrar uma solução para alguns problemas que ele vinha observando.

Eles perceberam que boa parte das pessoas que precisam se dirigir ao atendimento no cartório se sentiam constrangidas em relatar seus problemas em um balcão, com uma fila de espera em que todos podiam ouvir o caso.

Em um belíssimo trabalho de empatia, a equipe do cartório trabalhou de forma colaborativa e aprendeu a se colocar no lugar desses usuários. Mapearem os principais problemas e decidiram testar uma nova forma de atendimento criando uma situação menos constrangedora para a população e até mais agradável para o serventuário que não mais precisaria realizar o atendimento em pé no balcão.²

Atitudes simples que geram a satisfação das pessoas que recorrem ao Poder Judiciário e se sentem acolhidas em um momento de dificuldade que estão passando.

2.3 Laboratórios de inovação em diversas esferas

– Tribunal Regional Federal da 3ª Região – Localizado em São Paulo, o "iJuspLab" foi criado para promover novas ideias, compartilhar experiências e aprimorar o trabalho da Justiça Federal. Em sua descrição a iniciativa é definida como *"uma arena de inovação, destinada à cocriação de soluções para os desafios enfrentados na prestação de nossos serviços, com participação de todos os atores envolvidos e foco no usuário".*³

– Inova do Ministério Público do Estado do Rio de Janeiro – Criado com o objetivo de promover inovação, o laboratório já surgiu com diversas frentes de trabalho, dentre elas, o "Simplifica", que tem como objetivo experimentar novos formatos para documentos produzidos pela instituição, principalmente simplificando a linguagem para garantir maior inclusão ao cidadão.⁴

– Laboratório de Design Jurídico da Universidade de São Paulo – Uma iniciativa que surgiu para buscar soluções para as pessoas em vulnerabilidade que foram afetadas durante a pandemia de covid-19 para ter acesso à justiça. Alunos de diferentes áreas de graduação da USP se reuniram

---

2. Disponível em: https://www2.jfrs.jus.br/subsecao-judiciaria/rspoa06/.
3. Disponível em: https://www.jfsp.jus.br/documentos/administrativo/NUCS/campanhas/sazonais/hotsitei-jusplab/index.html.
4. Disponível em: https://www.mprj.mp.br/inova.

para aplicar as metodologias de Legal Design e entender as necessidades e demandas que são inviabilizadas pelo sistema judiciário.[5]

Já deu para perceber que o tema não é apenas uma onda *hype*, porque tem ganhado cada vez mais força à medida em que tanto o usuário do serviço jurídico quanto o operador do Direito percebem que ainda há um vasto caminho a percorrer.

Somos o país no mundo com o maior número de processos judiciais. Gastamos um terço do nosso PIB com Justiça e a cada ano os problemas só aumentam.

Temos mais cursos de graduação em Direito do que somados em todos os países do mundo, e já ultrapassamos o marco de mais de 1 milhão e 200 mil advogados. Porém, continuamos produzindo números exponenciais de demandas que não geram efetividade. Algo precisa ser revisto.

Talvez uma dessas soluções esteja ganhando tanta repercussão, justamente pelo excesso de documentos que o mercado jurídico manuseia diariamente. Documentos estes, que são redigidos em uma linguagem que somente os operadores do Direito compreendem.

Qual o resultado desse *juridiquês* aplicado de forma inadequada? Falta de informação; Ações judiciais para questionar a clareza de contratos e documentos; Departamentos jurídicos que são verdadeiros gargalos de empresas altamente inovadoras, mas que continuam produzindo contratos, relatórios e pareceres que dependem de uma sequência de e-mails para serem esclarecidos; etc.

Veremos no próximo tópico alguns exemplos de cases em que a aplicação adequada das técnicas de Legal Design e *Visual Law* foram geraram clareza e efetividade ao serviço jurídico.

3. *CASES*

3.1 Como ganhar agilidade na assinatura de um contrato aplicando *visual law*

A *startup* Jovens Gênios criou um *software* para auxiliar o aprendizado de crianças e adolescentes com disciplinas mais complexas. O serviço é oferecido para escolas através de um contrato de licenciamento de uso de *software*.

Em seu formato original, o contrato tinha cerca de 20 páginas e contava com uma estrutura padrão redigida na forma tradicional que estamos acostumados a ver em qualquer documento jurídico.

Porém, esse "formato padrão" começou a gerar graves problemas para a empresa, que tem o tempo como seu principal vilão. O documento chegou a levar mais de 1 mês para ser assinado.

---

5. Disponível em: https://designjuridicousp.com/.

Ao atuar no caso, montamos um projeto de Legal Design e começamos pela etapa de empatia, onde mapeamos que este contrato possuía 3 usuários distintos.

Quando chegava na escola, o contrato ia para mão da Diretora que, sem nenhum conhecimento legal, pedia suporte a um advogado ou ao departamento jurídico. Este, por sua vez, dificilmente dava prioridade ao documento diante de tantos problemas como ações judiciais envolvendo casos de *bullying*, cobrança por inadimplência etc.

Após ser analisado pelo jurídico, o documento ainda ia para as mãos de um profissional de tecnologia para dar o parecer de suporte e opinar sobre eventuais riscos e responsabilidade se houvesse algum problema na operação.

Pense em um profissional de tecnologia lendo mais de 20 páginas de um contrato jurídico. Ele não lê, ele diz que leu! E a culpa não é dele, mas de quem redigiu o documento e cometeu o erro de não se fazer entender.

Com os perfis de usuários mapeados, partimos para a fase de definição dos problemas.

– *Para a Diretora da escola*: não entendia nada de direito, mas queria entender o contexto do documento sem precisar ler tantas páginas.

– *Para o jurídico:* falta de tempo. O contrato quando chegava em suas mãos ia parar em uma gaveta até surgir alguma cobrança.

– *Profissional de Tecnologia:* Não está habituado a ler textos tão longos e tão burocráticos e tinha dificuldade de localizar no documento as partes de seu interesse.

Passamos para a etapa de ideação, em que começamos a pensar nas soluções para os problemas mapeados e chegar a um resultado que conseguisse atender todos os usuários.

– *Para a Diretora:* Uma folha resumo identificando os principais pontos do contrato em uma linguagem simples, direta e sem muitos detalhes.

– *Para o jurídico:* Um documento virtual, que facilitasse a consulta na tela do computador porque o advogado normalmente já sabe os pontos cruciais do documento que precisa consultar. Em um mundo altamente digital, documentos físicos acabam ficando esquecidos quando não são considerados urgentes. Se possível, que tenham o formato responsivo para ser consultado pela tela do celular.

– *Para o profissional de tecnologia:* ir direto ao ponto e preferencialmente em um formato que seja amigável para os tipos de interfaces que ele está acostumado a lidar. Pedimos que ele sinalizasse com uma caneta marca texto os pontos que costumava analisar no contrato e depois inserimos essa informação em uma tabela bem simples e direta e de fácil consulta.

Metodologias utilizadas: pesquisa de empatia com clientes da *startup*, através de algumas reuniões online ou telefonemas com algumas perguntas; mapa de empatia para traçar o perfil do usuário; trabalho colaborativo colocando o documento em uma ferramenta de texto em nuvem para que várias pessoas da equipe pudessem inserir comentários; algumas sessões de brainstorming para mapear os problemas e desenhar juntos as soluções; testes de validação para confirmar com o usuário se o resultado tinha melhorado a experiência em relação ao documento anterior.

Tempo de projeto: 1 mês

Resultado: o documento que antes aguardava alguns meses passou a ser assinado em menos de 1 semana.

Dica: O uso da capa resumo ou folha de rosto em contratos muito longos é um excelente recurso não só para o usuário que não tem conhecimento jurídico, mas até mesmo para análise por operadores do Direito que conseguem ganhar agilidade ao ter uma visão geral do que vai ser tratado no documento.

3.2 Melhora na compreensão jurídica de ações judiciais complexas e de grande repercussão

Um caso envolvendo os direitos autorais de um artista pelo uso indevido de uma imagem por uma cantora famosa, renderiam muitas laudas para explicar toda a situação.

A opção do escritório foi aplicar recursos de *Visual Law* principalmente em trechos que precisariam explicar com mais riqueza de detalhes o envolvimento prévio da cantora com o uso da imagem questionada pelo artista.

LEGAL DESIGN E *VISUAL LAW* – CASES PRÁTICOS

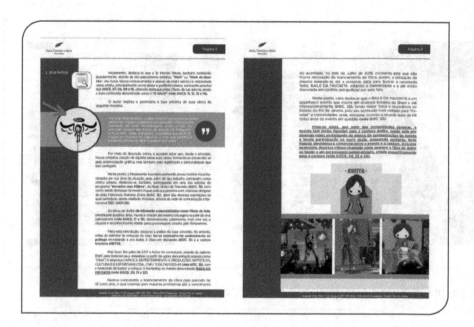

Além de infográficos e uma linha do tempo para facilitar a compreensão de uma sucessão de fatos de forma cronológica, o escritório fez uso de iconografia, cores e interatividade para trazer mais clareza e agilidade na apreciação da peça.

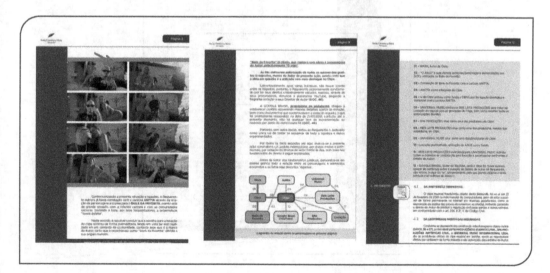

– O uso de marcadores para criar uma memória visual no julgador:
– Sumário interativo para facilitar a localização de informação em peças longas:
– Cores e ícones que conversem com a identidade visual do escritório:

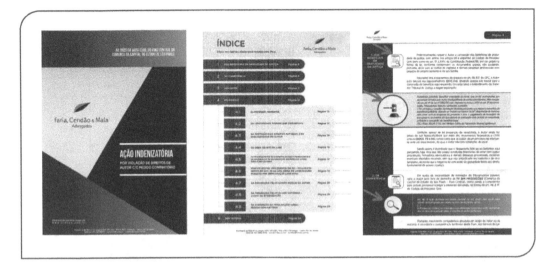

— Uso de QRcode acompanhado de link de acesso:

Metodologia utilizada: Análise de dados para pesquisar os principais julgados proferidos pelos magistrados da comarca que o caso seria ajuizado e entender o perfil de entendimento. Ao mapear os principais argumentos, fica mais fácil de escolher os pontos que vão precisar de destaque na peça.

Tempo de confecção da peça: cerca de 1 semana para realizar o trabalho de design, tendo em vista que o trâmite de pesquisa e redação foi exatamente igual a de qualquer peça judicial.

Dica: Por se tratar de um tema ainda muito novo, a mudança radical no formato tradicional de um documento jurídico pode causar estranheza a quem não esteja preparado para lidar com inovação. O Direito vem sendo aplicado há anos através de textos escritos. A inserção de elementos visuais, principalmente quando realizado sem nenhum critério, pode gerar efeito contrário do que se pretende alcançar e dispersar a atenção do julgador, quando o seu principal objetivo é justamente a análise do seu argumento que merece destaque.

Portanto:

– Cuidado com as cores, use de forma adequada, pesquise sobre a forma de utilização no momento certo;

– Foque nos argumentos chaves e lembre-se que os recursos visuais devem servir de apoio para a sua tese e não substitui-la, devendo ser utilizado para explicar algo que se tornaria muito mais complicado de expressar apenas com texto;

– Pesquise sobre o sistema do Tribunal ao qual você está dirigindo sua peça. O uso de recursos visuais pode gerar arquivos pesados e alguns sistemas impõem limites de upload;

– Se informe sobre o grau de recursos que esses sistemas conferem aos magistrados. De nada adianta um sumário interativo se eles não puderem clicar e interagir. Lembre-se do terceiro pilar do Legal Design: Experimentação. Então, vá ao cartório, pergunte como foi a aceitação da peça, se informe sobre a receptividade e, quando possível, despache com o juiz. Afinal de contas, se ele é o usuário merece ser ouvido pois o seu principal objetivo é justamente melhorar a comunicação jurídica para ele.

3.3   Inovação com uso de recursos visuais em teses acadêmicas

Quem lê teses de doutorado? Eu diria que somente quem escreveu e a banca examinadora.

Pensem em quantas teses brilhantes de mestrado, doutorado e diversos outros estudos acadêmicos estão encadernados e escondidos nas estantes das Universidades. Afinal de contas, além de extensas, não são tão fáceis de compreender.

Foi pensando em tornar a sua tese acessível para a sociedade, que o Dr. Thiago Andrade decidiu inovar e aplicar técnicas de *Visual Law* ao seu trabalho final de doutorado na Universidade Federal de Fortaleza.

A tese propõe discutir a superação do Estado de Coisas Inconstitucional derivado da proteção deficiente do direito fundamental a livre iniciativa.

Na entrevista com a nossa equipe, lembramos ao cliente que inovação se faz com pessoas e poderia ser demasiadamente arriscado implementar elementos visuais em toda a tese, sem antes ter a oportunidade de avaliar o perfil da banca examinadora. Já estávamos na etapa final de conclusão do trabalho e uma situação como essa exigiria uma extensa etapa de empatia, e não havia tempo hábil.

A sugestão foi aplicar *Visual Law* apenas ao Apêndice da tese, parte considerada não obrigatória e que não prejudicaria o trabalho caso a banca não autorizasse a sua inclusão.

Metodologia: diversas entrevistas com o autor da tese para entender o que ele pretendia propor com o trabalho; leitura integral do Regulamento da Universidade para entender como poderíamos trabalhar questões de identidade visual sem prejudicar a encadernação do trabalho.

Tempo de confecção: 2 meses e meio.

Resultado: Um trabalho altamente elogiado pela banca examinadora que compreendeu o objetivo do Autor de divulgar a sua tese além das portas da Universidade e gerar efetividade com a sua proposta acadêmica.

4. CONSIDERAÇÕES FINAIS

Esperamos com esse artigo, quebrar alguns mitos de que o uso de conceitos e metodologias de Design tem por objetivo descontruir tradições e alicerces do Direito.

Aprender a pensar como designer não significa ser um designer e abandonar o Direito ou todo o conhecimento técnico adquirido até então. Fomos buscar nessa ciência social uma nova forma de solucionar problemas com foco no ser humano, procurando enxergar as necessidades do usuário com um olhar mais empático e construir as soluções mais adequadas ao que de fato ele precisa.

Um ambiente mais acolhedor e adaptado às necessidades das pessoas que irão utilizá-lo, uma forma mais simples de explicar os direitos dessas pessoas e de permitir que elas entendam e se sintam compreendidas para auxiliarem na construção da solução de seus problemas.

Inovar é fazer algo diferente gerando valor para a vida das pessoas. E, esperamos que esses exemplos despertem o seu interesse para experimentar, testar e se permitir conectar o conhecimento que você já tem com a criatividade que o Design pode trazer para encontrar soluções mais próximas das necessidades que os seres humanos esperam encontrar no serviço jurídico.

5. REFERÊNCIAS

BROWN, Tim. *Uma metodologia poderosa para decretar o fim das velhas ideias*. Campus, 2018.

HAGAN, Margareth. *Law by Design*. https://www.lawbydesign.co/.

OSTERWALDER, Alexander; PIGNEUR, Yves. *Business Model Generation* – Inovação em Modelo de Negócios. Rio de Janeiro, Alta Books, 2011.

PALAO, Francisco; LAPIERRE, Michelle. *Transformações Exponenciais*. Rio de Janeiro, Alta Books, 2019.

STICKDORN, HORMESS, LAWRENCE, SCHINEIDER. *Isto é Design de Serviço na Prática*. Porto Alegre: Bookman, 2020.

10

METODOLOGIA APLICADA AO LEGAL DESIGN

André Medeiros

Tem atuado por mais de 20 anos na condução de projetos por todo o Brasil e no exterior. Desenvolveu sua carreira no Carrefour como diretor de auditoria interna e no Grupo Pão de Açúcar como Controller e também na Control Solutions International, onde atuou como consultor para a América Latina. Durante cinco anos André atuou como gerente sênior responsável pelo departamento da área de Melhoria de Desempenho (Performance & Technology) na KPMG, uma das maiores empresas de auditoria e consultoria do mundo e conduziu projetos em diversos segmentos do mercado. Atualmente é sócio na Advoco Brasil, consultoria especializada no desenvolvimento integral de escritórios de advocacia. André é palestrante e professor de Legal Growth Hacking e Legal Design.

Sumário: 1. Como o legal design pode aprimorar sua argumentação, poder de síntese e acelerar a tomada de decisão do seu interlocutor. 2. Quais são os desafios que se apresentam hoje no dia a dia do advogado? 3. Nós compreendemos que vivemos em tempos de exigência extrema de velocidade, baixa tolerância a erros e excesso de trabalho. 4. É possível aplicar o legal design em qualquer instrumento jurídico, desde peças até propostas e além. 5. Não é por tanto escrever que você será melhor entendido. 6. Um manifesto para o legal design. 7. Desenvolvemos uma abordagem denominada "IRC". 8. A aplicação prática da metodologia do legal design: sintonizar, materializar e influenciar. 9. Uma outra metodologia para criar "sintonia" é a adaptação do mapa de empatia aplicado ao mundo jurídico. 10. Como aplicar esta abordagem nos diferentes documentos produzidos pelo advogado. 11. Como aplicar a metodologia do legal design em uma proposta. 12. Como aplicar a metodologia do legal design em um relatório de *status*. 13. Como aplicar a metodologia do legal design em uma peça jurídica. 14. Exemplos da metodologia aplicada em peças jurídicas.

1. COMO O LEGAL DESIGN PODE APRIMORAR SUA ARGUMENTAÇÃO, PODER DE SÍNTESE E ACELERAR A TOMADA DE DECISÃO DO SEU INTERLOCUTOR

Quando falamos de metodologia logo pensamos em um conceito muito abstrato e chato.

Ninguém gosta muito de ficar seguindo passo-a-passo disso, passo-a-passo daquilo. Em geral as pessoas querem ir direto ao ponto e aplicar um determinado conhecimento à sua realidade.

2. **QUAIS SÃO OS DESAFIOS QUE SE APRESENTAM HOJE NO DIA A DIA DO ADVOGADO?**

O PROBLEMA	A SOLUÇÃO
Textos extensos e com fontes ruins, imagens desconexas, cores erradas, é um problema tanto para quem recebe a informação, quanto para quem a dá.	Visuais atraentes e bonitos, com uma estrutura clara, que ajudam o interlocutor principal a entender melhor sua abordagem e o mais importante, ajudá-lo a tomar uma decisão.
Você e seu interlocutor não conseguem tempo, paciência e atenção suficiente para simplesmente entender de uma forma mais direta, o âmago, a principal mensagem.	

A própria mensagem do Legal Design como um todo, já é direcionada a um entendimento mais prático de sua aplicação. Não há porque complicarmos isso, caso contrário, teremos ainda mais resistência para sua aceitação no meio jurídico.

É muito comum termos resistências ao apresentarmos novos conceitos, principalmente no meio jurídico, que por definição, é muito tradicional e enraizado em modelos de comunicação que se sustentam desde o século passado.

> O objetivo central aqui é trazer à reflexão novas possibilidades para aprimorar a forma como o advogado se comunica.

Importante esclarecer melhor o conceito para fugir de eventual poluição de ideias sobre o que é Legal Design:

PRA QUEM?

Quando falamos acerca de metodologia aplicada do Legal Design, pensamos numa forma de fazer com que o Direito se torne mais atrativo, simplificado e principalmente, **para explicar de forma ainda mais atraente ideias e posições complexas.**

COMO?

A metodologia aplicada do Legal Design nada mais é que uma forma criativa de pensar o Direito de uma maneira nova, com a adequação do conteúdo para que ele seja realmente lido, entendido e compartilhado com o menor ruído comunicacional possível.

Para isso acontecer de forma ainda mais significativa, é preciso **aprimorar as habilidades de argumentação.**

3. **NÓS COMPREENDEMOS QUE VIVEMOS EM TEMPOS DE EXIGÊNCIA EXTREMA DE VELOCIDADE, BAIXA TOLERÂNCIA A ERROS E EXCESSO DE TRABALHO**

Neste cenário tão desafiador para o Advogado, como é possível incluir em seu dia a dia mais um desafio, que é o Legal Design?

Será que é mesmo viável qualquer um adotar novas habilidades de 'design' para aprimorar sua comunicação, fazer peças mais impactantes, com argumentação mais contundente, organizada e com um nível de compreensão ainda mais relevante?

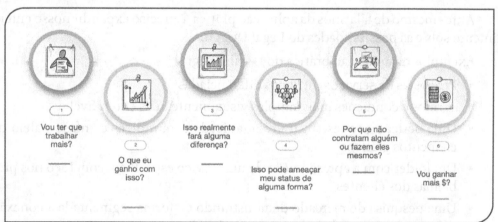

O que realmente os advogados questionam quando são apresentados ao Legal Design e desafiados a utilizá-lo em seu dia a dia?

A única forma de rompermos algumas barreiras de resistência para aplicação de novas metodologias de trabalho, consiste em estarmos genuinamente dispostos a olhar o Direito com um novo olhar, com uma nova postura, para aprimorar a forma como nos comunicamos e principalmente, saber que podemos, a partir daí, dirigir nosso interlocutor a tomar as decisões de forma mais previsível.

Obviamente que entendemos que há um conceito amplo entre o querer e o realizar.

Nós chamamos isso de **lente da autonomia de decisão**, que é composta pelas palavras: Desejo, Prático e Viável.

Pense nessa tríade da seguinte forma:

Nem tudo que é desejável é viável e nem tudo que é viável é prático.

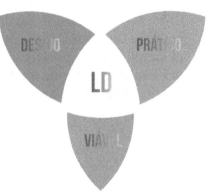

Pense dessa forma inclusive quando estiver falando com seu interlocutor, mas principalmente, quando estiver avaliando a aplicação prática do Legal Design em seu dia a dia.

Inúmeros escritórios, departamentos jurídicos e até o serviço público, estão neste momento, aplicando o Legal Design. Não é mais uma questão de escolha, mas um caminho sem volta para fazer com que a comunicação no meio jurídico seja mais fluída, concisa, impactante e inteligente.

Iremos abordar de forma mais detalhada este ponto, na etapa 03 da metodologia.

4. É POSSÍVEL APLICAR O LEGAL DESIGN EM QUALQUER INSTRUMENTO JURÍDICO, DESDE PEÇAS ATÉ PROPOSTAS E ALÉM

Antes mesmo de falarmos da aplicação prática, é preciso expandir nosso entendimento sobre as possibilidades do Legal Design.

Exemplos da aplicação prática do Legal Design:

- Propostas de serviços jurídicos diferenciadas
- Termos e condições mais simples visualmente mais entendível
- Uma petição com estrutura reorganizada com índices e ênfases, além de elementos gráficos
- Um folder com a apresentação de um serviço específico, com foco nos problemas dos clientes
- Uma pesquisa de mercado demonstrando de forma segmentada a conexão dos pontos levantados com a atuação jurídica

Enfim, são muitas as possibilidades. A questão que se apresenta com o Legal Design é justamente amplificar sua aplicação e questionar de forma sincera, o que podemos fazer de diferente? O que podemos fazer ainda melhor? Muito melhor!

É preciso que o advogado questione de forma sincera:
O que podemos fazer de diferente? O que podemos fazer ainda melhor? Muito melhor!

Obviamente que muitos questionamentos surgem quando falamos da aplicação prática do Legal Design, como por exemplo:

- ... mas tem a cultura do escritório, aqui é tudo muito formal e retrógrado
- ... mas se os sócios líderes não abraçarem essa mudança, de nada adiantará
- ... mas e se o cliente não gostar?
- ... mas e se o juiz não entender nada?
- ... mas o advogado não sabe nada de design e como aplicar elementos gráficos para facilitar o entendimento de sua mensagem ....

Veja que podemos ter muitos questionamentos e barreiras naturais para aplicar algo novo em nosso dia a dia, contudo, sim, é possível repensar como o advogado pode se comunicar melhor.

Por esse motivo é necessário entender que, questionar o status-quo e repensar a atuação jurídica com um outro olhar, é um caminho sem volta, para aprimorar a comunicação como um todo.

5. NÃO É POR TANTO ESCREVER QUE VOCÊ SERÁ MELHOR ENTENDIDO

Imagine que você é um juiz ou um operador do Direito e abre um instrumento jurídico qualquer, que para você é urgente, mas este documento tem mais de 30 páginas. Imagine agora que esse é o décimo documento a ser lido hoje por esse mesmo juiz. Podemos inferir que o impacto psicológico imediato é sempre: "Não acredito que terei que ler mais um documento tão extenso, que em geral, não vai direto ao ponto e tampouco demonstrará muitas diferenças entre tantos outros".

> Agora imagine que esse mesmo documento pode ter 06 páginas, com elementos gráficos que demonstram melhor suas colocações, com uma lógica mais encadeada de argumentos e direcionada especificamente para o perfil do interlocutor.

Este é o âmago do Legal Design!

O DESIGN É CENTRADO NAS PESSOAS, O DIREITO TAMBÉM

Os advogados costumam dizer: Se está aí na peça, é porque é importante! Mas, sabemos que muitas vezes somos prolixos para defender nossos argumentos e até para apresentar ideias.

Nos dias de hoje, com tantas distrações digitais, com a crescente demanda de leituras, é preciso ser cada vez mais direto ao ponto, cada vez mais conciso e cada vez mais persuasivo.

O Legal Design parte do pressuposto que o advogado deve ser ainda mais conciso e direto, a proposta é sempre abordar melhor seus pontos e economizar o tempo do outro para que ele possa tomar a decisão indicada por você.

6. UM MANIFESTO PARA O LEGAL DESIGN

O que define um Manifesto é a capacidade de expressar princípios e intenções de forma objetiva, para alertar, persuadir e principalmente dar uma direção sobre um determinado movimento.

O Legal Design é hoje um movimento. Uma abordagem para fazer a comunicação jurídica ainda mais eficiente. O objetivo central do Manifesto é sensibilizar a opinião do interlocutor a repensar sua abordagem tradicional, por uma nova, e assim, mudar suas ações.

Este é o manifesto do Legal Design. Uma maneira de repensar a forma tradicional de comunicação do advogado e fazer com que seja praticado todo o poder síntese e persuasão para obter de seu interlocutor a aceleração no processo de decisão.

7. DESENVOLVEMOS UMA ABORDAGEM DENOMINADA "IRC"

INSPIRE-SE	REPENSE E REFAÇA	CRIE IMPACTO
Ao pensar em criar uma solução diferenciada para seu cliente, considere ter uma orientação com alguns modelos existentes que podem ajudá-lo a modelar o que você está tentando criar.	Depois de fazer um esboço aproximado, é hora de adquirir as habilidades e ferramentas para projetar um rascunho e a interação da solução e transformá-la em um produto testável.	Depois de decidir que tipo de coisa você está criando, direcione seu olhar com empatia e sinta como seu interlocutor interagirá com a sua nova forma de comunicar suas ideias.

Para resumir a abordagem IRC, basta compreendermos as seguintes questões práticas:

	Para quem eu escrevo? juiz, cliente, potencial cliente, parceiro? sócio?
	Como ajustar adequadamente o documento? peça, proposta, relatório de status, folder, artigo?

Observe que essas questões podem parecer bem básicas, contudo, aqui há uma decisão importante a se tomar:

EU DEVO ADEQUAR O MEU ESTILO DE ESCRITA A CADA INTERLOCUTOR

Para fazer esta adequação de forma correta, é preciso inferir sobre o nível de exigência do interlocutor, o nível de crítica e o nível de conhecimento prévio.

Imagine que um determinado interlocutor, seja ele um operador do Direito, um cliente ou potencial cliente, que tem um nível de crítica alta, ou seja, não importa o que, ou a forma como você apresenta seus argumentos, ele sempre será muito crítico.

Como abordar esse tipo de interlocutor e suplantar suas críticas com uma argumentação ainda mais poderosa?

Ou imagine que você precisa apresentar uma proposta de serviços jurídicos para um potencial cliente que tem um nível de conhecimento prévio a respeito de determinado assunto, muito superior e precisa ser convencido de que seus serviços atenderão suas expectativas e necessidades?

> Para isso, precisamos focar a comunicação no interlocutor. Ter inclusive, um pouco de humildade e abordar nossos argumentos a partir do ponto de vista dele.

8. A APLICAÇÃO PRÁTICA DA METODOLOGIA DO LEGAL DESIGN: SINTONIZAR, MATERIALIZAR E INFLUENCIAR

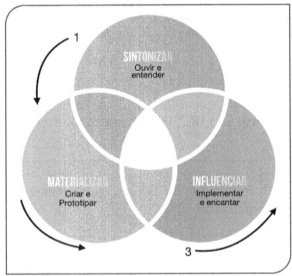

Sintonizar – Significa saber ouvir melhor, entender melhor os impactos que sua abordagem jurídica trará no contexto do seu interlocutor, seja ele cliente, potencial cliente ou qualquer pessoa que precisa tomar alguma decisão, a partir de sua comunicação.

Lembre-se, o objetivo do Legal Design é fazer com que seu interlocutor tome, de forma mais acelerada, uma decisão favorável a você, porque foi convencido por uma argumentação mais impactante, clara e concisa.

Parece simples, mas é muito comum vermos muitos advogados com "soluções jurídicas" para quase toda demanda que se lhe apresente. Mesmo antes do cliente contar toda a história, ele já saca de seu "cinto de opções" uma solução jurídica.

Muitas vezes não conecta essas "soluções jurídicas" com o contexto vivido pelo interlocutor, ou os impactos diretos e indiretos em sua realidade, agora e no futuro, tampouco deixa claro todos os riscos advindos das decisões que serão tomadas.

Há muitos cursos sobre oratória, apresentações de alto impacto, mas bem poucos sobre: como ouvir melhor.

Então, como podemos nos conectar melhor nosso interlocutor? Como criar uma sintonia tal, que ele diga: "uau, nunca encontrei um advogado que entende tanto da minha situação, dos meus problemas, como você".

A forma mais inteligente para criar essa sintonia com o cliente é fazendo as perguntas certas. Aliás, a forma mais adequada para ouvir e obter do cliente informações ricas, que lhe ajudarão inclusive a desenvolver melhor sua abordagem jurídica, é fazendo perguntas.

Fazer as perguntas certas é crucial para entender de forma bem-sucedida, os desafios e problemas que se apresentam.

O método SPIN, criado por Neil Rackham e abordado em seu livro SPIN Selling traz orientações muito ricas sobre quais são as perguntas certas de se fazer em um processo de negociação.

Método SPIN é um acrônimo que representa os fatores chaves que devem ser explorados para entender melhor qualquer situação: São eles:

- Situação
- Problema
- Implicação
- Necessidade

Como fazer perguntas de situação (S)?

É importante perguntar bastante, mas também não cansar seu interlocutor com muitas perguntas da situação.

Exemplos de boas perguntas de situação:
- Como você avalia as novas mudanças na legislação ambiental?
- Você concorda com a última pesquisa sobre o otimismo do empresariado?
- O índice de multas ambientais cresceu 45% neste ano, você acredita que este índice irá aumentar?

O objetivo é ter o entendimento sobre o contexto e coletar alguns problemas enfrentados.

É claro que você deve se preparar primeiro para fazer as perguntas de situação. O seu interlocutor já espera que você saiba coisas sobre o negócio, ou problemas. Afinal, você é um advogado. Então, formule perguntas mais avançadas que contextualizam a situação e, ao mesmo tempo, geram credibilidade ao cliente.

Nesta fase, você não deve ir direto ao problema, apenas advogados despreparados tentam apresentar problemas para vender soluções.

O objetivo aqui é fazer com que seu interlocutor fale, com as próprias palavras, como ele vê a situação em que está inserido.

Como fazer perguntas de problema (P)?

Use então as perguntas sobre problemas, pois irão te ajudar a descobrir as dificuldades ou insatisfações do seu cliente em potencial.

Boas perguntas de problema podem ser:

- Qual foi a última vez que você fez um mapa de riscos ambientais? ou talvez;
- Sua equipe tem um plano de ação bem estruturado para lidar com a matriz de riscos?
- Você está satisfeito com o seu atual processo de avaliação de riscos ambientais?
- Quais são as principais desvantagens que você encontra por não ter um software para isso?
- Você acredita estar perdendo clientes por isso?

Perguntas como essas irá encorajar seu interlocutor a identificar eventuais problemas que talvez ele ainda não havia percebido. Foque nas necessidades, na dor e deixe o cliente falar. Ouvir é o segredo neste momento.

Utilize expressões como "onde", "quando", "quem", "com que frequência" e "o que acontece se/quando".

Em outras palavras, você conseguirá se aprofundar para entender como a situação atual do cliente está gerando aquele problema, com o objetivo de criar a Sintonia.

Como fazer perguntas de implicação (I)?

A ideia de cada implicação é tornar o problema mais nítido e, se feitas corretamente, as perguntas de implicação vão acelerar o entendimento, a concretização.

Exemplos de boas perguntas de implicações:

- Com as mudanças na legislação ambiental deste governo, sua equipe vai fazer que tipo de modificações operacionais?
- Você acha que terá mais dificuldades para desenvolver sua operação no próximo ano se isso continuar assim?

O objetivo central nessa fase é ajudar o interlocutor a identificar, quais as consequências e impactos negativos na sua realidade, contexto ou negócio, caso ele não faça nada para contornar o problema atual, ou não esteja fazendo o necessário.

Obviamente que, para que seu interlocutor considere sua abordagem, ele precisa ter certeza do quão sério é o problema, a partir das implicações, descritas por você e que talvez ele nem tenha considerado ainda, ou se considerou, ainda não teve a ajuda necessária para solucioná-los.

Ele deve ser provocado a refletir sobre os impactos que nem sabia que estavam atrelados ao problema atual dele.

Como fazer perguntas de necessidade (N)?

Nessa é necessário criar um tom positivo, ter boa entonação e motivar o seu interlocutor a sentir, vivenciar a experiência em uma realidade sem o problema.

Exemplos de boas perguntas de solução:

- Se você implementar um programa de compliance ambiental com uma matriz visual de riscos, como isso te ajudaria a ter uma visão melhor do negócio?
- Você sabia que maior concorrente tem um programa de compliance ambiental? Acha que isto melhora sua competitividade?

É preciso ter muito cuidado nessa fase, pois se seu interlocutor perceber que o problema é tão grande que a solução parece muito cara ou inalcançável, ele pode se desestimular e desistir da conversa.

O segredo aqui é conduzir seu interlocutor a falar dos benefícios em vez de você apresentar a ele.

Qual é o âmago, o núcleo o mais essencial do método SPIN?

NÃO TENTE VENDER SUA IDEIA

O seu interlocutor precisa falar em alto em bom tom, o que mais lhe incomoda, como isso impacta sua realidade e principalmente, porque não resolveu ainda e como imagina sua realidade, se ele não tivesse mais esses problemas.

Alguns pontos de atenção na aplicação do método spin

Criar a sintonia com o seu interlocutor é o objetivo central dessa etapa, contudo sabemos que muitas vezes o advogado é ansioso e quer pular etapas ou fazer perguntas que não darão respostas adequadas para abordar adequadamente os problemas interlocutor.

- Faça perguntas de situação (S) para entender o contexto
- Não se engane: sintomas são só sintomas, descubra as causas raízes com perguntas de problema (P)
- Tenha paciência e siga a diante, faça seu interlocutor dizer os impactos negativos para sua realidade ou negócio, caso o problema não seja solucionado, faça isso com perguntas de implicação (I)
- No final é o momento de gerar expectativa no seu interlocutor sobre como solucionar o problema: para isso, faça perguntas de necessidade (N)

9. UMA OUTRA METODOLOGIA PARA CRIAR "SINTONIA" É A ADAPTAÇÃO DO MAPA DE EMPATIA APLICADO AO MUNDO JURÍDICO

O Mapa de Empatia adaptado à advocacia é uma outra metodologia que ajuda o Advogado a entender melhor o público com que está lidando.

Em outras palavras é uma abordagem utilizada para conhecer melhor o seu cliente. A partir do mapa da empatia é possível detalhar sua personalidade e compreender seus sentimentos, dores e necessidades.

A forma prática de desenvolver o mapa de empatia adaptado à advocacia é fazendo uma inferência sobre um determinado tipo de cliente ou potencial cliente.

Com base nessas informações, pode-se compreender melhor suas necessidades, determinar a melhor forma de abordá-lo e principalmente, demonstrar o diferencial do escritório/advogado.

UM JEITO DIFERENTE DE "LER" O CLIENTE

No exemplo abaixo, um escritório queria abordar o meio político para preparar seus sócios e desenvolver uma abordagem mais ativa para alcançá-los e demonstrar que o escritório poderia atender suas demandas jurídicas.

Exemplo de mapa de empatia adaptado à advocacia

JOSÉ DA SILVA – O POLÍTICO INFLUENTE

Idade: 40 – 65 anos

Educação: Ensino superior

Mídias preferidas: Revistas de negócios (exame, veja), TV câmara/senado (?) rádios de notícias e hora do Brasil (?)

Objetivos:

- Manter-se no poder (reeleição)
- Ter assessores e marketeiros que façam acontecer
- Manutenção ou limpeza da reputação
- Influência política nos rumos do estado/capital/município

Desafios e obstáculos:

- Não consegue desassociar a classe política da imagem marginalizada formada por maus políticos
- Não consegue desassociar de seu nome ações mau conduzidas por assessores, maus funcionários públicos ou membros do partido

- Não consegue desassociar responsabilidades civis/jurídicas de suas ações enquanto político, o que pode se arrastar por anos

Como podemos ajudá-lo? Quais serviços ele compraria?

- serv. 1
- serv. 2
- serv. 3

Que tipo de assunto interessaria para ele sobre o seu setor?

- Boas práticas na condução do mandato
- Cases reais de quem resolveu problemas associados ao cargo

Como preferem ser atendidos ou acionados?

- Reuniões ou encontros sociais
- Diretamente em seu gabinete
- Em reuniões no próprio escritório
- WhatsApp
- Mailing

Por quais valores estariam dispostos a pagar?

- "Para um político, tudo o que o dinheiro pode pagar é barato". Reputação não tem preço!
- O escritório pode gerir preços da hora cheia e forçar o êxito mais alto do que a média de outros clientes
- Por que nos contratariam e não o concorrente ou por que não conseguem resolver seus problemas sozinhos?
- Porque os sócios se envolvem durante todo o projeto
- Porque os sócios têm histórico consistente em direito político
- Porque temos muitos cases de sucesso livrando políticos de situações difíceis em suas carreiras
- Porque entendemos que nada é mais importante para um político do que se manter no poder
- Porque entendemos que a reputação de um político é muito difícil de ser reconstruída e nosso papel é prevenir e/ou ajudar na construção desta reputação
- Porque vamos direto ao ponto, revelamos as causas e falamos a verdade sem temer a "politicagem"

O mapa de empatia adaptado à advocacia é uma excelente ferramenta para "Sintonizar" o advogado às dores e necessidades de um determinado público-alvo.

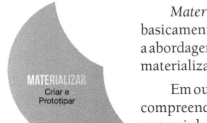

Materializar – É a segunda etapa da metodologia e trata basicamente de criar um protótipo para aprofundar ainda mais a abordagem do Legal Design, mas dessa vez apresentando algo materializado.

Em outras palavras, a primeira etapa, "Sintonizar", trata de compreender as dores e necessidades do interlocutor e discutir os caminhos potenciais para resolver esses problemas.

Nesta etapa é necessário materializar algo para que o interlocutor consiga fazer uma conexão e compreenda como isso se encaixará em sua realidade.

Em termos de Legal Design, quando falamos em Materializar queremos dizer que trata da aplicação prática dos conceitos em uma peça jurídica, em uma proposta, em um artigo, em um folder de apresentação do escritório ou em outras abordagens.

Como abordamos na etapa anterior, é preciso saber que cada abordagem jurídica é sempre endereçada para um interlocutor que pode ter exigências diferentes.

Quando o nível de exigência é alto: Menos é mais. A sua forma de apresentar/abordar as vezes é mais importante do que o próprio conteúdo em si. Então seu nível de domínio do assunto deve ser alto. Altíssimo. Se você estiver fazendo uma apresentação, não use o PPT como bengala! Ou queira escrever difícil. Ideal é ser sucinto e focar no simples. Quem tem o nível de exigência alto, em geral não tem paciência para ficar lendo textos longos.

Quando o nível de crítica é alto: Você deve fazer um inventário de objeções.
Inventário de objeções trata de fazer uma lista de contra-argumentos para cada possível "ataque" as suas colocações.
Essa lista de objeções deve ser ensaiada até que você tenha todas de cor. No momento que seu interlocutor desafiar seu argumento, você contra-ataca com uma argumentação ainda mais sustentada.
Cada objeção deve ser respondida com velocidade e segurança. Quem tem o nível de exigência alta, exige velocidade nas respostas. Tanto faladas, quanto escritas.

Quando o nível de conhecimento prévio é alto: Se o nível de conhecimento do interlocutor é alto, é importante que ele saiba que você sabe.
Repita algumas palavras-chave. Como se fossem #hachtags, que agrupam termos que facilitam o encontro das informações.
A chave é surpreendê-lo com alguma informação inédita, algo que possa surpreendê-lo.
Interlocutores que sabem muito, ficam encantados quando o Advogado consegue trazer informações que ele não conhece.

Se o nível de exigência é baixo: Capriche no design e no conteúdo que será deixado ao final da apresentação. Em geral, as decisões são compartilhadas com outras pessoas, então é preciso que você crie um impacto visual logo de saída. Lembre-se, é possível fazer isso inclusive em peças jurídicas.

Se o nível de crítica é baixo: O design não é o tão importante e sim sua capacidade de síntese, além de encontrar respostas rápidas às objeções.

Se o nível de conhecimento prévio é baixo: Essa é a hora que o Advogado pode dominar a interação, pois tem um domínio de um assunto que o interlocutor não tem. Capriche nas análises que impactam diretamente o negócio do cliente a partir da sua abordagem jurídica.

10. COMO APLICAR ESTA ABORDAGEM NOS DIFERENTES DOCUMENTOS PRODUZIDOS PELO ADVOGADO

Colocamos aqui alguns exemplos de documentos produzidos no dia a dia do advogado. Obviamente que não queremos abordar todas as possibilidades de comunicação do advogado, mas direcionar algumas mais usuais.

Lembre-se o objetivo centra do Legal Design é fazer com que sua comunicação seja mais impactante, com argumentos bem estruturados e ao final, fazer com que seu interlocutor tome a decisão que você direciona.

Documentos que em geral são trabalhados no dia a dia pelo advogado e como aplicar a metodologia do Legal Design:

 Apresentação institucional? **1**	Relatórios de status? **2**	Instrumentos jurídicos em geral? **3**	Propostas de prestação de serviços? **4**
Na verdade, nos dias atuais a apresentação institucional não é um instrumento que traz um diferencial no mercado jurídico, nossa recomendação é que ela deve ser banida do escritório. Você deve ter uma apresentação/folder que fale mais das dores, necessidades e tendências do cliente e falar menos do escritório. Se você tem foco no mercado Imobiliário por exemplo, você deve ter um folder específico para este setor, e explanar de forma contundente os problemas do mercado e fazer uma conexão dos serviços jurídicos, a partir dessa abordagem. O método SPIN e o Mapa de Empatia adaptado à advocacia são ferramentas mais indicadas para direcionar o conteúdo.	Devem ser divididos em duas partes: A primeira parte deve ser um sumário e a segunda parte com as informações mais detalhadas. Lembre-se, quanto mais informação, mais poluição e mais 'desinformação'.  Quando mais gráficos e esquemas você puder inserir, melhor para a compreensão do seu interlocutor. O cliente deve encontrar no status, todo o esforço e resultados da equipe. Isso fortalece o relacionamento e faz com que o cliente valorize seu trabalho.	Desenhar, desenhar e desenhar. Quanto mais você puder explicar as demandas em forma de esquemas, gráficos, infográficos, linhas do tempo, comparativos, ícones, subtítulos, mais impacto na comunicação você trará, além de facilitar o entendimento e acelerar as decisões. Aqui você deve encadear sua abordagem de forma que, já na primeira página, o julgador entenda seus principais argumentos. Obviamente, que o foco deve ser sempre no interlocutor, o mapa de empatia é fundamental. Mais à frente iremos demonstrar um exemplo de construção argumentativa.	Ideal que o cliente perceba imediatamente uma conexão com seu negócio, desde a capa, análises de seu segmento no mercado, metodologia de trabalho, passo a passo da atuação e principalmente, os profissionais que serão envolvidos no dia a dia e quanto tempo do cliente será tomado durante o processo. Além disso, como será a estrutura de investimento, em fases. Mais à frente iremos demonstrar um exemplo de construção argumentativa de uma proposta.

11. COMO APLICAR A METODOLOGIA DO LEGAL DESIGN EM UMA PROPOSTA

Imagine que um determinado cliente tem diversas propostas de outros advogados à frente, como fazer com que a sua seja notada como diferenciada, a despeito do valor dos honorários?

Você precisa estruturar essa proposta de tal forma, que ele fique realmente encantado com sua abordagem.

Empatia

1. A capa deve ser personalizada com algo que fale mais do cliente do que do escritório. É preciso gerar o senso de empatia logo na capa.

Importante ele saber que eu sei

2. Na segunda página você deve fazer uma análise breve dos desafios do setor de mercado do cliente, tendências, oportunidades, problemas e dores. É importante que o cliente saiba o quanto você está inserido em suas questões centrais.

Diferenciais

3. Importante listar os 'ativos' do escritório, sistemas integrados, controladoria jurídica, relatórios periódicos de status e premiações. É importante que o cliente saiba o que o escritório tem de recursos que ajuda a resolver o problema?

Segurança e informação

4. Explique como será o controle de agora em diante? Como ele saberá do progresso do seu trabalho e dos resultados?

Metodologia de trabalho

5. Importante você demonstrar que tem uma metodologia de trabalho, principalmente para empresas ou interlocutores mais exigentes

Reforço do entendimento

6. Ideal constar um texto: Como nós entendemos sua demanda? Dessa forma você evita futuro mal entendido, do tipo: "eu pensei que você iria fazer tal e tal coisa"

Detalhamento da atuação

7. Como será o passo a passo da sua atuação? passo 1, passo 2 ... Aqui não se trata da metodologia, mas a explanação detalhada de como você pretende atuar no caso em particular.

Investimento

8. Como está estruturado nossos honorários? Importante ele entender que a sua contratação é um investimento. Se possível, estruture os honorários em fases e evite colocar o valor total.

Limitação de Escopo

9. O que não faz parte dessa proposta? Liste as limitações de escopo. Importante esclarecer o que não será executado por você para evitar mal entendido.

Pra quem o cliente poderá ligar?

10. Quem são os profissionais envolvidos? Importante que o cliente saiba quem é o advogado que estará diretamente na linha de frente. Ideal, caso possível, não incluir apenas o sócio. Deve ser um recurso da operação, do dia a dia.

12. COMO APLICAR A METODOLOGIA DO LEGAL DESIGN EM UM RELATÓRIO DE *STATUS*

É recomendável que você envie um relatório de status para os clientes mais importantes, pelo menos uma vez por mês.

Desta forma seu cliente saberá do andamento de seus 'casos' e principalmente sentirá que você é um advogado presente.

A aplicação do Legal Design para o relatório de status pode ser dividida em três partes:

1. *missão*
2. *desafios ou estratégia de atuação*
3. *resultados*

Missão
1. Na missão deve constar o que foi demandado inicialmente pelo cliente. O fato de você chamar de "missão" a demanda inicial, demonstra que você está lidando com a questão como se fosse um projeto, uma missão.

Desafios ou estratégia de atuação
2. Aqui você deve expressar como foi o desenvolvimento operacional da demanda. Como foi o dia a dia, o esforço em si, e quem esteve envolvido do início ao fim. É importante que o cliente saiba como foi sua atuação, desta forma ele valorizará ainda mais o seu relacionamento.

Resultados
3. Aqui você demonstra os resultados alcançados, ideal que você demonstre isso graficamente em números, valores ou mesmo que não tenha resultados concretos, demonstre as probabilidades.

13. COMO APLICAR A METODOLOGIA DO LEGAL DESIGN EM UMA PEÇA JURÍDICA

Os instrumentos jurídicos, como petições, defesas em geral, agravos, memoriais, entre outros, são os mais adequados para aplicação da metodologia de Legal Design, pois além de serem os mais comuns, são os que mais precisam trazer resultados.

Em geral, há muitas informações desencontradas sobre como o Legal Design pode ser utilizado de forma prática em documentos tão 'padronizados', pois devem seguir as estruturas definidas pelo sistema jurídico.

Ocorre, que é justamente aí onde podemos inovar mais. Fazer a comunicação fluir e estruturar melhor a argumentação e o poder de persuasão.

A aplicação da metodologia do Legal Design para uma peça jurídica pode ser dividida nas seguintes partes:

Índice

1. Índice com link de navegação para facilitar a movimentação do leitor pela peça.

Ementa Explicativa

2. Ementa explicativa é um recurso poderoso, principalmente quando sua abordagem é encadeada em uma espécie de linha do tempo. Ela deve ser demonstrada logo na primeira página, encadeando os eventos, de forma que o juiz consiga entender imediatamente do que se trata. Ideal numerar os eventos: 1 – como a demanda se originou, 2 – porque os pedidos não fazem sentido (em caso de defesa), 3 – como se pode provar, 4 – o que se pede ao final. Como nos exemplos descritos ao longo deste capítulo.

Base Legal e Provas pré-constituídas

3. Aqui você faz um resumo rápido da base legal que sustenta sua argumentação. Ideal colocar essas informações em tabela e de forma bem concisa. Essa informação deve estar logo na primeira página da peça, juntamente com o item 2.

Destaque dos pontos mais relevantes

4. Destaque com os pontos mais relevantes da peça em formato de tabela. Lembre-se, você deve dirigir o olhar do seu interlocutor para o texto mais relevante.
Ter uma tabela-resumo, com os pontos mais relevantes ao lado direito da peça, é uma forma excelente de guiar o olhar do interlocutor e ajudar no entendimento das suas argumentações.

Subtítulos autoexplicativos

5. É comum vermos advogados usando apenas títulos 'obrigatórios' na peça, seguindo as regras do jogo, como: Dos Fatos, Da Preliminar, Do Mérito, e depois ir citando os pontos levantados na inicial, por exemplo. Ideal usar subtítulos autoexplicativos, o que já adianta o assunto que vem a seguir no parágrafo, ou seja, o subtítulo já deve contar um pouco do que vem a diante.

Destaque com caixas de ênfase

6. O fim dos sublinhados, negritos, itálicos e letras maiúsculas. Destaque em caixas de ênfase, para dirigir o olhar do juiz para o texto que você julga relevante. Use e abuse do Painel de Estilos do Word. Há muitas opções de ênfase que podem substituir os sublinhados, negritos e itálicos.

Destaque para jurisprudências

7. Dê destaque para jurisprudências ou decisões que reforçam a sustentação do seu argumento. Ideal que você utilize caixas de ênfase, ou mesmo caixas de texto em cores diferenciadas.

Parágrafos curtos

8. É muito comum expressar sua argumentação em parágrafos longos, o ideal é que os parágrafos tenham entre 04 a 06 linhas no máximo. Mesmo que o assunto continue após o ponto, prefira continuar o texto em outro parágrafo. Veja o exemplo de textos dos sites de notícia online. São uma boa fonte de exemplo na estrutura textual.

Linha do tempo

9. Em muitas ocasiões há muitos eventos e situações que marcam uma determinada demanda jurídica. Explicá-las em uma linha do tempo, ajuda sobremaneira a compreensão do contexto. O que ajuda o interlocutor a entender melhor seus argumentos. Obviamente, esta linha do tempo deve ser apresentada com ajuda de elementos gráficos simples.

Números devem ser expressos em gráficos

10. Toda vez que você for compor números, como 'principal' + 'multa' + 'juros', por exemplo, você deve apresentá-los em gráfico, ou qualquer outra composição de números simples, como, número de funcionários, quantidades de estoques, não importa, se há números, demonstre graficamente. Esta é a maneira mais inteligente de demonstrar alguns abusos, erros e também dar o impacto visual para o interlocutor entender de forma mais rápida sua argumentação.

Como funciona a empresa, a máquina, a operação?

11. Muitas vezes o juiz, ou qualquer outro julgador podem não entender direito o funcionamento da empresa, ou da situação que você está apresentando ou defendendo. Aproveite para fazer um passo a passo do funcionamento das coisas. Muitas vezes isso ajuda na compreensão do contexto e ajuda seu interlocutor a ter uma visão mais ampla, além das questões jurídicas obviamente.

14. EXEMPLOS DA METODOLOGIA APLICADA EM PEÇAS JURÍDICAS

Apresentamos alguns exemplos em peças de defesa, que são muito comuns no meio jurídico. Obviamente que não queremos esgotar as possibilidades, apenas demonstrando como é possível aprimorar

Imagine que você pode expressar em uma "ementa", logo na primeira página, a ideia geral da sua peça de defesa, veja esse exemplo de um mandado de segurança?

MANDADO DE SEGURANÇA PREVENTIVO COM PEDIDO DE LIMINAR

O QUE ORIGINOU A DEMANDA?	POR QUE SE REQUER A SEGURANÇA?	RAZÕES DE ILEGALIDADE E INCONSTITUCIONALIDADE	O QUE SE PEDE?
Autoridade Coatora exige da Impetrante a inclusão do ISS destacado nas faturas/notas fiscais na base de cálculo do PIS e da COFINS	A inclusão do ISS destacado nas notas fiscais/faturas da base de cálculo do PIS e da COFINS é ilegal e inconstitucional, pois (i) resulta na inclusão de um tributo na base de cálculo de outro tributo e (ii) viola o conceito legal de receita.	O Plenário do STF, no RE 574.706 (Tema nº 69), com Repercussão Geral, pacificou que "*o arcabouço jurídico constitucional inviabiliza a tomada de valor alusivo a certo tributo como base de incidência de outro*". O STJ, no REsp nº 1.624.297 (Repetitivo) pacificou que "*à acepção de receita atrela-se o requisito da definitividade*", logo, não se inclui na "receita bruta" o valor relativo ao ISS, repassado ao Fisco Municipal	A concessão de liminar para que a Impetrante seja autorizada a excluir o montante relativo ao ISS destacado nas notas fiscais/faturas da base cálculo do PIS e da COFINS. Ao final, que a segurança seja definitivamente concedida, reconhecendo-se também o direito de compensar os valores indevidamente recolhidos nos últimos 5 anos.

O que é importante entender na aplicação prática da metodologia do Legal Design é a estruturação das ideias, a argumentação clara e a abordagem sucinta.

Lembre-se, quanto mais você dirigir o olhar do seu interlocutor para o texto mais impactante, mais você o ajuda a acelerar a tomada de decisão a seu favor.

DIRIGIR O OLHAR DO INTERLOCUTOR PARA O MAIS RELEVANTE

Veja nesse outro exemplo, a abordagem do Legal Design em um memorial, que foca, de uma forma bem explicativa, nas razões pela qual a os pedidos devem ser acolhidos.

Esse estilo de argumentação e o encadeamento das ideias, permite ao julgador, ter uma informação mais estruturada e impactante, o que o ajudará a tomar a decisão, de uma maneira mais rápida e bem sustentada.

MEMORIAL DA RECORRIDA

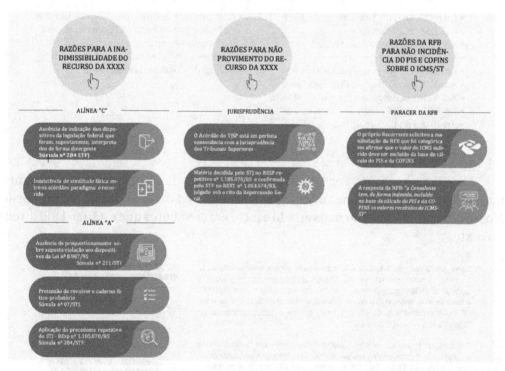

No exemplo abaixo, um motorista teve sua conta desativada por uma plataforma/aplicativo, e segundo ele, não deu explicações e tampouco se preocupou, que essa era sua a única fonte de renda.

O advogado estruturou sua argumentação em forma de 'questionamentos', dessa forma, pode dirigir a atenção do juiz para os pontos mais importantes. Logo abaixo, colocou a base legal e as provas pré-constituídas, dessa forma, fortaleceu ainda mais sua abordagem.

Se o juiz ler apenas essa parte da peça, já terá uma ideia bem sólida do caso.

O QUE ORIGINOU A DEMANDA?	POR QUE A CONTA FOI DESATIVADA?	QUAIS SÃO OS REQUISITOS PARA SER MOTORISTA PARCEIRO DA DEMANDADA?	O QUE SE REQUER?
DEMANDANTE ALEGA QUE A SUA CONTA FOI DESATIVADA E A EMPRESA NÃO INFORMOU A RAZÃO DA DESATIVAÇÃO	DEMANDANTE FIGURA COMO RÉU NO TRIBUNAL DE JUSTIÇA DO ESTADO DE SÃO PAULO - TJSP, NA AÇÃO PENAL DE Nº XXX	Lei 13.640/2018 EM SER ARTIGO 11-B REQUER: APRESENTAR CERTIDÃO NEGATIVA DE ANTECEDENTES CRIMINAIS, O QUE NESTE CASO, OBSERVOU-SE APONTAMENTO DE AÇÃO PENAL	A EXTINÇÃO DO PROCESSO SEM RESOLUÇÃO DO MÉRITO ANTE A AUSÊNCIA DO INTERESSE DE AGIR, INDEFERIMENTO DA TUTELA DE URGÊNCIA, BEM COMO A TOTAL IMPROCEDÊNCIA DA PRESENTE AÇÃO

 BASE LEGAL    **PROVAS PRÉ-CONSTITUÍDAS**

- Lei nº 12.587, de 3 de janeiro de 2012 ("Lei nº 12.587/12"), art. 11 B
- Art. 5º, II da Constituição Federal
- Art. 188, I do Código Civil
- Art. 300 do Código de Processo Civil
- Art. 373, I do Código de Processo Civil
- Art. 421 do Código de Processo Civil
- Art. 485, VI do Código de Processo Civil
- Art. 487, I do Código de Processo Civil

- Comprovante de busca processual – Tribunal de Justiça de São Paulo – Demandante configura como Réu em Ação Penal
- Termos e Condições da Plataforma
- Código de Conduta da Plataforma

No exemplo abaixo você pode ver um exemplo de como apresentar os pontos mais relevantes em uma peça. Veja que a 'tabela' está do lado direito de propósito. Nosso olhar costuma estar mais atento e focar em elementos que estão ao lado direito no texto.

Como dito, a situação delineada é idêntica àquela julgada pelo Plenário do C. Supremo Tribunal Federal, no RE 574.706 (Tema nº 69), submetido à sistemática da Repercussão Geral, quando reconheceu que o valor do ICMS, apesar de estar destacado na fatura, não faz parte da base de cálculo para fins de incidência do PIS e da COFINS, uma vez que o tributo não pode ser considerado receita da empresa.

Sob qualquer ângulo que se olhe a questão, tributos não são "auferidos" pela empresa, não ingressando no seu patrimônio, uma vez que o real destinatário destes valores é o Estado (lato sensu). Deste modo, não podem ser os tributos enquadrados no conceito de receita da Empresa.

 Diante disso, não resta à Impetrante outra alternativa senão impetrar o presente mandado de segurança, para que seja reconhecido o seu direito líquido e certo de excluir o montante do ISS destacado nas notas fiscais/faturas da base de cálculo do PIS e da COFINS.

Como consequência da concessão da ordem de segurança, requer a declaração (Súmula 213/STJ) do direito à restituição/compensação administrativa dos valores indevidamente recolhidos devidamente (inclusive em sede de parcelamentos federais em curso ou já quitados) atualizados pela SELIC desde os pagamentos indevidos, observado o prazo prescricional quinquenal.

OS SETE PONTOS MAIS RELEVANTES DESTA PEÇA:

1. PIS e COFINS tem não incidência na receita ...
2. O STF já tem ponto pacífico sobre o tema, o PIS e COFINS não deve compor a base para apuração o ICMS
3. Inconstitucionalidade da inclusão do ISS na base de cálculo do PIS e da COFINS
4.
5.
6.
7.

Influenciar – É a terceira etapa da metodologia aplicada do Legal Design. Entendemos que absorver novos conceitos e aplicá-los no dia a dia, podem representar alguma resistência, o que é natural.

Sempre quando somos apresentados a coisas novas, tendemos a questioná-las e ficarmos apegados à tradição e à área de maior conforto. No entanto, o Legal Design se apresenta como uma alternativa interessante para aprimorar o processo de comunicação do advogado.

Mas como fazer, os advogados em uma equipe, por exemplo, adotarem na prática esses conceitos?

É preciso reconstruir o contrato psicológico e restabelecer melhor as relações dentro do escritório de advocacia.

Contrato psicológico trata de uma espécie de acordo de comportamentos implícitos, um contrato não formal, que ocorre, segundo a percepção do advogado. Refere-se às promessas de direitos e obrigações de cada uma das partes. Trata-se de uma "crença acerca dos termos e condições de um acordo do qual o indivíduo faz parte" (Robinson, 1995, p. 92) e tem por base as percepções e as crenças, por parte do empregado, acerca do que são as promessas de obrigações mútuas.

Então, toda vez que queremos que novos comportamentos, novos compromissos, para que as pessoas façam coisas diferentes, se esforcem mais, ou adotem novas metodologias de trabalho, então precisamos refazer este contrato psicológico.

O ROTEIRO DO CONTRATO PSICOLÓGICO

Este é o passo a passo:

Junte todos os advogados em um momento formal e peça que respondam todas as perguntas abaixo, e colá-las na parede, ou lê-las em voz alta. Isso já é suficiente para discutirem o "o que", o próximo passo é discutir e chegar em um consenso sobre o "como".

Chame o advogado, ou a pessoa da equipe, que é a mais resistente e a mais difícil a aceitar as mudanças, e peça para que ela lidere o debate com os demais.

Desta forma, você cria uma espécie de anulação para influências negativas.

1. Como podemos aprimorar?
2. O que eu espero de você?
3. Você acredita que é possível?
4. O que você pode esperar de mim
5. Como iremos fazer o status?
6. E se as coisas não saírem como esperado, o que faremos?
7. Como iremos comemorar? mesmo as pequenas vitórias!

A segunda etapa trata de formalizar o Contrato Psicológico. Lembre-se, Contratos psicológicos são classificados tendo por base as trocas esperadas entre as partes.

Individualmente, converse com os advogados e siga o passo a passo abaixo:

 Eu gostaria de discutir com você uma nova forma de aprimorarmos ainda mais nossa produção jurídica.
Inclua-se no problema (nós).

 O que você espera da pessoa em relação as novas atividades.
Ex: Eu espero que você consiga ver se o problema irá ocorrer um dia antes.

 Você acredita que é possível? Se a pessoa disser que não, é hora de aplicar o mapa da empatia de volta e tentar entender as razões.

 Diga também as suas expectativas em relação ao comportamento da pessoa. Por exemplo: eu também espero que nessas situações você procure ficar mais tranquilo do que nas outras vezes e, se precisar, procure-me assim que a situação acontecer para discutirmos juntos.

 Quais são os seus receios e os da outra pessoa?

 Pergunte o que a pessoa espera de você nessa mesma situação. Como ela espera que você se comporte e reaja em relação a ela? O que é importante para ela que você faça ou não faça?

 Combine com a pessoa como vocês irão reagir se uma das partes não cumprir com o acordo. Ex: se eu não fizer isso que você pediu, você poderia vir falar comigo sobre isso? Pode ser que eu não perceba que fiz isso.

 Combine que se algum de vocês achar que precisa mudar o que combinaram irão conversar novamente para recontratar a situação.

Esse tipo de transparência não é muito comum no meio jurídico, contudo é uma alternativa para "influenciar" a equipe e implantar na prática as mudanças necessárias no aprimoramento da comunicação do Advogado.

Parte II
LEGAL DESIGN APLICADO

OS CONTRATOS EM QUADRINHOS

Nelson Rosenvald

Professor do corpo permanente do Doutorado e Mestrado do IDP/DF. Procurador de Justiça do Ministério Público de Minas Gerais. Pós-Doutor em Direito Civil na *Università Roma Tre* (IT-2011). Pós-Doutor em Direito Societário na Universidade de Coimbra (PO-2017). *Visiting Academic Oxford University* (UK-2016/17). Professor Visitante na Universidade Carlos III (ES-2018). Doutor e Mestre em Direito Civil pela PUC/SP. Presidente do Instituto Brasileiro de Estudos de Responsabilidade Civil (IBERC).

Sumário: 1. Introdução. 2. Os contratos em um cenário colaborativo. 3. Introduzindo os contratos em quadrinhos. 4. Examinando os contratos em quadrinhos. 5. Conclusão. 6. Referências.

1. INTRODUÇÃO

Legal Design é uma técnica multidisciplinar que recentemente ganhou aporte global, sendo aplicada para garantir que os documentos jurídicos atinjam seus reais objetivos, já que a forma tradicional de produção de documentos acaba dificultando que estes atinjam bons resultados. Na maioria dos casos, os documentos jurídicos são redigidos com uma linguagem de difícil compreensão, sem um objetivo claro, de maneira ambígua e sem levar em consideração quem são os usuários desse documento. Ao colocar o usuário no centro do desenvolvimento dos documentos jurídicos, a prática do legal design consegue ter maior assertividade e melhores resultados em relação aos objetivos pelos quais esses documentos foram criados.[1]

O inegável mérito desta obra coletiva consiste em, pioneiramente, traçar um panorama abrangente sobre o uso de recursos visuais na comunicação jurídica. É importante que seja difundida uma metodologia analítica baseada nas disciplinas de alfabetização visual, estudos culturais visuais e retórica visual, até mesmo para que sejam avaliados os pontos fortes e fragilidades de documentos legais altamente

---

1. NYBØ, Erik Fontenele. Legal Design ou Visual Law? O que significa cada termo? *StartUPi*, 15 jul. 2020. Disponível em: https://startupi.com.br/2020/07/legal-design-ou-visual-law-o-que-significa-cada-termo/. Acesso em: 28 jun. 2022.

visuais, criticando-se a sua eficácia e aperfeiçoando-se o seu uso, em uma variedade de configurações legais.

Os contratos em quadrinhos inserem-se em um fenômeno mais amplo, que pode ser nominado como o dos "contratos visuais", nos quais a descrição do escopo e os termos de um acordo por meios visuais – ao invés da palavra escrita – possuem um impacto benéfico no processo de contratação e na valoração das organizações. Contratos visuais anseiam "simplificar o complexo", sendo compatíveis com as demandas de uma sociedade tecnológica e acelerada, forjada no compartilhamento de bens e experiências, bem como na busca das empresas por contratos que contêm uma estória sobre sua cultura. Definitivamente, o novo formato não serve para todos os contratos, mas desafia a abordagem usual da advocacia, unicamente voltada aos riscos legais. Ora, se eliminamos riscos altamente improváveis, que atendem a apenas 0,5% dos contratos, poderemos focar naqueles 99,5%, nos quais o mais importante é pavimentar o relacionamento que um contrato deve construir.

2.   OS CONTRATOS EM UM CENÁRIO COLABORATIVO

Os contratos formam uma parte fundamental de nossas vidas. Precisamos assiná-los se quisermos ter um emprego, um lugar para morar com fornecimento de água e energia, serviços médicos, seguro, ou para mandar nossos filhos para a escola. E a lista continua indefinidamente... Complementando Enzo Roppo, contratos não traduzem apenas a veste jurídico-formal das operações econômicas, mas também de situações existenciais materializadas em negócios jurídicos.[2]

Porém, contratos normalmente se assemelham a documentos 'escritos por advogados para advogados'. Eles são densos, complexos e de árdua leitura, mesmo para um cidadão culto. Numa época em que a mais popular forma de comunicação se limita a 280 caracteres, a tolerância do leitor com o "juridiquês" é ainda mais baixa. Lado outro, os pactos se tornam praticamente impenetráveis para aqueles que possuam baixa alfabetização. Como a parte que fornece um contrato pode transmitir as informações necessárias para um destinatário com parca capacidade de compreensão ou em contextos transculturais? Esta foi a questão que levou à ideia dos "*comic contracts*". Os contratos em quadrinhos são contratos de narrativa visual, significativamente "escritos" em imagens. As partes são representadas por personagens ilustrados, os termos do acordo são capturados como quadrinhos e as partes assinam os quadrinhos como seu contrato.

Com efeito, contratos são realizados para o alcance de benefícios econômicos mútuos e não para terminarem em litígios com obtenção de compensação da outra parte, por uma impossibilidade de cumprimento ou inadimplemento. Enquadrar contratos como simples ferramentas legais não é mais o suficiente. De fato, a cons-

---

2.   ROPPO, Enzo. *O contrato*. Trad. Ana Coimbra e. M. Januário C. Gomes. Coimbra: Almedina, 2009, p. 11.

trução de contratos herméticos é um desserviço ao cliente, pois força os negociadores a dispensar tempo, energia e dinheiro com armadilhas jurídicas, controvérsias e remédios, até o ponto em que as partes percebem que estão debatendo o que não deviam, pois contratos defensivos normalmente conduzem a oportunidades perdidas, deterioração de relações e erosão de valores, frustrando a real finalidade de qualquer ajuste, consistente no alcance do sucesso conjunto.[3]

Estudos conduzidos pela *International Association for Contract and Commercial Management* (IACCM) demonstram que negociadores contratuais dispendem a maior parte do tempo com cláusulas relativas a riscos contratuais e incentivos negativos. Ano após ano, a lista de termos negociais mais utilizados é liderada por limitações de responsabilidade e de indenizações. Assustadoramente, 9 entre cada 10 empresários consideram os contratos de árdua leitura e compreensão.[4] Se este obstáculo priva a plena compreensão de profissionais de nível gerencial, evidentemente avultam as dificuldades enfrentadas pelos contratantes leigos. Quando uma pessoa exerce ilegitimamente o controle sobre a capacidade de tomada de decisão de outra, é violada a esfera de liberdade de tal pessoa no sentido do controle de certos aspectos de sua própria vida. Portanto, este estado de coisas não se limita ao universo dos contratos empresariais, afetando ainda a plenitude da autonomia negocial em contratos consumeristas, laborais e interindividuais, sejam eles *on-line* ou *off-line*.

Para evitar que desnecessariamente as práticas contratuais isolem advogados, negociadores e as pessoas que implementarão as cláusulas, podemos levar adiante uma abordagem proativa dos contratos. O *proactive contracting* insere-se no contexto mais amplo da "*proactive law*"[5], partindo da premissa de que contratos são "facilitadores de negócios", contendo negócios vitais e informações relacionais e não apenas normas legais. Assim, ao invés da prevenção de problemas com a saúde jurídica dos pactos, investe-se no "bem-estar legal", mediante a incorporação de conhecimento

---

3. HAAPIO, Helena; PLEWE, Daniela; DE ROOY, Robert. Next Generation Deal Design: Comics and Visual Platforms for Contracting. *In:* SCHWEIGHOFER, Erich et al. (Ed.) *Networks*. Proceedings of the 19th International Legal Informatics Symposium IRIS 2016. Österreichische Computer Gesellschaft OCG, Wien 2016, p. 373-380. Jusletter IT 25 February 2016. Disponível em: https://ssrn.com/abstract=2747821. Acesso em: 28 jun. 2022.

4. A IACCM identificou as 10 armadilhas mais comuns nos contratos: 1) falta de um escopo e objetivo claros; 2) equipe comercial envolvida tardiamente; 3) falha no engajamento dos stakeholders; 4) negociações procrastinadas; 5) negociações focadas na alocação de riscos; 6) falta de flexibilidade nas relações; 7) dificuldade de compreensão e uso do contrato; 8) dificuldade de implementação das cláusulas; 9) uso limitado de tecnologia contratual; 10) processo de governança insuficiente. *In IACCM, commercial excellence: Ten pitfalls to avoid in contracting. https://blog.iaccm.com/free-resources/ten-pitfalls-to-avoid-in-contracting.*

5. A abordagem específica da "proactive law" surgiu na Finlândia no final da década de 1990. O personagem central na temática é a *Nordic School of Proactive Law*, uma rede de pesquisadores que criou um "Proactive Think-tank", conduzido por pesquisadores de vários países da Europa. A primeira publicação relativa ao tema foi: *Quality Improvement through Proactive Contracting: Contracts Are Too Important to Be Left to Lawyers!* American Society for Quality, Proceedings of Annual Quality Congress (AQC), Philadelphia, PA, v. 52, May 1998, p. 243-248.

jurídico em prol de culturas corporativas e ações que promovam resultados desejáveis, balanceando-se riscos com recompensas.[6]

Neste cenário, contratos necessitam ser desenhados e não apenas redigidos. Informações sobre preços, produtos, serviços, funcionalidades, bem como procedimentos e prazos, necessitam de precisos instrumentos comunicativos. A visão dos redatores de contratos se altera: ao invés de redatores de textos jurídicos para designers. Estudos empíricos revelam que, na atribuição de papéis e divisão de responsabilidades contratuais, a maior parte recai sobre gerentes de negócios e engenheiros, sendo a menor parte alocada a advogados. Aqueles se encontram em melhor posição técnica para identificar as posições mais críticas e concessões mais adequadas, enquanto os profissionais do direito se tornam prioritários na parte contenciosa e de planos de contingência. Daí a urgência de uma interação interdisciplinar que permita o encontro de todas as necessidades e expectativas.[7]

3. INTRODUZINDO OS CONTRATOS EM QUADRINHOS

Advogados têm muito a aprender com designers e engenheiros de software. A visualização contratual não apenas mitiga as já referidas armadilhas contratuais como reduz as barreiras comunicacionais em três níveis: dentro de uma organização, entre os negociadores, e, fundamentalmente, entre os contratantes.

A visualização contratual se divide em duas amplas categorias:[8] a) visualização *em* contratos; b) visualização *sobre* contratos. A primeira concerne à inserção de imagens como ícones, fluxogramas, matrizes ou *timelines*, de modo a facilitar a descrição do conteúdo contratual. Lado outro, a *"visualization about contracts"* se refere ao uso de imagens para promover uma orientação de como ler e utilizar o contrato ou um conjunto estandardizado de termos e condições, incluindo-se a possibilidade de desenvolvimento de uma interface gráfica para o usuário. Contudo, é possível ir mais fundo para encontrarmos duas categorias adicionais: c) a visualização *como*

---

6. "Proactive law seeks a new approach to legal issues in business and society. Instead of regarding law as a constraint that companies and people in general need to comply with, a cost factor, an administrative burden, or – at best – a means to protect one's own or somebody else's interests against harmful behaviour of others, proactive law considers law as an enabling instrument to create success and foster sustainable relationships. An objective of proactive law is to use the law as a lever to create value for the company, the individual or society in general". BERGER-WALLISER, Gerlinde. The Past and Future of Proactive Law: An Overview of the Development of the Proactive Law Movement. In: BERGER-WALLISER, Gerlinde; ØSTERGAARD, Kim (Ed.). *Proactive law in a business environment.* Copenhagen: DJØF Publishing, 2012. p. 13-31.

7. Argyres, Nicholas, and Kyle J. Mayer. "Contract Design as a Firm Capability: An Integration of Learning and Transaction Cost Perspectives." The Academy of Management Review, v. 32, no. 4, 2007, p. 1060-1077. JSTOR, www.jstor.org/stable/20159356. Accessed 4 Feb. 2021.

8. HAAPIO, Helena; PLEWE, Daniela; DE ROOY, Robert. Next Generation Deal Design: Comics and Visual Platforms for Contracting. *In:* SCHWEIGHOFER, Erich et al. (Ed.) *Networks.* Proceedings of the 19th International Legal Informatics Symposium IRIS 2016. Österreichische Computer Gesellschaft OCG, Wien 2016, p. 373-380. Jusletter IT 25 February 2016. Disponível em: https://ssrn.com/abstract=2747821. Acesso em: 28 jun. 2022.

contratos; d) visualização *para* contratos. Naquela, a visualização do contrato é o seu único artefato. Não há texto escrito que se sobrepõe à representação visual. Aqui entra o *comic contract*. Por fim, a *visualization for contracts* atua como importante ferramenta para a etapa das tratativas, consubstanciada em visualizações que apoiam as partes no desenho de acordos e negociação preliminar, mediante modelos visuais para discussão, mapas de visualização negocial e um *preview* visual dos termos contratuais.

Portanto, o *comic contract* é o movimento mais radical nesta tendência, pois faz da visualização o próprio contrato, exaurindo-o. Isto é, ao contrário do que ocorre nas outras três categorias, a *visualization as contracts* não serve para aperfeiçoar o contrato, porém substitui o seu texto, permitindo que o contrato seja apresentado de forma contextualizada em um pano de fundo situacional e temporal, abrangendo ainda o tom ou sentimento da relação representada, conforme seja mais amigável ou formal. As partes são representadas como personagens em interação, engajadas em um diálogo que captura simultaneamente o acordo e sua trajetória. De fato, imagens bem projetadas são envolventes, de fácil compreensão e recordação. Aliás, os quadrinhos podem ser aperfeiçoados com cenários, diagramas ou outras estratégias visuais. Quando imagens e texto são estrategicamente combinados, como em balões de fala ou legendas, o texto se torna menos intimidador e a compreensão é aprimorada.

As definições dos quadrinhos podem variar, mas geralmente são descritas como estórias com imagens pictóricas e outras imagens justapostas em uma sequência deliberada, com a intenção de transmitir informações e produzir uma resposta estética no leitor. Quadrinhos há muito tempo são considerados um meio muito benéfico para o ensino, devido à sua combinação de texto e imagens que aumentam a compreensão e o interesse, sendo altamente recomendados para leitores relutantes ou com dificuldades, dado que ampliam-se vertiginosamente com a substituição da leitura de textos por sua visualização. Quadrinhos são considerados uma forma significativa de arte visual e também lidam com uma ampla variedade de assuntos da maior seriedade, como história, guerras passadas e recentes, política, direitos civis, questões pessoais e sociais como deficiências, abusos e relações familiares[9]

Outrossim, engajar-se com quadrinhos envolve tanto uma busca intelectual quanto uma acuidade estética. Nosso acúmulo de conhecimento não depende apenas da lógica e da racionalidade. Todas as nossas percepções de vida são influenciadas pela estética – incluindo-se algo aparentemente tão técnico como a lei – fator enriquecido por nossa estrutura cultural. Portanto, é de importância crucial que qualquer quadrinho que deseje comunicar termos e condições contratuais reflita e exiba tais

---

9. Gorman estimou que entre 60% -70% do conteúdo dos quadrinhos pode ser compreendido simplesmente olhando para as imagens, sendo que os leitores de quadrinhos podem compreender conceitos e temas gerais, mesmo que esses não dominem vocabulário relevante. GORMAN, Michele. *Getting graphic! Using graphic novels to promote literacy with preteens and teens.* Worthington, OH: Linworth, 2003.

informações de uma forma culturalmente apropriada, caso contrário, os leitores não serão capazes de se identificar com os personagens, o que prejudicará a sua adesão.[10]

Os contratos em quadrinhos legalmente vinculativos foram desenvolvidos em 2016 por Robert de Rooy,[11] atendendo necessidades de fazendas na África do Sul, especialmente para catadores de frutas iletrados que possuíam dificuldades de compreender contratos convencionais. Este contrato em quadrinhos retrata os trabalhadores de forma culturalmente respeitosa, tornando mais fácil para eles a identificação, não apenas com os personagens do contrato, mas também com o ambiente representado. Com efeito, os contratos-padrão, que constituem a base das transações comerciais, nem sempre captam o propósito pelo qual as partes celebram um contrato e o real entendimento de seus termos e condições, especialmente quando uma das partes do contrato carece de educação adequada.

O contrato em quadrinhos antecipa não apenas o relacionamento entre as partes, como também identifica possíveis áreas de atrito que prejudiquem o relacionamento econômico. Como se dessume da imagem *supra*, os quadrinhos tornam os acordos não ameaçadores, auxiliando na acessibilidade e no envolvimento dos leitores. As figuras não são simplesmente utilizadas para que se decore o texto. Elas cumprem as funções de descrever, exemplificar, interpretar, transformar, traduzir (especialmente

---

10. MANDERSON, Desmond. Where the wild things really are: Children's literature and law. In: FREEMAN, Michael (Ed.). *Law and Popular Culture*. Oxford: Oxford University Press, 2005. p. 47-70.
11. DE ROOY, Robert. *Financial Services Provider Contract, Creative Contracts*. Disponível em: https://creative--contracts.com/fsp/ Acesso em: 28 jun. 2022.

de textos jurídicos complexos para comunicações mais claras e compreensíveis), relacionar, condensar e explicar o texto.[12]

No entanto, em um contexto de não ficção, os quadrinhos não precisam ser limitados apenas a consumidores vulneráveis ou contratantes de línguas estrangeiras. Os "*comics*" ostentam a capacidade única de se dirigir a um público heterogêneo com diversos interesses e origens, atendendo com eficácia a grande variedade de pessoas que celebram contratos de crédito, independentemente de seus níveis de alfabetização. Os quadrinhos detêm um grande poder pedagógico, simultaneamente particularizando condutas "ao vivo" e generalizando por meio da animação, "tornando universal o que procura explicar".[13] Via de consequência, os "*comic contracts*" podem ser aproveitados em outros quadrantes essencialmente heterogêneos como, de um lado, acordos de confidencialidade ou, lado outro, acordos entre pais e escolas, especificamente para escolas em áreas economicamente deprimidas, onde o envolvimento informado dos pais na educação de seus filhos é crítico.

4. EXAMINANDO OS CONTRATOS EM QUADRINHOS

Apesar de seu fascínio, a doutrina comparatista aponta algumas prováveis desvantagens associadas à contratação de quadrinhos. Em primeiro lugar, imagens – como palavras – podem ser suscetíveis a vários significados, sendo mal interpretadas pelas partes. Variáveis como idade, cultura e educação podem alterar drasticamente a percepção de uma imagem de uma pessoa, tanto quanto ocorreria com um texto escrito. Como tal, podemos simplesmente substituir um problema interpretativo por outro. Em segundo lugar, representar os termos do contrato em formato de quadrinhos também consumirá tempo e dinheiro, o que falta à maioria das partes contratantes. Absorver e interpretar as imagens e narrativas através das quais os termos são contextualizados pode ser mais trabalhoso e ineficiente do que simplesmente escrever os termos e explicar seu efeito apenas por meio de palavras. Uma lacuna significativa da contratação de quadrinhos é que ela pressupõe que todos os termos do contrato sejam facilmente visualizados quando nem sempre isso é verdade. Alguns conceitos jurídicos são extraordinariamente difíceis de redução à forma pictórica, e esses recursos visuais podem não ser mais esclarecedores do que palavras simples.[14]

---

12. MURRAY, Michael D. *A New Methodology for the Analysis of Visuals in Legal Works*. Disponível em: https://dx.doi.org/10.2139/ssrn.3657663. Acesso em: 28 jun. 2022. p. 36.

13. SQUIER, Susan Merrill. The Uses of Graphic Medicine for Engaged Scholarship. *Graphic Medicine Manifesto*, p. 43-46. The Pennsylvania State University Press, 2015.

14. GIANCASPRO, Mark Anthony. Picture-Perfect or Potentially Perilous? Assessing the Validity of 'Comic Contracts'. *The Comics Grid: Journal of Comics Scholarship*, v. 10, n. 1, p. 1-27, 2020. Disponível em: https://doi.org/10.16995/cg.188. Acesso em: 28 jun. 2022. p. 7. "the construction of a sequential narrative in a comic contract is likely to be difficult. Unlike traditional comic narratives, a comic contract will typically consist of multiple categories of terms which, though broadly related, concern different (and sometimes entirely disconnected) aspects of the parties' legal relationship. As with all comic forms, judges would need to attempt to construct the comic contract's narrative to properly contextualize its terms and give it meaning. This will be close to impossible if no such narrative exists".

Sem sombra de dúvidas, avulta questionar sobre o *"enforcement"* dos contratos em quadrinhos. Eles são predominantemente visuais em vez de textuais, o que significa que é inerentemente incerto se as regras e princípios milenares forjados pela dogmática clássica contratual serão satisfeitos. Se uma das partes contesta a validade de um *"comic contract"*, os tribunais serão encarregados de determinar se os requisitos de validade e fatores de eficácia estão presentes. Apesar da desconfiança quanto à inadequação do modelo puramente visual para avenças mais complexas, há um enorme potencial para uso futuro, por exemplo, como contratos fornecidos por bancos, seguradoras e outras empresas a seus clientes consumidores.[15] Podemos pensar, ainda, em contratos em quadrinhos para a obtenção de consentimento informado por pacientes.[16]

Os benefícios da emissão de contratos em quadrinhos são evidentes. Trabalhadores jovens com dificuldades de alfabetização podem se beneficiar do uso de gráficos para explicar o efeito de cláusulas potencialmente impenetráveis. Empregadores que adotaram contratos de quadrinhos também relataram um nível maior de envolvimento dos funcionários. A substituição ou ampliação de cláusulas com gráficos também incentiva empregadores a eliminar termos irrelevantes ou não essenciais de seus contratos. O fato é que mesmo em singelas transações comerciais, como a compra de um veículo usado, podem existir grandes diferenças entre o contrato escrito e o verdadeiro acordo entre as partes. O uso de quadrinhos durante as negociações encoraja o engajamento ativo, amplia a compreensão das consequências contratuais, podendo inclusive superar as barreiras educacionais e de idiomas.[17] Os contratos podem ser apresentados na 1ª pessoa do singular ou do plural, conforme o comprometimento moral das partes para o acordo.

---

15. Destaque-se o pioneirismo da Aurecon, uma empresa multinacional de consultoria de engenharia com escritórios em 25 países, que começou a emitir contratos em quadrinhos para seus funcionários em todo o mundo. Os contratos de quadrinhos reduziram em mais de dois terços o número de palavras contidas no contrato de trabalho tradicional. Aurecon (5 May 2018) *Australia's First Visual Employment Contracts Launched [Online]*. https://www.aurecongroup.com/about/latest-news/2018/may/visual-employment-contract

16. COOPER, Tarni Louisa; KIRINO, Yumi; ALONSO, Silvia; LINDAHL, Johanna; GRACE, Delia. Towards better informed consent: Research with livestock-keepers and informal traders in East Africa. *Preventive Veterinary Medicine*, v. 128, p. 135-141, 2016. Disponível em: https://doi.org/10.1016/j.prevetmed.2016.04.008. Acesso em: 28 jun. 2022. A Declaração de Helsinque (2013) estabeleceu padrões para o processo de consentimento informado, exortando os pesquisadores a prestarem atenção especial aos métodos usados para transmitir informações aos participantes em potencial. É essencial garantir que as informações apresentadas sejam compreendidas. Vários pesquisadores avaliaram, com o uso de perguntas e questionários, o grau de compreensão derivado de diferentes tipos de processos de fornecimento de informações. Participantes expostos às mesmas informações exibiram uma ampla gama de níveis de compreensão. Os autores mencionam que não apenas o conteúdo, mas também o processo usado para fornecer informações foi influente e pode ser modificado para melhorar os resultados do teste de compreensão.

17. BOTES, Marietjie. Using Comics to Communicate Legal Contract Cancellation. *The Comics Grid: Journal of Comics Scholarship*, v. 7, n. 1, 2017. Disponível em: https://doi.org/10.16995/cg.100. Acesso em: 28 jun. 2022. p. 14. Neste estudo foi realizada uma pesquisa com compradores de veículos usados, de diversas nacionalidades, com níveis educacionais variados e que falam diferentes línguas em Pretória, África do Sul. Verificou-se que o uso de quadrinhos para descrever e comunicar especificamente o processo legal correto ampliou significativamente a compreensão das pessoas sobre este processo jurídico técnico.

Não obstante tais premissas alvissareiras, é importante garantir que as imagens sejam consistentes e complementem o texto da melhor forma. Isto requer uma cooperação transdisciplinar envolvendo clientes, advogados, ilustradores e roteiristas, com esforço cognitivo para que se evitem ambiguidades e excessivo subjetivismo. Em contratos de trabalho, é imperativo que exista uma equipe de recursos humanos apta a clarificar quaisquer cláusulas gráficas e a interagir adequadamente sobre os termos de um contrato cômico com as políticas e procedimentos aplicáveis do empregador, garantindo que não haja ambiguidades em relação a quaisquer direitos ou às obrigações impostas ao funcionário. Por fim, é fundamental evitar que imagens que apresentem caracteres humanos os representem de maneira condescendente, ilegal ou discriminatória.

Seriam os contratos em quadrinhos legalmente obrigatórios? De acordo com o direito brasileiro, um contrato é formado quando as partes concordam com os termos que pretendem ser juridicamente vinculativos.[18] Trata-se de uma qualificação de comportamentos humanos operada por normas jurídicas. Mas existem alguns outros requisitos também. As partes devem ter a capacidade de contratar e o objeto do contrato deve ser legal e possível. Além disso, quaisquer formalidades necessárias – contrato escrito e assinado pelas partes – devem ser observadas.

É importante, aqui, distinguir o conteúdo de um contrato de quadrinhos de sua forma. Cada contrato será diferente em termos dos tipos e quantidades de recursos visuais usados, então é claramente impossível comentar sobre a validade dos contratos de quadrinhos como uma classe, com referência apenas à substância ou ao conteúdo. Os contratos comerciais, como os quadrinhos, utilizam *layouts* e estilos diferentes. Assim como podemos distinguir as estórias em quadrinhos, também podemos distinguir um contrato de venda de terreno de um contrato de garantia. O conteúdo de cada classe de contrato em quadrinhos varia muito, mas a forma geralmente é semelhante. O que se segue é uma avaliação dos contratos de quadrinhos como forma de acordo contratual, incorporando elementos visuais à medida em que são usados no comércio.

E o que o futuro nos aponta? Ainda não há jurisprudência sobre a validade e execução dos "*comic contracts*" em qualquer parte do mundo.[19] Talvez, em algum tempo, um juiz de uma Suprema Corte diga que, desde que sejam claros e compreensíveis, os contratos em quadrinhos são válidos e obrigatórios. A parte mais cautelosa que deseja usar um contrato em quadrinhos poderia sempre assegurar que os componentes textuais do contrato em quadrinhos contenham o texto mínimo essencial como parte de seu design. Acreditamos que os contratos em quadrinhos preenchem uma

---

18. Art. 427 CC/02: "A proposta de contrato obriga o proponente, se o contrário não resultar dos termos dela, da natureza do negócio, ou das circunstâncias do caso".

19. O efeito de não comunicar adequadamente os termos do contrato encontrou aplicação prática no caso sul-africano *Standard Bank of South Africa v Dlamini (2013)*, no qual o tribunal considerou um acordo financeiro nulo devido à falha do banco em comunicar suficientemente o conteúdo de um acordo técnico em linguagem simples ou compreensível, ou em qualquer outra forma de comunicação.

lacuna importante na comunicação entre as partes contratantes, particularmente empresas e consumidores. De fato, os quadrinhos podem ser o futuro da contratação de consumidores.

A questão hermenêutica é outro desafio. A certeza jurídica requer que as cláusulas sejam compreensíveis e claras, ou pelo menos passíveis de serem atribuídas com significado. É claro que dentro de uma multiplicidade de significados possíveis os tribunais se esforcem para elucidar esse significado a partir das intenções ostensivas das partes. Em linha com a teoria objetiva do contrato, isso significa que as reais intenções subjetivas das partes, no que diz respeito ao conteúdo do contrato em quadrinhos, são secundárias para a avaliação do tribunal, prevalecendo a noção de como um contratante razoável os teria realmente interpretado, refletindo os fins comerciais e os objetos da transação, com referência ao contexto em que foi feita e o mercado em que as partes estão operando. Interpretar recursos visuais – especialmente sem a ajuda do texto que o acompanha – pode ser bastante desafiador. Embora todos os juízes sejam treinados na arte da análise e expressão linguística, nem todos são necessariamente capazes de interpretar formas artísticas.[20] Novos princípios interpretativos específicos para a contratação em quadrinhos poderiam teoricamente ser desenvolvidos pelos tribunais, mas esses princípios ainda precisariam operar dentro da estrutura mais ampla das regras gerais existentes que governam a interpretação de contratos.

De fato, para que o contrato ofereça segurança jurídica, um tribunal deve ter o poder de interpretá-lo. Em princípio, os contratos ilustrados, explicados oralmente ou suplementados textualmente ou contextualmente, são executáveis da mesma forma que qualquer outro contrato. A nosso viso, os contratos em quadrinhos não representam um alienígena,[21] mormente se considerarmos que em sociedades complexas o fenômeno "proposta x aceitação" não mais subsiste pelo ângulo clássico. Desde que os tribunais possam atribuir significado aos recursos visuais usados (da mesma forma que fariam apenas com palavras) e discernir as intenções das partes, o contrato deve ser considerado válido e vinculativo.

Realmente, juízes podem confundir a avaliação da clareza de um contrato com a adequação de sua forma. Nada obstante, o papel dos tribunais consiste em elucidar as intenções manifestas das partes, independentemente da forma pela qual as partes capturaram os termos de sua negociação. Um contrato em quadrinhos pode parecer uma escolha incomum ou, em alguns casos, absurda de método de contratação, mas o papel do tribunal não é julgar o apelo estético ou a utilidade prática do contrato, mas

---

20. Para a maioria das pessoas, processar texto e linguagem e se envolver em raciocínio lógico é uma função do hemisfério esquerdo do cérebro, enquanto o processamento de imagens artísticas e informações espaciais é uma função do hemisfério direito do cérebro. Isso é importante porque a maioria dos advogados e juízes – que buscam dar sentido a contratos – são notoriamente pensadores do "cérebro esquerdo" e, portanto, podem não ser tão astutos ou eficazes na interpretação de imagens.

21. Lembramos que imagens já são utilizadas em julgamentos. O papel funcional dos recursos visuais é exibir evidências ou outras características pictóricas inatas de um caso. Ilustrativamente, quando as qualidades enganosas da embalagem de um produto estão em questão, é útil – se não essencial – incluir um visual no julgamento para ajudar a contextualizar o raciocínio do tribunal.

apenas dar-lhe significado, sempre que possível. Se o que as partes pretendiam pode ser razoavelmente determinado a partir da construção considerada dos recursos visuais que eles empregaram, não há razão para que esses recursos visuais não possam ter força legal, da mesma forma que palavras igualmente claras poderiam. Não há distinção legal óbvia (no sentido do papel do juiz) entre interpretar palavras e interpretar imagens, exceto pelo esforço que pode ser necessário em qualquer um dos processos.[22]

Por conseguinte, o único obstáculo ao reconhecimento judicial da validade dos contratos em quadrinhos parece estar enraizado na resistência cultural ou na concepção errônea do processo interpretativo. Juízes podem simplesmente ser dissuadidos pela natureza não convencional desses contratos. Afinal, nascemos em uma "cultura da escrita" que enfatiza a primazia das palavras: as sociedades ocidentais se comunicam principalmente por meio da leitura e da escrita. As formas de expressão artística e visual são tradicionalmente consideradas secundárias. Isso certamente é verdade para a cultura jurídica. A linguagem da lei se corporifica por palavras, sendo cética em relação à visualização. Lembrando duplamente Miguel Reale: a) o direito é linguagem, mas não aquela do jurista e sim do cidadão comum, e interpretar imagens é uma parte muito importante da vida cotidiana; b) além da socialidade e eticidade, o Código Civil é regido pela diretriz da operabilidade. Isto significa que o direito não se situa no Olimpo, porém se destina à aplicação concreta que facilite as relações jurídicas cotidianas.

Evidentemente, a cultura paternalista brasileira pode atrasar ou dificultar a introdução desses contratos. Basta pensarmos na justiça trabalhista, onde não basta um bom grau de confiança no contexto de pedidos de demissão injusta, pois a compreensão das regras e procedimentos corretos no local de trabalho é sempre relevante para um litígio. Para outras contendas, onde a precisão textual é importante, é provável que haja um debate muito mais amplo. Ademais, cláusulas que lidam com direitos e responsabilidades podem ser suficientemente claras para compreensão visual. No entanto, conceitos complexos mais sujeitos a controvérsias, como confidencialidade, propriedade intelectual e restrições pós-emprego, exigem uma consideração mais cuidadosa sobre se eles devem ser expressos em um formato gráfico.

---

22. GIANCASPRO, Mark Anthony. Picture-Perfect or Potentially Perilous? Assessing the Validity of 'Comic Contracts'. *The Comics Grid: Journal of Comics Scholarship*, v. 10, n. 1, p. 1-27, 2020. Disponível em: https://doi.org/10.16995/cg.188. Acesso em: 28 jun. 2022. p. 7. Observa o autor que imagens não são interpretadas da mesma maneira que palavras. Para empregar a linguagem dos teóricos do contrato formalistas, as imagens envolvidas na forma em quadrinhos necessariamente extraem significado da própria reconstrução do leitor de seus elementos visuais e verbais. A prosa tradicional é limitada no sentido de que se pode escolher fontes e orientações básicas, mas, de outra forma, é apresentada em linhas sucessivas para ser lida em uma sequência típica. O texto escrito é mais restrito e oferece muito menos para deduzir seu significado. A forma em quadrinhos, por outro lado, é uma arte cheia de tensão. Portanto, é questionável se os quadrinhos possam ser interpretados objetivamente, dado que seu significado dependerá muito não apenas de como o contrato é representado, mas também de como as imagens são subjetivamente interpretadas. Isso acarreta ramificações para a integração da arte em quadrinhos no direito contratual, pois os contratos são interpretados objetivamente. Os tribunais procuram estabelecer a intenção comum das partes por referência ao que uma pessoa razoável teria entendido os termos do acordo. As interpretações subjetivas das partes são excluídas desta avaliação, ao passo que são críticas para a extração de significado da arte em quadrinhos. Consequentemente, o conceito de contratação em quadrinhos requer uma fusão de ideologias aparentemente incompatíveis.

5. CONCLUSÃO

Sendo o desenho de negócios (*deal design*) um novo conceito que permite uma colaboração entre diversos profissionais, abre-se um terreno para o desenvolvimento de estudos teóricos e empíricos sobre a colaboração entre distintas *expertises* para a ampliação da comunicação e mitigação de barreiras para a exitosa contratação – desde a fase das tratativas até a etapa pós-contatual – sobrepondo as várias armadilhas ao sucesso do empreendimento negocial. Elimina-se a lacuna entre o contrato no "papel" e o contrato na "realidade" pela representação da genuína vontade das partes conforme o pretendido. Nesta senda, o design amigável, materializado em contrato em quadrinhos, transcende a visualização "em", "sobre" ou "para" contratos, representando a própria visualização como um contrato em si.

É sabido que muitas pessoas não leem contratos e, mesmo que os leiam, mal os compreendem. Apesar de todas as controvérsias jurídicas apontadas ao longo do trabalho, a contratação em quadrinhos tem sido apontada como uma das soluções potenciais, estimulando o uso da visualização na geração de acordos comerciais para torná-los mais convidativos, compreensíveis e eficientes.

A visualização de contratos por meio de quadrinhos é um método inovador para superar as barreiras de comunicação quando se trata de negociação e conclusão de contratos, aperfeiçoando claramente a compreensão de seu conteúdo. Quer esses quadrinhos incorporem todo o contrato ou sirvam como uma ferramenta auxiliar de comunicação visual para palavras-chave, permitem ao leitor o acesso a decisões informadas no que diz respeito à celebração ou não de um contrato em certos termos e sob certas condições. Os quadrinhos podem, em última instância, transformar contratos ou negociações contratuais em uma experiência amigável, com menor possibilidade de deturpação ou violação contratual, como resultado de desinformação.

Advogados encarregados de explicar o conteúdo contratual às partes contratantes devem considerar seriamente o uso de quadrinhos para ajudá-los em seu processo de comunicação, garantindo a compreensão e execução adequadas dos termos e condições, ampliando a conformidade e reduzindo a litigiosidade. Fatalmente, os benefícios que os contratos de quadrinhos oferecem serão desvanecidos se tais acordos não forem válidos em um tribunal. É fato que o papel interpretativo dos magistrados será especialmente dificultado à luz da capacidade da arte em quadrinhos de transpor significados expostos apenas por meio da construção subjetiva de seus elementos. Porém, não nos parece haver nenhuma razão lógica para que os contratos de quadrinhos não sejam validados e efetivados. Os tribunais precisam apenas resistir ao impulso de julgar um contrato por sua capa.

6. REFERÊNCIAS

BERGER-WALLISER, Gerlinde. The Past and Future of Proactive Law: An Overview of the Development of the Proactive Law Movement. In: BERGER-WALLISER, Gerlinde; ØSTERGAARD, Kim (Eds.). *Proactive law in a business environment*. Copenhagen: DJØF Publishing, 2012.

BOTES, Marietjie. Using Comics to Communicate Legal Contract Cancellation. *The Comics Grid*: Journal of Comics Scholarship, v. 7, n. 1, 2017. Disponível em: https://doi.org/10.16995/cg.100. Acesso em: 28 jun. 2022.

COOPER, Tarni Louisa; KIRINO, Yumi; ALONSO, Silvia; LINDAHL, Johanna; GRACE, Delia. Towards better informed consent: Research with livestock-keepers and informal traders in East Africa. *Preventive Veterinary Medicine*, v. 128, p. 135-141, 2016. Disponível em: https://doi.org/10.1016/j.prevetmed.2016.04.008. Acesso em: 28 jun. 2022.

DE ROOY, Robert. *Financial Services Provider Contract, Creative Contracts*. Disponível em: https://creative-contracts.com/fsp/ Acesso em: 28 jun. 2022.

GIANCASPRO, Mark Anthony. Picture-Perfect or Potentially Perilous? Assessing the Validity of 'Comic Contracts'. *The Comics Grid*: Journal of Comics Scholarship, v. 10, n. 1, p. 1-27, 2020. Disponível em: https://doi.org/10.16995/cg.188. Acesso em: 28 jun. 2022.

GORMAN, Michele. *Getting graphic! Using graphic novels to promote literacy with preteens and teens*. Worthington, OH: Linworth, 2003.

HAAPIO, Helena; PLEWE, Daniela; DE ROOY, Robert. Next Generation Deal Design: Comics and Visual Platforms for Contracting. In: SCHWEIGHOFER, Erich et al. (Ed.) *Networks*. Proceedings of the 19th International Legal Informatics Symposium IRIS 2016. Österreichische Computer Gesellschaft OCG, Wien 2016, p. 373-380. Jusletter IT 25 February 2016. Disponível em: https://ssrn.com/abstract=2747821. Acesso em: 28 jun. 2022.

MANDERSON, Desmond. Where the wild things really are: Children's literature and law. In: FREEMAN, Michael (Ed.). *Law and Popular Culture*. Oxford: Oxford University Press, 2005.

MURRAY, Michael D. *A New Methodology for the Analysis of Visuals in Legal Works*. Disponível em: https://dx.doi.org/10.2139/ssrn.3657663. Acesso em: 28 jun. 2022.

NYBØ, Erik Fontenele. Legal Design ou Visual Law? O que significa cada termo? *StartUPi*, 15 jul. 2020. Disponível em: https://startupi.com.br/2020/07/legal-design-ou-visual-law-o-que-significa-cada-termo/. Acesso em: 28 jun. 2022.

ROPPO, Enzo. *O contrato*. Trad. Ana Coimbra e. M. Januário C. Gomes. Coimbra: Almedina, 2009.

SQUIER, Susan Merrill. The Uses of Graphic Medicine for Engaged Scholarship. *Graphic Medicine Manifesto*, p. 43-46. The Pennsylvania State University Press, 2015.

12

ELES, OS ELEMENTOS VISUAIS, VISTOS POR ELA, A MAGISTRATURA FEDERAL

Bernardo de Azevedo e Souza

Advogado. Doutorando em Direito pela Programa de Pós-Graduação em Direito (PPG) da Universidade do Vale do Rio dos Sinos (UNISINOS). Bolsista PROEX/CAPES. Mestre em Ciências Criminais pela Pontifícia Universidade Católica do Rio Grande do Sul (PUCRS). Professor dos Cursos de Especialização em Direito da Universidade Feevale e da Universidade de Caxias do Sul (UCS). Coordenador do grupo de pesquisa *VisuLaw*. Pesquisador de Direito, inovação e novas tecnologias.

Sumário: 1. Introdução. 2. Metodologia adotada. 3. Unidades judiciárias participantes. 4. Faixa etária dos(as) magistrados(as). 5. Principais problemas verificados nas petições. 6. Aspectos que tornam as petições mais agradáveis para leitura e análise. 7. Recebimento de petições com elementos visuais. 8. Elementos visuais que não devem ser utilizados em petições. 9. Elementos visuais facilitam ou dificultam a análise da petição? 10. Modelos de petições mais agradáveis aos(às) magistrados(as) federais. 11. Elementos visuais em petições e a atividade jurisdicional. 12. Conclusões.

1. INTRODUÇÃO

Em fevereiro de 2020, enquanto preparava uma palestra sobre *Visual Law* para os alunos da ULBRA, em Torres (RS), tive a ideia de investigar a visão do Poder Judiciário sobre elementos visuais em petições. À época, o entusiasmo para entender a perspectiva da magistratura em relação ao tema decorreu de dois motivos principais.

Em primeiro lugar, embora pesquisas ao redor do mundo demonstrassem que recursos visuais em documentos facilitavam a compreensão e a retenção das mensagens comunicadas, até aquele momento não havia, no Brasil, investigações amplas a respeito. Em segundo lugar, diversos profissionais já estavam adotando recursos visuais em peças processuais, sem saber, contudo, como o Poder Judiciário os receberia. Seriam os juízes e juízas favoráveis à utilização de tais técnicas em petições? Qual seria a opinião dos magistrados(as) a respeito do tema? Com esses questionamentos em mente, decidi dar um passo adiante e conduzir uma ampla pesquisa sobre *Visual Law* no Brasil.

As atividades do grupo de pesquisa – que, mais tarde, viria a ser denominado *VisuLaw*[1] – iniciaram no mês de maio de 2020. Pesquisadores oriundos de 17 estados brasileiros – todos voluntários – participaram do levantamento, que teve a sua primeira etapa *parcialmente concluída* no mês de novembro de 2020.[2] Este artigo reúne parte das conclusões da fase quantitativa da pesquisa, apresentando a ótica da magistratura federal (juízes e juízas federais) sobre o uso de elementos visuais em petições.

2. METODOLOGIA ADOTADA

A pesquisa adotou a metodologia *survey* para compreender o olhar da magistratura federal a respeito de recursos visuais em peças processuais. Sob a minha coordenação, os pesquisadores do grupo *VisuLaw* elaboraram nove questionamentos para aplicar aos(às) magistrados(as). As questões foram antecipadas por um campo de *consentimento livre e esclarecido*, no qual os respondentes deveriam assinalar "eu aceito" para avançar às demais questões, em observância aos critérios de ética em pesquisa com seres humanos (Resolução 196/96, do Conselho Nacional de Saúde):

P1 – Consentimento Livre e Esclarecido

Vossa Excelência foi convidada a participar, na condição de entrevistado(a), desta pesquisa, que tem como finalidade investigar a opinião de magistrados(as) em relação a elementos visuais em petições. Participarão desta pesquisa magistrados(as) brasileiros. A pesquisa adota a metodologia survey, com o envio de questionários eletrônicos. A participação nesta pesquisa não traz implicações legais de nenhuma ordem e os procedimentos utilizados obedecem aos critérios da ética na Pesquisa com Seres Humanos, conforme a Resolução nº 196/96 do Conselho Nacional de Saúde. Nenhum dos procedimentos utilizados oferece riscos à Vossa dignidade. Todas as informações coletadas nesta investigação são estritamente confidenciais e serão utilizadas apenas para fins científicos. Vossa Excelência não terá nenhum tipo de despesa por participar deste estudo, bem como não receberá nenhum tipo de pagamento por sua participação. Declaro ter sido informado(a) e concordo em participar, como voluntário(a), da pesquisa.

Uma vez elaborado, o questionário foi integrado ao *SurveyMonkey*, uma das ferramentas mais usadas para aplicação de formulários *online*, com o objetivo de facilitar a coleta e posterior análise dos dados. Entre os meses de maio a novembro de 2020, os pesquisadores do grupo *VisuLaw*, divididos em coordenadorias regionais e estaduais, enviaram centenas de e-mails às varas federais. As mensagens eletrônicas apresentavam brevemente os objetivos do grupo de pesquisa e, em seguida, disponibilizavam um *link* de acesso externo, para que os(as) magistrados(as) acessassem o *survey*.

---

1. Mais informações sobre o grupo de pesquisa estão disponíveis em: https://visulaw.com.br.
2. Diz-se "parcialmente concluída" porque a pesquisa é dividida em duas etapas, sendo a primeira delas quantitativa (Justiça Federal e Justiça Estadual) e a segunda qualitativa, abrangendo entrevistas aprofundadas com magistrados(as) federais e estaduais.

3. UNIDADES JUDICIÁRIAS PARTICIPANTES

Os questionamentos foram respondidos por 153 juízes(as) federais, integrantes de seções judiciárias de todos estados brasileiros. Cinco respostas foram desconsideradas por não indicarem claramente a unidade judiciária da qual o respondente fazia parte. Para os fins da pesquisa foram consideradas, portanto, 147 respostas. Os estados com maior número de respostas foram, respectivamente, São Paulo (21), Ceará (13), Paraná (11), Rio Grande do Sul (11) e Rondônia (10). Os estados com menor número de respostas foram Amapá (1), Mato Grosso (1), Paraíba (1), Piauí (1), Roraima (1) e Sergipe (1).

P2 – Qual é a sua Seção Judiciária/UF?

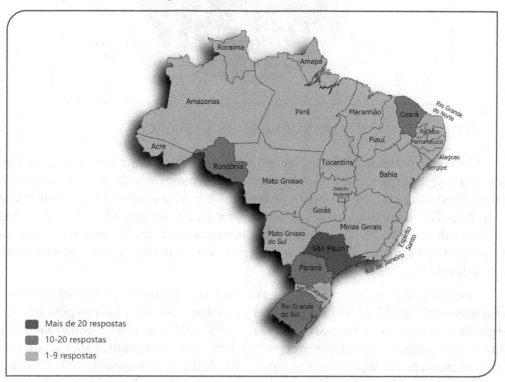

4. FAIXA ETÁRIA DOS(AS) MAGISTRADOS(AS)

A pesquisa contou com a participação de magistrados(as) federais de diferentes faixas etárias, sendo uma parte significativa de profissionais entre 36 e 45 anos de idade (46%). Juízes(as) entre 46 e 55 anos representaram 33% dos participantes, enquanto magistrados(a) até 35 anos representaram 12%. Julgadores acima de 55 anos foram minoria, totalizando 9% dos participantes.

P3 – Qual é a sua faixa etária?

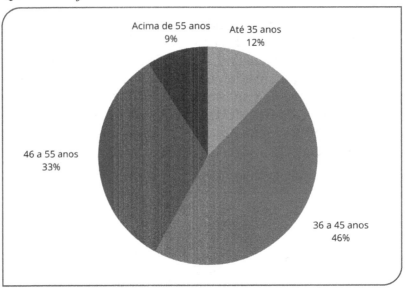

5. PRINCIPAIS PROBLEMAS VERIFICADOS NAS PETIÇÕES

O *survey* questionou os(as) magistrados(as) federais, a partir de uma lista taxativa e predefinida, o que consideravam ser o maior problema (ou os maiores problemas) das petições. Foram apresentadas hipóteses como: (a) argumentação excessiva; (b) redação prolixa; (c) número excessivo de páginas; (d) transcrição excessiva de jurisprudência; (e) má formação da peça; e (f) uso excessivo de destaque no texto. Uma ou mais alternativas poderiam ser assinaladas pelos participantes nessa questão.

Os dados do levantamento revelaram que a argumentação genérica (71,90%) e a redação prolixa (71,24%) são os maiores problemas verificados nas petições. Em seguida vem o número excessivo de páginas (62,09%), sendo acompanhado pela transcrição excessiva de jurisprudência (43,79%). Os participantes apontaram a má formatação da peça (30,72%) e o uso excessivo de destaques no texto (21,57%), tais como negrito, sublinhado, itálico e outras cores, como sendo problemas de menor relevância.

P4 – Em sua visão, qual o maior problema nas petições atualmente? (Marque todas que se aplicar)

6. ASPECTOS QUE TORNAM AS PETIÇÕES MAIS AGRADÁVEIS PARA LEITURA E ANÁLISE

Questionados sobre os aspectos que tornam as petições mais agradáveis para leitura a análise, a maioria dos participantes (96,7%) apontou a redação objetiva como sendo o fator mais relevante. Em seguida foram assinaladas a boa formatação da peça (66%), abrangendo itens como espaçamento entre linhas, tamanho e fonte, a redução do número de páginas (59%) e a combinação entre elementos textuais e visuais (38,6%), como gráficos, infográficos, vídeos e imagens. O uso de destaques no texto (24,2%), como negrito, sublinhado, itálico e outras cores, foi identificado como sendo de menor relevância para a leitura e análise das petições.

P5 – Em sua visão, o que torna uma petição mais agradável para a leitura e análise? (Marques todas que se aplicar)

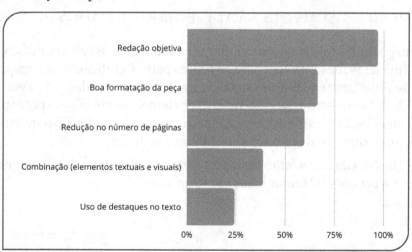

7. RECEBIMENTO DE PETIÇÕES COM ELEMENTOS VISUAIS

O levantamento buscou identificar, ainda, quais são os tipos de recursos visuais mais recebidos pelos(as) magistrados(as) nas petições. O questionário apresentou 11 opções, e os participantes poderiam assinalar quantas entendessem pertinentes. Para facilitar a compreensão dos julgadores, inserimos ícones ao lado das alternativas. Fluxogramas (46,4%), *links* para acesso externo (37,9%) e gráficos (35,9%) foram assinalados pelos respondentes como os principais recursos visuais identificados nas peças processuais. Croquis (18,9%) e pictogramas (4,6%) foram, por outro lado, os elementos visuais menos verificados pelos(as) magistrados(as) federais.

P6 – O participante já recebeu, em seu gabinete, alguma petição ou documento com alguma das seguintes características: (Marque quantas quiser)

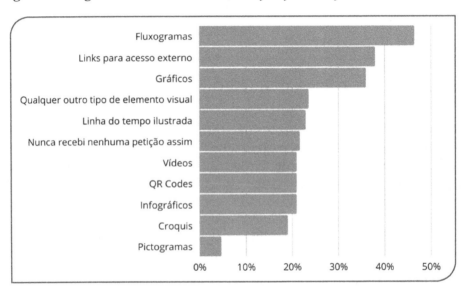

8. ELEMENTOS VISUAIS QUE NÃO DEVEM SER UTILIZADOS EM PETIÇÕES

Os magistrados foram também indagados sobre qual(is) elemento(s) visual(is) não deve(m) ser utilizado(s) em petições. Uma parte significativa dos respondentes (43,8%) se posicionou a favor de todas as opções apresentadas, ao passo que uma minoria (3,3%) se mostrou contrária ao uso de elementos visuais em peças processuais. *QR Codes* (39,2%) e vídeos (34,6%) foram apontados pelos respondentes como sendo recursos que não devem ser aplicados em petições.

P7 – Qual(is) dos elementos visuais a seguir o participante entende que não devem ser usados em petições? (Marque todas que se aplicam)

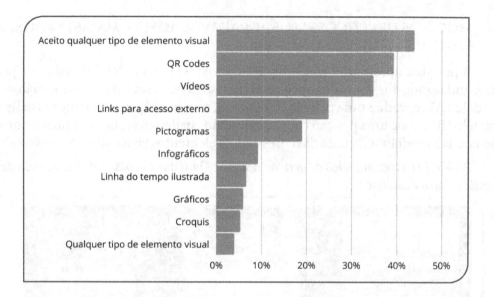

9. ELEMENTOS VISUAIS FACILITAM OU DIFICULTAM A ANÁLISE DA PETIÇÃO?

A pesquisa revelou que os(as) magistrados(as) federais, em sua imensa maioria, estão receptivos à adoção de elementos visuais em petições, com predomínio sobre o uso moderado dos recursos (ou seja, sem excessos). Em síntese, 77,12% dos participantes responderam que o uso de recursos visuais facilita a análise das petições, enquanto 9,80% assinalaram que *facilita em todos os casos*. Em relação às demais respostas, 6,54% dos participantes marcaram que o uso de elementos visuais dificulta a análise da petição, ao passo que 6,54% respondeu que não tem opinião sobre o assunto.

P8 – O participante entende que o uso de elementos visuais facilita ou dificulta a análise da petição?

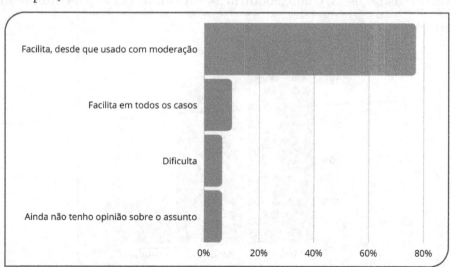

10. MODELOS DE PETIÇÕES MAIS AGRADÁVEIS AOS(ÀS) MAGISTRADOS(AS) FEDERAIS

A pesquisa apresentou aos(às) magistrados(as) três modelos diversos de petições, indagando-lhes qual das opções seria a mais agradável para leitura e análise. O modelo "A" reproduz uma petição tradicional, sem quaisquer elementos visuais. O modelo "B" expõe uma petição com acabamento em *design* gráfico e alguns recursos visuais. Já o modelo "C" abusa das cores e adota elementos visuais de forma excessiva.

P9 – Veja os três modelos de petição a seguir. Qual das opções mais lhe agrada para fins de leitura e análise?

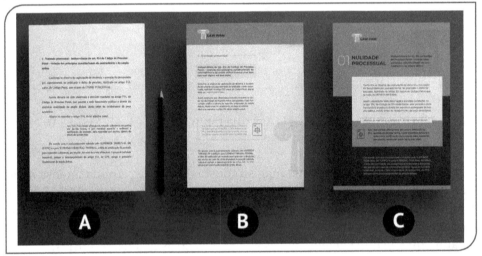

Quase metade (49%) dos respondentes selecionaram o modelo "A" como sendo o mais agradável para leitura e análise. O modelo "B" veio em seguida, sendo assinalado por 40% dos respondentes. Das opções apresentadas, o modelo "C" foi visto pelos(as) magistrados(as) como sendo o menos agradável (11%) para leitura e análise:

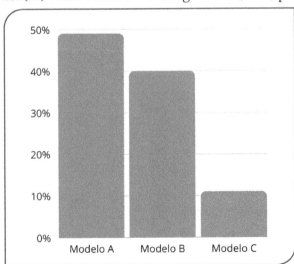

11. ELEMENTOS VISUAIS EM PETIÇÕES E A ATIVIDADE JURISDICIONAL

Os pesquisadores do *VisuLaw* partiram da hipótese de que o uso de elementos visuais poderá, a longo prazo, aprimorar a atividade jurisdicional. Isso porque, quanto mais profissionais da advocacia adotarem tais recursos – aprimorando a funcionalidade e a clareza das petições – melhor os magistrados compreenderão as causas que lhes forem apresentadas e, por via de consequência, mais seguros se sentirão os jurisdicionados de que suas demandas estão sendo apreciadas devidamente.

A última pergunta indaga os(as) magistrados(as) se entendem, assim, que a larga utilização de elementos visuais em petições poderá facilitar a atividade jurisdicional. Os resultados revelam que os julgadores estão divididos em relação ao ponto. Em suma, 53% entendem que a larga utilização de elementos visuais em petições tem potencial para facilitar a atividade jurisdicional, enquanto 47% entendem de modo diverso.

P10 – O participante entende que a larga utilização de elementos visuais em petições tem potencial de facilitar a atividade jurisdicional?

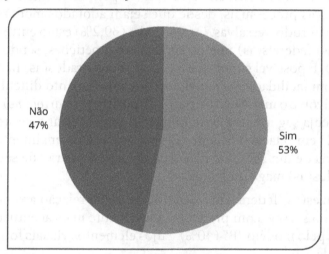

12. CONCLUSÕES

A pesquisa contou efetivamente com a participação de 147 juízes(as) federais, sendo a maioria composta de profissionais com até 45 anos de idade (58%). Os dados do *survey* apontam, inicialmente, que a magistratura federal não simpatiza com petições que apresentam argumentação genérica, redação prolixa e número excessivo de páginas, preferindo peças processuais com redação objetiva, bem formatadas, com reduzido número de páginas e que combinem elementos textuais com visuais.

Conforme a pesquisa, os fluxogramas – *representações visuais esquemáticas de processos, sistemas ou fluxos de trabalho* – são os elementos mais utilizados nas petições (46,4%). Embora a aplicação de *QR Codes* em peças processuais venha sendo bastante difundida nos últimos anos, tanto em notícias divulgadas em portais jurídicos quanto em publicações em redes sociais, o levantamento demonstra que os *links* para acesso externo (37,9%) são mais adotados que os códigos bidimensionais (20,9%). A constatação sugere dois cenários: *ou* a maioria dos(as) advogados(as) não sabe como aplicar *QR Codes* nas petições, *ou* sabe como fazê-lo, mas prefere seguir usando *links* para acesso externo.

O *survey* revela, curiosamente, que os pictogramas são elementos visuais pouco identificados pelos(as) magistrados(as) nas petições (4,6%). Tal aspecto chama atenção, sobretudo porque muitos(as) advogados(as) adotam, em algum momento, tais recursos.[3] Uma das hipóteses para que os pictogramas tenham sido assinalados por tão poucos(as) magistrados(as) decorre do próprio significado da expressão, não tão conhecida como o termo "ícones". Caso a pergunta em questão tivesse empregado a expressão "ícones" ou, ainda, "ícones/pictogramas" em vez de "pictogramas", o desfecho poderia ser outro.[4]

Segundo a pesquisa, os(as) magistrados(as) federais, em sua imensa maioria, estão receptivos ao uso de elementos visuais em petições e entendem que facilitam a análise das peças processuais, desde que sejam adotados moderadamente (sem excessos). Há, contudo, ressalvas. Os *QR Codes* (39,2%) estão entre os recursos que (as)os juízes(as) federais(as) menos apreciam em petições, sendo seguidos pelos vídeos (34,6%). É possível supor que *ou* os(as) magistrados(as) não sabem acessar os *QR Codes* com facilidade, *ou* acreditam que tal elemento dificulta a análise das peças, já que envolve o manuseio de outro dispositivo (*smartphone*) e o ingresso em URL externo (cuja segurança é desconhecida) para acessar o conteúdo. A mesma suposição se dá em relação aos vídeos, uma vez que normalmente dependem da colocação prévia de um *QR Code* no corpo da petição, para que seu conteúdo seja visualizado pelos(as) magistrados(as).

Os(as) juízes(as) federais ficaram divididos em relação aos modelos de petições expostos no *survey*, com preferência levemente mais acentuada pelo modelo "A" (49%) que pelo modelo "B" (40%), cujos elementos visuais foram aplicados de forma moderada.

Uma hipótese para justificar a predileção pelo modelo "A" pressupõe que os(as) juízes(as) não conseguiram identificar a real função dos elementos visuais no modelo "B". Seria necessário apresentar comparativos de diversas folhas de cada modelo para que os(as) juízes(as) compreendessem todo o potencial dos recursos visuais. Como o *mock-up* comparou apenas a primeira folha de cada modelo, a diferença na composição estética foi provavelmente o que chamou mais a atenção dos(as) juízes(as) no momento de responder à pergunta. E, nesse aspecto, para alguns participantes

---

3. Diálogos com profissionais, compartilhamento de experiências em grupos de WhatsApp e publicações em redes sociais sinalizam que os pictogramas são recursos normalmente utilizados em petições.

4. Optamos por não adotar "ícones/pictogramas", como sinônimos, pois não há consenso sobre tal aspecto. Algumas definições sugerem que os pictogramas são mais literais, ou seja, são símbolos gráficos que qualquer pessoa compreende com facilidade (como a sinalização de trânsito). Já os ícones são criados a partir de necessidades específicas e, em muitos casos, não são facilmente compreendidos.

o modelo "B" apenas apresentou *ganhos estéticos*, sem aprimorar a experiência de leitura da petição.

Já uma segunda hipótese sugere que juízes(as) federais estão acostumados(as) ao modelo "A", sendo resistentes a mudanças na formatação e/ou disposição dos elementos nas peças processuais. Apesar de a pesquisa ter sinalizado que os(as) magistrados(as) federais estão receptivos em relação ao uso de recursos visuais em petições, a suposição, aqui, é a de que os julgadores preferem que tais técnicas sejam usadas (a) somente quando houver necessidade (uso moderado) e (b) de forma que a petição mantenha formatação idêntica ou similar ao modelo "A", o qual já estão acostumados.

Por fim, o *survey* indica que os julgadores federais estão divididos em relação ao potencial dos elementos visuais para facilitar a atividade jurisdicional. À primeira vista, os resultados parecem sugerir que os(as) magistrados(as) não estão familiarizados o bastante com petições com elementos visuais – e, por esse motivo, não vislumbram como os recursos podem facilitar a atividade jurisdicional. No entanto, alguns dos participantes relataram aos membros do grupo de pesquisa *VisuLaw* que a pergunta não estava clara o suficiente. É que a expressão "larga", contida na questão[5], acabou sendo compreendida ambiguamente pelos participantes, ora como "excessiva" (sugerindo o uso exagerado dos recursos visuais), ora como "ampla" (no sentido de "em constante expansão", o qual se desejou passar desde o começo).

Embora os resultados da última pergunta tenham ficado prejudicados, a pesquisa que tive o prazer de coordenar ao longo dos meses desafiadores de 2020 demonstra que os(as) juízes(as) federais estão receptivos(as) em relação ao uso de elementos visuais em petições. Será que os(as) magistrados(as) estaduais serão igualmente acolhedores? E os(as) ministros(as) dos Tribunais Superiores? Perguntas como essas serão objeto de análise dos integrantes do grupo de pesquisa *VisuLaw* nos próximos meses. A pesquisa sobre a receptividade dos(as) juízes(as) em relação ao uso elementos visuais em petições continuará em 2021 e, com ela, o desejo de transformar a prática jurídica no futuro.

---

5. P10 – O participante entende que a *larga* utilização de elementos visuais em petições tem potencial de facilitar a atividade jurisdicional?

13

ELES, OS ELEMENTOS VISUAIS, VISTOS POR ELA, A MAGISTRATURA ESTADUAL

Bernardo de Azevedo e Souza

Advogado. Doutorando em Direito pela Programa de Pós-Graduação em Direito (PPG) da Universidade do Vale do Rio dos Sinos (UNISINOS). Bolsista PROEX/CAPES. Mestre em Ciências Criminais pela Pontifícia Universidade Católica do Rio Grande do Sul (PUCRS). Professor dos Cursos de Especialização em Direito da Universidade Feevale e da Universidade de Caxias do Sul (UCS). Coordenador do grupo de pesquisa *VisuLaw*. Pesquisador de Direito, inovação e novas tecnologias.

https://youtu.be/QiY_P0dl-Jc

Sumário: 1. Introdução – 2. Metodologia – 3. Unidades judiciárias participantes – 4. Faixa etária dos participantes – 5. Problemas identificados nas petições – 6. Aspectos que tornam as petições mais agradáveis para leitura e análise – 7. Recebimento de petições com elementos visuais – 8. Elementos visuais que não devem ser utilizados em petições – 9. Elementos visuais facilitam ou dificultam a análise da petição? – 10. Modelos de petições mais (e menos) agradáveis para leitura e análise – 11. Conclusões.

1. INTRODUÇÃO

Este artigo reúne as conclusões da segunda fase quantitativa da pesquisa com a magistratura brasileira, apresentando a ótica de juízes e juízas estaduais sobre o uso de elementos visuais em petições.

O levantamento anterior, publicado em forma de capítulo neste livro, sob o título *"Eles, os elementos visuais, vistos por ela, a magistratura federal"*, revelou que os(as) juízes(as) federais, em sua imensa maioria, são receptivos ao uso de elementos visuais nas peças processuais e entendem que tais recursos facilitam a leitura e análise.

A segunda etapa do levantamento, conduzida pelo grupo de pesquisa VisuLaw e ora apresentada neste capítulo, indaga se os(as) magistrados(as) estaduais também são favoráveis à utilização de tais técnicas em petições.[1]

2. METODOLOGIA

Tal como a anterior, a nova pesquisa utilizou a metodologia *survey* para compreender a visão da magistratura estadual sobre elementos visuais em petições. Os pesquisadores do grupo VisuLaw elaboraram nove perguntas para aplicar aos(às) juízes(as), utilizando o Google Forms para facilitar a coleta e análise dos dados. Os questionamentos foram antecipados por um campo de consentimento livre e esclarecido, no qual os participantes deveriam assinalar "eu aceito" para avançar às demais questões, em observância aos critérios de ética em pesquisa com seres humanos:

P1 – Consentimento Livre e Esclarecido

Vossa Excelência foi convidada a participar, na condição de entrevistado(a), desta pesquisa, que tem como finalidade investigar a opinião de magistrados(as) brasileiros(as) sobre o uso de elementos visuais em petições. A participação nesta pesquisa não traz implicações legais de nenhuma ordem e os procedimentos utilizados obedecem aos critérios da ética na pesquisa com seres humanos, conforme a Resolução n.º 196/96 do Conselho Nacional de Saúde. Todas as informações coletadas são estritamente confidenciais e serão utilizadas apenas para fins científicos. Declaro ter sido informado(a) e concordo em participar, como voluntário(a), da pesquisa.

Entre os meses de junho e novembro de 2021, os pesquisadores, divididos em coordenadorias estaduais, enviaram centenas de e-mails às varas. As mensagens eletrônicas apresentavam os objetivos do grupo de pesquisa e, em seguida, disponibilizavam o link do formulário, para que os(as) juízes(as) acessassem os questionamentos da pesquisa.

3. UNIDADES JUDICIÁRIAS PARTICIPANTES

A pesquisa contou com a participação de 517 juízes(as) estaduais, integrantes de unidades judiciárias de todos os estados brasileiros. Durante o processo de organização e higienização dos dados foram desconsideradas 14 respostas, nas quais não foi possível identificar a unidade judiciária correspondente, por lapso no preenchimento. Para fins da pesquisa, portanto, foram consideradas como válidas 503 respostas. Os estados que apresentaram o maior número de respostas foram, respectivamente, Rio Grande do Sul (110), Paraná (88), Rio de Janeiro (49), Ceará (43) e Goiás (35):

---

1. Ambas as pesquisas podem ser acessadas integralmente no site <visulaw.com.br>.

P2 – Qual é a sua Seção Judiciária/UF?

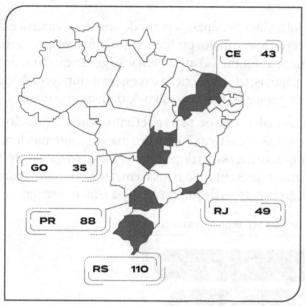

4. FAIXA ETÁRIA DOS PARTICIPANTES

A pesquisa contou com a participação de magistrados(as) estaduais de diferentes faixas etárias, que foram divididos em quatro categorias: até 35 anos (11,9%), entre 36 e 45 anos (36,6%), entre 46 e 55 anos (33,8%) e com 56 anos ou mais (17,7%):

P3 – Qual é a sua faixa etária?

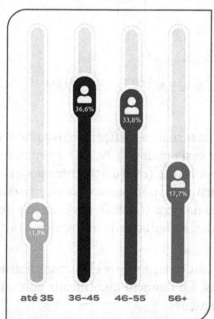

5. PROBLEMAS IDENTIFICADOS NAS PETIÇÕES

O *survey* questionou os(as) juízes(as) estaduais, a partir de uma lista taxativa e predefinida, a respeito do que consideravam ser o maior problema (ou os maiores problemas) das petições. As hipóteses apresentadas foram: (a) argumentação genérica; (b) redação prolixa; (c) número excessivo de páginas; (d) transcrição excessiva de jurisprudência e/ou doutrina; (e) má-formatação da peça; e (f) uso excessivo de destaque no texto.

Os participantes poderiam assinalar uma ou mais alternativas nessa questão. As respostas revelaram que a argumentação genérica (73,4%) é o maior problema identificado nas petições. Em seguida o número excessivo de páginas (72%) e a redação prolixa (71,6%). Em menor percentual, mas representando mais da metade dos participantes (54,3%), foi apontada a transcrição excessiva de jurisprudência e/ou doutrina:

P4 – Em sua visão, qual o maior problema nas petições atualmente?

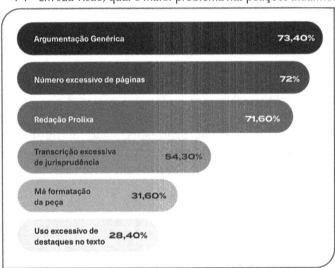

6. ASPECTOS QUE TORNAM AS PETIÇÕES MAIS AGRADÁVEIS PARA LEITURA E ANÁLISE

Quando questionados sobre os aspectos que tornam as petições mais agradáveis para leitura a análise, os participantes, em sua vasta maioria (99,2%), apontaram a redação objetiva como sendo o fator mais importante (os participantes poderiam assinalar uma ou mais opções e apenas quatro não apontaram essa alternativa). Em seguida foram indicadas a boa formatação da peça (64,2%), abrangendo itens como fonte, tamanho e espaçamento entre linhas, e a redução do número de páginas (58,4%).

Embora com menor percentual (41%), a combinação entre elementos textuais e visuais, como infográficos, vídeos e imagens, foi também identificada como um aspecto relevante para a leitura e análise das petições:

P5 – Em sua visão, o que torna uma petição mais agradável para a leitura e análise?

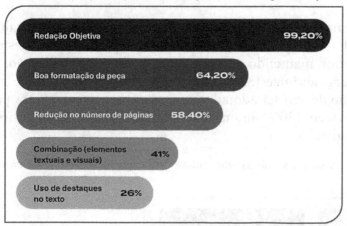

7. RECEBIMENTO DE PETIÇÕES COM ELEMENTOS VISUAIS

Os(as) juízes(as) estaduais assinalaram os *links* para acesso externo (49,1%) como sendo os recursos mais identificados nas petições, seguidos pelos gráficos (42,1%) e pelos fluxogramas (38,4%). Os participantes poderiam assinalar quantas opções entendessem pertinentes e dispunham de ícones ao lado de cada uma delas, de modo a facilitar a visualização:

P6 – O participante já recebeu, em seu gabinete, petição ou documento com algum dos seguintes elementos visuais?

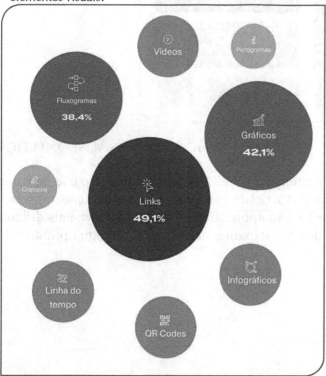

8. ELEMENTOS VISUAIS QUE NÃO DEVEM SER UTILIZADOS EM PETIÇÕES

Os participantes foram indagados ainda sobre qual(is) elemento(s) visual(is) não deve(m) ser utilizado(s) em petições. O questionário repetiu aqui as mesmas opções da pergunta anterior, mantendo os ícones para facilitar a visualização. De acordo com mais da metade dos juízes(as), ícones (54,1%) e *QR Codes* (50,5%) são elementos visuais que não devem ser adotados nas peças processuais. *Links* para acesso externo (33,8%) e vídeos (30%) foram igualmente assinalados como recursos que não devem ser utilizados:

P7 – Quais dos elementos visuais a seguir o participante entende que não devem ser usados em petições?

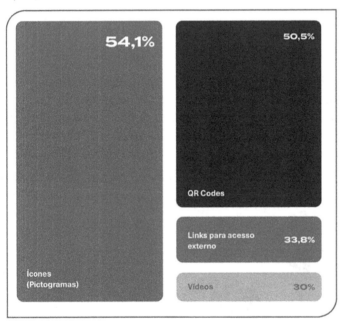

9. ELEMENTOS VISUAIS FACILITAM OU DIFICULTAM A ANÁLISE DA PETIÇÃO?

A grande maioria dos participantes (77,9%) assinalou que o uso de recursos visuais facilita a análise da petição, desde que usado com moderação, ou seja, sem excessos. Uma parte menor (6,4%) apontou que os elementos visuais dificultam a análise da petição e 8,7% dos participantes ainda não formaram opinião sobre o assunto:

P8 – O participante entende que o uso de elementos visuais facilita ou dificulta a análise da petição?

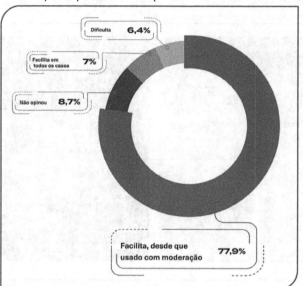

10. MODELOS DE PETIÇÕES MAIS (E MENOS) AGRADÁVEIS PARA LEITURA E ANÁLISE

A pesquisa apresentou aos(às) juízes(as) três modelos diferentes de petições e questionou qual das opções seria a mais agradável para leitura e análise. O modelo "A" reproduz uma petição tradicional, redigida no Microsoft Word, sem o uso de elementos visuais. O modelo "B" expõe uma petição com acabamento em *design* gráfico, porém com poucos recursos visuais. Já o modelo "C", se comparado ao anterior, abusa das cores e utiliza os elementos visuais de forma excessiva. Em síntese, 46,7% dos respondentes selecionaram o modelo "A" como sendo o mais agradável para leitura e análise a peça mais simples, no qual só havia texto. O modelo "B" veio em seguida, sendo assinalado por 44,1% dos respondentes. Por fim, o modelo "C" foi visto pelos(as) magistrados(as) estaduais como sendo o menos agradável (9,1%) para leitura e análise:

P9 – Veja os três modelos de petição a seguir. Qual das opções mais lhe agrade para fins de leitura e análise?

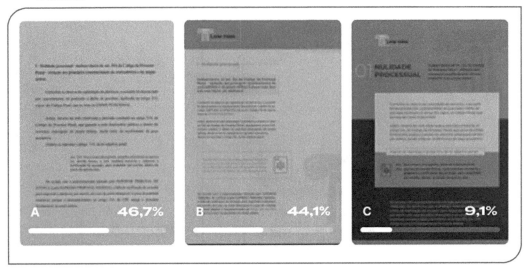

11. CONCLUSÕES

A pesquisa revela, inicialmente, que a magistratura estadual não aprecia petições que apresentam argumentação genérica, número excessivo de páginas e redação prolixa, preferindo peças com redação objetiva, bem formatadas, com reduzido número de páginas e que combinem elementos textuais com visuais. Os mesmos aspectos, a propósito, foram identificados na pesquisa *"Elementos visuais em petições na visão da magistratura federal"*, publicada em 2021 e apresentada em capítulo próprio neste livro. É possível afirmar, portanto, que o modelo de petição ideal passa próximo da configuração acima apresentada.

Conforme o levantamento, os *links* para acesso externo são os elementos mais utilizados nas petições (49,1%). Tal aspecto sugere que os advogados estão bastante familiarizados com esse recurso e indica que os profissionais estão empregando conteúdos extra-autos para apresentar seus argumentos nas petições. Os gráficos foram também assinalados como recursos que aparecem nas petições (42,1%), sugerindo que advogados estão investindo na comunicação visual para expor suas teses jurídicas. A pesquisa revela que os *links* para acesso externo (49,1%) aparecem mais nas petições que os *QR Codes* (26,4%), aspecto identificado também na pesquisa com a magistratura federal (2021).

Segundo a pesquisa, os(as) juízes(as) estaduais estão receptivos ao uso de elementos visuais em petições. E, à semelhança dos federais (2021), entendem que facilitam a análise das peças, desde que sejam adotados com moderação, isto é, sem excessos. Tal como ocorreu no levantamento de 2021, com a magistratura federal, os(as) juízes(as) estaduais ficaram divididos em relação aos modelos de petições expostos no *survey*, ora assinalando o modelo "A" como o mais aprazível (46,7%), ora apontando o modelo "B" como o mais agradável para leitura a análise (44,1%). Em ambas as pesquisas, porém, prevaleceu o modelo "A" como o mais aceito.

De acordo com o levantamento, ícones (pictogramas) e *QR Codes* são elementos visuais que não devem ser usados nas peças. Ambas as opções foram assinaladas por mais de metade dos participantes. Em relação aos *QR Codes*, tanto a pesquisa de 2021 quanto o levantamento apresentado neste capítulo demonstram que os(as) magistrados(as) não recepcionam bem esses recursos, indicando que sua adoção não facilita a leitura e análise das petições. Os resultados revelam, finalmente, que a magistratura está dividida no que diz respeito ao modelo mais agradável para leitura e análise, mas uma parte maior dela prefere o formato tradicional de petição ("A").

Tive o imenso prazer de coordenar ambas as pesquisas ao longo dos últimos dois anos, mas o desejo de compreender as nuances do *Visual Law* não cessará por aqui. Será que os(as) ministros(as) do Superior Tribunal de Justiça (STJ) e do Supremo Tribunal Federal (STF) estarão também receptivos(as) em relação ao uso de elementos visuais em petições? Esse questionamento será objeto de análise dos integrantes do grupo de pesquisa VisuLaw nos próximos meses. Aguardemos as cenas dos próximos capítulos.

14

LEGAL DESIGN E A UTILIZAÇÃO DE *NUDGES* NOS CONTRATOS DE CONSUMO

Arthur Pinheiro Basan

Doutor em Direito pela Universidade do Vale do Rio dos Sinos (UNISINOS). Mestre em Direito pela Universidade Federal de Uberlândia – UFU. Associado Titular do Instituto Brasileiro de Estudos em Responsabilidade Civil – IBERC. Professor adjunto na FESURV– Universidade de Rio Verde (UniRV). ORCID: https://orcid.org/0000-0002-0359-2625. Contato eletrônico: arthurbasan@hotmail.com

Rhaissa Souza Proto

Mestranda profissional em Direito da Empresa e dos Negócios pela UNISINOS. Estudante de MBA em Compliance e Gestão de riscos: ênfase em Governança e Inovação- EAD pela Faculdade Pólis Civitas. Especialista em direito do Trabalho e Processo do Trabalho pela EDH (2019). Graduada em Direito pela FESURV– Universidade de Rio Verde (2017). Atualmente é advogada. Contato eletrônico: rhaissaproto@hotmail.com

https://youtu.be/YkC60D9x-uo

Sumário: 1. Introdução. 2. *Nudges*, arquitetura de escolha e paternalismo libertário: interligação com a economia comportamental. 3. A eficácia da utilização dos *nudges*. 4. Os *nudges* nas relações contratuais de consumo. 5. Considerações finais. 6. Referências.

1. INTRODUÇÃO

Os contratos elaborados com base nos princípios de design buscam, de uma maneira geral, o aperfeiçoamento da experiência do usuário em documentos jurídicos. Com base nesse ponto de partida, a presente pesquisa se desvela a partir da análise teórica sobre as possibilidades de aplicação de *nudges, en passant* – "cutucadas" ou "empurrãozinho" – ao Direito, mais especificamente, às relações contratuais de consumo.

A utilização de *nudges*, de um modo geral, é relacionada à estratégia de reenquadramento de atitudes, através da utilização de incentivos, isto é, a partir da influência à pessoa para que tome atitudes em uma determinada direção predefinida. Como se não bastasse, a estratégia também se relaciona à economia comportamental, tendo em vista que busca aprimorar o poder explicativo das teorias econômicas a partir da utilização de princípios psicológicos. Evidentemente, por meio de diversas variáveis, os *nudges* permitem ser a válvula motriz para influenciar decisivamente a forma de tomada de escolhas pelos indivíduos.

Nessa perspectiva, a problemática de pesquisa pode ser desenhada a partir das seguintes questões: considerando o aprofundamento do conhecimento das ciências psicológicas que permite a avaliação e o direcionamento da tomada de decisões, de que maneira os *nudges* podem ser utilizados nos contratos, notadamente para fins promover a proteção da parte mais fraca na relação contratual? Dentre as espécies de *nudges*, quais delas são mais relevantes para o direito, notadamente a partir dos fundamentos do legal design? O direito brasileiro regula o uso de *nudges*?

Partindo daí, o presente estudo tem como objetivo geral refletir a respeito do uso do Legal Design que permite a aplicação da estratégia de *nudges* nas relações contratuais. Tendo como base a problemática apresentada, o texto trabalha com os seguintes objetivos específicos: i) conceituar e apresentar as origens da ferramenta *nudge*; ii) apontar como a influência à tomada de comportamentos benéficos produz efeitos na relação contratual; iii) descrever a necessária relação dos *nudges* com as características da economia comportamental; iv) apresentar a eficácia do design focado na influência de comportamentos para a otimização dos efeitos de proteção nas relações contratuais de consumo.

Trabalha-se, portanto, com a hipótese de que a utilização dos *nudges* corresponde ao fato de evoluir a vida dos indivíduos e ajudar na solução de vários dos problemas da sociedade, com custo barato e com a finalidade de manter a autonomia dos cidadãos sem o descuido com a proteção de valores essenciais reconhecidos pelo sistema jurídico. Com efeito, uma das importantes justificativas do estudo se baseia na utilização dos *nudges* como ferramentas de políticas públicas em diversos países e em variadas áreas, conforme se demonstrará adiante. Isso porque, por ser uma ferramenta de condução não coercitiva, não impositiva a um determinado comportamento social, pode ser uma forma de intervenção adequada a organizar a conscientização do usuário do produto ou serviço.

Por excelência e essencialmente, a aplicação do referido mecanismo nos contratos e outros documentos jurídicos, além de auxiliar, positivamente, na tomada de atitudes, se trata de medida de simplificação administrativa, que altera o comportamento das pessoas de forma previsível, porém sem proibir nenhuma das outras opções possíveis ou alterar significativamente as consequências econômicas.[1] Para tanto, necessário se faz entender como funciona a aplicação desse mecanismo e os reflexos positivos decorrentes de seu emprego.

Assim, para fins de acerto metodológico, o trabalho encontra-se divido em três partes. De início, pretende-se apresentar um breve conceito, a origem e o funcionamento da utilização da ferramenta *nudge*. Em ato contínuo, serão apresentados motivos que levam a crer pela melhoria da eficácia dos efeitos da relação contratual a partir do uso dessa ferramenta. Por fim, visa-se apontar que a aplicação do mecanismo de *nudge*, além de legalmente possível, é benéfica às relações contratuais, visando mitigar ocorrências negativas por tomada de medidas consideradas erradas, ditas como irracionais, que poderiam ter sido evitadas. No intuito de resolver essas questões, a pesquisa será realizada no procedimento dedutivo, escorada em substratos bibliográfico-doutrinários e pesquisa qualitativa. Essa é a meta que se segue.

2. *NUDGES*, ARQUITETURA DE ESCOLHA E PATERNALISMO LIBERTÁRIO: INTERLIGAÇÃO COM A ECONOMIA COMPORTAMENTAL

Inicialmente, para melhor compreensão da aplicação de *nudges* nos documentos e contratos, necessário se faz analisar algumas ferramentas apresentadas pelos economistas comportamentais que auxiliarão no entendimento da sua funcionalidade, quais sejam i) o próprio conceito de *nudges;* ii) a arquitetura de escolha e; iii) o paternalismo libertário[2]. Essas ideias serão apresentadas neste tópico de estudo.

O termo *nudge* tem estritamente a sua tradução como um "empurrão". Um *nudge* seria um novo enquadramento de escolhas, feito com a finalidade de superar as tendências inconscientes fazendo com que indivíduos adotem decisões consideradas irracionais[3]. *Nudges* são ferramentas utilizadas por governos ou por organizações privadas, para auxiliar nas decisões a serem tomadas, como uma espécie de "empurrãozinho", de preferência na direção predefinida como adequada, atentando-se ao atendimento da liberdade de escolhas. Oportuno mencionar que os *nudges* podem ser utilizados tanto para lado negativo quanto par ao positivo, conectando-se fortemente, dessa forma, ao conceito de ética[4].

---

1. THALER, Richard H; SUSTEIN, Cass R. *Nudge*: improving decisions about health, wealth and happiness. London: Penguin Books, 2009.
2. THALER, Richard H; SUSTEIN, op cit..
3. NERY, P. F. *Errar é Humano*: economia comportamental aplicada à aposentadoria. Brasília: Núcleo de Estudos e Pesquisas/CONLEG/ Senado, fevereiro/2016 (Texto para Discussão 188). Disponível em: www.senado. leg.br/estudos. Acesso em: 28 jun. 2022.
4. KESSLER, Felix. *Empurrõezinhos e nossos processos cerebrais*. Disponível em: http://www.economiacomportamental.org/nacionais/empurroezinhos-e-nossos-processos-cerebrais/. Acesso em: 28 jun. 2022.

Conforme se nota, apenas algumas modificações nos ambientes podem influenciar as escolhas de indivíduos e "empurrar" seus comportamentos em alguma específica direção. Tais empurrões, conhecidos como *nudges*, que se trata de uma simplificação administrativa, foram oportunamente definidos por Richard Thaler, vencedor do Prêmio Nobel de Economia em 2017, e Cass Sunstein, e se tornou uma ferramenta de política pública em diversos países, em várias áreas. Se trata, portanto, de uma verdadeira arquitetura de escolhas moldada para alterar e conduzir o comportamento das pessoas, através de previsões socialmente desejada com a finalidade de melhorar a vida do indivíduo, sem proibir nenhuma opção ou alterar significativamente as consequências.[5]

Conforme supracitado, *nudge*, ou *nudging*, é um termo de origem da língua inglesa que significa "cutucar", ou em outros termos, "dar um empurrão". Trata-se de uma indicação, sendo uma ferramenta de cunho sugestivo que influencia a tomada de decisões dos indivíduos para o fomento de objetivos específicos nos mais diversos setores, tanto públicos, quanto privados.

A utilização dessa ferramenta possui como fundamento para sua aplicação a premissa econômica comportamental de que os cidadãos nem sempre escolhem as melhores opções para si. Isso porque compreende-se que as decisões humanas são tomadas tendo como base uma racionalidade limitada, uma vez que sofrem influência de vários fatores e segmentos, por vezes distantes da realidade material e de resultados benéficos. Parte-se, portanto, do pressuposto de que se o comportamento humano irracional pode ser previsto, influenciado ou estimulado a certa tomada de conduta mais adequada.[6]

Desse modo, um *nudge*, assim como propriamente diz o termo, é qualquer aspecto da arquitetura de escolhas que altera o comportamento das pessoas a fim de conduzir a uma determinada direção, sem evidentemente proibir nenhuma das outras opções existentes ou sem alterar significativamente seus incentivos econômicos. Para ser considerado como um *nudge*, a intervenção deve ser de acessível entendimento e módico de se evitar, tendo em vista que os *nudges* não são mandatórios[7].

Passando para a análise das outras ferramentas apresentadas pelos economistas comportamentais, destaca-se o paternalismo libertário, que se trata de uma espécie de intervenção relativamente fraca e não intrusiva, já que por mais que as escolhas optadas sejam erradas, não são bloqueadas. Se os indivíduos preferirem priorizar escolhas maléficas, os paternalistas libertários não irão forçar ao contrário. É o que ocorre, por exemplo, se a pessoa prefere fumar cigarro ou mesmo optar por um plano de saúde inapropriado, em que pese as advertências feitas pelo poder público no sentido contrário.[8]

---

5. THALER, Richard H; SUSTEIN, op cit..
6. FEITOSA, Gustavo Raposo Pereira; CRUZ, Antonia Camily Gomes. *Nudges* fiscais: a economia comportamental e o aprimoramento da cobrança da dívida ativa. *Pensar: Revista de ciências jurídicas*. e-ISSN:2317-2150. Disponível em: https://periodicos.unifor.br/rpen/article/view/10258. Acesso em: 28 jun. 2022.
7. THALER, Richard H; SUSTEIN, op cit.
8. Ibid., p. 6

Consoante se percebe, a arquitetura de escolhas (*choice architecture*) se integra aos conhecimentos de paternalismo libertário e de *nudge*. Trata-se, originalmente, da organização do contexto no qual as pessoas tomam suas decisões. Um arquiteto de escolhas, trabalhando em um contexto que está inserido o indivíduo, através de *nudges,* pode exercer influência na tomada de decisões.[9] O *nudge*, portanto, pode ser compreendido como uma espécie de arquitetura de escolha, delineando para modificar e induzir o comportamento das pessoas de forma previsível, visando influenciar a tomada de decisões para direções socialmente desejáveis e anteriormente definidas.

No que se refere à economia comportamental, parte-se do pressuposto de que as pessoas decidem com base em hábitos, experiências acumuladas, fatores emocionais, comportamentos alheios, por conta de relações sociais grupais, por meio de regras práticas e de forma simples. Ou seja, geralmente as pessoas agem dessa forma ao invés de optarem por soluções apenas satisfatórias, devido à busca por rapidez no processo decisório e à dificuldade em equilibrar interesses de curto, médio e longo prazo.

Desse modo, a ciência comportamental evidencia que a grande maioria das decisões que indivíduos tomam diariamente são automáticas: não param para pensar. Logo, o ser humano é afetado em suas decisões por influências psicológicas, emocionais, conscientes e inconscientes e devem ser incorporadas aos modelos.[10]

Partindo dessas considerações, é possível destacar que os seres humanos são naturalmente sociais e, ao tomarem decisões, na maioria dos casos, são afetados pelo que outras pessoas pensam ou por outras questões que envolvem o comportamento em grupos, e não tanto pelo resultado esperado. Isso faz com que exista certa tendência ao comportamento coletivo em certos padrões semelhantes e, consequentemente, seja possível prever e até mesmo elaborar estratégias capazes de influenciar a tomada de decisões.

Assim, é possível afirmar que, tanto na vida pessoal quanto profissional, inúmeras decisões a todo tempo são tomadas, e essas escolhas, a partir das concepções da economia comportamental, são influenciadas não apenas por deliberações racionais, mas também pelo design do ambiente. Neste aspecto, ganha relevância a forma com que a informação é apresentada, levando em consideração que, de maneira inconsciente, influencia a tomada de decisão dos indivíduos.[11]

---

9. Ibid., p. 1-4.
10. ALEMANNO, Alberto, SPINA Alessandro. Nudging legally: On the checks and balances of behavioral regulation. *International Journal of Constitutional Law*, 12, 2014: 429-56. Disponível em: https://academic.oup.com/icon/article/12/2/429/710410. Acesso em: 28 jun. 2022. p. 432.
11. JOHNSON, E. J., SHU, S. B., DELLAERT, B. G., FOX, C., et. al. Beyond nudges: Tools of a choice architecture. Marketing Letters, 23(2), 2012. p. 487-504. Disponível em: https://www.semanticscholar.org/paper/Beyond-nudges%3A-Tools-of-a-choice-architecture-Johnson-Shu/b0a52ca49f7ecc82686831ed4ffc434a-dc14e876. Acesso em: 28 jun. 2022.

Figura 1 – Ilustração sobre a influência na tomada de decisões e preferências[12]

Logo, é graças a economia comportamental que há a ocorrência de mudanças no modelo regulatório em diversos ordenamentos, destacando-se pelo uso de *nudges*, que passou a se tornar cada vez mais popular. Evidentemente, apesar da aparente simplicidade dos *nudges*, essa ferramenta exerce um grande impacto no mercado e na sociedade de uma maneira geral.

Por isso, as bases da arquitetura de escolha são o bem-estar, a autonomia da vontade, a dignidade da pessoa e a autodefinição dos desejos do indivíduo.[13] O sistema de arquitetura de escolha ajuda as pessoas a melhorarem as suas capacidades de mapear e enxergar novas possibilidades e, portanto, selecionar opções mais adequadas e benéficas às suas necessidades.

Nesse diapasão, o *nudge* como ponto central do presente estudo, pode ser considerado como qualquer fator significante capaz de alterar o comportamento das pessoas, causando uma modificação na arquitetura da escolha (que se trata de atividade cooperada de organizar o contexto e a decisão de um indivíduo), sem que seja necessário a proibição de escolha de qualquer outra opção ou modificá-las.[14]

---

12. Fonte: WORLD BANK, 2015, p. 29. WORLD BANK. World Development Report 2015: Mind, Society, and Behaviour. Washington: World Bank, 2015, p. 29. Disponível em: http://documents1.worldbank.org/curated/en/645741468339541646/pdf/928630WDR0978100Box385358B00PUBLIC0.pdf. Acesso em: 28 jun. 2022.
13. TVERSKY, A., & KAHNEMAN, D. (1981). The framing of decisions and the psychology of choice. *Science*, *211*, 453-458. Disponível em: https://science.sciencemag.org/content/211/4481/453.abstract. Acesso em: 28 jun. 2022.
14. Ibid, p. 455.

É o caso, por exemplo, da disposição de alimentos mais saudáveis em uma cafeteria, com a finalidade de induzir a consumir esses ao invés de outros de menor qualidade[15], ou a utilização da publicização de tabelas de consumo e eficiência enérgica de eletrodomésticos exigida pelo *Inmetro*. Ainda, para seguir nos exemplos, pode-se destacar a informação nutricional em produtos alimentícios, conforme disposições da Agência Nacional de Vigilância Sanitária (Anvisa).

Pode-se ainda citar que, para o combate à pandemia do COVID-19, houve aplicação de *nudges* importantes para evitar a disseminação do vírus, como por exemplo, os alertas de conscientização direcionadas ao público em geral com o fim de evitar aglomerações. O GPS utilizados por aplicativos de navegação também é um exemplo clássico que sugere a definida como melhor rota em termos de distância e conveniência, a menos que o usuário prefira fazer uma rota um pouco mais longa para uma viagem mais panorâmica[16].

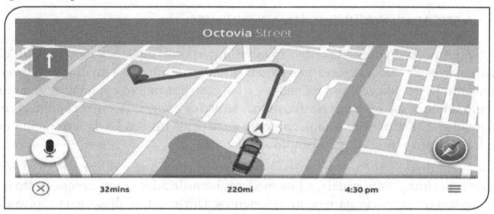

Figura 2 – Visualização de indicação da melhor rota – exemplo de Nudge[17]

Com efeito, a implementação de *nudges* nas políticas públicas por meio de intervenções não invasivas nas decisões dos indivíduos é defendida por Sunstein e Thaler[18]. Por se tratar de uma ação que age diretamente em processos decisórios, é necessário demandar maiores cuidados sobre a vontade do cidadão, de modo a garantir que o responsável por introduzir o *nudge* esteja realmente na busca do bem-estar-social, pois somente neste segmento que é a mesma considerada legítima.

Interligado ao conceito de *nudge* está o conceito de liberdade de escolha, que define que os indivíduos são livres para tomarem suas decisões e seus comportamentos. Sobre esse tema, Kessler traz que:

---

15. THALER, Richard H; SUSTEIN, op. cit., p. 1-4.
16. BHARATH, B. S. *The Nudge Theory*: a stellar strategy for a better outcome. Disponível em: https://uxdesign.cc/nudge-theory-a-stellar-strategy-for-a-better-outcome-8504d5f7af74. Acesso em: 28 jun. 2022.
17. Fonte: UX Collective, 2020. Disponível em: https://uxdesign.cc/nudge-theory-a-stellar-strategy-for-a-better-outcome-8504d5f7af74. Acesso em: 28 jun. 2022.
18. SUNSTEIN, Cass; THALER, Richard H. op. cit., p. 13-14.

O segundo conceito importante é o da Arquitetura da Escolha. Esse é o nome dado ao processo de elaboração do método a ser utilizado para que melhores decisões sejam tomadas por parte daqueles que enfrentam uma situação de escolha. Porém, é importante deixar claro que só se pode considerar um *nudge* aquelas intervenções onde a liberdade de escolha é mantida. Em outras palavras, não se deve induzir alguém a tomar uma atitude sem que este possa arbitrar *a priori* ante as possibilidades. Este ainda é um assunto muito polêmico, pois a autonomia individual é algo considerado sagrado no mundo ocidental. [19]

O que se compreende, portanto, é que as medidas relativas à utilização da arquitetura de escolhas e o *nudge* devem ser aplicadas visando atender decisões onde os indivíduos podem cometer erros, sem saber qual momento erraram e sem a possibilidade para reunir a experiência devida para uma mesma decisão. Evidentemente, apesar do uso de *nudges* se apresentar como vantajoso, de uma forma geral, é preciso sempre o devido respeito à liberdade de escolhas.[20]

3.   A EFICÁCIA DA UTILIZAÇÃO DOS *NUDGES*

A proposta do presente artigo envolve importantes questões, como a definição das espécies de *nudges* relevantes para o direito, ou mesmo a análise se o direito brasileiro já estabelece o uso de *nudges*, e em caso afirmativo em quais segmentos. Como se não bastasse, é preciso questionar se uso de *nudges* encontra coerência com os ditames constitucionais, notadamente a partir da utilização da ferramenta nos contratos para a tutela dos consumidores.

Partindo dessas considerações, é possível afirmar que o próprio Poder Legislativo, em situações pontuais, adota medidas identificadas como *nudges*, posto que estimulam ou desencorajam comportamentos. Um exemplo disso, é o próprio Código de Defesa do Consumidor que, ao impor aos fornecedores o dever de prestar informações de produtos/serviços ofertados, acaba por municiar os consumidores para que, nas suas escolhas, optem pelas melhores opções, através do consentimento devidamente esclarecido. Dito de outra forma, a utilização dessa ferramenta pelo legislador assegura ao consumidor o direito de obter facilmente informação a respeito do produto cuja exposição está destacada das demais.

Outra ilustração legal é a prevista no artigo 52 do CDC, que impõe deveres de informação específicos no fornecimento de produtos ou serviço com concessão de financiamento ao consumidor.[21] Essa exigência mais profunda de cientificar infor-

---

19. KESSLER, op. cit.

20. RAMIRO, Thomas; FERNANDEZ, Ramon Garcia. *O nudge na prática*: algumas aplicações do paternalismo libertário às políticas públicas. Disponível em: https://periodicos.ufsc.br/index.php/economia/article/view/2175-8085.2017v20n1p1/35327. Acesso em: 28 jun. 2022.

21. "Art. 52. No fornecimento de produtos ou serviços que envolva outorga de crédito ou concessão de financiamento ao consumidor, o fornecedor deverá, entre outros requisitos, informá-lo prévia e adequadamente sobre: I – preço do produto ou serviço em moeda corrente nacional; II – montante dos juros de mora e da taxa efetiva anual de juros; III – acréscimos legalmente previstos; IV – número e periodicidade das prestações e V – soma total a pagar, com e sem financiamento".

mações na concessão de crédito para abordar ainda a comparação com outros tipos de financiamentos, foi objeto de estudo pelo Banco Mundial, em 2015, e demonstrou o potencial de abreviar a contratação de produtos mais valorosos por indivíduos de baixa renda. Conforme constante no relatório da pesquisa, alguns empregados receberam no dia do pagamento um envelope com informações insuficientes sobre uma possível contratação de um "empréstimo de dia do pagamento"[22] e os demais receberam explicações mais detalhadas do que a primeira mencionada[23]. O resultado foi que os empregados que receberam o envelope com dados mais ricos em informação indicaram uma queda de 11% (onze por cento) na contratação da modalidade mais onerosa de crédito nos 04 (quatro) meses seguintes. [24]

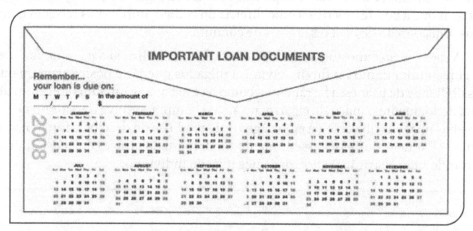

Figura 3 – Modelo de envelope com baixos dados sobre o empréstimo[25]

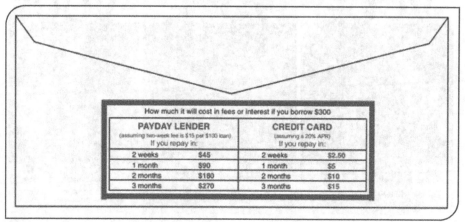

Figura 4 – Modelo de envelope com informações detalhadas[26]

---

22. Figura 1.
23. Figura 2.
24. WORLD BANK. Op. cit.
25. Fonte: WORLD BANK, 2015, p. 32-33.
26. Fonte: WORLD BANK, 2015, p. 32-33.

A partir desse exemplo, por excelência, nota-se que a utilização da ferramenta *nudge* e a imposição pelo legislador desse dever de informação, mantém o foco no auxílio a tomada de decisões. Isso evita, portanto, a posterior aplicação de mecanismos que invalidariam os negócios jurídicos, ou seja, depois de sua ocorrência. Trata-se, pois, de medida de prevenção, na tutela do consumidor, presumidamente vulnerável. Isso porque há a existência de um potencial que melhora a forma como se toma decisões, evitando desgastes por atitudes pensadas (ou impensadas) automaticamente.

No Código Civil, a sistemática do uso de *nudges* nos contratos segue a mesma lógica. Isso porque o mecanismo binário de validade/invalidade é um estímulo comportamental, e ao mesmo tempo exige deveres de informação, notadamente ao destacar que a boa-fé objetiva, como diretriz do código, impõe, nas relações contratuais, uma porção de deveres anexos de conduta.

Veja-se, pelo exposto, que o direito brasileiro já utiliza *nudges* tanto no direito do consumidor como no direito civil. Há julgados que já se posicionam quanto a possibilidade de usar essa ferramenta, como o caso em que um fumante, ao analisar mais detidamente o maço de cigarro, no ato da compra, resolve desistir do negócio ao ver as imagens no verso da embalagem, obstando-se do desejo de fumar naquele instante. Nota-se que esse ressentimento foi despertado através do *nudge* aplicado, causando uma restrição da liberdade negativa do indivíduo.

Figura 5 – Avisos em maços de cigarro[27]

---

[27] O GLOBO. *Anvisa divulga novas advertências para maços de cigarro*. 15 dez. de 2017. Disponível em: https://oglobo.globo.com/sociedade/saude/anvisa-divulga-novas-advertencias-para-macos-de-cigarro-22196569. Acesso em: 28 jun. 2022.

O Superior Tribunal de Justiça já enfrentou esse questionamento nos autos do Resp. 1199000 RJ 2010/0112513-9, que ao negar provimento ao recurso especial, decidiu, naquela oportunidade, que o objetivo das restrições à propaganda de produtos nos maços de cigarro é essencialmente proteger as gerações presentes e futuras das consequências incalculáveis provocadas pelo consumo e/ou pela exposição à fumaça do tabaco "a fim de reduzir de maneira contínua e substancial a prevalência do consumo e a exposição à fumaça do tabaco" [28]. O julgado definiu que:

> Recurso especial. Direito processual civil e administrativo. Divergência jurisprudencial. Inocorrência. Ausência de similitude fáctica entre os acórdãos recorrido e paradigmas. Omissão e contradição. Inexistência. Restrição à propaganda de tabaco. Tutela antecipada. Revogação. Legalidade. Recurso improvido. 1. Inexiste divergência jurisprudencial entre acórdãos que se ressentem de similitude fáctica, por excluído o dissídio de teses jurídicas. 2. A circunstância das imagens, nos maços de cigarros, se revelarem impactantes, fortes, repulsivas, provocadoras de aversão, em nada ofende a Constituição e a Lei, fortes, quanto à matéria, no dever de alertar e advertir a população consumidora ou só potencialmente consumidora de tabaco quanto aos seus malefícios, e de apresentar mecanismos de defesa da população contra a propaganda e o incentivo do e ao fumo. 3. Recurso especial improvido.

Diante disso, surge a dúvida se o *nudge* poderia ser considerado uma forma de manipulação, afinal, nas palavras de Dworkin "Por que viola a dignidade? Por que viola a autonomia? Por que viola uma concepção de liberdade?"[29].

Ocorre que o *nudge* não é considerado manipulação, já que por um lado, não altera os incentivos econômicos existentes previamente, e, por outro, também não obriga um indivíduo a seguir qualquer direção específica. *Nudges* podem ser alertas, *defaults* (que são as escolhas padrão) ou requerimentos de divulgação de informações ao público de maneira direta e clara[30].

Na verdade, o próprio mercado talvez funcionasse como um agente regulador invisível, caso inovasse em estratégias de antecipação para atender às demandas mercadológicas. É bastante plausível o pensamento de que a diminuição dos defeitos das internalidades pelo mercado provoquem ganhos de bem-estar.[31] Nesse caso, estar-se-ia optando por adotar uma posição libertária.

4. OS *NUDGES* NAS RELAÇÕES CONTRATUAIS DE CONSUMO

Diante do exposto, é possível perceber que o direito, por se tratar de um mecanismo privilegiado de regulação do comportamento, tem debatido a utilização de

---

28. BRASIL. *Superior Tribunal de Justiça*. Resp: 1199000 RJ 2010/0112513-9, Relator: Ministro Hamilton Carvalhido, Data de Julgamento: 16.11.2010, T1 – Primeira Turma, Data de Publicação: DJe 11 de maio 2011.
29. Tradução do original: ""Because it violatesdignity? Because it violates autonomy? Because it violates a conception of liberty?" DWORKIN, Gerald. *Paternalism. The Stanford Encyclopedia of Philosophy* (Spring 2017 Edition), Edward N. Zalta (ed.). Disponível em: https://plato.stanford.edu/archives/spr2017/entries/paternalism/. Acesso em: 28 jun. 2022.
30. SUNSTEIN, Cass; THALER, op. cit.
31. SUNSTEIN, Cass; THALER, op. cit.

nudges, como meio dessa regulação a partir de condicionamentos implícitos. Contudo, o tema ainda é pouco desenvolvido no Brasil. Para promoção de *nudges* e de figuras correlatas, há um grande campo a ser explorado em nosso país, através de mecanismos de planejamento contratual, seja em contratos paritários ou em contratos de adesão.

Conforme supracitado, é sempre importante questionar se a utilização do *nudge* tolhe a autonomia, a liberdade ou a autodeterminação do indivíduo, pelo fato de criar uma determinada influência para tomada de certas atitudes. Uma das principais características da utilização dessa ferramenta, para que seja apropriada ao seu uso, é verificar se há transparência e efetividade dessa intervenção. Isso porque, por poder ser utilizada como medida maliciosa, somente se justifica a utilização dessa ferramenta se houver amparo com os valores fundamentais do sistema jurídico. Por isso a necessidade de se tornarem pública e transparente as finalidades dos *nudges,* para que possa ser auferido de alguma forma, em direcionar o comportamento para uma ação específica, não se limitando ao formalismo.

Sendo assim, o direito, através de uma visão instrumental, pode ser visualizado como uma espécie de "caixa de ferramentas", cuja finalidade é alcançar a maior eficiência possível no caso concreto. Ribeiro explica que "ser eficiente implica conhecer e gerir melhor os instrumentos disponíveis, para assim otimizar seu emprego e, em uma análise prática, 'resolver os problemas da vida'.[32]

Insta destacar que o propósito da utilização da economia comportamental, em conjunto com o direito, não seria substituir a teoria da escolha racional por uma referência inconsistente e não benéfica, mas sim modificar os elementos com a finalidade de complementar estes quando forem inadequados, de modo a criar uma ferramenta que terá um poder mais amplo de deduzir diante de situações específicas.[33] Dito de outra forma, quando o legislador determina a divulgação de informações, além dos estímulos comportamentais, presume-se que existe uma lacuna de conhecimento entre as partes do negócio e o dever de fornecer determinados conhecimentos, possibilitando que o indivíduo tome melhores decisões por possuir maior domínio das ocasiões pertinentes.[34]

A premissa básica da teoria clássica dos contratos é o princípio da autonomia da vontade, em que as partes do negócio têm a flexibilidade e a autoridade para determinar se querem ou não contratar aquele serviço ou adquirir determinado produto, e como se dará os efeitos dessa relação.

---

32. RIBEIRO, Leonardo Coelho. O direito administrativo como caixa de ferramentas e suas estratégias. *Revista de Direito Administrativo,* Rio de Janeiro, v. 272, p. 209-249, 2016.

33. KOROBKIN, Russell; ULEN, Thomas. Law and Behavioral Science: Removing the Rationality Assumption from Law and Economics. *California Law Review,* v. 88/4, art. 1, 2000. Disponível em: https://www.semanticscholar.org/paper/Law-and-Behavioral-Science%3A-Removing-the-Assumption-Korobkin-Ulen/b2c3350df45ffa98a96e71be4354b2290b289dc2. Acesso em: 28 jun. 2022.

34. CALO, Ryan. Code, Nudge, or Notice? *Iowa Law Review,* v. 99:773, 2014, p. 787. Disponível em: https://ilr.law.uiowa.edu/print/volume-99-issue-2/code-nudge-or-notice/. Acesso em: 28 jun. 2022.

Todavia, em contratos de adesão, essa autonomia acaba limitada, já que ao aderente, na maioria das vezes consumidor, é apenas cabível decidir se quer contratar ou não, através das cláusulas contratuais que não foram sequer debatidas. Essa é a diferença básica entre um contrato paritário e o de adesão: a liberdade de escolha e, consequentemente, o poder de negociação das cláusulas do instrumento contratual. E é diante dessa vulnerabilidade do consumidor que foi estabelecido pelo legislador (como direito fundamental), a proteção e a defesa do consumidor, por meio de regras específicas contra práticas abusivas.[35]

Em se tratando do direito do consumidor, é importante mencionar também que a teoria econômica clássica tem um viés de proteção em relação com o cliente, motivo pelo qual justifica a intervenção do Estado/Poder Judiciário nas relações contratuais que o indivíduo figura, especialmente quando o contrato em massa, de adesão, contém cláusulas abusivas.[36]

Inúmeros estudos de Direito e Economia Comportamental resultaram no fato de que o comportamento do consumidor é impulsionado por diversas variantes. Becher entende que "[...] os vieses cognitivos e os atuais padrões comportamentais dos consumidores têm papéis centrais, tanto de forma descritiva quanto normativa na lei dos contratos de adesão [...]"[37] e que "[...] esses vieses podem ter um papel importante na elaboração de contratos de adesão e na regulamentação das relações de consumo".[38]

Quando se trata de mercados competitivos, a tendência é que os contratos sejam eficientes, já que reflete as opções econômicas das partes envolvidas, em que os consumidores buscam otimizar a utilização e satisfação na seleção. E para se entender as preferências dos consumidores, a racionalidade dos mesmos são a decifração necessária. No momento em que o consumidor decide sobre o aproveitamento de bens, não maximiza os benefícios que se espera, acarretando na violação dos princípios comportamentais da teoria da escolha racional.[39]

No CDC, nota-se uma arquitetura que assemelha com o *nudge*, mas dirigida aos fornecedores e não aos consumidores, já que a utilização dessa ferramenta desestimula a prática considera abusiva.[40] É notório esse exemplo quando no artigo 39, inciso III e parágrafo único do referido diploma legal, a fim de evitar que consumidores sejam coagidos por fornecedores a adquirir produtos e serviços não solicitados, serão

---

35. NUNES, Luis Antonio Rizzatto. *Curso de direito do consumidor*. São Paulo: Saraiva, 2019.
36. MICELI, Thomas. The economic approach to law. 2. ed. Stanford: Stanford Economics and Finance, 2004. Disponível em: https://www.semanticscholar.org/paper/The-Economic-Approach-to-Law-Miceli/1ca-3178d63438329eae59eba578d22e6933170a6. Acesso em: 28 jun. 2022.
37. BECHER, Shmuel. Behavioral science and consumer standard form contracts. *Louisiana Law Review*, v. 68, n. 1, 2007. Disponível em: http://digitalcommons.law.lsu.edu/lalrev/vol68/iss1/6. Acesso em: 28 jun. 2022. p. 153.
38. BECHER, Shmuel, op. cit., p. 153.
39. ULEN, Thomas S. *Rational choice theory in law and economics*. 1999. Disponível em: https://reference.findlaw.com/lawandeconomics/0710-rational-choice-theory-in-law-and-economics.pdf. Acesso em: 28 jun. 2022.
40. BRASIL. Op. cit.

estes consideramos como amostra grátis.[41] Verifica-se, portanto, neste caso, que o legislador impõe uma consequência que constrange a prática do ato, porém deixa aberta a opção como uma estratégia de distribuição de brindes.

Diante disso, conclui-se que o estudo interdisciplinar do direito e da economia, sob o ponto de vista comportamental, no caso específico de contrato de adesão, ajuda a compreender o comportamento do cidadão e prever algumas situações que possam vir a ocorrer. É o caso, por exemplo, que explica que os consumidores, na maioria dos casos, não leem os contratos, e quando realizam a leitura, não estão suscetíveis de avaliar o seu conteúdo de forma racional, já que os indivíduos procuram não apenas as informações que reforcem sua convicção anterior, mas processam de uma forma que somente reafirmam os pontos de vistas e conhecimentos que já possui.[42]

Por oportuno, destaca-se que os contratos são ferramentas para efetuar trocas eficientes. Justifica-se, a partir desta premissa, que a padronização das relações contratuais é um modo de reduzir os custos de transação e os riscos de contingência. Tratando de contratos de adesão, estes são elaborados de forma unilateral, sem possibilidade de negociação e que são muito utilizados por empresas que atuam de forma direta com o destinatário final. Referidos instrumentos, na maioria dos casos, não são lidos pelos consumidores e, caso sejam lidos, na maioria dos casos não há compreensão total do conteúdo.[43]

Ainda assim, quanto maior a quantidade de observações e ressalvas apresentadas em um contrato, cheio de cláusulas, menor será a sua eficácia. A utilização da ferramenta *nudge* além de facilitar, ou seja, "empurrar" a escolha com foco na tutela do consumidor, carrega consigo a necessidade de maior transparência, procurando desburocratizar os contratos, instigando a tomada de decisões já previamente consideradas racionais e corretas, notadamente quando definidas pelo legislador de forma a tutelar a parte mais fraca da relação.

A utilização de *nudge* em contratos, se fizer referência sobre algum valor estimado, necessário se faz ressaltar o caráter de estimativa que as informações possuem, já que a utilização desse mecanismo nesse segmento corre o risco de má interpretação. Repisa-se, a ferramenta *nudge* além de ser transparente e clara, não obriga o indivíduo a uma tomada de atitude, apenas induz a que é considerada mais adequada ao contexto de escolha. A partir do exemplo mencionado, o alerta dos riscos do consumo do cigarro, por óbvio, não impede que o consumidor, ciente dos prejuízos de seu comportamento, mesmo assim adquira o produto.

---

41. "Art. 39. É vedado ao fornecedor de produtos ou serviços, dentre outras práticas abusivas: [...] III – enviar ou entregar ao consumidor, sem solicitação prévia, qualquer produto, ou fornecer qualquer serviço" "Parágrafo único: Os serviços prestados e os produtos remetidos ou entregues ao consumidor, na hipótese prevista no inciso III, equiparam-se às amostras grátis, inexistindo obrigação de pagamento".

42. BECHER, Shmuel. Op. Cit.

43. ZHANG, Mo. Contractual choice of law in contracts of adhesion and party autonomy. Akron Law Review, v. 41, 2007. *Temple University Legal Studies Research Paper* n. 2007-25. Disponível em: https://papers.ssrn.com/sol3/papers.cfm?abstract_id=1017841. Acesso em: 28 jun. 2022.

Deste estudo, conclui-se que a utilização de *nudge* é constitucional, legal e possui inúmeros benefícios, desde que respeitando os valores fundamentais do sistema jurídico pátrio, como a tutela do consumidor. Corrobora com esse argumento a própria exposição do Ministro Hamilton Carvalhido, no julgado anteriormente citado, em que diz que:

> em nada ofende a Constituição e a Lei, fortes, quanto à matéria, no dever de alertar e advertir a população consumidora ou só potencialmente consumidora de tabaco quanto aos seus malefícios, e de apresentar mecanismos de defesa da população contra a propaganda e o incentivo do e ao fumo.[44]

Destaca-se ainda que pelo fato de não ser obrigatório, o incentivo à utilização de *nudge* funciona como plano prévio de persuasão colocado à avaliação do indivíduo no momento da escolha. *Nudges* são bem-vindos para decisões raras (além dos casos mais simples); infrequentes (e os frequentes); difíceis (e mais simples); em que as pessoas têm dificuldade de traduzir aspectos da situação em termos que elas consigam de maneira fácil entender; sem pronto feedback; com efeitos futuros que não conseguem visualizar no momento da concretização do ato e, também, nos casos em que a relação entre escolha e experiência é ambígua.[45]

5. CONSIDERAÇÕES FINAIS

O uso de *nudges*, através de uma intervenção no mercado, tem atingido resultados importantes na mudança de comportamento dos cidadãos perante decisões complexas. Com base na literatura sobre os *nudges* o estudo propôs o uso dessa ferramenta em contratos, especialmente os de consumo, demonstrando a sistemática de seu uso, as vantagens em sua aplicação, que reduz a complexidade e a insatisfação associada à tomada de atitudes. A principal finalidade de implementar uma política de *nudges* é tornar a vida do indivíduo mais simples e segura e, nos casos do consumidor, ampliar o grau de eficácia das normas protetivas.

Avaliou-se que *nudges* tem potencial de ajudar os cidadãos a tomar atitudes que possam ser mais satisfatórias no futuro. Porém, destaca-se de passagem que se trata de uma ferramenta complementar e não substitutiva a tratamentos tradicionais de políticas públicas. A sua utilização em contratos e outros documentos, facilita a tomada de atitudes preventivas que causam inúmeros benefícios para ambas as partes do negócio, especialmente quando fundamentada em um cariz de proteção do sujeito mais frágil.

Uma das formas eficientes de utilizar a ferramenta *nudge* é ajudando as pessoas a melhorarem suas capacidades de mapear a situação em que se encontram, já que dessa maneira é passível de escolher melhor as opções de acordo com o que precisam.

---

44. BRASIL. op. Cit.
45. SUNSTEIN, Cass; THALER, Richard H., op. cit., *passim*.

Uma das modalidades de se fazer isso é tornar públicos e compreensíveis todos os dados sobre as opções disponíveis, facilitando a escolha do indivíduo que antes não tinha disponível para si o conhecimento necessário para a tomada de decisão mais benéfica.[46] Portanto, é possível concluir que os *nudges*, nas relações de consumo, são bem-vindos, afinal, realizam um dos valores mais fundamentais para a tutela dos consumidores, a saber, a informação!

6. REFERÊNCIAS

ALEMANNO, Alberto, SPINA Alessandro. Nudging legally: On the checks and balances of behavioral regulation. *International Journal of Constitutional Law* 12, 2014: 429–456. Disponível em: https://academic.oup.com/icon/article/12/2/429/710410 Acesso em: 28 jun. 2022.

BHARATH, B. S. *The Nudge Theory*: a stellar strategy for a better outcome. Disponível em: https://uxdesign.cc/nudge-theory-a-stellar-strategy-for-a-better-outcome-8504d5f7af74m Acesso em: 28 jun. 2022.

BRASIL. *Lei 8.078, de 11 de setembro de 1990*. Código de Defesa do Consumidor. Dispõe sobre a proteção do consumidor e dá outras providências. Disponível em: http://www.planalto.gov.br/ccivil_03/leis/l8078compilado.htm. Acesso em: 28 jun. 2022.

BRASIL. *Superior Tribunal de Justiça*. Resp: 1199000 RJ 2010/0112513-9, Relator: Ministro Hamilton Carvalhido, Data de Julgamento: 16/11/2010, T1 – Primeira Turma, Data de Publicação: DJe 11 de maio 2011.

BECHER, Shmuel. *Behavioral science and consumer standard form contracts*. Louisiana Law Review, v. 68, n. 1, 2007. Disponível em: http://digitalcommons.law.lsu.edu/lalrev/vol68/iss1/6. Acesso em: 28 jun. 2022.

CALO, Ryan. Code, Nudge, or Notice? *Iowa Law Review*, v. 99:773, 2014, p. 787. Disponível em: https://ilr.law.uiowa.edu/print/volume-99-issue-2/code-nudge-or-notice/. Acesso em: 28 jun. 2022.

DWORKIN, Gerald. Paternalism. The Stanford Encyclopedia of Philosophy (Spring 2017 Edition), Edward N. Zalta (ed.). Disponível em: https://plato.stanford.edu/archives/spr2017/entries/paternalism/. Acesso em: 28 jun. 2022.

FEITOSA, Gustavo Raposo Pereira; CRUZ, Antonia Camily Gomes. Nudges fiscais: a economia comportamental e o aprimoramento da cobrança da dívida ativa. *Pensar: Revista de ciências jurídicas*. e-ISSN:2317-2150. Disponível em: https://periodicos.unifor.br/rpen/article/view/10258. Acesso em: 28 jun. 2022.

JOHNSON, E. J., SHU, S. B., DELLAERT, B. G., FOX, C., et. al. Beyond nudges: Tools of a choice architecture. *Marketing Letters*, 23(2), 2012. p. 487-504. Disponível em: https://www.semanticscholar.org/paper/Beyond-nudges%3A-Tools-of-a-choice-architecture-Johnson-Shu/b0a52ca49f7ec-c82686831ed4ffc434adc14e876. Acesso em: 28 jun. 2022.

KESSLER, Felix. *Empurrõezinhos e nossos processos cerebrais*. Disponível em: http://www.economiacomportamental.org/nacionais/empurroezinhos-e-nossos-processos-cerebrais/. Acesso em: 28 jun. 2022.

KOROBKIN, Russell; ULEN, Thomas. Law and Behavioral Science: Removing the Rationality Assumption from Law and Economics. *California Law Review*, v. 88/4, art. 1, 2000. Disponível em: https://www.semanticscholar.org/paper/Law-and-Behavioral-Science%3A-Removing-the-Assumption-Korobkin-Ulen/b2c3350df45ffa98a96e71be4354b2290b289dc2. Acesso em: 28 jun. 2022.

---

46. SUNSTEIN, Cass; THALER, Richard H., op. cit., p. 108-111.

MICELI, Thomas. The economic approach to law. 2. ed. Stanford: Stanford Economics and Finance, 2004. Disponível em: https://www.semanticscholar.org/paper/The-Economic-Approach-to-Law--Miceli/1ca3178d63438329eae59eba578d22e6933170a6. Acesso em: 28 jun. 2022.

NERY, P. F. *Errar é Humano*: economia comportamental aplicada à aposentadoria. Brasília: Núcleo de Estudos e Pesquisas/CONLEG/ Senado, fevereiro/2016 (Texto para Discussão 188). Disponível em: www.senado.leg.br/estudos. Acesso em: 28 jun. 2022.

NUNES, Luis Antonio Rizzatto. *Curso de direito do consumidor.* São Paulo: Saraiva, 2019.

RAMIRO, Thomas; FERNANDEZ, Ramon Garcia. *O nudge na prática*: algumas aplicações do paternalismo libertário às políticas públicas. Disponível em: https://periodicos.ufsc.br/index.php/economia/article/view/2175-8085.2017v20n1p1/35327 Acesso em: 28 jun. 2022.

RIBEIRO, Leonardo Coelho. O direito administrativo como caixa de ferramentas e suas estratégias. *Revista de Direito Administrativo*, São Paulo, v. 272, p. 209-249, 2016.

THALER, Richard H; SUSTEIN, Cass R. *Nudge*: improving decisions about health, wealth and happiness. London: Penguin Books, 2009.

TVERSKY, A., & KAHNEMAN, D. (1981). *The framing of decisions and the psychology of choice*. Science, 211, 453-458. Disponível em SUNSTEIN, Cass; THALER, Richard H. *Nudge*: Como tomar melhores decisões sobre saúde, dinheiro e felicidade. Rio de Janeiro: Objetiva, 2019. Disponível em: https://science.sciencemag.org/content/211/4481/453.abstract. Acesso em: 28 jun. 2022.

ULEN, Thomas S. Rational choice theory in law and economics. 1999. Disponível em: https://reference.findlaw.com//lawandeconomics/0710-rational-choice-theory-in-law-and-economics.pdf. Acesso em: 28 jun. 2022.

WORLD BANK. *World Development Report 2015*: Mind, Society, and Behaviour. Washington: World Bank, 2015, p. 29. Disponível em: http://documents1.worldbank.org/curated/en/645741468339541646/pdf/928630WDR0978100Box385358B00PUBLIC0.pdf. Acesso em: 28 jun. 2022.

ZHANG, Mo. Contractual choice of law in contracts of adhesion and party autonomy. Akron Law Review, v. 41, 2007. *Temple University Legal Studies Research Paper* n. 2007-25. Disponível em: https://papers.ssrn.com/sol3/papers.cfm?abstract_id=1017841. Acesso em: 28 jun. 2022.

15

EXPERIÊNCIA DO USUÁRIO (*USER EXPERIENCE*) E LEGAL DESIGN

Camilla Telles

Advogada, formada pela Universidade do Vale do Itajaí (UNIVALI) e Pós-graduada em Direito Digital e Compliance pela Damásio Educacional. Mentora na Bridge 101 Aceleradora. Professora e consultora em Growth Hacking. Sócia-fundadora e Diretora Comercial da Bits Academy.

https://youtu.be/p6rcZPHbdCs

Sumário: 1. Introdução. 2. Transformação do usuário. 3. Design centrado no usuário. 4. *User experience*. 5. *User experience* e Legal Design. 6. Considerações finais. 7. Referências.

1. INTRODUÇÃO

A linguagem dos documentos jurídicos é complexa, com jargões técnicos e de difícil compreensão. A comunicação entre as partes depende de um conhecimento jurídico, dificultando a mensagem para o usuário final: o cliente.

Nesse contexto, o *Legal Design* surge com o intuito de facilitar a compreensão do documento, eliminar termos técnicos, facilitar e agilizar a tomada de decisões e melhorar a experiência do usuário como um todo, cruzando o Direito, o Design e a *User experience*.

No momento de criação e desenvolvimento de um produto ou serviço é necessário se colocar no lugar do usuário para reconhecer e identificar as suas reais necessidades. É preciso analisar seus comportamentos por meio de pesquisas, entrevistas, interação e, por fim, mergulhar de cabeça na experiência e se sentir como o usuário.

Pesquisas indicam que a experiência do usuário envolve três elementos básicos, a usabilidade, a acessibilidade e o prazer, elementos esses que, juntos, tornam a experiência mais intuitiva, agradável e útil. E é com base nesta junção que a satisfação do cliente será maior e a probabilidade de fidelização será quase certa.

2. TRANSFORMAÇÃO DO USUÁRIO

O mundo está em constante transformação e adaptação, notícias do mundo inteiro são compartilhadas em minutos, uma tela iluminada se tornou companhia por quase 24 horas, sem contar que os desejos e vontades das pessoas, os usuários, são modificados a cada novo lançamento ou divulgação. Dessa forma, o desafio do século é garantir a atenção por, pelo menos, milésimos de segundo.

Economia da atenção é a definição que alguns escritores apresentam para a limitação da atenção dos usuários na economia moderna. Nesse contexto, a capacidade de prender a atenção humana torna-se artigo de luxo para empresas e produtos digitais.

Segundo Lexie Kane,

A atenção é um dos recursos mais valiosos da era digital. Durante a maior parte da história humana, o acesso à informação foi limitado. Séculos atrás, muitas pessoas não sabiam ler e a educação era um luxo. Hoje temos acesso a informações em grande escala. Fatos, literatura e arte estão disponíveis (geralmente de graça) para qualquer pessoa com uma conexão à Internet.[1]

Para Rafael de Barros Marinho,

O século XXI está marcado pelo aumento explosivo de dados e/ou informações em todos os setores, motivado pela democracia da informação, provocando, assim, mudanças profundas nos modelos de gestão das organizações, nos perfis profissionais e também nos perfis dos usuários da informação. Ao mesmo tempo em que somos consumidores de informação, também somos produtores.[2]

Norman, em sua obra "O design do dia a dia", traz uma reflexão sobre a sociedade, apontando que "a tecnologia muda rapidamente; as pessoas mudam devagar". Para explicar essa afirmação, ele defende que:

Embora bastante tempo tenha se passado desde que escrevi este livro, surpreendentemente pouco precisou ser mudado. Por quê? Porque a prioridade e a ênfase são as pessoas, e como nós, seres humanos, interagimos com os objetos físicos no mundo. Essa interação é governada por nossa biologia, psicologia, sociedade e cultura. A biologia e a psicologia humanas não mudam muito com o tempo: sociedade e cultura modificam-se muito lentamente. Além disso, ao selecionar exemplos eu deliberadamente me mantive afastado da tecnologia de ponta; em vez disso exami-

---

1. KANE, Lexie. *The attention economy*. Nielsen Normam Group. Disponível em: https://www.abntcatalogo.com.br/norma.aspx?ID=088057 2019.
2. MARINHO, Rafael de Barros. *Arquitetura de Informação para Web*: projetando a experiência do usuário em ambientes digitais. Novas Edições Acadêmicas. Salvador, 2012. 21.ed. p. 51.

nei os objetos cotidianos, coisas que têm estado em circulação já há algum tempo. A tecnologia de ponta muda rapidamente, mas a vida cotidiana modifica-se devagar. Como resultado disso, o design do dia a dia é atemporal: os problemas com os objetos do dia a dia continuam a existir [...].[3]

Lexie Kane, em seu artigo para a Nielsen Norman Group, afirma que "somos apresentados a uma grande quantidade de informações, mas temos a mesma quantidade de poder de processamento mental de sempre. O número de minutos também permaneceu exatamente o mesmo em todos os dias. Hoje, a atenção, não a informação, é o fator limitante."[4]

Essa quantidade extraordinária de informações não representa necessariamente uma diminuição de incertezas, dúvidas ou mais entendimento de contextos. Muito pelo contrário, quanto maior for a quantidade de informações, a necessidade de objetividade e nitidez aumentam. Quantidade e qualidade não são uma relação objetiva em que uma implique diretamente na outra.

Lexie defende que:

> Na economia da atenção, a atenção não é apenas um recurso, mas uma moeda: os usuários pagam por um serviço com sua atenção. Hoje, a dinâmica da economia da atenção incentiva as empresas a atraírem os usuários para que passem cada vez mais tempo em aplicativos e sites. Designers que criam sites e aplicativos entendem que seus produtos competem pelo recurso limitado de atenção dos usuários em um mercado altamente competitivo. A esperança de atrair atenção levou à popularidade de muitas tendências de design diferentes (que degradam principalmente a experiência do usuário) [...]."[5]

O excesso de oferta de informações tem provocado diversas alterações no cotidiano das pessoas e pesquisas já apontam que o exagero de redes sociais e televisão podem trazer ansiedade e desconforto, cujas causas estão diretamente ligadas ao fato de as pessoas receberem todos os dias uma série de mensagens, notificações de aplicativos e e-mails, numa quantidade de conteúdo humanamente impossível de ser capturada e digerida.

Além disso, a expansão de informações, por mais ilógicas que sejam, tem forte tendência a levar o cérebro a um nível de exaustão que compromete a cognição e a memória. Estresse, desinteresse, desconforto, ansiedade e perda de atenção também são sinais da explosão de informações a que somos expostos.

Por isso, é importante que haja atenção na relação do usuário com o produto ou serviço no mercado. Nesse mundo cada vez mais conectado e informado, o usuário é o centro de toda a atenção. Caso ele não tenha uma boa experiência com aquilo que recebe, a probabilidade de ele migrar para outra opção com serviços ou produtos mais inteligentes ou mais fáceis e agradáveis de usar é alta.

---

3. NORMAN, Donald A. *O design do dia a dia*. Anfiteatro. Edição do Kindle. p. 188.
4. KANE, Lexie. *The attention economy*. Nielsen Normam Group. Disponível em: https://www.abntcatalogo. com.br/norma.aspx?ID=088057 2019.
5. KANE, Lexie. *The attention economy*. Nielsen Normam Group. Disponível em: https://www.abntcatalogo. com.br/norma.aspx?ID=088057 2019.

No Brasil, desde 2011, existe uma norma que aborda sobre a Ergonomia da Interação Humano-Sistema, publicada em português pela Associação Brasileira de Normas Técnicas (ABNT) e nomeada como código ABNT NBR ISO 9241-210:2011. Ela fornece requisitos e recomendações para princípios e atividades do projeto centrado no ser humano para todo o ciclo de vida de sistemas interativos computacionais. É destinada àqueles que gerenciam processos de projeto e se preocupam com a forma com que componentes, tanto de hardware quanto de software, de sistemas interativos podem aprimorar a interação humano-sistema.

A indústria da interação humano-computador é ampla e engloba décadas de estudos e pesquisas científicas, mas não dá conta de abranger todas as vertentes daquilo que, na época atual, é conhecido como usabilidade. Além disso, os pontos de contato e interações dos usuários com as empresas passam por distintos formatos e plataformas.

Para Fernanda Steinbruch Araújo, "no ponto de vista social, produtos que sejam satisfatórios aos consumidores têm maior aceitação, assim como novas formas de interação com a sociedade e o desenvolvimento de inovações possibilitam uma mudança de atitude cultural e social."[6]

Por isso, encontrar um equilíbrio entre os interesses da empresa, os desejos dos usuários e as oportunidades tecnológicas, de modo a estimular a criação de produtos inovadores que correspondam a todas as expectativas, é o que torna a relação do usuário com o produto uma questão fundamental. "Ficar parado é a maneira mais rápida de retroceder em um mundo em rápida mudança." – Lauren Bacall.[7]

3. DESIGN CENTRADO NO USUÁRIO

No início de um projeto sempre haverá diversos questionamentos e dúvidas. Por isso é importante entender de forma profunda o negócio, de modo a se tornar um cliente e, assim, transitar por toda a experiência, e com isso analisar e perceber complicações durante o processo. É importante, também, experienciar as formas de contato para constatar opções de melhoria em relação à construção da empatia com o público.

No desenvolvimento de um produto ou serviço, todo o questionário será desenvolvido com o objetivo de obter informações minuciosas do usuário – o que ele quer, qual a tarefa dele naquele momento, do que ele precisa etc. Para que isso seja possível, é essencial compreender intensamente o mercado e os usuários, de modo a se produzir produtos e serviços que de fato façam diferença para o negócio e impactem a rotina e a vida das pessoas que irão utilizá-los.

---

6. ARAÚJO, Fernanda Steinbruch. *Avaliação da experiência do usuário*: uma proposta de sistematização para o processo de desenvolvimento de produtos. Florianópolis. 2014. p. 33.
7. LOWDERMILK, Travis. *Design Centrado no Usuário*. São Paulo: Novatec. Edição do Kindle. 2019. p. 10.

As fases iniciais do projeto de desenvolvimento são essenciais para se entender e atender a demanda existente no mercado atual e que ainda não possui uma solução atraente. Atingir os anseios, as motivações e as necessidades das pessoas ao se envolverem com um determinado produto ou serviço será um fato crucial para o seu sucesso.

A etapa de entrevista com os usuários traz meios de se compreender o que eles pensam ou esperam de um produto ou serviço específico e qual a relação existente sobre aquele setor, mercado ou indústria. Para gerar serviços ou produtos de que os usuários gostem, é imprescindível incluir os usuários no processo de criação.

Bruno Santos, em sua obra "UX para negócios digitais", relata que "a adesão do design na concepção de modelo de negócio fez com que o usuário fosse colocado no centro de todo o processo de criação, validação e monitoramento."[8]

Para Travis Lowdermilk, em sua obra Design Centrado no usuário:

> Sempre procuramos estar na intersecção entre a tecnologia e as artes liberais para que pudéssemos ter o melhor dos dois mundos e criar produtos extremamente avançados do ponto de vista tecnológico, mas que também fossem intuitivos, fáceis de usar, divertidos, de modo que eles realmente se adequassem aos usuários – os usuários não teriam de ir até os produtos; eles iriam até o usuário.[9]

Na mesma obra, Travis mostra a importância do feedback e análise do comportamento dos usuários:

> Ao coletar feedback e observar seu comportamento, podemos obter esclarecimentos valiosos para criar aplicativos que os usuários irão amar. Qualquer pessoa envolvida no processo de criação de um aplicativo (não apenas os designers) deveria tentar compreender quais são as necessidades dos usuários para determinar o propósito de um aplicativo. Isso envolve muito mais do que o design da parte gráfica, o código ou a funcionalidade. É toda a equipe (ou somente você) trabalhando continuamente para entender o usuário. Nem todos os problemas de nossos usuários podem ser solucionados por meio de códigos, por mais que eu desejasse; sendo assim, os desenvolvedores devem assumir uma abordagem mais holística.[10]

Bruno Santos, por sua vez, apresenta a importância de o design compreender o usuário:

> É preciso direcionar recursos, atenção e espaço à experiência do usuário porque traz resultados: tanto no aumento e aceitação dos clientes — afinal, no design, a ideia é atender o cliente por completo, tendo em vista o próprio produto ou serviço, as características e atributos dele — e também na famigerada redução de custos: uma vez que diminui erros e agiliza processos.[11]

---

8. SANTOS, Bruno. *UX para negócios digitais*: Entenda a importância da experiência do usuário para o seu produto! Edição do Kindle. p. 11.
9. LOWDERMILK, Travis. *Design Centrado no Usuário*. São Paulo: Novatec. Edição do Kindle, 2019. p 7.
10. LOWDERMILK, Travis. *Design Centrado no Usuário*. São Paulo: Novatec. Edição do Kindle, 2019. p. 6.
11. SANTOS, Bruno. *UX para negócios digitais*: Entenda a importância da experiência do usuário para o seu produto! Edição do Kindle, p. 22.

Nesse momento, é importante salientar a diferença de usuário e cliente, sendo o usuário toda pessoa que tem acesso ao recurso e o cliente a pessoa que adquire o produto ou serviço. A analogia feita dentro de um funil de contato deixa claro que o número de usuários existentes é maior que o de clientes, além de que todo cliente é um usuário, sendo não factível o oposto. Nesse contexto, vale o destaque para a frase provocativa de Frank Chimero, quando ele diz que "as pessoas ignoram designs que ignoram pessoas".

Toda e qualquer decisão acerca do design deve ser feita com base na escuta ativa dos usuários, não devendo ser fundamentada em caprichos, mas na procura de maior assertividade e eficiência. Desse modo, os usuários recebem uma solução para sua demanda, enquanto a empresa ganha tempo.

Profissionais de design com habilidades em foco no usuário têm sido cada vez mais procurados. Ter domínio do assunto, possuir conhecimentos da área e ser capaz de utilizá-los no momento certo, de modo a traduzir os contextos e os problemas que os usuários enfrentam, é trabalhar com maestria dentro do design. Tim Brown, CEO e presidente da IDEO, diz que a "empatia é o coração do design. Sem a compreensão do que os outros veem, sentem e experimentam, o Design é uma tarefa inútil".

Em um artigo de maio de 1998, publicado no Bloomberg Business Week, Steve Jobs provocou, por meio de uma famosa declaração: "é realmente complicado fazer design de produtos utilizando grupos de foco. Muitas vezes, as pessoas não sabem o que elas querem até que você lhes mostre." [12]. Para Jobs, o design não era somente como as coisas eram vistas ou sentidas. Design era como as coisas funcionavam.

O funcionamento de um produto está inteiramente ligado à experiência do cliente ou usuário, como mostra Theo Farrington, em sua obra "O Guia do Iniciante para a Experiência do Usuário":

> Bem, uma boa experiência do usuário é simples. Tão simples quanto respirar. Os seres humanos respiram em média 23.000 vezes ao dia. Você já percebeu isso? A menos que você pratique meditação, é improvável que o faça. Um bom design é o mesmo, a melhor experiência é nenhuma experiência. Portanto, a primeira resposta à nossa pergunta é: se você não percebe o design, é um bom design. [13]

Farrington afirma, ainda, que:

> O design da experiência do usuário é sobre a jornada do usuário para resolver um problema. É sobre a usabilidade de um aplicativo ou produto móvel. Ele se concentra nos pontos de contato de navegação de um aplicativo móvel, o fluxo e como é fácil para o usuário navegar até o objetivo desejado. O UX Design trata de toda a experiência. [14]

---

12. LOWDERMILK, Travis. *Design Centrado no Usuário*. São Paulo: Novatec. Edição do Kindle. São Paulo. 2019. p. 8.
13. FARRINGTON, Theo. *UX Design 2020*: O Guia do Iniciante para a Experiência do Usuário p. 4. Edição do Kindle.
14. FARRINGTON, Theo. *UX Design 2020*: O Guia do Iniciante para a Experiência do Usuário p. 4. Edição do Kindle.

4. *USER EXPERIENCE*

Bruno Santos apresenta, de forma muito coerente, a experiência do usuário e tudo aquilo que o conceito envolve, afirmando que:

> Ainda que destinados a um mesmo produto, situações e objetivos mudam a expectativa e a perspectiva das pessoas frente à solução. A experiência do usuário serve para considerar todas essas diferenças, adaptando a solução ao momento mais oportuno de cada perfil (a partir de recursos e/ou canais diferentes)."[15]

Experiências são claramente subjetivas, já que cada usuário tem uma diferente experiência ao usar um produto, serviço ou objeto. Isso acontece porque a experiência é influenciada por diversos fatores humanos (visão, capacidade de leitura, habilidade etc.) e fatores externos (temperatura, ambiente, horário do dia).

Todas as vivências de uma pessoa com uma marca, produto ou serviço, seja no momento de compra ou no de uso, incluindo a parte emocional, são definidas como experiência do usuário. Essa experiência engloba todo e qualquer ponto de acesso ou contato com uma marca ou empresa. Além do termo conhecido como Experiência do usuário, essa definição vem do inglês *User Experience* (UX). Dessa forma, é comum ver alguns escritores se referindo ao tema como apenas UX, além de profissões com essa sigla.

Segundo Bruno Santos, no seu livro "UX para negócios digitais", *User Experience* é todo o "[...] conhecimento aplicado em provocar no usuário sentimento de satisfação, envolvimento e realização com o produto desde o primeiro contato."[16]

No ano de 1993, Donald Norman – na época vice-diretor da Apple, apresentou o conceito de experiência do usuário, salientando que "a UX tem uma abordagem holística multidisciplinar no desenvolvimento de interfaces do usuário para produtos digitais. Em obra posterior, o autor acrescenta que "a UX auxilia na definição da forma de um produto, do seu comportamento e conteúdo, assegurando a coerência e consistência em todas as dimensões do projeto."[17]

Cabe ressaltar que a experiência do usuário precisa acontecer nas inúmeras fases de uso do produto. Há diferentes experiências para os usuários, existindo aqueles que estão aprendendo a utilizar o produto e aqueles que já o utilizam, devendo o produto causar boa experiência em ambos os casos.

Para Desmet e Hekkert, "experiência do usuário são todas as experiências provocadas pela interação entre um usuário e um produto, incluindo o grau em que todos os nossos sentidos estão satisfeitos (experiência estética), os significados que

---

15. SANTOS, Bruno. *UX para negócios digitais*: Entenda a importância da experiência do usuário para o seu produto! Edição do Kindle, p. 10.
16. SANTOS, Bruno. *UX para negócios digitais*: Entenda a importância da experiência do usuário para o seu produto! Edição do Kindle, p. 6.
17. ARAÚJO, Fernanda Steinbruch. *Avaliação da experiência do usuário*: uma proposta de sistematização para o processo de desenvolvimento de produtos. Florianópolis.2014. p. 56.

atribuem ao produto (experiência de sentido) e os sentimentos e emoções que são eliciadas (experiência emocional)."

Diversas organizações ainda ponderam a experiência como algo banal, sem muita importância. Além disso, a funcionalidade por muitas vezes está à frente da experiência, erro cometido por diversas empresas no mercado. De todo modo, o que tais empresas não são capazes de analisar é que a experiência é capaz de reter, fidelizar e converter, diferente da funcionalidade, que não tem esse poder.

Entretanto, essa visão diverge das de outras organizações, que consideram o tema extremamente relevante pela necessidade de as empresas apresentarem inovação nos seus processos de negócio, estreitando e aprimorando a sua relação com o cliente e, dessa forma, competindo no mercado e diferenciando-se da concorrência.

Fernanda Araújo, em sua tese, relata a importância das avaliações da UX no desenvolvimento de produto:

> As avaliações da UX no desenvolvimento de produto buscam auxiliar na obtenção de um entendimento mais completo das necessidades dos consumidores, objetivando aprimorar o produto e proporcionar uma melhor experiência e interação do usuário com o produto. Estas avaliações são realizadas utilizando-se de ferramentas (métodos, métricas e fatores) e têm como objetivo verificar a interação do usuário com o produto, durante a realização de tarefas, e determinar (por meio de dados qualitativos e quantitativos) o grau da experiência dos usuários ao utilizar o produto.[18]

Rubin e Chisnell (2008) apresentam afirmações acerca dos métodos de avaliação, conforme trecho:

> Ao incorporar métodos de avaliação da interação do produto com o usuário (como avaliações de usabilidade e UX) ao longo do processo de desenvolvimento, é possível criar produtos além de úteis e utilizáveis, também agradáveis."[19]

No ano de 1998, a Organização Internacional de Normalização – ISO definiu a usabilidade e explica como identificar a informação necessária a ser considerada na especificação ou avaliação de usabilidade de dispositivos de interação visual em termos de medidas de desempenho e satisfação do usuário. A norma salienta a necessidade de identificar os objetivos do projeto, visando à eficácia, eficiência e satisfação, assim como o contexto de uso, apontando atributos mensuráveis e verificáveis na avaliação da usabilidade.

Susan Farrell afirma que métodos de pesquisa da experiência do usuário:

> são ótimos para produzir dados e percepções, enquanto as atividades contínuas ajudam a fazer as coisas certas. Juntamente com a P&D, as atividades contínuas de UX podem tornar os esforços de todos mais eficazes e valiosos. Em cada estágio do processo de design, diferentes métodos de

---

18. ARAÚJO, Fernanda Steinbruch. *Avaliação da experiência do usuário*: uma proposta de sistematização para o processo de desenvolvimento de produtos. Florianópolis. 2014. p. 27.
19. ARAÚJO, Fernanda Steinbruch. *Avaliação da experiência do usuário*: uma proposta de sistematização para o processo de desenvolvimento de produtos. Florianópolis.2014. p. 33.

UX podem manter os esforços de desenvolvimento do produto no caminho certo, de acordo com as verdadeiras necessidades do usuário e não imaginárias.[20]

Seguindo o mesmo raciocínio, Fernanda Steinbruch defende, em sua tese, que além dos métodos de avaliação da experiência do usuário, temos em sua maioria os métodos de avaliação da usabilidade:

> A identificação dos métodos de avaliação da experiência do usuário incide, em sua maioria, nos métodos de avaliação da usabilidade. As ferramentas (métodos, métricas e fatores) que auxiliam na avaliação da experiência do usuário têm como objetivo verificar a interação do usuário com o produto, durante a realização de tarefas, e determinar (na maioria das vezes de forma subjetiva) o grau da experiência dos usuários ao utilizar o produto.[21]

Segundo Nielsen, considera-se que a usabilidade está inclusa na experiência do usuário posteriormente à concepção e análise dos conceitos de usabilidade e experiência do usuário.

As mudanças nas vontades e motivações dos consumidores possuem relação com as transformações no domínio da oferta. Os aspectos emocionais, preocupação social e democratização, são processos que reordenam a nova cultura de consumo. Assim, integração de referências da usabilidade e UX no processo de desenvolvimento contribuem para a inovação e atuais formas de interação entre a sociedade e os produtos.

Nesse contexto:

> Observa-se um crescimento das pesquisas relacionadas a usabilidade e UX entre os anos de 2006 e 2008. Ressalta-se o "Manifesto UX", publicado em 2007 com o intuito de construir junto aos pesquisadores, educadores e profissionais um coerente manifesto para o campo da Experiência do Usuário. Tal manifesto apresenta publicações dos principais autores da área, tais como Marc Hassenzahl e Effie Law, e discute questões como os princípios da UX, o posicionamento de UX em relação a outros domínios e planos de ação para melhorar a concepção e avaliação de UX, unindo trabalhos teóricos e empíricos.[22]

Entender o usuário e o consumidor no decorrer do projeto pode contribuir com melhores alternativas, em especial nas fases iniciais, em que a procura por soluções ainda possui um baixo custo. As soluções de um produto que levam em consideração as vertentes da experiência do usuário e usabilidade inclinam-se a ser mais adequadas e satisfatórias do que as desenvolvidas unicamente pelas equipes sem a participação e o feedback dos usuários.

Viabilizar uma usabilidade boa ao usuário traz uma abundância de benefícios à empresa, pois conta com usuários e clientes mais engajados, satisfeitos e fiéis. Isso

---

20. FARREL, Susan. *Folhas de referência da UX Research*. Tradução. 12 de fevereiro de 2017 disponível em: https://www.nngroup.com/articles/ux-research-cheat-sheet/. Acesso em: 28 jun. 2022.
21. ARAÚJO, Fernanda Steinbruch. *Avaliação da experiência do usuário*: uma proposta de sistematização para o processo de desenvolvimento de produtos. Florianópolis.2014. p. 85.
22. ARAÚJO, Fernanda Steinbruch. *Avaliação da experiência do usuário*: uma proposta de sistematização para o processo de desenvolvimento de produtos. Florianópolis. 2014. p. 57.

diminui as chances de críticas e reclamações que possam trazer danos e interferir na imagem da empresa.

Fernanda, em sua tese, diz que:

A avaliação da usabilidade se refere basicamente a aspectos de eficiência, eficácia, procurando perceber de que forma esses fatores se manifestam no produto de maneira satisfatória. A avaliação da experiência do usuário se preocupa, principalmente, em avaliar a experiência de uso (tanto no primeiro uso, quanto ao longo prazo). Entende-se que as avaliações da usabilidade são indispensáveis para avaliar a experiência dos usuários, visto que, sem eficiência, eficácia e satisfação, não é possível que haja uma boa experiência na interação do usuário com o produto.[23]

Marc Hassenzahl, relevante pesquisador da UX, traz o seu conceito de usabilidade, assim como a definição de experiência do usuário: "Em 2001, Marc Hassenzahl, hoje um dos principais pesquisadores da UX, partindo do conceito de Bevan (1995), que conceitua a usabilidade como a qualidade de uso, considerou que a experiência do usuário nasceu da satisfação (um dos aspectos da usabilidade), que antes era conduzida por uma simples equação: se os utilizadores percebessem o produto como eficaz e eficiente, eles estariam satisfeitos. Assim, ao assegurar a eficiência e eficácia seria garantida a satisfação do usuário."[24]

De acordo com Bruno Santos, "a experiência do usuário se baseia no estudo do comportamento do usuário durante a interação dele com um produto ou serviço em busca do perfil de cliente de cada solução: tipo de produto que ele prefere usar, a ferramenta com o qual interage, em que momento do dia acessa, onde faz o acesso, a expectativa e o objetivo em acessar a solução."[25]

Dessa forma, *User Experience* (UX) é uma maneira de privilegiar a vida dos usuários, das pessoas, ao tempo em que torna os produtos mais intuitivos, práticos, responsivos e apropriados à necessidade das pessoas.

Para Whitney Hess, "a maioria das pessoas acredita que *User Experience* é somente encontrar a melhor solução para os seus usuários – mas não é. UX trata sobre definir o problema que precisa ser resolvido (o porquê), definir para quem esse problema precisa ser resolvido (o quem), e definir o caminho que deve ser percorrido para resolvê-lo (o como)".[26]

De acordo com Rogério Pereira, "a experiência do usuário (UX) engloba todos os aspectos da interação que as pessoas costumam ter com uma marca, seus serviços e principalmente com seus canais digitais (sites, aplicativos e softwares). E toda essa

---

23. ARAÚJO, Fernanda Steinbruch. *Avaliação da experiência do usuário*: uma proposta de sistematização para o processo de desenvolvimento de produtos. Florianópolis.2014. p. 78.

24. ARAÚJO, Fernanda Steinbruch. *Avaliação da experiência do usuário*: uma proposta de sistematização para o processo de desenvolvimento de produtos. Florianópolis.2014. p. 57.

25. SANTOS, Bruno. *UX para negócios digitais*: Entenda a importância da experiência do usuário para o seu produto! Edição do Kindle, p. 7.

26. TEIXEIRA, Fabrício. *Introdução e boas práticas em UX Design*. Casa do Código. 2014. p. 208.

experiência se inicia desde o primeiro contato com uma marca até o momento do consumo dos seus produtos."[27]

Por tudo que já fora relatado, nota-se a importância do UX para a imagem do produto ou serviço e consequentemente para a empresa, criando uma fidelização com os usuários e auxiliando a área comercial.

Bruno Santos defende que "UX também tem forte apelo comercial que pode ser utilizado na comunicação da empresa como uma preocupação e busca constante, sabendo que declarações geram expectativas que, através da real implantação UX, podem ser atendidas."[28]

- *User Experience* (UX) e *User Interface* (UI)

Cabe salientar que as áreas de experiência do usuário (UX) e *User Interface* se complementam em um projeto, mas cada qual exerce uma determinada função específica. No entanto, ambas terão como objetivo oferecer a melhor experiência ao usuário.

No caso do *User Experience* (UX), o foco é o comportamento dos usuários e seus objetivos, bem como protótipos e pesquisas relacionadas aos usuários. O *User Interface* (UI) está relacionado a aparência, design visual, layout, ilustração, cores e tipografia.

A *User Interface*, podendo ser traduzida como interface do usuário, trata-se de um setor responsável pela criação de interfaces (comunicação entre duas partes – no caso um software, sistema, aplicativo com uma pessoa) mais amigáveis e simplificadas.

Na imagem, ficam nítidas as diferenças de UX e UI:[29]

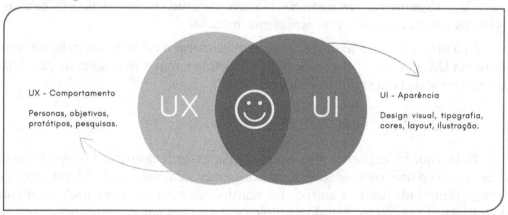

- ROI

Outro ponto importante a ser apresentado dentro do tema experiência do usuário é o ROI – *Return Over Investment* (retorno sobre o investimento) na questão de *User*

---

27. PEREIRA, Rogério. *User Experience Design*: como criar produtos digitais com foco nas pessoas, Editora Casa do Código, 2018.p. 27.
28. SANTOS, Bruno. *UX para negócios digitais*: Entenda a importância da experiência do usuário para o seu produto! Edição do Kindle, p. 22.
29. Elaboração própria.

Experience. Apresentar o real valor do investimento em experiência do usuário em ganho, lucro e dinheiro torna essa discussão muito mais atraente para a organização. A experiência do usuário pode ser medida e avaliada em dinheiro, seja a moeda que desejar – real, dólar ou até bitcoin.

Bruno Santos relata, em sua obra acerca do conhecimento sobre o investimento em experiência do usuário, que "no fim do dia, precisamos saber se todo esse investimento que estamos fazendo está valendo a pena. Com o UX não é diferente e é o ROI que vai nos dar essa informação. Trata-se da sigla em inglês para Retorno sobre o investimento e pode ser calculada da seguinte forma: ROI: [(receita – custo) / custo] x 100".[30]

Uma empresa, independentemente do seu tamanho, vai querer analisar e ver números – como aumento de vendas, resultados positivos e melhores nos OKRs (*Objectives and Key Results* – objetivos e resultados chave) e KPIs (*Key Performance Indicator* – indicador-chave de desempenho). Por sua vez, o investimento em experiência do usuário precisa apresentar resultados significativos. Afinal, mesmo que discuta sobre fatores humanos e intangíveis, existem diversos objetivos da empresa que precisam ser alinhados com os projetos lançados, auxiliando na produtividade da equipe e na diminuição do CAC (custo de aquisição do cliente) por meio de benefícios mais efetivos e claros, como a facilidade de manusear o sistema.

Em alguns casos, podem estar relacionados ao comportamento do usuário, economia de tempo para o usuário ou empresa e ganhos mais altos. De todo modo, todos os resultados podem ser mensurados e, assim, terem um valor exato com base em todo o mapeamento das métricas. No investimento em experiência do usuário, os lucros são maximizados e as perdas minimizadas.

Para Bruno Santos, "assim, é possível demonstrar o valor de um trabalho bem--feito em UX, que gera benefícios para a empresa e tem a vantagem de propiciar ganhos de escala com maior facilidade."[31]

5.   *USER EXPERIENCE* E LEGAL DESIGN

Tudo o que foi exposto anteriormente é capaz de demonstrar a importância da experiência do usuário em todos os ramos do mercado, não sendo diferente para o Direito. O mercado jurídico, sob pena de não discernir suas crises e paradoxos diante do infindável avanço da tecnologia, precisa repensar a sua comunicação, analisar suas práticas e se abrir para novas áreas do conhecimento.

Nesse contexto, as iniciativas de Legal Design que surgem no mercado evidenciam o uso de técnicas de design e elementos visuais. Essa mudança no layout do

---

30. SANTOS, Bruno. *UX para negócios digitais*: Entenda a importância da experiência do usuário para o seu produto! Edição do Kindle, p. 30.
31. SANTOS, Bruno. *UX para negócios digitais*: Entenda a importância da experiência do usuário para o seu produto! Edição do Kindle, p. 30.

documento ou produto jurídico tem um motivo específico – ainda que possa ser puramente estético em alguns casos, elas visam à ampliação da experiência do usuário.

Conforme relato de pesquisa, os cidadãos normalmente não compreendem os documentos que precisam assinar:

> As pessoas são frequentemente solicitadas a assinar contratos e outros documentos legais que se destinam a vinculá-los a regras específicas. Mas o cidadão médio realmente entende o que eles estão assinando? Contratos e outros documentos legais são frequentemente muito difíceis de ler e podem resultar em pessoas fazendo comentários que eles não entendem e podem não querer fazer. Surpreendentemente, não houve praticamente nenhuma pesquisa conduzida para determinar os fatores relacionados à leitura e compreensão de contratos e outros documentos legais.[32]

Assim, quando tratamos do tema Legal Design, embora cada praticante da metodologia tenha uma visão distinta acerca dos componentes que compõem a matéria, é possível se encontrar um ponto de convergência entre todos os praticantes: a aplicação de elementos de design e experiência do usuário em produtos ou documentos jurídicos.

Os usuários demonstram claro interesse em ter acesso a documentos mais simplificados:

> 90% dos cidadãos e advogados querem uma linguagem jurídica mais simples (conforme citado em McDonald, 1992). Assim, há considerável interesse de vários grupos, incluindo organizações de consumidores e a comunidade jurídica em encontrar maneiras de garantir que contratos e outros documentos legais sejam compreendidos pelos indivíduos.[33]

Segundo Helena Haapio, mesmo com todos os avanços técnicos na impressão e uma anuência ao usar uma vasta paleta de convenções gráficas, disparadamente os maiores avanços foram nos documentos gramáticos e métodos de design de informação.

O papel do design da informação é fundamental para a compreensão do usuário acerca do documento, qualificando assim a sua experiência:

> O objetivo final do design da informação é uma comunicação clara e permitir que os usuários interajam com a informação. A seleção dos métodos usados é baseada no que é adequado para expressar informações para um determinado grupo de usuários em um determinado contexto. Para facilitar a leitura, mais destaque precisa ser dado ao que é mais relevante para o usuário. O texto sozinho raramente pode fornecer destaque ou saliência para um pedaço de informação. Visualização – adicionando ícones, gráficos, tabelas e imagens para texto do suplemento – pode ser usado para fazer isso[34]

---

32. HOWE, Julie E. WOGALTER, Michael S. The understandability of legal documents: are they adequate? *In: Proceedings of the Human Factors and Ergonomics Society 38th Annual Meeting*, 1994, p. 438-442.

33. HOWE, Julie E. WOGALTER, Michael S. The understandability of legal documents: are they adequate? *Proceedings of the Human Factors and Ergonomics Society 38th Annual Meeting*, 1994, p. 438-442.

34. HAAPIO, Helena. Lawyers as Designers, Engineers and Innovators: Better Legal Documents through Information Design and Visualization. In: SCHWEIGHOFER, Erich et al. (Ed.) Transparency. *Proceedings of the 17th International Legal Informatics Symposium IRIS*, 2014.

Os pontos mais relevantes para tratar de design de informação são: a forma de apresentar a informação, um conjunto de dados com um propósito, mensagem mais acessível e facilmente compreendida, direcionada ao público específico para atender aos objetivos definidos, de modo a ajudar os usuários a compreenderem dados complexos por meio de linguagem visual clara e objetiva.

Para se atingir uma boa experiência do usuário, não basta apenas incluir elementos que provavelmente podem ser interessantes a ele. É importante procurar entender como ele se comporta e o que ativa diferentes reações nele. Por essa razão, a área de experiência do usuário foca em pesquisas para tentar entender quais recursos podem, de alguma forma, influenciar seus comportamentos ou como produtos e serviços podem conter funcionalidades que atendem a requisitos dos usuários. Assim, os pesquisadores de experiência do usuário costumam utilizar métodos diversos para descobrir problemas e oportunidades a serem explorados pelo design. Portanto, os legal designers devem usar dados para tomar decisões sobre como será o design de determinado documento.

O design e a informação são relevantes na produção de documentos jurídicos:

> O design e a visualização da informação oferecem aos redatores de documentos jurídicos novos e melhores métodos para realmente servir seus públicos. Não basta saber escrever bem; também se deve aprender a envolver outros no processo, eliciando informações e comunicando a mensagem central de forma eficaz para os leitores diferentes. Se levarmos a sério o objetivo de melhores documentos jurídicos, o trabalho do redator muda, desde a simples redação de documentos claros e concisos até a *criação de comunicação* com vários usuários, grupos e diferentes necessidades de informação. Isso também envolve responder e equilibrar suas diferentes necessidades e requisitos por meio de *informações em camadas* e outros meios. [35]

Bruno Santos, em sua obra UX para negócios digitais, relata a fundamentação da experiência do usuário:

> A experiência do usuário se baseia no estudo do comportamento do usuário durante a interação dele com um produto ou serviço em busca do perfil de cliente de cada solução: tipo de produto que ele prefere usar, a ferramenta com a qual interage, em que momento do dia acessa, onde faz o acesso, a expectativa e o objetivo em acessar a solução.[36]

Defende, ainda, que:

> Seja na simplicidade que proporciona na compreensão das etapas, na facilidade no cumprimento das fases ou no tempo otimizado por um bom desempenho, a experiência do usuário está camuflada em páginas, botões, formulários e todos os demais pontos percorridos entre os cliques e efeitos.[37]

---

35. HAAPIO, Helena. Lawyers as Designers, Engineers and Innovators: Better Legal Documents through Information Design and Visualization. *In*: Erich Schweighofer et al. (Ed.) Transparency. *Proceedings of the 17th International Legal Informatics Symposium IRIS*, 2014.

36. SANTOS, Bruno. *UX para negócios digitais*: Entenda a importância da experiência do usuário para o seu produto! Edição do Kindle, p. 7.

37. SANTOS, Bruno. *UX para negócios digitais*: Entenda a importância da experiência do usuário para o seu produto! Edição do Kindle, p. 7.

Como forma de facilitar a vida das pessoas que estarão em contato com documentos jurídicos, propostas complexas, a experiência do usuário estará presente para beneficiar a vida das pessoas, como relata Bruno Santos: "assim, a UX é uma forma de beneficiar a vida das pessoas, ao passo que torna os produtos mais práticos, intuitivos, responsivos e adequados à necessidade das pessoas.[38]

Um fator importante no momento de apresentação de um produto ou serviço, como é o caso dos contratos, é a organização da informação:

> Os contratos são complexos. Eles podem ser difíceis de entender e usar. Pesquisas em ciência cognitiva, psicologia, design e outros campos demonstram que a expressão visual tem benefícios cognitivos de comunicação e de colaboração significativos. A experiência cotidiana confirma essas afirmações; as pessoas desenham o tempo todo em ambientes variados. E, como refletido em uma literatura emergente, estudiosos do direito e profissionais estão começando a prestar atenção ao uso de recursos visuais no trabalho jurídico em geral e na contratação de atividades especificamente, por uma boa razão. Os recursos visuais são ideais para descrever estruturas, relacionamentos e prazos do contrato. Por um lado, a expressão visual permite o uso de vários elementos para capturar e relacionar diferentes tipos de informações.[39]

A organização da informação deve fazer sentido para os usuários do produto, pensar em como o usuário irá interagir para, assim, atingir o seu objetivo final. Nesse sentido, entramos na relação da organização da informação com a importância de todos os detalhes do produto para a experiência do cliente ser completa. Para Steve Jobs, os produtos deveriam entregar uma experiência marcante e, dessa forma, toda a equipe de Designers e Engenheiros da Apple tinham a responsabilidade de se preocupar com todos os detalhes dos produtos.

Jobs também se preocupou em reduzir o portfólio da empresa e, assim, facilitar a escolha dos clientes. Além disso, no momento de estruturar as lojas da Apple, arquitetava para que o consumidor tivesse uma ótima experiência até o final da jornada de sua compra. Por fim, Steve Jobs define Design como não apenas o que se parece e sente, e sim o que funciona.

O uso de design nos documentos jurídicos, sejam eles procurações, petições, não objetiva apenas um documento mais bonito e elegante. O uso de técnicas, ferramentas, imagens e pesquisas de Legal Design, quando aplicadas de forma coerente, é capaz de auxiliar em todo o processo – desde o recebimento para a assinatura até a decisão de um magistrado.

Segundo a pesquisa "The Understandability Of Legal Documents: Are They Adequate"?

> 96% da amostra acreditavam que os documentos legais poderiam ser melhorados, bem como fornecidas sugestões sobre como isso pode ser feito. [...]. Implicações para a falta de compreensão

---

38. SANTOS, Bruno. *UX para negócios digitais*: Entenda a importância da experiência do usuário para o seu produto! Edição do Kindle, p. 7.

39. MITCHELL, Jay; HERTZBERG, Emma; KLEMOLA, Meera. *Contract mechanics – What they are, why they're important and learning to work with them*, Disponível em: https://ssrn.com/abstract=3503689. Acesso em: 28 jun. 2022.

do cidadão comum em relação a contratos e outros documentos legais são discutidos com um foco específico no papel que a pesquisa pode ter em sua melhoria.[40]

Logo, o Legal Design intenciona a elaboração de documentos posicionando o usuário no centro de tudo, com isso, declinando nos documentos apenas as informações efetivamente importantes, de maneira acessível, clara e prática, levando em consideração a simplicidade, a objetividade e a empatia.

A pesquisa de análise de comportamento de usuários diante de documentos jurídicos feita no ano de 2020, mencionada anteriormente, apenas corrobora o exposto em relação à experiência do usuário nos documentos com aplicação de Legal Design:

> Os usuários de documentos jurídicos interagem mais com documentos que possuem elementos de legal design, em comparação com os documentos tradicionais. Isso também significa que seu nível de atenção aumenta em relação ao documento analisado.[41]

Além disso, "os usuários de documentos jurídicos preferem documentos elaborados com as técnicas de legal design em vez dos tradicionais documentos com apenas textos."[42]

Logo, é bastante seguro afirmar que o mercado jurídico precisa evoluir e, principalmente, acompanhar as necessidades dos usuários, sejam eles pessoas leigas ou magistrados. A aplicação de Legal Design facilita a compreensão do conteúdo do documento, além de atingir a satisfação dos usuários desse mercado.

6. CONSIDERAÇÕES FINAIS

A experiência do usuário é de grande valia para as empresas, mas principalmente para os usuários, que irão se sentir mais confortáveis durante todo o percurso de utilização de um produto ou serviço.

O primeiro requisito para uma experiência de usuário é ser capaz de atingir as necessidades do cliente, sem qualquer confusão ou incômodo. Logo em seguida, vem a elegância e a simplicidade que elaboram produtos que são uma alegria para se usar. A experiência do usuário verídica vai muito além de dar aos usuários o que eles dizem que desejam. Para alcançar uma experiência de usuário de alta qualidade, deve haver uma integração perfeita dos serviços de várias disciplinas, incluindo marketing, design de interface, gráfico e industrial.

Um dos principais aprendizados acerca da experiência do usuário é simplesmente se colocar no lugar dele, incorporando o feedback do usuário no processo de desenvolvimento do produto ou serviço. A experiência do usuário se torna fator determinante

---

40. HOWE, Julie E. WOGALTER, Michael S. The understandability of legal documents: are they adequate? *In: Proceedings of the Human Factors and Ergonomics Society 38th Annual Meeting*, 1994, p. 438-442.
41. MAIA, Ana Carolina. NYBØ, Erik Fontenele. CABRAL, Mayara Cunha. HENRIQUES, Lucas Santana. *Pesquisa de análise de comportamento de usuários diante de documentos jurídicos*, 2020.
42. MAIA, Ana Carolina. NYBØ, Erik Fontenele. CABRAL, Mayara Cunha. HENRIQUES, Lucas Santana. *Pesquisa de análise de comportamento de usuários diante de documentos jurídicos*, 2020.

para o sucesso de um produto no mercado, cada vez mais competitivo. É preciso ir além das funções práticas e estéticas do produto; é essencial entender a forma pela qual o usuário interage, seus costumes, interesses, desejos e experiências individuais.

Nesse contexto, a empatia é uma virtude essencial para comunicação eficaz, principalmente quando o conhecimento está abafado entre escombros de informação. Vivemos em um mundo altamente conectado em que se tem a impressão de que a quantidade de informação aumentou assustadoramente, inversamente proporcional com a disponibilidade de tempo dos usuários. Sendo assim, o objetivo principal do uso do Legal Design é a junção do design, da tecnologia e do Direito como forma de resposta à mudança na maneira de se comunicar com os usuários, que buscam, cada vez mais, ferramentas de usabilidade simples e intuitiva.

7. REFERÊNCIAS

ARAÚJO, Fernanda Steinbruch. Avaliação da experiência do usuário: uma proposta de sistematização para o processo de desenvolvimento de produtos. Florianópolis. 2014.

FARREL, Susan. Folhas de referência da UX Research. Tradução. 12 de fevereiro de 2017 disponível em: https://www.nngroup.com/articles/ux-research-cheat-sheet/. Acesso em: 28 jun. 2022.

FARRINGTON, Theo. *UX Design 2020*: O Guia do Iniciante para a Experiência do Usuário p. 4. Edição do Kindle.

GORDON, Kelley. 5 principles of visual design in UX. Disponível em: https://www.nngroup.com/articles/principles-visual-design/. Acesso em: 28 jun. 2022.

HAAPIO, Helena. Lawyers as Designers, Engineers and Innovators: Better Legal Documents through Information Design and Visualization. In: SCHWEIGHOFER, Erich et al. (Ed.). Transparency. *Proceedings of the 17th International Legal Informatics Symposium IRIS*, 2014.

HOWE, Julie E. WOGALTER, Michael S. The understandability of legal documents: are they adequate? *Proceedings of the Human Factors and Ergonomics Society 38th Annual Meeting*, 1994, p. 438-442.

KANE, Lexie. *The attention economy*. Nielsen Normam Group. Disponível em: https://www.abntcatalogo.com.br/norma.aspx?ID=088057. 2019.

LOWDERMILK, Travis. *Design Centrado no Usuário*. Rio de Janeiro: Novatec Editora. Edição do Kindle.

MAIA, Ana Carolina. NYBØ, Erik Fontenele. CABRAL, Mayara Cunha. HENRIQUES, Lucas Santana. *Pesquisa de análise de comportamento de usuários diante de documentos jurídicos*, 2020.

MARINHO, Rafael de Barros. *Arquitetura de Informação para Web*: projetando a experiência do usuário em ambientes digitais. Novas Edições Acadêmicas. Salvador, 2012. 21. ed. p. 51.

MITCHELL, Jay; HERTZBERG, Emma; KLEMOLA, Meera. *Contract mechanics* – What they are, why they're important and learning to work with them, Disponível em: https://ssrn.com/abstract=3503689 Acesso em: 28 jun. 2022.

NORMAN, Donald A. *O design do dia a dia*. Anfiteatro. Edição do Kindle.

PEREIRA, Rogério. *User Experience Design*: como criar produtos digitais com foco nas pessoas, Editora Casa do Código, 2018.

SANTOS, Bruno. *UX para negócios digitais*: Entenda a importância da experiência do usuário para o seu produto! Edição do Kindle.

TEIXEIRA, Fabrício. *Introdução e boas práticas em UX Design*. Casa do Código. 2014.

16

O MODELO *"LEAN UX"* E A EXPERIÊNCIA DO USUÁRIO (UX) EM PERSPECTIVA RELACIONAL

José Luiz de Moura Faleiros Júnior

Doutorando em Direito Civil pela Universidade de São Paulo – USP/Largo de São Francisco. Doutorando em Direito, na área de estudo 'Direito, Tecnologia e Inovação', pela Universidade Federal de Minas Gerais – UFMG. Mestre e Bacharel em Direito pela Universidade Federal de Uberlândia – UFU. Especialista em Direito Digital, em Direito Civil e Empresarial. Associado do Instituto Avançado de Proteção de Dados – IAPD. Membro do Instituto Brasileiro de Estudos de Responsabilidade Civil – IBERC. Advogado e Professor

Sumário: 1. Introdução – 2. A perspectiva relacional e o legal design: premissas essenciais para a experiência do usuário – 3. O modelo *"lean ux"* e seus horizontes – 4. Perspectivas para o amadurecimento da inter-relação com o usuário – 5. Considerações finais – 6. Referências.

1. INTRODUÇÃO

É inegável a proeminência que a expressão "experiência do usuário" tem granjeado em anos recentes, embora não pertença, ainda, ao léxico jurídico. Bem ao contrário, reverbera a intenção transformadora de adaptação do paradigma lastreado no formalismo da Ciência Jurídica aos desafios do século XXI.

O surgimento de novas carreiras e de profissionais dedicados especificamente à diagnose e ao alinhamento de pretensões corporativas aos interesses de seus inúmeros *stakeholders* e, principalmente, de seus clientes, deriva da necessidade de propiciar alavancagem empresarial e funcionalidade sistêmica às intenções, aos anseios e às experiências de todos os envolvidos. Para isso, é vital que haja congruência de intenções, o que se constata da observação desses citados elementos. Em discussões sobre Legal Design, portanto, o debate em torno da experiência do usuário, convencionalmente identificada pela sigla UX (de *"user experience"*, no inglês), pressupõe a assimilação da insuficiência dos modelos relacionais tradicionais para viabilizar a ruptura de paradigma que é imposta pela transformação contemporânea.

Nessa linha, compreender os impactos da conciliação das expectativas dos usuários com os interesses corporativos é o cerne da investigação técnica sobre os desafios da UX. E, para o contexto jurídico, tal compreensão acarreta desafios próprios, na medida em que muitos dos anseios e interesses envolvidos têm repercussões jurídicas variadas, impactantes e dotados de certa complexidade, ultrapassando meras discussões mercadológicas ou estratégicas.

Com base nessas premissas introdutórias, o presente ensaio buscará elucidar os principais percursos que se apresentam ao investigador do tema em tempos de transição, ainda dependentes de ruptura paradigmática e de mudança cultural dos profissionais envolvidos em temas complexos que, no mais das vezes, podem se beneficiar da ampliação da efetividade das estratégias de experiência do usuário.

Sendo essa uma das razões para se aventar discussões em torno de uma "nova advocacia" ou de uma "advocacia 4.0", o que se nota é, em essência, uma reformulação das bases jurídicas da atuação de profissionais que não fecham os olhos para as transformações sociais – muitas delas produzidas pelo recrudescimento da técnica – e que, bem ao contrário, buscam introjetar as alterações benéficas colhidas dessa mudança para suas próprias rotinas.

2. A PERSPECTIVA RELACIONAL E O LEGAL DESIGN: PREMISSAS ESSENCIAIS PARA A EXPERIÊNCIA DO USUÁRIO

Do ponto de vista relacional, a experiência do usuário é comumente analisada a partir da ideia de design centrado no usuário (*user-centered design*), que é tomada como premissa para a estruturação de abordagens capazes de conciliar os interesses corporativos com os anseios de seus clientes finais (os usuários)[1]. Logo, como antecipado na introdução, os reflexos desse debate para o Direito partem do reconhecimento da insuficiência dos modelos mais tradicionais de realização da Ciência Jurídica, geralmente vistos como incompatíveis com os desafios hodiernos.

A palavra "design" costuma representar projetos em estágios menos maduros de desenvolvimento e ainda carentes de testagem. Via de regra, imagina-se que se faz referência à concepção de um produto ou serviço e, portanto, o design centrado no usuário representaria uma premissa de desenvolvimento válida para tais cenários.

Embora seja inegável a proeminência do debate para a inovação disruptiva, o que se nota é que a transformação é mais ampla. Contempla, além do desenvolvimento de novos produtos e serviços, também a reformulação daqueles que são mais tradicionais. A atualização de estratégias, modelos de atendimento, atuação e interação, mesmo que de forma cíclica, está centrada igualmente no conceito de "design" para os fins do desenvolvimento que se pretende consolidar com a ideia de "experiência do usuário".

---

1. STULL, Edward. *UX fundamentals for non-UX professionals*: user experience principles for managers, writers, designers, and developers. Nova York: Apress, 2018, p. 5.

Os desafios são muitos e não se limitam, todavia, à compreensão que se pretende extrair da mera análise de dados, que, a seu turno, poderia derivar da percepção de que a análise informacional tem o potencial de ilustrar de forma mais clara o perfil do indivíduo com o qual e para o qual se almeja incrementar a qualidade de produtos e serviços. Mais do que isso, envolve reconhecer pontos de convergência entre os interesses de quem está desenvolvendo novos modelos estratégicos de negócios e os anseios que se pode mapear do público-alvo.

A superação desses desafios envolve, para o Direito, a simplificação da compreensão de termos jurídicos usualmente rebuscados ou dependentes de técnicas argumentativas textuais que, para o profissional das carreiras jurídicas, é viável e talvez até trivial, mas não o é para aquele que, em última análise, tem seu interesse tutelado: o cidadão.

Essa facilitação cognitiva pode ser realizada por inúmeros meios, mas o *visual law* tem sido difundido como o mais proeminente deles. A simplificação de textos complexos a partir do implemento de elementos gráficos, como ícones, fluxogramas, tabelas etc., não pretende tornar documentos jurídicos esteticamente mais belos ou bem afeiçoados, mas, sim, facilitar a assimilação de conteúdos complexos por aquele que, de fato, será afetado pelos termos do que se discute no documento.

Por essa razão, a grande aceitação do *visual law* em carreiras como a Magistratura[2], o Ministério Público[3], a Advocacia Pública[4], a Advocacia privada e todas as demais denota uma transformação que não acarreta perda de qualidade na atuação dos respectivos profissionais, mas que, ao contrário, permite ampliar a compreensão do linguajar jurídico para que o jurisdicionado/assistido/cliente também participe do desenvolvimento processual no qual está em jogo seus interesses, sempre em perspectiva dialógica, com a possibilidade de experienciar a dinâmica jurídica por métodos mais acessíveis. Enfim, trata-se de uma ampliação do escopo de acesso à justiça[5].

Como lembra Camilla Telles, "é importante salientar a diferença de usuário e cliente, sendo o usuário toda pessoa que tem acesso ao recurso e o cliente a pessoa que adquire o produto ou serviço"[6]. São termos típicos do ambiente empresarial,

---

2. Para o caso específico da Magistratura Federal, são valiosíssimos os estudos conduzidos por Bernardo de Azevedo e Souza: SOUZA, Bernardo de Azevedo. Visual law aos olhos da Magistratura Federal. In: COELHO, Alexandre Zavaglia; SOUZA, Bernardo de Azevedo e (Coord.). *Legal design e visual law*. São Paulo: Thomson Reuters Brasil, 2021, p. 129-140.

3. MOURÃO, Pedro Borges. Legal design no Ministério Público. In: FALEIROS JÚNIOR, José Luiz de Moura; CALAZA, Tales (Coord.). *Legal design*: teoria e prática. Indaiatuba: Foco, 2021, p. 341-360.

4. MACHADO FILHO, Antonio Carlos Mora; IWAKURA, Cristiane Rodrigues. Legal design na Advocacia Pública Federal. In: COELHO, Alexandre Zavaglia; SOUZA, Bernardo de Azevedo e (Coord.). *Legal design e visual law*. São Paulo: Thomson Reuters Brasil, 2021, p. 141-166.

5. PEREIRA, Filipe; MONTEIRO, Marisa. Legal design: instrumento de inovação legal e de acesso à justiça. In: MALDONADO, Viviane Nóbrega; FEIGELSON, Bruno (Coord.). *Advocacia 4.0*. São Paulo: Thomson Reuters Brasil, 2019, p. 113-134.

6. TELLES, Camilla. Experiência do usuário (*user experience*) e legal design. In: FALEIROS JÚNIOR, José Luiz de Moura; CALAZA, Tales (Coord.). *Legal design*: teoria e prática. Indaiatuba: Foco, 2021, p. 198.

cujo valor, para a conciliação temática com os propósitos da Ciência Jurídica, está na diferenciação dos interesses subjacentes à realização do direito.

Explico: a incorporação do design centrado no usuário em rotinas processuais deve considerar a simplificação necessária para o interessado (via de regra, o detentor da pretensão que expressa um direito material, aqui equiparado à figura do "cliente"), mas também para os cidadãos em geral, que eventualmente acessarão os autos de um processo judicial público (que poderiam ser equiparados, nesta leitura, à figura do "usuário"). Um é específico; o outro não.

Quando se trabalha com o *visual law*, portanto, tem-se em perspectiva um elemento central da experiência do usuário: o reconhecimento de que o principal destinatário das técnicas implementadas não é o magistrado, o membro do Ministério Público, o defensor ou o advogado, mas o cidadão. Trata-se, noutros termos, do mesmo design centrado no usuário que, a nível corporativo, já se implementa há algumas décadas para fomentar estratégias empresariais.

Isso conduz à importante conclusão de que o Direito, ainda que tardiamente, tem buscado se beneficiar de uma transformação mais ampla – quiçá cultural – e consentânea com o atual momento da sociedade. Sem dúvidas, é pela alavancagem tecnológica que rotinas se tornaram mais simplificadas, mais acessíveis e diretas, e também é pela introjeção da técnica que ocorre verdadeiro aperfeiçoamento de diversas ciências.

Nesse cenário, uma tendência mais ampla do que o mencionado *visual law* é a que se convencionou designar de Legal Design. Embora não se trate de uma disciplina totalmente autônoma, tem o potencial de incorporar elementos de outras ciências ao Direito para catalisar essa transformação, ora se beneficiando de elementos visuais, ora fomentando modificações mais densas, a nível metodológico, na própria construção do Direito.

O debate em questão é inegavelmente complexo, mas também é importante para o fomento a uma nova *ratio*, que congregue elementos suficientes ao Direito no intuito de propiciar adaptações profícuas às suas estruturas mais tradicionais. A experiência do usuário ocupa exatamente a centralidade dessa mudança e, por isso, desdobramentos mais específicos são analisados do ponto de vista atual – embora seja, de fato, um momento de transição –, mas sem desconsiderar os avanços consolidados no passado e, muito menos, as perspectivas que se apresentam para o futuro, especialmente em razão da pujança do desenvolvimento tecnológico.

3. O MODELO *"LEAN UX"* E SEUS HORIZONTES

Temática recente e que muito tem contribuído para o amadurecimento das discussões em torno da incorporação da experiência do usuário pela Ciência Jurídica envolve o modelo batizado de *"lean UX"*. O adjetivo inglês *lean* ("enxuto") é atribuído ao famoso autor Eric Ries e à sua obra "*the lean startup*"[7] ("a startup enxuta", em título traduzido para a publicação brasileira), na qual são definidos princípios de um modelo baseado em simplificação de rotinas que amplia o espectro de procedimentos para a viabilização do acesso a técnicas de experiência do usuário por maior número de interessados.

Em obra específica, Jeff Gothelf e Josh Seiden trabalham mais detidamente com a incorporação dos pilares definidos por Ries para *startups* em geral à sistematização metodológica da UX. Os autores delimitam três bases fundamentais: (a) *design thinking*; (b) desenvolvimento ágil; (c) pivotagem e testagem (em equiparação ao *Minimum Viable Product*, ou MVP, definido por Ries)[8].

O *design thinking*, em linhas gerais, "é uma metodologia aplicável para qualquer área do conhecimento e, por isso, não se restringe ao Direito e também não se altera por conta da aplicação na área jurídica. Por essa razão, o uso da expressão *legal design thinking* é incorreta"[9]. Pretende-se, com essa abordagem metodológica, buscar soluções de design para solucionar problemas complexos com impactos positivos, usualmente a partir de cinco passos: (a.1) compreensão do problema; (a.2) definição do problema; (a.3) ideação; (a.4) prototipação; (a.5) testagem[10].

A partir da incorporação da metodologia do *design thinking*[11], algumas considerações podem ser extraídas para a melhor sistematização do modelo "*lean UX*". A primeira delas envolve o conceito de equipes e a organização de pequenos grupos de pessoas no processo de desenvolvimento centrado no usuário. Para Gothelf e Seiden, grupos de até 10 pessoas operam melhor do que grandes times, divididos em vários departamentos, com muitas lideranças e rotinas comunicacionais burocráticas; e, em

---

7. Cf. RIES, Eric. *The lean startup*: how today's entrepreneurs use continuous innovation to create radically successful businesses. Nova Iorque: Crown, 2011.

8. GOTHELF, Jeff; SEIDEN, Josh. *Lean UX*: applying lean principles to improve user experience. Sebastopol: O'Reilly, 2013. E-book Kindle. Cap. 2.

9. NYBØ, Erik Fontenele. Legal design: a aplicação de recursos de design na elaboração de documentos jurídicos. In: FALEIROS JÚNIOR, José Luiz de Moura; CALAZA, Tales (Coord.). *Legal design*: teoria e prática. Indaiatuba: Foco, 2021, p. 12.

10. Eis a importante síntese de Erik Fontenele Nybø: "Passo 1 – Entender o problema: nesta etapa é necessário entender o problema a ser tratado e quem deve ser integrado ao processo. Pesquisas e observação são realizados sobre o problema identificado. O resultado é a compreensão do usuário e suas necessidades. Por conta desse foco no usuário essa metodologia é entendida como empática. Passo 2 – Definir o problema: o problema desse usuário bem definido deve ser sintetizado em uma questão clara. Passo 3 – Ideação: nesta etapa são encontradas e selecionadas ideias geradas durante uma sessão de brainstorming. O brainstorming é um processo criativo que consiste na criação de ideias pelas pessoas envolvidas no processo, sem que os participantes façam qualquer juízo de valor sobre as ideias colocadas. Essa forma de colocar ideias estimula o máximo de ideias a serem criadas. Passo 4 – Prototipação: nesta etapa as ideias precisam ser tangibilizadas. A ideia é tentar criar um projeto da ideia apresentada para aplicação posterior. Passo 5 – Teste: na etapa final, as ideias devem ser testadas por meio de experimentos e opiniões expressadas pelos usuários (*feedback*)". NYBØ, Erik Fontenele. Legal design: a aplicação de recursos de design na elaboração de documentos jurídicos. In: FALEIROS JÚNIOR, José Luiz de Moura; CALAZA, Tales (Coord.). *Legal design*: teoria e prática. Indaiatuba: Foco, 2021, p. 13.

11. A expressão é densamente explorada por BROWN, Tim. *Change by design*: how design thinking transforms organizations and inspires innovation. Nova York: HarperBusiness, 2009.

relação à experiência do usuário, a redução do número de membros de uma equipe contribui para o aumento da interação entre os envolvidos. Rompe-se o modelo verticalizado de diálogo (chamado pelos autores de "*waterfall*") e cria-se horizontalidade entre os poucos membros do time, permitindo a todos o compartilhamento de ideias e propostas[12].

Outro importante aspecto dessa metodologia é o objeto: a partir do arquétipo "enxuto", deve-se manter o foco da equipe em um problema específico, restrito, a ser interpretado em função dos resultados (*outcomes*), e não das métricas (*outputs*). Isso permite melhor delineamento dos objetivos principais do projeto e uma compreensão mais assertiva, porquanto mais detalhada, do que se pretende identificar para fins de incremento do "ato de experienciar" ao qual o usuário final estará sujeito.

O minimalismo da metodologia de *design thinking* também é importante para produzir substratos (que, no caso do Direito, podem ser petições, sentenças etc.) redigidos em linguagem mais clara, objetiva e "sem ruídos". Em relação ao design centrado no usuário, essa premissa contribui para o enxugamento do repertório de ideias que usualmente se colhe de uma interação entre os membros da equipe. Em síntese, permite-se a filtragem em função do diálogo para que não se perca tempo com a testagem de ideias repetidas ou evidentemente inviáveis.

Enfim, deve-se registrar a importância da "experiência presencial" do time de desenvolvimento. Em breves termos, trata-se do singelo ato de realizar testagem de campo ou de submeter os idealizadores de uma proposta de incremento da experiência do usuário à própria ideia, na prática. Essa premissa ficou conhecida pela expressão "*getting out of the building*" ("saindo do escritório", em tradução literal), ou apenas GOOB, de Steve Blank[13]. A intenção é permitir que os próprios profissionais se coloquem na posição de usuários para vivenciar o contato com o produto ou serviço que desenvolvem, tal como seus próprios usuários.

Adiante, Gothelf e Seiden destacam a importância do desenvolvimento ágil, inicialmente realçando a importância do papel colaborativo para o desenvolvimento de software em razão da expansão da internet e do surgimento de plataformas de testagem conjunta e maturação de código (*v.g.* GitHub), mas que também pode se aplicar a qualquer seara de desenvolvimento de estratégias de design centrado no usuário. Basicamente, o que se almeja com metodologias ágeis é o atingimento de uma abordagem funcional para a solução de problemas variados, especialmente nos estágios iniciais.

O que se pretende, portanto, não é eliminar a complexidade, mas a confusão. Esta é usualmente decorrente da má implementação de estratégias de design adequadas

---

12. GOTHELF, Jeff; SEIDEN, Josh. *Lean UX*: applying lean principles to improve user experience. Sebastopol: O'Reilly, 2013. E-book Kindle. Cap. 2.1.

13. BLANK, Steve. Teaching entrepreneurship – by getting out of the building. *Steveblank.com*, 11 mar. 2010. Disponível em: https://steveblank.com/2010/03/11/teaching-entrepreneurship-%E2%80%93-by-getting--out-of-the-building/ Acesso em: 28 mar. 2022.

ao propósito conciliatório que se almeja entre *stakeholders* e usuários. Para tanto, é preciso que se crie um modelo conceitual adequado e "descomplicado" (ainda que seja complexo)[14]. O modelo de "*lean UX*" permite isso exatamente porque se vale dos mecanismos de pivotagem e testagem descritos por Ries para viabilizar a busca incessante por um arquétipo que possa ser testado com minimização dos erros, vieses e demais problemas. Em outras palavras, trata-se de esgotar antecipadamente as etapas conceituais antes de levar um conceito à testagem prática, mas, ao obter tal modelo ideal, trata-se também de testá-lo exaustivamente, a fim de incrementar ao máximo as possibilidades de melhoria da experiência final do usuário[15].

4. PERSPECTIVAS PARA O AMADURECIMENTO DA INTER-RELAÇÃO COM O USUÁRIO

Quando se trabalha com experiência do usuário, especialmente a partir da perspectiva atrelada à inovação, o tema produz substratos riquíssimos para o aprimoramento da experiência jurídica, ainda mais a partir do modelo "*lean UX*". Isso porque as metodologias de *design thinking* e desenvolvimento ágil já são reconhecidas como pilares indissociáveis do desenvolvimento exponencial para a boa gestão e para os negócios em geral, mas, sendo aplicadas ao contexto jurídico, torna-se possível a visualização da organização da dinâmica jurídica por outras lentes, viabilizando a implementação de técnicas de pivotagem e testagem (típicas das *startups*[16]) para métodos incrementais da experiência do jurisdicionado/cliente em função dos princípios estabelecidos metodologicamente.

Um exemplo importante é o já citado acesso à justiça, que recebe inegável incremento com o aumento da própria compreensão que o jurisdicionado passa a ter da sistematização processual a partir de técnicas como o *visual law*.

Outro exemplo importantíssimo envolve a reformulação de técnicas argumentativas para o processo judicial, que tem o condão de reforçar as habilidades dos participantes da dialética estabelecida em eventual litígio[17]. Maior compreensão, propiciada por técnicas adequadas e bem concebidas, não acarreta redução de complexidade, mas de confusão. Logo, o método "*lean UX*" faz absoluto sentido para o Direito na

---

14. Nos dizeres de Don Norman, é preciso distinguir os adjetivos "complexo" e "complicado": "I distinguished between "complexity," which we need to match the activities we take part in, and "complicated," which I defined to mean "confusing." How do we avoid confusion? Ah, here is where the designer's skills come into play. The most important principle for taming complexity is to provide a good conceptual model, which has already been well covered in this book". NORMAN, Dan. *The design of everyday things*. Nova York: Basic Books, 2013, p. 247.

15. GARRETT, Jesse James. *The elements of user experience*: user-centered design for the web and beyond. 2. ed. Berkeley: New Riders, 2011, p. 74-75.

16. Cf. KLEIN, Laura. *UX for lean startups*: faster, smarter user experience research and design. Sebastopol: O'Reilly, 2013.

17. ROSA, Alexandre Morais da. Visual law: aquisição de skills argumentativas no processo judicial. In: COELHO, Alexandre Zavaglia; SOUZA, Bernardo de Azevedo e (Coord.). *Legal design e visual law*. São Paulo: Thomson Reuters Brasil, 2021, p. 25-44.

medida em que não pretende reduzir o caráter complexo de eventual matéria posta em discussão, mas, sim, robustecer (i) a capacidade argumentativa das partes que a discutem, elevando seu nível de persuasão, exposição e clareza, e (ii) a compreensão geral que se tem da discussão em si, eliminando ruídos pela filtragem sistematizada de excessos e incoerências, simplificando e descomplicando a explicação, mas sem alterar a complexidade intrínseca do objeto.

Em termos gerais, todos esses componentes contribuem para reforçar a qualidade das inter-relações jurídicas, tornando-as melhores sem prejudicar a essência complexa, ainda que seja inerente à dogmática jurídica. Bem ao contrário, trata-se de produzir novos modos de abordagem para um problema jurídico no intuito de pensá-lo em função de todos os envolvidos na sistemática processual, ampliando horizontes pela simplificação da cognição – e não do objeto.

Há muitas perspectivas positivas para essa transformação na seara jurídica e, embora certa relutância seja esperada na atual etapa de transição, não há dúvidas de que benefícios serão colhidos no médio prazo. Na advocacia, por exemplo, essa transformação vem sendo experimentada pela adaptação de escritórios a modelos de atendimento inovadores e baseados na centralidade do usuário[18].

Discussões sobre experiência do usuário podem contribuir para a evolução geral das relações jurídicas estabelecidas entre os envolvidos na dinâmica processual litigiosa, mas também fora dela. Trata-se, como dito na introdução, de uma mudança de paradigma bastante ampla. Em razão disso, a adaptação de rotinas de publicização de sentenças e acórdãos com técnicas de *visual law* tem sido vista como um primeiro passo para a consolidação de uma nova forma de abordagem da linguagem processual. Já se tem exemplos, no Brasil, de tribunais que disponibilizam decisões com a fundamentação tradicional e versões simplificadas, contendo elementos visuais e menor número de páginas, para ampliar a compreensão do público. Cada vez mais juízes e juízas aplicam a técnica[19] e a tendência é de expansão.

Não obstante, em linhas gerais, todas as carreiras jurídicas têm sido positivamente influenciadas pela técnica em questão (*visual law*), mas uma mudança mais ampla, ligada às metodologias de *design thinking* e desenvolvimento ágil, pode propiciar modificações ainda mais impactantes para a dinâmica geral dos envolvidos na relação jurídica processual. O que se almeja, ao fim e ao cabo, é adotar os elementos profícuos de uma nova tendência sem abandonar por completo as qualidades de outrora. O objetivo maior é aprimorar ao invés de substituir, é simplificar a cognição sem afetar a complexidade.

---

18. AGUIAR, Kareline Staut de. Visual law: como a experiência do direito pode ser aprimorada. In: SOUZA, Bernardo de Azevedo e; OLIVEIRA, Ingrid Barbosa (Org.). *Visual law*: como os elementos visuais podem transformar o direito. São Paulo: Thomson Reuters Brasil, 2021, p. 98-111.

19. Conferir, por exemplo, SOUZA, Bernardo de Azevedo e. Conheça 6 juízas brasileiras que já usam Visual Law. *Bernardodeazevedo.com*, 4 set. 2021. Disponível em: https://bernardodeazevedo.com/conteudos/conheca-6-juizas-brasileiras-que-ja-usam-visual-law/ Acesso em: 28 mar. 2022.

5. CONSIDERAÇÕES FINAIS

Nesse breve ensaio, buscou-se apresentar algumas das principais perspectivas para a transformação decorrente da introjeção de novas metodologias para a compreensão dos fins da Ciência do Direito em um contexto no qual a "experiência do usuário" (ou UX) deve ser almejada, tal como já ocorre noutras searas e ciências.

Algumas possibilidades estão ligadas à incorporação de pilares e premissas, como os do modelo "*lean UX*", ao Direito. São os seguintes: (a) *design thinking*; (b) desenvolvimento ágil; (c) pivotagem e testagem (em equiparação ao *Minimum Viable Product*, ou MVP). Há, de fato, muito a se colher da experiência de desenvolvimento exponencial das *startups* e algumas das metodologias ligadas à inovação podem beneficiar bastante a estruturação de relações jurídicas baseadas na permanência da complexidade, mas com simplificação de sua apresentação.

A experiência do usuário, desdobrada do chamado design centrado no usuário (*user-centered design*) pretende exatamente isso: colocar o operador do Direito na posição do jurisdicionado para que, ao final, o conteúdo – por mais complexo que possa ser – seja publicizado de modo a ampliar sua compreensão. Trata-se de diferenciar os termos "complexo" de "complicado" para extirpar os excessos, as incoerências, os vieses e eventuais contradições do discurso jurídico emanado do labor desses operadores, sem alterar a essência do próprio objeto posto em discussão.

6. REFERÊNCIAS

AGUIAR, Kareline Staut de. Visual law: como a experiência do direito pode ser aprimorada. In: SOUZA, Bernardo de Azevedo e; OLIVEIRA, Ingrid Barbosa (Org.). *Visual law*: como os elementos visuais podem transformar o direito. São Paulo: Thomson Reuters Brasil, 2021.

BLANK, Steve. Teaching entrepreneurship – by getting out of the building. *Steveblank.com*, 11 mar. 2010. Disponível em: https://steveblank.com/2010/03/11/teaching-entrepreneurship-%E2%80%93-by--getting-out-of-the-building/ Acesso em: 28 mar. 2022.

BROWN, Tim. *Change by design*: how design thinking transforms organizations and inspires innovation. Nova York: HarperBusiness, 2009.

GARRETT, Jesse James. *The elements of user experience*: user-centered design for the web and beyond. 2. ed. Berkeley: New Riders, 2011.

GOTHELF, Jeff; SEIDEN, Josh. *Lean UX*: applying lean principles to improve user experience. Sebastopol: O'Reilly, 2013.

KLEIN, Laura. *UX for lean startups*: faster, smarter user experience research and design. Sebastopol: O'Reilly, 2013.

MACHADO FILHO, Antonio Carlos Mora; IWAKURA, Cristiane Rodrigues. Legal design na Advocacia Pública Federal. In: COELHO, Alexandre Zavaglia; SOUZA, Bernardo de Azevedo e (Coord.). *Legal design e visual law*. São Paulo: Thomson Reuters Brasil, 2021.

MOURÃO, Pedro Borges. Legal design no Ministério Público. In: FALEIROS JÚNIOR, José Luiz de Moura; CALAZA, Tales (Coord.). *Legal design*: teoria e prática. Indaiatuba: Foco, 2021.

NORMAN, Dan. *The design of everyday things*. Nova York: Basic Books, 2013.

NYBØ, Erik Fontenele. Legal design: a aplicação de recursos de design na elaboração de documentos jurídicos. In: FALEIROS JÚNIOR, José Luiz de Moura; CALAZA, Tales (Coord.). *Legal design*: teoria e prática. Indaiatuba: Foco, 2021.

PEREIRA, Filipe; MONTEIRO, Marisa. Legal design: instrumento de inovação legal e de acesso à justiça. In: MALDONADO, Viviane Nóbrega; FEIGELSON, Bruno (Coord.). *Advocacia 4.0*. São Paulo: Thomson Reuters Brasil, 2019.

RIES, Eric. *The lean startup*: how today's entrepreneurs use continuous innovation to create radically successful businesses. Nova Iorque: Crown, 2011.

ROSA, Alexandre Morais da. Visual law: aquisição de skills argumentativas no processo judicial. In: COELHO, Alexandre Zavaglia; SOUZA, Bernardo de Azevedo e (Coord.). *Legal design e visual law*. São Paulo: Thomson Reuters Brasil, 2021.

SOUZA, Bernardo de Azevedo e. Conheça 6 juízas brasileiras que já usam Visual Law. *Bernardodeazevedo. com*, 4 set. 2021. Disponível em: https://bernardodeazevedo.com/conteudos/conheca-6-juizas-brasileiras-que-ja-usam-visual-law/ Acesso em: 28 mar. 2022.

SOUZA, Bernardo de Azevedo. Visual law aos olhos da Magistratura Federal. In: COELHO, Alexandre Zavaglia; SOUZA, Bernardo de Azevedo e (Coord.). *Legal design e visual law*. São Paulo: Thomson Reuters Brasil, 2021.

STULL, Edward. *UX fundamentals for non-UX professionals*: user experience principles for managers, writers, designers, and developers. Nova York: Apress, 2018.

TELLES, Camilla. Experiência do usuário (*user experience*) e legal design. In: FALEIROS JÚNIOR, José Luiz de Moura; CALAZA, Tales (Coord.). *Legal design*: teoria e prática. Indaiatuba: Foco, 2021.

17

APLICAÇÃO DO LEGAL DESIGN COMO FERRAMENTA ESSENCIAL DO *COMPLIANCE* DE PROTEÇÃO DE DADOS

Mônica Villani

Advogada, sócia do escritório Mônica Villani Advogados. Especialista em Direito Contratual e das Relações de Consumo. Certificada internacionalmente na área de privacidade e proteção de dados. Membro da Comissão de Direito Digital e *Compliance* da OAB de São Bernardo do Campo/SP. Professora no LAB de Inovação da Faculdade de Direito de São Bernardo do Campo e na Privacy Academy.

Rodrigo Gugliara

Especialista em Direito Digital e *Compliance* pela Faculdade Damásio de Jesus. Técnico em informática. Autor de artigos em Direito Digital. Assistente Judiciário no Tribunal de Justiça de São Paulo. Professor no LAB de Inovação da Faculdade de Direito de São Bernardo do Campo.

Ruy Coppola Júnior

Advogado. Mestre e Doutor em Direito pela PUC/SP. Especialista em Negociação pela Universidade de Michigan. Professor titular de Direito Empresarial, coordenador do curso de pós-graduação em Direito Digital, coordenador do Laboratório de Inovação da Faculdade de Direito de São Bernardo do Campo. Professor convidado dos cursos de pós-graduação da FAAP, EPD e PUC/SP. Presidente da Comissão de Inovação e Empreendedorismo da OAB Santo André (SP).

Sumário: 1. Introdução. 2. Privacidade e proteção de dados pessoais. 3. As dificuldades na sociedade da atenção. 4. O uso de *legal design* nos documentos jurídicos de privacidade e de proteção de dados. 5. Conclusão. 6. Referências.

1. INTRODUÇÃO

Já faz algum tempo que o direito vem passando por profundas mudanças. E não poderia ser diferente, já que toda a sociedade está se deparando com inúmeras situações que nos forçam permanentemente a evoluir.

Um dos elementos que todo profissional do direito se depara e necessita é o aperfeiçoamento na comunicação jurídica. Para o ordenamento jurídico, inúmeras são as formalidades que devem ser atendidas, contudo, na comunicação, especialmente em interações interdisciplinares, o usuário frequentemente não consegue captar de modo satisfatório o discurso, ainda mais se estiver repleto de expressões em latim ou do conhecido "juridiquês", termo utilizado para se designar quase que um dialeto próprio utilizado por pessoas ligadas ao direito.

Não há que se falar em total ruptura de paradigmas para reformulação completa da comunicação jurídica, tal como se dá atualmente, mas é essencial identificar quem será o destinatário da mensagem para que a sua recepção possa ocorrer do modo mais adequado a sua compreensão.

No contexto social relatado, o ano de 2.020 foi um marco para o ordenamento jurídico nacional quando nos referimos ao tema "proteção de dados pessoais"[1]. Isso, pois além do histórico julgamento do Supremo Tribunal Federal que reconheceu a proteção de dados como um direito fundamental, também foi o ano em que a Lei Geral de Proteção de Dados Pessoais[2] teve o início da sua vigência[3].

Conforme é tratado no primeiro capítulo, a Lei Geral de Proteção de Dados Pessoais assegura uma gama de direitos aos titulares[4] de dados pessoais e, para garantir a sua conformidade, os agentes de tratamento[5] tiveram que adotar um criterioso processo de adequação em suas atividades[6]. Dentre outras providências, a implementação das novas regras de privacidade e de proteção de dados depende da revisão e da elaboração de documentos jurídicos aplicáveis ao tema, como por exemplo, políticas e avisos de privacidade, contratos firmados entre controladores e operadores e instrumentos que delimitam as funções dos colaboradores das empresas com acesso aos dados tratados para garantir a segurança das informações.

No contexto da denominada sociedade da atenção, os titulares dos dados pessoais têm sua atenção a todo momento disputada por diversos agentes que, através destas interações, almejam auferir riqueza, direta ou indiretamente, como melhor será detalhado no segundo capítulo do presente artigo.

---

1. Não se ignora a polêmica acerca da expressão, uma vez que o destinatário da proteção não são os dados pessoais em si, mas sim seus titulares. Contudo, a expressão popularmente empregada é a que será utilizada.
2. Lei Federal 13.709/2018 (Lei Geral de Proteção de Dados Pessoais ou, simplesmente, LGPD).
3. Ainda que parcial, considerando-se a "novela" relacionada e as diferentes datas de entrada em vigor de dispositivos específicos.
4. Conforme definição trazida pela LGPD, são as pessoas naturais a quem se referem os dados pessoais objetos de tratamento.
5. Conforme definição trazida pela LGPD, trata-se do controlador (pessoa natural ou jurídica, de direito público ou privado, a quem competem as decisões referentes ao tratamento de dados pessoais) e do operador (pessoa natural ou jurídica, de direito público ou privado, que realiza o tratamento de dados pessoais em nome do controlador).
6. A Lei Geral de Proteção de Dados Pessoais é aplicável não apenas às pessoas jurídicas, mas também às pessoas físicas que efetuarem operações de tratamento de dados pessoais, exceto quando presente uma das situações descritas no seu artigo 4º.

Dentro desta dinâmica, se tornou corriqueiro que os titulares de dados pessoais sejam expostos – a cada acesso a plataformas, aplicativos, *websites*, redes sociais, dentre outros – a selecionarem *checkboxes* confirmando a leitura e a aceitação tanto de termos de uso quanto de avisos de privacidade, sem sequer conhecerem de fato o seu conteúdo e compreenderem como os seus dados são tratados.

A existência e pertinência destes documentos jurídicos se justifica, dentre outros, nos princípios que a Lei Geral de Proteção de Dados Pessoais elenca, assim como a legislação consumerista (quando aplicável[7]). A questão que se pretende esmiuçar e responder a partir do presente estudo centra-se no grau de efetividade alcançado quando os documentos jurídicos disponibilizados aos titulares – pessoas naturais que normalmente têm raso conhecimento jurídico – são cheios de termos jurídicos, em formato de contrato ou política e com elevado grau de dificuldade para passar uma mensagem clara, objetiva e transparente.

O *legal design* vem ganhando muita importância no cenário jurídico e diante de todos esses desafios, questiona-se a possibilidade do seu emprego para empreender uma comunicação adequada com o titular dos dados pessoais, de modo cumprir os princípios e regras insculpidas na Lei Geral de Proteção de Dados Pessoais não apenas formalmente, mas também materialmente. O seu emprego na proteção de dados é analisado no terceiro capítulo.

2. PRIVACIDADE E PROTEÇÃO DE DADOS PESSOAIS

A regulação sobre a privacidade e a proteção de dados pessoais está relacionada ao resgate dos direitos e garantias fundamentais previstos desde a Declaração Universal dos Direitos Humanos de 1948 (DUDH), em especial a privacidade e a crescente dependência, da economia digital, dos fluxos internacionais de bases de dados pessoais[8].

Sendo uma regulação considerada principiológica, tal como sua origem europeia, a Lei Geral de Proteção de Dados Pessoais exige que os tratamentos[9] de dados pessoais observem a boa-fé e os seguintes princípios[10]:

(a) Finalidade;

(b) Adequação;

(c) Necessidade;

(d) Livre acesso;

---

7. Vide artigos 46 a 54 do Código de Defesa do Consumidor (Lei Federal 8.078/1990).
8. PINHEIRO, Patricia Peck. *Proteção de dados pessoais*: comentários à Lei n. 13.709/2018 (LGPD). 2. ed. São Paulo: Saraiva Educação, 2020. p.17.
9. Conforme definição trazida pela LGPD, significa toda operação realizada com dados pessoais, como as que se referem a coleta, produção, recepção, classificação, utilização, acesso, reprodução, transmissão, distribuição, processamento, arquivamento, armazenamento, eliminação, avaliação ou controle da informação, modificação, comunicação, transferência, difusão ou extração.
10. Vide artigo 6º da LGPD.

(e) Qualidade dos dados;

(f) Transparência;

(g) Segurança;

(h) Prevenção;

(i) Não discriminação; e

(j) Responsabilização e prestação de contas.

Além disso, a Lei Geral de Proteção de Dados Pessoais garante, aos titulares dos dados pessoais, o exercício dos seguintes direitos:

(a) confirmação da existência de tratamento;

(b) acesso aos dados;

(c) correção de dados incompletos, inexatos ou desatualizados;

(d) anonimização, bloqueio ou eliminação de dados desnecessários, excessivos ou tratados em desconformidade com o disposto nesta Lei;

(e) portabilidade dos dados a outro fornecedor de serviço ou produto, mediante requisição expressa, de acordo com a regulamentação da autoridade nacional, observados os segredos comercial e industrial;

(f) eliminação dos dados pessoais tratados com o consentimento do titular[11];

(g) informação das entidades públicas e privadas com as quais o controlador realizou uso compartilhado de dados;

(h) informação sobre a possibilidade de não fornecer consentimento e sobre as consequências da negativa; e

(i) revogação do consentimento[12].

A implementação de muitos destes princípios e direitos pode ser verificada através dos diversos documentos jurídicos aplicáveis à conformidade das instituições à Lei Geral de Proteção de Dados Pessoais.

Nas palavras de Walter Capanema, os documentos jurídicos relativos à proteção de dados têm duas finalidades essenciais: *accountability* e a formação de provas pré-constituídas. A *accountability* "pressupõe um dever de prestar contas de forma transparente, guardando fundamentação no princípio da transparência e da responsabilização e prestação de contas"[13].

---

11. Exceto nas hipóteses previstas no artigo 16 da LGPD.

12. Observado o § 5º do artigo 8º da LGPD.

13. NOBREGA MALDONADO, Viviane (Coord.). *LGPD – Lei Geral de Proteção de Dados Pessoais*: Manual de Implementação. São Paulo: Thompson Reuters Brasil, 2019.

A transparência é um dos principais vetores da Lei Geral de Proteção de dados, ou seja, a garantia, aos titulares, de informações claras, precisas e facilmente acessíveis sobre a realização do tratamento e os respectivos agentes de tratamento[14].

Não é demais ressaltar que o atual panorama de proteção de dados vivenciado decorre do contexto histórico da chamada "autodeterminação informativa"[15]. O que o princípio da transparência visa é justamente devolver ao titular dos dados pessoais a autonomia da vontade para permitir ou não o tratamento de seus dados, bem como o modo de realização, após ter ciência exata acerca do detalhamento de como se dará o tratamento. Em semelhante direção, a doutrina já ressalta que

> O titular dos dados carece de ampla informação sobre o tratamento dos seus dados para que consiga enxergar, cristalinamente, a legalidade, a legitimidade e a segurança do tratamento de acordo com o seu propósito, adequação e necessidade. Assim, terá condições para refletir sobre o tratamento e tomar decisões de acordo com os seus direitos[16]

Assim, por mais que os documentos jurídicos, principalmente no âmbito da tutela da privacidade e da proteção de dados pessoais, cuja presença é relevante, estejam disponíveis nas plataformas dos controladores, cumprindo formalmente os princípios da transparência e prestação de contas, surge o questionamento acerca do efetivo e material cumprimento dos referidos princípios.

Isso pois, ao serem redigidos com linguagem jurídica e em estrutura clássica contratual, a atenção do titular dos dados pessoais tratados costumeiramente se dispersa e eles acabam por não consultar os documentos disponibilizados e, assim, permanecem na escuridão acerca do tratamento dos seus dados pessoais.

Afinal, a própria Lei Geral de Proteção de Dados Pessoais requer que a anuência dos titulares dos dados pessoais seja obtida com transparência, de forma clara e inequívoca. A disponibilização de informações claras e de fácil entendimento ao público específico ao qual o documento é disponibilizado não apenas atende ao princípio da transparência, como também ao princípio da boa-fé, nos termos do *caput* do artigo 6 da LGPD.

Como se não bastassem os fundamentos já elencados, também há que se ressaltar que a Lei Geral de Proteção de Dados também traz, em seus artigos 50 e seguintes, as boas práticas e governança de dados. Como boa prática, a lei frisa que poderá o controlador "estabelecer relação de confiança com o titular, por meio de atuação transparente e que assegure mecanismos de participação do titular" (art. 50, §2º, I, alínea "e").

---

14. Resguardados os segredos comercial e industrial, conforme previsto pela LGPD.

15. A autodeterminação informativa proporciona maior participação do titular no tratamento dos seus dados pessoais. Não se trata apenas da liberdade negativa até então defendida, ao passo que, nas palavras de Viktor Mayer-Schonberger "o indivíduo agora era capaz de determinar como ele ou ela participaria da sociedade – a questão não era se alguém queria participar dos processos sociais, mas como" (*apud* ALIMONTI, Veridiana in Lei Geral de Proteção de Dados – Lei 13.709/2018. E-book).

16. NOBREGA MALDONADO, Viviane; ÓPICE BLUM, Renato (Coord.). *LGPD* – Lei Geral de Proteção de Dados Pessoais comentada. 3. ed. São Paulo: Thompson Reuters Brasil, 2021 (ebook).

Logo, é imprescindível que um documento jurídico seja redigido de forma a viabilizar a escolha consciente pelo titular dos dados pessoais.

3. AS DIFICULDADES NA SOCIEDADE DA ATENÇÃO

O tempo é um bem limitado. Por mais que a medicina tenha desenvolvido um ótimo trabalho para permitir a majoração da longevidade humana, o ser humano tem, em sua essência, o tempo como um bem escasso.

Em razão disso, na sociedade atual, em que todos nós estamos rodeados de atividades e informações disponibilizadas cotidianamente, nós temos que tomar inúmeras decisões ao longo de todos os nossos dias sobre a gestão do tempo.

Na necessidade de gerenciar adequadamente o tempo, o ser humano sacrifica algumas atividades em prol de outras. Nesse contexto, algumas pessoas defendem a existência da economia da atenção, em que empresas diversas lutam pela atenção dos seus consumidores para auferir lucros de diversas formas diferentes. Em resumo: sua atenção vale muito!

Ocorre que as pessoas também buscam realizar atividades prazerosas, isto é, a grande maioria optará por sacrificar as atividades mais entediantes ou difíceis quando a relação custo-benefício não lhe for interessante.

Mais do que a economia da atenção, podemos expandir um pouco o conceito já tratado para trazermos a ideia de sociedade da atenção, que coexiste com a sociedade da informação.

Ao mesmo tempo em que se tem a informação fácil a poucos milissegundos de distância da curiosidade humana, as principais métricas que são utilizadas na sociedade referem-se à atenção do destinatário da comunicação.

Uma das últimas mudanças relevantes realizadas na rede social Instagram foi a de esconder dos usuários, exceto ao titular da postagem, a quantidade de atenção recebida por um determinado conteúdo, ou seja, a quantidade de *likes* que aquele conteúdo recebeu, enquanto em plataformas como *Youtube*, por sua vez, uma relevante métrica utilizada é a "duração média de visualização". Os criadores de conteúdo buscam, a todo momento, uma maneira ou uma criação para que sua produção receba cada vez mais atenção do seu de

O conceito de sociedade da informação também é aplicável ao ambiente extrarrede social. Atualmente as pessoas têm pago para que não sejam incomodados com publicidade e propagandas, tal como ocorre com a contratação de serviços de *streaming* audiovisuais[17].

---

17. Não se nega que o usuário dos referidos serviços também conta com a facilidade de acesso ao conteúdo desejado no momento que melhor lhe convir, mas a inexistência de publicidade e propaganda dentro do serviço também é um diferencial de venda das assinaturas.

Percebe-se, portanto, que a publicidade e propaganda vem perdendo a atenção do público, que encontrou nos serviços de *streaming* uma forma de driblar os conteúdos comerciais que não lhe agregam nada.

Em outras circunstâncias também vemos os reflexos da sociedade da atenção, como ocorre em diversos aspectos do jornalismo moderno. Não raras vezes algumas pessoas deixam-se levar apenas e tão somente pelo título de matérias veiculadas na mídia, sem sequer se preocupar com o seu conteúdo detalhado. Por esse motivo, é possível verificar a crescente adoção de títulos "caça-cliques", ou também chamado *clickbait*.

Nesse cenário, técnicas como *storytelling* ou formas de comunicação centradas no usuário ganham relevância, ao passo que quando bem utilizadas possibilitam maior retenção da atenção do usuário e, consequentemente, incrementam a efetividade do discurso.

Ocorre que, ao contrário dessa necessidade de ter a efetiva atenção do destinatário, historicamente a comunicação jurídica apresenta diversos fatores que afastam aquele que deveria receber e compreender a mensagem.

Desde o uso tradicional de termos e expressões em latim, de jargões técnicos que nada significam ao leigo, texto geralmente extenso que afasta a curiosidade do usuário, dentre outros, são alguns dos fatores que tornam a comunicação jurídica tão desinteressante aos destinatários, especialmente aqueles que não têm conhecimento jurídico. Mais grave, não apenas desinteressante, a comunicação jurídica tradicional se revela egoísta e ineficiente.

Verifica-se, portanto, que os aspectos relacionados ao que se denomina de sociedade da atenção figuram como um problema ao efetivo cumprimento, sob a perspectiva material, de alguns princípios relevantes de proteção de dados. Contudo, essas dificuldades podem ser afastadas com o correto emprego do *legal design*.

4. O USO DE *LEGAL DESIGN* NOS DOCUMENTOS JURÍDICOS DE PRIVACIDADE E DE PROTEÇÃO DE DADOS

Antes mesmo de iniciar a abordagem da aplicação do *legal design* no *compliance* de privacidade e de proteção de dados, é de grande importância ressaltar que *legal design* não se restringe apenas em modificar um documento para uma apresentação com desenhos e esquemas. Podemos conceituar o *Legal Design*, segundo Margaret Hagan[18] (da Universidade de Stanford) como a aplicação do design centrado no ser humano ao mundo do direito, para tornar os sistemas e serviços jurídicos mais

---

18. Conceito extraído do material disponibilizado no site da própria autora. Disponível em: http://www.margarethagan.com/. Acesso em: 28 jun. 2022.

acessíveis, utilizáveis e satisfatórios. Ana Holtz[19] define *Legal Design* como "uma abordagem do design dentro do direito". Holtz continua e afirma que "o *design* é uma ciência social aplicada, ou seja, ciência social aplicada existe para servir pessoas, ajudar pessoas" e "realizar tarefas de forma mais fácil, agradável, eficiente". O objetivo do *design* é "abordar o problema ou necessidade e providenciar a sua solução"[20]. Essa abordagem aproxima o direito do *design thinking* e entrega soluções utilizáveis, úteis e envolventes.

O *design thinking*, por sua vez, "é uma abordagem para a inovação centrada no ser humano, que utiliza do kit de ferramentas do designer para integrar as necessidades das pessoas, as possibilidades da tecnologia e os requisitos para o sucesso do negócio", de acordo com Tim Brown[21].

Dentre os diversos modelos e abordagens para o *legal design thinking*, os seguintes valores são aplicados[22]:

(a) Foco no usuário, colocando a experiência do usuário no centro de tudo, desligando-se da visão parcial e tomando distância do problema para, assim, ouvir e enxergar, de fato, as dores dos usuários nas dificuldades cotidianas;

(b) Trabalho em equipes multidisciplinares, com profissionais de diferentes expertises, experiências e perspectivas, proporcionando um ambiente mais criativo e inovador; e

(c) Processo iterativo, através do trabalho ágil, com rapidez, e colocando em teste as ideias conforme elas surgem.

O processo de *legal design thinking* envolve seis passos essenciais, sendo os dois primeiros parte do processo de entendimento do problema (através da empatia e da definição), os dois seguintes com o objetivo de explorar as possíveis soluções (a idealização e a prototipação) e, por fim, a materialização da solução (com a realização de testes e a implementação).

Com a contextualização realizada, o problema que se pretende resolver com o emprego do *legal design* é o efetivo cumprimento material dos princípios da transparência e da prestação de contas, diante dos obstáculos trazidos pela sociedade da atenção, e a clara insuficiência da comunicação jurídica tradicional para atingir tal intento.

---

19. HOLTZ, Ana Paula. Podcast LabSquad. *#3 – Afinal, o que é Legal Design?* Acesso em: 28 jun. 2022, através da plataforma Spotify.

20. Tradução livre de "Its goal is to address a problem or need and provide a solution to it". FARRINGTON, Theo. *UX Design 2020*: The ultimate beginner's guide to user experience. Ebook.

21. IDEO. About IDEO. Disponível em: https://www.ideo.com/about. Acesso em: 28 jun. 2022.

22. LEGAL SERVICE DESIGN. Legal Design Thinking: Aprenda, gere valor e melhore seus resultados! Disponível em: https://www.legalsd.com.br/blog-1/legal-design-thinking-aprenda-e-gere-valor. Acesso em: 28 jun. 2022.

Ao se colocar no lugar do destinatário dos documentos jurídicos, temos que repensar a forma de comunicação. Se pararmos para observar, por exemplo, as relações entre as marcas e seus consumidores sob a perspectiva da Lei Geral de Proteção de Dados Pessoais, não obstante sua vigência ter se iniciado há poucos meses (e considerando os mais de 2 anos de período de vacância), constataremos que são poucos os exemplos de campanhas e de interações digitais que se apropriam do tema de forma inovadora, utilizando-se do *legal design* como ferramenta para geração de valor.

Sem muita dificuldade, é possível verificar que, em grande parte dos avisos de privacidade disponíveis em *websites*, há o emprego de expressões jurídicas em um documento com estrutura contratual, incapaz, no mais das vezes, sequer de atender ao mínimo para configuração de um aceite efetivamente inequívoco.

Esse é um exemplo clássico de documento que muitos dos titulares dos dados pessoais abrirão, quando obrigatório, apenas como etapa necessária para concluir o cadastro na plataforma ou viabilizar o acesso ao *website*. Será apenas mais uma seleção na "*checkbox*" que diz "Li e aceito a política (ou o aviso) de privacidade", sem que o titular tenha lido e muito menos concordado com o conteúdo do documento.

De outro lado, podemos ver que o mesmo conteúdo, quando empregadas técnicas de *legal design*, pode efetivamente chamar e prender a atenção do titular dos dados pessoais, fazendo-o realmente entender o que está sendo feito com seus dados, quais são seus direitos e outros fatores importantes, empoderando-o a conhecer e a exercer seus direitos, garantidos pela Lei Geral de Proteção de Dados Pessoais. Vejamos um exemplo:

Devemos nos atentar, ainda, que o assunto tratado não se resume ao debate acadêmico. Exatamente por isso, vemos que os controladores já vêm se preocupando com o tema. Passamos, assim, a modelos reais e práticos:

DIREITOS DO TITULAR

Saiba quais são os direitos previstos na LGPD e como exercê-los

A Lei Geral de Proteção de Dados – Lei 13.709/2018 – trouxe uma série de direitos aos titulares de dados pessoais. Saiba quais os principais:

- ✓ Confirmação da existência do tratamento
- ✓ Acesso aos dados
- ✓ Correção de dados que estejam incompletos, inexatos ou desatualizados
- ✓ Eliminação de dados
- ✓ Portabilidade
- ✓ Informação acerca de compartilhamento
- ✓ Revogação do consentimento
- ✓ Informação sobre a possibilidade de não oferecer consentimento
- ✓ Revisão de decisões automatizadas

O Primeiro Registro de Imóveis e Anexos de Santo André está à disposição para receber solicitações referentes aos direitos supra, que podem ser formuladas, enquanto não implementado formulário próprio, por e-mail enviado a nosso Encarregado de Proteção de Dados – lgpd@prisa.com.br

É importante esclarecer que, no âmbito dos Registros Públicos, alguns desses direitos não podem ser exercidos, ou, ainda, estão sujeitos a procedimento previsto em Lei específica, ao menos naquilo que se refere ao tratamento primário (objetivo principal), já que os dados são tratados, em sua maioria, para cumprimento de obrigação legal ou regulatória.

Caso você queira saber um pouquinho mais sobre a LGPD, acesse o QR Code abaixo.

Prisa – Primeiro Registro de Imóveis e Anexos de Santo André (SP)

1º Cartório de Registro de Imóveis de Santo André/SP. Direitos dos titulares. Disponível em: http://www.prisa.com.br/. Acesso em: 28 jun. 2022.

É perceptível, através dos exemplos ora apresentados, a diferença entre o clássico modelo contratual e um modelo desenvolvido com foco no destinatário da mensagem, ou seja, o titular dos dados pessoais.

Muitas vezes o uso de recursos visuais, aliados ao emprego de uma redação voltada ao usuário, é o principal fator para prender a atenção do destinatário e, assim, permitir que a mensagem desejada seja efetivamente recebida pelo titular dos dados. Nesse ponto, novamente nos valemos de outro exemplo produzido pelo 1º Cartório de Registro de Imóveis de Santo André:

PRIVACIDADE E PROTEÇÃO DE SEUS DADOS PESSOAIS

Sua privacidade, e a proteção de seus dados pessoais, são muito importantes para nós do PRISA.
Para que possamos assegurar seus direitos, publicamos este informativo simplificado explicando como e porque tratamos seus dados.

POR QUE COLETAMOS SEUS DADOS?

Somos uma delegação de serviço público. Assim, coletamos seus dados para que possamos prestar os serviços que nos foram delegados por lei, para dar segurança jurídica aos seus negócios, e atender às determinações do Poder Público.

O MÍNIMO NECESSÁRIO

Nós coletamos apenas os dados que são estritamente necessários à prática dos atos ou determinações legais. Nenhum dado adicional é coletado.

DADOS COLETADOS

Dependem do serviço a ser solicitado, mas, via de regra, coletamos dados básicos como nome, número de documentos, nascimento, estado civil, endereço e telefone. Outros dados podem ser coletados, a depender do serviço solicitado.

PARA O QUE MEUS DADOS SÃO UTILIZADOS?

Essencialmente, para que possamos lhes prestar os serviços que nos são delegados, ou então cumprir alguma determinação legal. Alguns exemplos:

- Qualificação das partes em atos de registro de imóveis, títulos e documentos, ou civil de pessoa jurídica;
- Envio de notificações;
- Emissão de nota-fiscal;
- Emissão de Declaração de Operação Imobiliária à Receita Federal;
- Emissão de Declaração de Operação Imobiliária ao COAF, quando presentes indícios de prática de ato com incidência da Lei 9613/98;

PRIMEIRO REGISTRO DE IMÓVEIS E ANEXOS DE SANTO ANDRÉ (SP)

LEGAL DESIGN COMO FERRAMENTA ESSENCIAL DO *COMPLIANCE* DE PROTEÇÃO DE DADOS

Importante ressaltar que a própria doutrina em proteção de dados já reconhece a necessidade de aplicação de estruturas diferentes. Nesse contexto,

> os controladores deverão apresentar informações aos titulares sobre o tratamento de dados de maneira eficaz e sucinta, a fim de evitar ou mitigar a fadiga informacional, diferenciando-as de outras informações não relacionadas à proteção de dados, como cláusulas contratuais[23]

É essencial, portanto, para que os documentos jurídicos estejam em conformidade com os princípios de proteção de dados, sua elaboração seja pautada nas ferramentas do legal design, que propiciarão ao controlar o cumprimento formal e material da Lei Geral de Proteção de dados, bem como ainda garantirá um ganho reputacional relevante frente ao mercado.

5. CONCLUSÃO

É importante destacar que essa onda de valorização dos direitos à privacidade e à proteção de dados pessoais posiciona os indivíduos no centro das relações que geram riqueza através dos fluxos de informações, especialmente as relações de consumo.

A mera utilização de documentos jurídicos elaborados no modelo contratual clássico não é efetiva ao fim que a lei pretende atingir. Todo o regramento de proteção de dados vem se difundindo na sociedade e para o cumprimento da sua plena eficiência os profissionais do direito podem se valer de algumas ferramentas disponibilizadas atualmente.

Mas os benefícios da correta implementação não se restringem ao *compliance* jurídico. Sendo este o início do aculturamento à privacidade, as instituições que quiserem e souberem se apropriar deste tema de forma inteligente, seja em suas campanhas publicitárias e em suas estratégias de marketing, assim como incorporá-lo à construção de seus produtos e serviços, terão a possibilidade de se destacar no mercado, conquistando a confiança dos titulares dos dados pessoais – este momento é único.

Demonstrou-se o *legal design* como forma de se garantir o aumento da qualidade da experiência do usuário ou do cliente, aproveitar algumas obrigações decorrentes da Lei Geral de Proteção de Dados Pessoais para cumpri-las de forma inovadora, como a de transmitir informações aos titulares dos dados pessoais de forma clara, objetiva e transparente, de modo a cumprir não apenas formalmente os princípios da LGPD, como também materialmente.

Isso se reflete através da redação de Termos de Uso dos *websites*, aplicativos, plataformas, dentre outros, bem como dos Avisos de Privacidade e dos Avisos de Cookies, de forma criativa e centrada no titular dos dados pessoais. Ao invés de entregar extensos documentos de difícil compreensão, é possível fornecer as informações que são obrigatórias pela LGPD de uma forma divertida, interativa e lúdica, como através de recursos visuais como vídeos e infográficos.

Se o titular dos dados pessoais é o centro das atenções das normas de privacidade e proteção de dados, a utilização de recursos oriundos do *legal design* reforça a colocação do destinatário no centro da atenção e possibilita que as instituições agreguem ainda mais valor à sua presença e posicionamento no mercado.

6. REFERÊNCIAS

ALIMONTI, Veridiana. *Lei Geral de Proteção de Dados* – Lei 13.709/2018. E-book.

DONEDA, Danilo. *Da Privacidade à Proteção de Dados Pessoais*. 2. ed. rev. e atual. São Paulo: Thompson Reuters Brasil, 2019.

HOLTZ, Ana Paula. Podcast LabSquad. "#3 – *Afinal, o que é Legal Design?*". Acesso em: 28 jun. 2022. através da plataforma Spotify.

IDEO. *About IDEO*. Disponível em: https://www.ideo.com/about. Acesso em: 28 jun. 2022.

KIM, W. Chan e MAUBORGNE, Renée. *A estratégia do oceano azul*. Rio de Janeiro: Sextante, 2018.

LEGAL SERVICE DESIGN. *Legal Design Thinking*: Aprenda, gere valor e melhore seus resultados! Disponível em: https://www.legalsd.com.br/blog-1/legal-design-thinking-aprenda-e-gere-valor. Acesso em: 28 jun. 2022.

NOBREGA MALDONADO, Viviane (Coord.). *LGPD* – Lei Geral de Proteção de Dados Pessoais: Manual de Implementação. São Paulo: Thompson Reuters Brasil, 2019.

NOBREGA MALDONADO, Viviane; ÓPICE BLUM, Renato (Coord.). *Comentários ao GDPR*. 2. ed. São Paulo: Thompson Reuters Brasil, 2019.

NOBREGA MALDONADO, Viviane; ÓPICE BLUM, Renato (Coord.). *LGPD* – Lei Geral de Proteção de Dados Pessoais comentada [E-book]. 3. ed. São Paulo: Thompson Reuters Brasil, 2021.

PINHEIRO, Patrícia Peck. *Proteção de Dados Pessoais*: Comentários à Lei n. 13.709/2018 (LGPD). 2. ed. São Paulo: Saraiva Educação, 2020.

TRANQUILINI NETO, Aristides. Compliance com a Lei Geral de Proteção de Dados como forma de evitar a responsabilização civil. In: FALEIROS JÚNIOR, José Luiz de Moura; ROZATTI LONGHI, João; GUGLIARA, Rodrigo (Coord.). *Proteção de Dados Pessoais na Sociedade da Informação*: Entre dados e danos. Indaiatuba: Editora Foco, 2021.

VILLANI, Mônica. *A LGPD e a Experiência do cliente*. Disponível em: https://marcaspelomundo.com.br/destaques/a-lgpd-e-a-experiencia-do-cliente/. Acesso em 28 jun. 2022.

VILLAS BÔAS CUEVA, Ricardo; DONEDA, Danilo; SCHERTEL MENDES, Laura (Coord.). *Lei Geral de Proteção de Dados (Lei 13.709/2018)* [E-book]. São Paulo: Thompson Reuters Brasil, 2020.

TERMOS DE USO E POLÍTICA DE PRIVACIDADE: DESIGN E *VISUAL LAW* COMO PROMOTORES DO PRINCÍPIO DA TRANSPARÊNCIA

Beatriz Haikal

Advogada de Proteção de Dados e Regulatório de Novas Tecnologias do Lima ≡ Feigelson Advogados. Graduada em Direito pela Pontifícia Universidade Católica do Rio de Janeiro (PUC-Rio). Pós Graduada pela Associação do Ministério Público do Estado do Rio de Janeiro (AMPERJ). Autora de artigos jurídicos e professora convidada sobre os temas regulação e proteção de dados.

Daniel Becker

Sócio do Lima ≡ Feigelson Advogados e Diretor de Novas Tecnologias no Centro Brasileiro de Mediação e Arbitragem (CBMA). Advogado de resolução de disputas com foco em litígios contratuais oriundos de setores regulados. Professor convidado de diversas instituições, palestrante frequente e autor de diversos artigos publicados em livros e revistas nacionais e internacionais sobre os temas de arbitragem, processo civil, regulação e tecnologia. Organizador dos livros "O Advogado do Amanhã: Estudos em Homenagem ao Professor Richard Susskind", "Regulação 4.0" e "Comentários à Lei Geral de Proteção de Dados", todos publicados pela Revista dos Tribunais.

Pedro Gueiros

Advogado na área de Proteção de Dados e Regulatório de Novas Tecnologias do Lima ≡ Feigelson Advogados. Graduado em Direito pelo Ibmec-RJ. Autor de artigos jurídicos.

https://youtu.be/Z3UIMnW6NR4

Sumário: 1. Introdução. 2. Aspectos legislativos e jurisprudenciais. 3. A mudança dos Termos de Uso e nova realidade ética empresarial. 4. Desafios a serem superados e soluções possíveis. 5. Exemplos práticos. 6. Considerações finais. 7. Referências.

1. INTRODUÇÃO

A definição parece clara: Termos de Uso é o documento por meio do qual provedores de aplicação determinam as condições e regras a serem observadas pelos usuários, assim como define a própria responsabilidade do detentor da plataforma digital. Sob o senso comum, até alguns anos atrás, seu conceito sempre foi associado a um contexto negativo: páginas numerosas, leitura cansativa e letras miúdas adjetivavam esta modalidade contratual, ao qual associava-se a conspirações empresariais para a legitimação de condutas excessivas ou até ilícitas.

Muito embora soe vago e falacioso este último argumento, o conceito de Termos de Uso originalmente é falho. A alteridade na arquitetura de escolhas deste tipo de contrato de adesão traduz-se em um botão atraente que concede a entrada de indivíduos na participação da vida cibernética. Resistir à tentação de clicar nele e dedicar-se ao escrutínio de seu conteúdo era uma opção para alguns advogados ou para uns poucos aventureiros curiosos. Não à toa, uma pesquisa do Conselho de Consumidores da Noruega indicou que o cidadão norueguês médio demoraria menos lendo o Novo Testamento do que todos os termos e políticas dos aplicativos instalados em seu celular.[1]

Não à toa, histórias inusitadas de pessoas que ganharam prêmios por terem lido os termos[2] ajudavam a corroborar uma estatística de 2017: à época, cerca de 97% dos usuários não liam Termos de Uso e Políticas de Privacidade na internet[3]. *Ipso facto*, a aplicação das regras previstas nos Termos de Uso era similarmente ignorada por muitas empresas, que pouco faziam valer seus próprios comandos.

No âmbito virtual, esta passividade empresarial foi sem dúvidas fomentada pelo regime de responsabilização civil outorgado pelo Marco Civil da Internet em 2014. Muito embora a normativa efetivamente tenha elevado os padrões democráticos na rede mundial de computadores, com o fim do *notice and take down* para conteúdos gerais, a responsabilidade civil de provedores de aplicação passou a ser determinante somente após ordem judicial específica[4]. Adicionalmente, no que tange ao consen-

---

1. NOAH, Rick. How long would it take to read the terms of your smartphone apps? These Norwegians tried it out. The Washington Post. Disponível em: https://www.washingtonpost.com/news/worldviews/wp/2016/05/28/how-long-would-it-take-to-read-the-terms-of-your-smartphone-apps-these-norwegians-tried-it-out/. Acesso em: 28 jun. 2022.

2. A professora Donelan Andrews, que vive na Geórgia, nos Estados Unidos, ganhou um prêmio de 10 mil dólares (cerca de R$ 38,5 mil) porque ela leu todo o contrato de um seguro-viagem. O TEMPO. Mulher ganha prêmio de quase R$ 40 mil por ler contrato de seguro-viagem. Disponível em: https://www.otempo.com.br/turismo/mulher-ganha-premio-de-quase-r-40-mil-por-ler-contrato-de-seguro-viagem-1.2165705#:~:text=A%20professora%20Donelan%20Andrews%2C%20que,%2C%20%E2%80%9CPague%20para%20Ler%E2%80%9D. Acesso em: 28 jun. 2022.

3. Assim como a maioria das pessoas nesses dois casos, você, provavelmente, não lê termos de uso e políticas de privacidade na internet. São 97%, segundo pesquisa da Universidade Stanford, os usuários que pulam direto para o "concordo". ROMERO, Luiz. Não li e concordo. Disponível em: https://super.abril.com.br/tecnologia/nao-li-e-concordo/. Acesso em: 28 jun. 2022.

4. Assim, o artigo 19 do Marco Civil da Internet acabou não tratando nem do *notice*, nem de *takedown*. Ao suprimir a notificação extrajudicial, ofereceu um contraestimulo à retirada do material ofensivo, pois tornou muito mais seguro que adotar qualquer postura proativa simplesmente aguardar a propositura de uma ação judicial,

timento do usuário nos Termos de Uso, "*a adjetivação do consentimento pelo Marco Civil da Internet como 'expresso, livre e esclarecido' tornou-o um ideal quase impossível de se alcançar por meio de seu formato contratual e do grande volume de informações*"[5].

No entanto, o presente trabalho tem como objetivo demonstrar que esta realidade está felizmente se tornando obsoleta. Veremos que parâmetros mais éticos e transparentes estão delineando a nova tônica nas relações travadas nas plataformas digitais. Os Termos de Uso, atualmente, não apenas têm combatido aspectos como a desinformação e a violação de direitos humanos, como também se mostram mais acessíveis, palatáveis e até lúdicos à experiência do usuário.[6]

Para tanto, serão analisados fenômenos contemporâneos como eleições e proteção de dados, que têm moldado uma nova era em termos de responsabilização e conscientização na atuação de provedores de aplicação e a regulação de seus respectivos ciberespaços. Não obstante ainda seja passível de críticas em razão de desproporções ou falhas nas medidas, a proatividade deste setor empresarial é positiva e essencial às dificuldades enfrentadas pela humanidade. Conclui-se, nesse sentido, que os Termos de Uso, desde que transparentes e acessíveis, devem certamente ser aplicados.

2. ASPECTOS LEGISLATIVOS E JURISPRUDENCIAIS

Compreender a dinâmica por detrás dos Termos de Uso exige indispensavelmente o conhecimento da técnica legislativa. Conforme demonstrado acima, o Marco Civil da Internet efetivamente moldou a forma como são travadas as atuais relações na rede mundial de computadores. Pautados nos pilares da privacidade, liberdade de expressão e neutralidade de rede, pela primeira vez foi promulgada uma normativa que consagrou limites e possibilidades para a atuação de provedores de aplicações em espaços cibernéticos.

No entanto, no que tange aos critérios de como os Termos de Uso devem se dar, a normativa foi consideravelmente diminuta. Isso porque, muito embora esta modalidade contratual efetivamente guie a forma como se dá a relação entre plataformas digitais e seus respectivos usuários, a norma se limita a estipular que devem estar presentes nos Termos de Uso o adequado tratamento dos dados pessoais[7]. Forçoso

---

o desenvolvimento das diferentes etapas processuais e, por fim, a emissão de uma ordem judicial específica para supressão antes de pensar sobre o que pode ser feito em benefício da vítima. SCHREIBER, Anderson. Liberdade de expressão e tecnologia. In: SCHREIBER, Anderson; DE MORAES, Bruno Terra; DE TEFFÉ, Chiara Spadaccini (Coord.). *Direito e mídia*: tecnologia e liberdade de expressão. Indaiatuba: Foco, 2020, p. 15-16.

5. BRANDÃO, Luíza Couto Chaves. O Marco Civil da Internet e a Proteção de Dados: diálogos com a LGPD. In: CZYMMECK, Anja (Ed.). *Proteção de Dados pessoais: privacidade versus avanços tecnológicos*. Konrad Adeneauer Stiftung. *Cadernos Adenauer XX*, 2019, n. 3, p. 40.

6. BECKER, Daniel; GUEIROS, Pedro. Os tribunais de Nuremberg virtuais: apontamentos sobre a licitude de inabilitação de usuários em plataformas. JOTA. Disponível em: https://wwww.jota.info/opiniao-e-analise/colunas/regulacao-e-novas-tecnologias/os-tribunais-de-nuremberg-virtuais-12092020. Acesso em: 28 jun. 2022.

7. Art. 7º, Marco Civil da Internet: O acesso à internet é essencial ao exercício da cidadania, e ao usuário são assegurados os seguintes direitos: VII – não fornecimento a terceiros de seus dados pessoais, inclusive registros

lembrar, ainda, que essa tutela protetiva de dados é ainda pouco eficaz, considerando que a norma se aplica exclusivamente ao contexto de dados no âmbito digital.

Evidentemente, não se desconhece a existência de outros diplomas que tutelam a higidez desta espécie contratual, também conhecida com contrato de adesão; afinal, o ordenamento jurídico é reconhecidamente um todo unitário[8]. Nesse sentido, o Código de Defesa do Consumidor, o Código Civil, a Lei Geral de Proteção de Dados e o próprio Decreto 10.271/20, que regulamenta no país o comércio eletrônico nos termos definidos pelo Grupo Mercado Comum (GMC – Mercosul), são assertivos ao exigir maior clareza[9], transparência[10], fundamentação[11] e favorecimento do aderente em havendo contradições[12] nos termos de contratos de adesão. Tais previsões combinam-se para garantir um melhor equilíbrio sinalagmático particularmente afetado pelo fator de vulnerabilidade dos usuários, passível de ser potencializado em ambientes cibernéticos.

Mas não é só. Já nos anos 80, o professor Kazuo Watanabe havia se preocupado em definir o direito à informação jurídica como um dos pilares do acesso à Justiça[13]. No entanto, a verdade é que ainda hoje a falta de informação sobre seus próprios direitos é um mal que afeta grande parte da população, os chamados de "não partes" ("pessoas absolutamente marginalizadas da sociedade, porque não sabem nem mesmo os direitos de que dispõem"[14]). A democratização do direito de acesso à Justiça começa pela educação para a cidadania; cada cidadão deve ser conscientizado de

---

de conexão, e de acesso a aplicações de internet, salvo mediante consentimento livre, expresso e informado ou nas hipóteses previstas em lei; VIII – informações claras e completas sobre coleta, uso, armazenamento, tratamento e proteção de seus dados pessoais, que somente poderão ser utilizados para finalidades que: c) estejam especificadas nos contratos de prestação de serviços ou em termos de uso de aplicações de internet.

8. A fórmula "releitura do Código Civil" e das leis especiais à luz da Constituição da República" deve ser esclarecida; para evitar que ela possa assumir significados ambíguos e problemáticos é necessária uma adequada reflexão sobre o papel global que o Texto Constitucional exerce na teoria das fontes do Direito Civil. PERLINGIERI, Pietro. Perfis do Direito Civil. 3. ed. Rio de Janeiro: Renovar, 2007, p. 10.

9. Art. 54, Código de Defesa do Consumidor. Contrato de adesão é aquele cujas cláusulas tenham sido aprovadas pela autoridade competente ou estabelecidas unilateralmente pelo fornecedor de produtos ou serviços, sem que o consumidor possa discutir ou modificar substancialmente seu conteúdo. § 3º Os contratos de adesão escritos serão redigidos em termos claros e com caracteres ostensivos e legíveis, cujo tamanho da fonte não será inferior ao corpo doze, de modo a facilitar sua compreensão pelo consumidor. § 4º As cláusulas que implicarem limitação de direito do consumidor deverão ser redigidas com destaque, permitindo sua imediata e fácil compreensão.

10. Art. 2º, Decreto 10.271/20: O fornecedor deve colocar à disposição dos consumidores, em seu sítio na internet e demais meios eletrônicos, em localização de fácil visualização e previamente à formalização do contrato, a seguinte informação: X – os termos, condições e/ou limitações da oferta e disponibilidade do produto ou serviço.

11. Art. 7º, Lei Geral de Proteção de Dados: O tratamento de dados pessoais somente poderá ser realizado nas seguintes hipóteses: V – quando necessário para a execução de contrato ou de procedimentos preliminares relacionados a contrato do qual seja parte o titular, a pedido do titular dos dados.

12. Art. 423, Código Civil. Quando houver no contrato de adesão cláusulas ambíguas ou contraditórias, dever-se-á adotar a interpretação mais favorável ao aderente.

13. WATANABE, Kazuo. Acesso à Justiça e sociedade moderna. In: GRINOVER, Ada Pellegrini; DINAMARCO, Cândido Rangel. Participação e processo. São Paulo: Ed. RT, 1988. p. 128.

14. CARNEIRO, Paulo Cezar Pinheiro. Acesso à Justiça: juizados especiais cíveis e ação civil pública: uma nova sistematização da teoria geral do processo. 2. ed. Rio de Janeiro: Forense, 2007. p. 65-69.

todos os seus direitos, do modo e dos mecanismos para garanti-los[15] também dentro do microssistema das redes.

Em sentido complementar, é possível traçar parâmetros estabelecidos em sede jurisprudencial, sobre como devem ser redigidos os Termos e Condições. Com base em princípios como os da transparência, informação e contraditório, infere-se que a execução dos termos devem ser os mais claros e objetivos possíveis[16], bem como oportunizem o conhecimento prévio para o exercício da ampla defesa de usuários afetados diretamente pela tomada de decisão[17]. A propósito, haverá exercício regular de direito, sempre que essas exigências forem cumpridas[18]. Nesse sentido, complementa Bruno Miragem[19]:

> "Em matéria de contratos eletrônicos, a decisão sobre utilização do meio eletrônico para celebração e execução do ajuste responderá sempre, em alguma medida, à decisão do consumidor em realizar a contratação, o que exigirá, necessariamente, o reconhecimento de um certo grau de confiança no complexo de relações estabelecidas a partir da estrutura e funcionamento da rede mundial de computadores, determinando a proteção da confiança negocial."

Ainda assim, as *facti species* envolvendo o cumprimento destes termos enfrenta atualmente relativa complexidade. Fruto da intensa polarização que predominam as discussões geopolíticas, diversas condutas praticadas por usuários têm posto em xeque a legitimidade de provedores de aplicação em fazer cumprir suas próprias estipulações. Como se verá adiante, verifica-se uma nova tônica por parte de agentes empresariais de modo a aperfeiçoar a técnica quanto à maior transparência e visibilidade, não apenas dos Termos de Uso, como também a Política de Privacidade das plataformas digitais.

---

15. MARQUES DA SILVA, Marco Antonio. A efetividade do acesso à Justiça. *Revista do Instituto dos Advogados de São Paulo*, v. 17, p. 125-144, jan.-jun. 2006.

16. Em resumo, de acordo com os "Termos de uso" aceitos pelo autor, a ré podia e pode bloquear conteúdos eventualmente violadores de direitos autorais, mas não somente nessa hipótese, assim também conteúdos que incitem violência e condutas parelhas; contudo, deve haver transparência em seu agir, o que não foi verificado na hipótese, pois, reproduzir o número da denúncia, data e o nome do denunciante não demonstra, para fins de análise de violação, a legitimidade de sua conduta. Isto, porém, não tem o condão de trazer de volta os conteúdos violados, pelos motivos já declinados, mas tão só, a página bloqueada do autor. (TJSP. AC 1033743-48.2018.8.26.0100. Vigésima Terceira Câmara de Direito Privado. Des. Rel. Sebastião Flávio. DJ: 27.11.2019).

17. Por conseguinte, o encerramento da conta de forma súbita e sem esclarecimento acerca das razões viola o direito à informação inerente ao ajuste em discussão (art. 4º, inciso IV, do CDC), ressaltando-se que sequer foi concedida à usuária oportunidade de defender-se, fato que enseja violação ao princípio do contraditório e da ampla defesa. (TJSP. AC 1105197-54.2019.8.26.0100. Trigésima Primeira Câmara de Direito Privado. Des. Rel. Artur Marques. DJ: 12.06.2020).

18. Restou, portanto, clarividente que a ré indicou qual teria sido a violação produzida pelo autor, qual seja a comercialização de produtos não originais que ocasionou a denúncia ao usuário, razão pela qual a privação de seus serviços de venda online depreende-se apenas do exercício regular da empresa em certificar-se pela segurança de todos os usuários do sítio eletrônico ao manter suspendida a conta. (TJPR. RI 0079993-05.2018.8.16.0014. Terceira Turma Recursal dos Juizados Especiais. Juíza Rel. Fernanda Karam de Chueri Sanches. DJ: 12.03.2020.

19. MIRAGEM, Bruno. *Curso de Direito do Consumidor*. 4. ed. São Paulo: Ed. RT, 2013, p. 483.

3. A MUDANÇA DOS TERMOS DE USO E NOVA REALIDADE ÉTICA EMPRESARIAL

É sabido que a Quarta Revolução Industrial é um movimento que, indiscutivelmente, afeta todos os setores, não tendo o Direito escapado a essa dinâmica. A tecnologia e o mercado jurídico estão cada vez mais conectados e interdependentes. Os avanços tecnológicos trazem novas questões que não podem ser ignoradas pelo Direito, assim como os responsáveis pelas inovações buscam aconselhamento e uma forma de resguardo, à medida que o universo jurídico se volta para regulamentar tais questões.

Esse movimento exige a constante reinvenção do modo como os profissionais atuam, ao passo que também desperta nas empresas o reconhecimento e a busca por advogados que entendam essa nova necessidade de mercado. Tal realidade impulsiona o surgimento de prestação de serviços que antes eram vistos como fora do escopo de atuação dos advogados. Hoje, não só o entendimento jurídico acerca dos temas importa, como também ganha cada vez mais relevância a forma como tais conteúdos são apresentados. A escrita rebuscada, com citações em latim e orgulhosa da sua complexidade e pouca clareza, não tem mais lugar no mercado e finalmente passa a ser vista como contraproducente.

Parece óbvio, mas para que a comunicação seja de fato eficaz, o primeiro passo deve ser a busca pelo entendimento do contexto em que a informação será acessada e a quem o conteúdo se dirige, tendo em conta que as pessoas não se comunicam da mesma forma. A título de exemplo, se o destinatário for uma criança, se faz necessária a realização de ajustes para garantir que o vocabulário, o tom e o estilo sejam compatíveis. Como dito, comunicação jurídica adequada e informação simétrica é inerente ao próprio princípio do acesso à justiça analisado de forma ampla.[20]

Nesse cenário, ganham cada vez mais espaço os trabalhos robustos em conteúdo, mas expostos em linguagem clara, acessível e amigável. Em meio ao compasso de transição, as empresas voltam-se cada vez mais para o *Legal Design* bem como para o *Visual Law,* a fim de preencher essa lacuna.

O Legal Design, segundo Margaret Hagan, Diretora do Legal Design Lab e Professora de Stanford, consiste na *"aplicação do design ao mundo do direito, para tornar os sistemas e serviços jurídicos mais centrados no ser humano, mais utilizáveis e mais satisfatórios".*[21] O propósito é direcionar o foco para os destinatários da norma em si – empresas, consumidores, cidadãos em geral – ao invés de priorizar os seus intérpretes, como juízes e advogados.

---

20. WOLKART, Erik Navarro; BECKER, Daniel. Da Discórdia analógica para a Concórdia digital In: FEIGELSON, Bruno; BECKER, Daniel; RAVAGNANI, Giovani (Org.). O *advogado do amanhã*: estudos em homenagem ao professor Richard Susskind. São Paulo: Ed. RT, 2019, p. 109-123.
21. HAGAN, Margaret. Law by Design. Disponível em: https://www.lawbydesign.co/legal-design/. Acesso em: 28 jun. 2022.

Aliado ao *Legal Design*, ganha progressivamente relevância o *Visual Law*, que tem como *goal* a melhora da comunicação jurídica através da utilização de elementos visuais e gráficos, obedecendo à necessidade. Seu objetivo não é a simples ornamentação do documento ou a eliminação de parte de seu conteúdo e sim a transformação de tal conteúdo em algo mais claro e palatável ao entendimento dos destinatários, alinhado à sua linguagem própria. A intenção não é distrair e sim fazer o leitor dar foco ao que importa.

Se por um lado o *Legal Design* é uma mudança de *mindset*, uma forma de tornar o Direito mais atrativo, mais acessível e mais simples a quem a informação se destina, o *Visual Law* instrumentaliza esse movimento, sendo um modo por meio do qual o *Legal Design* pode se manifestar e concretizar seus objetivos. Nesse contexto, podemos dizer que a Lei Geral de Proteção de Dados, chegou não só para valorizar a transparência[22], bem como para exigi-la das empresas que ainda não estavam atentas a seus benefícios, o que impõe um novo olhar e uma mudança de posicionamento daqueles que até então não tinham acompanhado esse movimento.

A tentativa de democratização dos termos jurídicos e a busca por ultrapassar as barreiras de comunicação, abriu os olhos de muitas companhias para a necessidade de customização dos documentos atenta ao usuário, algo que por muito tempo foi negligenciado. Hoje, caminha-se a passos largos para o reconhecimento geral de que investir tempo e dinheiro em um Termos de Uso e em uma Política de Privacidade construídos com base na transparência é uma excelente maneira de forjar e manter uma boa reputação entre os consumidores, o que reforça a credibilidade da empresa, indo muito além de simplesmente atender às exigências legais.

Outrossim, a transparência deve se pautar pelas reais necessidades, interesses e preocupações dos usuários, o que pode ser constatado a partir de uma pesquisa de mercado a respeito de sua interação com o produto e o serviço, bem como as preocupações principais que os consumidores podem ter a respeito do tratamento de seus dados. Sem dúvidas, a tomada de decisão consciente beneficia de diversas formas consumidores e empresários, ao passo que evita frustrações e litígios, bem como delimita o que cada uma delas pode esperar durante a relação contratual.

4. DESAFIOS A SEREM SUPERADOS E SOLUÇÕES POSSÍVEIS

Por outro lado, garantir a transparência não é tarefa simples. Dentre os muitos desafios a serem superados na busca pela transparência, um dos principais resume-se à tensão entre as disposições das leis de privacidade e proteção de dados que exigem o detalhamento e aprofundamento das informações e, ao mesmo tempo, o dever de

---

22. Art. 6º, LGPD: As atividades de tratamento de dados pessoais deverão observar a boa-fé e os seguintes princípios: VI – transparência: garantia, aos titulares, de informações claras, precisas e facilmente acessíveis sobre a realização do tratamento e os respectivos agentes de tratamento, observados os segredos comercial e industrial.

expor tal conteúdo de maneira concisa e objetiva, comunicando sistematicamente cada detalhe complexo. É preciso empenho para encontrar o equilíbrio entre a completude e a objetividade, reduzindo a *"fadiga de informação"* nos titulares de dados.

Nesse sentido, o *Article 29 Working Party,* hoje conhecido como *EPDB (European Data Protection Board)* – que se propõe a oferecer aconselhamento aos Estados-Membros da União Europeia acerca da proteção de dados – sugere a disposição das informações de modo que o titular dos dados seja capaz de navegar através de camadas para seções de seu interesse, podendo encontrá-las facilmente.

Um exemplo claro de utilização de camadas pode ser identificado no Termos de Uso e na Política de Privacidade do Facebook[23]. O objetivo das seções é permitir que o Usuário possa identificar rapidamente a informação que procura no meio de outras tantas, tornando a busca mais simples e assertiva.

As experiências passadas fizeram como que o Facebook naturalmente empregasse grandes esforços em direção a práticas mais transparentes. Não só porque a empresa é uma das mais expostas em decorrência de sua própria atividade, mas também em razão da polêmica relativa às eleições presidenciais americanas, que fez com que o mundo voltasse atenção ao tema privacidade e proteção de dados.

---

23. FACEBOOK. Política de Privacidade. Disponível em: https://www.facebook.com/about/privacy/update. Acesso em: 28 jun. 2022.

De modo geral, cientes de que a privacidade e a proteção de dados adquiriram importância sem precedentes, as empresas de tecnologia empenharam-se em mitigar seus riscos, em busca da adequação. Com a entrada em vigor do GDPR em 2018, grandes empresas digitais foram alvo de multas pesadas por falta de transparência. A maior delas foi atribuída ao Google, no início de 2019 pela Autoridade Francesa de Proteção de Dados (CNIL), no valor de € 50.000.000,00 (cinquenta milhões de euros), pois, segundo o CNIL, as informações não eram facilmente acessíveis aos usuários e as mais relevantes só poderiam ser acessadas após várias etapas, implicando em até 5 (cinco) ou 6 (seis) ações.[24]

Apontou-se na decisão que as informações não eram claras o suficiente para que o Usuário pudesse entender a base legal para tratamento, bem como que o período de retenção não era fornecido sobre alguns dados. Surgiram iniciativas interessantes, como a criação de vídeos lúdicos pelo Google[25] em busca de criar um senso de interesse nos usuários acerca desse tipo de conteúdo, tornando-o menos cansativo e por conseguinte mais atrativo. Outrossim, tais ações constituem prova inegável de que mudanças e esforços significativos estavam sendo feitos na busca pela transparência e prestação de contas.

Noutro giro, a respeito da linguagem simples e direta, o *Article 29 Working Party* refere-se ao *"How to write Clearly"*, publicado pela Comissão Europeia. Dentre as dicas, menciona-se a aplicação do princípio KISS (*"Keep It Short and Simple"* ou *Keep It Simple, Stupid"*), que propõe a substituição dos substantivos em excesso por verbos e a utilização de palavras concretas no lugar das abstratas. Outra solução proposta

---

24. National Data Protection Commission (CNIL). CNIL's restricted committee imposes a financial penalty of 50 million euros against Google LLC. Disponível em: https://www.cnil.fr/en/cnils-restricted-committee-imposes-financial-penalty-50-million-euros-against-google-llc. Acesso em: 28 jun. 2022.
25. GOOGLE. Privacidade & Termos. Disponível em: https://policies.google.com/privacy?hl=pt-BR. Acesso em: 28 jun. 2022.

seria apresentar exemplos do que não seria uma linguagem clara e simples. Para fins de ilustração, uma disposição como: "*podemos utilizar seus dados para desenvolver novos serviços*" não seria algo suficientemente claro, visto que seria necessário apontar de que forma os dados ajudariam a desenvolvê-los[26].

Atenta a essas questões, uma empresa europeia chamada Juro constatou diversos problemas em sua Política de Privacidade e passou a investir em adequá-la aos preceitos estabelecidos pelo GDPR, dentre os quais exige-se a transparência. Duas semanas depois de atualizar sua Política, a empresa teve um aumento impressionante de 1.352,94% de usuários que passaram a visualizar a Política por completo.[27] A partir da observação da evolução constante do Direito, conclui-se que muito além do conhecimento da lei, o profissional dos dias atuais deve ir além, condicionando-se a preservar a segurança jurídica no documento ao passo que deve se esforçar para:

a) Traduzir os termos técnicos e jurídicos do produto ou serviço;

b) Apresentar o texto de forma amigável, utilizando palavras simples que possam estabelecer comunicação com diversos tipos de usuários;

c) Utilizar elementos visuais;

d) Segmentar as informações criando seções separadas por assunto, categorizando-as e facilitando a identificação de uma informação específica;

e) Utilizar resumos para apresentar a mensagem, possibilitando que o usuário opte por se aprofundar mais à frente caso queira, mas que garantam que ao menos entenderá a ideia principal.

5.   EXEMPLOS PRÁTICOS

Para que aquilo que se aduz aqui não ficar somente no plano das ideias, os autores trazem alguns exemplos práticos que podem facilitar a compreensão do leitor, bem como inspirá-lo a aplicar na sua prática jurídica contratual.

O primeiro exemplo diz respeito à famigerada LGPD e o conceito por ela trazido de dado pessoal. Na lei, dado pessoal é qualquer informação relacionada a pessoa natural identificada ou identificável. Mas, o que isso quer dizer exatamente? Os dados pessoais são aqueles que, imediatamente, identificam uma pessoa natural, como nome, CPF, RG, foto, mas também aqueles que tornam uma pessoa identificável de forma não imediata ou direta; portanto, dados pseudoanonimizados podem ser considerados dados pessoais. Explicar isso não é trivial e, às vezes, um gráfico pode auxiliar. Confira-se:

---

26. FAZLIOGLU, Müge. Transparency and the GDPR: practical guidance and interpretive assistance from the Article 29 Working Party. Disponível em: https://iapp.org/news/a/transparency-and-the-gdpr-practical-guidance-and-interpretive-assistance-from-the-article-29-working-party/. Acesso em: 28 jun. 2022.

27. PASSERA, Stefania. Why the time has come for design thinking and visualisation in legal documents. Disponível em: https://blog.juro.com/2018/05/10/why-the-time-has-come-for-design-thinking-and-visualization-in-legal-documents/. Acesso em: 28 jun. 2022.

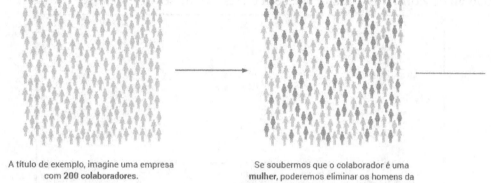

A título de exemplo, imagine uma empresa com **200 colaboradores**.

Se quisermos descobrir um colaborador específico, teremos que analisar as informações disponíveis sobre ele no banco de dados daquela empresa.

Se soubermos que o colaborador é uma **mulher**, poderemos eliminar os homens da busca. Assim, se dentre os colaboradores 120 (cento e vinte) são homens e **80 (oitenta) são mulheres**, o universo que antes era de 200 (duzentas) pessoas passa a ser de 80 (oitenta).

Dessas 80 (oitenta) mulheres, obtendo a informação de que essa mulher específica possui **28 anos**, as opções ficam ainda mais reduzidas.

Tendo a informação de que também se **trata de uma mulher negra**, mais uma leva de pessoas é eliminada.

Assim, percebe-se que cada uma dessas informações afunila ainda mais as possibilidades sobre quem seja aquele indivíduo específico, até que a pessoa possa ser identificada. A partir desse exemplo, podemos perceber que informações como sexo, idade, cor da pele, entre outras, não são capazes de, isoladamente, identificar um indivíduo, mas, em conjunto, o tornam identificável, razão pela qual também são considerados pela LGPD como dados pessoais, a depender da situação, quando permitem que alguém possa ser identificado através de sua análise em conjunto.

Ainda no campo da proteção de dados, é comum a pergunta: como garantir transparência às atualizações de Políticas de Privacidade e, ao mesmo tempo, gerar engajamento com usuários? O exemplo abaixo demonstra como humor e uma linguagem descontraída – inclusive, com gírias – pode ser útil. Veja-se:

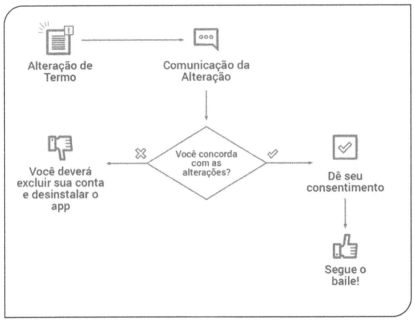

E como explicar para um usuário que também seja consumidor que o direito ao arrependimento sofre mitigação quando o bem adquirido é imaterial? O gráfico abaixo pode ajudar bastante:

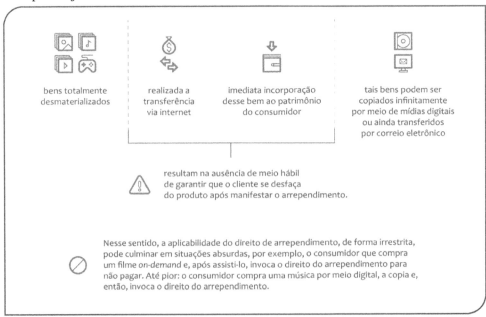

6. CONSIDERAÇÕES FINAIS

O dimensionamento dos Termos e Condições no âmbito das relações travadas na internet, possui especial controvérsia na atualidade. Frente a fenômenos que desafiam a manutenção da integridade e pluralidade de espaços virtuais, esta espécie contratual vem passando por transformações necessárias a tutela de ciberespaços.

Nesse sentido, anteriormente vistos como prolixos, cansativos e até incompreensíveis, os Termos de Uso adquirem novos contornos éticos, pautados na priorização da pessoa humana. Provedores de aplicação passam a tutelar, portanto, fenômenos sociais e comportamentais característicos do atual momento histórico em se vive, pautado na polarização das relações humanas, que constantemente desgastam o ambiente virtual democrático. Soma-se ao fato de que, tais termos passam a ser verdadeiras experiências lúdicas a interações com os usuários, que passam a compreendê-los de forma mais ampla e didática.

Não obstante os avanços significativos, ainda é possível observar diversos desafios quanto à formalização e à execução dos Termos de Uso, sobretudo considerando os possíveis conflitos de interesses e direitos de usuários em suas plataformas. Longe de estarem resolvidas as polêmicas envolvendo os Termos de Uso, é possível constatar a ampliação de seu alcance na preservação da higidez das plataformas digitais. Afinal, *"o mundo se transforma e o contrato, como principal expressão negocial ou mais importante negócio jurídico, transforma-se com ele"*[28]. Há bastante trabalho a ser feito!

7. REFERÊNCIAS

BECKER, Daniel; GUEIROS, Pedro. Os tribunais de Nuremberg virtuais: apontamentos sobre a licitude de inabilitação de usuários em plataformas. JOTA. Disponível em: https://wwww.jota.info/opiniao-e-analise/colunas/regulacao-e-novas-tecnologias/os-tribunais-de-nuremberg-virtuais-12092020. Acesso em: 28 jun. 2022.

BRANDÃO, Luíza Couto Chaves. O Marco Civil da Internet e a Proteção de Dados: diálogos com a LGPD. In: CZYMMECK, Anja (Ed.). *Proteção de Dados pessoais*: privacidade versus avanços tecnológicos. Konrad Adeneauer Stiftung. Cadernos Adenauer XX, 2019, n. 3, p. 40.

BRASIL. *Decreto 10.271, de 06 de março de 2020*. Dispõe sobre a execução da Resolução GMC 37/19, de 15 de julho de 2019, do Grupo Mercado Comum, que dispõe sobre a proteção dos consumidores nas operações de comércio eletrônico. Disponível em: http://www.planalto.gov.br/ccivil_03/_ato2019-2022/2020/decreto/D10271.htm. Acesso em: 28 jun. 2022.

BRASIL. *Lei 8.078, de 11 de setembro de 1990*. Dispõe sobre a proteção do consumidor e dá outras providências. Disponível em: http://www.planalto.gov.br/ccivil_03/leis/l8078compilado.htm. Acesso em: 28 jun. 2022.

BRASIL. *Lei 10.406, de 10 de janeiro de 2002*. Institui o Código Civil. Disponível em: http://www.planalto.gov.br/ccivil_03/leis/2002/L10406compilada.htm. Acesso em: 28 jun. 2022.

---

28. TARTUCE, Flávio; NEVES, Daniel Amorim Assumpção. *Manual de Direito do Consumidor*: direito material e processual. Volume Único. 6. ed. São Paulo: Forense, 2017, p. 296.

BRASIL. *Lei 12.965, de 23 de abril de 2014*. Estabelece princípios, garantias, direitos e deveres para o uso da Internet no Brasil. Disponível em: http://www.planalto.gov.br/ccivil_03/_ato2011-2014/2014/lei/l12965.htm. Acesso em: 28 jun. 2022.

BRASIL. *Lei 13.709, de 14 de agosto de 2018*. Lei Geral de Proteção de Dados Pessoais (LGPD). Disponível em: http://www.planalto.gov.br/ccivil_03/_ato2015-2018/2018/lei/L13709.htm. Acesso em: 28 jun. 2022.

CARNEIRO, Paulo Cezar Pinheiro. *Acesso à Justiça*: juizados especiais cíveis e ação civil pública: uma nova sistematização da teoria geral do processo. 2. ed. Rio de Janeiro: Forense, 2007.

FACEBOOK. Política de Privacidade. Disponível em: https://www.facebook.com/about/privacy/update Acesso em 28 jun. 2022.

FAZLIOGLU, Müge. Transparency and the GDPR: practical guidance and interpretive assistance from the Article 29 Working Party. Disponível em: https://iapp.org/news/a/transparency-and-the-gdpr-practical-guidance-and-interpretive-assistance-from-the-article-29-working-party/. Acesso em: 28 jun. 2022.

GOOGLE. *Privacidade & Termos*. Disponível em: https://policies.google.com/privacy?hl=pt-BR. Acesso em: 28 jun. 2022.

HAGAN, Margaret. *Law by Design*. Disponível em: https://www.lawbydesign.co/legal-design/. Acesso em: 28 jun. 2022.

MARQUES DA SILVA, Marco Antonio. A efetividade do acesso à Justiça. *Revista do Instituto dos Advogados de São Paulo*, v. 17, p. 125-144, jan.-jun. 2006.

MIRAGEM, Bruno. *Curso de Direito do Consumidor*. 4. ed. São Paulo: Ed. RT, 2013.

NATIONAL DATA PROTECTION COMMISSION (CNIL). *CNIL's restricted committee imposes a financial penalty of 50 million euros against Google LLC*. Disponível em: https://www.cnil.fr/en/cnils-restricted-committee-imposes-financial-penalty-50-million-euros-against-google-llc. Acesso em: 28 jun. 2022.

NOAH, Rick. How long would it take to read the terms of your smartphone apps? These Norwegians tried it out. The Washington Post. Disponível em: https://www.washingtonpost.com/news/worldviews/wp/2016/05/28/how-long-would-it-take-to-read-the-terms-of-your-smartphone-apps-these-norwegians-tried-it-out/. Acesso em: 28 jun. 2022.

O TEMPO. Mulher ganha prêmio de quase R$ 40 mil por ler contrato de seguro-viagem. Disponível em: https://www.otempo.com.br/turismo/mulher-ganha-premio-de-quase-r-40-mil-por-ler-contrato-de-seguro-viagem 1.2165705. Acesso em: 28 jun. 2022.

PASSERA, Stefania. Why the time has come for design thinking and visualization in legal documents. Disponível em: https://blog.juro.com/2018/05/10/why-the-time-has-come-for-design-thinking-and-visualization-in-legal-documents/ Acesso em: 28 jun. 2022.

PERLINGIERI, Pietro. *Perfis do Direito Civil*. 3. ed. Rio de Janeiro: Renovar, 2007.

ROMERO, Luiz. Não li e concordo. Disponível em: https://super.abril.com.br/tecnologia/nao-li-e-concordo/. Acesso em: 28 jun. 2022.

SCHREIBER, Anderson. Liberdade de expressão e tecnologia. In: SCHREIBER, Anderson; DE MORAES, Bruno Terra; DE TEFFÉ, Chiara Spadaccini (Coord.). *Direito e mídia*: tecnologia e liberdade de expressão. Indaiatuba: Foco, 2020.

TARTUCE, Flávio; NEVES, Daniel Amorim Assumpção. *Manual de Direito do Consumidor*: direito material e processual. Volume Único. 6. ed. São Paulo: Forense, 2017.

TRIBUNAL DE JUSTIÇA DO ESTADO DE SÃO PAULO. Apelação Cível 1033743-48.2018.8.26.0100. Vigésima Terceira Câmara de Direito Privado. Desembargador Relator Sebastião Flávio. Data de Julgamento: 27.11.2019.

TRIBUNAL DE JUSTIÇA DO ESTADO DE SÃO PAULO. Apelação Cível 1105197-54.2019.8.26.0100. Trigésima Primeira Câmara de Direito Privado. Desembargador Relator Artur Marques. Data de Julgamento: 12.06.2020.

TRIBUNAL DE JUSTIÇA DO ESTADO DO PARANÁ. Recurso Inominado 0079993-05.2018.8.16.0014. Terceira Turma Recursal dos Juizados Especiais. Juíza Relatora Fernanda Karam de Chueri Sanches. Data de Julgamento: 12.03.2020.

WATANABE, Kazuo. Acesso à Justiça e sociedade moderna. In: GRINOVER, Ada Pellegrini; DINAMARCO, Cândido Rangel. *Participação e processo*. São Paulo: Ed. RT, 1988.

WOLKART, Erik Navarro; BECKER, Daniel. Da Discórdia analógica para a Concórdia digital. In: FEIGELSON, Bruno; BECKER, Daniel; RAVAGNANI, Giovani (Org.). *O advogado do amanhã*: estudos em homenagem ao professor Richard Susskind. São Paulo: Ed. RT, 2019.

19

LEGAL DESIGN E SEGUROS: IMPACTO REAL E DURADOURO

Anthony Novaes

Advogado de seguros, resseguros e previdência privada em Lima ≡ Feigelson Advogados, formado em direito pela Universidade Presbiteriana Mackenzie (UPM) e especialista em direito de seguros pela Escola de Negócios e Seguros (ENS). Pós-graduando em digital business pela Universidade de São Paulo (USP/Esalq), cursou o programa "Insurtech: innovación y disrupción digital en seguros" (Escuela de Negocios – PUC Argentina) e possui formação complementar em design, direito e inovação. Autor da primeira pesquisa acadêmica sobre legal design e seguros e primeiro a lecionar sobre o tema, é professor e coordenador do curso Seguros 4.0 da Future Law, professor convidado do Ibmec e autor de artigos nacionais e internacionais sobre direito, seguros e inovação. É membro da seção brasileira da Association Internationale de Droit des Assurances (AIDA Brasil) e do Instituto Brasileiro de Direito do Seguro (IBDS).

https://youtu.be/Emmd-k2j0q8

Sumário: I. Introdução – II. Histórico no Brasil; II.1 Repensar os seguros – III. Legal design e seguros – IV. Considerações finais – V. Referências.

I. INTRODUÇÃO

A atividade seguradora se baseia na gestão de riscos, por meio da sua dispersão através de diversos *layers*[1]; isto é, o resseguro e a retrocessão. Dessa maneira, exerce um importante papel de proteção social e constitui uma cadeia de fornecimento que conjuga e afeta simultaneamente a diversas partes. Pela importância que possui, os

---
1. Ou camadas.

Estados costumam incentivar o florescimento da indústria seguradora e regulamentá-la de forma mais intensa.

Esse processo afeta simultaneamente todas as partes interessadas atuantes no ciclo de vida dos seguros: seguradoras, resseguradores, retrocessionários, corretores, segurados pessoas físicas e jurídicas, o próprio poder público. Ainda, o mercado de seguros está sendo transformado por forças internas e externas, e a chegada de outros *stakeholders*, externos a este ecossistema, impulsiona o setor a evoluir a novos patamares. Nesse contexto, a centralidade no usuário se torna vital, abrindo espaço para distintas abordagens e para soluções que prescindem de uma perspectiva exclusivamente jurídica.

O seguro e o seu papel se estendem além da simples compensação econômica das perdas. Historicamente, o mercado de seguros enfrenta dificuldades para equilibrar-se na linha tênue entre o foco nos consumidores e a segurança jurídica. Igualmente, o impacto regulatório ao qual seus *players* estão sujeitos pode ser maior que o necessário, além da ausência de incentivo aos profissionais para que busquem a inovação de forma constante em suas atividades cotidianas.

A indústria dos seguros é centenária e tradicional, mas, apesar disso, suas práticas lamentavelmente não estão alinhadas às necessidades das pessoas, levando a uma desconexão entre o que deveria ser oferecido no mercado e os documentos, produtos e serviços que são efetivamente comercializados. Considerando a importante função social dos seguros, é vital que mudanças substanciais aconteçam.

Os aspectos jurídicos concernentes aos seguros ainda são comunicados de maneira precária, tornando a compreensão de direitos e obrigações mais difícil para os seus usuários. Essa falta de esmero impede que estes últimos naveguem com confiança pelos seguros e por sua complexa regulamentação. O design não busca apenas funcionalidade estética, mas sim utilidade.

II. HISTÓRICO NO BRASIL

No Brasil, o desenvolvimento do mercado segurador foi historicamente caracterizado por um alto nível de dirigismo e intervenção estatais, nem sempre positivos (ainda que fosse essa a intenção esposada pelas autoridades governamentais). Um exemplo foram as cláusulas de adoção mandatória nos contratos de seguros, caminhando contra a modernização, inovação e liberdade de que tanto precisava o mercado.

Contudo, a chegada ao poder no Brasil de um governo que se denomina liberal econômico levou à indicação de profissionais afiliados a essa corrente de pensamento a diversos órgãos governamentais, dentre os quais se destaca a Superintendência Nacional de Seguros Privados (SUSEP).

A SUSEP, órgão brasileiro regulador do mercado de seguros, resseguros, previdência complementar aberta e capitalização, começou a trabalhar de uma forma distinta daquela à qual o mercado havia se acostumado, demonstrando de forma clara sua intenção de desregulamentar e flexibilizar o mercado de seguros brasileiro, por meio da edição de uma série de normativos com esse objetivo.

Em nível federal, foi editada em 2019 a Lei Federal 13.874/2019, chamada informalmente de "Lei da Liberdade Econômica". Essa Lei limita a interferência do Estado na atividade econômica, o que levou à simplificação regulatória por parte da SUSEP, junto à edição de um decreto de revisão normativa – o Decreto 10.139/2019. Essa conjuntura resultou em importantes alterações nas regras relativas a vários produtos de seguros, como os de grandes riscos, massificados e de responsabilidade civil.

Se por um lado a regulamentação conferiu maior liberdade aos profissionais do ecossistema segurador, por outro lado, as práticas do mercado carecem de maior e mais profundo foco nos clientes – essa é uma das principais razões pelas quais o setor não alcançou a inteireza de seu potencial, seja no grau de penetração no mercado brasileiro, seja na disseminação da cultura seguradora.

Apesar de ainda haver vários desafios a enfrentar, a aplicação do design e de suas ferramentas e princípios pode oferecer uma resposta sólida ao cenário em constante mudança. Até junho de 2020, em média, mais de 80% das novas apólices emitidas por *insurtechs*[2] participantes do sandbox regulatório SUSEP[3] foram para consumidores que contrataram seguros pela primeira vez ou estavam desassistidos de seguros nos últimos tempos.

II.1 Repensar os seguros

A importância de repensar os seguros e a forma como são feitos reside no fato de que a informação relativa aos seguros e os respectivos entregáveis (a exemplo de documentos e produtos) possuem uma alta carga de conteúdo jurídico ou legalmente regulamentado, cuja compreensão é difícil para a grande maioria das pessoas que precisa lidar com isso cotidianamente.

De acordo com o relatório *The Latin American Insurance Market in 2020*[4], o mercado potencial de seguros na América Latina soma 340,4 bilhões de dólares, o que significa 2.5 vezes mais o mercado atual na região, que é de 134,4 bilhões de dólares, incluindo os segmentos vida e não vida. Normalmente, há *churn*[5] de 41%

---

2. As *Insurtechs* são empresas que atuam no ecossistema de seguros e possuem forte componente tecnológico, oferecendo soluções inovadoras, aumentando o valor agregado dos seguros.

3. Ambiente regulatório experimental, com menor fardo regulatório, destinado a viabilizar o desenvolvimento de produtos e serviços inovadores. Ao total já foram selecionados 33 (trinta e três) projetos entre 2020 e 2021.

4. Fundación MAPFRE (2021).

5. *Churn* é uma medida que indica a perda de lucros ou clientes por uma empresa.

após a ocorrência de um sinistro[6], e 80% das seguradoras não possuem canais digitais de autoatendimento[7].

Como uma resposta a esse e outros desafios, surgiu o *legal design*. O *legal design* pode ser definido como a combinação de inovação e conhecimento jurídico com o foco na experiência do usuário, de forma a traduzir o direito e torná-lo mais claro e acessível, gerando uma situação benéfica para todas as partes envolvidas.

III. LEGAL DESIGN E SEGUROS

O termo *legal design* foi utilizado pela primeira vez pela Colette Brunschwig, em sua tese de doutorado e primeira obra do mundo sobre o tema, *Visualisierung von Rechtsnormen*, publicada em 2001. Colette é professora de Direito na Universidade de Zurich.

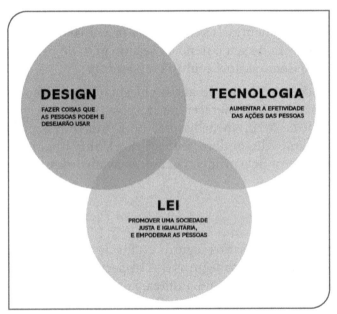

Figura 1
Legal Design: componentes
Adaptado de Margaret Hagan, 2020

O design centrado no ser humano permite trazer ao direito uma abordagem sistêmica, de forma que os documentos, produtos e serviços precisam ser desenhados intencionalmente, utilizando práticas e ferramentas apropriadas para tal. Diante desse cenário, o questionamento que se apresentou foi: Como o legal design pode transformar os seguros para melhorar a experiência do usuário e transmitir-lhe confiança?

---

6. ACCENTURE (2021).
7. CAPGEMINI (2020).

O *legal design* não se aplica somente à informação (seu *layer* mais famoso), mas também aos produtos, serviços, organizações e sistemas. É pensar os seguros de forma não tradicional, a partir de um lugar de empatia e indo além da mais selvagem imaginação de um advogado, posto que os destinatários finais do que se elabora não são advogados, mas sim pessoas leigas.

Figura 2
Legal Design: vertentes
Adaptado de Stefania Passera, 2015

A atividade seguradora passa, então, a ocorrer a partir da colaboração multidisciplinar, trazendo uma variedade de diferentes visões de mundo acerca de um determinado problema – ao passo que uma das principais dores dos consumidores de seguros tem a ver justamente com a informação e a linguagem. Além das respostas, é fundamental fazer as perguntas corretas, o que levará, ao final, a soluções ideais para cada situação e usuário, feitas sob medida.

Don Norman, o pai da usabilidade, ao falar do *affordance* – a habilidade de um objeto ou sistema sugerir seu uso ou função de maneira intuitiva para o usuário – afirma que um bom designer pode criar artefatos que permitam ao usuário determinar o que precisa fazer e que evidenciem ao usuário o que está acontecendo, de maneira que não sejam necessárias instruções adicionais para sua utilização.

Destarte, documentos, produtos e serviços de seguros deixam sua função estritamente comercial e passam a operar como artefatos e experiências jurídicas. Os designers costumam criar diferentes tipos de objetos: móveis, aparelhos eletrônicos, aplicativos. Em distintos espaços e realidades, os designers materializam a sua visão em coisas utilizáveis, e os documentos jurídicos criados por meio de um processo de design são também, portanto, artefatos.

E pelo fato de serem pensados como artefatos que precisam ser desenhados e fazem parte da experiência do cliente, se alcança um novo e mais profundo nível de compreensão a respeito de como eles se ajustam à realidade do cliente. No caso dos seguros, os documentos jurídicos passam a exercer um papel na experiência digital transmitida por quem os comercializa[8]. O *legal design* também se desdobra em mais 3 (três) eixos: o *Visual Law*, o *UX Writing* e a linguagem simples.

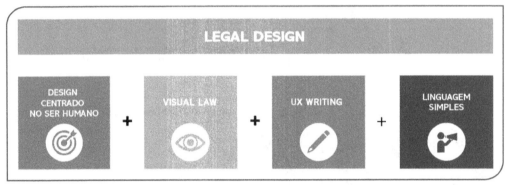

Figura 3
Legal Design: eixos
Autoria própria

O *Visual Law*[9] se relaciona ao pensamento visual, que faz parte do *legal design* e é uma ferramenta que permite a comunicação mais fluida e a tradução de temas jurídicos difíceis em algo simples, estruturando a informação de forma visual e utilizando recursos visuais para comunicar grandes quantidades de informação. Portanto, o pensamento visual inclui a comunicação visual, a informação visual, processos e documentos visuais.

O *UX Writing* ou redação UX é a prática de desenhar as palavras que as pessoas veem e ouvem ao interagir com conteúdos digitais (como softwares e páginas Web) e pode ser aplicado a documentos e outras interfaces. Isso é especialmente importante pois as pessoas normalmente não leem as informações, mas sim as escaneiam para alcançar rapidamente um determinado objetivo.

A linguagem simples, por sua vez, permite que a comunicação esteja clara, de maneira que o texto, a estrutura e o design são tão claros que a pessoa que o ler consegue encontrar facilmente o que busca, compreender o que encontra e utilizar essa informação, tornando possível deixar para trás um formato incompreensível e impenetrável em favor de algo mais simples, sem perder a precisão técnica necessária.

---

8. FUTURE LAW. (Produtor); VARELA, José Fernando Torres (Palestrante). 2021. *Legal Design and Insurance* [Vídeo]. In: *Seguros 4.0* [Curso]. https://cursos.futurelaw.com.br/cursos/seguros-4-0.
9. Comunicação visual de informação jurídica.

Nesse processo, os protótipos ajudam a aprender, obter comentários rapidamente, testar diferentes aspectos e perceber quais funcionam, reduzindo riscos e aumentando a eficácia da solução desenvolvida. Um dos primeiros aspectos é saber quem adquirirá a apólice e os tipos de usuários desse seguro específico.

Adicionalmente, é necessário saber como pensam os usuários e assegurar que a apólice escrita reflita verdadeiramente o produto de seguro que foi desenvolvido pela seguradora – frequentemente a apólice escrita diverge da apólice que havia sido desenhada pela equipe que criou o produto de seguro, o que demonstra que os advogados costumam pensar somente de forma jurídica e não em como o documento refletirá o produto.

As apólices precisam ser não apenas juridicamente corretas, mas também um manual de instruções que possibilite a compreensão de um produto, sua finalidade, suas coberturas e exclusões e todo o conteúdo que costuma fazer parte de um seguro[10]. Os documentos que contêm os seguros costumam ser chatos, confusos e têm muito a melhorar. Muitas vezes os usuários não compreendem nem quais são exatamente os produtos adquiridos.

Muitos usuários também não compreendem as condições que precisam cumprir para ter direito à cobertura securitária, o que faz com que, por vezes, os seguros contratados não sejam úteis para eles, o que pode resultar em danos reputacionais para as seguradoras e outros problemas do ponto de vista de proteção do consumidor[11].

Além disso, a extensão das apólices de seguros, a ausência de clareza respeito à aplicabilidade ou (in)existência de cobertura e a quantidade de informação nelas contida constitui um obstáculo para as pessoas, impactando negativamente todo o ciclo de vida dos seguros, a começar pela compra de uma apólice, indo até o seu término, seja pelo fim da vigência da apólice, seja devido à ocorrência de um sinistro que esgote seu limite de indenização.

A combinação do design centrado no ser humano com o direito traz empatia que se revela, por exemplo, em documentos jurídicos fáceis de utilizar e que facilitam a execução dos negócios. Esses documentos são elaborados com a intenção de que funcionem efetivamente, sem conduzir a litígios intermináveis, sejam eles judiciais, administrativos ou de outra natureza.

Assim, as percepções dos usuários (a exemplo de seus desejos e preocupações) coletadas durante o processo de design se tornam princípios que guiam o design do seguro e requisitos para seu desenvolvimento, que devem ser ajustados ao produto final e explicados na respectiva apólice, de maneira simples.

Uma comunicação mais fluida permite um relacionamento mais significativo com os clientes, transformando ideias em novos produtos e serviços e expressando a inovação de forma concreta nos variados segmentos dos seguros: seguro, resseguro, previdência privada, saúde e capitalização. Nesse contexto, os profissionais jurídicos

---

10. FUTURE LAW. (Produtor); VARELA, José Fernando Torres (Palestrante). 2021. *Legal Design and Insurance* [Vídeo]. In: *Seguros 4.0* [Curso]. https://cursos.futurelaw.com.br/cursos/seguros-4-0.
11. *Idem.*

e de outras searas podem favorecer o desenvolvimento dos negócios, eliminando uma das barreiras à sua consecução.

Portanto, temas complexos, como os seguros, podem ser abordados com propriedade e clareza, por meio de uma estrutura informacional lógica, que aumenta a confiança dos consumidores e lhes confere maior estabilidade, algo particularmente relevante para relacionamentos comerciais de cauda longa, como aqueles dos quais fazem parte os seguros.

Consequentemente, o mercado aumenta sua capacidade de resposta às dificuldades que surgirem, pois as soluções são desenvolvidas de maneira mais acurada, utilizando uma amálgama de visões e um enfoque verdadeiramente centrado no usuário, o que permite a elevação de ambos mercado e direito de seguros à sua melhor versão.

O *legal design* também permite resolver questões antes de que se tornem contenciosas, aumentando o valor agregado do direito, fortalecendo conexões e alocando apropriadamente os riscos subjacentes aos contratos. Também apoia a colaboração, guiando aos resultados almejados, criando oportunidades e prevenindo problemas antes de seu surgimento.

Os documentos precisam ter: (i) linguagem clara e simples; (ii) design cuja estrutura torne fácil sua compreensão; (iii) a intenção de ajudar as partes a cultivarem um relacionamento positivo; (iv) conteúdo organizado de forma a alcançar o objetivo daquela relação contratual; e (v) equilíbrio, gerando colaboração e confiança. Dessa forma podem ser transmitidos os valores da marca da empresa por meio do documento jurídico, tornando-o uma parte importante e eficaz da jornada do consumidor[12].

Para poder verificar como o *legal design* poderia ser aplicado aos seguros, foi feita uma pesquisa acadêmica inédita e pioneira, de viés experimental, bibliográfico, documental, com estudos de caso e também a elaboração, envio e análise de resultados de questionários *survey*[13], que foram respondidos por pessoas de todo o mundo, com diferentes backgrounds profissionais, não limitados a pessoas que trabalham nos ecossistemas jurídico ou securitário.

Adicionalmente, foram feitas entrevistas em profundidade com alguns dos respondentes aos questionários, para poder entender mais profundamente sua realidade. Por meio das entrevistas e das respostas aos questionários, foram identificados padrões comportamentais manifestos por meio da recorrência de respostas. Essas percepções foram consolidadas em perfis pessoais, que são retratos de atitudes de pessoas reais, emblemáticos para a compreensão da relação das pessoas com os seguros.

No que respeita aos perfis pessoais, estes podem ser resumidos em 3 (três) perfis. O primeiro é composto por pessoas com alto nível educacional e que ainda assim sofrem

---

12. FUTURE LAW. (Produtor); VARELA, José Fernando Torres (Palestrante). 2021. *Legal Design and Insurance* [Vídeo]. In: *Seguros 4.0* [Curso]. https://cursos.futurelaw.com.br/cursos/seguros-4-0.

13. A pesquisa *survey* visa a obter dados e informações sobre características, ações e opiniões de um grupo de pessoas, representando uma população-alvo, utilizando um instrumento de pesquisa, normalmente um questionário.

para compreender a linguagem excessivamente truncada do seguro (o "segurês"). O segundo são as pessoas com nível educacional mais baixo e que dependem mais da ajuda de intermediários e seguradoras na escolha, contratação e ao longo do ciclo de vida do seguro, e que ainda assim, nem sempre tem acesso ao que é mais adequado à sua necessidade, pois faltam subsídios que informem suficientemente sua decisão.

O terceiro, por fim, está constituído por pessoas que fazem parte do setor de seguros e que, apesar de sua experiência de mercado, frequentemente se deparam com documentos, produtos e serviços não atendem ou refletem suas necessidades. Mesmo essas pessoas sofrem de dificuldades similares às das demais pessoas, inclusive durante o processo de contratação.

Nos questionários *survey*, 98% dos respondentes indicaram que os documentos, produtos e serviços de seguros[14] devem ser melhorados (por exemplo, em relação aos aspectos visuais, linguagem, clareza, extensão, experiência do usuário e design). O mapa de empatia fruto da pesquisa destacou, dentre outras dores, a falta de informação, de suporte, de clareza, a extensão dos documentos e sua redação, que por vezes é obscura:

Figura 4
Mapa de empatia dos usuários de documentos, produtos e serviços de seguros
Autoria própria

---

14. Para fins deste artigo, salvo expressamente de outra forma, "seguros" se refere ao guarda-chuva sob o qual também estão os resseguros, a previdência privada, a capitalização e a saúde.

Analisando os problemas existentes no ciclo de vida de seguros, chegou-se ao resumo materializado no "ciclo do caos nos seguros" – uma ilustração explicativa que demonstra a premente necessidade de adoção integral do *legal design* em seguros, atingindo toda a cadeia de fornecimento, desde a elaboração dos documentos e produtos, até o término da relação desenvolvida com o cliente ao longo desse processo.

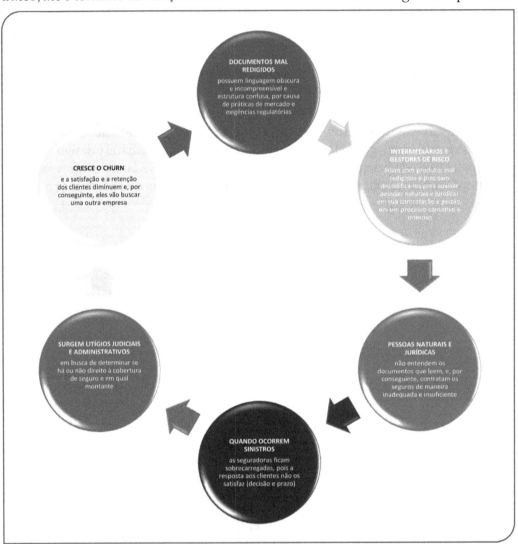

Figura 5
O ciclo do caos nos seguros
Autoria própria

No tocante à compreensão do conteúdo, a legibilidade de um texto pode ser mensurada por meio da aplicação da Escala de Legibilidade de Flesch. Um estudo de março de 1967, publicado no *Journal of Risk and Insurance*, apontava já àquela época que uma apólice de seguro automóvel pessoal tinha uma nota de apenas 10.31 (numa escala de 0 a 100 respeito à legibilidade), ao passo que a Bíblia (um texto religioso, mais denso e complexo) teve uma nota de 66.97.

Diante da necessidade de proteger os consumidores, várias leis e normativos foram adotadas a nível nacional e internacional. Na União Europeia, exemplificativamente, foi adotada a Diretiva 2016/97, sobre a distribuição de produtos de seguros. Essa diretiva obriga as seguradoras a resumir as principais condições de contratos de seguros em um formato pensado para os usuários, apontando coberturas, eventuais restrições, local segurado, prazo de vigência, deveres do segurado, forma de pagamento e de cancelamento da apólice. É um passo importante, mas ainda assim não assegura que a integralidade do contrato de seguro seja amigável ao seu usuário final.

Não obstante a existência de legislação específica de proteção ao consumidor, sua mera existência não garante entregáveis adequados. Há um conflito (aparente e resolvível) entre o design e o direito – o design demanda que as pessoas e suas necessidades guiem a elaboração de soluções; o direito, por sua vez, está nas mãos de profissionais jurídicos pagos para escrever com linguagem avessa a riscos, protetiva e hermética, havendo uma dissonância entre quem escreve os documentos e quem precisará utilizá-los no dia a dia.

Por outro lado, por meio do *Visual Law*, a informação pode ser transmitida de forma mais eficiente, impactando, por exemplo: (i) litígios, ao demonstrar os fatos com clareza, permitindo a construção de argumentação sólida e persuasiva; (ii) *deals* (transações comerciais), pela elaboração de acordos claros e de fácil execução; (iii) regulamentação, viabilizando legislação e regulamentação de maior eficácia e adesão por pessoas e empresas; e (iv) documentos variados, a exemplo das apólices – cuja extensão pode ser limitada ao estritamente necessário, repensando a parte jurídica e permitindo melhor compreensão de seus termos e condições.

Nesse cenário, o *legal design* pode gerar uma série de benefícios que contrapõem as dificuldades que o setor de seguros enfrenta e colaboram como respostas às dores encontradas pelo caminho. Os operadores do Direito passam a atuar como parceiros comerciais e negociadores, como facilitadores da consecução dos objetivos perseguidos por empresas e pessoas, redefinindo o significado do seguro e a experiência do usuário de forma eficaz e positiva.

A linguagem simples também colabora para isso, ao empoderar e proteger as partes hipossuficientes da relação securitária, muitas vezes marcadas pela pobreza, analfabetismo e uma compreensão limitada pela falta de literacia ante os tecnicismos do seguro. O UX *Writing* também adiciona a isso, pois as palavras veiculam conteúdo que dá aos usuários confiança para prosseguir, graças à escolha dos termos mais adequados para cada situação.

Adicionalmente, a pesquisa acadêmica levou à proposição de Indicadores Chave de Desempenho (*KPIs*) hábeis a mensurar os impactos positivos esperados em decorrência da aplicação do *legal design* aos seguros. Isso permite acompanhar a eficácia do processo de design, casuisticamente, de maneira concreta e aplicada:

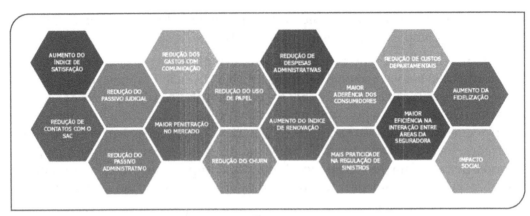

Figura 6
KPIs (Indicadores Chave de Desempenho) da aplicação do legal design aos seguros
Autoria própria

O crescimento da satisfação dos clientes e a redução do *churn* são consequências da forma mais clara de apresentar as informações respeito aos seguros adquiridos, bem como da elaboração de (novos) produtos e prestação de serviços mais alinhados às necessidades de seus destinatários finais. Intermediários (como os corretores) e os gestores de riscos compreendem melhor os seguros.

Por conseguinte, a gestão dos seguros é mais adequada e o *match* entre necessidade da empresa e utilidade do seguro contratado é cada vez maior, o que traz reflexos não apenas do ponto de vista financeiro e operacional, mas também de sustentabilidade e governança, o que pode beneficiar a empresa segurada também em relação à obtenção de fundos e realização de investimentos.

Os intermediários, por sua vez, podem atuar de maneira mais relevante e significativa para seus clientes – um exemplo é o oferecimento de e auxílio na contratação de produtos que de fato serão úteis para as pessoas e empresas seguradas, de uma forma clara e objetiva. Assim, os segurados têm acesso a produtos pensados para sua realidade.

Os consumidores passam a demandar menos os serviços de atenção ao cliente posto que muitas das dúvidas usuais são sanadas por meio da informação clara e mais bem estruturada que lhes é entregue. Também, quando da ocorrência de sinistros[15], as equipes das seguradoras estão aptas a intervir de maneira mais eficaz.

A regulação de sinistros[16] pode ser simplificada, reduzindo gastos administrativos, departamentais e de comunicação (por exemplo, pela adoção de documentos digitais, reduzindo o uso de papel e causando um impacto ambiental e social positivo). Além disso, o prazo de resposta acerca de pedidos de informação e de indenização diminui.

---

15. Evento que causa danos ou prejuízos a uma pessoa ou bem segurado.
16. Em termos gerais, é o processo pelo qual uma seguradora investiga o sinistro ocorrido e determina se pagará ou não indenização, quais as razões para sua decisão e qual o montante da indenização, se o caso.

As seguradoras e demais empresas (bancos, entidades de previdência privada e de capitalização, operadoras de planos de saúde e prestadores de serviço) podem, então, apresentar respostas de forma mais ágil e alinhada às expectativas e necessidades de seus clientes, aumentando sua satisfação de forma orgânica.

Litígios judiciais e administrativos perdem sua razão de existir, ao passo que a raiz de muitos dos problemas que lhes davam causa é eliminada. Ainda, os próprios clientes reforçam a associação positiva à marca da empresa, sem custos ou esforço adicional para a empresa, aumentando as referências favoráveis à empresa e sua atuação.

Consequentemente, a fidelidade dos clientes aumenta, bem como a participação da seguradora no mercado. A aderência dos clientes cresce, aumentando a possibilidade de renovação de suas apólices e de aquisição de novos produtos, posto que aqueles se sentem plenamente atendidos e perdem o interesse em buscar outros ou novos prestadores.

Ademais, considerando que a elaboração de políticas públicas, incluindo normas setoriais como as que regem os seguros, é uma aplicação de design em si mesma[17], a aplicação do *legal design* aos seguros se revela ainda mais importante, não somente como forma de prestigiar as partes privadas, mas também, em especial, de aumentar sua eficiência. Os seguros são um serviço financeiro que guarda estreita relação com a poupança popular e influem diretamente na vida de milhões de pessoas cujas vidas, bens e atividades econômicas neles encontram proteção.

O design centrado no ser humano aplicado ao direito (quer dizer, o *legal design*) permite a saída de uma realidade desenhada por advogados e legisladores para si mesmos, tornando o sistema jurídico navegável e reconectando o direito, os advogados, as empresas e os usuários finais da informação e dos serviços jurídicos.[18]

Um exemplo de aplicação do *legal design* para explicar normativos que vale a pena comentar foi desenvolvido pela Associação Francesa de Seguradoras[19], que tinha um problema: como explicar os principais aspectos da Lei Europeia de Proteção de Dados[20] para o grande público[21]?

A comunicação direcionada ao grande público e aos parceiros comerciais das seguradoras também precisava: (i) comunicar os requisitos legais; e (ii) traduzir o que a aplicação dessa lei significaria para a vida diária das empresas e das pessoas que possuíam seguros na França naquele momento.

---

17. JUNGINGER, Sabine. (2013). *Design and Innovation in the Public Sector: Matters of Design in Policymaking and Policy Implementation*. Annual Review of Policy Design.
18. GANDHI, M., SIVANATHAN, M. (2017). What is legal design? Q&A with Meera Sivanathan. [Podcast em áudio]. Disponível em: http://thelegalforecast.com/what-is-legal-design-qa-with-meera-sivanathan-legal-designer/.
19. *Fédération Française de l'Assurance* – FFA.
20. *General Data Protection Regulation* – GDPR.
21. YOUR-COMICS. (2017). *How to make a legal concept accessible?* Your-Comics – Legal design studio in Paris. Disponível em: https://your-comics.com/en/reference/legal-design-informatique-libertes-118.html.

A missão desse trabalho era tornar o assunto acessível, criando materiais adaptáveis a cada seguradora, criando proximidade das pessoas e melhorando a imagem do setor. Os três principais objetivos eram: (i) aumentar a transparência, e, por conseguinte, a confiança das pessoas; (ii) criar conteúdo moderno e impactante para divulgação multicanal; e (iii) empoderar as seguradoras para que tivessem conteúdo adequado a essa comunicação.

O processo de *legal design* compreendeu: (i) consulta; (ii) criação; e (iii) adaptação. Na primeira fase, um grupo de advogados e gerentes de projeto foi criado para definir as prioridades e abordagem. Depois, o assunto foi simplificado por meio da criação de um vídeo mostrando situações reais e de um infográfico, passíveis de uso em vários canais de comunicação. Por fim, os materiais foram adaptados, tornando-se ferramentas simplificadas de acesso à informação sobre proteção de dados pessoais.

No Brasil, uma seguradora decidiu repensar e remodelar toda a comunicação e materiais relativos aos seguros massificados de vida, automóvel e residencial, aproximando-se dos clientes, utilizando personalização e removendo o jargão técnico ("segurês") do conteúdo disponível na Web e nos documentos pertinentes a esses seguros.

Os resultados obtidos foram massivos: (i) economia de 2 (dois) milhões de reais; (ii) redução de 50% no nível de conflitos nos *call centers*; (iii) aumento de 30% na taxa de renovação de apólices; (iv) redução da emissão de gás carbônico (CO_2) e do consumo de papel A4; e (v) redução da impressão de papel em mais de 88%.

Em outro projeto, um banco brasileiro criou um seguro de vida completo com preço médio inicial de 9 (nove) reais, retirando o "segurês" do conteúdo explicativo que aparece no respectivo aplicativo, com comunicação direta e compreensível, utilizando frases como "o seguro morreu de velho", "valor total da cobertura" no lugar de capital segurado, "pagamento mensal" em vez de prêmio e "acionar o seguro" substituindo avisar sinistro. O resultado obtido foi massivo: 50% dos clientes do seguro de vida do banco contrataram esse tipo de seguro pela primeira vez e em poucos meses chegou a mais de 101 mil (cento e uma mil) apólices ativas, com cobertura superior a 10,5 bilhões de reais.

IV. CONSIDERAÇÕES FINAIS

Um dos pontos de maior atenção no *legal design* é o Retorno sobre o Investimento (ROI), e exemplos como esses ajudam a ilustrar os benefícios práticos, financeiros e sociais, da aplicação do *legal design* aos seguros – o fato de desenvolver soluções centradas no cliente impacta positivamente a vida das pessoas e todas as partes envolvidas. *A aplicação do legal design nos seguros constitui uma importante vantagem competitiva!* Quanto antes adotado, maior a chance de diferenciação positiva no mercado e de se destacar na dianteira desse movimento, que tende a ser o padrão jurídico num futuro mais próximo que se possa imaginar.

Para os seguros, as evidências indicam que um enfoque mais holístico gera uma resposta mercadológica mais satisfatória. Os clientes mais felizes não sentem a necessidade de recorrer a outros prestadores e as empresas também se beneficiam de uma operação mais fluida. A jornada do cliente também evolui, pois os pontos de contato do cliente durante a vigência do seguro e seu ciclo de vida são mais bem trabalhados.

Dessa maneira, o impacto social dos seguros se amplia, permitindo maior subscrição de riscos, fortalecendo a cultura seguradora e apoiando simultaneamente o desenvolvimento econômico e social, ao tornar viável a pulverização e indenização de perdas sofridas por pessoas, empresas e pelo próprio poder público.

Mais que a simples utilizando de cores e elementos visuais, iconografia ou palavras mais simples, o *legal design* é um poderoso vetor de mudança positiva, englobando todo o processo de criação de respostas adequadas a cada situação, a partir do design centrado no ser humano. Em cenários desafiadores como o atual, o *legal design* é o caminho para a sustentabilidade, expansão e modernização dos seguros.

V. REFERÊNCIAS

BERGER-WALLISER, Gerlinde (2012). *The Past and Future of Proactive Law: An Overview of the Development of the Proactive Law Movement*. PROACTIVE LAW IN A BUSINESS ENVIRONMENT, Gerlinde Berger-Walliser and Kim Østergaard (editores), DJØF Publishing, 13-31. https://ssrn.com/abstract=2576761.

BRUNSCHWIG, Colette Reine. (2014). *On Visual Law: Visual Legal Communication Practices and Their Scholarly Exploration*. In: Zeichen und Zauber des Rechts: Festschrift für Friedrich Lachmayer, Erich Schweihofer et al. (editores.). Editions Weblaw. doi: 10.5167/uzh-94333.

BRUNSCHWIG, Colette Reine. (13 maio 2021). *Dr. Colette R. Brunschwig*. Zurich: Faculty of Law – Centre for Legal History Research. Disponível em: https://www.ius.uzh.ch/en/research/units/zrf/afr/brunschwig.html

CQCS. *"Traduzindo o Segurês", do Grupo BB E MAPFRE, ganha ouro e bronze na maior premiação de marketing direto do mundo*. Disponível em: https://www.cqcs.com.br/noticia/traduzindo-segures--grupo-bb-mapfre-ganha-ouro-bronze-maior-premiacao-marketing-direto-mundo/.

DE STADLER, Elizabeth; VAN ZYL, Liezl. (2017). *Plain-language contracts: challenges and opportunities*. South African Mercantile Law Journal, Volume 29, Edição 1, 95-127.

FENWICK, Mark (Editor); CORRALES, Marcelo (Editor); HAAPIO, Helena (Editora). (2019). *Legal Tech, Smart Contracts and Blockchain*. Springer.

FILIPE, S., BARBOSA, M. (2012). O marketing relacional sob a percepção do cliente no contexto do ensino superior: estudo exploratório. *International Business and Economics Review*, 262-273.

FILIPPE, Marina. (25 fevereiro 2021). Nubank faz campanha de seguro de vida por R$9 e provoca concorrentes. *Revista Exame*. https://exame.com/marketing/nubank-faz-campanha-de-seguro-de--vida-por-r9-e-provoca-concorrentes/.

FUTURE LAW. (Produtor); VARELA, José Fernando Torres (Palestrante). 2021. Legal Design and Insurance [Vídeo]. In: Seguros 4.0 [Curso]. https://cursos.futurelaw.com.br/cursos/seguros-4-0.

GANDHI, M., SIVANATHAN, M. (2017). *What is legal design? Q&A with Meera Sivanathan*. [Podcast em áudio]. Disponível em: http://thelegalforecast.com/what-is-legal-design-qa-with-meera-siva-nathan-legal-designer/.

HAGAN, Margaret. (2013). *Law by Design*. Estados Unidos. Disponível em: https://lawbydesign.co/.

HAGAN, Margaret. (2017). A Visual Approach to Law. *Miscellaneous Law School Publications*. https://repository.law.umich.edu/miscellaneous/36.

HAGAN, Margaret; MISO, Kim. (2018). *Design for Dignity and Procedural Justice*. In: Advances in Intelligent Systems and Computing, 585:135-45. https://papers.ssrn.com/sol3/papers.cfm?abstract_id=2994354.

HERTZBERG, Emma. (2018). How to design user centric digital law. Degree Programme in Design–Institute of Design and Fine Arts, Lahti University of Applied Sciences. Lahti/Finlândia. https://www.theseus.fi/bitstream/handle/10024/146350/Hertzberg_Emma.pdf?sequence=2&isAllowed=y.

HOWE, Julie E.; WOGALTER, Michael S. (1994). The Understandability of Legal Documents: are they adequate? In: *Proceedings of the Human Factors and Ergonomics Society 38th Annual Meeting*, 438-442.

JUNGINGER, Sabine. (2013). *Design and Innovation in the Public Sector*: Matters of Design in Policymaking and Policy Implementation. Annual Review of Policy Design.

KIMBLE, Joseph. (1998-2000). The great myth that plain language is not precise. *7 Scribes Journal of Legal Writing*, 109-116.

LARRAMENDI, Ignacio H. de. (1967). Observações sobre o futuro do seguro privado. *Revista do IRB*, Rio de Janeiro, edição 161.

MJV Innovation. (2021). *Traduzindo o segurês*: MAPFRE adapta comunicação e economia R$ 2 milhões de reais. Brasil: MJV Technology and Innovation. Disponível em: https://www.mjvinnovation.com/pt-br/case-studies/segures-mapfre/.

NORMAN, Donald. (2006). *O Design do Dia-a-dia*. Rio de Janeiro: Rocco.

N.F. (2021). 50% dos clientes de seguro de vida do Nubank contrataram serviço pela 1ª vez. *Revista Apólice*. Disponível em: https://www.revistaapolice.com.br/2021/02/50-dos-clientes-de-seguro-de--vida-do-nubank-contrataram-servico-pela-1a-vez/.

REDAÇÃO NUBANK. (28 setembro 2021). *Nubank Vida*: tudo sobre o seguro de vida do Nubank [Mensagem no blog do banco Nu Pagamentos S.A.]. Disponível em: https://blog.nubank.com.br/nubank-vida-seguro-de-vida-do-nubank.

PASSERA, Stefania. (2015). *Beyond the Wall of Text*: How Information Design Can Make Contracts User--Friendly. https://ssrn.com/abstract=2640818.

PASSERA, Stefania. (2017). Beyond the wall of contract text – visualizing contracts to foster understanding and collaboration within and across organizations. *Aalto University publication series*. Doctoral Dissertations 134/2017. https://aaltodoc.aalto.fi/handle/123456789/27292.

PLAIN LANGUAGE ASSOCIATION INTERNATIONAL – PLAIN. (2021). *What is plain language?* Disponível em: https://plainlanguagenetwork.org/plain-language/what-is-plain-language/.

PODMAJERSKY, Torrey. (2019). *Redação Estratégica Para UX*. São Paulo, Brasil: Novatec Editora.

POLIDO, Walter. (2015). *Contrato de Seguro e a atividade seguradora no Brasil*: direitos do consumidor. São Paulo: Roncarati.

SIEDEL, G. J., & HAAPIO, H. (2011). *Proactive law for managers. A hidden source of competitive advantage*. Farnham, UK: Gower.

SILVA, Anthony Charles de Novaes. (13 agosto 2021). Legal Design and Insurance: A Win-Win Case of Disruption in Financial Services. *Law Practice Today, The Finance Issue*. Disponível em: https://www.lawpracticetoday.org/article/legal-design-and-insurance-a-win-win-case-of-disruption-in--financial-services/.

SILVA, Anthony Charles de Novaes da. Legal Design e Seguros (julho a setembro 2021). *Revista de Direito e as Novas Tecnologias, edição 12*. Disponível em: https://revistadostribunais.com.br/maf/app/document?stid=st-rql&marg=DTR\2021\45133.

SILVA, Anthony Charles de Novaes da. *Legal Design e seguros: todo consumidor importa*. JOTA, 04 de dezembro de 2021. Disponível em: https://www.jota.info/opiniao-e-analise/colunas/regulacao-e--novas-tecnologias/legal-design-e-seguros-todo-consumidor-importa-04122021.

SILVA, Anthony Charles de Novaes. (28 julio 2021). Legal Design y Seguros: El futuro empezó. *Revista de Derecho de Seguros, número 1*. Disponível em: https://ijeditores.com/pop.php?option=articulo&Hash=be6fa37171da442b26d79d76ea9addf6.

SILVA, Anthony Charles de Novaes da; FEIGELSON, Bruno. *NFT, seguros e omniverso: todo bem merece proteção*. JOTA, 25 de dezembro de 2021. Disponível em: https://www.jota.info/opiniao-e-analise/colunas/regulacao-e-novas-tecnologias/protecao-nft-seguros-omniverso-25122021.

SILVA, Anthony Charles de Novaes da; SASSON, Jean Marc. Agenda ESG está no DNA do mercado de seguros. *Jota*, 22 de janeiro de 2022. Disponível em: https://www.jota.info/opiniao-e-analise/colunas/regulacao-e-novas-tecnologias/agenda-esg-dna-mercado-de-seguros-22012022.

SUPERINTENDÊNCIA DE SEGUROS PRIVADOS – BRASIL. (2021). *Susep avança na simplificação e modernização do setor com revisaço*. Disponível em: http://novosite.susep.gov.br/noticias/susep-avanca-na-simplicacao-e-modernizacao-do-setor-com-revisaco/.

VIEIRA, Solange Paiva; LOURENÇO, Igor Lins da Rocha. As mudanças regulatórias dos seguros no Brasil. In: *Revista Consultor Jurídico*. Disponível em: https://www.conjur.com.br/2021-ago-19/seguros-contemporaneos-mudancas-regulatorias-seguros-brasil.

WILSON JR, Willian C. (2018). *When Words Collide*: Resolving Insurance Coverage and Claims Disputes. Createspace Independent Publishing Platform.

YOUR-COMICS. (2017). How to make a legal concept accessible? *Your-Comics – Legal design studio in Paris*. Disponível em: https://your-comics.com/en/reference/legal-design-informatique-libertes-118.html.

PARTE III
LEGAL DESIGN NA PRÁTICA

JOBS TO BE DONE E O LEGAL DESIGN

Bruno Calaza

Pós-Graduando em Marketing e Mídias Sociais pela Faculdade Getúlio Vargas (FGV). Graduado em Administração pela Universidade Federal de Uberlândia (UFU). Head de Desenvolvimento na Lancio, responsável pela criação de conteúdo da empresa e desenvolvimento do time. Host do Podcast Café Jurídico. Membro da Comissão de Direito, Inovação e Tecnologia da 13ª Subseção da OAB. Fundador do Calaza Legal Studio e do Curso Do Zero Ao Legal Designer.

Tales Calaza

Mestrando em Direito pela Universidade Federal de Minas Gerais (UFMG). Pós-graduado em Direito Digital, em Processo Civil e em Direito do Consumidor na Era Digital. Extensão em Direito Contratual pela Universidade de Harvard. Presidente da Comissão de Direito, Inovação e Tecnologia da 13ª Subseção da OAB. Head de Direito Digital e Propriedade Intelectual no escritório Rocha Advogados. Coordenador e Autor da Coleção Direito 5.0. Coordenador do CIED – Comunidade Internacional de Estudos em Direito Digital. Head Member do Uberhub Legaltech. Founder & Host do Podcast Café Jurídico. Fundador do Calaza Legal Studio e do Curso Do Zero Ao Legal Designer. Palestrante. Advogado. Legal Designer. Entre em contato via: talescalaza@gmail.com

https://youtu.be/h9Q9UzJy2hM

Sumário: 1. Uma breve história. 2. O que aconteceu? 3. Exemplos práticos. 4. *Jobs to be Done* e o Legal Design. 5. Recapitulando. 6. Referências.

1. UMA BREVE HISTÓRIA

O *Jobs To Be Done* (JTBD) é uma teoria americana que pode ser livremente traduzida como "tarefa a ser cumprida". Todo o seu conceito gira em torno da seguinte pergunta: qual a tarefa que esse produto ou serviço deve realizar? Para você entender melhor, vamos te contar uma história[1].

Era uma vez, uma sorveteria que vendia três sabores de milkshake (baunilha, chocolate e crocante). Após certo tempo vendendo estes três sabores, os sócios da loja queriam descobrir novas formas de aumentar as vendas destes produtos.

Figura 1 – Canva[2]

A primeira tentativa para isso foi por meio de uma análise tradicional de Marketing. Fizeram estudos demográficos de seus consumidores procurando alguma semelhança entre eles, porém nada foi encontrado.

Frustrados com suas pesquisas, decidiram perguntar para os compradores o que eles poderiam fazer para melhorar o milkshake. Após coletarem os mais diversos tipos de respostas, como novos sabores, canudinhos recicláveis, copos maiores, copos menores, promoções com outros alimentos e várias outras ideias, decidiram começar a colocá-las em prática.

Nada deu certo! Como pode? Eles perguntaram para os clientes exatamente o que eles queriam, aplicaram as ideias, mas o número de vendas não aumentava.

Foi então que decidiram chamar o professor Clayton M. Christensen[3]. Ao estudar por algum tempo os clientes que compravam o produto, ele conseguiu anotar algumas características que lhe chamaram bastante a atenção. A maioria parecia ter pressa para conseguir realizar a compra. Não somente isso, pelo menos 50% das compras eram feitas por pessoas que compravam o produto na parte da manhã e iam embora de carro.

Após realizado o estudo com o comportamento daquelas pessoas, ele começou a analisar o trajeto que os consumidores faziam após adquirirem seus deliciosos milkshakes.

Passado um mês desde que o professor Christensen tinha começado seus estudos, ele chegou com a resposta para os sócios da empresa.

---

1. Disponível em: https://arivo.com.br/blog/blog/2015/05/26/milk-shakes-e-inovacao-usando-jobs-to-be-done-para-melhorar-seus-produtos/#:~:text=A%20teoria%20conhecida%20por%20jobs,que%20ele%20quer%20ver%20feito. Acesso em: 28 jun. 2022.
2. Imagem disponível no Canva Pro. Artcasta de Getty Images.
3. TUCUNDUVA, Rodrigo. *Como Harvard vende?* Disponível em: https://blog.lahar.com.br/vendas/como-harvard-vende/. Acesso em: 28 jun. 2022.

O que acontecia era o seguinte: a maior parte das vendas realizadas naquele mês foram feitas por pessoas que tinham a loja de milkshake no caminho entre suas casas e seus trabalhos. Mais do que isso, essas pessoas compravam o produto, para consumirem no caminho, não no local.

Ele conseguiu descobrir qual era o "trabalho" que aquele produto realizava, ou seja, qual seria o *Jobs to be Done* daquele item. As pessoas levavam muito tempo para chegar ao trabalho e ficavam muito tempo dentro do carro. O milkshake tinha a função de alimentar o consumidor e, ao mesmo tempo, o "entretia" durante o percurso, por ser algo que demora para ser consumido. Outras vantagens desse lanche sobre os outros (batata frita, chocolate, biscoitos etc.) é que ele não gera migalhas, não suja às mãos e não derrama fácil.

Tendo todas essas informações em mãos, Christensen conseguiu informar os sócios sobre o que deveria ser feito para aumentar suas vendas com milkshake e conseguir clientes ainda mais satisfeitos. Seria necessária a produção de bebidas mais densas, para que elas durassem mais tempo, além de outras mudanças estéticas que poderiam ser feitas na embalagem do produto.

Após aplicarem todas as mudanças sugeridas pelo professor, as vendas da loja quadruplicaram.

2. O QUE ACONTECEU?

A maior dificuldade que a loja teve não consistiu em atender o desejo de seus clientes, isso porque uma das técnicas antes de contratar um marketeiro externo foi perguntar diretamente a eles o que desejavam[4].

O que estava impedindo a empresa de vender mais era descobrir qual a verdadeira função daquele produto, qual a sua "tarefa".

Diferente do que era esperado, a função daquele milkshake não era somente ser gostoso, possuir várias opções de sabores ou outra tarefa que normalmente pensamos que os alimentos devem ter. O objetivo final de quem o comprava, era ter um alimento que não sujasse as mãos ou o carro, que fosse saboroso e que durasse o percurso inteiro para seu trabalho.

A função do JTBD é exatamente essa: te ajudar a enxergar seu cliente de uma forma que seus concorrentes não enxergam e, com isso, proporcionar uma experiência diferenciada. Dessa forma, você aproveita oportunidades que outras pessoas não conseguem. Não é à toa que as vezes observamos o mesmo produto com propagandas diferentes, eles podem ser parecidos, mas as suas funções finais são completamente distintas.

---

4. ULWICK, Tony. *Jobs-To-Be-Done*: A Framework for Customer Needs. Disponível em: https://jobs-to-be-done.com/jobs-to-be-done-a-framework-for-customer-needs-c883cbf61c90. Acesso em: 28 jun. 2022.

3. EXEMPLOS PRÁTICOS

Para facilitar a compreensão, antes de trazermos o conceito para o meio jurídico e como você pode aplicá-lo em seus documentos, decidimos trazer alguns casos práticos para ilustrarmos melhor a real definição de tarefas diferentes para produtos semelhantes.

Nosso primeiro exemplo é algo comum. Você o carrega em seu bolso o tempo todo e provavelmente não pode imaginar sua vida sem ele: seu smartphone.

Figuras 2 e 3 – Canva[5]

Ambos os celulares acima cumprem com suas funções essenciais, quais sejam: fazer ligações e enviar mensagens. Com eles, você consegue conectar o chip de uma operadora e entrar em contato com qualquer pessoa que também tenha um telefone, mesmo que ela esteja a milhares de quilômetros de você.

Mas será que os dois possuem as mesmas "tarefas"? O motivo pelo qual você compraria o da esquerda é o mesmo pelo qual você compraria o da direita?

Acreditamos que não, né?

O celular da direita você provavelmente compraria com finalidade de baixar vários aplicativos, para realizar as mais diversas funções. É provável, inclusive, que a última coisa que você se preocupe ao comprar um novo celular seja com sua função pela qual foi projetado originalmente: realizar uma ligação.

Redes sociais, jogos, aplicativos de música, relacionamento, lista de tarefas e vários outros, são os primeiros itens que você vai interagir após adquirir um novo smartphone.

Agora vamos analisar o celular da esquerda. Quem utiliza este celular não costuma andar com ele na mão o tempo todo. Observe que quem possui este tipo de telefone, utiliza-o somente com finalidade de realizar ligações e, raramente, enviar mensagens.

Vamos ao nosso segundo exemplo de produtos semelhantes, mas com tarefas completamente diferentes: os óculos escuros.

---

5. Imagens disponíveis no Canva Pro. Respectivamente: Billion Photos e Layer-Lab.

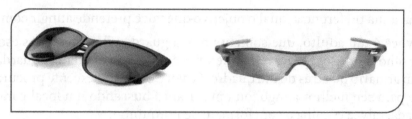

Figura 4 – Canva[6]

Ambos os produtos acima são óculos escuros cuja finalidade inicial é a mesma: proteger os olhos. Mas, você diria que eles possuem a mesma função?

Quando um ciclista vai pedalar pela ciclovia ou fazer uma ultramaratona, ele escolhe os óculos da direita. Isso porque tiveram um cuidado especial para desenvolvê-los, proporcionando um maior conforto, protegendo contra o vento, encaixando no capacete, tudo isso para melhorar a experiência do ciclista enquanto ele foca na sua tarefa principal: pedalar.

Já os óculos da esquerda, tem um "trabalho" completamente diferente. Quando você os veste, pode notar que há um espaço entre seu rosto e o item, possibilitando que passe vento e refresque a região em volta de seus olhos. Além disso, ele não precisa protegê-lo de ventos fortes, muitas vezes você acaba usando esse produto quando vai para a praia ou para algum evento no durante o dia.

Percebe a diferença? O que muda é a finalidade para qual os óculos serão utilizados. Esse detalhe muda completamente itens como o design, o preço e vários outros fatores sobre o produto.

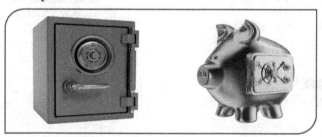

Figura 5 – Canva[7]

Como penúltimo exemplo, decidimos trazer dois cofres. Sim, aparentemente a única diferença entre eles é o design. O da esquerda é um modelo comum, sendo apenas um cubo oco com um mecanismo para você inserir sua senha na parte frontal. Já o da direita, vemos que tem um formato de porco, com um modelo de segurança diferente do comum.

A diferença de um para o outro é o desenho que foi utilizado como molde para sua construção. Ambos são feitos com finalidade de proteger seu dinheiro, e a verdade é que já encontramos os dois tipos como decoração de casas.

---

6. Imagens disponíveis no Canva Pro. Respectivamente: Billion Photos e OlegMalyshev de Getty Images.
7. Imagens disponíveis no Canva Pro. Respectivamente: ktsimage de Getty Images e Texelart.

Qual a sua preferência, qual o objetivo que você pretende atingir com o cofre?

Se você é um adulto, que somente busca guardar alguns dólares escondidos longe de olhos curiosos, provavelmente vai escolher o da esquerda e guardá-lo dentro de um armário ou atrás de um quadro. Se você é um adolescente procurando um presente para seu melhor amigo, ou uma criança buscando um local para guardar sua mesada, talvez escolha o com formato de porquinho.

Ou seja, para decidir qual deles você vai comprar, precisa decidir qual a "tarefa" você quer que o produto cumpra.

Mas, o que isso tudo tem a ver com os documentos jurídicos?

É agora que chegamos a nosso último exemplo. Para fins ilustrativos, vamos utilizar dois contratos de honorários, um comum e outro com aplicação de elementos do Legal Design.

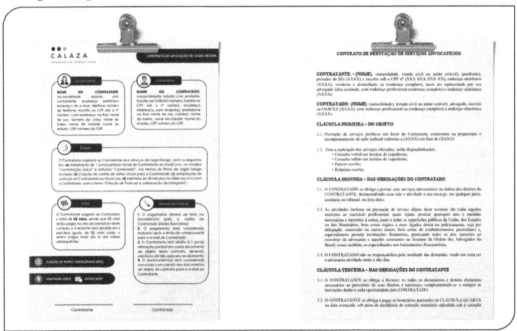

Figura 6 – Contratos de honorários

Ambos os documentos acima são contratos feitos por advogados para seus clientes, demonstrando o preço que vão cobrar pela prestação de determinado serviço. Se eles têm a mesma natureza – contrato de honorários – como podem ter aparências tão diferentes?

Ao observar o documento da direita, você percebe que ele é bem comum. Possui a única função de instrumentalizar a cobrança dos serviços, protegendo ambas as partes do contrato. Não possui "tarefas" que vão além disso.

Já o da esquerda é completamente diferente. Ele foi criado para que qualquer pessoa consiga ler e entender. Aplicando as técnicas do Legal Design, o advogado buscou construir algo que fosse "entendível" para qualquer pessoa, inclusive alguém juridicamente leigo. Sua função é proporcionar uma leitura clara de todas as estipulações contratuais, facilitando a experiência do leitor perante àquele documento.

4. *JOBS TO BE DONE* E O LEGAL DESIGN

Agora que você já entendeu o conceito do JTBD e como sua aplicação muda completamente o modo que enxergamos os produtos do mercado, vamos te ensinar como essa técnica pode transformar seus documentos jurídicos.

A verdade é que ela serve para qualquer tipo de escrita, não exclusivamente a jurídica. Você precisa entender qual a finalidade daquilo que está escrevendo, seja um folclore, um livro ensinando técnicas de vendas ou a história de um país. O que você pretende alcançar escrevendo sobre o tema?

Antes de começar a escrever, você precisa responder algumas perguntas:

- Para quem você está escrevendo?
- O que você está escrevendo?
- Qual a sua finalidade?
- O que você pretende alcançar?
- O que significa sucesso e fracasso nos resultados?

Tendo em mente essas respostas, você conseguirá escrever um documento objetivo e completo.

Parece abstrato? Vamos ver alguns exemplos na prática.

Exemplo 1

Documento: Contrato de honorário.

Leitor: Senhor de 70 anos.

Tarefa: Facilitar a leitura do documento.

Ao se deparar com o desafio de facilitar o entendimento de um documento após ter lido um livro de Legal Design, surge à mente quase de forma automática o emprego de elementos do Visual Law. Mas, antes disso, vamos dar um passo para trás.

Será que o uso de fluxogramas, ícones e cores diferenciadas vai ajudar esse senhor a entender o conteúdo do documento, ou será que vai confundi-lo ainda mais?

A "tarefa" aqui não é deixar o documento mais bonito e sim facilitar a informação para o destinatário.

Um dos primeiros termos que trabalhamos ao abordar o Legal Design é a empatia, ou seja, o ato de se colocar no lugar do outro. Seguindo essa premissa, adotando o ponto de vista de um senhor com mais de 70 anos, será que uma peça mais entendível não deveria ser mais sóbria? Por que ao invés de tentar inserir elementos gráficos, que podem inclusive confundir o leitor, não trabalhamos em cima da tipografia e espaçamento?

As pessoas dessa idade costumam enfrentar maiores dificuldades ao ler textos com letras pequenas e informações muito agrupadas. Então uma solução interessante para cumprir a tarefa, poderia ser a criação de um documento objetivo, com linguagem coloquial, um espaçamento mais avantajado entre as informações e uma tipografia maior.

Exemplo 2

Documento: Petição inicial.

Leitor: Juiz de Direito.

Tarefa: Buscar um resultado mais rápido do processo.

A maioria das pessoas que procuram um advogado para entrar com um processo, desejam um resultado rápido. Entretanto, muitos causídicos acabam tomando ações que vão no sentido contrário a este fim, fazendo com que o processo se arraste por longos anos

Mas então o advogado não liga para o cliente? Ele não se importa com a duração do processo?

Nada disso!

O que acontece é que, muitas vezes, na hora de escrever as petições, eles não se fazem as cinco perguntas do JTBD, fazendo o documento perder o foco na sua "tarefa".

Pense no dia a dia de um juiz. Imagine a quantidade de processos a serem julgados diariamente. Você concorda que quanto maiores e mais subjetivas as petições, maior o tempo que ele vai gastar para interpretar cada uma?

Então, como podemos facilitar a informação para que ele consiga ler e interpretar as informações de forma mais rápida?

Utilize elemento visuais que tornem a informação mais agradável e de fácil compreensão. Fluxogramas, ícones, gráficos, tabelas, tipografia "complexa" (negrito, itálico, sublinhado etc.) são algumas técnicas que você pode utilizar para que seu documento percorra o trâmite processual mais rápido.

Quanto mais conteúdo visual, mais fácil será para o juiz entender seu ponto de vista!

Exemplo 3

Documento: Contrato empresarial.

Leitor: CEO de Startup.

Tarefa: Apresentar um documento alinhado com a proposta da empresa.

Startup é uma empresa jovem com um modelo de negócios repetível e escalável, em um cenário de incertezas e soluções a serem desenvolvidas. Embora não se limite apenas a negócios digitais, uma startup necessita de inovação para não ser considerada uma empresa de modelo tradicional[8].

Ou seja, é uma empresa que foge completamente da gestão arcaica que víamos antigamente. Comumente formada por jovens disruptivos que buscam o dinamismo e acostumados com um estilo de vida que não para nem por um segundo: o digital.

Agora, imagine entregar um contrato de 30 páginas, cheio de letras pequenas, espaçamento mínimo e uma informação totalmente subjetiva para essas pessoas.

Provavelmente eles nem vão ler.

Eles buscam uma informação rápida e facilitada. Se você conseguir, eles querem que você faça um contrato de uma página, com várias imagens, de modo que seja possível bater o olho no documento e identificar o que cada parte dele representa.

Pense em como você pode fazer algo que seja objetivo, ilustrativo e cumprir todas as regras necessárias para a estruturação de um contrato.

---

8. BICUDO, Lucas. *O que é uma startup*. Disponível em: https://www.startse.com/noticia/startups/afinal-o--que-e-uma-startup. Acesso em: 28 jun. 2022.

Você entende a diferença entre os três casos apresentados? Cada um deles possui características específicas, as quais devem ser tratadas de formas diferentes. O usuário final – leitor – é diferente em cada um deles, assim como a sua finalidade. Você precisa ter essas duas respostas antes de escrever qualquer documento: qual "tarefa" você pretende realizar com essa escrita e quem vai ler?

5. RECAPITULANDO

Nesse capítulo você aprendeu que a teoria do *Jobs To Be Done* nos mostra qual a tarefa final de cada produto e serviço que compramos. As pessoas compram esperando a realização de uma tarefa específica e, enquanto produtos vem e vão, as tarefas que eles precisam realizar sempre permanecem[9].

> "As pessoas não querem uma furadeira de ¼ de polegada. Elas querem um buraco de ¼ de polegada" – Theodore Levitt.

A origem dessa teoria se deu quando Anthony Ulwick, tentou responder a seguinte pergunta: como identificar as métricas que os consumidores usam para julgar o valor dos produtos ou serviços?[10]

Depois de décadas tentando responder está pergunta utilizando técnicas já conhecidas e falhando constantemente, ele decidiu criar seu próprio processo, conhecido como *Outcome-Driven Innovation* (ODI) (em português: Inovação Dirigida ao Resultado). Utilizando sua nova estratégia, ele conseguiu resultados positivos e escreveu seu livro: *What Customers Want*[11], onde o autor começa a trabalhar termos como "tarefas" que as compras deveriam realizar.

Posteriormente o professor Clayton Christensen formulou o JTBD com base nesse livro, onde o autor pregava que o foco da abordagem ODI era o processo que o consumidor estava tentando executar; ou, como ele veio a chamar, o trabalho a realizar.

Em seguida te mostramos alguns exemplos práticos que representam a importância de entender a "tarefa" final do que você vende. Quando um celular não serve para fazer ligações? Quais tarefas um cofre pode ter, além de guardar dinheiro? Óculos são apenas um utensílio de proteção?

Além de produtos mais banais, trouxemos um exemplo prático com aplicação de Legal Design, mostrando a diferença entre um documento que utiliza a técnica

---

9. CHRISTENSEN, Clayton. *The Inonovator's Dilema*: The revolutionary book that will change the way you do business. Harvard Business Review Press, 2016.

10. *Introdução à teoria Jobs-To-Be-Done*, Disponível em: https://v4company.com/introducao-a-teoria-jobs-to-be-done/#:~:text=Steve%20Jobs%2C%20em%20sua%20biografia,os%20consumidores%20a%20terem%20abandonado. Acesso em: 28 jun. 2022.

11. ULWICK, Anthony. *What customers want*: Using Outcome-Driven Innovation to Create Breakthrough Products and Services. McGraw-Hill Companies, 2005.

e um que não o faz. Sendo que, quando utilizamos alguns elementos e destacamos algumas informações de formas diferentes, nosso produto deixa de ser apenas uma reprodução da lei e passa a ser algo informativo e atrativo para o leitor.

Por último, mas não menos importante, mostramos como funciona a aplicação do JTBD no Legal Design e como ele vai te ajudar na transformação de seus documentos em algo mais objetivo e focado no leitor final. Para isso, você precisa aplicar as cinco perguntas que te mostramos e, antes de começar a escrever, é necessário ter todas as respostas em mãos, para que sua escrita atinja sua tarefa.

6. REFERÊNCIAS

BICUDO, Lucas. *O que é uma startup*. Disponível em: https://www.startse.com/noticia/startups/afinal-o--que-e-uma-startup. Acesso em: 28 jun. 2022.

BLOG DA ARIVO. *Milk-shakes e inovação: usando Jobs-to-be-done para melhorar seus produtos*. Disponível em: https://arivo.com.br/blog/blog/2015/05/26/milk-shakes-e-inovacao-usando-jobs-to-be-done--para-melhorar-seus-produtos/#:~:text=A%20teoria%20conhecida%20por%20jobs,que%20ele%20quer%20ver%20feito. Acesso em: 28 jun. 2022.

CHRISTENSEN, Clayton. *The Inonovator's Dilema*: The revolutionary book that will change the way you do business. Harvard Business Review Press, 2016.

TUCUNDUVA, Rodrigo. *Como Harvard vende?* Disponível em: https://blog.lahar.com.br/vendas/como--harvard-vende/. Acesso em: 28 jun. 2022.

ULWICK, Tony. *Jobs-To-Be-Done*: A Framework for Customer Needs. Disponível em: https://jobs-to-be-done.com/jobs-to-be-done-a-framework-for-customer-needs-c883cbf61c90. Acesso em: 28 jun. 2022.

ULWICK, Anthony. *What customers want*: Using Outcome-Driven Innovation to Create Breakthrough Products and Services. McGraw-Hill Companies, 2005.

V4 Blog. *Introdução à teoria Jobs-To-Be-Done*, Disponível em: https://v4company.com/introdu-cao-a-teoria-jobs-to-be-done/#:~:text=Steve%20Jobs%2C%20em%20sua%20biografia,os%20consumidores%20a%20terem%20abandonado. Acesso em: 28 jun. 2022.

21 LAB DE INOVAÇÃO: PRATICANDO A METODOLOGIA DO LEGAL DESIGN E APLICANDO NO ENSINO JURÍDICO

Chrys Kathleen

Advogada e Legal Designer, Monitora em Legal Design no LAB Inova FDSBC, Vice-presidente da Comissão de Direito Digital e *Compliance* da OAB SBC, Graduada em Direito pela FDSBC, Especialista em Direito Civil e Processo Civil pela UEL, Especialista em *Compliance* pela PUC-SP, com formação executiva em Direito Digital pela FAAP e em *Design Thinking* pelo IED SP.

Daniela Pacheco

Advogada, graduada pela FDSBC – Faculdade de Direito de São Bernardo do Campo, com especialização em Direito e Processo do Trabalho pela Universidade Presbiteriana Mackenzie e MBA em Gestão Estratégica na Advocacia pela Escola Paulista de Direito. É monitora do LAB de Inovações da Faculdade de Direito de São Bernardo do Campo, no Núcleo de Data Science e *podcaster* no LabSquad. Participou do Comitê de Direito Digital do CESA, e atualmente é membro do Comitê de Gestão em Escritórios e, também, de Direito Digital da Subseção da OAB/Jabaquara de São Paulo. Desde 2009 trabalha na área de controladoria jurídica em escritórios de advocacia e departamentos jurídicos, desenvolvendo e pensando na inovação e tecnologia aplicada à gestão dos negócios.

Heloísa Barci

Advogada e UX-Legal Designer, Monitora em Legal Design no LAB Inova FDSBC. Graduada em Direito pela FDSBC, Especialista em Direito Digital e *Compliance* pelo Damásio Educacional, com formação executiva em UX Design pela Mergo User Experience, e Vice-presidente da Comissão dos Juizados Especiais da OAB/SBC.

https://youtu.be/yzv9L4P28Mc

Sumário: 1. Introdução. 2. A evolução histórica do ensino jurídico no Brasil. 3. Os anseios do ensino jurídico brasileiro. 4. Ideação do LAB – Laboratório de Inovação da Faculdade de Direito de São Bernardo do Campo. 4.1. Os núcleos. 4.2. Aplicando dados e superando os desafios. 4.3. Legal design – redesenhando o futuro. 4.4. Novas percepções para os estudantes – aplicações de novas práticas no ensino jurídico. 5. *Design Thinking* como facilitador de acesso à justiça gratuita. 5.1. Resumo visual das etapas do *design thinking*. 5.2. Empatia. 5.3. Definição. 5.4. Ideação. 5.5. Prototipagem. 5.6. Testando e validando o projeto. 6. Os impactos positivos da aplicação do legal design – fortalecimento da comunidade/coletivo. 7. Considerações finais. 8. Referências.

1. INTRODUÇÃO

Começamos este estudo com a afirmação de que o Direito é uma disciplina que não se esgota em si, mas que de alguma forma acaba sendo afetada ao longo do tempo pelos aspectos regionais, culturais, sociais e políticos. Aprendemos isso na faculdade, além de discutir os aspectos sociológicos, filosóficos e hermenêuticos da ciência jurídica.

Por outro lado, compreender a aplicação da norma fundamental e seus sujeitos, não é uma tarefa fácil, nem mesmo para seu maior interlocutor – Hans Kelsen[1] – que provavelmente, deve ter sido um entusiasta do Legal Design, ao desenhar sua pirâmide na obra *Teoria Pura do Direito*[2].

No entanto, nosso objetivo não é falar de Kelsen, nem aprofundarmos nas teorias da ciência e filosofia jurídica, mas sim compreender os caminhos da evolução do Direito, e ainda, de que forma somos afetados por isso em nossas Faculdades e Universidades atualmente.

Ao longo dessa jornada, entre compreender a ciência jurídica e aplicar a norma, não podemos negar que esbarramos em diversos critérios, já mencionados acima. Tais elementos, responsáveis pela evolução das leis, em dado momento podem causar um afastamento entre o Direito e seu sujeito. Em outras palavras, aos poucos o que ocorre é um desequilíbrio natural da solução jurídica, causando mais conflitos e menos resultados. Basicamente, deixamos de operacionalizar as leis com foco na moral e razoabilidade, deixando de olhar para o outro. Basta pensarmos no aumento dos processos, no número de advogados e na falta de acesso à justiça – simplesmente a conta não fecha.

E até aqui, você deve se perguntar: mas o que tudo isso tem a ver com Legal Design?

---

1. Foi um dos produtores literários mais profícuos de seu tempo, tendo publicado cerca de quatrocentos livros e artigos, com destaque para a Teoria Pura do Direito (*Reine Rechtslehre*) pela difusão e influência alcançada. De acordo com sua teoria, o Direito é uma ordem de conduta humana, isto é, um conjunto de normas que forma um sistema.
2. KELSEN, Hans. *Teoria Pura do Direito*. 1939. São Paulo, Saraiva & Cia – Editores.

Tudo! Mas antes de irmos em frente, vamos entender como foi possível chegar até essa identificação ou solução. E, para isso, nos cabe explicar brevemente o que é Legal Design. Essa matéria ou ciência tão disruptiva que vem sendo abordada nos últimos anos, e busca solucionar os conflitos no âmbito jurídico de forma estratégica, *com foco na empatia e no ser humano.*

Nas palavras de Margaret Hagan, uma das principais referências no assunto atualmente, nos ensina que:

> Legal design é uma proposta inovadora: olhar o sistema legal a partir dos seres humanos, entender as questões dos sistemas e buscar soluções criativas para melhorá-lo. Significa priorizar os usuários do sistema legal – tanto os que estão excluídos e precisam resolver seus problemas quantos os profissionais que trabalham dentro dele. A perspectiva do Legal design faz com que possamos falar com essas pessoas, cocriar e testar com elas – e gerar algo que efetivamente resolva problemas da forma mais útil, usável e capaz de gerar engajamento. Legal design ajuda a fazer pequenas mudanças em grandes processos. Você pode usá-lo para aprimorar documentos legais, produtos, serviços, políticas ou organizações. Utilizar estratégias criativas centradas no ser humano para encontrar maneiras de servir melhor as pessoas.[3]

Diante disso, começamos a compreender que o usuário/cliente é o centro do processo de Legal Design e para que ele seja concluído, são elaboradas algumas etapas. Entre elas: a imersão, a análise, a ideação, a prototipagem/testagem e a implementação. Cada uma destas etapas terá o objetivo de identificar, colaborar, experimentar e solucionar o problema/dor do cliente. Por isso dizemos que essas ferramentas entregam uma solução com qualidade, de forma colaborativa e empática

Se o objetivo é ter empatia e clareza, tornando os problemas jurídicos facilmente compreendidos, vemos nascer uma subárea do Legal Design, chamada Visual Law. Da mesma forma, o objetivo é facilitar o acesso à informação e construir a conexão entre todas as partes, sejam elas usuárias/clientes (e isso veremos mais à frente como funciona), para que todas tenham completo entendimento da função e caminhos do processo. Mais que isso, que elas participem e sintam-se acolhidas. Por isso, que nesse momento a usabilidade de Visual Law, afasta o "juridiquês" e torna o processo, de fato, acessível a todos.

Mas talvez, você possa aqui afirmar que como operador do Direito já faça isso, que sua principal missão seja a solução dos conflitos e já faça parte da sua rotina tratar seus processos e clientes de forma mais simplificada. Por outro lado, talvez você seja ainda estudante e possa se perguntar para que serviria tudo isso em sua formação, sendo que você pretende trilhar outros caminhos em sua carreira. Pois bem, nosso objetivo é justamente demonstrar como a relação do Legal Design e do Visual Law, podem colaborar com nossa formação acadêmica. E vamos além: demonstraremos, também, através dos dados e aspectos práticos, porque podemos e precisamos melhorar nossa visão, com foco na empatia e sem nos esquecer do brilhantismo de ser e dever o Direito.

Vamos juntos, criar...

---

3. HAGAN, Margaret. Disponível em: http://www.margarethagan.com/. Acesso em: 28 jun. 2022.

2. A EVOLUÇÃO HISTÓRICA DO ENSINO JURÍDICO NO BRASIL

A evolução histórica do ensino jurídico no Brasil pode ser dividida em três fases distintas, atreladas às mudanças na adoção de modelos de Estado, quais sejam os modelos de Estado Liberal, Social e Neoliberal, que ocorreram no desenrolar de nossa história[4].

A primeira delas iniciou-se no desenvolvimento do modelo liberal no Brasil Imperial. Já a segunda teve início na República Nova, tendo o seu fim na era dos governos autoritários. Por fim, terceira fase iniciou-se com a promulgação da Constituição Federal de 1988, com o advento da Portaria n. 1.886/94 do MEC e com o surgimento de um paradigma de Estado Neoliberal pelos Governos a partir da década de 1990, momento do qual nos encontramos atualmente.

Atualmente, muitos docentes questionam uma possível crise no ensino jurídico brasileiro; haja vista que estamos passando por um momento de transição em que o velho paradigma não se enquadra mais às necessidades da sociedade, o fato é que precisamos mudar essa realidade na prática.

3. OS ANSEIOS DO ENSINO JURÍDICO BRASILEIRO

Há cerca de 30 anos atrás os estudantes de Direito estudavam basicamente com o uso de livros e enciclopédias. Afinal, não tinham o acesso à internet como temos nos dias de hoje, em verdade, era muita leitura e pesquisa dentro das bibliotecas.

---

4. MARTINEZ, Sérgio Rodrigo. *A evolução do ensino jurídico no Brasil*. Disponível em: http://www.egov.ufsc.br/portal/sites/default/files/anexos/29074-29092-1-PB.pdf. Acesso em: 28 jun. 2022, p. 2.

O acesso à informação foi facilitado com o salto quântico do surgimento da internet e, com isso, modificando totalmente a maneira pela qual os atuais estudantes escolhem obter o aprendizado. Nesse sentido, quando pensamos em um mundo onde a inteligência artificial ganha o seu destaque, não devemos ficar assustados enquanto seres humanos que somos, pois todo esse avanço tecnológico traz melhorias para um novo modelo de aprendizagem.

Aqueles que relutam contra as inovações no ensino jurídico temem por um meio acadêmico imediatista, em que o aluno se disperse das leituras e pesquisas, e fique tão somente em discussões rasas baseadas em apostilas, resumos ou meros slides.

Entretanto, o que precisa ficar bem claro, é que a figura do professor clássico no Direito não vai desaparecer, é preciso ter conteúdo, progresso de ensino com qualidade, uma simples pesquisa em sites de busca não substitui horas a fio de pesquisa nos livros, que podem muito bem serem ebooks, até porque a tecnologia vem para propiciar uma melhora no aprendizado dos alunos.

Ensinar o Direito é fazer pensar e questionar, e isso está na base teórica: o curso demanda teoria, graduar-se é buscar nas fontes, não somente uma educação apostilada, isso não é ensino, o professor é – e sempre será – essencial.

A bem da verdade, o Direito é uma ciência dialógica, há muito tempo se faz necessário pensar fora da caixa, podemos até dar soluções racionais e básicas, mas sempre haverá um caso que foge da regra, do qual o ser humano terá plena capacidade de solucionar por meios próprios ou por meio de uma máquina.

É preciso rever as nossas grades curriculares, repensar o modo como ensinamos os novos profissionais, que não são mais generalistas como antigamente, mas sim especializados em um determinado segmento, devemos trabalhar com a ideia de que o conhecimento compartimentado seja o novo modelo de ensino.

Podemos observar que o operador do Direito é um reflexo da sociedade atual, é preciso que este profissional esteja preparado com um mínimo de conhecimento básico sobre as diversas áreas do saber, além do conhecimento especializado em sua área de atuação, voltando-se para a interdisciplinaridade de conteúdos.

De fato, estudar Direito atualmente é saber sobre economia, empreendedorismo, inovação, política, tecnologia e, principalmente, sobre pessoas e justiça social e. dessa forma, é preciso que haja discussões e debates no âmbito universitário acerca da grade curricular, do planejamento pedagógico, da estrutura e dos métodos utilizados para o ensino jurídico.

A inclusão de novas matérias jamais vistas no curso de Direito, como o Legal Design, será uma realidade muito próxima dentro das salas de aula.

4. IDEAÇÃO DO LAB – LABORATÓRIO DE INOVAÇÃO DA FACULDADE DE DIREITO DE SÃO BERNARDO DO CAMPO

Toda ideia parte da inquietude de movimentar-se, abrir a "caixa de pandora[5]" e não somente observar seu conteúdo e guardá-lo para si, mas compartilhar e trazer à existência aquilo que ainda não existe. Assim começou a se formar o LAB de Inovação da Faculdade de Direito de São Bernardo[6] do Campo. Mais do que sair da chamada "zona de conforto", era preciso buscar novos mundos. No final de 2019, iniciou-se a seleção dos monitores. Ruy Coppola Jr, professor, coordenador e ex-aluno da FDSBC, já havia feito cursos voltados para proteção de dados, ciências de dados e, também, Legal Design.

A ideia era criar um laboratório onde fosse possível fomentar conteúdos e estudos livres, da mesma forma que Ruy havia visto em outras Universidades.

O LAB de Inovação começou a ganhar espaço e teve muita notoriedade desde a sua divulgação para a captação de monitores, o que foi uma grande surpresa para o coordenador do projeto. A Faculdade, situada no Grande ABC, recebeu cerca de 60 inscritos para preencher sete vagas dos três núcleos criados. Feita a seleção, foi iniciado o desenvolvimento dos núcleos e seleção dos alunos da própria faculdade, um imenso desafio para um ano de pandemia.

4.1. Os núcleos

Os núcleos foram criados e desenvolvidos a partir não só da necessidade da Faculdade, mas também da visão daquilo que vivemos na atualidade. Com isso, para o ano de 2020 foram criados três núcleos:

a) Proteção de dados – PD

b) Legal design – LD

c) Data Science – DS.

Cada núcleo foi abraçado pela monitoria de ex-alunos da FDSBC, tendo sido selecionados alunos do 1º ao 5º ano para compor cada projeto, de acordo com o perfil e interesse. A princípio, os projetos foram definidos por discussões e ideações entre o coordenador e os monitores, mas isso foi criando novas dimensões, na medida que as dores passaram a ser conhecidas e reconhecidas por todos. Ou seja, aplicamos o binômio "necessidade x possibilidade" para implementar cada projeto e inovar em cada tomada de decisão.

Uma prova disso foi no Núcleo de PD. Sabíamos da corrida para implementar as novas regras previstas pela Lei Geral de Proteção de Dados[7], que passou a vigorar

---

5. Objeto que faz parte da mitologia grega, onde os deuses colocaram todas as desgraças do mundo, como a guerra, a discórdia e as doenças. Saiba mais em: https://www.todamateria.com.br/caixa-de-pandora/. Acesso em: 28 jun. 2022.

6. Saiba mais em: https://www.direitosbc.br/nucleo-de-inovacao. Acesso em: 28 jun. 2022.

7. BRASIL. Presidência da República. *Lei Geral de Proteção de Dados (LGPD)*. Lei nº 13.709, de 14 de agosto de 2018. Disponível em: http://www.planalto.gov.br/ccivil_03/_ato2015-2018/2018/lei/l13709.htm. Acesso em: 28 jun. 2022.

no ano de 2020, e enxergamos a necessidade de implementá-lo, também, em nossa instituição. Com isso, iniciamos o estudo da lei em conjunto com os alunos, realizamos a identificação dos dados, examinamos os efeitos legais, foram trazidos convidados expert no tema para dar aulas sobre o assunto e, por fim, começamos as diretrizes e mapeamentos necessários para colocar em prática tudo o que havíamos visto e feito durante o ano. Um desafio gigantesco para um grupo de alunos e monitores.

Da mesma forma, o time de DS enxergou potencial no saneamento dos processos da Faculdade. Uma vez que a instituição oferece serviços para a comunidade local, além de possuir seu próprio jurídico interno, os monitores levantaram uma gama de oportunidades e estudos por meio do acesso aos dados jurídicos. Com isso, foram iniciados estudos de jurimetria e volumetria, para compreender de que maneira os processos, partes e juízes estavam se comportando. Também tivemos a oportunidade de levar convidados, ter contato com sistemas parceiros e experimentar diversas ferramentas. Os alunos produziram muito e trabalharam com ideias e criatividades geniais. Os resultados foram impressionantes e os alunos entregaram apresentações em *BI*[8], com propostas e insights muito produtivos.

Por fim, na mesma toada, buscando oportunidades e levando desenvolvimento com foco na necessidade da comunidade acadêmica local, o Núcleo de Legal design inovou muito além do conhecimento teórico. Além dos conceitos trazidos e aplicados, desenvolvemos questões de fato importantes, as quais exploraremos neste capítulo.

A ideia era conseguir entender as reais necessidades dos postos de atendimento da assistência jurídica, seu usuário e o acesso, ou seja, Legal Design PURO! Para isso, os alunos construíram todas as etapas e elas serão demonstradas mais à frente neste artigo.

Sabemos e defendemos a importância de olhar para o outro, refletir e compartilhar da essência do pensamento e visão daquilo que somos e temos, e o Legal Design nos prepara para isso. O LAB de Inovação da FDSBC nos conectou num ano de afastamento[9] e produziu, inovou e levantou o olhar dos alunos, ex-alunos, funcionários, parceiros e muitas outras pessoas que se conectaram a essa ideia conosco.

4.2. Aplicando dados e superando os desafios

Quando pensamos na aplicação dos dados, precisamos primeiro nos perguntar: o que são dados?

Dados são todas as observações documentadas ou aquelas que podem ser o resultado de uma medição. Todos nós temos nossos dados cadastrados em algum lugar,

---

8. *Business Inteligence.* É basicamente uma forma de agrupar e explorar informações, de modo a descobrir vantagens para o seu negócio. Saiba mais em: https://www.siteware.com.br/gestao-estrategica/o-que-e-bi--business-intelligence/#O_que_e_BI_Business_Intelligence. Acesso em: 28 jun. 2022.
9. Ano de início da pandemia causada pela doença COVID-19. Saiba mais em: https://covid.saude.gov.br/. Acesso em: 28 jun. 2022.

num banco de informações, Tribunal, entre outros locais. Isso gera disponibilidade e acesso, só é preciso criar uma ferramenta para captura dessas informações e saber trabalhar com elas.

E para que trabalhamos e queremos trabalhar com isso? Para que tenhamos direcionamento e assertividade na tomada de decisões e, mais do que isso, possamos melhorar o atendimento e escolher de que forma nos posicionamos para nossos clientes. Por exemplo: preciso identificar o atendimento x número de processos, para compreender as falhas dos fluxos e poder melhorar a prestação de serviço

É possível alcançar essa conquista através do "casamento" entre o Legal Design e o *Data Science*[10]. No primeiro, fazemos todas as etapas para a estruturação e mapeamento das personas, clientes e etc. Já no segundo, vamos capturar todos os dados, e esse volume de informações poderá confrontar diretamente as conclusões trazidas pelo resultado de Legal Design. Com isso, poderemos, no exemplo dito acima, hipoteticamente, saber por que o atendimento está bom ou ruim e, ainda, se há mais ou menos processos em determinados locais, entre tantas outras possibilidades de ações e pesquisas.

O importante é que, com isso, é possível melhorar a acessibilidade, comunicação e entendimento do serviço, surgindo novas ideias e formas de enxergar o trabalho e seus processos/pessoas.

Esse é o objetivo que pretendemos alcançar ao trabalhar nos projetos do LAB de Inovação: propor ações além do estudo e vivenciar de dentro para fora as possibilidades de melhoria, criação e desenvolvimento.

4.3. Legal design – redesenhando o futuro

A missão do time de Legal Design do Núcleo de Inovação da FDSBC é treinar os estudantes de direito e apresentá-los às novas metodologias ágeis e do *design thinking*, com projetos *hands on*[11], isto, para auxiliar no desenvolvimento de uma mudança de cultura e instigar a criatividade na sua vida profissional.

O núcleo facilita o desenvolvimento de novos modelos de serviços jurídicos, visando serviços e produtos mais humanizados, acessíveis, descomplicados e sem juridiquês. Além disso, promove a pesquisa na área da inovação e novas tecnologias, para que se possa redesenhar a maneira de aprender, ensinar e praticar a atividade jurídica.

---

10. Estudo dos dados e informações acerca de um negócio. Saiba mais em: https://www.cetax.com.br/blog/data-science/. Acesso em: 28 jun. 2022.
11. O termo significa, basicamente, "colocar as mãos na massa". Saiba mais em: https://www.roberthalf.com.br/blog/carreira/voce-e-hands. Acesso em: 28 jun. 2022.

4.4. Novas percepções para os estudantes – aplicações de novas práticas no ensino jurídico

Como provavelmente você já sabe, o Legal Design, apesar de usar aplicações do design, não se trata apenas de uma técnica, mas sim de uma nova forma de pensar o Direito, sendo, portanto, uma mudança de cultura. Dessa forma, o primeiro passo deve partir de dentro de cada indivíduo em particular, que terá uma visão de dentro para fora.

Sendo assim, por meio da utilização da metodologia do design e com esta nova mentalidade, é possível transformar e inovar o exercício da atividade jurídica em geral.

Mas será que essa transformação ocorre somente no exercício da atividade jurídica? Ou será que podemos incluí-las desde o início no ensino jurídico?

Margaret Hagan[12], pioneira do Legal Design no mundo, foi uma crítica das abordagens do ensino jurídico convencional, e assim começou a desenvolver novas ferramentas capazes de tornar a justiça mais acessível e inovadora com essa técnica. Vejamos, o que a motivou para a criação do Legal Design foi exatamente a necessidade de transformação que observou dentro do ensino jurídico, demonstrando que novas abordagens em uma instituição de educação seria o passo primordial para fazer a diferença.

Para acompanharmos esta constante transformação, nada mais justo do que incentivarmos essa mudança desde o início dos estudos dos operadores do direito.

A inovação e a tecnologia são grandes aliadas e reservam grandes oportunidades de otimização de tempo, aumento de produtividade e instigação da criatividade. Além disso, quando bem utilizadas, auxiliam nos tribunais, departamentos jurídicos e escritórios de advocacia, principalmente no que tange o acesso à justiça.

Por essa razão, mais do que nunca, as instituições de ensino estão buscando se adequar a esta nova era, integrando em suas grades curriculares novas metodologias e matérias, incluindo ainda a integração de áreas multidisciplinares no ensino jurídico.

E este é o grande diferencial do aluno que passa por estas transformações dentro do ensino jurídico, uma vez que ele se desenvolve em contato com novos desafios e novas matérias, sendo elas design, programação, ciência dos dados, tecnologia da informação e empreendedorismo, o que vai totalmente ao encontro da necessidade do mercado, que carece de profissionais qualificados para tratar destes diversos assuntos dentro do mundo jurídico 4.0.

5. *DESIGN THINKING* COMO FACILITADOR DE ACESSO À JUSTIÇA GRATUITA

Talvez você já tenha escutado falar do *Design Thinking*, um método de resolução de problemas muito utilizado pelos designers e, também, pelos *legal designers*[13]. O

---

12. HAGAN, Margareth. *Law by design*. Disponível em: https://www.lawbydesign.co/. Acesso em: 28 jun. 2022.
13. Pessoas que utilizam/aplicam o Legal Design na prática.

seu processo consiste em cinco etapas, sendo elas: empatia, definição do público, surgimento de ideias, prototipação e teste (usabilidade). Esta metodologia se pauta na pesquisa das necessidades, desejos e limitações dos usuários para encontrar o problema e buscar uma solução.

O time de Legal Design do Núcleo de Inovação (LAB de Inovação) da Faculdade de Direito de São Bernardo do Campo (FDSBC)[14], vem desenvolvendo o seu projeto com o escopo de facilitar o acesso à justiça aos munícipes de São Bernardo do Campo.

A FDSBC, há muitos anos, possui um projeto social com a sua Assistência Jurídica Gratuita (AJG)[15]. Contando com cinco postos de atendimento, ela atua nas mais diversas áreas do direito, como: cível, consumidor, família, criminal, trabalhista, entre outros.

E como o *Design Thinking* pode facilitar o acesso à justiça dos munícipes de São Bernardo do Campo?

Ao iniciarmos o projeto junto ao LAB de Inovação, sabíamos que deveríamos partir das pessoas e de suas experiências com o serviço prestado pela Faculdade, sejam elas positivas ou negativas. Pensando por este lado, para chegarmos às pessoas que gostaríamos de entender, começamos a refletir sobre algumas perguntas, como: quem são os usuários que utilizam a AJG? Quais são as suas maiores dificuldades e dores? Quais são as suas expectativas e objetivos? Por que os usuários precisam de uma solução?

O projeto, assim, nasceu para solucionar as mais diversas barreiras que aparecem no mundo jurídico e no acesso à justiça, utilizando da inserção da inovação jurídica dentro da instituição de ensino, cumulando pesquisa, desenvolvimento de sistemas para melhoria e suporte aos usuários, e ainda, um olhar centrado no ser humano. Além de utilizarmos a tecnologia on-line a nosso favor, fazendo da Internet um ambiente a fim de otimizar o tempo dos usuários que buscam informações para suas questões e seus direitos, também facilita o seu atendimento, direcionando o usuário ao posto adequado para o seu caso concreto.

Todos estes aspectos foram pensados observando alguns conceitos do design, para que fosse criadas novas formas de comunicar as informações jurídicas, com menos juridiquês, e antecipando a solução para os usuários antes que eles pudessem demonstrar suas dúvidas.

Para que tudo isso funcionasse, anteriormente foi preciso estudar e praticar as cinco etapas do processo de *Design Thinking*, as quais falaremos individualmente a seguir.

---

14. Saiba mais sobre a faculdade em: https://www.direitosbc.br/. Acesso em: 28 jun. 2022.
15. Saiba mais em: https://www.direitosbc.br/assistencia-juridica-gratuita/. Acesso em: 28 jun. 2022.

5.1. Resumo visual das etapas do *design thinking*

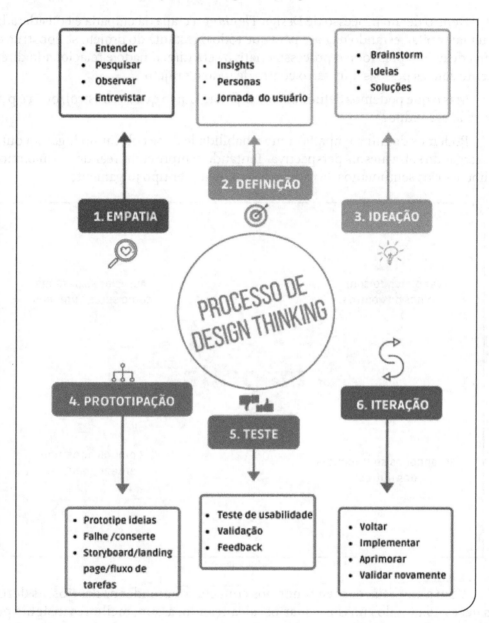

Imagem autoral.

5.2. Empatia

Dentro de um processo de *Design Thinking* a etapa da empatia é considerada o seu maior pilar, estando na base para que todo o restante do projeto se construa em cima dela. Isto pois todo o processo criativo será direcionado e relacionado diretamente com as pessoas, que são o centro de todo o projeto.

Mas o que podemos definir como empatia? É algo que se constrói, ou já é parte de cada indivíduo?

Podemos definir a empatia como a habilidade de se colocar no lugar do outro, enxergando sob a mesma perspectiva. Tentando sempre compreender ao máximo as emoções e os sentimentos de cada um, sem qualquer tipo julgamento.

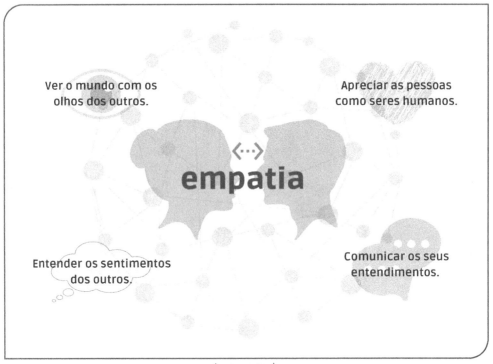

Imagem autoral.

Com a empatia, conseguimos nos conectar e entender os desejos, as dores e as necessidades dos nossos usuários, alcançando, assim, melhores insights para o desenvolvimento do projeto e aprimorando a experiência com os serviços e produtos.

Seguindo esta linha, a primeira etapa do projeto do time de Legal Design do LAB de Inovação foi:

a. Pesquisar e entender o máximo possível sobre a AJG (*desk research*[16]);

b. Observar os usuários e seus comportamentos quando da utilização da AJG;

c. Realizar uma pesquisa com potenciais usuários da AJG por meio de formulário online;

d. Pesquisar como estão dispostas as informações a respeito da AJG, seja fisicamente (por meio de placas, filipetas etc.) ou de forma digital (buscas online, website etc.);

e. Realizar entrevista estruturada (roteiro de entrevista) com os responsáveis pelos postos de atendimento dos usuários para, assim, entender as suas visões a respeito deles, e também verificar as dificuldades e oportunidades de apresentar melhorias aos usuários.

Com os resultados das pesquisas, entrevistas e de toda observação, conseguimos unir os dados, mapear e definir o público que desejávamos, bem como, foi possível entender as motivações, frustrações e mapear a jornada que o usuário realiza para estar em contato com o serviço.

Apesar de algumas pessoas terem uma maior facilidade com essa questão, a empatia, assim como qualquer competência, pode ser desenvolvida e aprimorada em conjunto de exercícios práticos. Algumas ferramentas que ajudam nesta etapa são: *Desk Research*, Mapa da Empatia[17], Matriz CSD[18], e as entrevistas estruturadas.

5.3. Definição

Passada a etapa da empatia, chega o momento de analisar e sintetizar todas as informações coletadas e levantadas na etapa anterior. Neste momento, foi necessário descobrir e mapear os usuários, para então definirmos o problema a ser solucionado.

Durante as entrevistas, anotamos todas as observações relevantes ditas pelos entrevistados, em um tipo de cartão de insight. Dessa forma, foi possível concentrar todas as respostas e facilitar seu levantamento para definir o perfil do usuário.

Além disso, analisamos também o resultado do questionário que foi direcionado aos potenciais usuários da AJG, para então verificarmos qual o seu perfil e quais são os maiores problemas e dificuldades que eles enfrentam ao precisarem ou tentarem utilizar o serviço prestado.

---

16. Também chamado de "pesquisa secundária", este termo remete às pesquisas em que um indivíduo busca e aprende com os resultados dos diversos estudos que fizeram e disponibilizaram. Saiba mais em: http://amyris-fernandez.com/sobre-desk-research. Acesso em: 28 jun. 2022.

17. Material utilizado para traçar a personalidade de seu cliente e compreendê-lo melhor. Saiba mais em: https://resultadosdigitais.com.br/blog/mapa-da-empatia. Acesso em: 28 jun. 2022.

18. Matriz em que são inseridas certezas, suposições e dúvidas para definir onde a equipe deve focar. Saiba mais em: https://gobacklog.com/blog/matriz-csd/. Acesso em: 28 jun. 2022.

Algumas das informações que pudemos verificar dentre as 93 respostas do formulário:

- 40,9% (quarenta vírgula nove por cento) dos usuários possuem de 18-24 anos, seguidos por 18,3% (dezoito vírgula três por cento) na faixa etária dos 41-50 anos;
- 55,9% (cinquenta e cinco vírgula nove por cento) dos usuários utilizam carro ou moto como meio de transporte, e 41,9% (quarenta e um vírgula nove por cento) utilizam ônibus ou trólebus[19];
- 65,6% (sessenta e cinco vírgula seis por cento) sabiam da existência de alguma assistência jurídica gratuita em São Bernardo do Campo, e 34,4% (trinta e quatro vírgula quatro por cento) não tinham conhecimento.

Após verificarmos todas as respostas, passamos todas as informações para uma planilha e então criarmos a nossa *persona*, ou seja, uma pessoa modelo de nosso projeto.

A *persona* será uma pessoa com nome e características falsas, criadas por nós, porém, com informações retiradas das entrevistas e pesquisas realizadas com usuários reais. A *persona* deve representar tudo aquilo que precisamos solucionar. Veja um exemplo:

Atividade elaborada pela aluna Luiza Berzlapin do time de Legal Design.

---

19. Modelo de "ônibus elétricos". Veja exemplos em: https://viatrolebus.com.br/. Acesso em: 28 jun. 2022.

Depois de definida a *persona*, o próximo passo foi elaborar uma jornada do usuário. E o que é isso?

A Jornada do Usuário é uma ferramenta que faz o mapeamento de todo o processo de interação do seu usuário com o projeto. Sendo assim, por meio dessa ferramenta, é possível encontrarmos todos os pontos de contato que o usuário possui com o projeto, para que possamos montar uma história na qual ele é o protagonista, e assim passar a enxergar todas as dificuldades que ele possui. A partir disso, começamos a verificar as oportunidades de implementar melhorias e novas soluções.

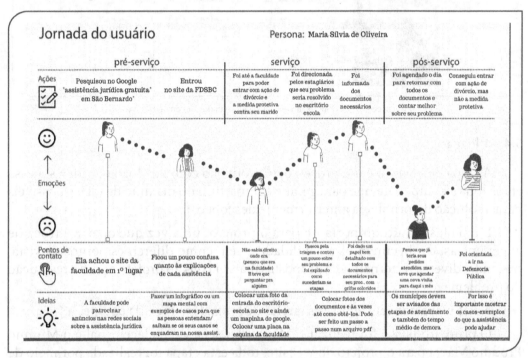

Atividade elaborada pela aluna Luiza Berzlapin do time de Legal Design.

Além de tudo isso, pudemos observar que dentre todas as respostas, grande parte dos potenciais usuários da AJG, sugerem como facilitador de busca do serviço: uma maior divulgação, ou então mais informações sobre o atendimento em mídias sociais/website.

Partindo deste ponto, antes de pensarmos em todas as soluções aplicáveis ao caso, conseguimos definir o nosso problema: encontrar uma forma de levar mais informações sobre o serviço da AJG aos munícipes de São Bernardo do Campo.

E como faríamos isso?

Reformulando o site da Faculdade de Direito de São Bernardo do Campo no que compete a área específica da Assistência Jurídica Gratuita.

Imagem do site da FDSBC da homepage da AJG anterior a reforma do projeto.

5.4. Ideação

A etapa de ideação é um processo de produção compartilhada de ideias, nessa etapa toda a equipe interage para gerar e compartilhar o máximo de ideias possíveis para a solução do problema anteriormente descoberto.

É uma fase muito importante para o projeto, uma vez que ocorre a troca de experiências, conhecimentos e habilidades, bem como diferentes pontos de vista, trazendo, diversas alternativas e propostas mais viáveis ao projeto e para a resolução do problema.

Nesta etapa concentram-se as tarefas de *brainstorming*[20] da equipe.

O primeiro passo foi realizar o MVP[21], ou seja, estabelecer qual é o Mínimo Produto Viável para o projeto do website, toda esta etapa foi realizada por meio de *post-its*, para apenas apresentar um esboço do produto final e verificarmos o encaixe do produto no mercado e a validação da ideia.

Após este passo, a equipe realizou o chamado *briefing* de plano de ação, que consiste em documentar as ideias que possuímos para a realização do projeto.

O objetivo do *briefing* de plano de ação é:

- Saber exatamente o que as pessoas esperam do produto;

---

20. Técnica em que os integrantes se utilizam de uma "tempestade de ideias e sugestões" para buscar soluções para uma questão. Saiba mais em: https://neilpatel.com/br/blog/o-que-e-brainstorming/. Acesso em: 28 jun. 2022.
21. *Minimum Viable Product* ou Produto Viável Mínimo é um conceito que se utiliza do menor esforço e menor quantidades de recursos possíveis para alcançar um resultado. Saiba mais em: https://www.startse.com/noticia/startups/mvp. Acesso em: 28 jun. 2022.

- Conhecer sobre a empresa, seus valores, o que é pretendido para o projeto;
- Todas as ideias estarem devidamente captadas.

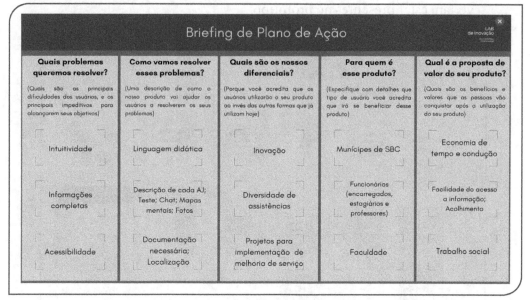

Atividade elaborada pelos alunos do time de Legal Design.

A partir deste documento, identificamos as melhorias que seriam necessárias realizar no website da faculdade, trazendo uma melhor experiência ao usuário.

5.5. Prototipagem

Seguindo com o processo de *Design Thinking*, finalmente chegamos na etapa em que colocamos a "mão na massa" e iniciamos o protótipo do projeto.

Considera-se como protótipo qualquer materialização da ideia, podendo ser feito por meio de papel, papelão, pela utilização de Lego[22] ou até mesmo programas específicos de computador.

A ideia aqui não é ter algo pronto para uso ou um modelo totalmente funcional, pelo contrário, ele serve para criar uma forma e servir de validação. Ou seja, com ele, observamos todos os pontos fortes e fracos, a fim de identificar o mais rápido possível os erros e tomar todas as medidas necessárias para remediá-los. O lema da etapa é: erre cedo para consertar rápido.

---

22. Brinquedos da marca Lego, que consistem principalmente em blocos de montar. Saiba mais em: https://www.lego.com/pt-br/aboutus/lego-group/. Acesso em: 28 jun. 2022.

Para o time de Legal Design do LAB de Inovação foram propostas três atividades:

1. Elaboração de um *task flow* para verificar todas as funcionalidades que deveriam estar presentes no protótipo;

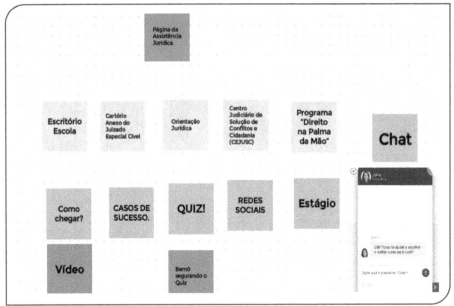

Uma das telas elaboradas do Task Flow pelos alunos do time de Legal Design.

2. A criação de um protótipo de baixa fidelidade, utilizando apenas papel e lápis comum;

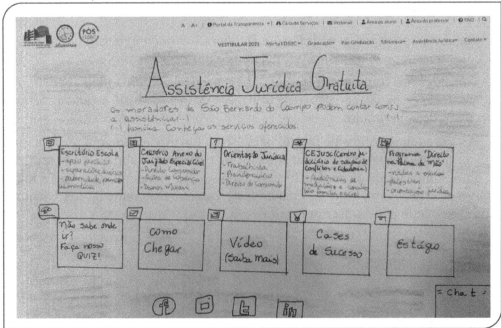

Tela desenhada pela aluna Ana Monteiro do time de Legal Design.

3. Após uma primeira validação com o restante da equipe, fazer a criação do protótipo de média fidelidade navegável por meio de um programa de computador (Canva[23], Marvel[24], Adobe XD[25] ou Figma[26]).

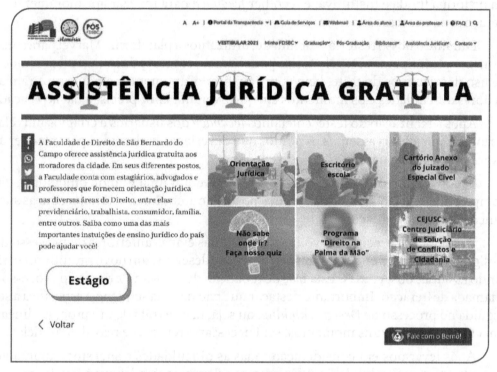

Uma das telas desenhadas do protótipo de média fidelidade pelos alunos do time de Legal Design.

Importante lembrar que, a cada protótipo construído, são realizados testes com usuários reais para validar a ideia e receber feedback para observarmos o que deve ser mantido ou alterado.

5.6. Testando e validando o projeto

Conforme mencionado no item anterior, após a prototipação, a fase que segue é a de teste. Esta etapa basicamente existe para que possamos testar a usabilidade do nosso protótipo com usuários reais que não fizeram parte do desenvolvimento do projeto, podendo estas pessoas conterem as características da *persona* do projeto ou não.

---

23. Plataforma de design gráfico. Saiba mais em: https://www.canva.com/. Acesso em: 28 jun. 2022.
24. Plataforma de design colaborativo e criação de protótipos. Saiba mais em: https://marvelapp.com/. Acesso em: 28 jun. 2022.
25. Ferramenta de design e experiência do usuário para web e aplicativos móveis. Saiba mais em: https://www.adobe.com/br/products/xd.html. Acesso em: 28 jun. 2022.
26. Editor gráfico de vetor e prototipagem de projetos de design. Saiba mais em: https://www.figma.com/. Acesso em: 28 jun. 2022.

Realizando o teste de usabilidade, o time de Legal Design do LAB de Inovação conseguiu compreender as expectativas, percepções e opiniões das pessoas que utilizam e utilizarão o produto/serviço; verificar a se a usabilidade do produto corria de forma fluída e instintiva; e recolher *feedback* para realizar aprimoramentos e iterações no processo.

Durante o nosso teste de usabilidade, utilizamos a plataforma Marvel para construir um protótipo navegável. Assim poderíamos, em tempo real, verificar o modo de uso dos usuários do teste, bem como analisar os momentos em que sentiram as maiores dificuldades e os momentos em que tiveram maior precisão na navegação.

Após a realização do teste, coletamos *feedback* dos usuários e criamos um relatório para que observássemos os pontos que deveriam ser alterados para atender as expectativas dos usuários.

Sendo assim, foi possível notar que eles tiveram uma grande dificuldade em compreender e relacionar os nomes dos postos de atendimento da AJG com as suas funções e áreas de atuação.

Desta forma, precisamos voltar para algumas etapas anteriores do processo do *Design Thinking* para encontrar novas soluções e desenhar um novo protótipo, corrigindo as falhas observadas. Esta fase de repetição de etapas anteriores do processo é chamada de iteração. Importante destacar que não há uma sequência específica a ser seguida no processo de *Design Thinking*, ou seja, não se trata de um processo linear, uma vez que, em alguns momentos, será necessário retornar e reavaliar as ideias.

Após levarmos em consideração todas as dificuldades e sugestões apontadas durante o teste de usabilidade, redesenhamos algumas telas do protótipo. Inserimos no lugar dos nomes dos postos de atendimento, o nome de cada área específica de atendimento, com uma breve descrição (não exaustiva) dos assuntos que poderiam ser resolvidos em cada uma delas.

Uma das telas desenhadas do protótipo de média fidelidade pelos alunos do time de Legal Design.

Vale mencionar que o nosso projeto continua em fase de validação e teste com os usuários e, em breve, poderá ser conferido no website da FDSBC[27].

Lembrem-se: o processo de *Design Thinking* nasce da observação e da pesquisa e se finda e recomeça nos testes de usabilidade, até que o projeto seja integralmente validado e implementado.

6. OS IMPACTOS POSITIVOS DA APLICAÇÃO DO LEGAL DESIGN – FORTALECIMENTO DA COMUNIDADE/COLETIVO

Não é fácil a realidade de muitos munícipes de São Bernardo do Campo. Assim como em diversas outras cidades, a nossa população é carente de serviços assistenciais e sociais.

A grande maioria dos usuários do serviço de Assistência Jurídica Gratuita da Faculdade de Direito de São Bernardo do Campo é composta por pessoas de baixa renda, moradores de bairros periféricos com pouca escolaridade.

O excelente serviço que a faculdade presta há mais de 20 anos já atendeu milhares de munícipes de São Bernardo do Campo. Tal prestação de serviços é notoriamente conhecida na cidade, pois muitos munícipes conhecem alguém que já foi atendido pela nossa assistência. A maioria deles dizem nos conhecer pelo "boca a boca" ou indicação de alguém que já foi atendido por nós.

---

27. Saiba mais em: https://www.direitosbc.br/. Acesso em: 28 jun. 2022.

Contudo, como qualquer outro prestador de serviços, a assistência tem suas falhas de atendimento, como a falta de descritivos específicos com áreas de atuação e os seus locais de atendimento, gerando, muitas das vezes, dificuldades de locomoção dos munícipes para o posto de atendimento correto da nossa assistência jurídica gratuita pelo deve procurar.

Algo que para nós – do mundo jurídico – parece simples, mas que para um munícipe de baixa renda pode comprometer a passagem do seu transporte público e perda de um dia de trabalho, com as idas e vindas desnecessárias.

O núcleo de estudo e pesquisa de Legal Design do LAB de Inovação da FDSBC, ao propor a melhoria da página de assistência jurídica gratuita no site da instituição, promoveu uma página mais acessível e funcional, agilidade no atendimento da população, maior humanização para os usuários do serviço e melhor compreensão acerca da resolução do seu problema jurídico.

Ainda há muito para ser feito, mas demos um "pontapé inicial", pois facilitar a vida das pessoas é ter empatia pelo próximo e seguir sempre priorizando as experiências positivas na utilização de qualquer produto ou serviço.

7. CONSIDERAÇÕES FINAIS

Estamos enfrentando uma quebra de cultura e de paradigmas, não porque o Direito mudou, mas porque o mundo mudou e as ciências jurídicas acompanham as tendências, de modo que acabam sofrendo os reflexos de tudo aquilo que impacta diretamente na sociedade.

A grande diferença é que, desta vez, estamos propondo a discussão diretamente nas salas de aula, nas Faculdades, nas academias, promovendo estudos, artigos, para que haja um aprimoramento, uma integração da vida acadêmica, com as inovações trazidas pelo mundo moderno.

Mais do que isso, estamos analisando as necessidades do aluno, dos escritórios, das empresas e da população. Promovendo esses debates para qualificar os profissionais do futuro e certificar um bom atendimento à sociedade. Sabemos a imensa importância de falarmos a mesma língua, de nos adequarmos, de acompanharmos as tendências e promovermos o encontro dos desiguais. Esse é o maior desafio de uma Faculdade de Direito e este pode ser considerado o maior objetivo do Legal Design.

8. REFERÊNCIAS

ADOBE XD. Disponível em: https://www.adobe.com/br/products/xd.html. Acesso em: 28 jun. 2022.

BASTOS, Aurélio Wander. *Ensino jurídico no Brasil*. 2. ed. Rio de Janeiro: Lumen Juris, 2000.

BRASIL. *Coronavírus*. Disponível em: https://covid.saude.gov.br/. Acesso em: 28 jun. 2022.

BRASIL. Presidência da República. *Lei Geral de Proteção de Dados (LGPD)*. Lei 13.709, de 14 de agosto de 2018. Disponível em: http://www.planalto.gov.br/ccivil_03/_ato2015-2018/2018/lei/l13709.htm. Acesso em: 28 jun. 2022.

CANVA. Disponível em: https://www.canva.com. Acesso em: 28 jun. 2022.

CONSELHO NACIONAL DE JUSTIÇA (CNJ). *Justiça em números*. Disponível em: https://www.cnj.jus.br/pesquisas-judiciarias/justica-em-numeros. Acesso em: 28 jun. 2022.

COTRIM, Gilberto, PARISI, Mário. *Fundamentos da educação*: história e filosofia da educação. São Paulo: Saraiva, 1979.

DANTAS, San Tiago. *A educação jurídica e a crise brasileira*. Revista Forense, Rio de Janeiro, v.159, ano 52, p.449-459, maio/jun. 1955.

FACULDADE DE DIREITO DE SÃO BERNARDO DO CAMPO. Disponível em: https://www.direitosbc.br/. Acesso em: 28 jun. 2022.

FACULDADE DE DIREITO DE SÃO BERNARDO DO CAMPO. *Assistência judiciária gratuita*. Disponível em: https://www.direitosbc.br/assistencia-juridica-gratuita. Acesso em: 28 jun. 2022.

FACULDADE DE DIREITO DE SÃO BERNANDO DO CAMPO. *Lab de inovação*. Disponível em: https://www.direitosbc.br/nucleo-de-inovacao/. Acesso em: 28 jun. 2022.

FIGMA. Disponível em: https://www.figma.com. Acesso em: 28 jun. 2022.

HAGAN, Margareth. Law by design. Disponível em: https://www.lawbydesign.co/. Acesso em: 28 jun. 2022.

KELSEN, Hans. *Teoria Pura do Direito*. São Paulo, Saraiva & Cia – Editores, 1939.

HAGAN, Margaret. Disponível em: http://www.margarethagan.com/. Acesso em: 28 jun. 2022.

LEGO GROUP. *About us*. Disponível em: https://www.lego.com/pt-br/aboutus/lego-group. Acesso em: 28 jun. 2022.

MARTINEZ, Sérgio Rodrigo. *A evolução do ensino jurídico no Brasil*. Disponível em: http://www.egov.ufsc.br/portal/sites/default/files/anexos/29074-29092-1-PB.pdf. Acesso em: 28 jun. 2022.

MARVEL. Disponível em: https://marvelapp.com. Acesso em: 28 jun. 2022.

MEDIUM. *Legal design*: uma nova forma de pensar o direito. Disponível em: https://medium.com/@legalhackerscampinas/legal-design-uma-nova-forma-de-pensar-o-direito-c2618acbfd99. Acesso em: 28 jun. 2022.

MOSSINI, Daniela E. de S. *Ensino Jurídico*: história, currículo e interdisciplinaridade. Doutoramento em Educação: Currículo PUC-SP, São Paulo, 2010 – 256 f. Tese (doutoramento) – Pontifícia Universidade Católica de São Paulo.

STANFORD LEGAL DESIGN LAB. Disponível em: http://legaltechdesign.com. Acesso em: 28 jun. 2022.

22

A IMPORTÂNCIA DO LEGAL DESIGN PARA *STARTUPS*

Pietra Daneluzzi Quinelato

Mestranda e Bacharel em Direito pela Universidade de São Paulo USP-FDRP. Especialista em Direito Digital pela Escola Superior de Advocacia da Ordem dos Advogados do Brasil Seção São Paulo e Escola Brasileira de Direito. Membro do grupo de estudos de Concorrência e Inovação da USP-FDRP, Lei, Direito e Moda da USP-FDRP e Sociedade em Rede da FD-USP. Membro da Comissão de Estudos em Direito da Moda da OAB/SP. Editora do portal jurídico More Brands and Fashion. Lattes: http://lattes.cnpq.br/6382959218596559. Advogada atuante em propriedade intelectual e inovação. E-mail: pietraquinelato@gmail.com

Gabriel Fernandes Khayat

Mestre e Bacharel em Direito pela Universidade de São Paulo USP-FDRP. Monitor do Curso de Especialização "Ética Empresarial: Estruturas Societárias, Contratos e Compliance" da USP-FDRP. Lattes: http://lattes.cnpq.br/6016528182039302. Advogado. E-mail: gabriel.khayat@usp.br

https://youtu.be/gehXjqlGeC0

Sumário: 1. Introdução. 2. O legal design. 3. Por que o legal design para *startups*? 4. A arquitetura contratual das operações de "locação sem fiança". 5. O papel dos advogados e da jurisprudência na emolduração do legal design para *startups*. 6. Considerações finais. 7. Referências.

1. INTRODUÇÃO

Diante do avanço da tecnologia e das novas necessidades de consumo, novas empresas são criadas oferecendo diferentes produtos e serviços ou transformando aqueles que já existiam de uma forma inovadora, causando, muitas vezes, uma disrupção no mercado. As sociedades empresárias que atuam neste ambiente de inovação e de condições de incerteza são as chamadas *startups*, caracterizadas pela proposta trazer ao cliente uma solução inovadora diante da prestação de um serviço sem as entravas dos modelos de negócios tradicionais.

Foi neste contexto em que bancos digitais escalonaram seus serviços, plataformas de transporte revolucionaram o sistema de locomoção e *startups* de locação de imóveis ofereceram maiores garantias e facilidades na celebração do contrato. No entanto, tais modelos de negócios devem ser compatíveis com o ordenamento jurídico, o que faz operadores do direito buscarem ferramentas para colaborar com tal movimento e adequação. Existem possibilidades distintas para estruturação das operações e o que tem sido visto nos últimos anos é a tendência à utilização do legal design como técnica para prestação de serviços jurídicos.

Reconhecendo as suas limitações e responsabilidades, a utilização desta técnica orienta a articulação do ordenamento jurídico em vista da experiência do usuário. Diante deste panorama, o presente texto pretende demonstrar a importância do legal design para *startups*, pela revisão bibliográfica em torno do tema e um estudo de caso da estruturação jurídica das operações de "locação sem fiança". Em conclusão, serão destacados os traços que caracterizam o legal design no âmbito das *startups* e as fronteiras que serão desenvolvidas em função desta prática.

2. O LEGAL DESIGN

O legal design é um conceito ainda em construção e longe do seu esgotamento sistêmico. A sua popularização foi atribuída à professora Margaret Hagan[1], nos Estados Unidos, diretora do Legal Design Lab, que conta com um time interdisciplinar na Universidade de Stanford (Stanford Law School e Instituto de Design de Stanford). Segundo Hagan, legal design pode ser entendido como:

> [Legal design é] uma forma de avaliar e criar serviços jurídicos, com foco em quão utilizáveis, úteis e envolventes são esses serviços. É uma abordagem com três conjuntos principais de recursos – processo, mentalidade e mecânica – para os profissionais jurídicos usarem. Esses três recursos podem nos ajudar a conceber, construir e testar melhores maneiras de fazer as coisas na lei, que irão envolver e capacitar leigos e profissionais do direito[2].

---

1. Outras iniciativas além da Universidade de Stanford se destacam, como NuLawLab da Faculdade de Direito da Universidade Northeastern. Disponível em: https://www.nulawlab.org/. Acesso em: 28 jun. 2022.
2. No original: "Legal design is a way of assessing and creating legal services, with a focus on how usable, useful, and engaging these services are. It is an approach with three main sets of resources – process, mindsets, and mechanics – for legal professionals to use. These three resources can help us conceive, build, and test better ways of doing

Assim, o legal design pode ser visto como uma técnica de prestação de serviços jurídicos, questionando como o *status quo* pode ser melhorado. Aplicam-se elementos e princípios do design e a experiência do usuário – também conhecida como UX[3] – para a concepção e desenvolvimento de documentos, produtos ou serviços jurídicos. Visa-se, assim, oferecer soluções jurídicas de acordo com o que as pessoas esperam e compreendam.

Trata-se de uma necessidade no cenário atual, pois os clientes demandam cada vez mais uma linguagem clara e acessível, além de soluções inovadoras que facilitem suas vidas, o que força que advogados a saírem da sua zona de conforto e se unirem a profissionais de design e ferramentas de tecnologia para que seja prestado um serviço ou oferecido um produto nos termos mencionados, alcançando as expectativas dos consumidores.

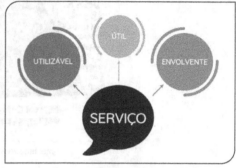

Com esta forma de trabalho, ao incorporar elementos do design, pretende-se mudar a perspectiva tradicional de análise dos institutos jurídicos. Ao invés de procurar as soluções jurídicas a partir dos modelos legais, o legal design traz o foco para o usuário, buscando soluções criativas[4]. Assim, ao invés de partir da legislação para desenvolver o modelo de negócio, parte-se da operação em si, para então organizá-la juridicamente. Como consequência, as mudanças provocadas pelo legal design impactarão a longo prazo estabelecendo bases para melhorias nas instituições, aprimorando a experiência do usuário.

A expressão legal design é poliédrica e multidimensional porque pode avocar diversos sentidos: desde a clareza na comunicação de conteúdo jurídico, inclusive com a utilização de recursos gráficos e visuais, até a estruturação criativa de operações jurídicas a partir de institutos jurídicos tradicionais[5]. É nesse sentido que Margaret Hagan apresenta a pirâmide abaixo:

---

things in law, that will engage and empower both lay people and legal professionals". HAGAN, Margaret. *What is legal design?* Disponível em: https://www.lawbydesign.co/legal-design/#what-is. Acesso em: 28 jun. 2022.

3. A experiência do usuário é um conjunto de elementos e fatores relativos à interação do usuário com um determinado produto, sistema ou serviço cujo resultado gera uma percepção positiva ou negativa (percepção, ação, motivação e cognição do usuário). O termo foi mencionado na década de 1990 por Donald Norman, professor na Universidade da California em San Diego, Universidade Northwestern e Universidade de Stanford, nos Estados Unidos.
4. SILVEIRA, Guaracy Carlos da; PIVA, Sílvia Gomes. Fundamentos do legal design. *Revista de Direito e as Novas Tecnologias*, v. 8, jul-set. 2020. n.p.
5. HOLTZ, Ana Paula Ulandowski. Legal design e startups. In: OIOLI, Erik Frederico. (Coord.). *Manual de direito para startups*. 2. ed. rev. atual. ampl. São Paulo: Thomson Reuters Brasil, 2020. p. 262.

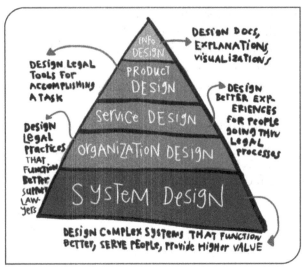

Fonte: https://www.lawbydesign.co/legal-design/

O design de informação, apesar de não ser uma técnica recente, foca na organização de dados para que sejam transmitidos de forma eficiente e eficaz às pessoas, desenvolvendo documentos facilmente compreensíveis[6]. Também conhecido como visual design, pretende auxiliar na comunicação com ferramentas visuais, como gráficos, desenhos e esquemas. Nesse sentido, Goodrich aponta que:

> A proliferação da mídia visual eletrônica transformou as práticas sociais e culturais em todo o mundo. Em todas as esferas da vida, incluindo a vida jurídica, as imagens visuais competem cada vez mais com as palavras no processo de construção de significado[7].

O *visual law*, por sua vez, acolhe um dos objetivos do legal design em institutos jurídicos a partir da organização de informações e documentos jurídicos com técnicas de design gráfico e elementos visuais, por meio da tecnologia. Foca-se, assim, na questão informacional do instrumento que será apresentado ao usuário de forma mais clara e interativa, podendo conter vídeos, infográficos, fluxogramas, *bullet points*, gamificação, entre outros recursos.

No entanto, apesar de ser a ponta do iceberg, chamando a atenção e atraindo olhares, o legal design não se resume a elementos gráficos e visuais em documentos jurídicos, sendo esta parte visual apenas uma pequena parcela de todo um universo.

Continuando na pirâmide de Hagan, o design de produto tem como objetivo desenvolver ferramentas que podem ajudar o usuário a realizar tarefas, como a construção de um aplicativo ou uma máquina que preencha determinado vazio. Em seguida, o design de serviço pretende construir uma série de experiências para seu

---

6. HORN, R. E. Information Design: emergence of a new profession. *Information Design*. Cambrigde: The MIT Press, 2019, p. 15-33.
7. GOODRICH, Peter. Devising Law: on the philosophy of legal emblems. p. 3. In: SHERWIN, Richard; WAGNER, Anne. (Ed.) *Law, culture and visual studies*. Dordrecht: Springer, 2014.

usuário, sendo um pouco mais complexo que os anteriores. Ele se preocupa com a jornada do usuário desde o problema até a sua resolução, visando melhorar o caminho a ser percorrido[8].

O design da organização preza pela forma de trabalho para obtenção de melhores resultados, o que pode envolver mudança de equipe, de espaço de trabalho, até mesmo incentivos e mudança de cultura da empresa. Já na base da pirâmide de Hagan, está o design de sistema, ou seja, o que pretende coordenar uma grande escala de produtos, serviços, estruturação, comunicação e interação dentro de uma equipe[9].

Portanto, existem várias dimensões do legal design, que podem ser exploradas pelas organizações empresariais, como mencionado por Meera Klemola:

> Aqui estão alguns exemplos: introduzir novas formas de pensar e trabalhar para implementar uma cultura de inovação; produzir contratos e informação jurídica mais claros para os usuários; criar treinamentos de *compliance* que possam ser adotados de forma mais natural pelos colaboradores da empresa; desenvolver novos serviços genuinamente centrados no usuário[10].

Para os fins deste texto, será utilizada a acepção do legal design que muito tem relação com a clássica proposição de Enzo Roppo do contrato enquanto "veste jurídica da operação econômica" [11]. A afirmação significa que o direito assume o papel de formatar os negócios, servindo de suporte para as novas formas de prestação de serviços e venda de produtos. A partir da criatividade dos agentes econômicos, o ordenamento jurídico irá restringir as operações ou absorvê-las, incorporando-as nas práticas comerciais.

Aliás, a criação de novos arranjos jurídicos para viabilizar determinado negócio está na gênese do direito comercial. No âmbito das *startups*, tem-se a ideia do investidor-anjo, figura alheia ao quadro societário, mas que, em certa medida, participa dos resultados sociais, observados os requisitos do artigo 61-A, da Lei Complementar 123/2006[12]. Por isso que tratar de legal design em *startups* faz todo o sentido, pois são organizações mais permeáveis ao ambiente de inovação e customização de experiências.

3.   POR QUE O LEGAL DESIGN PARA *STARTUPS*?

O ecossistema das *startups* está em plena expansão, principalmente em razão de políticas públicas de estímulo ao empreendedorismo, como a criação de incubadoras

---

8. HAGAN, Margaret. *What is legal design?* Disponível em: https://www.lawbydesign.co/legal-design/#what-is. Acesso em: 28 jun. 2022.
9. HAGAN, Margaret. *What is legal design?* Disponível em: https://www.lawbydesign.co/legal-design/#what-is. Acesso em: 28 jun. 2022.
10. KLEMOLA, Meera. An introduction to legal design. *Medium*, 2019. Disponível em: https://medium.com/observ-world/an-introduction-to-legal-design-da4dab282825. Acesso em: 28 jun. 2022.
11. ROPPO, Enzo. *O contrato*. Tradução de Ana Coimbra e M. Januário C. Gomes. Coimbra: Almedina, 2009. p. 8.
12. FEIGELSON, Bruno; FONSECA, Victor Cabral; NYBO, Erik Fontenele. *Direito das startups*. São Paulo: Saraiva Educação, 2018. p. 95.

e legislação específica para simplificar procedimentos de registros e formalização. De acordo com estudo feito em julho de 2020, existem mais de 13 mil *startups* no Brasil, 77 comunidades, em mais de 600 cidades nas cinco regiões, sendo São Paulo a cidade com maior concentração em números absolutos[13].

Colaboram com este cenário de crescimento e desenvolvimento das *startups* algumas iniciativas que incentivam o desenvolvimento de soluções inovadoras como a Lei da Inovação ou Lei 10.973/04, alterada pela Lei 13.243/16. Nesta lei, foi trazido o conceito de inovação como a introdução de novidade ou aperfeiçoamento no ambiente produtivo e social que resulte em novos produtos, serviços ou processos ou a agregação de novas funcionalidades ou características a produto, serviço ou processo já existente, podendo resultar em melhorias e em efetivo ganho de qualidade ou desempenho.

A inovação, portanto, está intrinsicamente associada a *startups*. Mas, afinal, o que é uma startup? Conforme definição de Eric Ries, "uma startup é uma instituição humana projetada para criar produtos e serviços sob condições de extrema incerteza[14]." O ambiente de incerteza foi um dos elementos utilizados pelo legislador para caracterizar as *startups*, ao lado da necessidade de validações constantes e possibilidade de comercialização provisória, conforme o artigo 65-A, da Lei Complementar 123/2006. Nestas sociedades, portanto, características como repetibilidade, inovação, flexibilidade, escalabilidade e rapidez estão presentes:

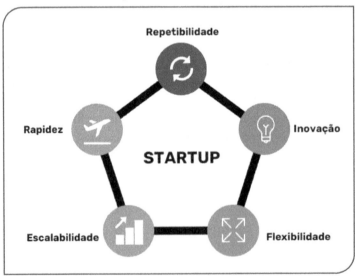

---

13. MATIAS, Eduardo; PICCINETTI, Leonardo. Sharing good practices on innovation: understanding selected European startups ecosystems to foster innovative entrepreneurship in Brazil. Jul. 2020. Dialogues: European Union – Brazil. Governo Federal, Ministério da Ciência, Tecnologia e Inovação, Ministério da Economia, Ministério das Relações Exteriores, Delegação da União Europeia para o Brasil.
14. RIES, Eric. *The lean startup*: how today´s entrepreneurs use continuous innovation to create radically successful businesses. Nova York: Crown Business, 2011. p. 37.

De acordo com o Projeto de Lei Complementar 249/2020, também conhecido como Marco Legal das *Startups* e Empreendedorismo Inovador[15], as *startups* são organizações empresariais nascentes ou em operação recente de até seis anos de inscrição no Cadastro Nacional da Pessoa Jurídica com atuação voltada à inovação aplicada ao modelo de negócios, aos produtos ou aos serviços ofertados.

Portanto, *startups* são organizações empresariais que se encontram em estágio inicial, sendo notadamente carentes de processos internos e organização; tem perfis inovadores; significativos controles de gastos e custos; com serviços ou produtos operacionalizados por meio de um produto mínimo viável[16]; os produtos ou ideias explorados são escaláveis, facilmente expandidos para outros mercados e em diferentes níveis de distribuição, têm necessidade de capital de terceiros para operação inicial e utilizam tecnologia para o modelo de negócio[17].

O direito, por sua vez, influencia diretamente no desenvolvimento desse ecossistema empreendedor, podendo fazê-lo de maneira positiva aliando ferramentas e interesses de empresários e usuários. No entanto, em alguns casos, os institutos jurídicos tradicionais podem não oferecer a resposta mais adequada para a proposta das *startups*, sendo necessária uma adaptação e, até mesmo, uma transformação. Neste momento, como uma das possíveis soluções, encontramos o legal design.

Se uma das dimensões do legal design consiste na estruturação criativa de operações jurídicas, as *startups* são as organizações mais propícias à sua aplicação. Como visto, a proposta do tema está intrinsicamente ligada com características de uma startup, como a redução das complexidades internas para deliberação e a inovação trazida em seu seio.

Não se trata apenas de uma necessidade das *lawtechs*, que prestam serviços jurídicos, mas de todas as *startups*, como *fintechs*, *healthtechs*, *insurtechs*, *agrotechs*, tendo em vista as várias dimensões do legal design, não só gráficos e elementos visuais em elementos jurídicos[18]. A clareza na comunicação com os usuários e elementos visuais como forma de apresentação de documentos são uma pequena parcela de um grande conjunto de soluções.

Como será visto a seguir, a formatação e adequação da estrutura jurídica ao modelo de negócio pode trazer aos usuários benefícios, sendo que este já espera uma experiência facilitada, rápida e eficaz, combinando com as características de flexibi-

---

15. Projeto de Lei Complementar apensado ao Projeto de Lei Complementar 146/2019, sobre o mesmo tema.
16. Para se verificar a existência da demanda e manter os custos simples, é desenvolvido um produto ou serviço simples, rudimentar, conhecido como MVP ou produto mínimo viável.
17. FEIGELSON, Bruno; FONSECA, Victor Cabral; NYBO, Erik Fontenele. *Direito das startups*. São Paulo: Saraiva Educação, 2018. p. 24-26.
18. O visual design também deve ser utilizado em startups que não são *lawtechs*, considerando que todos os modelos de negócios possuem contratos com seus fornecedores e consumidores, ainda que sejam termos de uso e políticas de privacidade.

lidade, escalabilidade, repetibilidade, rapidez e inovação[19]. A modelagem jurídica, portanto, faz parte desse processo, visando o foco no usuário, à fácil escalabilidade do projeto e à adaptabilidade a novas condições de mercado.

É a partir da inserção do legal design na prototipação de produtos, testes, experimentações, observação e comunicação[20] com o cliente e com a equipe – o que é mais fácil do que em estruturas de médio e grande porte, pois *startups* nascem sem hierarquias tradicionais, que podem ser gerados insights que se comporão uma possível solução, produto ou serviço voltado ao usuário, atingindo o fim do legal design, como o exemplo da "locação sem fiança" pode demonstrar a seguir.

4. A ARQUITETURA CONTRATUAL DAS OPERAÇÕES DE "LOCAÇÃO SEM FIANÇA"

Como exemplo de aplicação prática do legal design em *startups*, apresenta-se o modelo jurídico construído pela Quinto Andar Serviços Imobiliários Ltda. que oferece a possibilidade de "locação sem fiança". O estudo de caso foi realizado a partir de pesquisa documental, do contrato social na Junta Comercial do Estado de São Paulo (JUCESP)[21] e dos contratos disponíveis nos processos judiciais que tramitam no Tribunal de Justiça do Estado de São Paulo (TJSP) sem segredo de justiça[22].

Segundo o seu contrato social, a Quinto Andar Serviços Imobiliários Ltda. tem por objeto social a prestação de serviços de intermediação de aluguel e compra e venda de imóveis de terceiros, administração de propriedades imobiliárias e alugueres, intermediação e agenciamento de serviços e negócios em geral como estipulante de seguros, representação de qualquer natureza, correspondência de instituições financeiras, além de publicidade, propaganda e marketing dos imóveis e de sua marca.

A sua atividade é estruturada por contratos celebrados com os locatários e locadores. Com os primeiros, a Quinto Andar Serviços Imobiliários Ltda. mantém contratos de locação, que estabelecem preço, prazo, objeto e faz o arranjo das obrigações, mecanismos de *enforcement* e estrutura o sistema de garantias, ainda que sem a utilização de fiadores. De outro lado, com os locadores, são celebrados contratos

---

19. No cenário nacional, já vemos iniciativas que incentivam o desenvolvimento de soluções inovadoras como a Lei da Inovação (Lei 10.973/04), alterada pela Lei 13.243/16, que trouxe o conceito de inovação como a introdução de novidade ou aperfeiçoamento no ambiente produtivo e social que resulte em novos produtos, serviços ou processos ou que compreenda a agregação de novas funcionalidades ou características a produto, serviço ou processo já existente, podendo resultar em melhorias e em efetivo ganho de qualidade ou desempenho.

20. HOLTZ, Ana Paula Ulandowski. Legal design e startups. In: OIOLI, Erik Frederico (Coord.). *Manual de direito para startups*. 2. ed. rev. atual. ampl. São Paulo: Thomson Reuters Brasil, 2020. p. 270.

21. Disponível em: https://www.jucesponline.sp.gov.br/Pre_Visualiza.aspx?nire=35226864391&idproduto=. Acesso em: 28 jun. 2022.

22. O contrato de locação foi extraído do processo nº 1050965-95.2019.8.26.0002 e o contrato de administração de locação de imóvel foi extraído do processo nº 1010591-24.2017.8.26.0223.

de administração de locação de imóvel, em que se estipula as obrigações próprias, como divulgação do imóvel, e a remuneração pelos serviços prestados.

O objeto social e os contratos da Quinto Andar Serviços Imobiliários Ltda., por si só, não têm nada de inovador, pois envolvem atividades e contratos comuns às imobiliárias tradicionais. Contudo, o caráter disruptivo consiste na organização de garantias para a administradora e para o locador. Em seus arranjos contratuais, a startup encontrou uma solução jurídica para a dificuldade de se indicar um fiador, que assume a responsabilidade solidária pelos débitos da locação.

Segundo a Lei 8.245/1991, que trata das locações de imóveis urbanos, além da fiança, os locatários podem utilizar como garantia apenas a caução, seguro de fiança locatícia ou cessão fiduciária de quotas de fundo de investimento, nos termos do artigo 37. As demais formas de garantia existentes no ordenamento jurídico não são admitidas nos contratos de locação[23]. As modalidades não podem ser cumuladas, ou seja, para cada contrato, somente é possível escolher uma das garantias, sob pena de nulidade de todas as garantias.

A caução é pouco utilizada porque o §1º, do artigo 38, da Lei 8.245/1991, criou um custo adicional para o registro em cartório de títulos e documentos, quando tiver por objeto bens móveis, e a averbação da matrícula, quando tiver por objeto bens imóveis. A falta do registro torna esta garantia sem efeito perante terceiros, conforme o artigo 129, da Lei 6.015/1973[24]. Além disso, demanda o monitoramento dos bens caucionados, especialmente quando houver outros credores, com créditos preferenciais aos do locador.

De outro lado, o seguro de fiança locatícia pode representar despesas adicionais ao locatário, o que inviabiliza a sua contratação, especialmente quando a análise de perfil do locatário indicar elevados riscos. Ademais, geralmente o valor do prêmio é elevado, porque não há muitos segurados para diluir os riscos em caso de sinistro[25]. O seguro deve cobrir todas as obrigações do locatário, conforme o artigo 41, da Lei 8.245/1991. Por fim, os fundos de investimento não são muito difundidos entre a população, o que diminui a sua possibilidade de utilização como garantia, bem como problemas de liquidez em caso de execução.

Portanto, a moldura legal do contrato de locação de imóvel urbano estimulou a utilização da fiança nestes contratos. Assim, a fiança se tornou uma espécie de garantia menos custosa, quando comparada às demais possibilidades, em que pese a necessidade de outorga uxória, se o fiador for casado, conforme a Súmula 332 do Superior Tribunal de Justiça (STJ). A fiança oferece maiores garantias ao locador em razão da renúncia antecipada e expressa ao benefício de ordem do fiador, nos termos

---

23. SCAVONE JÚNIOR, Luiz Antonio. *Direito imobiliário*: teoria e prática. 5. ed. Rio de Janeiro: Forense, 2012. p. 989.
24. VENOSA, Sílvio de Salvo. *Lei do inquilinato comentada*: doutrina e prática. 15. ed. São Paulo: Atlas, 2020.
25. SCAVONE JÚNIOR, Luiz Antonio. *Direito imobiliário*: teoria e prática. 5. ed. Rio de Janeiro: Forense, 2012. p. 1034.

do artigo 838, do Código Civil e porque excepciona a impenhorabilidade do bem de família, conforme o artigo 3º, VII, da Lei 8.009/1990[26].

Conforme o fluxograma abaixo, a forma tradicional de contratação de locação de imóveis urbanos passa pela indicação de uma garantia por parte do locatário, comumente um fiador. Ocorre que, em algumas circunstâncias, o locatário não tem fiador disponível, ou mesmo o procedimento de avaliação do perfil do fiador é moroso ou pouco preciso, além do que as garantias bancárias podem ser muito caras ao locatário, o que pode inviabilizar uma possível locação:

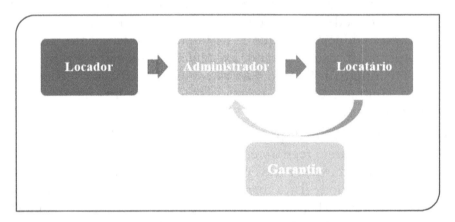

A Quinto Andar Serviços Imobiliários Ltda. identificou este "problema" e encontrou uma oportunidade de negócio ao oferecer a solução da "locação sem fiança", obtendo não só uma vantagem competitiva perante as imobiliárias tradicionais, mas também uma maior segurança jurídica.

Além disso, foi oferecido ao locador a garantia do pagamento do aluguel e acessórios, mesmo em caso de inadimplemento do locatário. É deste ponto que advém o questionamento: qual a estrutura jurídica por trás da "locação sem fiança" e por que este é um exemplo de legal design em *startups*?

A alternativa para o modelo tradicional, em que o locatário deve apresentar a garantia da própria locação, consiste na avaliação do perfil do locador, com a articulação de três estratégias jurídicas:

---

26. Por disposição legal, a impenhorabilidade do bem de família do fiador é afastada nas locações de imóvel urbano residencial, o que foi consolidado pela jurisprudência do STJ e do STF, na Súmula 549 ("É válida a penhora de bem de família pertencente ao fiador de contrato de locação") e Tema 295 ("É constitucional a penhora de bem de família pertencente a fiador de contrato de locação, em virtude da compatibilidade da exceção prevista no artigo 3º, VII, da Lei 8.009/1990 com o direito à moradia consagrado no artigo 6º da Constituição Federal, com redação da EC 26/2000), respectivamente. Contudo, nas locações de imóvel para fins comerciais, o entendimento do STF é de que o Tema 295 é inaplicável, de modo que se mantém a impenhorabilidade do bem de família do fiador, conforme o julgamento do RE 605.709/SP. Em razão disso, nas locações comerciais, os locadores exigem que o fiador indique ao menos dois imóveis próprios.

Combinação de seguro-fiança assumido pela administradora da locação	Design e arquitetura contratual adequada para a administração da locação e locação em si mesma, com a utilização de arbitragem para resolução de conflitos	Ampliação das pessoas que ocupam o polo de "locatário"

O modelo de contratação da Quinto Andar Serviços Imobiliários Ltda. se inicia por uma análise de crédito do locatário – obrigatoriamente pessoa física – para composição da renda mínima para locação, que deverá ser de, no mínimo, 2,5 vezes maior o valor da soma do aluguel, condomínio, IPTU e seguro incêndio (definido como "pacote"). Além disso, será analisado o histórico de rendimentos e gastos compatíveis com a renda mensal.[27]

1. Ser pessoa física. Nosso modelo de contrato foi moldado conforme a lei do inquilinato para pessoa física, portanto, não fazemos locação para pessoas jurídicas, mesmo que seja uma empresa alugando uma moradia para um funcionário.

2. Não ter restrições e baixa avaliação nos órgãos de proteção ao crédito, como o Boa Vista e SPC.

3. Comprovar **renda mensal bruta de pelo menos 2,5 vezes o valor do pacote** (que inclui o aluguel, condomínio, IPTU e seguro incêndio). Ex: um imóvel com valor do pacote total de R\$4.000, é preciso comprovar renda mensal bruta de pelo menos R\$10.000,00. **Até 4 pessoas, com boa avaliação no Boa Vista, podem compor a renda no contrato e não precisam necessariamente residir no imóvel.** Caso tenha alguma dívida ou parcelamento sendo pago, o valor será descontado no cálculo da sua renda bruta.

4. Ter um histórico de rendimentos e gastos compatíveis à essa renda. Analisamos diversos critérios relacionados ao histórico de rendimento e movimentações para analisar o perfil de crédito dos locatários – com base nos comprovantes enviados por você. É verificado a consistência dos comprovantes apresentados com seu histórico de pagamento, histórico de gastos compatíveis a essa renda, informação de locações anteriores e as oscilações mensais de renda. Ex: Analisamos gastos excessivamente altos com cartão de crédito, muito acima dos créditos recebidos e que finalizam em saldos negativos

---

27. Disponível em: https://help.quintoandar.com.br/hc/pt-br/articles/115002738592-O-que-preciso-para-ser--aprovado-na-an%C3%A1lise-de-cr%C3%A9dito-. Acesso em: 28 jun. 2022.

Diferente das imobiliárias tradicionais, em que se analisa apenas os rendimentos mensais, declaração de imposto de renda, indicação de bens imóveis próprios e pesquisa de eventual restrição de crédito, do locatário e/ou do fiador, a Quinto Andar Serviços Imobiliários Ltda. verifica também a compatibilidade do histórico de despesas com a renda média mensal, além de definir um parâmetro objetivo para aceitação da locação: os locatários devem ter renda mensal bruta de até 2,5 vezes o valor do "pacote".

Contudo, a arquitetura jurídica não se encerra na análise detalhada do perfil econômico dos locatários porque também admite que até 4 (quatro) pessoas figurem como locatários, mesmo sem residir no imóvel. Nos Termos e Condições de Uso que tratam dos serviços prestados pela Quinto Andar Serviços Imobiliários Ltda. constam que todos os locatários terão responsabilidade solidária pelos débitos advindos da locação:

Sendo a proposta do Inquilino aceita, ela será submetida à análise de crédito. Poderão ser indicados até 4 (quatro) Proponentes para compor a renda requerida pelo QuintoAndar. *Os demais Proponentes não precisarão residir no imóvel locado nem na mesma cidade, mas eles integrarão o Contrato de Locação e se responsabilizarão por ele de forma solidária* (destacamos) (https://www.quintoandar.com.br/termos).

É neste ponto que verificamos a articulação dos modelos legais existentes para encontrar soluções arrojadas. Ao invés de separar as figuras do locatário e do fiador, ao permitir que até quatro pessoas ocupem o polo de locatário, na prática, a pessoa que ocuparia a posição de fiador é incluída no contrato como como locatário. A estratégia jurídica responde a uma dificuldade de se encontrar fiadores disponíveis para garantir uma locação, mas isto não interfere no risco do locador.

Na verdade, ao permitir que figurem como locatários pessoas que não residam no imóvel objeto de locação, há uma garantia ainda maior ao locador. Isso porque há diversas hipóteses que poderão implicar a exoneração de reponsabilidade do fiador, como a prorrogação do contrato por prazo indeterminado (artigo 835, do Código Civil e artigo 40, X, da Lei 8.245/1991); a separação de fato, separação judicial, divórcio ou dissolução da união estável de um dos locatários (artigo 12, §2°, Lei 8.235/1991), a renovação ou prorrogação do contrato sem o seu consentimento; e a substituição, inclusão ou exclusão dos locatários[28].

As duas últimas hipóteses não têm previsão legal expressa, mas decorrem do entendimento de que a fiança tem caráter *intuitu personae*[29], isto é, oferecida em razão da pessoa do devedor (conforme o artigo 818, do Código Civil) e de que eventuais aditamentos,

---

28. Locação de imóveis – Embargos à execução julgados procedentes – Exoneração de fiança – Ilegitimidade de parte reconhecida – Alteração subjetiva do contrato de locação, com substituição da locatária originária – Cessão da locação com conhecimento do locador. – Causa de liberação da fiança – Se o locatário é substituído com conhecimento do locador e sem conhecimento ou anuência do fiador, este garante fica liberado da obrigação. A substituição do locatário apenas mantém o fiador como garantidor, se for do conhecimento e contar com a anuência deste. – Recurso não provido (TJSP; Apelação 945403-0/8, Des. Rel. Manoel Justino Bezerra Filho, 35ª Câmara de Direito Privado, DJ 04.05.2009).

29. NERY, Rosa Maria; NERY JÚNIOR, Nelson. *Instituições de direito civil*: contratos. 3. v. 1. ed. em e-book. baseada na 1. ed. impressa. São Paulo: Ed. RT, 2016. n.p.

no que tange ao locatário, prazo ou valor da locação, por exemplo, não são oponíveis ao fiador que não anuiu. A matéria foi objeto de pacificação jurisprudencial pelo STJ:

> **Súmula 14. STJ.**
>
> •O fiador na locação <u>não responde</u> por obrigações resultantes de <u>aditamento ao qual não anuiu</u>.

> **VI Jornada De Direito Civil. Enunciado 574**
>
> •Na hipótese de <u>alteração da obrigação principal sem o consentimento do fiador, a exoneração deste é automática</u>, não se aplicando o disposto no art. 835 do Código Civil quanto à necessidade de permanecer obrigado pelo prazo de 60 (sessenta) dias após a notificação ao credor, ou de 120 (cento e vinte) dias no caso de fiança locatícia.

De outro lado, em ações de despejo fundadas na falta de pagamento de aluguel e acessórios, o locatário tem o direito de purgar a mora no prazo de 15 (quinze) dias contados da citação. O mesmo direito é conferido, de modo autônomo, ao fiador, conforme o artigo 62, II, da Lei 8.235/1991[30]. Portanto, nas locações com fiança, o despejo deve aguardar a purgação da mora voluntária por parte do locatário e do fiador.

Assim, ao prescindir de fiança, o arranjo contratual da Quinto Andar Serviços Imobiliários Ltda. evita discussões judiciais em torno de eventual exoneração do fiador e de possibilidade de purgação da mora por parte deste nas ações de despejo fundadas na falta de pagamento. As hipóteses não são meramente teóricas, pois é comum que haja alterações na locação que não são refletidas nos instrumentos contratuais, tanto que foi editada súmula sobre a matéria.

Além disso, do ponto de vista jurídico, há outra vantagem para o locador, consistente na possibilidade de cobrança de aluguéis até o sexto dia útil do mês vincendo, conforme os artigos 20 e 42, ambos da Lei 8.245/1991, que autoriza a prática nas locações que não estejam garantidas. Trata-se de uma contenção para a falta de garantia contratual[31]. Na contratação tradicional, com fiança, o locador não pode exigir o pagamento antecipado do aluguel.

Dessa forma, há pelo menos dois benefícios ao locador pela dispensa de fiador para celebração dos contratos de locação:

---

30. Agravo de Instrumento –Ação de despejo por falta de pagamento cumulada com cobrança – Citação do locatário – Fiador não citado –Deferida liminar de despejo, em razão da falta de purgação da mora pelo locatário – Descabimento– Quando há cumulação de pedidos e ajuizamento da ação de cobrança também contra o fiador, a purgação da mora não é providência exclusiva do locatário – Previsão legal expressa assegurando ao locatário e ao fiador o direito de purgar a mora e evitar a rescisão da locação – Inteligência do artigo 62, inciso II da Lei 8.245/91 – Prazo para a providência que somente terá início após efetivada a citação do fiador – Tutela antecipada revogada – Recurso provido (TJSP, AI 2100274-16.2015.8.26.0000, Des. Rel. Luis Fernando Nishi, 32ª Câmara de Direito Privado, DJ 24.09.2015).
31. VENOSA, Sílvio de Salvo. *Lei do inquilinato comentada*: doutrina e prática. 15. ed. São Paulo: Atlas, 2020.

| Possibilidade de cobrança de aluguéis vincendos | Diminuição do risco de exoneração do fiador |

Na ausência de garantia expressa, a operação é estruturada a partir de uma análise detalhada do perfil econômico de até 4 (quatro) locatários e pela contratação de seguro-fiança locatícia pela Quinto Andar Serviços Imobiliários Ltda.

Neste modelo contratual, não é o locatário quem contrata o seguro fiança, mas a Quinto Andar Serviços Imobiliários Ltda. Do contrário, perde-se a possibilidade de cobrança de aluguéis vincendos e ainda dificultaria a contratação ao imputar a obrigação do locatário contratar seguro desta natureza. O seguro-fiança garante o pagamento das parcelas do IPTU e das taxas condominiais do imóvel, além de repassar o aluguel ao locador, mesmo em caso de inadimplência do locatário.

A matéria está prevista nos contratos de administração de locação celebrados entre a Quinto Andar Serviços Imobiliários Ltda. e os locadores:

> **3. Dos seguros**
>
> • 3.1. O QUINTOANDAR contratará e manterá em vigor durante a vigência deste Contrato e do Contrato de Locação, apólice de segurofiança locatícia nos termos especificados no Contrato de Locação
>
> • 3.2. Além da proteção do seguro-fiança locatícia contra eventual inadimplência do LOCATÁRIO, **o QUINTOANDAR se compromete a repassar o valor líquido do aluguel ao CONTRATANTE e a efetuar o pagamento das taxas condominiais ordinárias e do IPTU nas datas pactuadas, mesmo em caso de atraso por parte do LOCATÁRIO**. Tal obrigação do QUINTOANDAR é **limitada ao número de meses e aos valores cobertos pelo seguro-fiança locatícia relativo ao Contrato de Locação**, sendo certo que o QUINTOANDAR não será obrigado a efetuar repasses ao CONTRATANTE relativos a pagamentos em atraso não cobertos e/ou que superem o limite garantido pelo seguro-fiança locatícia. Nos casos em que o QUINTOANDAR vier a efetuar o repasse de quaisquer pagamentos em atraso ao CONTRATANTE, o QUINTOANDAR se sub-rogará, automaticamente, no direito às multas, juros, correção monetária e demais ressarcimentos devidos pelo LOCATÁRIO e à indenização sob o seguro-fiança locatícia" (destacamos)

Com a utilização destes mecanismos, a Quinto Andar Serviços Imobiliários Ltda. assume a responsabilidade pelo pagamento das obrigações do locatário. Assim o faz, porque criou um sistema próprio de análise de crédito dos potenciais locatários, o que lhe permite controlar e internalizar os riscos. Ao contrário da forma tradicional de contratação de locação, em que a imobiliária administra a locação, mas expõe os riscos ao locador, pelo seu modelo, a Quinto Andar Serviços Imobiliários Ltda. realiza a análise de crédito dos potenciais locatários e assume os riscos da inadimplência:

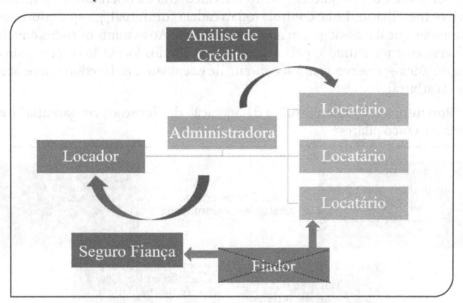

Como se verifica pela imagem acima, a garantia do fiador é substituída pela ampliação das pessoas que ocuparão o polo de locatário, mediante uma análise mais detalhada e objetiva do seu perfil econômico. A avaliação deve ser precisa não só como forma de mitigar os riscos da inadimplência, mas também para reduzir o custo do seguro-fiança que a administradora contrata para resguardar o locador.

Como contrapartida do risco de inadimplência, já garantido por seguro-fiança, a "Quinto Andar Serviços Imobiliários Ltda." desenvolveu mecanismos contratuais para conferir agilidade na negociação do contrato de locação, resolução dos problemas durante a locação e após o seu encerramento, ao determinar que estas questões sejam debatidas na plataforma online e em caso de insucesso pela via arbitral, tanto perante o locatário, como perante o locador:

> 10.1. Eventual dúvida ou controvérsia decorrente da interpretação ou execução do presente instrumento será definitivamente dirimida por meio de mediação e na sua impossibilidade por arbitragem, e *fica desde já eleito o TASP Centro de Mediação e Arbitragem São Paulo,* que promoverá a pacificação do litígio em conformidade com as Leis 13.140/15 e 9.307/96. O eventual conflito será resolvido através da plataforma online do TASP e as respectivas normas de procedimento interno desta câmara. Caso seja impossível a solução do conflito pela plataforma online, por qualquer razão, adotarseão, então, as normas do procedimento físico/presencial do TASP. (destacamos)

A via arbitral permite conferir agilidade na satisfação de crédito em razão de inadimplemento de aluguéis ao imóvel. A escolha da arbitragem é estratégica porque assegura a Quinto Andar Serviços Imobiliários Ltda., que se sub-roga na cobrança dos débitos até o limite do seguro-fiança contratado, a possibilidade de execução mais rápida do que em um processo judicial.

Por isso é que, mesmo enquanto intermediária da operação, a Quinto Andar Serviços Imobiliários Ltda. controla toda a cadeia contratual, porque criou arranjos contratuais que lhe posicionam no elo estratégico. Ao assumir os riscos envolvidos – previamente mensurados pela análise de crédito dos locatários e garantidos pelo seguro-fiança –, reservou para si o direito de excussão dos devedores, que ocorrerá pela via arbitral.

Portanto, a roupagem jurídica da operação de "locação sem garantia" é estruturada em cinco pilares:

Arbitragem como foro competente para resolução de conflitos	Análise de crédito detalhada e aprofundada	Admissão de até 4 pessoas como locatários
	Utilização dos benefícios decorrentes da utilização de locação sem garantia	Garantia e limitação da responsabilidade da administradora de locação pela contratação de seguro-fiança

Por trás deste arranjo jurídico, o modelo é divulgado perante o mercado como mais simplificado e seguro em relação a forma tradicional de contratação. Do ponto de vista do locatário, diminui o custo de se encontrar pessoa disposta a figurar como fiador. Sob a perspectiva do locador, a operação é mais segura porque a própria administradora da locação garante o risco da inadimplência. Assim, a startup ganha vantagem competitiva no mercado ao reduzir incertezas, sem, contudo, estar desguarnecida de contrapartidas.

O modelo contratual da Quinto Andar Serviços Imobiliários Ltda. é um exemplo de legal design porque não se trata de solução jurídica previamente estabelecida nos moldes legais. O agente econômico e os advogados construíram a solução pensando na melhor experiência dos usuários do serviço ofertado, no caso, o locatário e o locador, sem prescindir da segurança jurídica para a administradora da locação. Neste percurso, não só foi apresentado uma nova estrutura ao mercado, como ainda atenuou aspectos de instabilidades no modelo tradicional, com as possibilidades de exoneração e purgação da mora pelo fiador.

Evidente que a arquitetura contratual não está livre de riscos. É possível, por exemplo, que a inclusão de não moradores como locatários seja considerada nula, em razão de simulação, nos termos do artigo 167, do Código Civil. De outro lado, a contratação de seguro-fiança, ainda que seja feita pela administradora da locação, poderá ser considerada uma espécie de garantia, conforme o artigo 37, da Lei 8.245/1991, por cumprir a mesma função econômica. Se este entendimento prevalecer, todo o sistema da locação será desestruturado.

Portanto, por mais inovador que seja, o modelo contratual da Quinto Andar Serviços Imobiliários Ltda. não está isento de riscos, assim como ocorre em qualquer atividade empresarial. Contudo, o propósito do legal design não consiste na neutralização de todos os riscos, mas na *operacionalização de novos arranjos contratuais, com a identificação dos riscos que lhes são próprios*. A partir deste estudo, os agentes econômicos poderão reduzir as incertezas e escolher os riscos que estão dispostos a assumir.

Neste sentido, as *startups* são organizações mais permeáveis para este tipo de arrojamento, porque faz parte de sua natureza a atuação em condições de incerteza. Neste caso, caberá à jurisprudência o papel de filtrar as criações engendradas pelos agentes econômicos e emolduradas pelos advogados na construção destes modelos. Assim, a partir deste estudo de caso, é importante destacar o papel dos operadores do direito na emolduração do legal design para *startups*.

5. O PAPEL DOS ADVOGADOS E DA JURISPRUDÊNCIA NA EMOLDURAÇÃO DO LEGAL DESIGN PARA *STARTUPS*

O estudo de caso acima destaca a principal característica do legal design que é a utilização dos institutos jurídicos clássicos para se adequar a uma nova forma de negócio, o que implica consequências eminentemente práticas tanto para os advogados, que auxiliam na estruturação desses modelos jurídicos, quanto para os tribunais, que serão responsáveis por controlar a gênese criativa dos agentes econômicos.

O papel dos advogados se divide em três momentos principais:

Criação e desenvolvimento do modelo	Redação dos instrumentos que estruturam a operação	Monitoramento da aplicação dessa nova estrutura, a fim de aperfeiçoá-la

Em todos os momentos, mas em especial na primeira fase, os advogados devem ter um papel propositivo, o que implica pensar em soluções criativas para viabilizar o modelo de negócio.

O papel propositivo implica se envolver com a equipe de trabalho da startup. Ao participar com frequência desse ambiente, o advogado deixa de ser visto como elemento estranho à empresa, permitindo que as ideias tenham um fluxo normal. Ao invés de apresentar os riscos e indicar as limitações impostas pelo ordenamento jurídico, o advogado deve se envolver na proposta apresentada pelo cliente, pensando como se fosse o seu próprio negócio, de modo a encontrar caminhos mais seguros para viabilizar a sua atividade[32].

Nas *startups*, a proatividade do advogado é ainda mais importante. Diferente de estruturas empresariais maiores, em que o conjunto de atividades e competências é dividido entre diversas pessoas, as *startups* são caracterizadas por equipes menores. Muitas vezes, são os próprios sócios que executarão as atividades operacionais. As soluções são encontradas em reuniões de criação, em que o modelo jurídico faz parte desse processo criativo. Assim, o advogado não pode aguardar que a consulta chegue ao seu escritório, mas deve compreender a sinergia daquela organização para que possa contribuir para o resultado.

Com a organização das premissas e da identificação do modelo jurídico-base, chega-se à fase da redação dos instrumentos. No estudo de caso apresentado, a premissa que orientou o arranjo contratual foi buscar uma solução para as locações que não eram concluídas em razão da exigência de fiança, sem que isso afetasse as garantias patrimoniais para o locador e a administradora da locação. Já o modelo jurídico-base era justamente a forma tradicional de locação de imóvel urbano, prevista na Lei 8.235/1991.

A redação dos instrumentos exige um papel igualmente propositivo dos advogados, porque a operação econômica pode se se organizar em único instrumento, fragmentar-se em dois ou mais instrumentos, ou ainda se estruturar a partir de um contrato-quadro, que oferece as balizas gerais da operação, para que os instrumentos individualmente prevejam as condições específicas em cada uma das partes[33]. Trata-se de um processo igualmente criativo, porque deve contemplar o melhor fluxo econômico, sem que comprometa a interpretação do negócio como um todo.

Ao redigir as cláusulas, há um cuidado especial por parte do advogado, porque o instrumento deve ser claro e compreensível às partes. Se o legal design implica também um foco no usuário e no cliente, com a resolução criativa de problemas, o instrumento contratual deve ser escrito em vista daqueles que participarão do negócio em si. Por isso é que o advogado deve submeter o seu texto à prévia apreciação do cliente, a fim de encontrar a melhor linguagem, sem prescindir da técnica e da segurança jurídica.

No estudo de caso, é possível observar que houve esse cuidado. Por exemplo, a cláusula 3.2 do contrato de administração trata da responsabilidade assumida pela administradora de locação perante o locador quanto ao pagamento dos aluguéis e acessórios pelo locatário, mesmo em caso de mora ou inadimplemento, no limite da franquia do seguro-fiança. Contudo, ao invés da redação com esses termos técnicos, foi privilegiada a clareza na linguagem, de modo que fosse compreensível por pessoas sem conhecimento jurídico:

---

32. HOLTZ, Ana Paula Ulandowski. Legal design e startups. In: OIOLI, Erik Frederico (Coord.). *Manual de direito para startups*. 2. ed. rev. atual. ampl. São Paulo: Thomson Reuters Brasil, 2020. p. 268.

33. FORGIONI, Paula A. *Contratos empresariais*: teoria geral e aplicação. São Paulo: Ed. RT, 2015. p. 84.

3.2. Além da proteção do seguro-fiança locatícia contra eventual inadimplência do LOCATÁRIO, o QUINTOANDAR se compromete a repassar o valor líquido do aluguel ao CONTRATANTE e a efetuar o pagamento das taxas condominiais ordinárias e do IPTU nas datas pactuadas, mesmo em caso de atraso por parte do LOCATÁRIO. Tal obrigação do QUINTOANDAR é limitada ao número de meses e aos valores cobertos pelo seguro-fiança locatícia relativo ao Contrato de Locação (...) (destacamos)

Na redação acima, por exemplo, o termo "mora" foi substituído por "atraso", enquanto a limitação da "cobertura do seguro-fiança" foi explicitada pelo "número de meses e aos valores cobertos pelo seguro-fiança". Além disso, ao invés de escrever simplesmente que a administradora de locação é responsável pelo pagamento do aluguel e acessórios, a cláusula esclarece que será repassado o "valor líquido do aluguel" e será efetuado "o pagamento das taxas condominiais ordinárias e do IPTU".

A redação e a estruturação das operações em um ou mais instrumentos é relevante porque será a forma com que o negócio entrará no mundo jurídico. No estudo de caso, por exemplo, a operação está assentada não só entre os contratos celebrados pela administradora com o locatário e locador, mas também a partir do seguro-fiança, dos termos de uso e política de privacidade do aplicativo, que é a principal interface de interação entre os usuários (locador e locatário) e a administradora.

Os documentos serão a primeira fonte de interpretação do contrato por terceiros, que não participaram da negociação ou não compreendem profundamente a estrutura do negócio. Nas *startups*, em que a informalidade e ferramentas intuitivas direcionam a operação, o advogado deve ter o cuidado de registrar esses aspectos nos instrumentos contratuais. Ao não fazê-lo, perde-se a oportunidade de documentar circunstâncias relevantes que levaram a decisão de contratar.

Os usos e costumes, o comportamento das partes e a racionalidade econômica também devem ser levados em conta na interpretação, conforme o artigo 113, do Código Civil, mas não serão a sua fonte imediata. Por isso a importância da construção de modelos jurídicos coerentes, o que se faz principalmente pelo preâmbulo, que tem a função de nortear a interpretação do contrato, ao delimitar o contexto fático, a motivação e evidenciar os riscos e circunstâncias envoltas na sua celebração.

A clareza na linguagem é um dos aspectos que se observa na redação de contratos. Outro ponto é justamente sobre aquilo que não há previsão legal ou contratual expressa: as lacunas. No âmbito da autonomia privada, o ordenamento jurídico define os limites sobre o que poderá ser tratado no interesse das partes. Por exemplo, o Código de Defesa do Consumidor estipula uma série de obrigações entre os fornecedores que participam de uma cadeia econômica. Em razão disso, um contrato consumerista não poderá eximir a responsabilidade do fabricante, porque a legislação impôs um padrão de conduta neste aspecto.

As áreas lacunosas, contudo, podem ser preenchidas livremente pelos agentes econômicos. No estudo de caso, por exemplo, a arquitetura jurídica foi construída a partir da ausência de previsão legal expressa de que o locatário deva ser residente do imóvel. Foi a partir dessa lacuna que se estruturou todo o sistema da "locação sem fiança", porque as pessoas que ocupariam a posição de fiadores passaram a ser incluídos como locatários. A criatividade empresarial advém da forma de preenchimento das lacunas do ordenamento jurídico.

Contudo, há também as lacunas contratuais. O contrato é incompleto por natureza, pois é impossível antever todos os eventos que podem impactar a sua duração[34]. As partes, por esperteza ou inocência, podem deixar de antecipar alguns fatos que podem ocorrer durante a relação contratual. Ao não o fazer, surge uma lacuna contratual, que é a situação em que ocorre um evento, cuja consequência não está prevista no instrumento. O melhor exemplo para esta situação é a pandemia do vírus Sars-Cov-2 desde o início de 2020, que trouxe ao Poder Judiciário discussões envolvendo o encerramento de contratos e a readequação de suas prestações.

Diante de lacunas, se as próprias partes envolvidas na operação econômica não encontram uma melhor forma de preenchê-la, os tribunais, judiciais e arbitragem, são chamados a preenchê-la. A partir desse momento, a decisão sobre o contrato sai da esfera das partes e é atribuída a um terceiro, que integra a lacuna, isto é, preenche o conteúdo contratual não previsto originalmente e determina as consequências para aquela situação específica[35].

Se estamos tratando da criação de novos arranjos contratuais, a partir de estruturas preexistentes no ordenamento jurídico, o preenchimento das lacunas observará necessariamente os modelos jurídicos-base, porque o artigo 4°, da Lei de Introdução às Normas do Direito Brasileiro (Decreto-Lei 4.657/1942), prevê a analogia como uma das fontes para preenchimento de lacunas. Neste sentido, a mudança de interpretação do STJ sobre a possibilidade de antecipação do Valor Residual Garantido (VRG) nos contratos de leasing, explicitado nas Súmulas 263 e 293 do STJ[36].

Ao preencher lacunas de arranjos contratuais novos, a jurisprudência selecionará as estratégias negociais consideradas válidas. Portanto, os tribunais exercerão a função de selecionar os usos e costumes considerados válidos pelo ordenamento jurídico. Assim, segundo Paula Forgioni: "Um costume não aceito pelos tribunais acaba desautorizado ou não se consolida. Os usos e costumes refletem complexa interação entre texto normativo, atos dos comerciantes e jurisprudência, gerando legítima expectativas de atuação[37]".

---

34. PENTEADO, Luciano de Camargo. *Integração de contratos incompletos*. Tese (Livre Docência em Direito) – Universidade de São Paulo, Faculdade de Direito de Ribeirão Preto (FDRP), Ribeirão Preto, 2013. p. 261.

35. FRANCO, Vera Helena de Mello. *Teoria geral do contrato*: confronto com o direito europeu futuro. São Paulo: Ed. RT, 2011. p. 205.

36. Quando do encerramento do leasing, o contratante tem as opções de encerramento definitivo, renovação do contrato, compra do objeto deste pelo pagamento do Valor Residual de Garantia (VRG). Ocorre que o VRG passou a ser diluído nas prestações e cobrando antecipadamente ao final do contrato. Inicialmente, o STJ concluiu que esta prática descaracteriza o contrato, transformando-o em compra e venda (Súmula 264). Contudo, a matéria foi revista para afirmar o contrário: "A cobrança antecipada do valor residual garantido (VRG) não descaracteriza o contrato de arrendamento mercantil".

37. FORGIONI, Paula A. *Contratos empresariais*: teoria geral e aplicação. São Paulo: Ed. RT, 2015. p. 137.

Por isso, os advogados e a jurisprudência têm um papel relevante na emoldura-ção do legal design, especialmente nas *startups*, em que o modelo de negócio é estruturado a partir da inovação, pois as construções serão colocadas à prova pelos agentes econômicos e nos tribunais. A partir da consolidação de uma nova arquite-tura contratual, o ordenamento jurídico o absorve por pacificação jurisprudencial ou alcança, por legislação, para tratar de sua conceituação ou organizar os interesses. Portanto, trata-se de um processo dinâmico, cujos atos se orientam em função da eficiência econômica projetada.

6. CONSIDERAÇÕES FINAIS

O direito demarca as regras de funcionamento do mercado e define os limites da autonomia privada, ao impor regras cogentes de diversas naturezas, como respeito ao meio ambiente, tutela do consumidor, proteção de direitos trabalhistas, contenções ao controlador no âmbito societário e balizas contratuais. A partir dessa moldura legal, os agentes econômicos têm autonomia para criar estruturas e desenvolvem modelos de negócio para organizar a sua atividade empresária.

Dentro dessa moldura, o agente econômico tem liberdade para criar seu modelo de negócio. A inovação é o traço característico das *startups* e, por isso, o legal design é tão importante nestas organizações. Não há como se estruturar uma startup sem cuidar do arranjo jurídico adequado, com informações claras, precisas e enfocadas no usuário. O estudo de caso evidencia esses elementos, na medida em que a partir de uma necessidade prática, foi encontrada uma solução jurídica para acomodar os interesses das partes envolvidas.

Portanto, o legal design insere a estruturação jurídica como um dos elementos que fazem parte do processo de desenvolvimento da atividade desempenhada pela startup. As operações devem se estruturar também do ponto de vista jurídico, o que implica adaptar a ideia original a partir dos formatos jurídicos existentes. A partir disso, notamos que o legal design não é um conceito estático, porque envolve todo o processo de desenvolvimento das ideias e construção de soluções.

Trata-se, no fundo, de uma virada na perspectiva tradicional da matéria, que aproxima as áreas comercial e jurídica, que devem caminhar juntas, em vista da me-lhor experiência ao cliente e usuário. Aplicar o legal design nas *startups* é colocá-lo em destaque justamente nas organizações mais permeáveis para a construção de soluções criativas e simplificadas, sendo clara a sua importância.

7. REFERÊNCIAS

FEIGELSON, Bruno; FONSECA, Victor Cabral; NYBO, Erik Fontenele. *Direito das startups*. São Paulo: Saraiva Educação, 2018. p. 24-26.

FORGIONI, Paula A. *Contratos empresariais*: teoria geral e aplicação. São Paulo: Ed. RT, 2015.

GOODRICH, Peter. Devising Law: On the Philosophy of Legal Emblems. In: SHERWIN, Richard; WAGNER, Anne. (Ed.). *Law, culture and visual studies*. Dordrecht: Springer, 2014.

HAGAN, Margaret. *What is legal design?* Disponível em: https://www.lawbydesign.co/legal-design/#what-is. Acesso em: 28 jun. 2022.

HOLTZ, Ana Paula Ulandowski. Legal design e startups. In: OIOLI, Erik Frederico (Coord.). *Manual de direito para startups*. 2. ed. rev. atual. ampl. São Paulo: Thomson Reuters Brasil, 2020.

HORN, R. E. Information Design: Emergence of a New Profession. *Information Design*. Cambrigde: The MIT Press, 2019.

KLEMOLA, Meera. An introduction to legal design. *Medium*, 2019. Disponível em: https://medium.com/observ-world/an-introduction-to-legal-design-da4dab282825. Acesso em: 28 jun. 2022.

MATIAS, Eduardo; PICCINETTI, Leonardo. Sharing good practices on innovation: understanding selected European startups ecosystems to foster innovative entrepreneurship in Brazil. Jul. 2020. Dialogues: European Union – Brazil. Governo Federal, Ministério da Ciência, Tecnologia e Inovação, Ministério da Economia, Ministério das Relações Exteriores, Delegação da União Europeia para o Brasil.

NERY, Rosa Maria; NERY JÚNIOR, Nelson. *Instituições de direito civil*: contratos. 3. v. 1. ed. em e-book. baseada na 1. ed. impressa. São Paulo: Ed. RT, 2016.

PENTEADO, Luciano de Camargo. *Integração de contratos incompletos*. Tese (Livre Docência em Direito) – Universidade de São Paulo, Faculdade de Direito de Ribeirão Preto (FDRP), Ribeirão Preto, 2013.

RIES, Eric. *The lean startup*: how today´s entrepreneurs use continuous innovation to create radically successful businesses. Nova York: Crown Business, 2011. p. 37.

ROPPO, Enzo. *O contrato*. Trad. Ana Coimbra e M. Januário C. Gomes. Coimbra: Almedina, 2009.

SCAVONE JÚNIOR, Luiz Antonio. *Direito imobiliário*: teoria e prática. 5. ed. Rio de Janeiro: Forense, 2012.

SILVEIRA, Guaracy Carlos da; PIVA, Sílvia Gomes. Fundamentos do legal design. *Revista de Direito e as Novas Tecnologias*, v. 8, n.p., jul.-set. 2020.

VENOSA, Sílvio de Salvo. *Lei do inquilinato comentada*: doutrina e prática. 15. ed. São Paulo: Atlas, 2020.

23

LEGAL DESIGN
E AS *FINTECHS*

Aline Rodrigues e Steinwascher

Head do jurídico do will bank, formada pelo Mackenzie-SP, com LLM em Direito Societário pelo Insper e Extensão em Compliance pela FGV. Cursou Legal Tech Essentials (Burcerius Law School, Hamburgo, Alemanha), Regulação das Fintechs (Duke), Compliance Regulatório (University of Pennsylvania), Design Gráfico (University of Colorado Boulder). Cofundadora do hub de Inovação Jurídica Plain Legal. Professora convidada do curso de Eficiência Jurídica da Finted, coordenadora adjunta do curso Inovação Jurídica da Opice Blum Academy. Pesquisadora voluntária do grupo Visulaw (aplicação do visual law ao judiciário). Trabalha para construir um Direito mais leve, colorido e acessível.

Camila Mills

Coordenadora Jurídica da KOIN. Head of UX Writing da Plain Legal. Bacharel em Direito pela Faculdade de Direito de São Bernardo do Campo. Possui certificação em Legal Innovation pela Opice Blum Academy, em Banking 4.0 pela Future Law e sobre a Lei Geral de Proteção de Dados pela LEC – Legal, Ethics & Compliance.

Paula Cardoso

Head de Marketing & Experiência do Cliente do Pravaler. Partner da Plain Legal. Pós-Graduada em Fashion Marketing & Communication pelo Instituto Europeo di Design – IED, e em Administração de Empresas pela Fundação Getúlio Vargas. Realizou curso de extensão em Inteligência Competitiva pela Escola Superior de Propaganda e Marketing – ESPM. Graduada em Comunicação Social e Relações Públicas pela Pontifícia Universidade Católica de Campinas.

Sumário: 1. O fenômeno *fintech*. 2. A economia da experiência. 3. As *fintechs* e o *mindset* ágil. 4. O usuário (no centro): os conteúdos jurídicos também fazem parte da jornada do cliente. 5. Como se comunicar com os usuários (*plain language, ux writing, visual law*). 6. Desafios das *fintechs* no judiciário e como o *visual law* pode ajudar nesse processo. 7. O *case* da Koin: reinventando o mundo jurídico. 8. Referências.

1. O FENÔMENO *FINTECH*

Você já ouviu falar de *fintechs*? *Fintechs* são um tipo de *startup* (empresas jovens que nascem para desbravar um nicho de mercado) que usam tecnologia para oferecer serviços financeiros.

O mercado financeiro, especialmente no Brasil, sempre foi marcado por grandes e poucos players – os bancos tradicionais, que nós e vocês certamente conhecem. Pensando sobre as oportunidades de ofertar serviços melhores a mais pessoas que o mercado financeiro tem, as *fintechs* nasceram com um propósito bastante claro: inovar o mercado financeiro com produtos mais fáceis, amigáveis e baratos.

O fenômeno *fintech* começou a tomar corpo no nosso país nos últimos anos muito por conta da ineficiência que os grandes bancos mostraram em ofertar serviços de forma rápida, simples e segura. A oportunidade de oferecer produtos financeiros melhores era (e ainda é) imensa.

Desde o início desta disrupção financeira, vemos muitas dores de pessoas, enquanto clientes de bancos, sendo resolvidas pelas *fintechs*. Elas aumentaram a oferta de crédito, reduziram os custos de empréstimo, levaram serviços bancários a lugares em que os tradicionais bancos não conseguiram chegar. Tudo isso graças à tecnologia, que permite abrir uma conta digital e ter acesso a estes serviços em qualquer lugar do país apenas com um celular conectado à internet.

As *fintechs* já iniciaram o movimento de disrupção do mercado financeiro e ainda têm muito para construir como negócio. Olhando, por exemplo, para os produtos de investimento oferecidos pelos grandes bancos à maior parte dos seus clientes, são ainda poucas as opções com performance aceitável em termos de rendimento. A poupança, apesar do cenário de baixa de juros que estamos vivendo hoje [2020], é praticamente a única forma que a maioria das pessoas conhecem quando o assunto é guardar dinheiro.

Produtos como tesouro direto, debêntures e letras financeiras são realidades muito distantes da maioria da população no nosso país. Primeiro, por serem modalidades de investimento que exigem um maior nível de conhecimento financeiro, segundo porque não estão disponíveis de forma fácil e acessível à grande maioria das pessoas.

Por isso que falamos que a missão *fintech* está a todo vapor mas ainda tem muita oportunidade de revolucionar a relação e a experiência das pessoas com o dinheiro – não somente com produtos como contas digitais sem tarifa, mas principalmente como forma de tornar os investimentos de boa performance acessíveis à população.

Por tudo isso, dizemos que o mercado financeiro está passando por uma disrupção – ou seja, passando por uma transformação tão grande que traz com ela o poder de romper completamente com a realidade vivida neste mercado até poucos anos atrás. Olhando para o mercado jurídico, suas ineficiências, seus formalismos desnecessários, a experiência ruim que diariamente ele oferece às pessoas, podemos dizer que sim, o mercado jurídico está começando a ver a onda da disrupção chegar – e o Legal Design é apenas uma parte dela.

2. A ECONOMIA DA EXPERIÊNCIA

Falando de experiência, com certeza é essa uma das maiores responsáveis por estarmos vivendo hoje o fenômeno *fintech*. Vivemos a era da experiência. A internet, as redes sociais e a imensa disponibilidade de novos serviços e produtos nos deixam cada vez mais exigentes como consumidores. Em um cenário com tanta competição e com consumidores completamente informados, o que nos faz decidir por um ou outro produto é, muitas vezes, a experiência.

Explicando: pense nos restaurantes que você mais gosta de frequentar. Agora tente pensar o motivo que te faz gostar deles. É unicamente a comida? Ser fácil de estacionar ou perto de um metrô importa para você? E a atenção que o garçom te dá? Poder reservar antes e não ter que esperar é bom? Se você tem filhos, é importante ter um espaço kids? Pois é, com a diversidade de opções que temos hoje, a experiência como um todo é importante, não?

Legal, mas o que isso tem a ver com *fintechs* e, ainda, com o mundo jurídico? Tudo! O sucesso das *fintechs* são uma resposta dos consumidores hiperexigentes à experiência que eles tinham nos bancos tradicionais: filas, burocracia, a porta giratória, taxas... Ir ao banco nunca foi uma experiência agradável, foi?

Tombando essa reflexão para o universo jurídico, você já parou para pensar na experiência que a gente, como jurista, oferece aos nossos clientes? Vamos pensar que nosso cliente (que na maioria das vezes não é advogado) quer um contrato de locação. Vamos preparar um documento (de quantas páginas?) com todos os elementos da Lei do Inquilinato (incluindo seus termos técnicos, que somente a gente entende, como "benfeitorias voluptuárias") e escrito no mais formal e culto português. Será que ele vai ler esse contrato? E se ler, será que ele vai entender?

Pensando agora em um processo cível. Petição inicial, citação, despacho, liminar, decisão interlocutória, agravo, embargos, contestação. Denunciação à lide, sentença, apelação, recurso especial. Alguma vez você já falou uma dessas palavras a um cliente? E mais, como é a experiência desse cliente ou mesmo das pessoas no geral com o nosso judiciário? Pense você, perdido em Pequim. A menos que você conheça o idioma, você vai estar completamente confuso... Será que de certa forma é assim que as pessoas se sentem quando têm contato com o mundo jurídico? Ou seja, vivemos imersos na economia da experiência e dia após dia entregamos experiências ruins aos nossos clientes: exatamente (ou até pior) como era o mercado financeiro antes do movimento *fintech*.

3. AS *FINTECHS* E O *MINDSET* ÁGIL

Vivemos em uma era de hipercompetitividade e hiperconectividade. Já passou o tempo em que precisávamos de um vendedor para nos informar qual a melhor escolha de compra. Com a internet, os consumidores conseguem acessar uma abundância de informações para tomar sua decisão de compra e, quando não compram online, precisam do vendedor apenas para concretizar a compra. A assimetria de informação entre cliente e marca não existe mais.

Do lado das empresas, ferramentas tecnológicas que antes estavam disponíveis apenas para empresas grandes por serem de alto custo, hoje são acessíveis a empresas de todos os portes. Essas ferramentas muitas vezes traziam vantagens que poderiam representar barreiras de entrada para concorrentes, e é isso que a escola tradicional ensina: proteja seu negócio, tenha barreiras de entrada. Hoje, proteger o negócio não é mais a solução... Você precisa *gerar valor* ao seu cliente o tempo todo.

Olhar para o mercado, entender o que o consumidor quer e então criar um produto para ele - e não criar um produto para depois convencer o cliente que precisa dele. Ou seja, a experiência desta nova era digital precisa ser centrada no cliente, nas necessidades dele, no que ele quer e no que ele precisa. *Esse é o* mindset *ágil: ouvir e gerar valor para o cliente.*

As *fintechs* são, por excelência, empresas de *mindset* ágil. Elas percebem necessidades dos clientes, criam produtos para atender essa necessidade e criam mecanismos para estarem sempre próximas deles, colocando-os como centro das discussões e tomadas de decisão (sim, uso de *Design Thinking* total!)

Atuar dentro do *mindset* ágil exige que a empresa se organize de forma que todas as áreas e todas as pessoas entendam que cada decisão, de cada uma das áreas e pessoas, impacta nas entregas que a empresa toda faz aos clientes.

Esse *mindset* é oposto ao que vemos na economia tradicional. Aqui, os times são organizados por um propósito e cada um tem a missão de fazer aquele propósito acontecer, em claro contraste com o tradicional modelo de descrição de cargos, em que se descreve muito bem o que cada pessoa tem que fazer (e, como consequência, o que ela não precisa fazer por ser o trabalho de outra pessoa).

> "An unstoppable revolution is now under way in our society, affecting almost everyone. The revolution isn't being launched by opposition political parties, or by terrorists in secret cells, or through espionage by some obscure government department. The revolution is being conducted in plain sight by some of our largest and most respected corporations. It's visible to anyone with eyes to see. It's a revolution in how organizations are being run" *The Age of Agile* – How smart companies are transforming the way work gets done, Stephen Denning.

Para que o *mindset* ágil possa ser aplicado à prática, é preciso que as pessoas estejam imersas na cultura ágil e desenvolvam real senso de pertencimento, como mostra o claro contraste entre as teorias de gestão X e Y de Douglas McGregor, que já não caberiam neste capítulo.

4. O USUÁRIO (NO CENTRO): OS CONTEÚDOS JURÍDICOS TAMBÉM FAZEM PARTE DA JORNADA DO CLIENTE

Pautada pelo *mindset* ágil, a incansável busca de valor para o cliente permeia o dia a dia de uma *fintech*. Desde os produtos até a forma de comunicação com o público – tudo é pensado a partir da perspectiva do cliente, para resolver uma dor ou dar uma opção de produto de maior valor para ele.

Para isso, há times inteiros organizados dentro das *fintechs* olhando para o que chamamos de jornada do cliente. A jornada do cliente é o caminho que ele trilha dentro da empresa, desde o momento em que vê a marca pela primeira vez, passando pelo processo todo de contratação, uso, resolução de problemas no caminho e encerramento da relação.

Só neste descritivo breve da jornada já conseguimos pensar em vários momentos em que este cliente terá contato com conteúdos jurídicos – na contratação de serviços, na resolução de problemas ao longo do caminho e também no encerramento da relação cliente x empresa.

Com áreas inteiras pensado em cada mínimo passo desta jornada, buscando que ela seja sempre a mais fluida, agradável e eficiente possível (afinal, vivemos a economia da experiência, buscando sempre aportar valor para o cliente), nosso desafio como jurídico é não só garantir a segurança das relações, mas aprender a pensar e entregar completamente conectados a este mindset.

Será que cabe nesta forma de pensar soluções, nesta missão *fintech*, um contrato de 30 páginas do mais puro juridiquês? Certamente não. E não é somente aqui que todo esse juridiquês já não cabe mais. O cliente não está ali para ler. Ele está para acessar um serviço ou comprar um produto. As regras são sim importantes, mas precisam ser vistas como parte do todo, e não como um fim em si mesmas.

Se o cliente entender plenamente o que está sendo contratado, as chances de ele se frustrar ao longo da jornada diminuem drasticamente. E a gente, como jurista, diariamente perde a oportunidade de fazer esse alinhamento de expectativas – colocando em linguagem desinteressante e inacessível um conteúdo que deveria ser o mais claro e objetivo possível.

Entender que nosso conteúdo integra a jornada do cliente – estejamos ou não em uma *fintech* – é o ponto de partida para a criação de conteúdos que realmente façam diferença na vida das pessoas. Spoiler: o legal design e o *visual law* são as nossas principais ferramentas para integrarmos de forma plena este mundo em que precisamos mostrar valor em cada entrega.

5. COMO SE COMUNICAR COM OS USUÁRIOS (*PLAIN LANGUAGE, UX WRITING*, VISUAL LAW)

Ao longo da nossa jornada no design de informação, ou *visual law*, tivemos a oportunidade de trocar experiências com muitos advogados, tantos de empresas como de escritórios. Vimos colegas se aventurando com peças cheias de desenhos e vimos outros não sabendo nem por onde começar.

A verdade é que a faculdade de Direito ensina a escrever e a escrever de forma rebuscada. Não temos números. Não temos elementos visuais. Não fomos treinados a entregar nosso trabalho de outras formas. Por isso, essa sensação de "estou perdida(o)" é muito além de comum, é justa!

Ok, mas então, por onde começar? Pelo texto. Sim, a gente começa a construir um bom material em *visual law* a partir de um bom texto. E, quando falamos em bom texto, não queremos dizer um bom texto no melhor juridiquês. Queremos dizer um texto limpo, livre de termos técnicos e outras dificuldades de leitura. Como já diria Leonardo da Vinci "A simplicidade é o mais alto grau de sofisticação".

Não é apenas sobre não ter juridiquês que estamos falando. Falamos de construir o texto pensando no seu leitor. Para isso, algumas reflexões: Quem vai ler seu texto? Qual a finalidade da leitura? Você terá apenas um tipo de público ou vários? Qual a mensagem que você quer passar?

Todas essas perguntas são o começo da criação de um material em visual law. A gente está acostumado a escrever para outros advogados ou juízes... Mas quase nunca aquele texto é só para essa audiência. Pense em uma petição: se seu cliente interno ou mesmo dono de uma empresa quiser ler, ele vai entender? Agora que tal um estatuto social? Quantos advogados vão ler? E quantos acionistas, analistas, funcionários? Pensando em um contrato – por que escrevemos um contrato pensando no advogado do outro lado, que vai analisar, se quem precisa de verdade ler e entender é a área ou pessoa que está contratando?

Pois é. Precisamos repensar nossa escrita e, para isso, contamos com duas grandes fontes teóricas para nos ajudar: Plain Language e UX Writing.

Plain Language, ou linguagem simples, é um movimento que começou nos Estados Unidos e que hoje já é amplamente difundido em diversos idiomas. Ela é baseada em 3 pilares:

Seu leitor precisa:

1. Achar a informação que ele precisa no seu texto
2. Entender seu texto na *primeira vez* que ele lê
3. Conseguir usar a informação que ele encontrou para o que ele precisava

Parece simples porque é simples. E é justamente alcançar essa simplicidade nosso grande desafio. A construção prática dessa teoria depende de muito exercício e, pela nossa experiência, as grandes bases são:

1. DESAPEGA, PELO AMOR DE DEUS! Precisamos praticar o desapego jurídico. Informações, cláusulas, conteúdos que colocamos por puro medo de tirar (um medo que até hoje não entendemos de onde vem, mas que continua assombrando nossas cabeças) e que nunca usamos na prática, nunca vimos ninguém precisar usar ou pior – que já estão na lei – precisam ser eliminados. Se você não aprender a desapegar dos detalhes, das vírgulas, das notas de rodapé, dos "ses", você não vai conseguir construir um bom documento – seja um texto corrido, seja em visual law.

2. ARQUITETURA DA INFORMAÇÃO: tão importante quanto a informação em si é a ordem em que ela é apresentada ao leitor. Quando falamos de arquitetura da informação falamos em pensar sobre o conteúdo como um todo e organizá-lo de uma maneira que facilite a compreensão. Um exemplo que pode tornar esse conceito mais próximo: pense em um contrato de locação – é comum, ao longo do contrato, ter hipóteses de rescisão em várias cláusulas que não estão no capítulo "Da Rescisão", fazendo com que o leitor precise ler o documento todo para conseguir saber todas as situações que podem levar à rescisão contratual. [1]

3. TÉCNICAS DE REDAÇÃO: embora a gente se considere excelentes escritores, a verdade é que voltar a estudar técnicas de redação é útil e necessário. Aqui, juntamos alguns pontos técnicos que podem ajudar na construção do seu texto:

   a. Escreva como se estivesse conversando com o leitor, como uma conversa. Isso ajuda a pessoa a se conectar com seu texto e se aproximar do seu conteúdo.

   b. Use sempre a voz ativa, evite a voz passiva.

   c. Escreva frases e parágrafos curtos, e aqui uma dica: a quantidade de vírgulas de uma frase é diretamente proporcional à dificuldade de leitura dela.

   d. Use palavras comuns, do cotidiano das pessoas (e não do cotidiano dos juristas).

   e. Use construções que sejam fáceis de seguir, como listas e tabelas.

De mãos dadas com a linguagem simples anda o UX Writing (escrita voltada à experiência do usuário). Traduzindo em termos práticos, enquanto a plain language olha para a simplicidade, as técnicas de redação voltadas à experiência do usuário querem além de passar uma mensagem, fazer isso de forma empática, mantendo o leitor engajado no texto.

---

1. "A arquitetura da informação é a prática de decidir como organizar as partes de alguma coisa de modo a torná-la compreensível." Para saber mais, acesse: https://www.iainstitute.org/what-is-ia.

Você já parou para pensar nos sentimentos que um texto de desperta? Quer fazer este teste? Pegue o último contrato longo que você viu. Ou mesmo uma lei. Antes de começar a leitura, pare e observe qual sentimento aquele conteúdo te desperta. Agora lendo um pouco do texto, faça novamente o mesmo exercício. Pense num livro que você não tenha conseguido parar de ler até que ele chegasse ao fim. E então, qual o sentimento? Os textos têm o poder de gerar sensações e sentimentos nas pessoas. Entender essas sensações e saber como trabalhar com elas é o grande objetivo do UX Writing.

A redação voltada ao usuário prega que o texto deve ser significativo, conciso, dialógico e claro. O redator de UX precisa ler, reler e editar o texto. Ao longo do exercício de edição, é possível ver claramente a relação entre contagem de palavras e a evolução do texto segundo esses objetivos. Ou seja, UX Writing é todo um novo mundo de técnicas e recursos que envolvem o leitor e o guiam por sentimentos e experiências positivas.

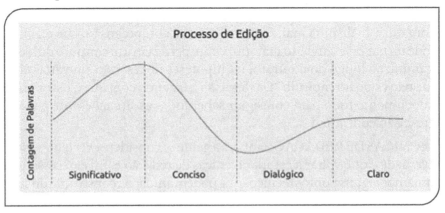

Fonte do gráfico: Livro "Redação estratégia para UX: aumente engajamento, conversão e retenção com cada palavra."

Vamos voltar com essa reflexão para o nosso universo? Você já sentiu preguiça antes de ler um documento jurídico? Já ficou com raiva, ou confuso, por ter que ler e reler um conteúdo jurídico várias vezes para entendê-lo? Quando pensamos em um contrato que escrevemos, o nosso leitor é a outra parte, certo? É interessante que o sentimento que norteie a leitura dele seja preguiça ou confusão? O quanto isso vai impactar na análise e atrasar o fechamento do negócio? Pois é... A gente é redator por excelência, mas cada vez mais as normas cultas de linguagem não são mais suficientes nem se justificam por si só na nossa redação jurídica.

A esta altura você deve estar se perguntando: legal, mas o visual law não prega o uso de elementos visuais em conjunto com um texto? E por que estamos falando ainda de texto? Para deixar muito sedimentado o que acreditamos: a base para a construção de um bom documento em visual law é o texto.

Agora que este ponto da redação está bastante explorado, seguimos para a parte visual do conteúdo. Com um texto organizado, com informações claras e organizadas (arquitetura da informação, lembra?) vamos começar a pensar visualmente sobre o conteúdo.

Primeiro passo: Qual é a mensagem que você quer passar? Todos os elementos visuais devem estar atrelados a ela, dando um alvo muito claro ao seu leitor. As demais informações podem ser postas ao longo do documento segundo seu nível de relevância. Usar cores, tamanhos diferentes de letras, quadros e ícones ajudam muito.

Na hora de pensar esses elementos visuais, é importante não focar no lado estético do documento apenas, mas sim na função que aquele elemento traz. Podemos usar aqui o exemplo abaixo, que é a política de contratos do will bank:

1. *Cores, fontes:* É importante que as cores e fontes sejam usadas de forma intencional, e não por gosto pessoal. A fonte também passa uma mensagem.

Imaginem esse livro todo nessa fonte aqui... passaria a mensagem de um livro técnico, sério? Ou seria mais adequada a um convite para festa infantil?

No exemplo: amarelo, cinza, preto – são as cores da marca will bank. As fontes também são determinadas pelo livro da marca (o brand book). O amarelo nas caixas menores quer mostrar para o leitor que aquele conteúdo tem um nível de relevância diferente do cinza – num texto escrito, o amarelo seria nota de rodapé ou parênteses.

2. *Elementos Gráficos:* linhas, quadros, círculos – todos os elementos devem ser usados também de forma intencional e de acordo com a linguagem visual da marca que você está representando.

3. *Estrutura da informação:* notem que há uma linha imaginária guiando todo o alinhamento do texto. É importante manter o alinhamento das informações para passar a mensagem de forma lógica e dar a ideia de sequência. Deixar espaços sem informação é também muito importante, pois dá um descanso aos olhos.

4. *Contraste:* o contraste comanda a atenção, então é importante trabalhar tamanhos de fonte e cores lembrando sempre dessa regra.

5. *Imagens:* ícones e imagens podem ajudar muito na compreensão do texto. É preciso apenas cuidar para que essas imagens sejam adequadas, é comum vermos trabalhos com imagens que são nitidamente de estilos diferentes, que não combinam, ou até muito infantilizadas, o que a nosso ver também não é adequado (a menos que seja esta a intenção – ou seja, pensar sempre em qual a mensagem que você quer passar a cada elemento adicional é o mantra por aqui).

6. *Nem sempre precisa estar tudo escrito:* Escrever por meio de gráficos, infográficos e tabelas é uma forma interessante de passar a mensagem.

Juntando todos esses pontos, teríamos uma construção assim:

    Criar documentos visuais pode ser muitas vezes desafiador para nós, juristas. Contar com a ajuda de um designer gráfico ou mesmo do próprio time de marketing pode ser muito legal na construção desses documentos. Contudo, com dedicação, estudo e exercício, é possível criar bons documentos mesmo contando apenas com o mundo jurídico. O exemplo da regra de contratos foi criado pelo time jurídico do will bank.

    Nós, seres humanos, somos seres visuais. As pessoas que vão usar nossos documentos também. Por isso, além de uma nova forma de apresentar conteúdos, o visual law é um excelente caminho para oferecermos conteúdos jurídicos de maneira acessível e empática para quem lê.

6. DESAFIOS DAS *FINTECHS* NO JUDICIÁRIO E COMO O *VISUAL LAW* PODE AJUDAR NESSE PROCESSO

Como já colocamos na introdução deste capítulo, as *fintechs* chegaram para mudar a forma como o mercado e as pessoas usam e acessam serviços financeiros. Nos bancos digitais não temos a figura do gerente ou mesmo agências físicas. Falando de *fintechs* que atuam em outras frentes, como concessão de crédito, meios de pagamento ou mesmo financiamento, elas não apenas deixaram de ter presença física para os clientes como inventaram produtos financeiros completamente novos.

Quando vemos todo este ecossistema das *fintechs* com os olhos do judiciário, precisamos enxergá-lo com as lentes da jurisprudência. Nossos tribunais ainda engatinham no entendimento do aspecto business das *fintechs* e estão acostumados a lidar com as demandas dos grandes e tradicionais players do mercado financeiro.

Os entendimentos e julgados que a nossa jurisprudência construiu são baseadas em um universo de produtos e serviços completamente diferente do que temos hoje com a realidade *fintech*. Diferentemente do Banco Central, que está muito próximo e entende bem o ecossistema das *fintechs*, nosso judiciário precisa entender todo este contexto – tanto no aspecto econômico/social, quanto no aspecto de funcionamento.

Nossa missão, enquanto jurídico e advogados de *fintechs*, é explicar o business, o impacto econômico social que ele causa e também os aspectos regulatórios que o norteiam. Explicando ao judiciário como o negócio funciona, que é o que ele não sabe, ficará com certeza mais fácil para ele aplicar o direito – que é o que ele com certeza sabe.

Aqui, as oportunidades de uso do *visual law* são imensas. Gráficos, fluxos e números ajudam e muito na explicação do negócio ao judiciário. As peças nestes casos devem ser muito mais focadas em explicar a *fintech* e o produto dela do que no direito em si. Primeiro me conheça, depois me julgue – é o racional que deve permear toda a construção de defesas para as *fintechs*.

7. O *CASE* DA KOIN: REINVENTANDO O MUNDO JURÍDICO

Colocando em contexto: A Koin é uma *fintech* que atua no mercado de meios de pagamento e, como toda boa *fintech*, já nasceu imersa nesse novo jeito de pensar o negócio, completamente voltado ao cliente. Ou, pelo menos, boa parte dela.

A verdade é que, enquanto 99% da empresa respirava experiência do cliente, o jurídico vivia em uma bolha própria. Documentos gigantes, densos, com uma linguagem incompreensível para a maioria das pessoas, levando a discussões longas e cansativas sempre que algo precisava ser alterado.

Estar tão inserido nesse meio e tão distante dessa realidade colocou uma pulguinha atrás da orelha. Nos incomodava, e estar incomodado foi o primeiro passo de uma longa caminhada que traçamos por ali. Do incômodo veio a pesquisa, o estudo, os cursos, as palestras, as incontáveis conversas com profissionais dentro e fora da Koin e um objetivo claro: trazer o jurídico para essa nova realidade.

Decidimos começar grande. Queríamos que essa mudança fosse visível para todo mundo, dentro e fora da Koin. Queríamos mudar a experiência do nosso cliente, interno e externo. Alterar a nossa cara, como nos mostrávamos para o mundo. Precisávamos começar pelos nossos termos e condições.

Tivemos a sorte de contar com pessoas incríveis que não só embarcaram na nossa ideia como contribuíram, muito, desde o começo. Assim, conversamos com o time de experiência do usuário para entender quem era o nosso cliente, traçamos um mapa de empatia e sentamos no chão com post-its, cartolina, canetas coloridas e uma vontade genuína de fazer um direito melhor.

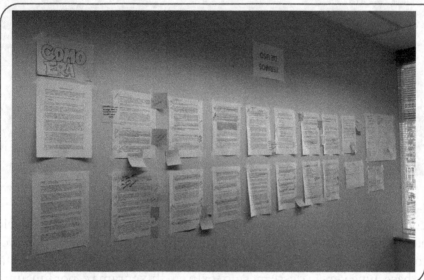

Foto: processo de revisão do texto original dos termos e condições da Koin.

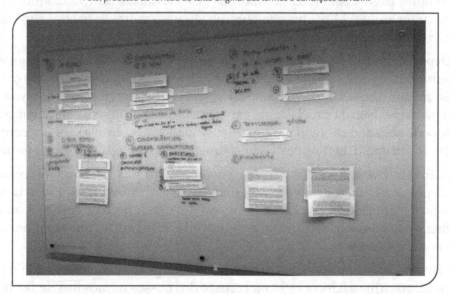

Foto: processo de arquitetura da informação do conteúdo dos termos e condições da Koin.

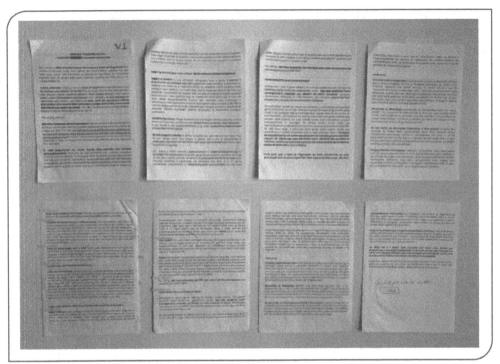

Foto: Versão final do texto dos termos e condições da Koin.

E como essa caixinha de experiência do cliente é imensa, a gente decidiu que não faria um só texto, mas três versões do mesmo conteúdo. Se o nosso cliente é múltiplo, temos que atendê-lo também com multiplicidade. Decidimos, então, criar um texto base, uma versão desse mesmo texto em fluxograma e, por fim, um resumo de uma única página com todas as informações relevantes. SIM, decidimos que era possível transformar 24 páginas de puro juridiquês em um *onepage* – e valeu cada segundo (veja o resultado final em https://termos.koin.com.br/).

Depois de chegar em uma primeira versão que nos agradou do texto, era a vez do time de marketing fazer a mágica acontecer. Foram outras tantas versões, outros tantos ajustes, até que o resultado quase final chegasse. Quase, porque ainda faltava a parte da programação. Não dá para falar em experiência de usuário sem pensar em que tela que ele pode acessar o conteúdo (e as particularidades de cada tela). Assim, contamos também com o apoio do time de desenvolvimento e tecnologia para nossa jornada.

Enfim, estávamos com os termos e condições prontos, exatamente como queríamos, preparado para o lançamento, mas veio ela, de novo, a experiência, avisar que faltava algo. Não poderíamos colocar o documento no ar como só mais um documento. Precisávamos cativar nossos clientes, eles tinham que entender aquilo como nós entendíamos...

Fizemos, então, um teste. Queríamos entender se, realmente, todo o nosso esforço fez com que a leitura e a compreensão dos nossos termos fossem facilitadas.

Divulgamos a versão internamente para a Koin e preparamos um jogo de perguntas e respostas sobre as informações que trouxemos ali. Posso dizer, com certeza, que além dos bons resultados que tivemos, ver a participação e o interesse de toda a empresa em algo de uma área com fama de chata nos deu a certeza do caminho a seguir.

E, para finalizar, preparamos também uma brincadeira para nossos clientes internos, com a intenção muito clara de conscientizar sobre a importância de saber exatamente o que você está contratando quando clica naquele famoso botãozinho de "li e concordo". A brincadeira virou um vídeo que foi divulgado ao mercado na data de lançamento dos termos e condições, que carinhosamente apelidamos de O Primeiro Li Mesmo e Concordo da Sua Vida.

Poderíamos somente expor o nosso produto final nesse artigo, falar das técnicas e trazer números sobre a diminuição das nossas demandas judiciais por tornar mais claro um tema utilizando esse novo modelo de documento, mas terão outros textos sobre isso. Decidimos que o nosso trabalho foi muito maior do que o produto que entregamos. Envolveu o conceito de design em todas as suas definições. Veio desde a idealização, do projeto, da criação e do desenvolvimento de algo. Veio da junção de várias pessoas, de vários saberes. Veio de uma convicção sincera da nossa capacidade de tornar algo melhor, para todos.

8. REFERÊNCIAS

DENNINGS, Stephen. *The Age of Agile*: How Smart Companies Are Transforming the Way Work Gets Done. [S. l.]: Amaryllis Business, 2018.

FEIGELSON, Bruno; DA SILVA, João Pedro Brígido Pinheiro. Fintech Litigation: conceito e prática. *In: Banking 4.0*: Desafios Jurídicos e Regulatórios do Novo Paradigma Bancário e de Pagamentos. São Paulo: Ed. RT, 2020.

OS AGILISTAS. *Os Agilistas*: #03 O cliente no centro do negócio. Autores: Marcelo Schuster, Denise Eller. [S. l.: s. n.], 2018. Disponível em: https://conteudo.dtidigital.com.br/inf-03-cliente-no-centro. Acesso em: 28 jun. 2022.

PODMAJERSKY, Torrey. *Redação estratégia para UX*: aumente engajamento, conversão e retenção com cada palavra. São Paulo: Novatec, 2019.

THE INFORMATION ARCHITECTURE INSTITUTE. *What is Information Architecture?* [S. l.]. Disponível em: https://www.iainstitute.org/what-is-ia. Acesso em: 28 jun. 2022.

UNITED STATES GOVERNMENT (Estados Unidos). Site Plain Language Action and Information Network. [S. l.], Disponível em: https://www.plainlanguage.gov/. Acesso em: 28 jun. 2022.

24

LEGAL DESIGN NO PODER JUDICIÁRIO

Marco Bruno Miranda Clementino

Juiz Federal no Rio Grande do Norte, Professor da UFRN, Doutor em Direito, com formação em Inovação e Liderança pela Harvard Kennedy School, membro do Centro Nacional de Inteligência da Justiça Federal, membro do Comitê de Nacional de Conciliação do CNJ, Coordenador de Inovação da JFRN, formador da ENFAM e Coordenador do IBET-Natal.

Sumário: 1. Introdução. 2. A inovação judicial. 2.1. A justiça como serviço. 3. A estética dos serviços judiciais e a experiência do jurisdicionado. 4. Os princípios da inovação judicial. 5. A institucionalidade da inovação judicial: Como tudo está acontecendo. 6. Um *judicial design*? 7. Remodelando a estética dos serviços judiciais. 8. Conclusões. 9. Referências.

1. INTRODUÇÃO

Ainda em 1961, Mário Moacyr Porto legava ao Brasil um belíssimo ensaio por meio do qual refletiu sobre os fundamentos estéticos do direito, partindo da relação entre o belo e o justo como "binômio eterno e metas finais de todas as aspirações humanas". Num texto curto, porém muito denso, o autor demonstrava existir uma nítida implicação entre os processos de criação artística e de construção normativa por meio da interpretação, ali cunhando uma frase que se tornou emblemática: "A lei não esgota o Direito como a partitura não exaure a música"[1].

Em Platão e Aristóteles, a essência do belo era associada ao bom e ao verdadeiro, revelando uma clara aproximação entre a ética e a estética. Embora tenha esta, a partir da Idade Média, passado a ser estudada de forma autônoma em relação a outros ramos da filosofia, isso não exclui a circunstância de que valores como justiça e segurança, essenciais à própria ideia de direito, podem também ser compreendidos a partir de noções estéticas como harmonia, ordem, proporção ou estilo.

---

1. PORTO, Mário Moacyr. Os fundamentos estéticos do Direito. *Revista dos Tribunais*. v. 50, n. 308, p. 7-15, jun. 1961.

Se o belo e o justo podem ser associados nos conceitos jurídicos e na interpretação da norma, isso também acontece com aquilo que se pode denominar de serviços jurídicos, ou seja, a exteriorização do direito como prática social. Isso acontece nos serviços judiciais privados, mas também naqueles prestados pelo Estado, a exemplo daqueles que dão suporte ao exercício da jurisdição. Tome-se como exemplo uma sentença judicial: trata-se, como se sabe, de um conceito jurídico-processual, expressando a manifestação da autoridade estatal na solução de conflitos de interesses; ao mesmo tempo, porém, caracteriza-se também como serviço judicial, porque busca agir positivamente em benefício da sociedade, produzindo efeitos concretos.

Na qualidade de serviço judicial, a sentença materializa-se por meio de um documento, cuja composição estética ora atende a exigências legais, ora a determinadas convenções sociais. Se por um lado a lei processual exige, via de regra, a presença do relatório, da fundamentação e do dispositivo na sua estruturação, o que não deixa de ser também uma imposição estética, são convenções sociais, porém não menos estéticas, que estabelecem, por exemplo, a ordem desses elementos, a eventual predominância da forma textual, o uso constante de determinadas expressões forenses, o estilo de abordagem, entre outros aspectos.

Nesse sentido, sob a premissa de que o direito também pode ser compreendido a partir da noção estética, o objetivo geral deste texto é descrever como o método do Legal Design tem auxiliado no processo de inovação do Poder Judiciário brasileiro, na concepção de serviços judiciais que propiciem uma melhor experiência ao jurisdicionado. Como objetivos específicos, pretende-se (i) analisar os fundamentos da inovação judicial, inclusive apresentando seus princípios; (ii) apresentar a roupagem institucional da política de inovação do Poder Judiciário; (iii) conceituar o método do Legal Design e descrever como ele tem sido utilizado no processo de inovação judicial; (iv) apresentar alguns exemplos resultados do emprego do Legal Design na transformação estética dos serviços judiciais.

A problemática tratada no texto gira em torno da reflexão acerca do fundamento e da eficácia do emprego do pensamento do *design* com a finalidade de repensar os serviços judiciais, particularmente no contexto de uma instituição tão marcada pelo tradicionalismo quanto o Poder Judiciário. A análise, por outro lado, justifica-se na constatação de que esse mesmo emprego pode conduzir a uma verdadeira transformação estética dos serviços judiciais, de forma a que sejam prestados sob a ideia de centralidade no jurisdicionado, propiciando-lhe uma melhor experiência deste, na qualidade de respectivo usuário.

Do ponto de vista metodológico, o presente trabalho resulta de pesquisa descritiva, de abordagem qualitativa e estruturada sob o método lógico-dedutivo. Quanto aos procedimentos, emprega preponderantemente as técnicas bibliográfica e documental, com ênfase na doutrina jurídica, dogmática e filosófica, e nos marcos institucionais da política de inovação do Poder Judiciário. Utiliza-se também a técnica da pesquisa de campo, objetivando compreender o estado da arte no processo de inovação judicial e descrever alguns de seus resultados concretos.

2. A INOVAÇÃO JUDICIAL

Tem sido bastante comum confundir inovação com tecnologia. É que, embora sejam conceitos facilmente conciliáveis, a implicação existente entre ambos, rigorosamente acidental, é de fim e meio, ensejando, quando efetivamente se atrelam, uma vertente chamada de inovação tecnológica. Tampouco o conceito de inovação pode ser reduzido à mera exponencialidade, embora possa haver entre elas uma relação de causa e efeito. É indiscutível, por outro lado, que a tecnologia tem sido um importante vetor na promoção de instituições exponenciais.

Inovar significa essencialmente colocar o ser humano no centro da estruturação de um novo modelo social qualquer e, assim, agregar-lhe valor. A tecnologia, por outro lado, constitui ferramenta para que a inovação possa atingir seus objetivos. Nesse sentido, a inovação tecnológica é apenas uma vertente, entre outras, de um amplo leque de possibilidades de incrementar um serviço, de romper paradigmas ou mesmo de transformar radicalmente a realidade. A exponencialidade, por outro lado, diz respeito à ideia de impacto na mudança e de elevação desproporcional da capacidade de ação de determinada instituição ou organização, assim como de atendimento de determinado serviço.

Por isso mesmo, é um equívoco associar inovação judicial à mera ampliação do emprego da tecnologia na prestação jurisdicional. Aliás, essa é premissa até perigosa, porque pode resultar numa espécie de "exponencialidade da opressão", simplesmente tornando digitais práticas já existentes e eventualmente robotizando problemas sistêmicos da jurisdição. A inovação precisa ser elemento propulsor de uma mudança de cultura institucional, por meio da agregação de uma espécie de valor judicial, com foco dirigido ao jurisdicionado, em busca de uma jurisdição mais humana, democrática, transparente, sustentável e solidária.

A inovação judicial diz respeito genericamente à ideia de agregação de valor à prestação jurisdicional, com o objetivo de centrar no jurisdicionado, de modo a proporcionar-lhe uma melhor experiência como destinatário dos serviços judiciais, a definição do modelo por meio do qual aquela é exercida. Nesse sentido, a inovação judicial atua, ao mesmo tempo, como processo e como campo semântico. Expressa-se como um processo porque estimula a transformação da realidade, porém age como campo semântico ao delimitar, a partir da ideia de centralidade no ser humano, o conteúdo de um valor judicial legítimo que justifique a mudança.

2.1. A justiça como serviço

Chega a ser impressionante a semelhança encontrada na arquitetura das instalações judiciárias mundo afora. O edifício onde funciona a Justiça Federal do Rio Grande do Norte, por exemplo, é muito parecido com aqueles da Suprema Corte dos Estados Unidos, da Suprema Corte da Índia e mesmo da Suprema Corte Popular da China. Todos são prédios que ostentam uma suntuosidade horizontal, com fachada imponente e colunas elevadas. Em geral, essas características costumam se manter mesmo em algumas construções com *design* mais contemporâneo, como aquelas da *High Court* da Austrália e da Corte Constitucional da África do Sul.

A arquitetura judiciária oferece uma fascinante reflexão acerca do exercício do poder na história, assim como seus respectivos rituais. Em *Images de la Justice*, Robert Jacob explica que a justiça era inicialmente praticada ao ar livre e, a partir do século XII, deslocou-se para o interior de prédios. Nas civilizações mais remotas, os julgamentos podiam ocorrer embaixo da "árvore de justiça" ou em ambientes próximos de pedras sagradas. Na Idade Média, mais adiante, a "prática da justiça" foi transferida para as cidades e passou a funcionar nos chamados *town halls*, prédios cívicos então construídos para legitimar o poder exercido pelos governantes. No caso dessas estruturas judiciárias medievais, os edifícios eram costumeiramente concebidos em dois níveis, sendo o térreo destinado ao cárcere e o primeiro andar, às audiências e julgamentos.

Na Idade Moderna, os prédios judiciários começam a adquirir a feição de "palácios da justiça" que ostentam até os dias atuais e que marcam a tradição da arquitetura judiciária no mundo todo. Esses palácios consolidaram o ideal de "templos da justiça" como um *locus* em que o elemento religioso se segregava em definitivo do jurídico, porém no qual a justiça era alçada à condição de um valor social grandioso e elevado. Por isso, embora já secularizados, esses prédios mantinham nítida influência religiosa no seu *design*, como forma de externar uma espécie de sacralidade judiciária por meio da qual o sistema judicial preservava um certo distanciamento, como mecanismo de defesa de interferências externas.

Essa mesma tradição se expressa na arquitetura judiciária brasileira, por meio da qual se projeta, até de forma deliberada, a simbologia de grandiosidade e de sobriedade da justiça como valor. É certo que tal característica tem a virtude de reforçar no imaginário social alguns dos princípios da ética judicial, como a independência, a imparcialidade e a integridade. Todavia, há um nítido aspecto negativo de apresentar como referencial apenas um ideal abstrato de justiça distante do indivíduo, o real titular dos direitos a serem tutelados pela jurisdição. Em outras palavras, o modelo tem como ponto de partida o resguardo da autoridade da jurisdição e seu exercício por meio de um desejado marco ético, mas descura da importância de conferir o também necessário prestígio ao destinatário da distribuição da justiça.

A *Harvard Kennedy School*, por meio de um estudo de caso intitulado de *Order Kids in Court*, baseado na Política de Acolhimento de Crianças da Justiça Federal do Rio Grande do Norte, teve a oportunidade de estimular a reflexão em torno do tema em seus cursos sobre inovação no setor público. Em 2017, a iniciativa surpreendeu a professora Sanderijn Cels, que não tinha a menor ideia de que a instituição, com suas excelentes instalações rigorosamente estruturadas sob o referencial da tradição moderna, era frequentada por crianças carentes da Região Nordeste, porque seus pais não tinham com quem deixar seus filhos quando compareciam às audiências das ações previdenciárias. Cels ficou surpresa com o colorido que as brinquedotecas, instaladas no contexto da política pública implementada, proporcionaram aos outrora cinzentos fóruns e decidiu compreender melhor o desafio de inovar numa instituição tão tradicional quanto o Poder Judiciário, com foco no jurisdicionado, o destinatário dos seus serviços.

Na mesma Justiça Federal do Rio Grande do Norte, até o simples uso de cores nas dependências internas já fora antes disso objeto de intenso debate, sob o legítimo questionamento quanto ao respeito à identidade da instituição. Felizmente, esse colorido timidamente tornou-se política institucional no Poder Judiciário nos últimos anos e talvez o marco mais significativo a respeito tenha sido a instalação, também em 2017, do Laboratório de Inovação da Justiça Federal de São Paulo, o iJusplab, inaugurando um hoje denso movimento em torno da inovação judicial.

O exemplo da Política de Acolhimento de Crianças da Justiça Federal do Rio Grande do Norte demonstra como o redirecionamento de foco ao jurisdicionado induz profunda mudança de paradigma na forma como a jurisdição é pensada. Essencialmente, ela deixa de ser idealizada como um prédio, um *locus* em que a justiça é distribuída, para ser concebida como um serviço (judicial) em benefício do usuário (jurisdicionado), organizado segundo as suas necessidades e de forma a proporcionar-lhe a melhor experiência.

Essa mudança de perspectiva reforça a premissa de que a jurisdição se exterioriza por meio de serviços judiciais prestados ao cidadão, os quais, evidentemente, revelam determinada identidade estética. A agregação de um valor judicial por meio da inovação implica que o *design* desses serviços seja centrado no jurisdicionado e não mais numa abstração de valores objetivando o reforço da noção de autoridade. A jurisdição expressa-se genuinamente como serviço a partir de uma mudança de mentalidade, de cultura institucional, de paradigma a partir do qual se estrutura. Consistindo a justiça como valor um elemento finalístico da jurisdição, é possível compreendê-la também como um serviço que pode ser redesenhado sob a perspectiva do jurisdicionado.

3. A ESTÉTICA DOS SERVIÇOS JUDICIAIS E A EXPERIÊNCIA DO JURISDICIONADO

Não é novidade, na tradição brasileira, que a ciência jurídica apresenta um viés epistêmico positivista-racionalista, tendendo a prestigiar o direito posto como objeto de investigação científica, com emprego predominante do método lógico-dedutivo. Essa característica também influencia o ensino jurídico, nele prevalecendo os métodos pedagógicos mais tradicionais de transmissão direta do conhecimento, com uma abordagem essencialmente abstrata e conceitual do fenômeno jurídico.

A principal consequência disso é que o jurista brasileiro adquire naturalmente maior facilidade para praticar o direito por meio de um discurso abstrato e de base conceitual, com o emprego praticamente exclusivo da linguagem escrita. Outro reflexo é a constatação de que esse perfil de formação resulta numa limitação estética para exteriorização, em serviços jurídicos, de princípios estabelecidos no direito positivo. É como se o jurista dominasse o "saber jurídico", mas tivesse dificuldade de lidar com o "saber fazer" (aspectos práticos) e o "saber ser" (aspectos éticos).

Pode-se exemplificar com o princípio processual da cooperação. Lá no ensino jurídico, o acadêmico de direito tem a oportunidade de lhe reconhecer o marco legal, de teorizar a partir de seu conceito e mesmo de construir retoricamente uma tese, mas, quando mergulha na prática jurídica, como advogado, nem sempre consegue expressar em termos comportamentais o que significa assumir uma postura cooperativa no contexto de um processo judicial sem descurar dos interesses do cliente. Se lhe tivesse sido oportunizado, ainda na formação universitária, absorver o conceito a partir de metodologias ativas de ensino, certamente desenvolveria um senso crítico mais aguçado acerca do princípio e teria condições de expressar um "saber ser", no exercício profissional, compatível eticamente com o conteúdo semântico do princípio.

Nesse sentido, é possível afirmar que a formação do jurista brasileiro é focada nas capacidades teórica e retórica, descurando, por exemplo, de habilidades a atitudes indispensáveis à gestão de serviços jurídicos. No caso dos serviços judiciais, elas vêm sendo desenvolvidas por meio de uma sólida política de formação inicial e continuada de juízes no contexto das Escolas Judiciais e de Magistratura, sob a liderança, no que se refere às Justiças Federal e Estadual, da Escola Nacional de Formação e Aperfeiçoamento de Magistrados (ENFAM) e, quanto à Justiça do Trabalho, da Escola Nacional de Formação e Aperfeiçoamento de Magistrados do Trabalho (ENAMAT).

No entanto, nem sempre é fácil romper o paradigma que orienta os modelos mentais lançados, na origem da formação, pelas faculdades de direito, razão por que nem todos os juízes conseguem, mesmo com a experiência, desenvolver certas habilidades e atitudes necessárias à gestão adequada de serviços judiciais, muitas vezes sob a compressão de que sua contribuição é exclusivamente teórica e que as atividades de gestão devem ser predominantemente realizadas por servidores. Não custa lembrar, porém, que o modelo de recrutamento de servidores no Poder Judiciário prestigia também aqueles graduados em direito, criando-se assim um círculo vicioso, que resulta não raras vezes num déficit de gestão e, por consequência, de capacidade de inovação.

Os modelos epistêmico e pedagógico predominantes na tradição jurídica brasileira, a rigor complementares entre si, findam por produzir uma estética jurídica de certo modo reducionista, com reflexos quanto à legitimidade política do discurso jurídico. Isso porque o direito positivo é um objeto cultural composto de linguagem prescritiva direcionada a ordenar a realidade e, na condição de corpo linguístico, é relacional e ostenta como destinatário da "mensagem normativa" não apenas aquelas pessoas com formação jurídica, senão também a população em geral. Por isso, um discurso jurídico hermético põe em xeque a legitimidade democrática do direito como instrumento regulador da vida em sociedade. Simplificando o raciocínio: o jurista precisa se comunicar bem e nem sempre consegue.

O racionalismo positivista propõe-se a abordar o fenômeno jurídico a partir de seu rigor formal e teórico, o que até faz sentido do ponto de vista estritamente científico. Entretanto, no tocante à sua manifestação como prática social, a produção jurídica resulta pouco dialogal e marcada pela abstração. Mais do que isso, também os serviços jurídicos terminam por ser estruturados segundo as mesmas premissas estéticas reducionistas, com excessivo apego ao formalismo, ao procedimentalismo e à burocracia, como também com predominância da linguagem escrita e técnica. Tradicionalmente, os serviços jurídicos são concebidos de dentro para dentro, para serem protagonizados por um grupo de poucos, exclusivamente aqueles com formação jurídica.

Por óbvio, esse reducionismo estético se projeta também para o modelo de jurisdição tradicionalmente praticado. A ideia de distanciamento refletida na arquitetura judiciária moderna é um claro exemplo disso. No contexto de uma produção jurídica hermética, o jurista figura como uma espécie de sujeito exclusivo de veiculação da linguagem prescritiva do direito positivo, o que, no caso do juiz, expressa-se na ideia de autoridade judiciária. Desse modo, aquilo que se convencionou denominar de competência da autoridade judiciária consiste, afinal, em um mero reflexo de um paradigma estético excludente.

Essa visão reducionista suscitou também um determinismo estético, algo que se percebe no tradicional apego do jurista a aspectos formais, muitas vezes até irrefletidos. Não raras vezes, associou-se a licitude de determinada "mensagem normativa" a rigores formais não exigidos pela lei, simplesmente influenciados pela praxe forense. No mais, o discurso jurídico esteve avesso durante séculos a signos linguísticos não escritos, expressando uma linguagem esteticamente limitada.

Marcílio Franca Filho, em excelente texto no qual aborda a iconografia jurídica brasileira, explica que, em tempos mais remotos, o direito chegou a se manifestar como um saber multimídia e a estética dos signos jurídicos era mais diversificada. Menciona, por exemplo, a busca dos juristas romanos por uma *elegantia juris*, ou um sentido estético da juridicidade. Todavia, lembra que isso se perdeu justamente com a modernidade jurídica, prevalecendo a partir de então a linguagem verbal, objetivando oferecer sobretudo segurança jurídica na interpretação normativa[2].

No entanto, se o direito é sistema de base linguística e, portanto, relacional, não se pode descurar, no campo da pragmática, da compreensão dos signos pelo destinatário da "mensagem normativa". Assim, não faz sentido a afirmação de que o emprego de uma estrutura linguística mais fechada resguardaria segurança ju-

---

2. FRANÇA FILHO, Marcílio. A iconografia jurídica brasileira na Casa de Tobias Barreto. *Consultor Jurídico*. São Paulo, 02 out. 2019. Disponível em: https://www.conjur.com.br/2019-out-02/direito-comparado-iconografia-juridica-brasileira-casa-tobias-barreto. Acesso em: 28 jun. 2022.

rídica, porque o cidadão sem formação técnica, como participante desse processo comunicacional, também precisa ser capaz de desenvolver percepção semântica em relação ao discurso. Do contrário, a "mensagem normativa" lhe será de difícil compreensão, o que por si só esvazia a respectiva prescritibilidade e, portanto, seu essencial traço funcional.

Não custa repetir que o direito se exterioriza como prática social por meio de serviços jurídicos e, no âmbito da jurisdição, de serviços judiciais. Assim, a percepção da justiça e da jurisdição como serviços, sob o influxo da inovação em busca da agregação de valor judicial, reforça a qualidade da comunicação especificamente no campo pragmático da linguagem, por prestigiar um referencial estético que centra no jurisdicionado o respectivo *design*, reforçando a sua capacidade de realizar um juízo mais eficaz sobre o conteúdo do discurso jurídico e aprimorando a sua experiência como beneficiário da prestação estatal.

É indiscutível que se trata se uma transformação estética bastante profunda nos serviços judiciais. Abandona-se o perfil hermético e reducionista nos signos linguísticos empregados, assim como o paradigma de *design* de dentro para dentro, com ênfase no formalismo, no procedimentalismo e na burocracia, para que possam ser concebidos segundo a melhor experiência a ser proporcionada ao jurisdicionado. Isso significa conceber e oferecer serviços judiciais mais empáticos, que propiciem uma jurisdição mais acolhedora, participativa, dialogada, polifônica, cooperativa, aberta e transparente. Também importa em desapego ao formalismo, com incentivo a uma cultura de simplicidade e ao emprego de modelos mais ágeis e qualificados de tratamento da informação e do conhecimento.

É importante registrar que se reconhece a influência da tecnologia no processo de inovação judicial e na promoção de uma melhor experiência ao jurisdicionado. O *design* centrado no ser humano tem sido característico na concepção de novos modelos de serviços em geral baseados em suporte tecnológico e de logo se percebeu o potencial de aplicação desse paradigma ao direito e à jurisdição. A tecnologia também tem desempenhado um papel bastante interessante na disseminação de uma linguagem multimídia, popularizando uma riqueza de signos de fácil percepção semântica, sobretudo a partir de elementos iconográficos, o que também tem estimulado a retomada de um discurso jurídico mais visual e imagético.

4. OS PRINCÍPIOS DA INOVAÇÃO JUDICIAL

Foram estabelecidas as premissas de que a ideia de inovação judicial pressupõe sejam revisitadas algumas premissas estéticas tradicionais da jurisdição, sem as quais a ideia de centralidade no jurisdicionado não se concretiza. Como se trata de algo novo, não existe um marco teórico consolidado a respeito e, por isso, é importante identificar quais seriam os princípios da inovação judicial, como marcos de ressignificação ética e institucional da jurisdição.

Os princípios da inovação judicial incluiriam: i) o princípio da horizontalidade (princípio do tamborete); ii) o princípio da gestão judicial democrática; iii) o princípio da cocriação judicial; iv) o princípio da colaboração judicial; v) o princípio da independência judicial compartilhada; vi) o princípio da racionalidade experimental; vii) o princípio da flexibilidade e da adaptabilidade; viii) o princípio da desburocratização; ix) o princípio da cultura de simplicidade; x) o princípio da cultura digital judicial; xi) o princípio da comunicação judicial empática e inclusiva; xii) o princípio da diversidade e da polifonia de ideias; xiii) o princípio da sustentabilidade; xiv) o princípio da centralidade no jurisdicionado.

O princípio da horizontalidade não propõe em si a quebra da hierarquia no contexto do Poder Judiciário, até porque isso esvaziaria a importante noção de autoridade. Porém, não há tampouco como inovar se a tradicional estrutura hierárquica não dialoga e torna impossível o desenvolvimento de empatia em relação à relevante participação de cada ator na prestação jurisdicional, inclusive do próprio jurisdicionado. Na verdade, o princípio exige uma espécie de lugar de fala e de escuta, de modo a proporcionar o enriquecimento do processo decisório. A referência a "princípio do tamborete" remete à necessidade de relativização do formalismo dos espaços judiciais em que se pretende inovar, a fim de que o mero simbolismo não silencie determinados indivíduos que precisam falar e ser ouvidos. Como exemplo, laboratórios judiciais de inovação são locais muito mais propícios para inovar do que os salões nobres de fóruns e tribunais.

O princípio da gestão democrática é um desdobramento do primeiro, pressupondo que uma gestão inovadora precisa saber ouvir, em busca da agregação de genuíno valor judicial, evitando que determinadas estratégias sejam traçadas sem a devida atenção aos problemas sistêmicos da jurisdição e simplesmente expressem a aceleração de uma atividade irrefletida e acrítica quanto às respectivas consequências sociais.

A diferença entre os princípios da cocriação e da colaboração judiciais é bastante tênue. O primeiro diz respeito à maior legitimidade social das construções coletivas no contexto da jurisdição. É um princípio muito rico, por exemplo, para orientar o "saber fazer" do juiz em demandas estruturais, em litígios complexos e mesmo na concepção de novos serviços judiciais em geral. A colaboração judicial, por outro lado, refere-se ao aspecto ético, ao "saber ser" dos atores judiciais em torno do processo de inovação, à consciência quanto à importância de um agir coletivo diante da complexidade do fato social no estágio atual civilizatório.

A associação entre esses dois princípios conduz ainda a outro, o da independência judicial compartilhada. Ora, se se reconhece a legitimidade de construções coletivas, de uma cultura de cocriação judicial, assim como se estimula a colaboração como postura ética, o princípio da independência judicial também é ressignificado, para afastar a ideia de que sua manifestação depende da tradicional postura de isolacionismo e distanciamento do juiz, desde que respeitada a diversidade, a isonomia e o caráter democrático no processo de inovação judicial.

O princípio da racionalidade experimental indica a legitimidade de uma postura indutiva quanto à transformação da realidade. Os juristas são reprodutores, por tradição, de uma cultura formalista como roupagem de uma lógica essencialmente dedutiva, que pouco valor atribui à experiência. Nesse sentido, eles tendem a ser conservadores e apresentar uma postura anti-inovadora. Pelo princípio, cada unidade judicial pode ser um laboratório de transformação da jurisdição, agregando valor judicial que pode ser amplificado pelos canais próprios de fomento e gestão da inovação judicial.

Esse princípio é reforçado por outro, o da flexibilidade e da adaptabilidade. Ora, não faz sentido reconhecer o valor de tentativa e erro como vetores de produção de conhecimento se não for agregada a permissão de correção de rumos em face do constante aprendizado. Por isso, o formalismo judicial deve ceder à flexibilidade e à adaptabilidade, possibilitando a evolução de determinada prática e o permanente incremento de novos valores judiciais.

O mesmo formalismo, tão entranhado nas estruturas e práticas judiciais, precisa ser superado, a partir de uma mudança de cultura, expressa pelo princípio da desburocratização. Como desdobramento, é preciso fomentar uma cultura de simplicidade, outro princípio da inovação judicial, irradiando-se para toda a "cadeia produtiva" da prestação jurisdicional e do serviço judicial como um todo, inclusive quanto ao uso da linguagem e à definição do suporte material de apresentação de dados judiciais nos processos. O excessivo recurso ao tradicional suporte documental como pressuposto de validade da prática de atos, por exemplo, é algo que já deveria ter sido superado, diante das inúmeras oportunidades de produção criativa de informações a partir de dados que a tecnologia, por exemplo, já tem condições de oferecer.

Surge daí a importância do princípio da cultura digital. Ora, é equivocado compreender cultura digital como mera substituição do suporte físico, se as práticas não são também ressignificadas. Por esse princípio, a jurisdição já pode ser pensada sob perspectiva desterritorializada, numa espécie de Poder Judiciário em nuvem, e os autos judiciais precisam ser tratados como um meio de gestão inteligente de dados e não apenas de acúmulo cronológico de documentos. Abre-se também um amplo campo de reflexão para construção de padrões de ética e validade digitais, algo que se pode iniciar por uma correlação entre as dimensões presencial e digital da prática de atos processuais.

Se a jurisdição se estrutura também como serviço, com centralidade no jurisdicionado, é de rigor que se assegure a este uma participação ativa no processo judicial e nos serviços judiciais em geral. Para que isso ocorra, é preciso que ele compreenda a linguagem por meio da qual a mensagem é transmitida. Isso suscita a importância do princípio da comunicação judicial empática e inclusiva, em função do qual surge a necessidade de repensar a linguagem sob a perspectiva do jurisdicionado. Isso não significa abandonar o rigor técnico, senão traçar estratégias, a exemplo do direito visual (*visual law*), em benefício de uma maior efetividade na comunicação.

Esse aspecto é fundamental porque a diversidade é um pressuposto fundamental da inovação. Não há como agregar valor (judicial) com uma postura excludente. Daí a importância do princípio da diversidade e da polifonia de ideias. A inovação judicial busca solucionar problemas complexos e isso não é possível sem que se oportunize a apreciação de determinado problema ou desafio, jurídico ou judicial, sob as mais diversas óticas. A não afirmação desse princípio implica tentar enfrentar a complexidade a partir de raciocínios lineares e, portanto, sem potencial transformador da realidade. Outro princípio relevante é o da sustentabilidade. Ora, o conceito de diversidade é incompatível com a lógica do descarte e, por isso, as soluções inovadoras são essencialmente inclusivas, equilibradas e pensadas nas consequências às gerações futuras.

Por fim, aquele que talvez seja uma espécie de matriz filosófica dos demais: o da centralidade no jurisdicionado, que lida com habilidades e atitudes no contexto da jurisdição. Ele é o indutor de um modelo de jurisdição que se organiza de fora para dentro, sob a premissa de uma autoridade que serve e escuta, que deixa de focar no processo para se estruturar de forma a proporcionar ao jurisdicionado a melhor experiência possível, nos limites da aplicação da Constituição e da lei. Ele pressupõe essencialmente o exercício de empatia, de se colocar na posição do jurisdicionado, para tentar oferecer o serviço que gostaria de receber no lugar dele. Parece algo simples ou mesmo rudimentar, mas é algo de um impressionante poder transformador da jurisdição, em benefício da democratização do direito.

5. A INSTITUCIONALIDADE DA INOVAÇÃO JUDICIAL: COMO TUDO ESTÁ ACONTECENDO

É inquestionável que o ecossistema jurídico brasileiro foi invadido pela ideia de inovação. É difícil apontar um átimo da história como marco inicial desse fenômeno, mas não há dúvida da influência da evolução tecnológica nesse contexto, pela nítida percepção quanto ao seu potencial transformador dos serviços jurídicos. Paralelamente, o conceito de inovação em governo aportou no país, com incentivo da agregação de valor público e foco no cidadão nos serviços prestados pelo Estado, em complementaridade ao modelo gerencial baseado na eficiência.

No Poder Judiciário, o investimento em tecnologia aplicada à atividade-fim é um fenômeno já antigo. Ainda na década de 1980, chegaram os primeiros computadores e, a partir de então, iniciou-se uma fase na evolução tecnológica que pode ser denominada de "informatização do processo judicial", bastante anterior à própria Lei nº 11.419/2006. Nessa fase, com o emprego de recursos tecnológicos, iniciou-se uma política de gestão do conhecimento aplicada ao processo judicial, qualificando a informação processual e, por via de consequência, o controle da tramitação processual.

Já no começo deste século, iniciou-se, com base na permissão da Lei nº 10.259/2001, a implantação do processo eletrônico, o que pode ser reconhecido como uma segunda fase na evolução tecnológica do Poder Judiciário, protagonizada inicialmente pelos Tribunais Regionais Federais. Em seguida, surgiram alguns projetos isolados em Tribunais de Justiça, até que o Conselho Nacional de Justiça (CNJ) deflagrasse projetos nacionais, primeiramente o PROJUDI e depois o PJe, este em cooperação com o Tribunal Regional Federal da 5ª Região (TRF5).

Até então, o investimento em tecnologia no Poder Judiciário era tratado apenas como agenda das áreas de tecnologia da informação nos tribunais, sem que houvesse propriamente uma política consistente e muito menos autônoma de inovação judicial. Nessa época, pode-se dizer que a tecnologia era enxergada apenas como a solução para enfrentamento da morosidade da jurisdição, em busca de exponencialidade nos serviços judiciais, sem muita preocupação com os princípios da inovação judicial, sobretudo com a centralidade no jurisdicionado.

Atualmente, o debate mais intenso nessa área diz respeito ao emprego de inteligência artificial, de automação e de gestão de dados no processo judicial. Entretanto, esse debate em voga está sendo realizado nos dias atuais no contexto de uma política de inovação judicial bem mais consistente, com marcos institucionais bastante relevantes, inclusive no âmbito do CNJ.

De fato, já existe um certo nível de institucionalidade da inovação no Poder Judiciário brasileiro, sob o influxo de um entusiasmado e crescente movimento em torno dessa agenda, que se iniciou, conforme já ressaltado, com a inauguração, em 2017, do Laboratório de Inovação da Justiça Federal de São Paulo, o iJusplab. A iniciativa ocorreu sob a gestão dos Juízes Federais Paulo Cézar Neves Júnior e Luciana Ortiz Tavares Costa Zanoni, então respectivamente Diretor e Vice-Diretora do Foro, e no contexto de um previamente lançado Programa de Gestão e Inovação da Seção Judiciária de São Paulo.

O iJusplab, então instalado num subsolo do Fórum Federal Cível Ministro Pedro Lessa, contou com o patrocínio da Associação dos Juízes Federais de São Paulo e Mato Grosso do Sul (AJUFESP), tendo sido apresentado na segunda edição do Fórum Nacional de Gestão e Administração Estratégica da Justiça Federal (FONAGE), promovido pela Associação dos Juízes Federais do Brasil (AJUFE), que teve justamente a inovação como temática principal na sua programação. Nesse ensejo, foi realizada uma visita oficial, que estimulou Justiça Federal do Rio Grande do Norte a implementar, meros dois meses depois, seu próprio laboratório judicial de inovação, o i9.JFRN. A partir de então, o movimento pela inovação judicial rapidamente ganhou envergadura na Justiça Federal, com a instalação de laboratórios em várias Seções Judiciárias, como Espírito Santo, Rio Grande do Sul, Ceará, Rio de Janeiro, entre outros.

Antes disso, ainda em 2015, a Justiça Federal no Rio Grande do Norte implementara outra política pública inovadora, especificamente voltada à prevenção de litígios e gestão de demandas repetitivas, denominada de Comissão Judicial de Prevenção de Demandas, que constituiu o embrião dos centros judiciais de inteligência. Essa política foi impulsionada em 2017, com a criação, pelo Conselho da Justiça Federal (CJF), do Centro Nacional e dos Centros Locais de Inteligência da Justiça Federal.

Reconhecendo o caráter inovador e estratégico das políticas públicas desempenhadas pelos laboratórios judiciais de inovação e pelos centros judiciais de inteligência, o CNJ, sob o protagonismo da Conselheira Maria Tereza Uille Gomes, empreendeu esforços no sentido de estimular a atuação conjunta desses dois marcos institucionais e criou, em 2019, o Laboratório de Inovação, Inteligência e Objetivos do Desenvolvimento Sustentável (LIODS). A finalidade principal foi institucionalizar o emprego da inovação e da inteligência, visando conectar o Poder Judiciário com a Agenda 2030 da Organização das Nações Unidas (ONU).

Sob essa roupagem institucional mais sólida e de abrangência nacional, foi iniciado um amplo trabalho, que teve participação ativa dos laboratórios judiciais de inovação até então criados, notadamente do iJusplab, de emprego do pensamento do *design* para desenvolvimento de uma política pública que conectasse a atividade do Poder Judiciário aos Objetivos de Desenvolvimento Sustentável (ODS), movimento que redundou na aprovação da Meta 09 do CNJ. Já em 2020, o LIODS conduziu um amplo trabalho em torno do cumprimento da meta e pavimentou o caminho para a estruturação da Rede de Inovação e Inteligência do Poder Judiciário, associada a uma plataforma que reúne os trabalhos dos laboratórios judiciais de inovação e dos centros judiciais de inteligência.

Desde a sua criação, o LIODS estimulou a criação de inúmeros laboratórios judiciais de inovação nos mais diversos ramos do Poder Judiciário, os quais têm sido o vetor principal de difusão do pensamento do pensamento do *design* na instituição. Também a Associação dos Magistrados Brasileiros criou o seu Laboratório de Inovação e Inteligência (AMB LAB), o que revela a densidade do comprometimento da Magistratura nacional com essa agenda. Nesse sentido, é possível afirmar que a inovação tem sido, no Poder Judiciário, também uma ferramenta de indução dos 17 ODS em sua política estratégica.

6.   UM *JUDICIAL DESIGN?*

O Legal Design consiste, em linhas gerais, na aplicação do *design* centrado no ser humano ao direito ou mais precisamente, consideradas as premissas estabelecidas anteriormente, aos serviços jurídicos, com o objetivo de torná-los mais úteis, utilizáveis e mais empáticos, elevando o grau de satisfação do usuário[3]. Portanto, no que se refere aos serviços judiciais, a definição corrobora a finalidade da inovação judicial de promover-lhes uma transformação estética, visando aprimorar a experiência do jurisdicionado.

Com efeito, o Legal Design está diretamente atrelado à inovação judicial e consiste na sua dimensão metodológica, pressupondo um conjunto de técnicas que podem ser aplicadas com o objetivo de estimular a ressignificação estética dos ser-

---

3.   HAGAN, Margaret. *Law by Design*. Disponível em: https://www.lawbydesign.co/. Acesso em: 28 jun. 2022.

viços judiciais, a partir da ideia de centralidade no jurisdicionado. Esse conjunto de técnicas se estruturam em etapas, sequenciais e iterativas (imersão, interpretação, ideação, prototipação, experimentação e evolução), com o objetivo de reforçar a confiança criativa e incentivar uma postura colaborativa visando (i) ao aprimoramento da capacidade de solução de problemas concretos, (ii) à melhoria da comunicação, (iii) à qualificação e democratização do processo decisório, (iv) à identificação de novos nichos de formação profissional e multidisciplinar de juízes e de servidores, (v) ao fortalecimento da dimensão humanística, incluindo a qualidade de vida, (vi) ao desenvolvimento de novos serviços e de novos modelos de trabalhos, (vii) à reflexão sobre os arranjos organizacionais, (viii) à compreensão do potencial transformador da tecnologia aplicada à atividade judicial, (ix) à conexão com a dimensão axiológica extraída dos princípios da inovação judicial.

Como já referido, o Poder Judiciário é uma instituição tradicional e, por isso, bastante conservadora, além de apegada ao formalismo, ao procedimentalismo e à burocracia. Por conta desses fatores, o ecossistema judicial não figura propriamente como propício à assunção de uma postura transformadora, ainda que com a finalidade de agregar valor ao serviço prestado. Por essa razão, os laboratórios judiciais de inovação foram criados justamente como ambientes destinados a oferecer condições estabelecidas em alguns dos princípios da inovação judicial para resguardo da confiança criativa voltada à ressignificação de seus pilares institucionais e organizacionais, assim como de seus serviços em sentido mais estrito.

Nesse sentido, os laboratórios judiciais de inovação foram criados para oferecerem institucionalmente um lugar de fala e escuta para aqueles que desejam exprimir suas inquietudes e apresentar soluções concretas em benefício de uma instituição mais democrática e centrada no jurisdicionado. São ambientes lúdicos, informais, coloridos e acolhedores, que rompem com a tradição da arquitetura judiciária. São também idealizados para viabilizarem a aplicação do Legal Design, através das mais diversas técnicas, e para propiciar o desenvolvimento de uma sensibilidade estética em relação ao Poder Judiciário como instituição, como organização, como equipe ou como conjunto de serviços, objetivando que, num exercício de empatia, sejam encontradas soluções para proporcionar ao jurisdicionado a melhor experiência possível, por meio de serviços judiciais mais humanos e eficientes, que propiciem uma jurisdição mais acolhedora, participativa, dialogada, polifônica, cooperativa, aberta e transparente.

Com efeito, o Legal Design, como expressão metodológica da inovação judicial, estimula a dimensão criativa na reflexão sobre os problemas vivenciados, facilitando a concepção de propostas de remodelagem estética. A propósito, convém destacar que noções como "sensibilidade estética" e "remodelagem estética" a qualidade do belo na acepção mais ampla possível, de busca da satisfação do usuário, ou, no caso específico, da melhor experiência ao jurisdicionado. Por isso mesmo, abrange marcadamente o desenvolvimento de novos modelos que eventualmente possam ser vistos como meramente incrementais, mas também como disruptivos e mesmo como radicais, sempre pensando na utilidade, usabilidade e satisfação.

Nesse sentido, falar de experiência do jurisdicionado implica mais do que oferecer-lhe um prazer imediato. Significa amplificar ao máximo a capacidade institucional de oferecer um serviço judicial de excelência, mais qualificado tecnicamente, mais exponencial, mais transparente, mais empático, mais ágil, mais sustentável, menos oneroso à população, que se comunique e atenda melhor o cidadão, assim como que esteja mais preparado ao enfrentamento aos desafios do futuro.

Não bastasse isso, a institucionalidade da política de inovação judicial no Brasil, já explicitada, parece suscitar um colorido todo especial e inédito no mundo: o atrelamento com os ODS da ONU. Assim, o Legal Design tem sido também a dimensão metodológica de indução de uma cultura de sustentabilidade e inclusão nos serviços judiciais, o que claramente se conecta com o princípio da centralidade no jurisdicionado. O pensamento do *design* tem sido empregado em inúmeras oficinas promovidas por tribunais brasileiros com o desafio de encontrar soluções que incorporem os ODS ao núcleo de valores da política judiciária.

Tratando-se de um modelo bastante particular, talvez não seja exagero afirmar que o Poder Judiciário brasileiro pode estar edificando as bases de um *judicial design*, com características e fundamentos próprios, para oportunamente oferecer ao mundo um novo referencial inspirador bastante particular de justiça como serviço.

7. REMODELANDO A ESTÉTICA DOS SERVIÇOS JUDICIAIS

Não constitui objeto da pesquisa esgotar as iniciativas de remodelagem de serviços judiciais mediante o emprego do Legal Design. A ideia é apenas expor algumas iniciativas que demonstrem o potencial transformador da inovação judicial em prol do aprimoramento da experiência do jurisdicionado e o enfrentamento de desafios concretos na qualificação da prestação jurisdicional, a fim de que se compreenda a utilidade concreta da aplicação do Legal Design aos serviços judiciais.

Um exemplo bastante imediato diz respeito à atuação do Poder Judiciário durante a pandemia do novo coronavírus. Foram inúmeras as iniciativas de remodelagem estética de serviços judiciais com a finalidade de preservar a simples continuidade da prestação jurisdicional em caráter exclusivamente remoto, em face da fixação do Plantão Extraordinário pelo CNJ.

A primeira iniciativa, promovida em conjunto pelos laboratórios judiciais de inovação das Justiças Federais do Rio Grande do Norte e de São Paulo, foi deflagrada a partir de demanda da Rede de Centros de Inteligência da Justiça Federal. O desafio era basicamente a definição de um modelo para a realização de teleaudiências (ou audiências virtuais) durante o período de pandemia. A Rede de Centros de Inteligência da Justiça Federal afetara o tema para estudo e percebeu que, como ali se exigia a concepção de um modelo que rompesse determinados paradigmas, a aplicação do Legal Design auxiliaria sobremodo na busca de soluções concretas e inovadoras.

Naquela ocasião, o próprio desenvolvimento do trabalho já era algo desafiador, porque até então não se realizara uma oficina remota no Poder Judiciário. No entanto, em prospecção realizada pelo iJusplab, veio a sugestão de utilização do aplicativo *Miro*, cuja viabilidade foi posteriormente atestada, tendo o i9.JFRN sido responsável pelo estudo da plataforma e pela preparação dos quadros para aplicação da oficina, que aconteceu com a participação de juízes e servidores de várias Regiões do país, resultante em duas propostas que foram incorporadas à Nota Técnica elaborada pelos Centros Locais de Inteligência da Justiça Federal no Rio Grande do Norte e de São Paulo, a qual inspirou o Manual da Teleaudiência publicado pelo CJF:

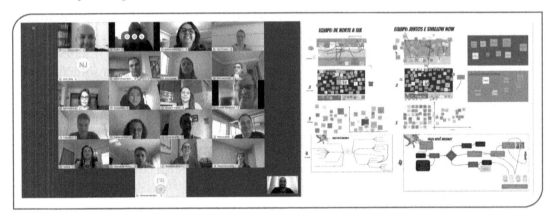

Após essa oficina inicial, a aplicação de Legal Design de forma remota tornou-se rotineira na solução de problemas detectados durante a pandemia e, se isso não bastasse, a experiência propiciou a retomada das atividades do LIODS. A partir de então, haja vista a facilidade de atuação à distância possibilitada pelo uso da tecnologia, possibilitou-se ao LIODS liderar a formação da Rede de Inovação e Inteligência do Poder Judiciário durante um período tão desafiador, que terminou sendo de significativo fortalecimento da política de inovação judicial.

Um nicho interessante proporcionado pelo Legal Design tem ocorrido com o emprego do direito visual (*visual law*) para tornar os serviços judiciais mais compreensíveis, empáticos e inclusivos, com o incremento da capacidade de comunicação judicial e o oferecimento de mais clareza à informação jurídica. O *visual law* pressupõe o emprego de elementos iconográficos e imagéticos, expressos em técnicas como a utilização de vídeos, infográficos, *storyboards*, fluxogramas, pictogramas, entre outros, com o objetivo de melhorar a estética da comunicação.

As primeiras iniciativas de *visual law* remontam a 2019 e vieram da Justiça Federal do Rio Grande do Norte, especificamente da 6ª Vara Federal potiguar, privativa de execuções fiscais. Inicialmente, foi desenvolvido, com o uso de pictogramas, um modelo de termo de audiências, posteriormente transformado num sistema de tecnologia da informação para a realização do ato processual. Durante a pandemia, tendo em vista o distanciamento imposto pelo Plantão Extraordinário e a preocupação com a dificuldade de atendimento ao jurisdicionado, vários projetos foram desenvolvidos por aquela unidade jurisdicional, tendo ganhado bastante visibilidade o mandado de citação e intimação da penhora com pictogramas e um QR-Code com um vídeo do próprio juiz federal explicando o conteúdo jurídico do documento:

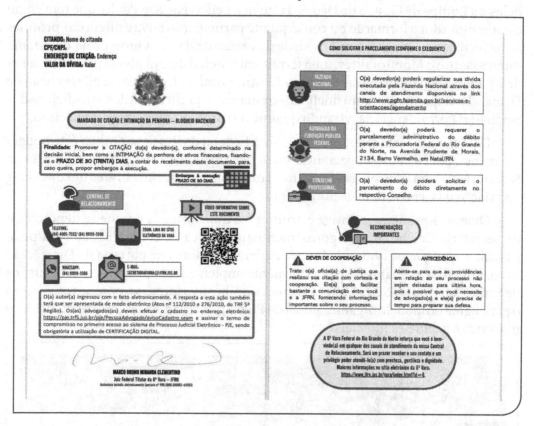

A partir de então, inúmeras outras iniciativas rapidamente foram surgindo em outros órgãos, a exemplo do Tribunal de Justiça do Rio Grande do Sul (TJRS) e do Tribunal de Justiça do Maranhão (TJMA). O CNJ, na Resolução nº 247/2020, estimulou a utilização de recursos de *visual law* e a ENFAM passou a promover cursos oficiais de aperfeiçoamento de magistrados sobre o tema, numa clara sinalização institucional quanto à importância da técnica no sentido do fomento da inovação judicial.

Outra vertente relevante da inovação judicial tem sido a política de gestão de dados judiciais. Sabe-se que muitos tribunais têm ferramentas de *business intelligence*, mas dois projetos merecem referência pelas respectivas peculiaridades. O primeiro deles é a Equipe de Gestão de Dados da Justiça Federal de São Paulo, que tem como caráter inovador a formação e a consequente participação ativa e direta das próprias áreas técnicas interessadas na atividade de gestão de dados. Outro projeto bastante interessante é o MonitoraPrev, uma ferramenta digital desenvolvida pela Justiça Federal do Rio de Janeiro, através de seu Centro Local de Inteligência e Prevenção de Demandas Repetitivas, com a finalidade de mapear o perfil social dos jurisdicionados em matéria previdenciária, visando qualificar o processo de tomada de decisão.

Dois exemplos interessantes da 6ª Vara Federal do Rio Grande do Norte podem ser mencionados como impactantes no *design* organizacional: a transformação da Secretaria da Vara (outrora em formato tradicional de cartório) em área de *coworking* e a criação da Central de Relacionamento.

Quanto à primeira, a antiga estrutura foi transformada no que se denominou de Secretaria Colaborativa, rigorosamente numa área de *coworking*, na qual pode trabalhar qualquer servidor da Justiça Federal, por força de portaria da Direção do Foro. Projeto semelhante foi posteriormente implementado pelo Tribunal de Justiça de Santa Catarina (TJSC). A iniciativa tem significativo impacto, porque rompe com o paradigma do modelo organizacional do Poder Judiciário em feudos, caracterizados por varas e gabinetes judiciais.

Por sua vez, a segunda iniciativa, a Central de Relacionamento, para além da transformação do *design* organizacional, visa primordialmente a qualificação do atendimento ao jurisdicionado. Em linhas gerais, abandona-se o vetusto balcão de atendimento, moldado pelo modelo legal-burocrático de gestão pública, por um ambiente empático e acolhedor, pensado para oferecer o máximo de conforto, privacidade e informação ao jurisdicionado.

Um desafio bastante contemporâneo, até porque acelerado pela pandemia do novo coronavírus, tem sido a transposição dos serviços judiciais tradicionalmente oferecidos presencialmente para o ambiente digital. Um bom exemplo pode vir da mesma 6ª Vara Federal, com a criação pela Central de Relacionamento Virtual, ocasião em que todos os canais de atendimento foram unificados em plataforma no site da unidade jurisdicional, inclusive com *link* de videoconferência disponibilizado durante todo o horário de atendimento, um vídeo explicativo da respectiva utilização e um *backdrop* oficial para profissionalização da atividade.

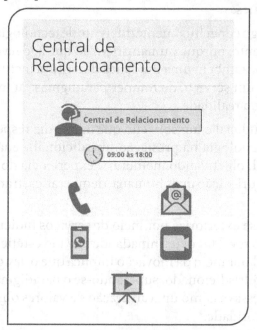

De certo modo, essa transposição implica relevante mudança na estética do serviço judicial prestado e, por isso, o Legal Design consiste em ferramenta bastante útil para que aquele possa ser repensado sob o referencial da nova experiência a ser proporcionada ao jurisdicionado. No caso da Central de Relacionamento Virtual, cada aspecto estético, envolvendo acesso, usabilidade, praticidade e conforto visual foi criteriosamente pensado, de acordo com o perfil do jurisdicionado da unidade.

A rigor, o Legal Design se aplica a toda e qualquer projeto de inovação judicial, portanto fundamentado nos princípios anteriormente conceituados. Um aspecto importante é garantir, no contexto da verdadeira revolução tecnológica que há algum tempo é vivenciado pelo sistema judicial, aqueles sejam efetivamente resguardados, evitando que a robotização da atividade judicial aniquile a capacidade de exercer uma jurisdição humana. Por isso, é importante que cada projeto – e são muitos os tribunais que têm investido maciçamente nessa área, como também inúmeros os sistemas que têm sido lançados – seja devidamente validado antes de sua implementação e, para tanto, o Legal Design (ou *judicial design*) será cada vez mais importante, inclusive em conexão com os ODS, de modo a fomentar projetos sustentáveis e inclusivos.

8. CONCLUSÕES

A pesquisa confirmou a hipótese de que o emprego do Legal Design é bastante útil com o objetivo de auxiliar o processo de inovação judicial, na concepção ou remodelagem estética de serviços judiciais que propiciem uma melhor experiência ao jurisdicionado. Os resultados da pesquisa, com base nos objetivos geral e específicos, são os seguintes:

1) Inovação é algo conceitualmente diferente de tecnologia e tem um significado mais abrangente, porque humanístico, do que a ideia de exponencialidade. Ela pressupõe também uma mudança de cultura institucional no sentido de incrementar um serviço, de romper paradigmas ou mesmo de transformar radicalmente a realidade.

2) A inovação judicial é um conceito que não se diz respeito à mera ampliação do uso da tecnologia na prestação jurisdicional, senão à agregação de um valor judicial, objetivando melhorar a experiência do jurisdicional e oferecer-lhe uma jurisdição mais humana, democrática, transparente, sustentável e solidária.

3) A jurisdição se exterioriza por meio de serviços judiciais prestados ao cidadão, os quais revelam determinada identidade estética. A agregação de um valor judicial por meio da inovação implica que o *design* desses serviços seja centrado no jurisdicionado, superando-se o paradigma moderno segundo o qual se expressava como uma abstração de valores objetivando o reforço da noção de autoridade.

4) A justiça como valor é um elemento finalístico da jurisdição, sendo possível compreendê-la também como um serviço que pode ser redesenhado sob a perspectiva do jurisdicionado.

5) A percepção da justiça e da jurisdição como serviços, sob o influxo da inovação judicial, reforça a qualidade da comunicação no campo pragmático da linguagem jurídica, por prestigiar um referencial estético que centra no jurisdicionado o respectivo *design*, reforçando a sua capacidade de realizar um juízo mais eficaz sobre o conteúdo do discurso jurídico e aprimorando a sua experiência como beneficiário da prestação estatal.

6) Essa transformação estética da jurisdição implica o abandono do perfil hermético e reducionista nos signos linguísticos, assim como o paradigma de *design* de dentro para dentro, para que possam ser concebidos segundo a melhor experiência a ser proporcionada ao jurisdicionado.

7) A inovação judicial pressupõe sejam revisitadas algumas premissas estéticas da jurisdição, expressas nos princípios da horizontalidade, da gestão judicial democrática, da cocriação judicial, da colaboração judicial, da independência judicial compartilhada, da racionalidade experimental, da flexibilidade e da adaptabilidade, da desburocratização, da cultura de simplicidade, da cultura digital judicial, da comunicação judicial empática e inclusiva, da diversidade e da polifonia de ideias, da sustentabilidade e da centralidade no jurisdicionado.

8) A inovação tornou-se uma consistente política pública no Poder Judiciário nos últimos anos, inclusive como ferramenta de conexão da atividade da instituição com os ODS da ONU, sob a liderança do LIODS do CNJ.

9) O Legal Design consiste na aplicação do *design* centrado no ser humano aos serviços jurídicos, inclusive os judiciais, com o objetivo de torná-los mais úteis, utilizáveis e mais empáticos, elevando o grau de satisfação do usuário, o que corrobora a finalidade da inovação judicial de promover-lhes uma transformação estética, visando aprimorar a experiência do jurisdicionado.

10) O Legal Design consiste em expressão metodológica da inovação judicial, estimulando a dimensão criativa na reflexão sobre os problemas vivenciados e facilitando a concepção de propostas de remodelagem estética.

11) O Legal Design se aplica a toda e qualquer projeto de inovação judicial, portanto fundamentado nos princípios conceituados no texto, e oferecendo suporte metodológico para uma remodelagem estética adequada dos serviços judiciais. Ele pode ser aplicado nas mais diversas áreas, particularmente no que se refere ao emprego da tecnologia da informação à atividade judicial, sendo importante que o caráter inovador dos projetos seja validado mediante a sua utilização.

12) O Poder Judiciário brasileiro pode estar legando ao mundo uma política muito particular de inovação judicial, em conexão com os ODS da Agenda 2030 da ONU, pelo que talvez não seja exagero afirmar que esteja burilando um *judicial design* para inspirar outros sistemas judiciais.

9. REFERÊNCIAS

CELS, Sanderijn. *Order! Kids in Court!* Harvard Kennedy School. Cambridge, 2017.

CONSELHO DA JUSTIÇA FEDERAL. Centro Nacional de Inteligência da Justiça Federal. *Manual Teleaudiências* / Elaboração: Centro Local de Inteligência da Justiça Federal do Rio Grande do Norte, Centro Local de Inteligência da Justiça Federal de São Paulo. Brasília, Conselho da Justiça Federal, Centro de Estudos Judiciários, 2020.

FRANÇA FILHO, Marcílio. A iconografia jurídica brasileira na Casa de Tobias Barreto. *Consultor Jurídico*. São Paulo, 02 out. 2019. Disponível em: https://www.conjur.com.br/2019-out-02/direito-comparado-iconografia-juridica-brasileira-casa-tobias-barreto. Acesso em: 28 jun. 2022.

HAGAN, Margaret. *Law by Design*. Disponível em: https://www.lawbydesign.co/. Acesso em: 28 jun. 2022.

JACOB, Robert. *Images de la Justice*. Essai sur l'iconographie judiciaire du Moyen Âge à l'époque classique. Paris, Le Léopard d'or, 1994.

PORTO, Mário Moacyr. Os fundamentos estéticos do Direito. *Revista dos Tribunais*. v. 50, n. 308, p. 7-15, jun. 1961.

RADBRUCH, Gustav. *Filosofia do Direito*. São Paulo: Martins Fontes, 2004.

25

LEGAL DESIGN NO MINISTÉRIO PÚBLICO

Pedro Borges Mourão

Graduado em Ciências Sociais e Jurídicas pela Universidade Federal do Rio de Janeiro (2001). Advogado inscrito na OAB/RJ 2001-2003. Promotor de Justiça do Ministério Público do Estado do Rio de Janeiro 2003 – Atualmente. Menção Honrosa Prêmio Innovare 2010 Categoria Ministério Público – Programa de Identificação de Vítimas (PIV – MPRJ). Subcoordenador do Centro Integrado de Apuração Criminal 2011-2013. Prêmio Innovare 2011 Categoria Ministério Público – Programa de Resolução Operacional de Homicídios. Prêmios Gestão de Excelência Ministério Público do Estado do Rio de Janeiro 2010 e 2011 – Programa de Identificação de Vítimas (PIV) e Programa de Localização e Identificação de Desaparecidos (PLID) respectivamente. Menção Honrosa Prêmio Conselho Nacional do Ministério Público 2012 – Programa de Localização e Identificação de Desaparecidos. Secretário de Tecnologia da Informação do Ministério Público do Estado do Rio de Janeiro 2013-2014. Usuário Tableau avançado – Treinamento Path Data Governance Innovation 2013. Coordenador de Análises, Diagnósticos e Georreferenciamento do Ministério Público do Estado do Rio de Janeiro (MP em Mapas) 2018-2019. Gerador de conteúdo para a 1ª. Edição do Curso de Ciência de Dados para membros e servidores do Ministério Público do Estado do Rio de Janeiro – Realização da Pontifícia Universidade Católica – RJ – 2019. Professor IEP/MPRJ. Professor IERBB/MPRJ e AFD – Academia de Forense Digital.

Sumário: 1. Introdução: Anacronismo do direito como serviço e a aceleração ao ritmo digital da evolução da sociedade (Lei de Moore sobre o Direito. 2. Legal design, o que é? 3. Estruturas complementares do legal design. 3.1 Legal *storytelling*, o que é? 3.1.1 Breve digressão sobre o leitor de textos jurídicos forenses. 3.1.2 *Legal Data science* e jurimetria. 4. Como apliquei legal design no MP – análise de um caso concreto: Sistema Nacional de Identificação e Localização de Desaparecidos – SINALID. 5. Referências.

1. INTRODUÇÃO: ANACRONISMO DO DIREITO COMO SERVIÇO E A ACELERAÇÃO AO RITMO DIGITAL DA EVOLUÇÃO DA SOCIEDADE (LEI DE MOORE SOBRE O DIREITO)

Até pouco antes do fim do século XX, fato é que o acesso à justiça no Brasil ainda se constituía de um certo privilégio, limitando a demanda.

Sem prejuízo da gratuidade de justiça, instituída em 1950 pela Lei 1.060, e da assistência judiciária gratuita, erigida à categoria de Direito Fundamental ao ser insculpida no artigo 5º, LXXIV, da CF/88, só o fato de não ser completamente isenta a parte beneficiada pela gratuidade do pagamento de eventual sucumbência já evidencia (e evidenciava) os riscos do acesso à justiça.

Além disto, a complexidade das formas, o uso do latim e uma linguagem padrão bem distante da realidade do dia a dia dos cidadãos sempre foi (e ainda é) uma barreira à eficiência.

Por outro lado, não obstante os louváveis entendimentos de que há legitimidade em utilizar as custas judiciais como *mecanismo inibitório da litigância abusiva*[1], o fato é que o sistema judicial brasileiro é um dos mais baratos do mundo em termos de custo. Por exemplo, um processo por difamação na internet nos EUA pode custar cerca de 15 mil dólares em custas judiciais.[2] Aqui, pode sair de graça.

Já na visão de um custo-benefício isto não é exatamente verdade. O eterno descompasso entre demanda e oferta de serviço leva à morosidade processual, elemento de grave impacto na eficiência econômica e inclusive moral de qualquer demanda.

Porém, a efetivação do direito de acesso à justiça constitucionalmente previsto através da introdução nos últimos anos de soluções como a do rito sumaríssimo pela Lei 9.099/95 e dos meios alternativos de solução de conflitos (conciliação, arbitragem e negócios jurídicos processuais e pré-processuais), ampliando por um lado o acesso à justiça e, por outro, aumentando substancialmente a massa de litígios postos à apreciação do sistema, nos traz a um novo desafio, que é acolher e satisfazer uma nova massa de cidadãos sedentos pela solução de seus problemas.

Perceba-se que, em paralelo a esta dinâmica, a Lei de Moore[3], profetizada pelo fundador da Intel Gordon Moore há mais de 50 anos, vem se revelando exata. Grosso modo, a observação de Moore foi no sentido de que o número de transistores inseríveis em um chip dobraria a cada período de 18 meses, sem alteração de custo. O resultado desta equação é dobrar a capacidade de processamento do chip no mesmo período sem aumentar o seu custo. E isto significa mais informação processada pelo mesmo preço.

---

1. BECKER, Fernanda Elisabeth Nöthen; ROSA, Alexandre Morais da. *As Custas Judiciais como Mecanismo de Desincentivo à Litigância Abusiva*. Disponível em: http://www.enajus.org.br/2018/assets/sessoes/056_EnAjus.pdf. Acesso em: 28 jun. 2022.

2. Informação disponível em: https://www.minclaw.com/cost=-sue-internet-defamation-lawyer-how-much/#:~:text-For%20contested%20cases%2C%20costs%20fall,the%20work%20and%20personnel%20involved. Acesso em: 28 jun. 2022.

3. "The complexity for minimum component costs has increased at a rate of roughly a factor of two per year ... Certainly over the short term this rate can be expected to continue, if not to increase. Over the longer term, the rate of increase is a bit more uncertain, although there is no reason to believe it will not remain nearly constant for at least 10 years. That means by 1975, the number of components per integrated circuit for minimum cost will be 65,000. I believe that such a large circuit can be built on a single wafer." Moore, Gordon, «Cramming more components onto integrated circuits» Electronics Magazine. 1965. Disponível em: https://web.archive.org/web/20090126170054/http://download.intel.com/museum/Moores_Law/Articles-Press_Releases/Gordon_Moore_1965_Article.pdf. Acesso em: 28 jun. 2022.

Foi exatamente esta realidade que permitiu (ao lado de outros fatores) a transformação digital que hoje experimentamos cada vez mais. Quanto mais informação barata e de qualidade disponível, mais teremos cidadãos instruídos. Quanto maior o crescimento da economia e da população instruída, maior será o número de conflitos levados ao sistema de justiça.

Esta é a relação da Lei de Moore com o Direito, e tal dinâmica nos leva à visão de que os velhos métodos, desenhados para um serviço de justiça acessado como privilégio, claramente já não são mais eficientes.

Uma pequena digressão: Lembro aqui, ao falar de tudo isto, de minhas primeiras experiências enquanto Promotor de Justiça no Estado do Rio de Janeiro quando, no início da carreira, substituía em comarcas do Interior. Quantas vezes não presenciei as partes completamente desnorteadas nas audiências. Isto em diversas atribuições. Criminal, Família e Cíveis em geral.

O cidadão por vezes não entendia nada do que estava sendo dito ou feito no ato processual, saindo sem a mínima compreensão do que lhe tinha sido tido, mas ao menos com um "papel" na mão. Talvez alguém lhe explicasse depois o que havia ocorrido.

Hoje isto não é mais aceitável, sendo inclusive, a nosso ver, fator de violação de Princípios como o da Dignidade da Pessoa Humana e Eficiência Administrativa, além de Direitos como Acesso à Informação e Proteção de Dados.

Voltando ao nosso tema, o cenário atual é o de uma demanda de justiça (e não apenas de acesso ao serviço) como nunca houve no país em toda a sua História. Este desafio não poderá ser enfrentado utilizando-se o sistema de justiça dos mesmos expedientes de outrora. De fato, não será meramente ampliando-se a sua capacidade de análise (pelo aumento de membros e servidores das carreiras típicas) que se equacionará esta nova realidade. A próprias métricas atuais de produtividade dos Tribunais falam apenas para dentro, significando pouco para o resultado esperado pela sociedade.

Novos problemas exigem novas abordagens, e é exatamente aqui que, o que hoje chamamos de Legal Design, ganhou substancial importância.

2. LEGAL DESIGN, O QUE É?

Para começar, vamos admitir que o bom senso nos manda primeiro definir o próprio Design enquanto área do conhecimento. "You cannot hold a design in your hand. It is not a thing. It is a process. A system. A way of thinking."[4]

---

4. GILL, Bob. *Graphic Design as Second Language*. Melbourne: Images Publishing, 2006.

A afirmação de Bob Gill, célebre ilustrador e designer gráfico, autor de ilustrações famosas para as revistas *Esquire, Fortune, Seventeen* e muitas outras, além de trabalhos para empresas como a *Nestlé, Pirelli, Universal Pictures* etc., é "matadora".

Design é, em essência, uma forma de abordar um problema de modo a solucioná-lo da maneira mais eficiente possível dado o conhecimento disponível no momento de seu enfrentamento.

Segundo se encontra em:

"Design é um processo que transforma uma curta descrição ou requisito em um produto finalizado ou uma solução. O processo do design pode ser definido para cumprir sete estágios: definição, pesquisa, ideação, prototipação, seleção, implementação e aprendizado. Cada um destes estágios requer design thinking. (...) O processo do design exige um alto nível de criatividade, mas de um modo em que isto é controlado e orientado pelo processo de forma que é direcionado para uma produção viável, soluções práticas para o problema do design e de encontro ou excedendo os objetivos postos pela definição inicial." (Tradução do autor).[5]

Trata-se, portanto, de um *método prático para solução de problemas reais*, sempre visando atender a uma demanda claramente definida inicialmente.

A sua eficácia é tão reconhecida e provada amplamente ao longo de sua história que outras áreas do conhecimento passaram a beber desta fonte em busca de caminhos, de abordagens para a solução de problemas próprios de sua área de interesse.

Há ainda um elemento nodal na metodologia da abordagem e, consequentemente, nos seus resultados: a consideração da pessoa humana como elemento central não só do processo, mas como destinatário da solução.

Esta abordagem antropocêntrica é ideal para o Direito. De fato, trata-se de uma ciência que serve à sociedade humana, visando, dentre os escopos da jurisdição, por exemplo, a pacificação social e a educação do corpo coletivo.

Assim, a sua inserção dentro das abordagens jurídicas como caminho para solução de problemas faz muito sentido, tanto que, hoje em dia, há universidades dedicando espaço para o seu estudo, como a Stanford Law School, com a iniciativa da conhecida *Margareth Hagan* e seu protocolo de cinco passos para o Legal Design.[6]

Em seu conhecido livro *Law By Design*[7], a autora foca em uma das diversas linhas que o Legal Design hoje tem dentro do Direito. De fato, seu foco está em criar meios e sistemas que sejam mais capazes de acolher e orientar as pessoas ao navegar no sistema de justiça, tornando-o mais humano e resolutivo, considerando os reais problemas vividos pelos usuários.

Sua abordagem tem forte uso do chamado *Visual Law*, que é uma técnica de emprego de artefatos gráficos e design de texto para uma **comunicação jurídica**

---

5. AMBROSE, Gavin; HARRIS, Paul. Design Th!nking. Londres: Bloomsbury, 2010, p. 10-11.
6. Saiba mais em: https://law.stanford.edu/directory/margaret-hagan/. Acesso em: 28 jun. 2022.
7. Disponível gratuitamente em: https://www.lawbydesign.co/. Acesso em: 28 jun. 2022.

mais moderna e capaz de atingir de fato o consumidor do serviço de justiça. Em sua definição, Legal Design é: "um meio de avaliar e criar serviços legais, com foco em como são utilizáveis, úteis e envolvente estes serviços."[8]

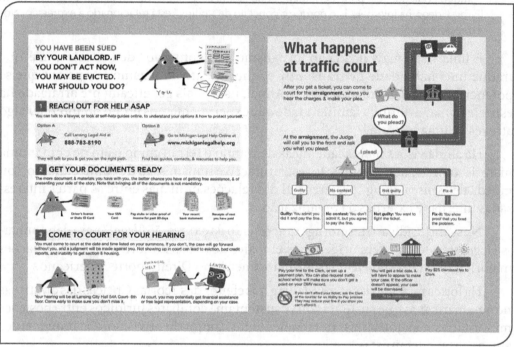

Fig. 1 – Guia visual sobre como agir em caso de estar sendo processado pelo locador.

Mas esta não é a única linha, a par de ser a mais conhecida. Outras origens deram surgimento ao que hoje chamamos de *Legal Storytelling*, *Legal Data Science* e Jurimetria. Como veremos a frente, empregar Legal Design é uma atividade essencialmente multidisciplinar.

3. ESTRUTURAS COMPLEMENTARES DO LEGAL DESIGN

3.1 Legal Storytelling, o que é?

O termo tem diferentes acepções. Na seara da narrativa, e segundo Pereira Oliveira, Olavo, CEO da *Narrative – Storytelling de verdade*[9], significa:

"(...) a junção de duas palavras: story e telling, que significam coisas diferentes. A primeira é substantivo e significa "história"; a segunda é verbo e significa "contar" ou "narrar. Com a história, temos a parte mais abstrata do conteúdo, permeada de subjetividades, a final cada pessoa possuía sua própria história e conta versões muito diferentes de um mesmo caso. As histórias despertam fascínio porque

---

8. HAGAN, Margaret, *Law By Design*, 2019.
9. Disponível em: https://narrative.com.br/como-surgiu-essa-historia-de-storytelling/. Acesso em: 28 jun. 2022.

mexem com a nossa imaginação e, acima de tudo, são alimentadas com as nossas lembranças de determinado assunto ou situação. De modo geral, "story" está ligado à nossa parte criativa.

Com o "telling", temos as narrativas em si. Ou seja, são as formas pelas quais contamos e registramos o conteúdo. É a parte concreta. Sendo assim, estas narrativas podem estar presentes em livros, vídeos, na internet...isto porque o conceito de "telling" está relacionado à expressão. Nos expressamos contando histórias.

É uma visão mais ligada ao jornalismo e a "contação" de histórias, mas que traduz uma habilidade de transmitir conhecimento ao mesmo tempo em que se potencializa engajamento e alcance. Afinal, nada mais geneticamente arraigado na espécie humana do que a familiaridade que experimentamos no ato de aprender algo através de uma história.

Há ainda visões mais acadêmicas definindo o termo como o ato de contar uma história, objetivando a aquisição, estruturação e transmissão de conhecimento[10] ou moeda de "*sensemaking*" preferencial das relações humanas entre as partes interessadas internas e externas da organização.[11]

Na seara jurídica, o termo, agora acrescido da expressão "*legal*" para denominar-se *legal storytelling*, tem origem nos embates de temas minoritários com situações majoritariamente estabelecidas, principalmente no Direito norte-americano.

Há fortes raízes do *legal storytelling* nos efeitos das Teorias Críticas das doutrinas norte-americanas que sustentaram (e sustentam) combates jurídicos entre posições minoritárias e majoritárias, notadamente no campo do ativismo dos movimentos antirracistas e feministas.

Trata-se de levar para campo da fundamentação e da prova jurídica a voz das minorias, verificando-se a utilidade da divulgação das experiências das pessoas contra premissas equivocadas e antecedentemente estabelecidas de que tal espécie de narrativa, pelo seu desarranjo lógico e coerente, não traz o rigor analítico suficiente.

Delgado e Stefancic[12] razem a premissa, agora acertada, de que a voz da cor (*unique voice of color*) pretende chamar atenção para o fato de que "*os próprios grupos minoritários falem por si*". Reabilitando o valor científico da experiência e das narrativas, a Teoria Crítica da Raça destaca a importância do *legal storytelling* contra as narrativas jurídicas estabelecidas.

Uma referência importante, neste contexto, é o trabalho do advogado e professor da *Harvard Law School*, Derrick Bell, cuja célebre frase anima o contexto e o objeto do *legal storytelling*: "*People are moved by stories more than by legal theories*".[13]

---

10. ALLEN, R. B.; ACHESON, J. *Browsing the Structure of Multimedia Stories*. San Antonio: Digital Libraries Browsing, 2000.
11. BOJE, David M. *Storytelling organizational practices*: managing in the quantum age. Londres: Routledge, 2014.
12. DELGADO, R.; STEFANCIC, J. (Ed.). *Critical race theory*: An introduction. New York: New York University Press, 2001.
13. Citação disponível em: https://www.nytimes.com/1987/10/11/books/equality-is-not-enough.html. Acesso em: 28 jun. 2022.

De fato, e como comentamos acima, histórias tornam as teorias legais mais poderosas, pois desafiam a razão ontológica da própria jurisdição como instrumento de justiça, equidade, pacificação e educação para uma sociedade.

Outra referência que merece destaque nesta tarefa de definir o papel complementar do *storytelling* para o desenvolvimento da abordagem do Design no Direito é o trabalho da também advogada e professora da *Harvard Law School, Catharine MacKinonn*, ativista do movimento feminista norte-americano e cuja também célebre frase nos ajudará a entender a contexto do tema: *"Dominant narratives are not called stories. They are called reality"*.[14]

Sempre haverá dentro da dialética que conduz o "diálogo" jurídico, na sua marcha de teses, antíteses e sínteses, o fato e a versão do fato. A arguta percepção da jurista norte-americana mostra com força que, na verdade, o que uma sentença ou tutela provisória traduz é a seleção ou formação da narrativa dominante. Esta, ao ter o poder de execução através da força coercitiva do Direito, forma realidades.

De fato, muitas das vitórias dos movimentos minoritários junto aos tribunais norte-americanos[15], e que transformaram e evoluíram aquela sociedade, foram impulsionadas pela ferramenta do *storytelling,* a demonstrar sua efetividade em levar à cognição do julgador os Fatos e seus Valores[16].

Usar técnicas de narrativa e histórias dentro da argumentação jurídica faz evoluir a percepção de que é meramente suficiente ao profissional jurídico passar em seu texto uma ideia. É necessário, e possível, agregar ainda a geração de um efeito no seu leitor como móvel da transmissão de valores.

3.1.1 Breve digressão sobre o leitor de textos jurídicos forenses

É preciso ter em mente que, ao escrever um texto jurídico ou traçar uma estratégia legal, especificamente falando aqui de uma algo que deverá compor ou inaugurar processos ou procedimentos, temos que ter em mente um perfil de destinatário. Sim, o leitor destas peças e destinatário de estratégias é determinável, eis que a figura do Juiz, do Promotor, do Desembargador ou do Ministro detém características comuns, como também advogados, assessores e serventuários da Justiça em geral.

Uma destas características reside no fato de que são todos leitores potencialmente "aborrecidos e desinteressados". Não por má-fé, fique claro, mas pela inafastável relação utilitarista que tais atores tem para com o texto. A leitura não foi selecionada. É obrigatória e faz parte de um dever funcional ou profissional. O advogado da outra

---

14. ŠKOP, M. Narratives as the Cultural Context of Law. *Int J Semiot Law* 33, 101-111, 2020. https://doi.org/10.1007/s11196-019-09665-w. Acesso em: 28 jun. 2022.

15. Sobre isto, ver EDWARDS, Linda H. *Hearing Voices*: Non-Party Stories in Abortion and Gay Rights Advocacy. University of Nevada, Las Vegas – William S. Boyd School of Law. Disponível em: https://scholars.law.unlv.edu/facpub/973/. Acesso em: 28 jun. 2022.

16. Ver REALE, Miguel. *Teoria Tridimensional do Direito.* 5. ed. São Paulo: Saraiva, 1994.

parte precisa ler a inicial ou réplica, por exemplo, assim como todo o processo, juntamente com o magistrado e o membro do MP (quando é hipótese de intervenção ou de atribuição). O serventuário precisa entender o que deve fazer. O assessor precisa minutar peças e ler todo o necessário. Ao final, uma tarefa deverá ser executada.

Este cenário é muito distinto, por exemplo, de uma leitura selecionada para o crescimento acadêmico ou meramente pessoal, onde a figura do *leitor ingênuo*[17] ocorre com mais frequência. Aqui nos referimos a este conceito em contraposição a figura de um leitor crítico, que tem opinião formada sobre quase tudo e que, diante do fenômeno da repetição das formas no direito, o chamado *fordismo jurídico*[18], detém uma expectativa prévia de que tudo que virá já foi visto antes.

O tema refere o velho hábito do uso do modelo na prática jurídica, onde as estruturas lógicas do processo trifásico de composição da peça (dos fatos; do direito; do pedido) e do uso de *frameworks* faz com que já se saiba de antemão o que virá nas formas de apelação, memoriais, iniciais, contestação etc.

O leitor que seleciona um romance para ler inicia a leitura "ingenuamente", de coração aberto, receptivo ao que estará por vir. As formas são as mais variadas e o uso intenso pela literatura do gatilho narrativo da *quebra de expectativa*[19] é prova da relevância do tema. O leitor crítico, na acepção proposta, tem premissas e, porque não dizer, conceitos prévios sobre os temas que provavelmente estão em abordagem e, no caso jurídico, sobre o qual deverá tomar decisões e praticar ações.

Assim, seu relacionamento para com o texto é inicialmente crítico, aborrecido e desinteressado pelo relacionamento utilitarista, o que não quer dizer desatento, frise-se.

Nesta dinâmica, intensificada pela massificação dos conflitos na sociedade alavancada pela distribuição da informação na velocidade da Lei de Moore, como citado acima, o *legal storytelling* será importante elemento complementar ao Design para a obtenção da *atenção interessada* como elemento fundamental da *persuasão racional*, elemento positivado no CPC de 2015 em seu artigo 371, orientando o processo do livre convencimento motivado.

3.1.2 Legal data science *e jurimetria*

O que chamamos hoje de *legal data Science* nada mais é do que a aplicação das técnicas de Ciência de Dados ao Direito, agregando o poder de análise de ferramentas de descoberta de dados (*DataDiscovery*), Inteligência Corporativa (*Business Inteli-*

---

17. Del lector ingenuo hasta el lector crítico: la ascesis del héroe. Antônio Jackson de Souza-Brandão, São Paulo, Brasil, Geraldo Gomes-Brandão-Júnior, São Paulo, Brasil, disponível em: file:///C:/Users/pbm_s/Downloads/755-Texto%20del%20art%C3%ADculo-2906-1-10-20170117.pdf: 01/12/2020: 12:40h.

18. Sobre o tema consultar Martins, Marcos, Fordismo e os Advogados 4.0, disponível em https://pallottamartins.com.br/2020/02/18/fordismo-e-os-advogados-4-0/ : 01/12/2020:12:48h.

19. Samuel Taylor Coleridge.

gence – BI), e técnicas de *Big Data,* raspagem de dados da internet (*web scraping*), predição, automação de documentos e regras de negócio, aprendizado de máquina, dentre várias que, não raro, são aglutinadas sob o termo Inteligência Artificial.

Trata-se de um elemento complementar ao *Legal Design* justamente na sua faceta multidisciplinar a exigir, no processo de entendimento, ideação, prototipagem e implementação, uma variedade de conhecimentos que, juntos, potencializam resultados e prazos.

Por exemplo, sendo uma tendência o fato das informações que são necessárias a instrução de um projeto estarem hospedadas na internet, a "raspagem de dados" ou *web scrapping,* associadas a ferramentas de modelagem de dados e análise, como o conjunto de ferramentas R[20], ao lado do amplo crescimento da disponibilidade de dados públicos e privados abertos, permitem novas abordagens do Design em problemas jurídicos.

Não sendo o objeto deste artigo esmiuçar o tema, por demais amplo, vejamos um exemplo prático de emprego de Ciência de Dados em um dado problema jurídico.

Junto aos autos do Inquérito Civil MPRJ no. 2017.00582567 apurava-se há aproximadamente 2 anos, com farta juntada de documentos, notícia anônima de realização de cirurgias de mastectomia radicais de modo desnecessário em unidade hospitalar, unicamente com o fim de se obter maior remuneração do Sistema Único de Saúde.

O fato noticiado, ainda que de modo anônimo, era de extrema gravidade, eis que a modalidade radical deixa sequelas substanciais na mulher pela extração de mais massa corporal. A estratégia encontrada até então (sem *legal design)* percorria o caminho de acumular informação sobre o fato, isto é, requisitar documentos sobre a quantidade de cirurgias; quais foram os pacientes; depoimentos de médicos e gestores, tudo sem definir de fato, a nosso ver, uma estratégia para entrega de conclusão, ou seja, o "produto" ser gerado.

O fato não é apenas indesejável pelo ponto de vista da investigação civil em si, mas também pela ótica das pessoas humanas envolvidas que, diante de tal dúvida, vivenciavam a angústia da própria existência da notícia e sua natureza inconclusa. Embora não houvesse a indicação na notícia de um caso concreto com paciente individualizado, o corpo gestor e médicos que realizaram os procedimentos no período apontado experimentavam o dissabor da dúvida que pairava.

Ao encontrar a investigação neste estado decidi aplicar o método do *legal design* definindo primariamente uma fase de pesquisa: Quais dados temos disponíveis sobre o tema? Na espécie, os dados do Sistema Único de Saúde são riquíssimos e disponíveis massivamente em meio aberto. De fato, o DataSus, formalizado pelo

---

20. Disponível em: https://rstudio.com/.

decreto no. 100, de 16 de abril de 1991[21], é o departamento de informática do Sistema, desenvolvendo desde a sua criação mais de 200 sistemas para prover soluções tecnológicas e de software para secretarias estaduais e municipais de Saúde, sendo considerado pela Organização Pan-Americana de Saúde (OPAS) como um dos mais completos sistemas do mundo.

Natural, portanto, que ao se aplicar a primeira fase do método do Design (pesquisa profunda) a primeira ideia que surgiu foi no sentido de explorar o TABNET, banco de dados do sistema que reúne informações quantitativas, qualitativas e financeiras de procedimentos médicos e que permite a tomada de decisões baseadas em evidências.

Ao se verificar que estavam disponíveis dados sobre a quantidade de procedimentos realizados por categoria CID[22] e a análise de seu custo (a notícia indiciava a intenção de lucro na fraude hedionda) em uma ampla série histórica que abrangia o período noticiado foi possível executar a segunda fase do método: A ideação.

Formulou-se então uma hipótese de análise:

[“Dado que a diferença entre o custo médio do procedimento radical em comparação com o custo médio do procedimento simples é muito pequena (cerca de R$ 600 reais – conforme relatório de análise no movimento de juntada MGP de 17.09.2019) somente uma distorção no quantitativo de procedimentos do investigado em relação a um balizador de referência poderia indicar a necessidade de aprofundamento da apuração.”]

Diante desta hipótese e dos dados disponíveis, a terceira fase, a prototipagem pôde ter início com a raspagem dos dados (*web scrapping)*, modelagem das tabelas e a análise em ferramenta de descoberta de dados (utilizou-se o *Tableau Data Discovery Public* – ferramenta gratuita).

Estruturados os dados, o protótipo consistiu em comparar séries histórias dos três tipos de procedimentos (simples, segmentectomia (intermediário) e radical) entre o que é a realidade nacional, estadual, municipal e a do hospital objeto da notícia durante 3 anos.

No gráfico abaixo, cada ponto representa um ano entre 2016 e 2018 de modo crescente.

O resultado encontrado foi objetivo ao demonstrar que a hipótese analisada evidenciava em dados que a notícia não poderia ser procedente eis que, diante das séries históricas, verificava-se que o comportamento da unidade em investigação era oposto ao narrado na notícia e menos aderente à procedimentos radicais em comparação com os balizadores.

---

21. Disponível em: http://www.planalto.gov.br/ccivil_03/decreto/1990-1994/D0100.htm#:~:text=DECRE-TO%20No%20100%2C%20DE,vista%20o%20disposto%20no%20art.

22. Códigos relativos à classificação de doenças, unificada internacionalmente, que permite individualizar procedimentos, sintomas, aspectos anormais, queixas e causas externas para ferimentos e doenças.

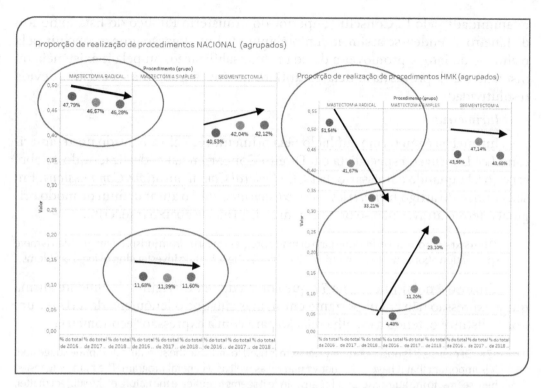

De fato, a comparação revelou achados onde a tendência nacional de procedimentos radicais apresentava leve tendência de queda, enquanto no hospital investigado os procedimentos radicais apresentavam severa tendência de queda. Já as séries históricas relativas aos procedimentos simples apresentavam severa tendência de alta na unidade em apuração.

A par de outras análises que foram feitas com os dados para explicitar ainda mais o tema e que confirmaram os primeiros achados (comparação com os dados Estaduais e Municipais), e que deixo de colacionar aqui para não inflar demais o trabalho, o fato é que a abordagem do *Legal Design* foi poderosa ao permitir identificar uma estratégia cientificamente apoiada e um produto (a conclusão) de modo muito mais eficiente do que a abordagem tradicional.

Neste exemplo foi utilizada ainda a técnica de *Data Storytelling*[23] como elemento de narrativa visual (*Visual Law*), eis que a descrição em texto das comparações matemáticas e a mera demonstração dos dados em tabelas (*tuplas de dados*) seria menos eficiente para a cognição pelos operadores jurídicos responsáveis pela homologação ou não do arquivamento proposto.

Iniciou-se então a última fase: Implementação e testes. Promovido o arquivamento com a confecção da peça com técnicas de narrativa, este foi homologado à

---

23. É a arte de contar histórias com dados, tornando a narrativa mais poderosa e acessível ao facilitar a tarefa do leitor de compreender o conteúdo e tomar decisões com base em evidências.

unanimidade pelo E. Conselho Superior do Ministério Público do Estado do Rio de Janeiro. Atendeu-se assim ao fim precípuo da investigação, que é concluir pela realidade do fato, e promover a devida responsabilização, ou pela inexistência ou insuficiência de provas da notícia, garantindo aos investigados e à sociedade a devida resolutividade.

Jurimetria

Jurimetria é um termo cunhado pela primeira vez pelo advogado norte-americano *Lee Loevinger*, especialista em Direito Concorrencial e idealizador do célebre serviço *911* quando comissário da FCC (*Federal Communications Commission*). Em seu conhecido artigo *Jurimetrics: the next step forward*[24] o autor definiu de modo original o termo através não só do título, mas da profecia abaixo transcrita:

"The next step forward in the long path of man's progress must be from jurisprudence (which is mere speculation about law) to jurimetrics"77 -which is the scientific investigation of legal problems."

Curioso é notar que a nota 77 que consta do texto original justamente afirma que a expressão não era importante em si, mas sim que o fenômeno deveria ter um nome distintivo, tendo a escolha relação para com a expressão "econometria".

"77. Of course, it is not important what term is used to indicate the scientific discipline suggested. It is important that it have a distinctive name, .as well as a general program. The name suggested here seems, to the author, as good as any, since it seems to indicate the nature of the subject matter, and corresponds to other similar terms, such as biometrics and econometrics."

Jurimetria e Data Science são elementos simbióticos pela alta capacidade deste último elemento no impulsionamento de análises e resultados jurimétricos, mas bem antes de *Lee Loevinger* e da *democratização da ciência de dados*[25] através da tecnologia já se praticava a Jurimetria.

O estatístico e matemático *Jacob Bernoulli* já em 1713 publicou a obra *Arte da Conjectura*[26] em que descreve conceitos de análises probabilísticas e combinatórias. Seu sobrinho *Nicholas Bernoulli* defendeu tese de doutorado em Direito – *De Usu Artis Conjectandi in Jure*[27] – na qual apresentava aplicações desejáveis dos conceitos sustentados pelo parente. A obra abordou temas como precificação de seguros, confiança em testemunhas e probabilidade de inocência de acusados, dentre outros temas.

Como se vê, portanto, o tema não é novo e seu conceito é amplo, embora exista no Brasil a tentativa de definir jurimetria como *a aplicação da estatística ao Direito*[28].

---

24. Disponível em: https://core.ac.uk/download/pdf/217207244.pdf : 04/12/2020:12:49.
25. Reputo como tal a evolução das ferramentas de raspagem de dados e análise de informação, dentre outras, para um estado de uso quase sem a necessidade de codificar, programar, o que permite a usuários não programadores manejar de modo autônomo e com liberdade criativa grandes volumes de dados para seus experimentos e projetos sem a dependência total de profissionais da área.
26. BERNOULLI, Jakob. *Ars conjectandi*. Impensis Thurnisiorum, fratrum. 1713.
27. BERNOULLI, Jakob. *The use of the Art of conjecturing in Law*. 1709.
28. NUNES, Marcelo Guedes. *Jurimetria*: como a estatística pode reinventar o direito. Ed. RT 2018.

Pessoalmente, entendemos o tema de modo mais amplo, trazendo a visão do Juiz da Suprema Corte dos EUA *Oliver Wendell Holmes, Jr.* que em sua obra *The Path of Law*[29] – *Harvard Law Review 1817* – profetizou:

> "The rational study of law is still to a large extent the study of history. History must be a part of the study, because without it we cannot know the precise scope of rules which it is our business to know. It is a part of the rational study, because it is the first step toward an enlightened scepticism, that is, towards a deliberate reconsideration of the worth of those rules. When you get the dragon out of his cave on to the plain and in the daylight, you can count his teeth and claws, and see just what is his strength. But to get him out is only the first step. The next is either to kill him, or to tame him and make him a useful animal. *For the rational study of the law the blackletter man may be the man of the present, but the man of the future is the man of statistics and the Master of Economics.* It is revolting to have no better reason for a rule of law than that so it was laid down in the time of Henry IV. It is still more revolting if the grounds upon which it was laid down have vanished long since, and the rule simply persists from blind imitation of the past".

A frase nodal, que ora traduzo livremente afirma que *"para o estudo racional do Direito o homem dos livros pode ser o homem do presente, mas o homem do futuro é o homem das estatísticas e o mestre da economia"*.

Trata-se de libertar a análise jurídica da clausura da visão unicamente doutrinaria vertical para agregar complementariedades multidisciplinares em modo horizontal, formando novos horizontes de abordagens e encontro de soluções para os problemas que se apresentam à ciência jurídica.

Todas estas conjunturas se agregam para formar o que modernamente chamamos de *T-shaped formation*[30] cenário em que o mercado demanda de seus profissionais de qualquer área uma abordagem de conhecimentos em que a base de formação, o "I", é acrescido de parcelas de conhecimentos de outras formações que não a principal, formando um conjunto de habilidades capazes de potencializar e ampliar as habilidades da formação base, o traço horizontal capaz de formar o "T":

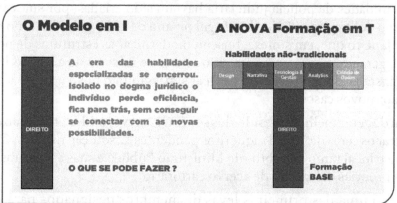

---

29. GODOY, Arnaldo Sampaio de Moraes. O realismo jurídico em Oliver Wendell Holmes Jr. *Revista de Informação Legislativa*. Brasília a 43. n. 171. jul./set. 2006, pp. 91:105. Disponível em: https://www2.senado.leg.br/bdsf/bitstream/handle/id/92825/Godoy%20Arnaldo.pdf?sequence=1
30. FOLTYNOWICZ, Zenon. *T-shaped Professionals*, 2013. 10.13140/2.1.3833.6644.

4. COMO APLIQUEI LEGAL DESIGN NO MP – ANÁLISE DE UM CASO CONCRETO: SISTEMA NACIONAL DE IDENTIFICAÇÃO E LOCALIZAÇÃO DE DESAPARECIDOS – SINALID

Falamos acima de todo o contexto necessário, a nosso ver, para uma base de desenvolvimento de projetos jurídicos utilizando a abordagem do Design como vetor de produção de uma solução.

A par do uso de metodologias de gestão para o desenvolvimento da abordagem em equipe, tal cenário de conhecimentos multidisciplinares costuma ser de grande impulso para a identificação de soluções no contexto jurídico, seja em que âmbito de atuação for.

Dentro da atuação do Ministério Público, tal cenário se revelou extremamente útil quando da necessidade, no ano de 2009, de análise, pesquisa, ideação, prototipagem e implementação, com posterior testagem e avanços sobre o problema dos desaparecimentos no Brasil.

Trata-se de um assunto verdadeiramente multidisciplinar onde, só no ano de 2019, segundo dados do Fórum Brasileiro de Segurança Pública[31], desapareceram no Brasil 79.275 pessoas. As causas são as mais variadas e, tradicionalmente, tratava-se de um problema sob atuação primária pela Polícia Civil e por organizações não governamentais dedicadas ao assunto.

Até 2009 o Ministério Público Brasileiro não se dedicava ao tema com foco especializado, tratando do fenômeno na medida em que este se manifestava de modo reflexo em suas diversas atribuições. Esta realidade começou a mudar quando da criação do *Centro Integrado de Apuração Criminal* no ano de 2006 por convênio entre o MPRJ e a PCERJ, visando integrar atividades persecutórias relativamente a todo o acervo oriundo das *Delegacias de Acervo Cartorário* – DEAC's.

Tais unidades de polícia judiciária haviam sido criadas, por sua vez, quando da execução do *Programa Delegacia Legal* no ano de 1999 pelo Governo do Estado do Rio de Janeiro que, em síntese, buscou modernizar as estruturas de polícia civil no estado, gerando novas unidades cujo acervo se iniciava do zero. Todo o acervo até então instaurado migrava para as Deac's, passando o novo aparato a se dedicar somente aos novos casos.

A fim de gerar melhores resultados sobre tal acervo, o CIAC foi então destinado a concentrar os cerca de 50 mil inquéritos pendentes de solução nas DEAC's, convergindo para o local tanto membros do Ministério Público e suas estruturas de apoio, quanto as próprias delegacias de acervo cartorário.

Integrei uma das primeiras levas de membros designados para o setor, o que se dava por concurso para atuação por prazo determinado. O prédio estava

---

31. Disponível em: https://forumseguranca.org.br/wp-content/uploads/2020/10/anuario-14-2020-v1-interativo.pdf.

(e ainda está) instalado na área portuária do Rio de Janeiro, no bairro do Santo Cristo. Ao chegar pela primeira vez para assumir minhas funções me deparei com o exato conceito que acabara de ler no livro do autor *Steven Jonhson, De Onde Vem as Boas Ideias* (JOHNSON, 2011, p. 104), quando, falando de plataformas e sua relação para com novas ideias, cita a visão da célebre arquiteta norte-americana *Jane Jacobs*:

> "Quanto a ideias realmente novas de qualquer tipo – não importa quão lucrativas ou bem-sucedidas sob outros aspectos algumas delas possam finalmente provar ser –, não há nenhuma margem para essas tentativas, erros e experimentações casuais na economia de altas despesas operacionais da nova construção. Velhas ideias podem por vezes usar prédios novos. *Ideias novas têm de usar prédios velhos.*" (Destaque nosso.)

De fato, a simples visão do edifício antigo, embora reformado para as novas atividades, bem como a ciência de que ali se encontravam 50 mil problemas velhos para serem resolvidos, despertou a visão de que problemas e prédio velho já tínhamos, faltava apenas a ideia nova.

Na época, embora ainda não tivéssemos em voga a nomenclatura legal design, eu já havia adotado os métodos do Design como ponto de partida para análise de problemas jurídicos. Desta forma, foi natural que diante da massa de 50 mil inquéritos "disponíveis" para 4 membros do MP, a primeira abordagem fosse no sentido de adotar uma postura de pesquisa, a fim de entender a composição daquele acervo e os *fatores críticos de sucesso*[32] a se identificar para a sua solução.

Eis que os rudimentares sistemas de cadastro do acervo permitiam entender ao menos as tipicidades penais dos inquéritos que integravam o acervo, em uma extração de relatório simples verificou-se que cerca de 15 mil documentos do total do acervo era composto por delitos de homicídio. Sendo o delito mais grave, o que atenta contra o bem maior – a vida, foi intuitivo passar em seguida para uma fase de pesquisa focada nesta parcela de documentos.

O método adotado foi artesanal. Em uma meta definida pela coordenação de analisar cerca de 400 inquéritos por mês, no meu caso todos de homicídio, a ideia era entender as causas da sua perpetuidade e o que poderia acelerar a sua resolutividade.

Em oito meses foi possível analisar individualmente cerca de 3 mil inquéritos de homicídio, gerando-se uma primeira visão de dados que registrei à época na forma abaixo[33]:

---

32. Fatores críticos de sucesso são elementos ou objetivos essenciais e sem os quais será impossível por outro modo obter o resultado desejado em um projeto ou desenvolvimento de produto.

33. Disponível em: https://www.cnmp.gov.br/portal/images/stories/Enasp/boas_praticas/prohomen.pdf.

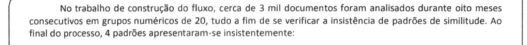

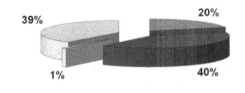

No trabalho de construção do fluxo, cerca de 3 mil documentos foram analisados durante oito meses consecutivos em grupos numéricos de 20, tudo a fim de se verificar a insistência de padrões de similitude. Ao final do processo, 4 padrões apresentaram-se insistentemente:

- 39%
- 20%
- 1%
- 40%

■ Prontos para arquivamento
■ Dependem de diligências simples
□ Prontos para denúncia
□ Dependem de diligências complexas

Esta visão foi utilizada também para subsidiar outro projeto de legal design denominado *Prohomen – Programa de Resolução Operacional de Homicídios para a Estratégia Nacional de Segurança Pública*, objeto do prêmio *Innovare 2011* na categoria Ministério Público. Não obstante, no que tange ao caso concreto sob análise, dentro do que se identificou como parte dos 39% que dependiam de diligências complexas, a mais complexa se revelou a identificação da vítima.

O momento *insight* foi intensificado pela cena em que, ao cobrar de um experiente delegado, e que trabalhava na sala ao lado da minha, providências para a solução de um inquérito de homicídio prestes a prescrever, dele ouvi a frase nodal: *"Dr. se eu não sei quem morreu, como poderei saber quem matou?"*.

A expressão despertou nova fase de pesquisa no projeto, levando agora a atenta leitura dos autos de exame cadavérico e da verificação da presença ou não de exames de identificação por parte da polícia científica. Ao apurar a atenção para parte descritiva dos AEC's, passei a verificar ali a presença de menção em muitos casos a características bastante distintivas das vítimas, tais como tatuagens, deformidades, sinais e cicatrizes, além de vestes e objetos.

Ao perceber tal informação disponível, imediatamente passei a resgatar inquéritos de desaparecimentos que também se encontravam ali em grande volume e, a certo tempo, pude verificar com clareza que parte daquelas vítimas não identificadas se constituía na verdade dos próprios desaparecidos.

A partir deste momento iniciou-se a fase de ideação, estruturando-se um conjunto de protocolos orientadores de diligências capazes de fazer a promoção da correlação entre dados dos AEC´s para com as informações de desaparecimento.

Observando-se os dados disponíveis, foi possível elencar as ações desejáveis a partir da constatação de que o cadáver não tinha identificação documental disponível e diante da responsabilidade do Estado em promover a devida persecução da identidade e o cumprimento do dever de comunicação aos familiares.

O primeiro protótipo desta ideação foi denominado *P.I.V. – Programa de Identificação de Vítimas*[34]. Assim foram demonstradas as fases de execução deste projeto no formulário descritivo para a Fundação Innovare, ainda no ano de 2010:

"Uma vez identificada pela análise a "situação de PIV", é determinado pelo Promotor de Justiça o ingresso do caderno investigativo-inquérito na secretaria PIV. A partir daí o programa estrutura-se em duas fases distintas:

a) uma visando a reunião e complementação da documentação pericial e médico-legal inerente, mormente a papiloscópica e;

b) outra que, no insucesso ou impossibilidade de atuação da primeira, leva o fato ao confronto com os dados de desaparecimento e entrevistas com os familiares destes, culminando com o confronto genético.

Pode o inquérito de homicídio (ou qualquer outro crime em situação de PIV) ingressar na prática em diversos estados. Por exemplo, um procedimento em que não se tenha realizado a identificação da vítima pela realidade estanque de bancos de dados da base civil. A identificação civil do Rio de Janeiro migrou sua base de dados do IFP para o Detran em agosto de 1999, permanecendo tais bases com grandes problemas de comunicação entre si por quase 10anos.

Assim, embora se consignasse nos exames necropapiloscópicos realizados pelo IFP após agosto de1999 a necessidade de pesquisa complementar no Detran, esta não ocorreu. Com a prática, a complementação é realizada de forma digital (sistema AFIS) sendo solicitada por meio de um simples e-mail, cuja resposta vem célere em função do contato permanente com as direções destes órgãos.

Em outra hipótese, o inquérito ingressa apresentando a impossibilidade de execução desta pesquisa por falta de dados (vítima com carbonização ou putrefação extrema). Neste caso os dados relativos à idade, cor, compleição física, estado dos dentes, vestimentas, tatuagens e outros sinais característicos identificáveis, bem como o local do encontro do cadáver, são alimentados no sistema informatizado. Tais dados são confrontados com os registros de desaparecimento previamente inseridos no banco de dados PIV, extraindo-se "candidatos".

A partir daí surge toda uma nova linha de apuração da identidade que será perseguida automaticamente pelos servidores da secretaria do PIV. Após a filtragem, os familiares são ouvidos no procedimento e, de forma voluntária, coletados e remetidos ao IPPGF os materiais genéticos necessários para confronto.

Após a identificação, ou conclusão do efetivo esgotamento dos meios, o procedimento é retornado à rotina de origem para persecução da nova linha investigativa havida com a identificação da vítima e circunstâncias de seu desaparecimento ou um arquivamento mais substancioso, com atendimento à Eficiência e à Dignidade da Pessoa Humana. Positivando-se a identificação antes ignorada, são cientificados os responsáveis pelo ato de retificação de registro civil."

Como se pode ver, a partir da ideação, o protótipo contemplou todos os fatores críticos de sucesso para a identificação da vítima, revelando em paralelo a grande deficiência de execução pelo Estado dos protocolos de extração de material genético, impressões digitais ou dados de arcada dentária que ocorrera nas investigações.

---

34. Disponível em: https://www.premioinnovare.com.br/proposta/piv-programa-de-identificacao-de-vitimas/print.

Prosseguindo-se no método do Design, a fase de teses e *feedbacks* revelou ainda deficiência no processo geral de tratamento de inumação de cadáveres indigentes[35], pessoas hospitalizadas sem identificação, abrigadas ou sob cuidados em instituições para idosos, experiência que, ao lado da "prova de fogo" do projeto em 2011, quando foi testado na denominada "Tragédia da Região Serrana" – chuvas que causaram milhares de mortes nas cidades de Nova Friburgo, Petrópolis e Teresópolis no Estado do Rio de Janeiro[36], retornaram grande aprendizado para as bases da ideação e do protótipo inicial.

A experiência acumulada permitiu a geração do segundo protótipo decorrente da abordagem do design sobre o problema, o *PLID – Programa de Localização e Identificação de Desaparecidos do MPRJ*[37], avanço fortemente impulsionado pela visão do então coordenador do CIAC, Dr. Rogério Scantamburlo. Neste desdobramento iniciou-se a construção de um banco de dados e interface de pesquisa capaz de promover não só o armazenamento qualificado dos dados de desaparecimento e cadáveres sem identificação, mas também o seu cruzamento para com dados de pessoas não identificadas ainda em vida.

A experiência, que rendeu grande aprendizado e enriqueceu a *formação em T* com a aquisição de conceitos de modelagem de dados, repositórios, desenvolvimento de sistemas e tecnologias de gestão de processos de trabalho, identificou o terceiro produto, fase atual do projeto, o *SINALID – Sistema Nacional de Localização e Identificação de Desaparecidos*[38]. Parte desta fase tem seu histórico preservado no blog http://plid.blogspot.com/ .

De fato, a experiência de atuação na tragédia da região serrana conectou o projeto com diversas agências federais e de outros entes federativos, e verificou a necessidade de integração. Com a nomeação dos coordenadores para a Comissão de Direitos Fundamentais do Conselho Nacional do Ministério Público foi possível propor e redigir a primeira minuta de resolução que criou o programa nacional.

Ao longo dos anos, com a execução permanente de um ciclo de análise de resultados e incremento, a integração aumentou substancialmente. A cada novo parceiro agregou-se uma nova faceta do fenômeno do desaparecimento verificada localmente. Hoje o SINALID é o único projeto ministerial que foi capaz de unir os

---

35. Em inúmeras visitas técnicas aos cemitérios foi constatado que, a par das legislações municipais de cunho predominantemente sanitário que regulavam a disponibilidade de "covas rasas" para inumação de indigentes, identificados ou não, o fator determinante da rotação para o ossário, onde o cuidado com a individualização praticamente desaparecia, era a "oferta e demanda". Verificada uma grande demanda sazonal por inumação de cadáveres indigentes, independentemente dos prazos legais, a necessidade de abertura de novas sepulturas ao lado da falta de espaço dedicado obrigava à imediata rotação de cadáveres ainda no prazo de permanência em covas identificadas.
36. Disponível em: https://acervo.estadao.com.br/noticias/acervo,tragedia-na-regiao-serrana-do-rio-de-janeiro,11933,0.htm.
37. Disponível em: http://www.mprj.mp.br/todos-projetos/plid.
38. Disponível em: https://www.cnmp.mp.br/portal/institucional/comissoes/comissao-de-defesa-dos-direitos--fundamentais/sinalid/informacoes-sobre-o-sistema.

27 Ministérios Públicos Estaduais em torno da aplicação dos protocolos previstos na primeira fase de ideação, tendo já identificado e localizado 8.819 pessoas desde a sua criação, acumulando o registro de 17.270 sindicâncias como base de conhecimento:

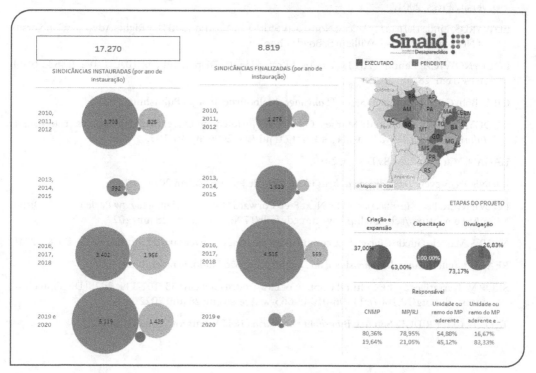

Desde o primeiro sistema desenvolvido, de modo quase independente e com tecnologias simples, como banco de dados MySQL e *frontend* em PHP, até o moderno sistema que hoje ampara o sistema nacional, desenvolvido com todo o apoio institucional e sob gestão do CNMP, o projeto é a evidência concreta do *poder de transformação* do Legal Design no Ministério Público, com raízes autênticas e resultados concretos.

5. REFERÊNCIAS

ALLEN, R. B.; ACHESON, J. *Browsing the Structure of Multimedia Stories*. San Antonio: Digital Libraries Browsing, 2000.

AMBROSE, Gavin; HARRIS, Paul. *Design Th!nking*. Londres: Bloomsbury, 2010.

BECKER, Fernanda Elisabeth Nöthen; ROSA, Alexandre Morais da. *As Custas Judiciais como Mecanismo de Desincentivo à Litigância Abusiva*. Disponível em: http://www.enajus.org.br/2018/assets/sessoes/056_EnAjus.pdf. Acesso em: 28 jun. 2022.

BELL, Derrick, 1930-2011. *And we are not saved*: the elusive quest for racial justice. Perseus Books Group, 1989.

BERNOULLI, Jakob. *Ars conjectandi*. Impensis Thurnisiorum, fratrum. 1713.

BERNOULLI, Jakob. *The use of the Art of conjecturing in Law*. 1709.

BOJE, David M. *Storytelling organizational practices*: managing in the quantum age. Londres: Routledge, 2014.

DELGADO, R.; STEFANCIC, J. (Ed.). *Critical race theory*: An introduction. New York: New York University Press, 2001.

EDWARDS, Linda H. *Hearing Voices*: Non-Party Stories in Abortion and Gay Rights Advocacy, University of Nevada, Las Vegas – William S. Boyd School of Law.

FOLTYNOWICZ, Zenon. (2013). *T-shaped Professionals*. Disponível em: 10.13140/2.1.3833.6644. Acesso em: 28 jun. 2022.

GILL, Bob. *Graphic Design as Second Language*. Melbourne: Images Publishing, 2006.

GODOY, Arnaldo Sampaio de Moraes. O realismo jurídico em Oliver Wendell Holmes Jr. *Revista de Informação Legislativa*. Brasília a 43. n. 171. jul./set. 2006, pp. 91:105.

HAGAN, Margaret, *Law By Design*, 2019.

JOHNSON, Steven. *De onde vem as boas ideias?* Rio de Janeiro: Zahar, 2011.

LOEVINGER, Lee. "*Jurimetrics* – The Next Step Forward" (1949). *Minnesota Law Review*. 1796. Disponível em: https://scholarship.law.umn.edu/mlr/1796. Acesso em: 28 jun. 2022.

NUNES, Marcelo Guedes. *Jurimetria*: como a estatística pode reinventar o direito. São Paulo: Ed. RT, 2018.

REALE, Miguel. *Teoria Tridimensional do Direito*. 5. ed. São Paulo: Saraiva, 1994.

ŠKOP, M. Narratives as the Cultural Context of Law. *Int J Semiot Law* 33, 101-111, 2020. Disponível em: https://doi.org/10.1007/s11196-019-09665-w. Acesso em: 28 jun. 2022.

TAYLOR COLERIDGE, Samuel. *Biographia Literaria* (1817), Amazon, eBook Kindle.

26

REFLEXÕES SOBRE A IMPORTÂNCIA DO LEGAL DESIGN NO DESENVOLVIMENTO DE SISTEMAS OPERACIONAIS A PARTIR DA EXPERIÊNCIA DA ADVOCACIA PÚBLICA FEDERAL

Cristiane Rodrigues Iwakura

Procuradora Federal. Doutora e Mestre em Direito pela UERJ. Pós-graduada em Direito Público pela UnB e em Regulação de Mercado de Capitais pelo Ibmec/RJ. Professora e Pesquisadora na área de Processo e Novas Tecnologias, Legal Design, Regulação, Gestão e Inovação. Coordenadora e membro do Corpo Docente dos programas de Pós-Graduação Lato Sensu da Escola da Advocacia-Geral da União. Membro do IBDP, da ABDPRO, do IDARJ e do IDASAN.

João Henrique Cardoso Ribeiro

Procurador Federal. Pós-Graduado em Direito Ambiental, Direito Administrativo e Direito Processual Civil pela Universidade Candido Mendes. Responsável pelo Gabinete da Procuradoria Regional Federal da 1ª Região.

https://youtu.be/Pzbb6eVU7dY

Sumário: 1. Introdução – 2. Do SICAU ao Sapiens 2.0 – Breve relato sobre a evolução do design de sistemas na agu – 3. Interfaces e ferramentas tecnológicas no ambiente jurídico: problemas e potencialidades – 4. Aplicação prática do design focado no usuário, desafios e perspectivas: Sapiens 2.0 – 5. Considerações finais – 6. Referências.

1. INTRODUÇÃO

Pretende-se a partir do presente trabalho trazer um breve histórico sobre a evolução dos sistemas operacionais no âmbito da advocacia pública federal, fazendo-se um paralelo com os fundamentos do legal design, de modo que se evidenciem as vantagens e os potenciais de melhoria nos serviços prestados pela instituição, a partir da adoção de soluções que tornem os meios tecnológicos mais acessíveis e adequados às necessidades dos usuários.

O avanço tecnológico registrado nos últimos anos, em grande parte impulsionado pela pandemia Covid-19, revelou uma série de mudanças significativas no cenário jurídico, traçando um novo perfil para os profissionais do direito.

A interdisciplinaridade tem sido um fator preponderante na formação dos profissionais do futuro. Não basta ser especializado em apenas uma área. O exercício de qualquer profissão hoje em dia, demanda conhecimentos específicos em diversas áreas[1], dentre as quais se destacam a Tecnologia da Informação (TI) e o Legal Design (LD)[2].

Destarte, na primeira parte do estudo será feito um breve relato sobre a evolução do design de sistemas na AGU, desde a adoção do SICAU até a recente versão do Sapiens 2.0, ainda em fase de implementação e capacitação dos usuários[3].

Na sequência, serão apresentadas as potencialidades tecnológicas atualmente encontradas nas ferramentas e plataformas digitais para a otimização dos serviços prestados na área jurídica, em contraposição aos possíveis problemas que podem ser enfrentados mediante a ausência de uma arquitetura adequada que poderia ser evitada com o uso das técnicas do Legal Design.

---

1. "Não se deve mais pensar no advogado como um profissional que se limita ao estudo de leis, sua interpretação e aplicação aos casos concretos. O advogado é um importantíssimo interlocutor, pois os seus conhecimentos e a sua posição na dinâmica das relações fazem com que ele funcione como um verdadeiro ponto focal para todo o funcionamento dos órgãos assessorados, em diversos aspectos: normativo, preventivo e jurídico propriamente dito. (...) A partir da interdisciplinaridade, tomando-se como premissa a necessidade de se introduzirem inovações no funcionamento da máquina estatal, é possível extrair, conforme o perfil de cada profissional, o surgimento de quatro novas categorias de advogados públicos: o gestor, o programador, o compliance officer e o líder-estrategista. A formação de advogados dentro destas subáreas, certamente propiciará à Administração Pública a introdução de mecanismos de inovação e novas tecnologias nas rotinas e nos fluxos de trabalho com muito mais segurança jurídica, racionalidade e sustentabilidade". IWAKURA, Cristiane Rodrigues. Advogado Público do Futuro: Gestor, Programador, Compliance Officer e Estrategista. Da sua essencialidade para o processo de inserção das novas tecnologias na Administração Pública. In: RODRIGUES, Marco Antonio dos Santos; VALE, Luís Manoel Borges (Org.). *Advocacia Pública e Tecnologia*. Belo Horizonte: Fórum, 2021. *E-book*.
2. "O legal designer deve estudar campos e temáticas além do Direito. Conhecer os fundamentos de disciplinas como Design, UX Design, Design Thinking e UX Writing contribuirão para que o profissional execute melhores projetos. Além disso, é importante ter noções de Visual Thinking e metodologias ágeis (como Scrum e Kanban). O aspirante deve desenvolver a empatia e a habilidade criativa para obter bons insights. Aprender metodologias de pensamento criativo também contribui para buscar e propor soluções às diversas questões da área jurídica. Finalmente, é relevante buscar referências e conhecer as soluções criadas por designers de outras áreas". In: AZEVEDO, Bernardo de. *Legal designers*: quem são esses profissionais? Disponível em: https://bernardodeazevedo.com/conteudos/legal-designers-quem-sao-esses-profissionais. Acesso em: 28 jun. 2022.
3. ADVOCACIA GERAL DA UNIÃO. *Sapiens 2.0*: AGU inicia maior processo de capacitação de sua história. Disponível em: https://www.gov.br/agu/pt-br/comunicacao/noticias/sapiens-2-0-agu-inicia-maior-processo-de-capacitacao-de-sua-historia. Acesso em: 28 jun. 2022.

Por fim, passa-se a ilustrar, empiricamente, a aplicação prática do design com foco no usuário, a partir das experiências e da evolução do Sapiens, no âmbito da Advocacia-Geral da União.

2. DO SICAU AO SAPIENS 2.0 – BREVE RELATO SOBRE A EVOLUÇÃO DO DESIGN DE SISTEMAS NA AGU

O grande marco histórico da evolução do Legal Design na Advocacia Pública Federal foi registrado em torno do ano 2000[4], a partir da adoção de um sistema operacional de inteligência jurídica para a facilitação de processos, permitindo o controle dos prazos judiciais e das atividades jurídicas e administrativas desenvolvidas pelos seus membros e servidores.

O primeiro sistema operacional adotado pela Advocacia-Geral da União se chamava Sistema de Controle das Ações da União – SICAU:

> O processo de informatização das rotinas de trabalho na AGU se iniciou a partir da virada do milênio, no ano de 2000, com a implementação do Sistema Integrado de Controle das Ações da União - SICAU. Por meio da Deliberação da AGU no 1 de 22 de junho de 2004, foi constituído um grupo de trabalho para examinar a possibilidade de implantação e utilização SICAU, pela Consultoria-Geral da União, pelas Consultorias Jurídicas dos Ministérios, pelos Núcleos de Assessoramento Jurídico e pela Assessoria Jurídica da Controladoria-Geral da União.
>
> Tratava-se ainda de um sistema bem rudimentar, que permitia o registro de tarefas pelos advogados públicos federais, com um mecanismo de controle sobre os prazos.
>
> Contudo, a maior parte das operações eram realizadas manualmente, não havia uma interoperabilidade permitindo a integração do SICAU com outros sistemas, e isto demandava um grupo de servidores específicos apenas para alimentarem as informações necessárias para as operações. Além disso, sua interface não apresentava um design intuitivo, era considerado de difícil manejo, pois não parecia ter sido concebido com o foco no usuário[5].

Veja-se a partir da figura a seguir, que a interface do SICAU era bastante simples, ainda sem uma estrutura planejada a partir dos fundamentos do Legal Design:

---

4. Provavelmente a informatização dos meios só tenha se intensificado com a superação do "bug do milênio" conhecido como "Y2K", um problema emblemático em torno de questões relacionadas com segurança digital, que por sua vez, provocou um certo congelamento sobre o avanço digital que vinha sendo promovido nos anos noventa. Por esta razão, nos Estados Unidos da América, considerado como um dos principais polos responsáveis pela distribuição e propagação de novas tecnologias, foi promulgada a lei intitulada como "Year 2000 Information and Readiness Disclosure Act". Cuida-se de ato normativo projetado para incentivar as empresas americanas a compartilharem os dados do Y2K, oferecendo-lhes proteção de responsabilidade limitada para compartilhar informações sobre os produtos, métodos e melhores práticas do Y2K. Este cenário explica perfeitamente a razão pela qual grande parte dos atos normativos no ordenamento brasileiro em torno das novas tecnologias foram consolidados com maior intensidade6 após o ano 2000: art. 8o, § 2o da Lei no 10.259/2001 (intimação eletrônica nos Juizados Especiais Federais); MP no 2.200/2001 (Infraestrutura de Chaves Brasileira – ICP-Brasil); Ato Normativo STJ no 88/2002 (criação da Revista Eletrônica de Jurisprudência do STJ); Resolução CNJ no 397/2004 (Certificação Digital); Decreto no 5.450/2005 (Pregão Eletrônico); e Lei no 11.419/2006 (Lei dos Processos Judiciais Eletrônicos). IWAKURA, Cristiane Rodrigues; MACHADO FILHO, Antonio Carlos Mota. Legal Design na Advocacia Pública Federal. In: COELHO, Alexandre Zavaglia; SOUZA, Bernardo de Azevedo (Org.). *Legal Design e Visual Law no Poder Público*. São Paulo: Revista dos Tribunais, 2021, p. 148-149.

5. Ibidem, p. 149-150.

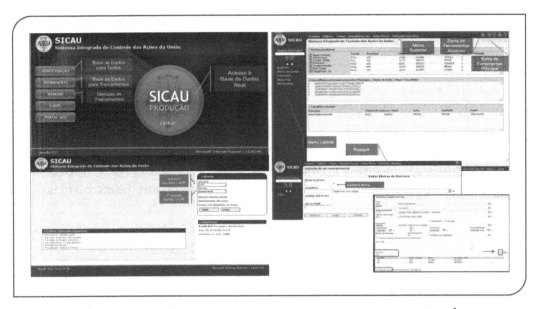

A interface trazia um menu que proporcionava uma navegação relativamente intuitiva, seguida de telas que se abriam como *pop ups*, ou seja, que se sobrepunham umas às outras em diferentes guias, o que tornava a experiência do usuário um pouco confusa, na medida em que ainda não se trabalhava, à época, com desktops acoplados a mais de um monitor. A área de trabalho não era suficiente para que todas as guias fossem visualizadas simultaneamente, o que comprometia bastante a realização de tarefas, principalmente nos casos em que os dados deveriam ser migrados de um campo para outro existente em uma nova guia.

A adoção excessiva de siglas e códigos dificultava bastante a acessibilidade pelo usuário, pois os recursos de pesquisa eram imprecisos e dificilmente traziam os resultados almejados a partir da digitação de termos aproximados ou relacionados ao tema. Além disso, o padrão adotado para a definição desses códigos e siglas não era intuitivo, seguia estritamente ordens numéricas e alfabéticas em uma listagem à parte, sem guardar qualquer associação mental com a nomenclatura real da ação ou do objeto. Assim, por exemplo, a tarefa de análise de uma intimação era referenciada como FA02, quando se poderia ter convencionado algo mais sugestivo como "INT", e uma classe de ação ordinária previdenciária era considerada como "A002", ao invés de "ORDPREV", ou qualquer outro acrônimo em sintonia com a prática dos usuários.

Ademais, o número de funções e operações exigidas excedia o número de controles, e isto representava um sinal do paradoxo da tecnologia, fenômeno tão presente em vários aparelhos eletrônicos que tem sido gradualmente dissipado com o design centrado no usuário. Importante considerar que o número excessivo de funções e de ferramentas, sem qualquer relevância para o usuário, deve ser reconsiderado, eliminando-se ou restringindo-se tudo aquilo que tenha pouca serventia. E, nos casos em que a função ou ferramenta se demonstre útil a apenas um pequeno grupo de usuários, que sejam criados perfis de acesso diferenciados, cada qual com seu padrão de funcionalidades ocultas ou em evidência[6].

Os recursos de preenchimento automático de textos ou a sugestão de termos aproximados a partir da experiência do usuário ainda não estavam disponíveis, tal como se encontra atualmente em mecanismos de busca on-line, como se nota em uma plataforma de pesquisas do Google[7]. Importante frisar que o Google é um ótimo referencial para o Legal Design. E não poderia ser diferente, já que seus fundadores vieram da *Stanford University*, "berço" do Legal Design, por intermédio do projeto *The Legal Design Lab*, sob o comando de Margaret Hagan[8].

No que diz respeito ao padrão visual e a ordem de leitura dos elementos na tela, não se vislumbrava no SICAU a adoção de princípios basilares advindos do Legal Design, dentre os quais se destacam o de *Gestalt*[9], de onde se extrai que o posicionamento de elementos similares ou que contenham a mesma ideia permitem uma simplificação mental das operações que devem ser desenvolvidas pelo usuário, e da *Hierarquia da Informação*[10], segundo o qual os textos devem ser posicionados estrategicamente, podendo-se variar o tamanho e a cor para conferir maior destaque dentro de um *grid*, preservando-se as "zonas de respiro" e o ritmo de leitura[11], como se pode ver nos exemplos a seguir:

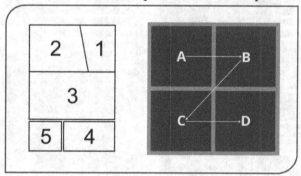

Fig. 1. Imagem dos autores.

---

6. "Sempre que o número de funções e operações exigidas excede o número de controles, o design se torna arbitrário, contra a natureza e complicado. A mesma tecnologia que simplifica a vida ao oferecer mais funções em cada aparelho ou instrumento também complica a vida ao tornar o uso do aparelho ou instrumento mais difícil de aprender, mais difícil de usar. Este é o paradoxo da tecnologia". NORMAN, Donald. *O design do dia a dia*. Trad. Ana Deiró. Rio de Janeiro: Editora Rocco (Anfiteatro), 2002, p. 58.
7. Disponível em: https://www.google.com/. Acesso em: 28 jun. 2022.
8. STANFORD UNIVERSITY. *The Legal Design Lab*. Disponível em: https://law.stanford.edu/organizations/pages/legal-design-lab/#slsnav-our-team. Acesso em: 28 jun. 2022.
9. MAIA, Ana Carolina; NYBØ, Erik Fontenele; CUNHA, Mayara. *Legal design*: criando documentos que fazem sentido para os usuários. São Paulo: Saraiva Educação, 2020, p. 39.
10. "O terceiro princípio é o da hierarquia, segundo o qual deverão ser destacados os elementos que devem ser utilizados em primeiro lugar, ou apresentem alguma informação de maior relevância, para que o usuário seja conduzido em sua jornada de maneira ordenada, do início, até o fim desejado". IWAKURA, Cristiane Rodrigues. Legal design e acesso à justiça: criação de sistemas processuais eletrônicos acessíveis e ferramentas intuitivas no ambiente jurídico digital. In: NUNES, Dierle et. al (Org.). *Direito Processual e tecnologia*: os impactos da virada tecnológica no âmbito mundial. Salvador: JusPodivm, 2021, p. 153.
11. ARTY, David. *Guia sobre Grid*. Disponível em: https://medium.com/@davidarty/guia-sobre-grid-297bf2d-92d8d. Acesso em: 28 jun. 2022.

A Figura 1 representa, da esquerda para a direita, a ordem de leitura no padrão oriental e ocidental, respectivamente. A cultura de um determinado segmento da sociedade traz consigo um padrão de leitura que servirá como referencial para a elaboração de documentos e todo o tipo de material visual. Existem estudos advindos da neurociência que indicam a existência de zonas que atraem uma maior atenção do leitor, que são visualizadas prioritariamente, e a necessidade de manutenção de um espaço de respiro para que o cérebro possa absorver as informações com maior conforto e uma capacidade de captação mais eficiente.

Assim, em uma pesquisa conduzida em 2010 pelo Royal Mail, responsável pelo serviço postal no Reino Unido, constatou-se por intermédio do *eye-tracking*, método que se vale do rastreamento ocular para o estudo da atenção visual do usuário, que as pessoas geralmente focam prioritariamente os cabeçalhos, caixas de textos e imagens, ignorando os textos mais detalhados e sem qualquer destaque[12].

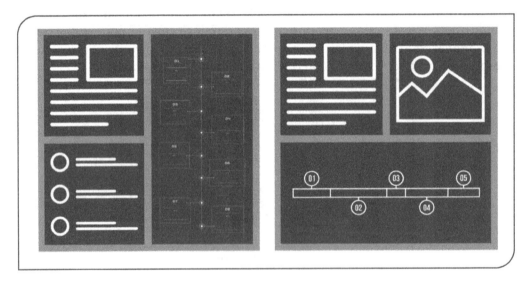

Fig. 2. Imagem dos autores.

A figura 2 representa de maneira simplificada como é a percepção de um usuário sobre um documento. Partindo-se das conclusões relatadas na pesquisa do Royal Mail, pode-se perceber que os elementos visuais naturalmente ganham maior destaque. A utilização do *grid*[13] e a utilização de elementos visuais ao longo de um documento,

---

12. CABINET OFFICE. *Behavioural Insights Team*. Applying behavioural insights to reduce fraud, error and debt. Disponível em: https://assets.publishing.service.gov.uk/government/uploads/system/uploads/attachment_data/file/60539/BIT_FraudErrorDebt_accessible.pdf. Acesso em: 28 jun. 2022.
13. *Grid* significa grade em inglês, e representa o plano visual, a partir de linhas verticais e horizontais, nas quais os elementos gráficos serão dispostos, de forma ordenada e estratégica. Existem vários tipos de *grid*: retangular (tradicional, com orientação de retrato ou paisagem, de diversos tamanhos), em colunas (como eram dispostos os textos nos tradicionais jornais, classificados e listas telefônicas em papel), modular (semelhante ao padrão de histórias em quadrinhos), e hierárquico (com cabeçalho, colunas e caixas, tendo-se como bom exemplo o padrão das páginas de *sites* e *blogs* na internet).

sem excessos e posicionados estrategicamente, auxiliam de modo considerável a captação da atenção do usuário, e a imediata compreensão de ideias mais complexas, tal como ocorre a partir de um fluxograma para explicar uma organização societária.

Desta forma, a ausência do design centrado no usuário pode ser a explicação para o fenômeno pelo qual diversos servidores e membros da Advocacia-Geral da União demonstraram-se resistentes à utilização do SICAU, tornando mais habitual à época, o registro informal de atividades e tarefas em planilhas do Excel ou tabelas e listas no Word.

Para os usuários, o registro formal representava um trabalho adicional, desprovido de vantagens em termos de produtividade[14]. Até o controle judicial existente em alguns sistemas processuais eletrônicos judiciais demonstrava-se mais simplificado e intuitivo do que o SICAU, como era o caso do EPROC, na região sul do país[15], que, consequentemente, serviam como principal ferramenta de trabalho para os usuários, que se viam praticamente obrigados a replicar as tarefas no Sistema da AGU.

Por este motivo, para introduzir o SICAU nas rotinas de trabalho de forma habitual, as chefias das unidades tiveram que criar um incentivo (*nudge*)[16], condicionando os processos de remoção e lotação ideal de servidores aos números registrados pelo sistema[17]. E, ao mesmo tempo, os desenvolvedores dos sistemas passaram a coletar a resposta dos usuários (*feedback*), no intuito de aperfeiçoá-los, atendendo às demandas e corrigindo eventuais dificuldades de acessibilidade.

Neste exato momento, pode-se dizer que o Legal Design "entrou em cena". Não se tinha até então a sistematização acadêmica desta técnica, que somente veio à tona a partir de 2013, a partir da iniciativa da Universidade de Stanford conhecida como Legal Design Lab, capitaneada por Margaret Hagan[18].

Por todo o exposto, evidencia-se a partir da experiência do SICAU, o pontapé inicial acerca de algumas práticas inerentes ao DCU – Design Centrado no Usuário, e

---

14. Este relato se pauta na percepção dos autores como usuários do Sicau e observadores da realidade de outros servidores, membros e equipes dentro da Advocacia-Geral da União.

15. Para Vitor Marques Lento, o EPROC era suficiente e mais eficiente que o PJe, eleito como padrão a ser seguido em todo o território nacional pelo Conselho Nacional de Justiça. O EPROC albergava as necessidades de diferentes usuários, dispondo de diferentes interfaces em conformidade com as peculiaridades de cada espécie de agente (órgãos públicos, advogados, Ministério Público etc.), possibilitando o recebimento de arquivos em múltiplos formatos, com graus de sigilo e restrição de acesso, integração aos sistemas dos Tribunais Superiores, com remessa digital dos autos para exame recursal sem burocracia, de maneira mais célere. LENTO, Vitor Marques. O PJe: processo judicial eletrônico do CNJ e a autonomia dos tribunais. *Revista de Doutrina da 4ª Região*. Porto Alegre, n. 61, ago. 2014.

16. *Nudges* são estímulos de comportamento. SUNSTEIN, Cass R. Nudges.gov: behavioral economics and regulation. In: ZAMIR, Eyal; TEICHMAN, Doron (Ed.). *Oxford handbook of behavioral economics and the law*. New York: Oxford University Press, 2013. Disponível em: https://ssrn.com/abstract=2220022. Acesso em: 28 jun. 2022.

17. Esta iniciativa mais tarde foi consolidada no art. 37, inciso XIX, da Lei 13.327/2016, que estabelece que aos ocupantes dos cargos da AGU (Advogados da União, Procuradores da Fazenda Nacional, Procuradores Federais e Procuradores do Banco Central do Brasil) "compete utilizar os sistemas eletrônicos existentes e atualizar as informações sobre sua produção jurídica e demais atividades".

18. Disponível em: https://law.stanford.edu/organizations/pages/legal-design-lab/. Acesso em: 28 jun. 2022.

que foram mais tarde aperfeiçoadas nas versões posteriores do sistema, com o advento do Sapiens, e o atual Sapiens 2.0, que será visto ao final deste ensaio[19].

3. INTERFACES E FERRAMENTAS TECNOLÓGICAS NO AMBIENTE JURÍDICO: PROBLEMAS E POTENCIALIDADES

Conforme mencionado, há potencialidades tecnológicas desenvolvidas e adaptadas às ferramentas e plataformas digitais para o aperfeiçoamento e maior celeridade dos serviços jurídicos. Não obstante, é importante ressaltar os diversos problemas criados e enfrentados por causa da ausência de arquitetura de desenvolvimento adequada e que provavelmente poderiam ser evitados com o uso das técnicas do Legal Design.

A acessibilidade digital pode ser resumida como a tentativa de derrubar barreiras na interação via *Web*[20]. É uma decorrência natural da necessidade de desenvolvimento de ferramentas tecnológicas voltadas aos interesses dos usuários, para a solução de problemas complexos e com o objetivo de dar acesso amplo e independente a todos os interessados. Já o Legal Design é considerado aplicação dos conceitos de design centrado em pessoas para tornar os serviços jurídicos mais humanos, utilizáveis e satisfatórios[21].

No ponto, é interessante destacar a hodierna facilidade de navegação no sistema criado pela Advocacia Geral da União[22], que possui interoperabilidade com a maioria dos sistemas judiciais eletrônicos, dentre outras funcionalidades adrede pormenorizadas. O usuário final (servidor ou membro de uma das carreiras da AGU) tem a alternativa de navegar por diversos sistemas judiciais em uma só interface, sem necessidade de efetuar *login* em cada uma delas para ter acesso aos autos dos processos, a todos os documentos eventualmente encaminhados pela União, autarquias

---

19. É exatamente isto que se espera de uma plataforma ou aplicativo no qual sejam oferecidos serviços públicos essenciais aos cidadãos, de maneira integrada e uniforme, em todo o território nacional: sistemas e ferramentas de fácil acesso e manuseio, com visual agradável e interfaces intuitivas, uso de linguagem simples e opções para recursos audiovisuais que facilitem a compreensão de todos, consideradas as especiais necessidades de cada um, e que se demonstrem capazes para o oferecimento dos serviços de maneira mais eficiente, célere e precisa. IWAKURA, Cristiane Rodrigues. Legal design e acesso à justiça: criação de sistemas processuais eletrônicos acessíveis e ferramentas intuitivas no ambiente jurídico digital. In: NUNES, Dierle et. al (Org.). *Direito Processual e tecnologia*: os impactos da virada tecnológica no âmbito mundial. Salvador: JusPodivm, 2021, p. 155.
20. *Web* é uma forma de referência à rede mundial de computadores. Significa "rede" na língua inglesa.
21. "Legal design is a way of assessing and creating legal services, with a focus on how usable, useful, and engaging these services are. It is an approach with three main sets of resources – process, mindsets, and mechanics – for legal professionals to use. These three resources can help us conceive, build, and test better ways of doing things in law, that will engage and empower both lay people and legal professionals." HAGAN, Margaret. *Law by Design*. Disponível em: https://lawbydesign.co/. Acesso em 28 jun. 2022.
22. De acordo com as informações extraídas do próprio sistema, O SAPIENS é um gerenciador eletrônico de documentos (GED), híbrido, que possui avançados recursos de apoio à produção de conteúdo jurídico e de controle de fluxos administrativos, focado na integração com os sistemas informatizados do Poder Judiciário e do Poder Executivo. Disponível em: https://sapiens.agu.gov.br/login. Acesso em 28 jun. 2022.

ou fundações públicas federais representadas (*v. g.*, através de subsídios prestados), assim como para peticionar em juízo e proceder à juntada de documentos.

Além disso, a atual versão do Sapiens proporciona facilidade na atuação dos advogados públicos e consequente celeridade da tramitação do processo judicial, pois traz a alternativa de assinatura de peças e sua respectiva juntada aos autos em lotes, medida que revolucionou a atuação nas lides de massa (ações repetitivas).

Claro que ainda há uma quantidade considerável de obstáculos à acessibilidade aos sistemas judiciais eletrônicos, principalmente no que diz respeito aos tribunais que utilizam versões antigas de softwares existentes, ou mesmo sistemas próprios e desprovidos da necessária interoperabilidade com os sistemas dos demais participantes dos processos. No entanto, as melhorias quanto à acessibilidade são evidenciadas pela rápida disseminação do processamento eletrônico, da automação de maneira geral e da realização "virtual" dos mais diversos atos judiciais.

Nessa esteira, entende-se que a digitalização e a automação são as principais etapas da aplicação da tecnologia no direito processual. Suas transformações, como visto, se tornaram ainda mais relevantes com o advento da epidemia da Covid-19. Essa evolução pôde ser sentida com maior veemência após o início da gestão do Ministro Luiz Fux no Conselho Nacional de Justiça, claramente encampada nas Resoluções do CNJ n. 345 (Juízo 100% Digital), n. 385 (Programa Justiça 4.0) e n. 358 (soluções tecnológicas para resolução de conflitos por meio de conciliação e mediação), dentre muitas outras.

Com base nisso, já é possível falar em uma espécie de virada tecnológica dos sistemas judiciais eletrônicos e das aplicabilidades disponibilizadas aos seus usuários e participantes no processo: realização de audiências remotas (*online*); digitalização de processos físicos e sua migração para sistemas eletrônicos; criação de balcões virtuais de atendimento ao público pelo Poder Judiciário; realização de despachos e reuniões por meios eletrônicos, como Zoom, Microsoft Teams, WhatsApp, dentre outros; criação informal de grupos interinstitucionais para resolução de problemas etc.

Entretanto, o desenvolvimento tecnológico aplicado ao processo não é um fim em si mesmo e não necessariamente importa em um efetivo ganho no que se refere à acessibilidade digital. É imprescindível sempre ter em mente que a criação dessa nova arquitetura dos procedimentos judiciais deve estar embasada na finalidade de alcançarmos um verdadeiro acesso à Justiça, com respeito aos princípios da informação, compreensão e cooperação[23].

---

23. "Todavia, no ínterim das inovações tecnológicas trazidas pelo Juízo 100% Digital, denota-se que, para propiciar uma virada tecnológica efetiva em relação ao atual modelo de processo em autos eletrônicos, as novas funcionalidades a serviço do Judiciário devem efetivamente conferir vantagens aos sujeitos processuais, sob risco de que a nova abordagem implique em esforços infrutíferos. Para tanto, não basta que citações, intimações, audiências e o atendimento ao advogado se realizem por meio remoto, sem que os litigantes e servidores acompanhem na prática a percepção dos benefícios oriundos da tecnologia. Indo além, se faz necessário que toda a arquitetura de escolha do procedimento judicial esteja desenhada de uma forma estratégica para atender aos fins do acesso à Justiça democrático, que abrange o processo informa-

Sabe-se que a evolução dos sistemas judiciais eletrônicos apresenta uma série de desafios, dentre os quais a inevitável ocorrência de que erros de programação e mal funcionamento operacionais que venham a causar nulidades processuais inerentes à atual fase de automação e abrangência da transformação jurisdicional. Vários desses desafios podem ser superados através do uso de técnicas de Legal Design para a construção de uma arquitetura processual adequada a todos os participantes do processo.

A respeito, no âmbito dos processos judiciais eletrônicos, assevera-se que:

> Com foco nessa realidade, verifica-se a plausibilidade de ao menos três graves nulidades processuais que serão pormenorizadas a seguir: 1) ausência de integração e não percepção do ato pelo usuário através da sua interface; 2) intimação endereçada a pessoa ou entidade cadastrada erroneamente; 3) indisponibilidades dos sistemas não identificadas pela equipe de tecnologia de informação do respectivo tribunal, em períodos superiores aos parâmetros estabelecidos pelas normas regentes[24].

É paradoxal, mas o avanço tecnológico dos sistemas judiciais eletrônicos traz em seu bojo o risco da não identificação de eventuais equívocos na integração de determinados atos judiciais. Tal fato pode desencadear incidência indevida do regramento sobre intimação ficta (art. 5º, §3º, da Lei n. 11.419/2006), mesmo com o total desconhecimento do ato pelo representante processual da entidade, seu destinatário final.

Ou seja, atualmente é possível que um ato judicial totalmente desconhecido pelo usuário seja entendido como válido pelo Poder Judiciário e, com isso, passe a produzir efeitos, tudo por causa de algum erro na interoperabilidade entre os sistemas. O problema é preocupante para a advocacia pública em geral, especialmente para a AGU, diante do elevado quantitativo de intimações recebidas diariamente em suas diversas unidades.

Da mesma maneira, pode haver intimação ficta não identificada pela representação processual de entidades que sejam objeto de inserção de dados equivocados no momento do cadastro da ação no respectivo sistema judicial eletrônico. Isso acontece porque, geralmente, são as próprias partes os responsáveis pela inserção dos dados no sistema, para posterior conferência pela secretaria do juízo competente – conferência efetuada por servidores que, por sua vez, também podem não perceber o erro e, com isso, perpetuá-lo no cadastro. Um exemplo recorrente é a introdução de novo CNJP de entidade representada pela advocacia pública sem, contudo, a inclusão do seu competente representante processual – ou mesmo com representação equivocada.

---

do, compreensível e comparticipativo". In: NUNES, Dierle; ALMEIDA, Catharina. *O design como auxiliar da efetividade processual no Juízo 100% Digital*. Disponível em: https://www.conjur.com.br/2021-mai-13/opiniao-design-auxiliar-efetividade-juizo-100-digital. Acesso em 28 jun. 2022.

24. IWAKURA, Cristiane Rodrigues; RIBEIRO, João Henrique Cardoso. Inovação e atuação estratégica: uma nova visão da Fazenda Pública em juízo. In: PEIXOTO, Marco Aurelio et. al. (Org.) *Fazenda Pública*: atuação em juízo, consensualidade e prerrogativas. Londrina: Editora Thoth, 2022, no prelo.

Significa dizer, portanto, que uma evolução procedimental decorrente da automação e desenvolvimento tecnológico (a própria parte efetua o cadastro da parte adversa no sistema judicial eletrônico) pode ser causadora de enormes prejuízos. O problema se deve, basicamente, às dificuldades com a linguagem e distribuição de dados encontradas no sistema – o PJe, por exemplo, não é muito intuitivo no momento do cadastro das partes contra as quais se ajuíza uma ação, pois impõe o preenchimento de diversas informações em formulário complexo.

A solução mais plausível seria a busca por maior humanização e clareza nas instruções durante o cadastramento, como por exemplo, a vinculação obrigatória do CNPJ ou CPF já cadastrados anteriormente a dados da representação judicial ou mesmo a utilização de banco de dados nacional unificado como parâmetro universal dentro dos sistemas judiciais.

Por sua vez, o período de indisponibilidade dos sistemas judiciais eletrônicos pode ser superior àquele efetivamente identificado pela equipe de Tecnologia da Informação do respectivo tribunal – fato que deve ser registrado por relatório formal na página de cada tribunal, conforme previsto na regulamentação dos sistemas eletrônicos (no tocante ao PJe, art. 10 da Resolução CNJ n. 185/2013).

Trata-se de nulidade importante, pois culmina na elasticidade do prazo processual, que será prorrogado para o próximo dia útil no caso de interrupção ou suspensão do sistema por mais de 60 minutos, ininterruptos ou não. O desafio, neste caso, é proporcionar a todos os participantes do processo judicial a capacidade de aferição unilateral da suspensão ou interrupção do serviço judicial prestado.

Atualmente, a AGU, por intermédio do seu Departamento de Gestão Estratégica – DGE, se utiliza de processo de análise e verificação de grande volume de dados por meio do software Kibana[25], ferramenta capaz de criar gráficos, histogramas e mapas para melhor visualização, por exemplo, em análise de *logs* de dados.

O enorme volume de intimações endereçadas à AGU, em conjunto com o uso do referido software, possibilita a comprovação acerca de eventuais indisponibilidades nos sistemas judiciais eletrônicos – análise feita pelo levantamento do quantitativo de erros específicos (graves, como impossibilidade de juntada de petição ou de acesso ao processo judicial) durante determinada janela temporal (geralmente de 24 horas).

---

25. O Kibana é um *plugin* de visualização de dados de fonte aberta para o Elasticsearch. Ele fornece recursos de visualização em cima do conteúdo indexado em um cluster Elasticsearch. Os usuários podem criar gráficos de barra, linha e dispersão, ou gráficos e mapas de torta em cima de grandes volumes de dados. Fonte: Wikipedia: https://pt.wikipedia.org/wiki/Kibana. Ademais, o Kibana possibilita a análise visual de dados de um índice do Elasticsearch ou de vários índices. Os índices são criados quando o Logstash (um ingestor de larga escala) ou o Beats (uma coleção de shippers de dados de finalidade única) ingere dados não estruturados de arquivos de log e de outras fontes e os converte em um formato estruturado para as funcionalidades de armazenamento e busca do Elasticsearch. A interface do Kibana permite que os usuários consultem dados nos índices do Elasticsearch e visualizem os resultados por meio de opções de gráficos padrão ou apps integrados como o Lens, o Canvas e o Maps. Os usuários podem escolher entre diferentes tipos de gráficos, alterar as agregações de números e filtrar para ver segmentos específicos de dados. Disponível em: https://www.elastic.co/pt/what-is/kibana. Acesso em 28 jun. 2022.

Logo, atualmente pode-se afirmar que a AGU possui efetivas condições para detectar e comprovar, por conta própria, a existência de interrupções ou suspensões dos sistemas judiciais eletrônicos que ultrapassem os 60 minutos (ininterruptos ou não) diários autorizados pela regulamentação.

Trata-se de procedimento ainda embrionário, mas um avanço tecnológico capaz de sustentar a cooperação judicial entre as partes, corroborando a boa-fé processual. O desafio, como visto, é a disponibilização de alguma alternativa que abarque essa possibilidade de análise também pelas demais partes do processo, visando a redução dos entraves burocráticos provenientes do sistema processual que hoje está sendo superado.

Neste mesmo sentido, é impositiva a criação e disseminação de canais de comunicação interinstitucionais, capazes de simplificar a comunicação entre os diversos agentes que laboram com os serviços judiciários. Essa aproximação é capaz de fomentar soluções de problemas procedimentais e até mesmo o desenvolvimento de ferramentas participativas de evolução desta arquitetura processual adequada.

Iniciativa que possui este mesmo viés pode ser observada em um dos maiores escritórios de advocacia do mundo, o Baker & Mackenzie, com a plataforma Whitespace Legal Colab[26], que procura a colaboração multidisciplinar para a solução de problemas complexos, tudo isso através do Legal Design Thinking[27].

Por fim, é importante ressaltar que a cooperação é imprescindível para a criação e o desenvolvimento de sistemas informatizados em geral, uma vez que a sua função primordial se traduz no armazenamento e na troca eficiente de informações[28].

4. APLICAÇÃO PRÁTICA DO DESIGN FOCADO NO USUÁRIO, DESAFIOS E PERSPECTIVAS: SAPIENS 2.0

Neste ponto, passa-se a apresentar a nova interface do Sapiens 2.0, que demonstra a aplicação prática dos principais fundamentos do Legal Design com foco no usuário. Dentre os principais avanços do Sapiens 2.0[29] podem ser enumerados os seguintes:

Nova interface

A interface do Sapiens 2.0 traz uma aparência mais simples, clara e que permite ao usuário uma navegação intuitiva, oferecendo ferramentas para o controle de demandas, classificação e pesquisa de processos, atividades e tarefas.

---

26. Disponível em: https://www.bakermckenzie.com/en/expertise/solutions/reinvent. Acesso em 28 jun. 2022.
27. VENTURI, Thais G. Pascoaloto. *O Legal Design Thinking*. Disponível em: https://www.migalhas.com.br/coluna/direito-privado-no-common-law/343332/o-legal-design-thinking. Acesso em 28 jun. 2022.
28. IWAKURA, Cristiane Rodrigues; RIBEIRO, João Henrique Cardoso. Inovação e atuação estratégica: uma nova visão da Fazenda Pública em juízo. In: PEIXOTO, Marco Aurelio et al. (Org.) *Fazenda Pública*: atuação em juízo, consensualidade e prerrogativas. Londrina: Editora Thoth, 2022.
29. ADVOCACIA-GERAL DA UNIÃO. *Conheça o Sapiens 2.0*. Disponível em: https://www.youtube.com/watch?v=BTpSUbwLJZ8. Acesso em: 28 jun. 2022.

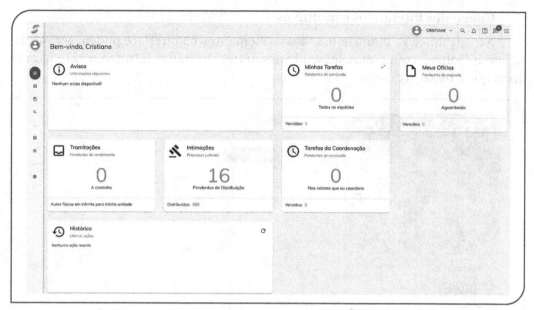

Figura 3. Imagem dos autores.

A imagem em questão ilustra de maneira clara uma das premissas básicas do *Visual Law* que certamente inspirou o *design* da interface do Sapiens 2.0: *menos é mais*. Um ambiente limpo (*clean*) e organizado, sem poluição visual, com uma adequada zona de respiro entre os seus elementos, favorecem o foco do usuário para as informações úteis e relevantes, passando-lhe uma boa sensação para dar início às tarefas, sem confusão ou elementos que causem falsas impressões gerando certo desconforto e ansiedade, conhecida pela expressão *fresh start* (novo começo).

O excesso de elementos ou a poluição visual podem impactar o comportamento do ser humano de maneira desfavorável para o desempenho de determinadas tarefas. Isto ocorre quando se olha para uma mesa desarrumada com diversos processos empilhados, uma pia cheia de louças sujas, ou um prato muito cheio de comida. O ambiente é um fator influenciador do comportamento humano, podendo potencializar ou inibir diferentes atividades.

Inspirado na experiência dos correios eletrônicos para o envio e recebimento de tarefas, o Sapiens 2.0 trabalha com a mesma sistemática, possibilitando que o usuário organize as suas tarefas em pastas, uma eficiente forma para a classificação de demandas a partir de variados critérios.

A apresentação de um esquema visual (*layout*) organizado em um sistema informatizado, faz com que seja mais fácil a sua utilização, exigindo menos dos usuários para que possam compreender as ferramentas existentes e localizar os itens almejados[30].

---

30. LOWDERMILK, Travis. *Design centrado no usuário*. Um guia para o desenvolvimento de aplicativos amigáveis. São Paulo: Novatec Editora Ltda., 2013, p. 89.

Comandos interativos e intuitivos

No que tange ao manuseio, todos os elementos na interface podem ser "arrastados" e "soltos" com o mouse, sendo assim transportados intuitivamente para as áreas que o usuário desejar.

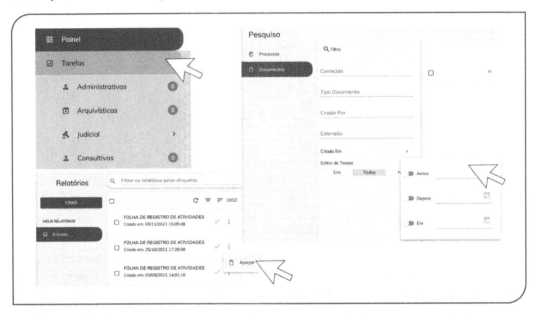

As abas são abertas com o simples "passar do mouse" por cima do menu, trazendo uma listagem de comandos, técnica de design fundamental para que o usuário seja orientado até a realização da atividade pretendida. Trata-se do princípio do design conhecido como revelação progressiva, que se conecta ao princípio da hierarquia, devendo as informações serem relevadas em uma ordem estratégica, começando-se pelas primárias, que vão sendo refinadas até que se chegue às secundárias, de acordo com a abrangência a relevância do teor contido em cada comando[31].

E, como visto anteriormente, o estabelecimento de uma experiência em sintonia com os modelos mentais permite que o usuário navegue pelos sistemas de forma intuitiva, sem maiores equívocos, logo, sem a necessidade de uma capacitação tão demorada e profunda para que logre êxito na sua plena utilização. Para Donald Norman, a utilização equivocada de uma funcionalidade não demonstra que o usuário tenha adotado uma teoria errônea: "na ausência de informação externa, as pessoas ficam livres para deixar a imaginação correr solta, desde que os modelos mentais que elas desenvolvem se relacionem com os fatos da maneira pela qual elas os percebem".

Daí exsurge a importância de se desenvolver o sistema atentando-se sempre para a experiência do usuário, desde a coleta de informações acerca do seu perfil,

---

31. NORMAN, Donald. *O design do dia a dia*. Trad. Ana Deiró. Rio de Janeiro: Editora Rocco (Anfiteatro), 2002, p. 147-152.

até a fase posterior à obtenção do produto, testando-o com diversas pessoas, pois só assim se chegará a um modelo mental que corresponda ao modo de pensar e de agir daquele público específico, minimizando-se os problemas de navegabilidade e eliminando-se ao máximo as margens de erro.

Interoperabilidade e cooperação interinstitucional

Atendendo às demandas dos usuários das versões anteriores, o Sapiens 2.0 foi concebido a partir de um amplo conceito de interoperabilidade[32], podendo ser acessado pelo tradicional computador de mesa, e por outros dispositivos móveis, como smartphones, tablets, notebooks e desktops com duas telas.

Além da multiplataforma de acesso, a interoperabilidade se faz presente na troca de informações em relação a outros órgãos públicos. O Sapiens 2.0 permite que a assinatura dos documentos e o peticionamento eletrônico seja realizado pelo usuário mediante simples registro de usuário e senha, com suporte para a utilização do certificado digital em nuvem, e até o uso de biometria.

Há um nítido propósito de se promover a cooperação interinstitucional por meio do Sapiens 2.0, tendo-se registro, até o presente momento, de dezenove Procuradorias Estaduais e quinze Procuradorias Municipais participantes da iniciativa, o que criará uma comunidade nacional de desenvolvimento, reduzindo custos de transação e otimizando a prestação dos serviços.

Por fim, a interoperabilidade se correlaciona com a garantia do acesso à justiça na medida em que promove uma solução para as dificuldades de acesso aos sistemas informatizados decorrente do movimento desordenado de implementação dos meios processuais eletrônicos constatado nas últimas décadas. Isto se deve ao fato de que "a existência de um número muito grande de sistemas eletrônicos sem qualquer integração e desenho de interfaces e ferramentas sem qualquer padronização, ocasionou uma certa dificuldade para o usuário acessá-los de maneira intuitiva e sem maiores empecilhos"[33].

Eficiência na gestão de demandas em massa

Em relação à performance do Sapiens 2.0, ele demonstrou um desempenho 70% por mais rápido em relação à versão anterior.

---

32. Por interoperabilidade, entenda-se a qualidade atribuída aos sistemas, fluxos de trabalho e de gestão que permitam ao usuário um fácil manuseio das ferramentas e dos instrumentos disponíveis, de maneira intuitiva, desburocratizada e sempre interligada em uma cadeia lógica de acontecimentos e sujeitos relacionados. Com isto, evita-se que o usuário tenha que se adaptar a diversos sistemas com interfaces diferentes, ou que tenha que realizar diversos cadastramentos com os seus dados, dentro de uma verdadeira "torre de babel" tecnológica, ou seja, de uma malha de serviços públicos que não permita a troca eficiente de informações dentro de uma mesma estrutura organizacional. IWAKURA, Cristiane Rodrigues. *Princípio da Interoperabilidade*: Acesso à Justiça e Processo Eletrônico. São Paulo: Dialética Editora, 2020, p. 30-37.

33. IWAKURA, Cristiane Rodrigues; RIBEIRO, João Henrique Cardoso. Inovação e atuação estratégica: uma nova visão da Fazenda Pública em juízo. In: PEIXOTO, Marco Aurelio et. al. (Org.) *Fazenda Pública*: atuação em juízo, consensualidade e prerrogativas. Londrina: Editora Thoth, 2022, no prelo.

Uma interessante novidade consiste no oferecimento de ferramentas responsivas, ou seja, que permitam a obtenção de uma resposta rápida e clara de acordo com a experiência do usuário, simplificando consideravelmente as tarefas desempenhadas.

Outro destaque está no mecanismo de criação de etiquetas inteligentes: o Sapiens 2.0 permite que o usuário cadastre regras para que o sistema etiquete automaticamente tarefas e defina as ações que irão automatizar o seu trabalho, aperfeiçoando o processo de triagem.

A etiquetagem exerce um papel fundamental no gerenciamento em lote de tarefas, e pode ser feita de forma bastante intuitiva, conforme demonstra a imagem a seguir.

Fig. 3. Imagem dos autores

Inteligência Artificial

O Sapiens 2.0 traz novas soluções com a utilização de inteligência artificial por intermédio de algoritmos que permitam uma melhor compreensão da linguagem humana, que vão aprimorar a qualidade das sugestões feitas ao usuário pelo sistema.

Saliente-se ainda que, gradativamente, os sistemas de inteligência jurídica se revelaram como um meio para a apresentação e a introdução de técnicas interdisciplinares nas rotinas de trabalho dos seus membros e servidores, citando-se aqui como exemplos: *Legal Design*, *Visual Law*, *Storytelling*, *Data Science*, *Business Inteligence*, *Jurimetria*, *Big Data Analytics*, dentre tantas outras. A utilização destas técnicas no meio jurídico gera uma considerável economia de tempo e a redução dos custos de transação, "reduzindo-se consideravelmente o desperdício com insumos e o desgaste de pessoal com tarefas repetitivas ou deslocamentos". Com isto, observa-se uma perceptível melhora qualitativa nas defesas do erário público em juízo, na medida em que a comunicação e a troca de dados e informações relevantes são realizadas de maneira muito mais precisa e eficiente[34]:

> Fato é que o design já está presente e consolidado no mundo jurídico. O desenho das plataformas e dos sistemas operacionais refletem o uso de diversos princípios do Visual Law. A ideia da arquitetura de escolha com foco no usuário está intrinsecamente relacionada à prestação de qualquer serviço público essencial, veja-se neste sentido o rol de diretrizes previsto no art. 3º da lei 14.129/2021 – a Lei de Governo Digital.

> Logo, o melhor que se deve fazer neste momento, é "dar uma chance ao Visual Law", pois os estudos em torno do emprego desta técnica demonstram que efetivamente há um expressivo ganho na melhoria da comunicação, na eliminação de ruídos no processo decisório dos magistrados, e em um substancial aumento da acessibilidade às informações veiculadas no processo judicial[35].

5. CONSIDERAÇÕES FINAIS

Por todo o exposto, resta evidente a importância do estudo do design para o desenvolvimento e constante aprimoramento dos sistemas eletrônicos de gestão processual, assim como qualquer aplicativo ou plataforma que seja inserido na rotina de trabalho de uma instituição.

O Legal Design centrado no usuário (DCU) inaugura uma nova fase no mundo jurídico, colocando o ser humano como principal fator a ser considerado na arquitetura digital, revelando-se como a área do conhecimento mais propícia para o enfrentamento de problemas de acessibilidade advindos da própria tecnologia, de modo que se rompam eventuais barreiras de ordem cultural e tecnológica, compreensíveis a partir do fenômeno do paradoxo da tecnologia.

A dificuldade no manuseio de uma ferramenta tecnológica não pode transformá-la como um fim em si mesmo, já que a ideia central é colocá-la como algo que deve auxiliar o operador, e não lhe conferir uma tarefa adicional.

Com isto, reforça-se de modo categórico a necessidade de uma modernização sobre os programas de capacitação, oferecendo-se aos operadores do direito em suas grades curriculares, um forte estudo interdisciplinar, para que todos estejam preparados para o manejo das novas tecnologias, e assim continuem desbravando suas potencialidades e trazendo contribuições em termos de inovação, pois só deste modo haverá uma perfeita integração do papel que deverá ser desempenhado pela advocacia com o que se pode esperar a partir destes novos tempos.

---

34. IWAKURA, Cristiane Rodrigues. Advocacia Pública na Era Digital. Avanços no sistema de gestão de processos e redução da litigiosidade. In: RIBEIRO, Rodrigo Araújo et al. (Org.). *Advocacia Pública em Juízo*. 2. ed. Belo Horizonte: Editora D'Plácido, 2021, p. 850.
35. IWAKURA, Cristiane Rodrigues. Visual Law é modismo? *Migalhas*. Disponível em: https://www.migalhas.com.br/coluna/elas-no-processo/353530/visual-law-e-modismo. Acesso em: 28 jun. 2022.

6. REFERÊNCIAS

ADVOCACIA GERAL DA UNIÃO. *Sapiens 2.0*: AGU inicia maior processo de capacitação de sua história. Disponível em: https://www.gov.br/agu/pt-br/comunicacao/noticias/sapiens-2-0-agu-inicia-maior--processo-de-capacitacao-de-sua-historia. Acesso em: 28 jun. 2022.

ARTY, David. *Guia sobre Grid*. Disponível em: https://medium.com/@davidarty/guia-sobre-grid-297bf-2d92d8d. Acesso em: 28 jun. 2022.

AZEVEDO, Bernardo de. *Legal designers*: quem são esses profissionais? Disponível em: https://bernardo-deazevedo.com/conteudos/legal-designers-quem-sao-esses-profissionais. Acesso em: 28 jun. 2022.

CABINET OFFICE. *Behavioural Insights Team*. Applying behavioural insights to reduce fraud, error and debt. Disponível em: https://assets.publishing.service.gov.uk/government/uploads/system/uploads/attachment_data/file/60539/BIT_FraudErrorDebt_accessible.pdf. Acesso em: 28 jun. 2022.

HAGAN, Margaret. *Law by Design*. Disponível em: https://lawbydesign.co/ . Acesso em 28 jun. 2022.

IWAKURA, Cristiane Rodrigues. Advogado Público do Futuro: Gestor, Programador, Compliance Officer e Estrategista. Da sua essencialidade para o processo de inserção das novas tecnologias na Administração Pública. In: RODRIGUES, Marco Antonio dos Santos; VALE, Luís Manoel Borges (Org.). *Advocacia Pública e Tecnologia*. Belo Horizonte: Fórum, 2021.

IWAKURA, Cristiane Rodrigues. Advocacia Pública na Era Digital. Avanços no sistema de gestão de processos e redução da litigiosidade. In: RIBEIRO, Rodrigo Araújo et al. (Org.). *Advocacia Pública em Juízo*. 2. ed. Belo Horizonte: Editora D'Plácido, 2021.

IWAKURA, Cristiane Rodrigues. *Princípio da Interoperabilidade*: Acesso à Justiça e Processo Eletrônico. São Paulo: Dialética Editora, 2020.

IWAKURA, Cristiane Rodrigues. Visual Law é modismo? *Migalhas*. Disponível em: https://www.migalhas.com.br/coluna/elas-no-processo/353530/visual-law-e-modismo. Acesso em: 28 jun. 2022.

IWAKURA, Cristiane Rodrigues; RIBEIRO, João Henrique Cardoso. Inovação e atuação estratégica: uma nova visão da Fazenda Pública em juízo. In: PEIXOTO, Marco Aurelio et. al. (Org.). *Fazenda Pública*: atuação em juízo, consensualidade e prerrogativas. Londrina: Editora Thoth, 2022, no prelo.

LENTO, Vitor Marques. O PJe: processo judicial eletrônico do CNJ e a autonomia dos tribunais. *Revista de Doutrina da 4ª Região*. Porto Alegre, n. 61, ago. 2014.

LOWDERMILK, Travis. *Design centrado no usuário*. Um guia para o desenvolvimento de aplicativos amigáveis. São Paulo: Novatec Editora Ltda., 2013.

MACHADO FILHO, Antonio Carlos Mota; IWAKURA, Cristiane Rodrigues. Legal Design na Advocacia Pública Federal. In: COELHO, Alexandre Zavaglia; SOUZA, Bernardo de Azevedo (Org.). *Legal Design e Visual Law no Poder Público*. São Paulo: Revista dos Tribunais, 2021.

MAIA, Ana Carolina; NYBØ, Erik Fontenele; CUNHA, Mayara. *Legal design*: criando documentos que fazem sentido para os usuários. São Paulo: Saraiva Educação, 2020.

NORMAN, Donald. *O design do dia a dia*. Trad. Ana Deiró. Rio de Janeiro: Editora Rocco (Anfiteatro), 2002.

NUNES, Dierle; ALMEIDA, Catharina. *O design como auxiliar da efetividade processual no Juízo 100% Digital*. Disponível em: https://www.conjur.com.br/2021-mai-13/opiniao-design-auxiliar-efetividade-juizo-100-digital. Acesso em 28 jun. 2022.

STANFORD UNIVERSITY. *The Legal Design Lab*. Disponível em: https://law.stanford.edu/organizations/pages/legal-design-lab/#slsnav-our-team. Acesso em: 28 jun. 2022.

SUNSTEIN, Cass R. Nudges.gov: behavioral economics and regulation. In: ZAMIR, Eyal; TEICHMAN, Doron (Ed.). *Oxford handbook of behavioral economics and the law*. New York: Oxford University Press, 2013. Disponível em: https://ssrn.com/abstract=2220022. Acesso em: 28 jun. 2022.

VENTURI, Thais G. Pascoaloto. *O Legal Design Thinking*. Disponível em: https://www.migalhas.com.br/coluna/direito-privado-no-common-law/343332/o-legal-design-thinking. Acesso em 28 jun. 2022.

27

A UTILIDADE DAS FERRAMENTAS DE LEGAL DESIGN PARA O CONSENTIMENTO EFETIVAMENTE ESCLARECIDO

Carla Carvalho

Professora Adjunta da Faculdade de Direito da UFMG. Doutora, Mestre e Bacharel em Direito pela UFMG. Pesquisadora visitante na Université libre de Bruxelles (2013-2014). Membro titular do Comitê de Ética na Pesquisa da UFMG. Membro do Instituto Brasileiro de Responsabilidade Civil. Advogada. E-mail: carla@carlacarvalho.com.br

Laís Tatagiba

Acadêmica de Direito da UFMG. Monitora da disciplina de direito médico e da saúde da UFMG. Coordenadora do GEMED (grupo de estudos em direito médico e da saúde) na UFMG. E-mail: laistatagiba@hotmail.com

https://youtu.be/IuBA3Mjt07E

Sumário: 1. Introdução. 2. Relação médico-paciente: evolução em direção à autonomia. 3. Consentimento livre e esclarecido: um processo. 4. Consentimento e termo de consentimento. 5. Uso de técnicas do design para a construção de termos de consentimento efetivamente esclarecedores. 6. Proposta de um modelo. 7. Considerações finais. 8. Referências. 9. Apêndice.

1. INTRODUÇÃO

A relação médico-paciente vem passando por mudanças profundas nos últimos anos, com uma ressignificação dos papéis e potências dos sujeitos envolvidos, de modo a reconhecer e reforçar a atuação do paciente como sujeito autônomo, capaz de realizar as escolhas existenciais relacionadas ao seu corpo, sua psiquê, sua vida. Neste processo, ao mesmo tempo em que se consolida como princípio fundamental a autonomia do paciente, materializada na possibilidade de consentimento ou recusa da realização de procedimentos e intervenções sobre sua saúde, se reconhece sua inerente vulnerabilidade, diante de um processo de escolha que envolve conhecimentos técnicos, compreensão de alternativas, controle de expectativas, percepção e assunção de riscos.

Assim, reconhecendo-se um frágil protagonismo do paciente, a um só tempo "empoderado" e vulnerável, busca-se meios de assegurar a qualidade de sua manifestação de vontade, por meio do estabelecimento de um processo de consentimento que lhe proporcione os subsídios adequados para a formulação e expressão de seus desígnios, com garantia da mais ampla liberdade possível, no contexto de um mundo da vida.

Torna-se um grande desafio das práticas de saúde, para além de aspectos da evolução da técnica, o desenvolvimento de instrumentos para garantir que o paciente seja substancialmente livre e esclarecido no exercício de suas faculdades de autodeterminação. Paralelamente, assiste-se a um progressivo reconhecimento do valor das técnicas e do conhecimento ligado ao design, como ferramentas para promover uma adequada compreensão dos fenômenos, e propiciar a descoberta de soluções novas e mais eficazes, por meio de uma abordagem criativa e focada na resolução de problemas e no ser humano[1].

As ferramentas e técnicas de design podem ter uma aplicação bem sucedida no campo da saúde, contribuindo para a formulação e solução adequada dos problemas enfrentados, com destaque para o acesso adequado ao paciente e sua preparação para o consentimento. Neste sentido, o presente artigo pretende aferir como técnicas e elementos de design aplicadas ao Direito – legal design – podem ser utilizadas no aperfeiçoamento dos processos de consentimento, especialmente para a formulação de termos de consentimento mais claros, acessíveis, completos e interessantes, que contribuam para o efetivo esclarecimento do paciente e respeito de sua autonomia.

Para tanto, realizou-se pesquisa bibliográfica, tendo como finalidade a análise de como as ferramentas do design se revelam úteis para promover o consentimento livre e esclarecido do paciente. Ao final, propôs-se um modelo de termo de consentimento livre e esclarecido, elaborado com recurso das técnicas de legal design, a fim de demonstrar as potencialidades da utilização de ferramentas do design para promover um respeito mais amplo pela autonomia do paciente.

---

1. BROWN, Tim. *Design Thinking*: Uma metodologia poderosa para decretar o fim das velhas ideias. Rio de Janeiro: Alta Books, 2020.

2. RELAÇÃO MÉDICO-PACIENTE: EVOLUÇÃO EM DIREÇÃO À AUTONOMIA

Quando se volta os olhos para o passado, vê-se uma relação essencialmente paternalista, em que o médico, como um *pater familiae*, assumia a função de dispensador dos cuidados, escolhendo, em nome e por conta do paciente, quais tratamentos e procedimentos seriam feitos em seu corpo. "No modelo paternalista o médico atua como o tutor do paciente, determinando e colocando em prática aquilo que seja o melhor para ele"[2].

Neste momento, a ligação entre médico e paciente era essencialmente vertical, com a concentração do poder de tomada de decisão nas mãos daquele, e a manutenção de uma postura passiva por este, o que levou à própria consolidação da expressão "paciente". Tal modelo, herança da ética médica clássica, é resultado da aplicação da principiologia, calcada na beneficência, preceituada por Hipócrates, considerado o pai da medicina.

> O paternalismo médico teve sua origem durante a evolução histórica da Medicina, quando o médico deteve o poder na tomada de decisão na relação médico-paciente. Esse poder foi gerado tanto pelo domínio técnico de um conhecimento específico quanto pela sua legitimidade social e, a partir disso, o compartilhar decisões médicas junto com o paciente deixou de ser uma prática habitual, tornando o princípio da beneficência absoluto.[3]

No último século, contudo, assiste-se a um progressivo questionamento de tal modelo paternalista, a partir da consolidação da autonomia como princípio fundamental, tanto bioético, quanto jurídico.

Com efeito, as atrocidades cometidas na primeira metade do século, em decorrência da experimentação nazista, e repetidas na segunda metade do século, em uma série de outras pesquisas, sob a forma de ensaios clínicos em que não se coletava o consentimento dos sujeitos para inclusão como participantes, muitas vezes nem sequer se lhes dando ciência de que eram incluídos em experimentos, fizeram com que a Bioética e o Direito concedessem um tratamento especial à autonomia dos participantes, e dos pacientes em geral, protegendo-os a partir da exigência de seu consentimento, como condição *sine qua non* da realização de intervenções sobre seus corpos.

É assim que no Código de Nuremberg, elaborado em consequência dos trabalhos do Tribunal de Nuremberg, que julgou os crimes cometidos no âmbito da segunda guerra mundial, estabeleceu-se um conjunto de requisitos que deveriam ser observados para que um experimento científico com seres humanos fosse considerado ético, com destaque para a exigência, logo em seu art. 1º, do consentimento informado do participante.

Paralelamente, o desenvolvimento da Bioética como campo de estudo transdisciplinar envolve o estabelecimento de princípios cuja observância é essencial, tanto para a realização de pesquisas, quanto para a atuação na ética clínica. Nesta perspectiva de

---

2. EMANUEL, Ezekiel J.; EMANUEL, Linda L. Cuatro modelos de la relación médico-paciente. COUCEIRO, A. *Bioética para clínicos*. Madri: Triacastela, 1999, p. 110 (tradução livre).

3. BEIER, Mônica. Algumas considerações sobre o Paternalismo Hipocrático. *Revista Médica de Minas Gerais*. 20(2, p. 246-254), abr.-maio 2010, p. 247.

uma ética principialista, o princípio da autonomia se consolida, ao lado da beneficência, não maleficência e justiça, como um dos quatro princípios de observância obrigatória para que um procedimento ou intervenção se considere moralmente aceitável[4].

Para além de um princípio bioético, a autonomia constitui também um princípio jurídico fundamental, resguardado em todo o ordenamento brasileiro, encontrando reconhecimento na Constituição a partir da consagração da dignidade da pessoa humana como fundamento da República e de todo o ordenamento, somada a outros dispositivos em que se preceitua o respeito da liberdade individual.

Conforme Barroso e Martel, "integra o conteúdo da dignidade a autodeterminação individual e o direito ao igual respeito e consideração. As pessoas têm o direito de eleger seus projetos existenciais e de não sofrer discriminações em razão de sua identidade e de suas escolhas" [5].

No plano infraconstitucional, mais especificamente no campo das relações privadas, em que se insere a relação médico-paciente, o Código Civil traz regra específica a consagrar a autonomia da pessoa sobre o próprio corpo, exigindo-se o seu consentimento para que possa ser submetida a intervenções em sua saúde: "Art. 15. Ninguém pode ser constrangido a submeter-se, com risco de vida, a tratamento médico ou a intervenção cirúrgica".

A manifestação concreta de tal autonomia do paciente se dá pela exigência de seu consentimento, livre e esclarecido, para que se realize qualquer intervenção sobre seu corpo e sua saúde. Como consequência, o paternalismo é progressivamente abandonado – salvo situações excepcionais –, dando espaço a novas formas de interação entre médico e pacientes, no que se concebeu, por uns, como um modelo autonomista, e por outros como um modelo de mútua participação.

O primeiro foca na centralidade do papel do paciente, considerado como protagonista único de seus cuidados, detentor do poder de tomar decisões que lhe dizem respeito. Não se pode descurar, contudo, do fato de que o paciente, para consentir e ser o sujeito do processo de tomada de decisões em matéria de saúde, precisa ser munido de explicações adequadas sobre os procedimentos e intervenções que se lhe propõem, sob pena de se vulnerabilizar diante da falta das informações necessárias para a compreensão dos fatos e formação de sua convicção.

Ainda, o médico não abdica de toda a participação na tomada de decisão de seus pacientes, sendo certo que sua forma de conduzir os contatos e tratamentos impacta diretamente na adesão do paciente, o que se soma ao fato de que o médico ele mesmo deve agir com liberdade e autonomia, em observância dos desenvolvimentos técnicos da profissão.

---

4. BEAUCHAMP, Tom L.; CHILDRESS, James F. *Princípios de ética biomédica*. São Paulo: Loyola, 2013.
5. BARROSO, Luís Roberto; MARTEL, Letícia de Campos Velho. A morte como ela é: dignidade e autonomia individual no final da vida. *Revista da Faculdade de Direito de Uberlândia*, Uberlândia, v. 38: 235-274, 2010, p. 251.

A mútua participação surge, dessa forma, como um modelo que atende de forma mais adequada à necessidade de se conciliar as duas autonomias em questão – de médico e paciente –, estatuindo que ambos devem participar, em colaboração, do processo de tomada de decisão, a fim de que se tenha um amplo respeito das dignidades envolvidas. O médico munirá o paciente das informações suficientes e adequadas sobre o seu diagnóstico, prognósticos e riscos envolvidos, dirimirá suas dúvidas e anseios, auxiliando-o a proferir sua palavra final. "Essencialmente, o médico ajuda o paciente a se ajudar a si mesmo"[6].

De fato, apesar do caminhar histórico, todos estes modelos ainda coexistem na atualidade, cada um mantendo sua aplicabilidade conforme as peculiaridades das situações concretamente vivenciadas. Contudo, com base nos princípios bioéticos e jurídicos, deve-se privilegiar sempre o estabelecimento de padrões de interação que promovam a autonomia na maior medida possível, apenas se admitindo restrições e imposição de decisões externas ao sujeito, em bases de excepcionalidade e mediante extensa justificação. O consentimento é, pois, a condição da intervenção ética sobre o corpo do paciente.

3. CONSENTIMENTO LIVRE E ESCLARECIDO: UM PROCESSO

Concebe-se, na linha dos estudos de Beauchamp e Childress, o consentimento como um processo, que se prolonga no tempo, resultado de um complexo processo dialógico entre equipe de cuidados, paciente, e eventualmente familiares, esclarecimento acerca dos procedimentos e garantia da liberdade para aceitá-los ou recusá-los, diante da oferta de cuidados alternativos. Este é também o posicionamento do Conselho Federal de Medicina[7]:

> O consentimento é um processo, e não um ato isolado. Como processo, o consentimento esclarecido incorpora a participação ativa do paciente nas tomadas de decisão, o que é essencial na relação médico-paciente. O consentimento é mais do que um acordo, é um processo contínuo que envolve trocas de informações e um diálogo que permite, igualmente, explorar emoções, crenças e sentimentos, além de dados técnicos.

Não é qualquer consentimento que satisfaz adequadamente o postulado bioético da autonomia da pessoa, se não aquele que se presta com liberdade e esclarecimento. No passado, era comum o uso da expressão consentimento informado, destacando a necessidade de oferta de informações para que o paciente tome suas decisões. Com o tempo, passa-se a preferir a expressão consentimento livre e esclarecido, que (i) agrega a exigência de liberdade, erigindo a recusa como opção disponibilizada ao sujeito; e (ii) exige que a informação seja convertida em esclarecimento, não se restringindo a uma mera disponibilização de dados.

---

6. SZASZ, Thomas; HOLLENDER, Marc. *A contribution to the philosophy of medicine – the basic models of the doctor-patient relationship*. JAMA Intern Med.: v. 97, n. 5, p. 585-592, 1956. Disponível em: https://jamanetwork.com/journals/jamainternalmedicine/article-abstract/560914?resultClick=1. Acesso em: 28 jun. 2022, p. 587.

7. CONSELHO FEDERAL DE MEDICINA. *Recomendação 01/2016*. Disponível em: https://portal.cfm.org.br/images/Recomendacoes/1_2016.pdf. Acesso em: 28 jun. 2022.

Com efeito, esclarecer é muito mais que informar. Para ser esclarecido, é necessário que o sujeito assimile, de forma crítica, as informações que lhe foram disponibilizadas, encontrando nelas sentido. Informação é dado, esclarecimento é substância, modificação do estado subjetivo em função da assimilação e compreensão das informações. Neste sentido a lição de Flaviana Rampazzo Soares[8]:

> Informar é diferente de esclarecer. O primeiro é o conteúdo de um determinado conhecimento, e o segundo é o 'seguimento de questões colocadas pelo credor da informação', ou seja, um detalhamento dirigido à complementação da informação ou à dissipação de dúvidas.

Quando se fala em consentimento como processo, entende-se que o mesmo decorre de uma pluralidade de oportunidades de contato entre o paciente e a equipe de cuidados – não apenas os médicos –, desenvolvendo-se numa cadência adequada – a depender, claro, da disponibilidade concreta de tempo que o caso apresenta –, a fim de que se apresentem ao paciente as informações relevantes para sua tomada de decisão, em linguagem clara e acessível, conforme seu nível de compreensão, seguindo-se períodos para reflexão e busca de fontes alternativas, ocasiões para apresentação de questionamentos e esclarecimento de dúvidas, sempre com a possibilidade de se revisarem os percursos propostos para os cuidados.

> O consentimento informado (oral ou escrito) consiste no reconhecimento da autonomia do paciente em se submeter ou não a técnicas médicas de pesquisa, prevenção, diagnóstico e tratamento, respeitados suas crenças e valores morais, direitos considerados de personalidade pelo art. 15, do Código Civil. Trata-se de decisão livre, voluntária, refletida, autônoma, não induzida, tomada após um processo informativo e deliberativo sobre o procedimento ou procedimentos biomédicos a serem adotados nos termos informados[9].

Neste processo, deve-se ainda respeitar o tempo de absorção dos novos dados pelo paciente, permitindo-lhe a formação de uma escolha significativa, além de garantir-lhe sempre a possibilidade de recusa das opções propostas, sem que isso implique um mero abandono dos cuidados. É que em última análise sempre haverá alternativas disponíveis, exsurgindo os cuidados paliativos como direito daquele paciente que não deseja ser submetido a tratamentos que considera fúteis, desproporcionais ou até contrários aos seus valores.

4. CONSENTIMENTO E TERMO DE CONSENTIMENTO

Conforme assentado, é preciso fazer a adequada distinção entre consentimento e termo de consentimento, referindo-se o primeiro à anuência propriamente dita para a realização de um tratamento ou procedimento, como resultado de um processo de esclarecimento e garantia de liberdade, e o segundo ao documento frequentemente

---

8. SOARES, Flaviana Rampazzo. *Consentimento do paciente no direito médico:* validade, interpretação e responsabilidade. Indaiatuba: Foco, 2020.

9. SCHAEFER, Fernanda. A nova concepção do consentimento esclarecido. *Revista do Instituto de Direito Brasileiro*, Ano 1, n. 10, p. 6317-6354, Lisboa, 2012, p. 6.329-6.330.

utilizado para o registro daquele. Beauchamp e Childress[10] realçam a distinção, estabelecendo ser "essencial que se entenda o consentimento informado como um processo que ocorre com o tempo, e que se evite a visão comum de que um formulário de consentimento assinado é a essência do consentimento".

De fato, o consentimento livre e esclarecido não depende de forma escrita, pois em Direito, quando não há exigência legal de forma, esta deve ser considerada livre, podendo as partes manifestar suas vontades pelo modo que melhor lhes aprouver. Mais importante que a forma é a substância, consistente no efetivo respeito da autonomia do sujeito.

A não obrigatoriedade do documento não afasta, contudo, sua importância prática. O próprio Conselho Federal de Medicina, na Recomendação CFM 01/2016[11], traz a seguinte recomendação: "A forma verbal é a normalmente utilizada para obtenção de consentimento para a maioria dos procedimentos realizados, devendo o fato ser registrado em prontuário. Contudo, recomenda-se a elaboração escrita (Termo de Consentimento Livre e Esclarecido)". É que o documento, além de prestar à informação do paciente, serve de instrumento para a defesa do profissional, meio de prova da regularidade da prestação dos cuidados:

> A informação dada ao paciente ou a quem por ele é responsável deve ser clara, objetiva e compreensível, sendo importantíssimo que o médico documente todo esse processo, não só para sua própria segurança, mas como garantia das opiniões dadas ao paciente e da adequada prestação dos serviços contratados[12].

Outras recomendações feitas pelo CFM para a elaboração do documento são:

> a) O esclarecimento claro, pertinente e suficiente sobre justificativas, objetivos esperados, benefícios, riscos, efeitos colaterais, complicações, duração, cuidados e outros aspectos específicos inerentes à execução tem o objetivo de obter o consentimento livre e a decisão segura do paciente para a realização de procedimentos médicos. Portanto, não se enquadra na prática da denominada medicina defensiva. [...]
>
> c) A redação do documento deve ser feita em linguagem clara, que permita ao paciente entender o procedimento e suas consequências, na medida de sua compreensão. Os termos científicos, quando necessários, precisam ser acompanhados de seu significado, em linguagem acessível.
>
> d) Em relação ao tamanho da letra, recomenda-se que seja pelo menos 12 e, com a finalidade de incentivar a leitura e a compreensão, que o termo seja escrito com espaços em branco ou alternativas para que o paciente possa, querendo, completá-los com perguntas a serem respondidas pelo médico assistente ou assinalar as alternativas que incentivem a compreensão do documento. Depois de assinado pelo paciente, tais espaços em branco e/ou alternativas, quando não preenchidos, deverão ser invalidados.
>
> e) O paciente, ou seu representante legal, após esclarecido, assume a responsabilidade de cumprir fielmente todas as recomendações feitas pelo médico assistente.[13]

---

10. BEAUCHAMP, Tom L.; CHILDRESS, James F. *Princípios de ética biomédica*. São Paulo: Loyola, 2013, p. 163.
11. CONSELHO FEDERAL DE MEDICINA. *Recomendação 01/2016*. Disponível em: https://portal.cfm.org.br/images/Recomendacoes/1_2016.pdf. Acesso em: 28 jun. 2022.
12. SCHAEFER, Fernanda. A nova concepção do consentimento esclarecido. *Revista do Instituto de Direito Brasileiro*, Ano 1, n. 10, p. 6317-6354, Lisboa, 2012, p. 6.328.
13. CONSELHO FEDERAL DE MEDICINA. *Recomendação 01/2016*. Disponível em: https://portal.cfm.org.br/images/Recomendacoes/1_2016.pdf. Acesso em: 28 jun. 2022.

Os documentos de consentimento informado desempenham, assim, múltiplos papéis: (i) informação dos participantes da pesquisa ou dos pacientes; (ii) satisfação de exigências regulatórias; (iii) definição dos deveres das partes[14], permitindo a demonstração do seu cumprimento e redução do risco de responsabilização de profissionais e instituições[15].

Os termos não devem substituir o processo de consentimento, em si. Em muitos contextos, porém, são utilizados como a única ferramenta de coleta do consentimento, o que torna ainda mais relevante a busca de modelos de termos adequados e completos, que forneçam ao paciente, de forma clara e acessível, as informações adequadas e necessárias para a formação de sua convicção.

5. USO DE TÉCNICAS DO DESIGN PARA A CONSTRUÇÃO DE TERMOS DE CONSENTIMENTO EFETIVAMENTE ESCLARECEDORES

Vê-se que o "consentimento informado ou como preferem alguns, consentimento livre e esclarecido requer que a pessoa compreenda os fatos relevantes ou materiais, as implicações e as consequências derivadas da ação que vier a adotar [...]"[16].

O desafio que se descortina é a avaliação da complexidade das informações que a pessoa precisa compreender para tornar-se esclarecida, bem como das técnicas aplicáveis para a promoção deste entendimento. Segundo Nunes e Rodrigues, "a abordagem do *design thinking*, assim, possui uma ampla gama de possibilidades e se amolda aos mais variados ramos do conhecimento, de modo a propor soluções mais humanas, menos burocráticas e mais efetivas"[17]. O uso de ferramentas do design tem o condão de promover melhor atenção, interação, e absorção de informação pelo paciente, contribuindo para o respeito de sua autonomia, na medida em que a ideia por traz de tais ferramentas é promover o uso de abstrações para simplificar informações e sistemas complexos.

O *legal design* surge, assim, "como a aplicação no Direito das técnicas do design, ou seja, como design jurídico"[18], tornando o fenômeno jurídico mais empático e

---

14. CONSELHO FEDERAL DE MEDICINA. *Recomendação 01/2016*. Disponível em: https://portal.cfm.org.br/images/Recomendacoes/1_2016.pdf. Acesso em: 28 jun. 2022.

15. WILBANKS, John. Design Issues in e-Consent. *The Journal of Law, Medicine & Ethics*. 2018, March; 46(1): 110-118. Disponível em: https://pubmed.ncbi.nlm.nih.gov/30057442/. Acesso em: 28 jun. 2022.

16. SZTAJN, Raquel. Reflexões sobre o consentimento informado. In: AZEVEDO, Álvaro; LIGIERA, Wilson Ricardo. *Direitos do paciente*. São Paulo: Saraiva, 2012, p. 185.

17. NUNES, Dierle; RODRIGUES, Larissa Holanda Andrade. O contraditório e sua implementação pelo design: *design thinking*, *legal design* e *visual law* como abordagens de implementação efetiva da influência. In: NUNES, Dierle; LUCON, Paulo Henrique dos Santos; WOLKART, Erik Navarro. *Inteligência Artificial e Direito Processual*: Os Impactos da Virada Tecnológica no Direito. Salvador: Editora JusPodivm, 2020, p. 237.

18. NUNES, Dierle; RODRIGUES, Larissa Holanda Andrade. O contraditório e sua implementação pelo design: *design thinking*, *legal design* e *visual law* como abordagens de implementação efetiva da influência. In: NUNES, Dierle; LUCON, Paulo Henrique dos Santos; WOLKART, Erik Navarro. *Inteligência Artificial e Direito Processual*: Os Impactos da Virada Tecnológica no Direito. Salvador: Editora JusPodivm, 2020, p. 230.

acessível às pessoas, com boa aplicabilidade no campo de documentos de consentimento do paciente.

Wilbanks[19], trabalhando em uma organização não lucrativa de pesquisa biomédica, estudou o consentimento informado no âmbito da instituição, constatando que, apesar de este ter sido implementado como um processo, não se fazia uma reflexão sobre a sua eficácia, em termos de preparação do participante para a tomada de decisão autônoma sobre a participação ou não em uma pesquisa. Na prática, o consentimento era visto como uma mera transação pontual, estabelecida como condição para o recrutamento de participantes numa pesquisa.

O autor aponta, então, que a mudança para o uso de métodos eletrônicos de coleta de consentimento trazia uma oportunidade única de correção desse vício, já que, entre outros fatores, permitia informar verdadeiramente os participantes da pesquisa sobre os protocolos, estabelecendo-se um ambiente adequado para a escolha significativa sobre a participação ou não em um experimento, numa relação baseada em confiança.

Na formulação de um modelo para o "e-consentimento", buscando a superação das limitações de um termo de consentimento clássico, com o recurso a ferramentas de design, Wilbanks relata que foram primeiramente identificados os conceitos clínicos essenciais que o sujeito deve compreender antes de fazer a escolha acerca de sua participação. Tais conceitos foram então organizados em duas camadas: uma dominante pictórica e uma dominante textual.

> Estruturamos a tela intencionalmente na tentativa de chamar a atenção por meio de destaque visual: uma combinação de uma imagem chave, um título em fonte grande e um subtítulo. Rodeamos este trio de elementos com muito espaço em branco e um conjunto de ações muito limitado. Os participantes podem voltar, cancelar, avançar ou optar por aprender mais sobre o conceito apresentado. Ao optar por aprender mais, eles navegam para a camada dominante de texto, onde o conceito clínico é descrito com mais detalhes em linguagem simples. No nível de texto dominante, o único link é um retorno à mesma tela de conceito clínico. Isso garante um segundo lembrete visual do conceito, para apoiar o engajamento e retenção de informações.[20]

Atualmente, já se estimula o uso de imagens e ferramentas do design na elaboração de Termos de Assentimento Livre e Esclarecido[21], aplicáveis a sujeitos incapazes para a obtenção de sua anuência para participação em pesquisas, ademais

---

19. WILBANKS, John. Design Issues in e-Consent. *The Journal of Law, Medicine & Ethics.* 2018, March; 46(1): 110-118. Disponível em: https://pubmed.ncbi.nlm.nih.gov/30057442/. Acesso em: 28 jun. 2022.

20. WILBANKS, John. Design Issues in e-Consent. *The Journal of Law, Medicine & Ethics.* 2018, March; 46(1): 110-118. Disponível em: https://pubmed.ncbi.nlm.nih.gov/30057442/. Acesso em: 28 jun. 2022, p. 3-4 (tradução livre).

21. De acordo com a Resolução CNS 466, de 12 de dezembro de 2012, que estabelece normas sobre a ética na experimentação em seres humanos, o assentimento livre e esclarecido consiste na "anuência do participante da pesquisa, criança, adolescente ou legalmente incapaz, livre de vícios (simulação, fraude ou erro), dependência, subordinação ou intimidação. Tais participantes devem ser esclarecidos sobre a natureza da pesquisa, seus objetivos, métodos, benefícios previstos, potenciais riscos e o incômodo que esta possa lhes acarretar, na medida de sua compreensão e respeitados em suas singularidades" (CONSELHO NACIONAL

do consentimento de seus representantes legais. O Comitê de Ética na Pesquisa da UFMG assim orienta os pesquisadores: "Lembrando que desenhos e figuras podem ser apresentados no Termo de Assentimento, para facilitar a compreensão das informações para os menores de idade. Pode ser até em forma de quadrinhos"[22].

Neste sentido, reconhece-se que a escolha de uma linguagem atraente e adequada, a boa disposição espacial das informações, a exploração de cores e o uso de imagens e figuras, constituem ferramentas privilegiadas para tornar as informações mais claras e compreensíveis a sujeitos com limitações cognitivas, em virtude de idade ou outros quadros de saúde. As mesmas técnicas podem ser exploradas no âmbito de outras relações que envolvam cuidados de saúde e assimetria informacional entre os sujeitos, independentemente da constatação de incapacidades.

Todavia, o uso de ferramentas de design para o desenvolvimento de termos de consentimento, mais assertivos e esclarecedores, em que pese sua inegável vantagem, não substitui à perfeição a realização de um processo de consentimento tradicional e bem desenvolvido, por meio de interação humana direta. É que nesta há espaço para a formulação de questionamentos e manifestação de dúvidas, permitindo-se também ao profissional a avaliação da capacidade do sujeito para consentir[23]. Sustenta-se, mesmo assim, que tais ferramentas revelam especial utilidade, caso aplicadas (i) em associação aos métodos tradicionais de coleta de consentimento, ou, ainda, (ii) em situações contextuais que impedem uma interação humana satisfatória, como ocorre no recrutamento de participantes de pesquisa a ser desenvolvida à distância e em larga escala. Também se mostram úteis no processo de consentimento para o atendimento em telessaúde, no âmbito da pandemia de Covid-19, em que os sistemas e instituições de saúde tiveram que adaptar seus procedimentos para atender a um elevado número de pacientes com suspeita de contaminação e potencial para contaminar, situação que inspirou a elaboração do modelo de termo eletrônico de consentimento que acompanha este trabalho.

6.   PROPOSTA DE UM MODELO

A fim de contribuir para a confirmação da hipótese ventilada no presente estudo, de que as ferramentas do design são úteis para a promoção da autonomia do sujeito, especialmente no que concerne o seu consentimento para a realização de tratamentos e procedimentos, elaborou-se um modelo de Termo de Consentimento Livre e Esclarecido, com uso das técnicas de legal design (apêndice).

Selecionou-se para a tarefa um tipo de termo que passou a ser cotidianamente aplicado no fazer médico, durante a pandemia de Covid-19, diante da autorização

---

DE SAÚDE. *Resolução 466*, de 12 de dezembro de 2012. Disponível em: https://bvsms.saude.gov.br/bvs/saudelegis/cns/2013/res0466_12_12_2012.html. Acesso em: 28 jun. 2022).

22. COEP. TCLE/TALE. Disponível em: https://www.ufmg.br/bioetica/coep/tale/. Acesso em: 28 jun. 2022.

23. WILBANKS, John. Design Issues in e-Consent. *The Journal of Law, Medicine & Ethics*. 2018, March; 46(1): 110-118. Disponível em: https://pubmed.ncbi.nlm.nih.gov/30057442/. Acesso em: 28 jun. 2022.

emergencial da prática de Telemedicina, no âmbito das estratégias estabelecidas pelo Ministério da Saúde para enfrentamento da emergência em saúde pública de importância nacional[24]. Considerando-se que a própria lei que regulou a matéria determinou que o médico deve informar ao paciente sobre as limitações inerentes ao uso da telemedicina, há um consenso acerca da necessidade de obtenção do consentimento para a realização dos teleatendimentos, por meio da aplicação de termo de consentimento. Ainda, em virtude da necessidade de redução dos contatos presenciais, mormente nos atendimentos ligados ao diagnóstico e tratamento de infectados pela Covid-19, torna-se complexa e arriscada a coleta de assinatura física em termos de consentimento impressos, devendo ser privilegiado o uso de dispositivos eletrônicos, razão pela qual se entende que o uso das ferramentas propostas neste trabalho encontra uma potencialidade única.

Veja-se: ao leigo e ao médico, pode parecer que o atendimento em telessaúde é simples e não envolve grande complexidade, bastando que as partes entrem em contato por meio de plataformas seguras de conferência, por vídeo ou não. Acontece que o atendimento em telemedicina coloca para os envolvidos uma série de dificuldades e desafios, sendo importante que os mesmos compreendam seus procedimentos, limitações e potencialidades, de modo a consentir na participação das diferentes ações.

Partiu-se, então, do modelo de Termo de Consentimento Livre e Esclarecido para atendimento em telemedicina, disponibilizado no sítio eletrônico do Conselho Regional de Medicina de Goiás (CREMEGO)[25], para a elaboração de um documento semelhante, com as técnicas de legal design. Fez-se, contudo, alterações no texto proposto pelo órgão, de modo a torna-lo mais claro, reforçar o respeito à autonomia do paciente, assim como para prever a coleta do consentimento por meio virtual, mais coerente com a própria realização de atendimentos a distância. Ressalte-se que o modelo de termo elaborado no âmbito deste trabalho é de autoria e responsabilidade das autoras, não contando com a chancela ou aprovação do CREMEGO.

7. CONSIDERAÇÕES FINAIS

O presente texto demonstrou a utilidade da aplicação das ferramentas de design para a elaboração de documentos de consentimento que contribuam para um efetivo esclarecimento do paciente e respeito de sua autonomia, simultaneamente sob um aspecto teórico e prático.

---

24. Base legal: Lei 13.989, de 15 de abril de 2020; Portaria MS/GM 467, de 20 de março de 2020.

25. Em pesquisa realizada pelo Google, não se encontrou modelo geral do Conselho Federal de Medicina, e entre os Conselhos Regionais, apenas o do estado de Goiás publicou o modelo proposto aos seus inscritos. Por esta razão, o modelo do CREMEGO (*Termo de consentimento livre e esclarecido para o uso, de exceção, da telemedicina.* Disponível em: http://www.cremego.org.br/index.php?option=com_content&view=article&id=28277:telemedicina-cremego-elabora-termo-de-consentimento-livre-e-esclarecido&catid=3. Acesso em: 28 jun. 2022.) foi selecionado como base para o desenvolvimento deste trabalho.

Comparando-se textos escritos de Termos de Consentimento Livre e Esclarecido tradicionalmente utilizados na prática médica, com o modelo de termo elaborado a partir da aplicação das técnicas do *legal design* e apresentado como apêndice deste trabalho, concluiu-se que o modelo proposto apresenta uma série de vantagens, que permitem defender um maior desenvolvimento das ferramentas e ampliação de sua aplicação prática.

(1) A associação dos conceitos, deveres e outras informações, com elementos visuais, contribui para a efetividade do esclarecimento e o registro de informações pelo paciente. (2) O uso de imagens, cores, variações de fonte, linguagem atraente e simplificada, disposição espacial diferenciada das informações, entre outros recursos, torna a leitura do documento mais agradável e menos cansativa, contribuindo para que o paciente de fato acesse a integralidade de seu conteúdo. (3) O uso de tais recursos também contribui para uma maior clareza do conteúdo do documento, facilitando a compreensão. (4) A busca de adaptação da linguagem, evitando-se expressões técnicas, gera proximidade com o leitor, que se torna mais aberto às informações disponibilizadas. Além disso, o modelo coloca o foco no cliente, oferecendo-lhe serviços personalizados, informação mais clara e útil. (5) A possibilidade de disponibilização, via QR Codes, links ou outros elementos de conexão externa ao documento, de conteúdos adicionais aos que apresentem dúvidas ou desejem maior aprofundamento de conteúdo, estimulam o paciente a ampliar o seu conhecimento e compreensão, sem aumentar o tamanho do texto e desestimular a leitura integral do conteúdo reputado essencial. (6) Os recursos de design permitem que se confira destaque às informações essenciais, atraindo a atenção do paciente. (7) No termo aplicado por meios eletrônicos, como o proposto, a possibilidade de fragmentação dos diversos itens e informações em telas distintas, com campos para manifestação específica de ciência ou autorização, proporciona uma leitura real do conteúdo, na medida em que o paciente terá que passar por todas as etapas até chegar à conclusão do documento.

Em que pese a utilidade prática do uso dos termos de consentimento elaborados a partir de técnicas do *legal design*, constata-se a limitação de sua aplicação isolada, sob forma eletrônica e autoconduzida pelo paciente, na medida em que a interação humana direta entre paciente e equipe proporciona espaço para a expressão de questionamentos e dúvidas, além da avaliação da capacidade para consentir do sujeito. Deve-se, pois, na medida do possível, associar a aplicação de tais termos à interação humana no processo de consentimento, com a disponibilização de canais de comunicação com a equipe de cuidados.

8. REFERÊNCIAS

BARROSO, Luís Roberto; MARTEL, Letícia de Campos Velho. A morte como ela é: dignidade e autonomia individual no final da vida. *Revista da Faculdade de Direito de Uberlândia*, Uberlândia, v. 38: 235-274, 2010.

BEAUCHAMP, Tom L.; CHILDRESS, James F. *Princípios de ética biomédica*. São Paulo: Loyola, 2013.

BEIER, Mônica. Algumas considerações sobre o Paternalismo Hipocrático. *Revista Médica de Minas Gerais*. 20(2, p. 246-254), abr.-maio 2010.

BROWN, Tim. *Design Thinking*: Uma metodologia poderosa para decretar o fim das velhas ideias. Rio de Janeiro: Alta Books, 2020.

UFMG. COMITÊ DE ÉTICA NA PESQUISA. *TCLE/TALE*. Disponível em: https://www.ufmg.br/bioetica/coep/tale/. Acesso em: 28 jun. 2022.

CONSELHO FEDERAL DE MEDICINA. *Recomendação 01/2016*. Disponível em: https://portal.cfm.org.br/images/Recomendacoes/1_2016.pdf. Acesso em: 28 jun. 2022.

CONSELHO NACIONAL DE SAÚDE. *Resolução 466*, de 12 de dezembro de 2012. Disponível em: https://bvsms.saude.gov.br/bvs/saudelegis/cns/2013/res0466_12_12_2012.html. Acesso em: 28 jun. 2022.

CREMEGO. Termo de consentimento livre e esclarecido para o uso, de exceção, da telemedicina. Disponível em: http://www.cremego.org.br/index.php?option=com_content&view=article&id=28277:telemedicina-cremego-elabora-termo-de-consentimento-livre-e-esclarecido&catid=3. Acesso em: 28 jun. 2022.

EMANUEL, Ezekiel J.; EMANUEL, Linda L. Cuatro modelos de la relación médico-paciente. COUCEIRO, A. *Bioética para clínicos*. Madri: Triacastela, 1999.

NUNES, Dierle; RODRIGUES, Larissa Holanda Andrade. O contraditório e sua implementação pelo design: *design thinking*, *legal design* e *visual law* como abordagens de implementação efetiva da influência. *In:* NUNES, Dierle; LUCON, Paulo Henrique dos Santos; WOLKART, Erik Navarro. *Inteligência Artificial e Direito Processual*: Os Impactos da Virada Tecnológica no Direito. Salvador: Editora JusPodivm, 2020.

SCHAEFER, Fernanda. A nova concepção do consentimento esclarecido. *Revista do Instituto de Direito Brasileiro*, Ano 1, n. 10, p. 6317-6354, Lisboa, 2012.

SOARES, Flaviana Rampazzo. *Consentimento do paciente no direito médico:* validade, interpretação e responsabilidade. Indaiatuba: Foco, 2020.

SZASZ, Thomas; HOLLENDER, Marc. *A contribution to the philosophy of medicine – the basic models of the doctor-patient relationship*. JAMA Intern Med.: v. 97, n. 5, p. 585-592, 1956. Disponível em: https://jamanetwork.com/journals/jamainternalmedicine/article-abstract/560914?resultClick=1. Acesso em: 28 jun. 2022.

SZTAJN, Raquel. Reflexões sobre o consentimento informado. In: AZEVEDO, Álvaro; LIGIERA, Wilson Ricardo. *Direitos do paciente*. São Paulo: Saraiva, 2012.

WILBANKS, John. Design Issues in e-Consent. *The Journal of Law, Medicine & Ethics*. 2018, March; 46(1): 110-118. Disponível em: https://pubmed.ncbi.nlm.nih.gov/30057442/. Acesso em: 28 jun. 2022.

9. APÊNDICE

TERMO DE CONSENTIMENTO LIVRE E ESCLARECIDO PARA O USO, DE EXCEÇÃO, DE TELEMEDICINA

Eu, (preencher com seu nome), nascido(a) em (cidade/UF), inscrito(a) no CPF sob número (número do CPF), portador(a) de cédula de identidade número (número RG), residente (endereço do paciente), na qualidade de (MARQUE A OPÇÃO):

- ☑ paciente,
- ☐ representante legal do paciente (nome do paciente),

declaro que fui devidamente informado(a) pelo(a) Dr.(a). (preencher nome do médico(a)), registrado(a) no CRM/UF sob número (registro do CRM) que o uso da telemedicina será feito na forma de exceção, decorrente do quadro de pandemia do COVID19.

Tal situação deve-se ao controle epidemiológico da pandemia, assim como o isolamento social recomendado pelas entidades nacionais e mundiais de saúde, o Ministério da Saúde do Brasil e a Organização Mundial da Saúde.

[ANTERIOR] [CANCELAR] [PRÓXIMA]

1/11

MODALIDADES DE TELEMEDICINA

ESTOU CIENTE DE QUE O ATENDIMENTO EM TELEMEDICINA PODE SE DAR EM UMA DAS FORMAS ABAIXO, ASSINALANDO AQUELA(S) CUJA REALIZAÇÃO AUTORIZO:

TELEORIENTAÇÃO ☐ — para que médicos realizem orientação à distância a seus pacientes e com possibilidade de encaminhamento, caso necessário.

TELEMONITORAMENTO ☐ — ato médico para monitoramento ou vigilância à distância de parâmetros de saúde e/ou doença.

TELEINTERCONSULTA ☐ — entre médicos, exclusivamente para troca de informações (clínicas, laboratoriais e de imagens) e opiniões, para auxílio diagnóstico ou terapêutico.

TELECONSULTA ☑ — realizada entre médico e paciente, sem exame presencial, com a possibilidade de prescrição de tratamento, solicitação de exames e outros procedimentos, bem como emissão de atestado e relatório. Ficando facultado ao médico decidir sobre a pertinência de atendimento presencial em primeira consulta.

[ANTERIOR] [CANCELAR] [PRÓXIMA]

2/11

Estou ciente de que a telemedicina apresenta limitações por não possibilitar o meu exame médico presencial, podendo ser, em alguns casos, limitados por vídeo e/ou foto.

[ANTERIOR] [CANCELAR] [CIENTE]

3/11

Estou ciente de que a telemedicina é uma alternativa nesse momento de exceção, e caso eu ou o meu médico percebamos a necessidade da avaliação presencial ou em caso de interrupção da comunicação por falha técnica, a telemedicina é considerada interrompida e o paciente encaminhado ao ambulatório ou hospital, dentro da necessidade.

Após esse período de excepcionalidade, sei que o médico estará a disposição presencial para o tratamento.

[ANTERIOR] [CANCELAR] [CIENTE]

4/11

Nos casos de teleinterconsulta, eu autorizo o envio de dados / documentos / fotos / vídeos que permitam a minha identificação, uma vez que ela se faz entre médicos.

Este consentimento para uso de imagens se dá de forma gratuita, sem qualquer custo em meu benefício ou prejuízo à minha pessoa, e poderá ser revogado a meu pedido ou solicitação

ANTERIOR CANCELAR AUTORIZO

5/11

Estou ciente de que, uma vez consentida a telemedicina, em qualquer de suas modalidades, o médico deverá elaborar um prontuário para cada paciente, contendo os dados clínicos necessários para a boa condução do caso, sendo preenchido em ordem cronológica com data, hora, assinatura e número de registro do médico no CRM/UF.

ANTERIOR CANCELAR CIENTE

6/11

Declaro também que fui informado que a emissão de receitas, relatórios e atestados médicos à distância é válida em meio eletrônico, durante a realização da telemedicina, segundo a Portaria GM/MS n° 467, de 20 de março de 2020.

 Como funcionam os documentos digitais (relatórios, receitas e atestados)? Acesse o QR CODE para maiores informações.

ANTERIOR CANCELAR CIENTE

7/11

Os serviços prestados nas modalidades de telemedicina serão remunerados conforme acordo prévio entre o médico e seu paciente, pessoa física ou jurídica.

Fica a critério do médico a definição e cobrança de seus honorários bem como o período de retorno, referente ao ato de telemedicina, cujos valores devem ser acordados previamente à consulta. Ao assinar esse termo declaro que aceito o acordo previamente firmado entre o eu e meu médico.

Caso opte pelo não pagamento da consulta, sei que devo me dirigir ao ambulatório ou hospital.

ANTERIOR CANCELAR ACEITO

8/11

Reconheço a excepcionalidade do momento, e me comprometo a preservar e manter a confidencialidade das imagens (foto e vídeo), dos dados, dos diálogos, orientações, prescrições e todo o conteúdo referentes à forma da telemedicina a que fui submetido, sob pena de sanções legais por exposição de dados e imagem.

ANTERIOR CANCELAR CIENTE
9/11

Da mesma forma, afirmo meu compromisso em não gravar, fotografar ou editar qualquer momento ou etapa da telemedicina empregada, assim como asseguro minha ciência que tal fato não tem o consentimento do meu médico.

Toda pessoa tem o seu direito de imagem, por esta razão a publicação de qualquer material sem autorização prévia da outro trata-se de crime, de acordo com o art. 5° da Constituição Federal "são invioláveis a intimidade, a vida privada, a honra e a imagem das pessoas, assegurando o direito a indenização pelo dano material ou moral decorrente de sua violação".

ANTERIOR CANCELAR CIENTE
10/11

Ao clicar na caixa "autorizo" no final desta página, presto o meu consentimento ao proposto nesse termo, declarando estar seguro(a), esclarecido(a) e ciente para a utilização da telemedicina e ao mesmo tempo, ter pessoal e livremente manifestado minha vontade.

Plenamente ciente e esclarecido(a), declaro estar totalmente informado(a) de todos os fatores de risco acima mencionados, dando meu aceite para que os procedimentos e tratamentos propostos pelo médico assistente sejam levados a termo, na forma por ele indicada, no intuito do restabelecimento de minha saúde.

(cidade), (dia) de (mês) de 2021.

ANTERIOR CANCELAR AUTORIZO
11/11

Atenção: uma cópia deste termo pode ser baixada, acessando QR CODE acima.

Atenção: mais informações sobre o uso da telemedicina, normas aplicáveis, direitos e deveres do paciente podem ser obtidas por meio do QR CODE acima.

SEUS DADOS ESTÃO SEGUROS! ACESSE A NOSSA POLÍTICA DE PRIVACIDADE!

RECOMENDAÇÕES

NO CELULAR OU TABLET

PASSO N°1: INSTALE O APLICATIVO "XXXXX"
PASSO N°2: CLIQUE NO LINK ENVIADO PELO SEU MÉDICO

PASSO N°3: LIGUE SUA CÂMERA!

PASSO N°4: LIGUE SEU MICROFONE!

PASSO N°5: AGORA É SÓ ENTRAR NA SUA REUNIÃO!

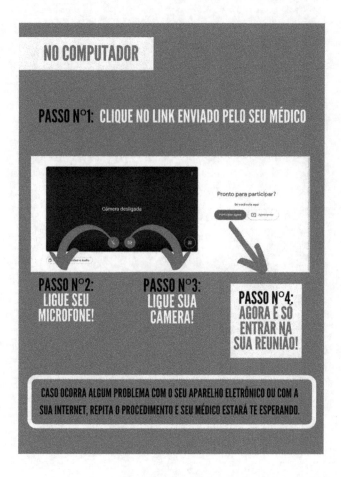

28

TESTAMENTO VITAL E LEGAL DESIGN

Luciana Dadalto

Doutora em Ciências da Saúde pela Faculdade de Medicina da UFMG. Mestre em Direito Privado pela PUCMinas. Advogada com atuação exclusiva em saúde. Administradora do portal www.testamentovital.com.br. Professora universitária. contato: luciana@lucianadadalto.com.br

https://youtu.be/cFxzcT-7IUg

Sumário: 1. Considerações iniciais – 2. Testamento vital – 3. Demais documentos de diretivas antecipadas de vontade – 4. Testamento vital e legal design; 4.1 Para quem você está escrevendo?; 4.2 O que você está escrevendo?; 4.3 Qual é a sua finalidade?; 4.4 O que você pretende alcançar; 4.5 O que significa sucesso e fracasso nos resultados; 5. Considerações finais – 6. Referências.

1. CONSIDERAÇÕES INICIAIS

A ideia de que o indivíduo tem o direito de decidir, prospectivamente, quais os cuidados de saúde ele gostaria de receber quando e se, no futuro, estiver impossibilitado de manifestar vontade surgiu no pós-Segunda Guerra Mundial, com o reconhecimento dos direitos à vida e à liberdade pela Declaração Universal dos Direitos do Homem.

Contudo, é especificamente em 1967 que a documentação desse direito passa a se concretizar. Nesse ano, a *Euthanasia Society of America* publicou um manifesto defendendo a criação de um documento, ao qual nomearam de *living will*. Em 1969, Luis Kutner, advogado da associação, publicou um artigo traçando as premissas para o documento[1].

O famoso caso Karen Quinlan, no qual a Suprema Corte de New Jersey autorizou a suspensão da ventilação mecânica, despertou a sociedade americana para a necessidade de fazer escolhas sobre os cuidados de saúde. Em 1977, o estado da Califórnia aprovou o *Natural Death Act*, lei que positivou o *directives for phisicians*, cujas bases eram as mesmas do *living will*. Em 1983, a Califórnia publicou o *California's Durable Power of Attorney for Health Care Act*, criando uma procuração para cuidados de saúde[2].

A legislação federal estadunidense, intitulada *Patient Self Determination Act 11 (PSDA)*[3], surge alguns anos depois, em 1991. Coube, contudo, à lei federal de 1990 a sistematização desses institutos. Nesta, o termo *directives* é retomado, mas agora com o objetivo de nomear a autodeterminação prospectiva para cuidados de saúde, prática denominada *advanced directives*, positivando dois documentos – meios utilizados para que as diretivas se efetivem: *living will* e *durable power of attorney*.

Ocorre que, nas últimas três décadas, percebeu-se que o direito de documentar sua autonomia prospectiva e de ter essa autonomia preservada não pode ser exclusiva de pacientes com doenças terminais ou estados incuráveis, razão pela qual outras espécies de documentos de diretivas foram criadas.

O presente artigo analisará apenas a espécie de diretivas intitulada testamento vital, com foco na utilização do legal design para a feitura do documento. Para tanto, na primeira sessão conceituará o testamento vital e discutirá o instituto no Brasil, sob a perspectiva legal e deontológica; na segunda, apresentará de forma resumida as demais espécies de documentos de diretivas; na terceira, verticalizará a análise com o foco no legal design.

Essa divisão foi pensada para proporcionar a compreensão do testamento vital para leitores ainda iniciantes na temática e também para leitores com conhecimento prévio.

Diante disso, espera-se, com esse artigo, apresentar as bases teóricas para a feitura de um testamento vital com legal design, exemplificando com o documento pessoal da própria autora. Frise-se que a autora optou, nesse artigo, por usar seu próprio testamento vital afim de evidenciar para o leitor que não se apresenta aqui um modelo. Isso porque, conforme explicado pela autora em trabalho anterior[4], os modelos têm sido usados no Brasil como fórmulas prontas o que impede a compreensão de que cada testamento vital é único porque cada pessoa é única.

---

1. KUTNER, L. Due process of Euthanasia: The Living Will, A Proposal. *Indiana Law Journal*, Bloomington, 1969. v. 44, p. 539-554, 1969. Disponível em: https://www.repository.law.indiana.edu/cgi/viewcontent.cgi?referer=&httpsredir=1&article=2525&context=ilj. Acesso em: 28 jun. 2022.
2. TOWERS, Bernard. The impact of the California Natural Death Act. In: *Journal of Medical Ethics*. 1978, n. 4, v. 2, p.96-98. Disponível em: https://www.jstor.org/stable/27715703, acesso em: 28 jun. 2022.
3. ESTADOS UNIDOS DA AMÉRICA. *Patient Self Determination Act of 1990*. Washington, D.C.: Congresso, [1990]. [cited 2021 Oct 10]. Disponível em: https://www.congress.gov/bill/101st-congress/house-bill/4449/text. Acesso em: 28 jun. 2022.
4. DADALTO, Luciana. *Testamento Vital*. 6. ed. Indaiatuba: Foco, 2022.

2. TESTAMENTO VITAL

O testamento vital é um "documento redigido por uma pessoa no pleno gozo de suas faculdades mentais, com o objetivo de dispor acerca dos cuidados, tratamentos e procedimentos a que deseja ou não ser submetida quando estiver com uma doença ameaçadora da vida, fora de possibilidades terapêuticas e no pleno gozo de suas faculdades mentais"[5]. É, portanto, um negócio jurídico unilateral e existencial, afeto aos direitos de personalidade, que não se confunde com os negócios jurídicos sucessórios.

Fato é que o termo *testamento vital* foi uma tradução equivocada do termo inglês *living will*. Segundo o Cambrigge Dictionary[6], *will* pode ser traduzido para o português com três substantivos: vontade, desejo e testamento. Por outro lado, a tradução de *living* pode ser o substantivo sustento, o adjetivo vivo ou o verbo vivendo. Assim, é possível afirmar que a tradução mais adequada de *living will* seria "desejos de vida", "vontades vitais" ou ainda "disposição de vontade de vida". Apesar de parecer preciosismo, o erro faz com que Operadores do Direito e da Saúde busquem novas traduções para o termo e esse processo deságue, no Brasil, na Resolução 1995/2012, do Conselho Federal de Medicina[7], que, apesar de tratar do testamento vital, nomeia o documento de diretivas antecipadas de vontade.

Para além das questões terminológicas, deve-se ter em mente que o testamento vital se enquadra no modelo denominado por Beauchamp e Childress[8] de pura autonomia (que podemos nomear de autonomia solitária), vez que neste há expressa manifestação de vontade do paciente, feita enquanto capaz.[9]

Esclarecida tal questão, torna-se necessário pormenorizar as especificidades deste instituto. Primeiramente, é importante verificar que esse instrumento deverá ser escrito por pessoa com discernimento e será eficaz apenas em situações de irreversibilidade do quadro, quando o paciente não puder exprimir sua vontade. Contudo, é preciso ficar claro que não é necessário que o outorgante já tenha sido diagnosticado com uma doença ameaçadora da vida. Assim, não existe um momento ideal para a feitura do testamento vital e sim a necessidade de que a pessoa que deseja fazê-lo

---

5. DADALTO, Luciana. *Testamento Vital*. 6. ed. Indaiatuba: Foco, 2022.
6. CAMBRIDGE DICTIONARY [Internet]. *Will*. p. 1. ed. Cambridge: Cambridge University Press; 2021. Disponível em: https://dictionary.cambridge.org/pt/dicionario/ingles-portugues/will, Acesso em: 28 jun. 2022.
7. BRASIL. Conselho Federal de Medicina. *Resolução CFM 1.995, de 31 de agosto de 2012.* Dispõe sobre as diretivas antecipadas de vontade dos pacientes. Brasília, DF: Presidência da República, [2012]. Disponível em: https://sistemas.cfm.org.br/normas/visualizar/resolucoes/BR/2012/1995. Acesso em: 28 jun. 2022.
8. BEAUCHAMP, Tom L.; CHILDRESS, James F. *Princípios de ética biomédica.* Trad. Luciana Pudenzi. São Paulo: Loyola, 2002.
9. Estes autores afirmam textualmente que "ele (o modelo da pura autonomia) se aplica a pacientes que já foram autônomos e capazes e que expressaram uma decisão autônoma ou preferência relevante". (p. 199) Todavia, não é possível afirmar que os pacientes com doenças terminais deixam de ser autônomos com o diagnóstico de terminalidade da vida. Por esta razão, entende este trabalho que estes pacientes são desprovidos apenas de capacidade.

esteja preparada para lidar com o enfrentamento de sua finitude, vez que precisará refletir sobre ela para poder instrumentalizar a tomada de decisão no testamento vital.

Quanto ao conteúdo, é imperioso verificar que o paciente em fim da vida deve ser assistido de modo digno, recebendo tratamentos de conforto para amenizar o sofrimento e para lhe assegurar qualidade de vida, pois "o ser humano tem outras dimensões que não somente a biológica, de forma a aceitar que o critério da qualidade de vida significa estar a serviço não só da vida, mas também da pessoa"[10]. Tais tratamentos, como já visto, são próprios da abordagem paliativa. Em contrapartida, os tratamentos extraordinários são aqueles que visam apenas prolongar a vida, sem qualquer perspectiva de reverter o estado clínico do paciente[11].

O testamento vital, em regra, produz efeitos *erga omnes*, vinculando médicos, parentes do paciente e eventual procurador de saúde vinculado às suas disposições[12].

Muito se discute acerca do direito do médico à objeção de consciência. O Código de Ética Médica brasileiro[13] prevê, em seu artigo 28, que é direito do médico recusar a realização de atos que, embora permitidos por lei, sejam contrários aos ditames de sua consciência.

Assim, é direito do médico, diante do testamento vital, recusar-se a realizar a vontade do paciente, desde que a decisão esteja balizada por razões éticas, morais, religiosas ou qualquer outra razão de foro íntimo. Não é possível, desta forma, que a objeção de consciência do médico seja respaldada por recusa injustificada, sendo necessário externar o motivo pelo qual está se recusando a cumprir a disposição de vontade do paciente e, neste caso, encaminhá-lo para cuidados de outro médico.

Na visão atual da tomada de decisão compartilhada, deve-se recomendar sempre que o paciente consulte um médico de sua confiança para discutir o aspecto técnico da tomada de decisão que constará no testamento vital. Isso porque o leigo pode não compreender bem, sozinho, o que significa aceitar ou recusar determinado tratamento. Também é recomendável a presença de um advogado na feitura do documento, a fim de que haja controle acerca da sua legalidade.

No que tange ao aspecto formal, o testamento vital, assim como o testamento (patrimonial), é um negócio jurídico solene, portanto, deve ser escrito e seguir

---

10. SÁ, Maria de Fátima Freire de. *Direito de morrer*: eutanásia, suicídio assistido. 2. ed. Belo Horizonte: Del Rey; 2005.

11. Interessante discussão se dá acerca da possibilidade do paciente pedir expressamente em seu testamento vital a distanásia, pois esta é contra a ética médica e ainda não é proibida no Brasil. Este tem se mostrado um assunto que merece um aprofundamento no debate acerca de – eventuais – limites à autonomia do paciente.

12. RODOTÀ, Stefano. La legge i dilemmi della libertà. In: BORASCHI, Andrea; MANCONI, Luigi. *Il dolore e la política*. Milão: Bruno Mondadori, 2007.

13. BRASIL. Conselho Federal de Medicina. *Resolução CFM 2.217, de 27 de setembro de 2018, modificada pelas Resoluções CFM 2.222/2018 e 2.226/2019*. Aprova o Código de Ética Médica. Brasília, DF: Presidência da República, [2018]. Disponível em: https://www.in.gov.br/materia/-/asset_publisher/Kujrw0TZC2Mb/content/id/48226289/do1-2018-11-01-resolucao-n-2-217-de-27-de-setembro-de-2018-48226042. Acesso em: 28 jun. 2022.

TESTAMENTO VITAL E LEGAL DESIGN

forma prevista em lei. Como atualmente inexiste uma lei a respeito no Brasil, não há nenhuma formalidade obrigatória, o que faz com que muitas pessoas optem por lavrar uma escritura pública em Cartório de Notas para dar maior segurança jurídica ao documento.

3. DEMAIS DOCUMENTOS DE DIRETIVAS ANTECIPADAS DE VONTADE

- Procuração para Cuidados de Saúde: também conhecida como mandato duradouro, trata-se do documento no qual o paciente nomeia um ou mais procuradores, que deverão ser consultados pelos médicos em caso de incapacidade do paciente. O procurador de saúde decidirá tendo como base a vontade do paciente.[14]

- Ordens de Não Reanimação (ONR): surgiram nos EUA, na década de 1970, época em que se começou a noticiar o surgimento de protocolos de comunicação sobre reanimação nas instituições hospitalares. Em 1974, a Associação Médica Americana propôs que a ONR fosse documentada em prontuário[15], prática que começou a ser seguida em 1976, por dois hospitais de Boston[16] e que rapidamente se tornou comum nos hospitais americanos. Atualmente, as discussões sobre o tema nos EUA cotejam, no âmbito dos Cuidados Paliativos, as ONR com os pedidos de procedimentos que se enquadram no conceito de futilidade terapêutica. Desta forma, a literatura questiona por que se deve seguir uma ONR ao mesmo tempo em que se atende um pedido de respiração artificial, por exemplo[17].

Em contrapartida, no Brasil a ideia de que a reanimação cardiopulmonar é um procedimento fútil em pacientes com estados clínicos terminais e irreversíveis ainda não é naturalizada entre os profissionais devido à insegurança jurídica[18] – apesar de

---

14. "Las decisiones del paciente son subrogadas – tomadas en su nombre – por el apoderado, en base a su conocimiento del paciente y de sus preferencias; es decir, el apoderado no debe indicar lo que mejos le parece a él sino lo que cree que el paciente hubiera elegido para esa circunstancia particular". MANZINI, JL. Las directivas anticipadas para tratamientos médicos. apud Marino, IR. Testamento biológico: i diretti dei malati e l'operato dei Médici. In: Boraschi A, Manconi, Luigi, organizators. *Il dolore e la política*. Milão: Bruno Mondadori; 2007. p. 41. (tradução nossa)

15. AMERICAN MEDICAL ASSOCIATION. Standards for cardiopulmonary resuscitation (CPR) and emergency cardiac care (ECC). *JAMA*, Chicago, 1974, v. 227, n. 7, p. 833-868, 1974. Disponível em: https://jamanetwork.com/journals/jama/article-abstract/2652580. Acesso em: 28 jun. 2022.

16. RABKIN, Mitchell. T. et al. Orders not to resuscitate. *New England Journal of Medicine*, Waltham, 1976. V. 295, p. 364-366. Disponível em: https://www.nejm.org/doi/full/10.1056/NEJM197608122950705. Acesso em: 28 jun. 2022.

17. BOSSLET, Gabriel T. et al. An official ATS/AACN/ACCP/ESICM/SCCM policy statement: responding to requests for potentially inappropriate treatments in intensive care units. *American Journal of Respiratory and Critical Care Medicine*, New York, 2015. v. 191, n. 11, p. 1318-1330, 2015. Disponível em: https://www.atsjournals.org/doi/pdf/10.1164/rccm.201505-0924ST. Acesso em: 28 jun. 2022.

18. BATISTA, Kátia Tôrres; TORRES, Rafael Villela Silva Derré. A ordem de não ressuscitar no Brasil, considerações éticas. *Comunicação em Ciências da Saúde*, Brasília. 2008. V. 19, n. 4, p. 343-351, 2008. Disponível em: http://bases.bireme.br/cgi-bin/wxislind.exe/iah/online/?IsisScript=iah/iah.xis&src=google&base=LILACS&lang=p&nextAction=lnk&exprSearch=523421&indexSearch=ID. Acesso em: 28 jun. 2022.

amplamente caracterizada pela literatura mundial como futilidade terapêutica[19]. Desta feita, é imperioso que o Conselho Federal de Medicina edite uma resolução específica sobre o tema e que eventual legislação sobre as DAV abarque essa questão, a fim de possibilitar que os pacientes manifestem suas vontades e que os profissionais tenham segurança em cumpri-las.

- Diretivas para demência: propostas em 2017 pelo geriatra estadunidense Barak Gaster, parte da necessidade de que as demências sejam tratadas em separado às demais doenças, portanto, fora do testamento vital. Para Gaster, este documento deve conter especificamente "(1) as mudanças na cognição que ocorrem à medida que a demência progride e (2) as mudanças nos objetivos de cuidado que os pacientes desejariam o *continuum* da doença"[20], escalonados nos graus leve, moderado ou severo da patologia. Gaster sugere, ainda, que as diretivas antecipadas para demência sejam anexadas ao testamento vital ou à procuração para cuidados de saúde do paciente.

- Diretivas psiquiátricas: trata-se de documento feito por um paciente psiquiátrico, no qual ele especifica suas preferências a serem usadas em períodos em que estiver com sua capacidade decisória comprometida. Estudos internacionais demonstram que: (I) as DAP são comumente usadas para instruções sobre medicações psicotrópicas, terapia eletroconvulsiva e internações hospitalares; (II) a maior parte dos pacientes psiquiátricos mostram-se dispostos a elaborar uma diretiva antecipada de vontade psiquiátrica quando são apresentados aos seus conceitos, experimentando maior sensação de empoderamento, autodeterminação e autonomia; (III) o avanço desse documento encontra barreira no desconhecimento do instrumento e na falta de preparo dos mesmos para adentrar numa conversa sobre a morte e o morrer com seus pacientes[21].

- Plano de parto: o crescente reconhecimento da autonomia decisória da gestante sobre os cuidados e procedimentos que deseja ou não no momento do parto e da necessidade de documentação dessa autodeterminação fez surgir a compreensão de que esse documento é uma espécie de diretivas[22]. Todavia, o fato de a Resolução CFM 1995/2012 ter usado o termo DAV no âmbito das situações de fim de vida ainda impede essa compreensão no Brasil.

- Recusa Terapêutica: dentro da autodeterminação do paciente é condição *sine qua non* a possibilidade de recusar tratamentos, independentemente de pa-

---

19. BURNS, Jeffrey P.; TRUOG, Robert. D. The DNR Order after 40 Years. *New England Journal of Medicine*, Waltham, 2016. V. 375, n. 6, p. 504-506, 2016. Disponível em: https://www.nejm.org/doi/full/10.1056/NEJMp1605597. Acesso em: 28 jun. 2022.

20. GASTER, Barak. et al. Advance Directives for Dementia: Meeting a Unique Challenge. *JAMA*, Chicago, 2017. v. 318, n. 22, p. 2175-2176, 2017. Disponível em: https://jamanetwork.com/journals/jama/article-abstract/2662678. Acesso em: 28 jun. 2022.

21. ZELLE, Heather et al. Advanced directives in mental health care: evidence, challenges and promise. *World Psychiatry*, Rockville, 2015. v. 14, n. 3, p. 278-280, 2018. Disponível em: https://www.ncbi.nlm.nih.gov/pmc/articles/PMC4592640/. Acesso em: 28 jun. 2022.

22. SAWICKI, Nadia. *Birth Plans as Advance Directives*. Disponível em: ectives/. Acesso em: 28 jun. 2022.

decer esse paciente de uma doença terminal, incurável ou curável. Assim, os documentos de recusa terapêutica – já respaldados no ordenamento jurídico brasileiro – devem ser reconhecidos como documentos de diretivas.

4. TESTAMENTO VITAL E LEGAL DESIGN

Segundo Erik Fontenele Nybø, o legal design "surgiu como uma resposta à necessidade de criação de produtos jurídicos mais claros e que realmente atendam às necessidades de seus usuários".[23]

Forjado pela inglesa Margaret Hagan, o termo *legal design* objetiva construir um documento jurídico a partir da perspectiva do usuário/destinatário e não do operador do Direito. Assim, a simplificação da linguagem e o uso de elementos visuais que possibilitem a ampliação da cognição devem ser perseguidos por quem deseja fazer um documento jurídico sob essa perspectiva.

Ao longo de mais de uma década de estudo, percebeu-se que um documento de testamento vital precisa abarcar cinco categoriais de conteúdo, que podem ser construídas sob a perspectiva do legal design.

a) Valores e desejos: cujo objetivo é deixar claro quais são os valores que fundam a vida do paciente e quais são os desejos destes, afim de nortear as decisões da equipe médica e do procurador nomeado.

b) Decisões sobre o fim de vida: para quais são os estados clínicos nos quais o paciente deseja recusar tratamentos/procedimentos e quais os tratamentos/procedimentos recusados pelo outorgante.

c) Outras disposições: disposições gerais acerca do local aonde o outorgante gostaria de passar seus últimos momentos de vida, do enterro ou cremação, e do reconhecimento da função do documento.

d) Diretrizes para a equipe médica: informar a equipe se o paciente possui um médico de confiança e esclarecer sobre o objetivo do documento e da plena consciência do paciente acerca do papel da equipe e das limitações.

e) Revogação: manifestação de ciência da possibilidade de revogação do documento a qualquer tempo[24].

Bruno e Tales Calaza[25] sugerem que um documento jurídico feito sob às bases do legal design deve responder a cinco perguntas: 1. Para quem você está escrevendo?;

---

23. NYBØ, Erik Fontenele. Legal design: a aplicação de recursos de design na elaboração de documentos jurídicos. In: FALEIROS JÚNIOR, José Luiz de Moura; CALAZA, Tales (Coord.). *Legal Design*: teoria e prática. Indaiatuba: Editora Foco, 2021, p.3.

24. DADALTO, Luciana. *Testamento Vital*. 6. ed. Indaiatuba: Foco, 2022.

25. CALAZA, Bruno; CALAZA, Tales. Jobs to be done e o legal design. In: FALEIROS JÚNIOR, José Luiz de Moura; CALAZA, Tales (Coord.). *Legal Design*: teoria e prática. Indaiatuba: Editora Foco, 2021, p. 251.

2. O que você está escrevendo?; 3. Qual a sua finalidade?; 4. O que você pretende alcançar?; 5. O que significa sucesso e fracasso nos resultados?.

Cotejando as perguntas com a literatura internacional e nacional especializada no tema, estas foram as respostas que serviram de base para a feitura do documento que ora se apresenta.

4.1 Para quem você está escrevendo?

O testamento vital, assim como toda espécie de diretivas antecipadas, destina-se aos profissionais de saúde que cuidarão do outorgante quando este estiver gravemente doente e sem condições de se autodeterminar. Todavia, a literatura internacional demonstra que o testamento vital tem grande relevância para os familiares do paciente, auxiliando-os a compreender as vontades do moribundo e a lidar com o luto antecipatório.

Por isso, o quadro intitulado "quando vocês, profissionais de saúde precisarão desse documento", deixa claro que o testamento vital se destina a esses profissionais e há quadros destinados aos familiares e amigos. São eles: "para os que me amam", "em caso de dúvidas" e "depois que meu corpo morrer" e "e não se esqueçam".

QUANDO VOCÊS, PROFISSIONAIS DE SAÚDE, PRECISARÃO DESSE DOCUMENTO?

» Quando eu perder a capacidade de manifestar minha vontade, seja pela fala, por gestos ou pela escrita e estiver:

- Em um estado de confusão mental irreversível, como nas demências.
- Em um estado clínico considerado irreversível pelas evidências científicas da época, como, por exemplo, estado vegetativo persistente.
- No estado terminal de uma doença.
- Na fase avançada de doenças crônicas.

PARA OS QUE ME AMAM:

» Fiquem ao meu lado.
» Leiam para mim.
» Coloquem Kid Abelha para eu escutar.

EM CASO DE DÚVIDAS:

» Consultem a Dra. Cristiana Savoi se a dúvida for técnica.
» Consultem meu marido, Marcelo Garcia, se a dúvida for sobre a minha biografia. Se ele não puder ou não for localizado, consultem Mariana Varnier, minha melhor amiga. Caso ela não possa, consultem Ana Carolina Brochado Teixeira, amiga querida que acompanha meu amadurecimento diário.
» Não quero que meus pais e meus irmãos sejam chamados para dirimirem qualquer dúvida. A eles, quero que seja dado apenas o papel de viver meu fim, sem nenhum encargo.

DEPOIS QUE MEU CORPO MORRER:

» Se for possível, doem todos os meus órgãos.
» Se for possível, doem meu corpo para uma instituição de ensino e pesquisa.
» Se a doação do meu corpo não for possível, quero ser cremada. Não quero que minhas cinzas sejam guardadas. Joguem-nas no mar ou em uma biblioteca. Se tiverem dinheiro, prefiro o Mar Egeu e a antiga Biblioteca de Alexandria.

E NÃO SE ESQUEÇAM

» Minha biografia, minha vida, meu corpo, minhas regras.

- Não sou uma pessoa pública, então, não quero boletins médicos divulgados na imprensa ou nas redes sociais.
- Caso pessoas que gostem de mim queiram me visitar, deixem. Mas proíbam fotos e publicização da visita.
- Não quero que sejam divulgadas fotos minhas (e de partes do meu corpo), nem autorizo que os profissionais de saúde usem meus momentos finais para fazerem poesias e textos que comovem.
- Quero que minha morte seja protegida da curiosidade de todos, assim como eu busquei proteger minha vida pessoal e meus amores.
- Sei que posso revogar ou alterar esse documento a qualquer momento. Se ele chegou às suas mãos é porque essa é a última versão.

4.2 O que você está escrevendo?

Em um testamento vital escreve-se, principalmente, os valores pessoais e quais cuidados, tratamentos e procedimentos a pessoa deseja ou não receber quando estiver gravemente doente e impossibilitada de manifestar vontade. Por isso, os pesquisadores que mais se dedicam a estudar a eficácia do testamento vital são unânimes em afirmar que quanto mais específico for o documento, maiores as chances de as vontades do paciente serem cumpridas.

Desta feita, consta no documento aqui apresentado três quadros que detalham quem o outorgante é, quando os profissionais de saúde precisarão do documento e como os profissionais de saúde devem prestar os cuidados:

> **QUEM EU SOU?**
>
> Sou uma mulher independente, amante dos livros, da fotografia e da arte de cozinhar. Eu nasci morrendo, por isso, sempre tive urgência de viver uma vida livre, na qual eu pudesse fazer as minhas atividades diárias sozinha, especialmente ler, fotografar e cozinhar. Sou também mãe, e isso define boa parte da alegria que eu tenho de viver. Gosto do mar e de sentir o vento no rosto. Meu lugar preferido no mundo é dentro de uma livraria de rua.

> **QUANDO VOCÊS, PROFISSIONAIS DE SAÚDE, PRECISARÃO DESSE DOCUMENTO?**
>
> » Quando eu perder a capacidade de manifestar minha vontade, seja pela fala, por gestos ou pela escrita e estiver:
>   - Em um estado de confusão mental irreversível, como nas demências.
>   - Em um estado clínico considerado irreversível pelas evidências científicas da época, como, por exemplo, estado vegetativo persistente.
>   - No estado terminal de uma doença.
>   - Na fase avançada de doenças crônicas.

> **COMO OS PROFISSIONAIS DE SAÚDE DEVEM CUIDAR DE MIM?**
>
> » Primeiramente, quero ser cuidada por paliativistas.
> » Minha meta de cuidado é qualidade de vida.
> » Recuso qualquer suporte de vida que tenha por objetivo prolongar meu tempo de vida, sem uma consequente melhora na qualidade. Por exemplo: ventilação mecânica, nutrição e hidratação artificial e reanimação cardiopulmonar.
> » Não quero o uso de qualquer tipo de técnica invasiva para tratamentos e diagnósticos, como cirurgias, biópsias e similares.
> » Não quero que me deem nenhum medicamento apenas para curar um pedaço do meu corpo. Mas se o objetivo for o conforto e o alívio do meu sofrimento, receberei feliz.
> » Não quero ser submetida a procedimento de hemodiálise, nem à realização de quimioterapia e radioterapia quando os mesmos tiverem o objetivo apenas de prolongar minha vida biológica, sem reverter o curso natural da doença.
> » Não quero que realizem nenhuma cirurgia para curar um pedaço do meu corpo, se vocês já sabem que não é possível devolver minha vida biográfica.
> » Aceito todo e qualquer método de alívio de sofrimento, inclusive, sedação paliativa.
> » Não quero morrer em uma UTI.

Percebe-se, assim, que o mesmo quadro responde a diferentes questionamentos, o que é compatível com a essência do documento, afinal, as pessoas não cabem em quadros e os valores, desejos e vontades aparecem em diversas camadas da exteriorização da nossa pessoalidade.

4.3 Qual é a sua finalidade?

Informar os profissionais de saúde como o paciente deseja ser cuidado. É imprescindível compreender que o testamento vital tem o condão de ser a voz do paciente quando ele perdê-la.

É no quadro "como os profissionais de saúde devem cuidar de mim", que a finalidade do documento ora apresentado fica explícita.

 COMO OS PROFISSIONAIS DE SAÚDE DEVEM CUIDAR DE MIM?

» Primeiramente, quero ser cuidada por paliativistas.
» Minha meta de cuidado é qualidade de vida.
» Recuso qualquer suporte de vida que tenha por objetivo prolongar meu tempo de vida, sem uma consequente melhora na qualidade. Por exemplo: ventilação mecânica, nutrição e hidratação artificial e reanimação cardiopulmonar.
» Não quero o uso de qualquer tipo de técnica invasiva para tratamentos e diagnósticos, como cirurgias, biópsias e similares.
» Não quero que me deem nenhum medicamento apenas para curar um pedaço do meu corpo. Mas se o objetivo for o conforto e o alívio do meu sofrimento, receberei feliz.
» Não quero ser submetida a procedimento de hemodiálise, nem à realização de quimioterapia e radioterapia quando os mesmos tiverem o objetivo apenas de prolongar minha vida biológica, sem reverter o curso natural da doença.
» Não quero que realizem nenhuma cirurgia para curar um pedaço do meu corpo, se vocês já sabem que não é possível devolver minha vida biográfica.
» Aceito todo e qualquer método de alívio de sofrimento, inclusive, sedação paliativa.
» Não quero morrer em uma UTI.

4.4 O que você pretende alcançar?

O objetivo de um testamento vital é que os cuidados de saúde sejam prestados em conformidade com os valores e desejos do paciente.

No documento aqui apresentado, o objetivo a ser alcançado está no quadro "Por que estou fazendo um testamento vital".

 POR QUE ESTOU FAZENDO UM TESTAMENTO VITAL?

Primeiro, porque estudo isso, haha. Brincadeira. Faço um testamento vital porque, assim como Brittany Maynard, quero morrer segundo os meus próprios termos.

4.5 O que significa sucesso e fracasso nos resultados?

Sucesso significa ter o paciente recebido os cuidados em estrita conformidade com seus valores e desejos. Fracasso significa que os cuidados com o paciente foram decididos em desacordo com seus valores e desejos.

Logo, percebe-se que a definição de sucesso e fracasso está presente em todos os quadros que compõe o documento já que em cada um desses quadros há, de forma explícita, a expressão da autodeterminação do paciente.

5. CONSIDERAÇÕES FINAIS

Pretendeu-se, com esse artigo, evidenciar que o Testamento Vital e Legal Design são novos para a comunidade jurídica brasileira e ambos se mostram, ao mesmo tempo, desafiadores e promissores. Desafiadores porque enquanto o testamento vital toca na finitude humana – um tema cercado de preconceitos e moralismo –, o legal design quebra com o *status quo* do formalismo e da erudição jurídica. Promissores porque o testamento vital tem se mostrado, em todo o mundo, um documento importante na consecução da autodeterminação do indivíduo; e o legal design tem evidenciado a possibilidade de tornar documentos jurídicos mais inteligíveis e acessíveis.

Assim, acredita-se que a feitura de testamentos vitais utilizando as ferramentas do legal design tem o condão de popularizar o documento e demonstrar para os leigos, os operadores do direito e os profissionais de saúde que o testamento vital é um documento de fácil leitura e interpretação que pode – e deve – ser feito por todos os mortais, encontrando barreiras não na forma mas sim na cultura.

Em suma, o legal design tem o condão de evidenciar o que as evidências científicas comprovam há décadas: o testamento vital, quando escrito da forma devida e precedido das cautelas necessárias não encontra óbice interpretativo, ético ou legal para o seu cumprimento. O principal óbice do testamento vital precisa ser conhecido e reconhecido por todos: a negação da morte.

6. REFERÊNCIAS

AMERICAN MEDICAL ASSOCIATION. Standards for cardiopulmonary resuscitation (CPR) and emergency cardiac care (ECC). *JAMA*, Chicago, 1974, v. 227, n. 7, p. 833-868, 1974. Disponível em: https://jamanetwork.com/journals/jama/article-abstract/2652580. Acesso em: 28 jun. 2022.

BATISTA, Kátia Tôrres; TORRES, Rafael Villela Silva Derré. A ordem de não ressuscitar no Brasil, considerações éticas. *Comunicação em Ciências da Saúde*, Brasília. 2008. V. 19, n. 4, p. 343-351, 2008. Disponível em: http://bases.bireme.br/cgi-bin/wxislind.exe/iah/online/?IsisScript=iah/iah.xis&src=google&base=LILACS&lang=p&nextAction=lnk&exprSearch=523421&indexSearch=ID. Acesso em: 28 jun. 2022.

BOSSLET, Gabriel T. et al. An official ATS/AACN/ACCP/ESICM/SCCM policy statement: responding to requests for potentially inappropriate treatments in intensive care units. *American Journal of Res-*

piratory and Critical Care Medicine, New York, 2015. v. 191, n. 11, p. 1318-1330, 2015. Disponível em: https://www.atsjournals.org/doi/pdf/10.1164/rccm.201505-0924ST. Acesso em: 28 jun. 2022.

BRASIL. Conselho Federal de Medicina. *Resolução CFM 1.995, de 31 de agosto de 2012*. Dispõe sobre as diretivas antecipadas de vontade dos pacientes. Brasília, DF: Presidência da República, [2012]. Disponível em: https://sistemas.cfm.org.br/normas/visualizar/resolucoes/BR/2012/1995. Acesso em: 28 jun. 2022.

BRASIL. Conselho Federal de Medicina. *Resolução CFM 2.217, de 27 de setembro de 2018, modificada pelas Resoluções CFM 2.222/2018 e 2.226/2019*. Aprova o Código de Ética Médica. Brasília, DF: Presidência da República, [2018]. Disponível em: https://www.in.gov.br/materia/-/asset_publisher/Kujrw0TZC2Mb/content/id/48226289/do1-2018-11-01-resolucao-n-2-217-de-27-de-setembro-de-2018-48226042. Acesso em: 28 jun. 2022.

BURNS, Jeffrey P.; TRUOG, Robert. D. The DNR Order after 40 Years. *New England Journal of Medicine*, Waltham, 2016. V. 375, n. 6, p. 504-506, 2016. Disponível em: https://www.nejm.org/doi/full/10.1056/NEJMp1605597. Acesso em: 28 jun. 2022.

CALAZA, Bruno; CALAZA, Tales. Jobs to be done e o legal design. *In:* FALEIROS JÚNIOR, José Luiz de Moura; CALAZA, Tales (Coord.). *Legal Design*: teoria e prática. Indaiatuba: Editora Foco, 2021, p. 245-255.

CAMBRIDGE DICTIONARY [Internet]. *Will*. p. 1. Cambridge: Cambridge University Press; 2021. Disponível em: https://dictionary.cambridge.org/pt/dicionario/ingles-portugues/will, acesso em 28 jun. 2022.

DADALTO, Luciana. *Testamento Vital*. 6. ed. Indaiatuba: Foco, 2022.

ESTADOS UNIDOS DA AMÉRICA. *Patient Self Determination Act of 1990*. Washington, D.C.: Congresso, [1990]. [cited 2021 Oct 10]. Disponível em: https://www.congress.gov/bill/101st-congress/house-bill/4449/text, acesso em 28 jun. 2022.

GASTER, Barak. et al. Advance Directives for Dementia: Meeting a Unique Challenge. *JAMA*, Chicago, 2017. v. 318, n. 22, p. 2175–2176, 2017. Disponível em: https://jamanetwork.com/journals/jama/article-abstract/2662678. Acesso em: 28 jun. 2022.

KUTNER, L. Due process of Euthanasia: The Living Will, A Proposal. *Indiana Law Journal*, Bloomington, 1969. v. 44, p. 539-554, 1969. Disponível em: https://www.repository.law.indiana.edu/cgi/viewcontent.cgi?referer=&httpsredir=1&article=2525&context=ilj. Acesso em: 28 jun. 2022.

MANZINI, J.L. Las directivas anticipadas para tratamientos médicos. apud MARINO, I.R. Testamento biológico: i diretti dei malati e l'operato dei Médici. In: Boraschi A, Manconi, Luigi, organizators. *Il dolore e la política*. Milão: Bruno Mondadori, 2007.

MEANA, Pablo Requena. *Doctor no haga todo lo posible*: de la limitación a la prudencia terapéutica. Granada: Editora Colmares, 2017.

NYBØ, Erik Fontenele. Legal design: a aplicação de recursos de design na elaboração de documentos jurídicos. In: FALEIROS JÚNIOR, José Luiz de Moura; CALAZA, Tales (Coord.). *Legal Design*: teoria e prática. Indaiatuba: Editora Foco, 2021, p. 3-14.

RABKIN, Mitchell. T. et al. Orders not to resuscitate. *New England Journal of Medicine*, Waltham, 1976. v. 295, p. 364-366. Disponível em: https://www.nejm.org/doi/full/10.1056/NEJM197608122950705. Acesso em: 28 jun. 2022.

RODOTÀ, Stefano. La legge i dilemmi della libertà. *In:* BORASCHI, Andrea; MANCONI, Luigi. *Il dolore e la política*. Milão: Bruno Mondadori, 2007, p. 23-40.

SÁ, Maria de Fátima Freire de. *Direito de morrer*: eutanásia, suicídio assistido. 2. ed. Belo Horizonte: Del Rey; 2005.

SAWICKI, Nadia. *Birth Plans as Advance Directives*. Disponível em: http://blog.petrieflom.law.harvard.edu/2017/05/01/birth-plans-as-advance-directives/. Acesso em: 28 jun. 2022.

TOWERS, Bernard. The impact of the California Natural Death Act. In: *Journal of Medical Ethics*. 1978, n. 4, v. 2, p.96-98. Disponível em: https://www.jstor.org/stable/27715703, Acesso em: 28 jun. 2022.

ZELLE, Heather et al. Advanced directives in mental health care: evidence, challenges and promise. *World Psychiatry*, Rockville, 2015. v. 14, n. 3, p. 278-280, 2018. Disponível em: https://www.ncbi.nlm.nih.gov/pmc/articles/PMC4592640/. Acesso em: 28 jun. 2022.

29

COMO APLICAR O *VISUAL LAW* NA PRÁTICA

Tales Calaza

Mestrando em Direito pela Universidade Federal de Minas Gerais (UFMG). Pós-graduado em Direito Digital, em Processo Civil e em Direito do Consumidor na Era Digital. Extensão em Direito Contratual pela Universidade de Harvard. Presidente da Comissão de Direito, Inovação e Tecnologia da 13ª Subseção da OAB. Head de Direito Digital e Propriedade Intelectual no escritório Rocha Advogados. Coordenador e Autor da Coleção Direito 5.0. Coordenador do CIED – Comunidade Internacional de Estudos em Direito Digital. Head Member do Uberhub Legaltech. Founder & Host do Podcast Café Jurídico. Fundador do Calaza Legal Studio e do Curso Do Zero Ao Legal Designer. Palestrante. Advogado. Legal Designer. Entre em contato via: talescalaza@gmail.com

Bruno Calaza

Pós-Graduando em Marketing e Mídias Sociais pela Faculdade Getulio Vargas (FGV). Graduado em Administração pela Universidade Federal de Uberlândia (UFU). Head de Desenvolvimento na Lancio, responsável pela criação de conteúdo da empresa e desenvolvimento do time. Host do Podcast Café Jurídico. Membro da Comissão de Direito, Inovação e Tecnologia da 13ª Subseção da OAB. Fundador do Calaza Legal Studio e do Curso Do Zero Ao Legal Designer.

https://youtu.be/QltypaK8RUc

Sumário: 1. Introdução. 2. QR Codes. 3. Ícones. 4. Cores e estética. 5. Imagens e ilustrações. 6. Conclusão. 7. Referências e fontes das imagens.

1. INTRODUÇÃO

Ao avançar pelos capítulos desta obra, você se deparou – ou vai se deparar, dependendo de como está fazendo a leitura – com conceitos, técnicas e relatos de aplicações práticas do Legal Design por grandes nomes do cenário nacional (em verdade, pelas maiores referências de Legal Design do país!).

Conforme explicado nos capítulos introdutórios, o Legal Design é um "gênero", do qual o Visual Law é "espécie", ou seja, este está compreendido dentro daquele[1].

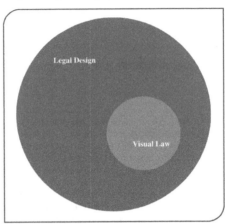

O Visual Law é a seção do Legal Design que utiliza de elementos visuais para proporcionar um melhor entendimento, uma melhor leitura do documento. Caso você se interesse pela área, provavelmente já se deparou com alguma petição ou contrato utilizando QR Codes, ícones, cores e outros elementos visuais, não?!

Agora que você já está munido com o conteúdo e a teoria do nosso estudo, assim como já compartilhou das experiências de aplicação das técnicas deste livro por diversos autores que são referências na área, vamos te ensinar como "pôr a mão na massa" neste capítulo prático!

Como vai funcionar: a seguir, vamos dividir as técnicas que julgamos mais importantes em alguns subcapítulos, sendo que serão acompanhados por dicas e *prints* de tela para facilitar a compreensão. Utilizamos como base as ferramentas *Word*[2], tendo em vista que é o editor de textos mais utilizado no Brasil e *Canva*[3], levando em consideração que é gratuita e super intuitiva.

2. QR CODES

Então vamos lá! Quando falamos de Visual Law, para muitos já vêm à mente a imagem de um QR Code. Para saciar a ansiedade destes, vamos iniciar o capítulo prático mostrando como o utilizar. Mas para você que ainda não sabe o que é um QR Code, temos uma boa notícia – você já se deparou com ele nesta obra! Vamos te explicar: sabe aquele quadradinho preto que substituiu alguns códigos de barra? Pois

---

1. Imagem de autoria própria.
2. Editor de texto da Microsoft. Saiba mais em: https://www.microsoft.com/pt-br/microsoft-365/word.
3. Plataforma de design gráfico intuitiva e gratuita. Saiba mais em: https://www.canva.com/.

bem, ele é um "código de barras estilizado" que qualquer câmera de celular pode ler o conteúdo[4]. Veja um exemplo:

Este é um exemplo de QR Code. Mire a câmera do seu celular para ele e você será redirecionado para um artigo que traz mais informações sobre esta tecnologia!

Antes de avançamos para a explicação prática, precisamos que você entenda uma coisa: o QR Code é um meio, não um fim em si. Em outras palavras, ele é uma ferramenta – uma ponte entre seu documento e uma informação externa a ele – ou seja, você não deve o utilizar para "enfeitar" sua peça, mas sim para levar o leitor à uma informação importante e relevante.

Então, quando eu devo utilizar um QR Code? A resposta, na verdade, é bem simples: quando seu documento não suportar o arquivo. Explicamos: você está fazendo uma petição e precisa juntar um áudio para comprovar suas alegações. Sistemas como o PJE e vários outros pelos tribunais brasileiros ainda não suportam as funções de áudio e vídeo. Por isso, você pode "transformar"[5] o áudio ou vídeo em um QR Code para que o juiz possa acessá-los facilmente!

Agora que já estamos todos alinhados, vamos para a prática!

De início, você precisa localizar uma plataforma de criação de QR Codes. Há algumas disponíveis de forma gratuita na internet, como "QR Code Fácil", "QR Code Monkey", "QR.ioi", "Criar.io"[6], entre outros. Tendo em vista que a interface e o procedimento de criação na maioria destes sites são bem parecidos, vamos utilizar a plataforma "QR Code Fácil" como exemplo para demonstrar o passo a passo, tendo em vista que é bem objetiva e intuitiva, mas saiba que você pode repetir procedimentos parecidos com este em qualquer outro website com essa finalidade, sendo que a maioria possui um "tutorial" para auxiliar a desvendar sua forma de operação.

---

4. GOGONI, Ronaldo. *O que é QR Code?* Disponível em: https://tecnoblog.net/272214/como-criar-o-seu-proprio-qr-code/. Acesso em: 28 jun. 2022.
5. Utilizamos a terminologia "transformar" para facilitar o entendimento do leitor. Na realidade, o que ocorre é o seguinte: você realiza o *upload* de um arquivo (no caso, áudio ou vídeo) para alguma plataforma online (como o YouTube ou o Google Drive) e o link gerado para este arquivo é transformado em um QR Code, facilitando seu acesso.
6. Saiba mais no website de cada um, respectivamente: https://www.qrcodefacil.com/; https://www.qrcode-monkey.com/; https://qr.ioi.tw/pt/; https://criar.io/br/ferramentas/gerador-de-qrcode. Acesso em: 28 jun. 2022.

> *Dica:* cuidado ao proceder com a escolha do site, visto que alguns oferecem QR Codes que expiram após certo tempo, se o usuário não adquirir um plano pago. Ao sugerir os sites acima, tomamos cuidado para verificar os que prometem "QR Codes que não expiram", mas é sempre interessante ler a política do website antes de começar a utilizá-lo!

Passo 1 – Acesse o website de sua preferência

No caso, utilizamos o https://www.qrcodefacil.com/, que promete a criação de QR Codes que nunca expiram.

Passo 2 – Insira o link do arquivo

Caso você já possua o link do arquivo, como um website ou o link para o vídeo do YouTube, o insira no campo indicado. Caso ainda não possua um link (exemplo: arquivo de áudio no seu computador) siga os passos "2.1 e seguintes" abaixo.

Passo 2.1 – Upload de arquivo em serviço de armazenamento

Acesse um serviço de armazenamento de arquivos online, como o Google Drive ou o Dropbox, crie uma conta e adicione seu arquivo.

Passo 2.2 – Gerar link

Clique com o botão direito do mouse no seu arquivo e selecione "Gerar link".
Surgirá uma mensagem com o título "Copiar link" e seu link estará logo abaixo.

Antes de copiá-lo, você pode escolher entre duas opções: 1) "Restrito" – se quiser que apenas determinadas pessoas acessem o arquivo[7]; 2) "Qualquer pessoa com o link" – qualquer um que tiver acesso ao link pode acessar o arquivo.

Prontinho! Agora que você copiou o link do seu arquivo, é só o inserir no campo indicado no "Passo 2" deste tutorial!

Passo 3 – Gerar o QR Code

Agora que preencheu o campo indicado, é só clicar em "Gerar QR Code".

Seu código vai surgir logo em cima do botão. Depois, é só clicar em "Download" e selecionar a opção "PNG". Seu QR Code será baixado em seu computador.

Passo 4 – Inserir em seu documento

Agora que você baixou seu QR Code em seu computador como um arquivo de imagem, é só o copiar[8] e colar[9] no seu documento, seja uma petição, um contratou ou qualquer outro!

---

7. Importante: se você selecionar a opção como "Restrito", antes de qualquer pessoa tentar acessar o arquivo será enviada uma mensagem pedindo autorização para seu e-mail. Pode não ser uma opção para processos judiciais regulares, visto que estaria "criando uma barreira" para o juiz acessar o arquivo.
8. Vá na imagem baixada, clique com o botão direito do mouse em cima dela e selecione "copiar".
9. Localize o local que você deseja que o QR Code seja inserido em seu documento, clique com o botão direito do mouse e selecione "colar".

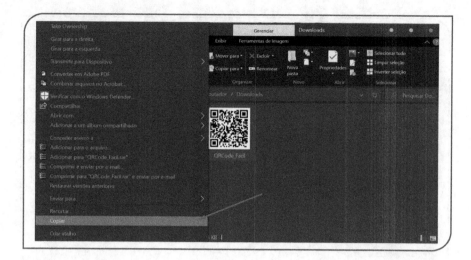

Localizado o local de download do arquivo. Clicar com o botão direito do mouse sobre a imagem gerada e selecionar "copiar".

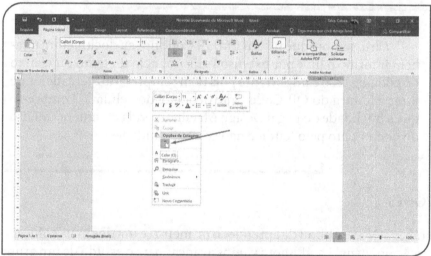

Em seu documento, localize o local em que deseja inserir o QR Code gerado, clique com o botão direito do mouse e selecione "colar". Essa funcionalidade é indicada para editores de texto, como o Word.

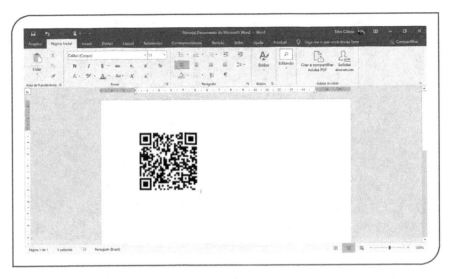

Pronto! Seu QR Code foi inserido no documento.

> *Dica:* sempre que inserir um QR Code no seu documento, também informe o link por extenso (seja no meio do texto ou abaixo do código). Isso é importante pois nem sempre o juiz terá meios de fazer a leitura do QR Code (que depende do celular). Lembre-se que a finalidade do Legal Design é facilitar a vida e o entendimento do documento pelo leitor, e não criar dificuldades!

3. ÍCONES

Parabéns! Você acabou de aprender o primeiro (e um dos mais cobiçados) itens de aplicação do Visual Law! Agora vamos avançar para o estudo de um grupo de elementos que também possui diversas aplicações úteis para seus documentos: os ícones.

Seguindo a mesma lógica do capítulo anterior, vamos ver: o que são ícones, qual a sua finalidade, como posso aplicar e quais ferramentas existem para me ajudar.

Ícones são elementos visuais (imagens) que representam algo de forma direta. Podemos notar o uso de ícones em diversos momentos do nosso dia a dia, como: placas de trânsito, produtos de supermercado, produtos químicos, aplicativos em seu celular etc.[10]

---

10. YANG, Hugo. *O que é um ícone?* Disponível em: https://blog.fabricadeaplicativos.com.br/fabrica/o-que-e-
-um-icone/. Acesso em: 28 jun. 2022.

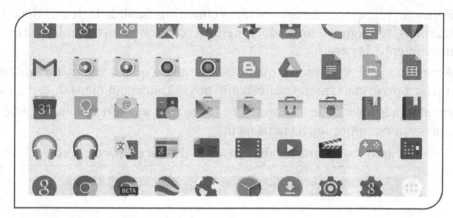

Representações de ícones[11].

Os ícones podem ser mais realistas ou mais "infantis", podem ser redondos ou quadrados, podem ser simples ou complexos e o mais interessante: você pode baixá-los prontos ou criar um do zero[12]!

A função do ícone é bem próxima da sua definição: representar algo. Vamos raciocinar. Imagine um contrato padrão (isso, aquele com inúmeras folhas, com diversas cláusulas escritas da mesma forma, sendo que os capítulos são seguidos por infinitos indecifráveis parágrafos...). Se para nós, advogados, a leitura de um documento assim já é cansativa, imagine para seu cliente!

Uma belíssima forma para utilizar os ícones de uma forma correta é em contratos como este. O simples fato de adicionar uma representação de penalidade ao lado de uma cláusula, já auxiliará o cliente e o advogado a saber que ali se trata de uma multa.

Cláusula nona – O atraso no pagamento das parcelas acarretará em multa mensal de 2% (dois por cento) sobre o valor total da prestação.

Representação de cláusula com uso de ícone[13].

Da mesma forma, pode ser utilizado um ícone de moeda para representar a cláusula de pagamento, um relógio para a cláusula de prazo, um documento para as disposições gerais, um cadeado para a proteção de dados... as possibilidades são infinitas!

---

11. Disponível em: https://www.tudocelular.com/android/noticias/n97570/pacotes-de-icones-gratis-android--play-store.html. Acesso em: 28 jun. 2022.
12. A criação de um ícone é perfeitamente possível e acessível à muitas pessoas. Entretanto, como nosso objetivo com o Legal Design é focar na argumentação e na construção do entendimento, sugere-se que sejam utilizados ícones prontos, acessíveis em diversos sites gratuitos na internet.
13. Imagem de autoria própria.

Portanto, veja que os ícones possuem tanto uma finalidade de organização (ao localizar mais fácil algum item do documento), como também trazer leveza e auxílio no entendimento da peça.

Agora que já entendemos o que são os ícones e qual a sua finalidade, vamos passar para a parte mais interessante: como posso aplicar em meus documentos?

Há algumas formas de importar um ícone para sua ferramenta de edição de texto, mas vamos começar pela mais fácil:

Passo 1 – Clique na aba "Inserir" do seu editor de texto

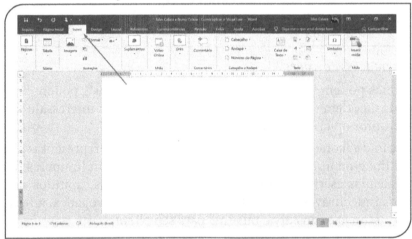

Para o nosso texto, utilizamos o Microsoft Word[14].

Passo 2 – Clique em "Imagens Online"

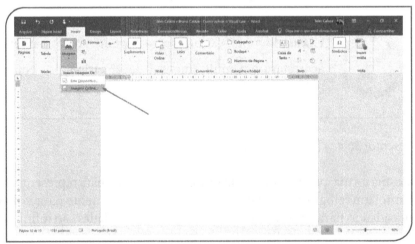

Na aba "Inserir", clique em "Imagens" e depois em "Imagens Online".

---

14. A aba "Inserir" pode se localizar com diferentes nomenclaturas ou em diferentes locais, a depender da versão de seu editor de texto ou de qual editor você utiliza.

Dessa forma, você estará buscando imagens na internet por meio da sua própria ferramenta de texto! Ao completar este 2° passo, você deve se deparar com uma imagem parecida com a do passo 3, abaixo.

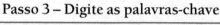
Passo 3 – Digite as palavras-chave

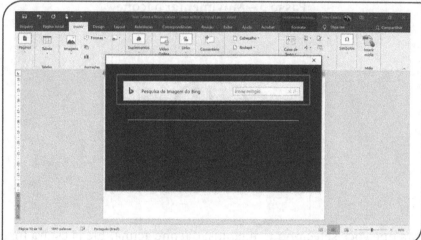

Agora você deve inserir, no campo de pesquisa indicado, as palavras-chave do ícone que está buscando. Em nosso caso, para exemplificar, vamos buscar as palavras "ícone" e "relógio", para criar uma cláusula de prazo. Após digitar, clique "Enter" ou clique na lupa para buscar.

Passo 4 – Escolha seu ícone

Agora você vai se deparar com diversos ícones. É só clicar sobre o de sua escolha e clicar em "Inserir", na parte inferior da caixa de pesquisa.

Dica: No momento de escolher um ícone, cuidado para não buscar imagens muito coloridas ou extravagantes, de modo a desviar a atenção do que realmente importa, que é o conteúdo da peça. Busque ícones mais sóbrios e minimalistas, principalmente para as suas primeiras aplicações.

Passo 5 – Movimentar o ícone

Agora que você selecionou, digamos, o ícone acima. Ele já estará inserido em sua peça, mas você ainda não conseguirá o movimentar livremente. Provavelmente ele estará "acompanhando o texto".

Para resolver isso, vamos te dar duas dicas. Primeiro, clique duas vezes sobre o ícone que você acabou de inserir em sua peça. Vão surgir opções parecidas com as seguintes:

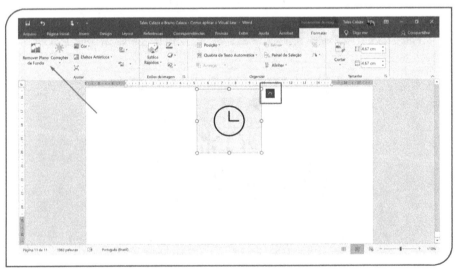

Nossa primeira dica é: clique em "Remover Plano de Fundo" (indicado pela seta). Essa é uma função do editor de texto que remove automaticamente o fundo de uma imagem, fazendo com que ela se pareça mais com um ícone. O resultado deve ser parecido com o abaixo:

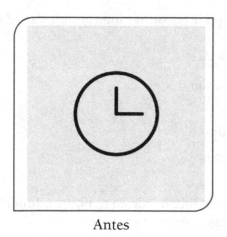
Antes

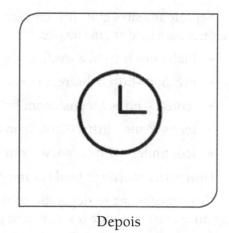
Depois

Caso você encontre alguma dificuldade na remoção do fundo da imagem, leia a dica que inserimos no final deste tópico.

Agora que você já transformou sua imagem em um ícone, para liberar seu movimento, você deve clicar na pequena imagem que surgiu ao lado de seu ícone, quando você clicou nele duas vezes. Após clicar nessa pequena imagem, vão surgir algumas opções. Você deve selecionar a opção "Em frente ao texto", conforme a imagem abaixo:

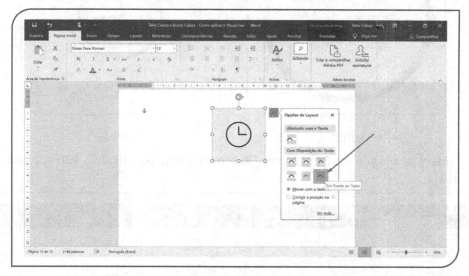

Pronto! Agora você conseguirá mover seu ícone livremente por sua peça!

Uma *outra forma* de você inserir ícones na sua peça é buscando no Google Imagens pelas palavras "ícone" + "imagem que você deseja", ou buscando em algumas plataformas gratuitas na internet. Após encontrar o ícone desejado, você deve fazer seu download. Após baixar o ícone em sua máquina, você deve "copiar" e o "colar" dentro de sua peça. Para o mover livremente, é só seguir o passo 5 do tutorial acima!

Veja alguns sites gratuitos em que você pode encontrar uma grande variedade de ícones para inserir em sua peça[15]:

- Flaticon – https://www.flaticon.com/br/
- Freepik – https://br.freepik.com/icones-gratis
- Icons8 – https://icons8.com.br/icons
- Icons-icons – https://icon-icons.com/pt/
- Iconfinder – https://www.iconfinder.com/

Dica para remoção de fundo de imagens:

Caso você tenha se deparado com alguma dificuldade ao remover o fundo da imagem em seu editor de texto, não se preocupe! Vamos te ajudar.

No momento em que você remove automaticamente o fundo de uma imagem, pode ser que parte da imagem seja excluída junto com o fundo, como no exemplo abaixo:

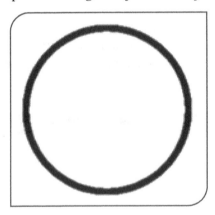 

Antes   Depois

Nesse caso, após você clicar em "Remover Plano de Fundo", vão surgir as opções abaixo:

---

15. Acesso em: 28 jun. 2022.

Aqui, você deve primeiro clicar em "Marcar Áreas para Manter" e selecionar as áreas que foram excluídas automaticamente. Caso o fundo da imagem não tenha sido excluído completamente, você deve selecionar "Marcar Áreas para Remover" e selecionar as áreas que não foram excluídas automaticamente.

Ainda confuso? Parece difícil? Sem problemas! Dê uma olhada neste tutorial que ele ensina muito bem essa funcionalidade de uma forma bem leve[16]:

https://www.youtube.com/watch?v=lUXbIgydThc&ab_channel=CintiaS.

4. CORES E ESTÉTICA

Agora você já domina duas das aplicações mais famosas e controversas do Visual Law: os QR Codes e os ícones!

Muitos juristas que estão iniciando seus estudos e aplicações nas áreas dos Legal Design e do Visual Law focam muito nas aplicações acima descritas e acabam esquecendo de algo muito importante, mas não muito comentado: as cores e a estética do documento.

Podemos dizer que as cores seriam uma aplicação subjacente às demais, mas possuem tamanha importância, visto que podem confundir completamente o leitor.

Imagine: se você se depara com um contrato que utiliza ícones e vê imagens em tons de vermelho, provavelmente vai acreditar que a cláusula se trata de uma multa ou outra penalidade. Por sua vez, se encontrar aplicações da cor verde, pode acreditar que se trata de uma cláusula de pagamento ou de itens permitidos. Agora pense se as cores forem incorretamente aplicadas, sendo vermelho para itens permitidos e verde para multa, não faz sentido algum, não é mesmo?

Agora imagine essa confusão aplicada em um contrato ou petição com inúmeras páginas. Torna o documento completamente ilegível, pois confundirá totalmente o leitor.

Há alguns anos, sendo a grande maioria dos processos físicos, não se cogitava fazer petições coloridas, haja vista os altos custos para impressão de um documento que não fosse preto e branco. Entretanto, como hoje a maior parte dos processos já é virtual ou está sendo virtualizado, estamos diante de um cenário que pede que a sua petição se destaque. Idem para os contratos, que passam a ser assinados com certificados digitais ou aplicativos como Docusign[17], Assinatura Grátis[18] e Adobe Sign[19].

Dessa forma, quanto às cores, procure utilizar aplicações mais sóbrias em suas peças. Tente se ater à identidade visual de seu escritório ou utilizar cores em tons

---

16. Vídeo no canal CintiaS. Disponível em: https://www.youtube.com/watch?v=lUXbIgydThc&ab_channel =CintiaS. Acesso em: 28 jun. 2022. *QR Code no final deste artigo, em "Referências".*
17. Disponível em: https://www.docusign.com.br/. Acesso em: 28 jun. 2022.
18. Disponível em: https://assinaturagratis.com/. Acesso em: 28 jun. 2022.
19. Disponível em: https://acrobat.adobe.com/br/pt/sign.html. Acesso em: 28 jun. 2022.

parecidos, e que façam sentido, como vermelho para penalidades e verde para permissões. Além disso, busque não utilizar muitas cores diferentes, pois sua peça pode se tornar um verdadeiro carnaval!

Caso você queira trazer "vida" para seu documento utilizando cores, mas queira evitar os problemas que indicamos acima, vamos deixar como dicas abaixo algumas ferramentas. São plataformas em que você escolhe uma cor e o site automaticamente te mostra outras cores que "não brigam" com a sua, o que te permitirá construir um documento com uma composição de cores mais harmônica!

Sites para busca de cores[20]:

- Abobe Color – https://color.adobe.com/pt/create/color-wheel
- Colourco – https://colourco.de/
- Flat UI Colors – https://flatuicolors.com/
- Coolors – https://coolors.co/

Agora que já passamos pelas cores, vamos à segunda parte deste tópico: a estética do documento. Em que pese uma composição harmônica de cores já integrar a parte estética da peça, temos algumas dicas, igualmente importantes, sobre o uso de ícones.

O leitor de um documento, mesmo que inconscientemente, mesmo que não entenda nada de design, espera um certo "padrão" de imagens. Explicamos:

Imagine que você está lendo uma peça em que a cláusula de prazo possui um ícone minimalista de relógio e, na cláusula de preço, possui um ícone super elaborado de dinheiro:

Prazo   Preço

Causa certa estranheza, não?

No geral, não pensamos muito sobre isso, porque o bom design passa "invisível" aos olhos. Ao contrário, o design ruim incomoda. Então aqui vamos te dar a dica principal para que seu documento se destaque positivamente aos olhos de seu leitor: use ícones da mesma classe. E o que isso significa? Se utilizar um ícone minimalista,

---

20. Acesso em: 28 jun. 2022.

mantenha o padrão e use todos minimalistas. Se for usar um realista, idem. Veja o exemplo abaixo:

Minimalista

Simples

Realista

Muito melhor, não?

Caso você não tenha tempo para ficar procurando "ícones que combinem", caro leitor, vamos facilitar sua vida. Os sites que indicamos no tópico 2 deste capítulo, como Flaticon[21], Freepik[22], Icons8[23] e outros, permitem que você realize o download de *pacotes de ícones*, de modo que todos os integrantes do pacote tenham a mesma "identidade visual". Assim, você não precisa se preocupar em buscar ícones da mesma natureza!

---

21. Disponível em: https://www.flaticon.com/br/. Acesso em: 28 jun. 2022.
22. Disponível em: https://br.freepik.com/icones-gratis. Acesso em: 28 jun. 2022.
23. Disponível em: https://icons8.com.br/icons. Acesso em: 28 jun. 2022.

5. IMAGENS E ILUSTRAÇÕES

Por fim, vamos aprender a trabalhar com imagens e ilustrações.

No quesito "peças jurídicas", imagens costumam ser menos utilizadas do que ícones e ilustrações. Mesmo assim, caso você necessite inserir alguma em seu documento jurídico para auxiliar na compreensão do texto, o procedimento é bem simples!

Você pode inserir uma imagem na sua peça diretamente pelo seu editor de texto, seguindo o passo a passo apresentado no tópico 2 deste capítulo, só que, neste caso, você não deve inserir o termo "ícone" na barra de busca, mas diretamente a palavra relacionada à imagem que você deseja buscar.

Outro procedimento bem simples é a busca de imagens pela internet. Por óbvio, você pode utilizar o Google Imagens[24]. Ocorre que, muitas vezes você pode encontrar dificuldades para localizar alguma imagem de qualidade, tendo em vista que o Google hospeda um diretório de inúmeros sites, sendo que muitas dessas imagens podem ser impedidas de utilização por questões de direitos autorais.

Para auxiliar sua busca por imagens de qualidade, informamos abaixo alguns dos melhores sites de busca de imagens gratuitas:

Sites para busca de imagens gratuitas com boa qualidade:

- Pixabay – https://pixabay.com/pt/
- Pexels – https://www.pexels.com/pt-br/
- Freepik – https://br.freepik.com/
- Unsplash – https://unsplash.com/

Diferentemente das imagens, ilustrações são bem mais comuns em peças jurídicas. São muito bem-vindas!

Imagine você explicando para o juiz como ocorreu a dinâmica de um acidente de carro. Pode ser muito complicado e, muitas vezes, a mensagem pode não ficar clara. Não estamos te dizendo para substituir os textos por ilustrações, muito pelo contrário: agregue ilustrações ao seu texto. Veja um exemplo.

Caso (acidente de trânsito): seu cliente foi processado por outro motorista pedindo danos materiais, pois bateu o veículo no de seu cliente, após este ter freado bruscamente.

Há algumas formas que você pode trabalhar a explicação fática do caso. Vamos ver duas delas:

Versão 1 (Sem ilustração) – "Veja, Excelência, que o Requerido, no presente caso, tinha três opções: a) continuar na velocidade em que estava, colidindo fortemente com o veículo da frente (acidente gravíssimo); b) desviar para a pista da esquerda,

---

24. Disponível em: https://www.google.com.br/imghp. Acesso em: 28 jun. 2022.

colidindo com carro de terceiro que também vinha em alta velocidade (acidente gravíssimo); c) frear bruscamente, vindo o veículo do Autor a colidir com o seu (acidente leve). Portanto, vemos que o Requerido optou pela melhor opção, que gerou menor dano a todos os envolvidos".

A explicação acima pode até ser "entendível", mas veja a diferença ao adicionar uma ilustração:

Versão 2 (Com ilustração) – "...idem texto acima... Veja, Excelência, como funcionou a dinâmica do acidente:

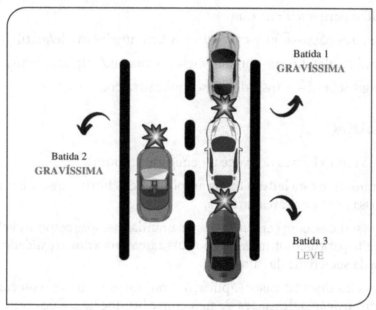

portanto, veja que o Requerido adotou a melhor opção, que gerou menor risco para todos os envolvidos".

A segunda versão parece bem mais simples, não é verdade?

Mas aí você pode levantar uma objeção: eu preciso contratar um designer ou ter grandes habilidades para fazer essas ilustrações? A resposta é não, você não precisa de nenhum dos dois! É claro, contratando um designer ou se dedicando a desenvolver suas habilidades você conseguirá melhores resultados, mas para as peças jurídicas nada disso é necessário. Veja a ilustração trazida acima, por exemplo, foi criada por estes autores em menos de dois minutos! São dois minutos no momento da confecção da peça que podem fazer toda a diferença no rumo da ação.

Para criar ilustrações como essa, você possui algumas opções, como Figma[25], Corel Draw[26], Adobe Illustrator[27], entre outros. O problema é que a maioria destes

---

25. Disponível em: https://www.figma.com/. Acesso em: 28 jun. 2022.
26. Disponível em: https://www.coreldraw.com/br/. Acesso em: 28 jun. 2022.
27. Disponível em: https://www.adobe.com/br/products/illustrator.html. Acesso em: 28 jun. 2022.

programas tem um alto custo e requerem grandes habilidades. Por isso, vamos te indicar o que nós utilizamos, que é um programa gratuito e totalmente intuitivo, muito fácil de utilizar! O Canva[28].

Muito conhecido e utilizado por profissionais de diversas áreas, o Canva é um website que te permite criar ilustrações gratuitas de forma bem rápida, sem exigir qualquer conhecimento sobre design.

Em que pese a plataforma ser de simples utilização e bem intuitiva, vamos deixar abaixo alguns links para você, que se interessou e quer se aprofundar no assunto:

Links úteis para iniciar no Canva:

- Primeiros passos – https://www.canva.com/help/article/getting-started
- Usando a plataforma – https://www.canva.com/help/article/using-canva
- Design School – https://designschool.canva.com/

6. CONCLUSÃO

Estamos muito felizes por você ter chegado até aqui!

Esperamos que esta leitura tenha ampliado seus horizontes sobre as possibilidades da nossa grandiosa área jurídica.

Com essas dicas, com certeza você será uma das pessoas responsáveis por transformar o direito para melhor, atualizando nossa área para a nova realidade tecnológica e disruptiva da sociedade da informação.

Caso queira discutir casos, aplicações ou novas técnicas, colocamos nossos contatos à disposição: talescalaza@gmail.com e brunocalaza@uol.com.

Por fim, não deixe de conferir nossa página no Instagram! Estamos sempre postando novas dicas e práticas por lá:

Forte abraço!

Tales e Bruno.

@talescalaza

---

28. Disponível em: https://www.canva.com/. Acesso em: 28 jun. 2022.

7. REFERÊNCIAS E FONTES DAS IMAGENS

Capítulo 2. QR Codes (Passo 3) – Print de tela retirado do website https://www.qrcodefacil.com. Acesso em: 28 jun. 2022.

Capítulo 2. QR Codes (Passo 4) – Prints de tela retirados da plataforma Microsoft Word.

Capítulo 2. QR Codes (Passos 1 e 2) – Prints de tela retirados do website https://www.qrcodefacil.com. Acesso em: 28 jun. 2022.

Capítulo 2. QR Codes. (Passos 2.1 e 2.2) – Prints de tela retirados do website https://drive.google.com/. Acesso em: 28 jun. 2022.

Capítulo 3. Ícones – Print de tela retirado do website https://www.tudocelular.com/android/noticias/n97570/pacotes-de-icones-gratis-android-play-store.html. Acesso em: 28 jun. 2022.

Capítulo 3. Ícones – Prints de tela retirados da plataforma Microsoft Word.

GOGONI, Ronaldo. *O que é QR Code?* Disponível em: https://tecnoblog.net/272214/como-criar-o-seu-proprio-qr-code/. Acesso em: 28 jun. 2022.

Ícone de relógio minimalista – Ícone disponível em: https://pixabay.com/pt/vectors/rel%C3%B3gio-tempo-de-%C3%ADcone-horas-2935430/. Acesso em: 28 jun. 2022.

Ícone multa minimalista – Disponível em: https://commons.wikimedia.org/wiki/File:Close-cross-thin-circular-button.svg. Acesso em: 28 jun. 2022.

Ícone multa realista – Disponível em: https://pixabay.com/vectors/abort-delete-cancel-icon-cross-no-146072/. Acesso em: 28 jun. 2022.

Ícone multa simples – Disponível em: https://pixabay.com/vectors/close-abandoned-x-icon-1540630/. Acesso em: 28 jun. 2022.

Ícone prazo realista – Disponível em: http://pngimg.com/image/6637. Acesso em: 28 jun. 2022.

Ícone prazo simples – Disponível em: https://pixabay.com/vectors/time-time-of-clock-time-indicating-1606153/. Acesso em: 28 jun. 2022.

Ícone preço minimalista – Disponível em: http://www.pngall.com/save-money-png. Acesso em: 28 jun. 2022.

Ícone preço realista – Disponível em: https://pixabay.com/illustrations/bitcoin-currency-coin-money-bank-2546751/. Acesso em: 28 jun. 2022.

Ícone preço simples – Disponível em: https://pixabay.com/vectors/dollar-currency-money-finance-usd-2461576/. Acesso em: 28 jun. 2022.

Nota de euro – Disponível em: https://commons.wikimedia.org/wiki/File:100-Euro.svg. Acesso em: 28 jun. 2022.

Vídeo no canal CintiaS. Disponível em: https://www.youtube.com/watch?v=lUXbIgydThc&ab_channel=CintiaS. Acesso em: 28 jun. 2022. QR Code abaixo.

30

COMO ORGANIZAR
O DOCUMENTO COM
DETOX LAW

Tales Calaza

Mestrando em Direito pela Universidade Federal de Minas Gerais (UFMG). Pós-graduado em Direito Digital, em Processo Civil e em Direito do Consumidor na Era Digital. Extensão em Direito Contratual pela Universidade de Harvard. Presidente da Comissão de Direito, Inovação e Tecnologia da 13ª Subseção da OAB. Head de Direito Digital e Propriedade Intelectual no escritório Rocha Advogados. Coordenador e Autor da Coleção Direito 5.0. Coordenador do CIED – Comunidade Internacional de Estudos em Direito Digital. Head Member do Uberhub Legaltech. Founder & Host do Podcast Café Jurídico. Fundador do Calaza Legal Studio e do Curso Do Zero Ao Legal Designer. Palestrante. Advogado. Legal Designer. Entre em contato via: talescalaza@gmail.com

Bruno Calaza

Pós-Graduando em Marketing e Mídias Sociais pela Faculdade Getulio Vargas (FGV). Graduado em Administração pela Universidade Federal de Uberlândia (UFU). Head de Desenvolvimento na Lancio, responsável pela criação de conteúdo da empresa e desenvolvimento do time. Host do Podcast Café Jurídico. Membro da Comissão de Direito, Inovação e Tecnologia da 13ª Subseção da OAB. Fundador do Calaza Legal Studio e do Curso Do Zero Ao Legal Designer.

Sumário: 1. Introdução. 2. Tipografia. 3. Respiro e diagramação. 4. Juridiquês. 5. Plain Language e UX Writing. 6. Mapas mentais, linhas do tempo e fluxogramas. 7. Conclusão. 8. Referências.

1. INTRODUÇÃO

Agora, caro leitor, que você já está munido com todos os conceitos anteriormente apresentados e já aprendeu a aplicar os elementos mais importantes do Visual Law, estamos preparados para ir mais afundo na prática, de modo a aprender a aplicar um dos conceitos do Legal Design que é responsável por aquela "virada de chave": o Detox Law.

Assim como o Visual Law, o Detox Law é uma espécie do gênero Legal Design:

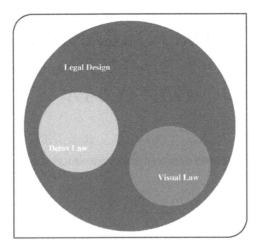

Apesar de não ser tão comentado como o Visual Law, este conceito pode, muitas vezes, se mostrar a área *mais importante do Legal Design*, pois ele será responsável por fazer com que sua mensagem seja transmitida da melhor forma possível.

O termo *detox* vem do inglês *detoxification*[1], que consiste na retirada de elementos tóxicos do organismo. Esse conceito foi adaptado para a área jurídica no sentido de "retirar os elementos tóxicos do documento, em outras palavras: eliminar tudo o que está em excesso na peça, tudo aquilo que não está agregando valor.

O interessante é que essa transformação no documento com o uso do Detox Law nem sempre se materializa pela eliminação de elementos, mas também, muitas vezes, pela transformação de elementos, por exemplo: a transformação de um complexo texto envolvendo relações de famílias e sucessões em um simples esquema com fluxogramas.

Dessa forma, veja que, por mais que o Detox Law e o Visual Law sejam espécies diferentes dentro do gênero Legal Design, eles apresentam uma zona de interseção, onde o *detox* do documento poderá ser potencializado pelo uso de elementos visuais:

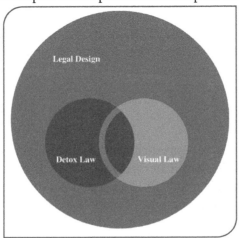

---
1. MARDER, Lucas. *O que é Detox?* Disponível em: https://my.oceandrop.com.br/o-que-e-detox/. Acesso em: 28 jun. 2022.

Além do efeito visual agradável que o Detox Law oferece para o documento após a remoção de itens desnecessários, sua aplicação também traz benefícios para a linguagem e para a transmissão de ideias de uma maneira mais clara para o leitor. Ficou curioso(a) para ver como essas técnicas podem potencializar seus documentos? Vamos te mostrar!

2. TIPOGRAFIA

Você sabia que só por observar o tipo de letra utilizado na sua peça já da para dizer muito sobre você? O mesmo é verdade para a mensagem que você quer transmitir.

Tipografia é o "estudo dos tipos", ou seja, o estudo das fontes utilizadas em seu documento[2]. Vamos começar te explicando o porquê deste estudo ser tão importante, dois pontos: 1) ela vai melhorar a experiência de leitura do seu documento, o que é bom tanto para um juiz analisando sua tese, quanto para um cliente com quem você quer fechar um novo contrato; 2) ela vai te permitir influenciar (no bom sentido) a leitura de seu documento.

Então vamos ao nosso estudo, iniciando pelas classificações das formas das fontes. As formas mais comuns são: Serif, Sans Serif, Cursiva e Display.

As fontes serifadas (Serif) apresentam pequenos traços nas extremidades das letras. São recomendadas para textos longos, visto que é uma forma mais agradável aos olhos, permitindo uma leitura menos cansativa. É o exemplo da fonte utilizada neste texto, por exemplo (veja as serifas nas extremidades):

TIMES NEW ROMAN

Já as fontes Sans Serif, como o nome sugere, são aquelas sem serifa, ou seja, apresentam um grafismo mais reto, mais uniforme. São fontes recomendadas para textos mais curtos, visto que não proporcionam um conforto tão grande quanto o das fontes serifadas. Entretanto, são mais bem vistas em determinadas situações, visto que não apresentam um ar tão "formal" ou "acadêmico".

Agora você já sabe qual tipo fonte utilizar quando for fazer um recurso para um desembargador mais conservador qual utilizar para fazer uma proposta de honorários para uma startup, não é mesmo?

---

2. O nome correto para o estudo dos tipos é "tipologia". Entretanto, o termo "tipografia" vem sendo mais difundido e utilizado para este estudo. Saiba mais em: https://neilpatel.com/br/blog/tipografia/. Acesso em: 28 jun. 2022.

Além das duas classificações apresentadas acima, as outras duas mais comuns são Cursiva e Display[3]. Em que pese não recomendarmos sua utilização em peças jurídicas, é interessante saber de sua existência, inclusive para se abster de utilizar em situações que requerem um ar mais formal.

Cursiva **DISPLAY**

> *Dica:* quer escolher uma fonte diferenciada para suas peças, mas não sabe como? Acesse o site Google Fonts que lá você encontra diversas inspirações e, inclusive, combinações de fontes que podem ser utilizadas em conjunto!
>
> https://fonts.google.com/

Um outro aspecto importante para ter em mente é o tamanho da fonte. Algumas fontes são menores que outras por natureza. Em um documento jurídico, acreditamos que o tamanho ideal a ser utilizado seja algo parecido com o tamanho 12 da fonte Times New Roman.

Colocamos essa observação pois algumas fontes, por sua natureza, são menores ou maiores que outras. Por isso é interessante você sempre checar se a leitura do documento está agradável em um modelo de folha A4.

fontes muito pequenas atrapalham a leitura

FONTES MUITO GRANDES TAMBÉM

Uma técnica interessante envolvendo tipografia consiste em conduzir a leitura do destinatário utilizando contraste de fontes, como tamanho e negrito. Veja[4]:

---

3. As fontes Cursivas são as que imitam a letra manual, escrita à mão, enquanto a classificação Display abrange aquelas fontes que não se enquadram em nenhuma das classificações anteriores.

4. Exemplo adaptado do website: https://rockcontent.com/br/blog/tipografia/. Acesso em: 28 jun. 2022.

POR EXEMPLO,
essa linha não chama atenção primeiro
muito menos essa aqui.

Com isso, se valendo de negritos e palavras em caixa alta você pode influenciar a maneira como uma pessoa lê um documento. Mas cuidado: **se você abusar do negrito buscando destacar muitas coisas, a leitura ficará cansativa e o efeito contrário ocorrerá – nada será destacado.** DA MESMA FORMA, CUIDADO PARA NÃO EXAGERAR NA CAIXA ALTA E PARECER QUE ESTÁ "GRITANDO" COM SEU LEITOR.

Já que entramos no tópico "incômodo do leitor", vamos aproveitar para trazer um item que também é pouco discutido: o espaçamento entre as linhas. Talvez você o conheça por este ícone aqui no Word:

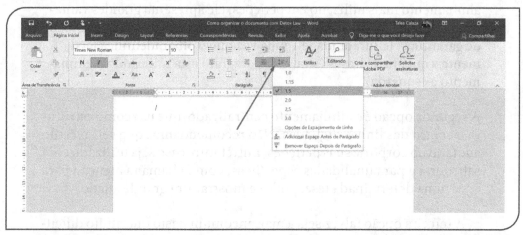

Saiba que o espaço ideal entre as linhas para proporcionar uma leitura confortável na maioria das fontes é de 1,5. Essa é a nossa dica quanto ao espaçamento.

Este texto possui um espaçamento de 1,0 entre as linhas. Proporciona uma leitura "apertada".	Este texto possui um espaçamento de 1,5. Proporciona uma leitura confortável.	Este texto possui um espaçamento de 2,0 entre as linhas...

Por fim, você precisa saber como organizar o alinhamento de seu texto. No Word e nos demais editores de texto, você encontrará algo parecido com o campo abaixo:

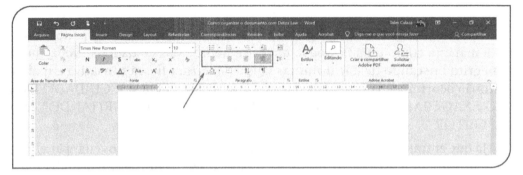

A primeira opção é o texto alinhado à esquerda. Apesar de não ser o alinhamento mais utilizado em petições, ele apresenta grandes vantagens, como o fato de garantir espaços idênticos entre as palavras, além de garantir a "leiturabilidade", uma vez que o olhar identifica facilmente a quebra de frases (sim, este parágrafo está utilizando o alinhamento à esquerda).

A segunda opção é o alinhamento centralizado, que usa como estrutura o centro das linhas digitadas. Não recomendamos que seja o estilo adotado no corpo de suas petições. Entretanto, caso seja utilizado com sabedoria e para finalidades específicas, como chamar a atenção para uma determinada tese, pode se mostrar um grande aliado.

A terceira opção talvez seja a mais incomum, visto que muito dificilmente nos deparamos com ela no ocidente. Trata-se do alinhamento à direita. É interessante para leitura extremamente breves em documentos muito específicos. Conforme informamos, a maioria das pessoas não está acostumada a este tipo de leitura, por isso não recomendamos a utilizar.

Por fim, o último alinhamento é o justificado. Acreditamos que seja o mais utilizado em petições pelo fato de que as frases começam e terminam alinhadas, sendo que todas as linhas ficam com o mesmo comprimento. Nos editores de texto esse alinhamento não costuma demonstrar problemas, mas em outras ferramentas, como o Canva e editores online, é preciso ter cuidado para que não restem espaços muito variados entre as palavras.

Bônus: Ainda há alguns elementos adicionais na tipografia, muito utilizados por designers, como *baseline*, *cap height*, *x-height*, linhas ascendentes e descendentes, *weight*, *tracking*, *kerning*, *leading* e outros. Não vamos nos aprofundar nestes assuntos, visto que impactam secundariamente nosso estudo. Entretanto, caso você queira se aprofundar, inserimos abaixo uma sugestão de leitura[5]:

3. RESPIRO E DIAGRAMAÇÃO

Esperamos que você tenha gostado deste primeiro tópico envolvendo a tipografia e que faça muito uso para encontrar a melhor combinação de fonte, tamanho, espaçamento e alinhamento para sua peça! Além de utilizar as técnicas de condução de leitura ensinadas.

Aproveitando que, no tópico anterior, já discutimos sobre o espaçamento, gostaríamos de introduzir um conceito que tem fundamentos parecidos: o respiro.

"Respiro" pode ser traduzido para a linguagem comum como "espaços em branco". Sim, vazios também fazem parte da construção de um bom documento.

Você pode até achar que um "espaço em branco" não traz nenhuma informação, mas na verdade ele diz muita coisa...

---

5. Disponível em: https://medium.com/aela/tipografia-o-que-%C3%A9-e-como-ela-contribui-para-a-experi%C3%AAncia-do-usu%C3%A1rio-4888163e4ca7. Acesso em: 28 jun. 2022.

Veja o exemplo abaixo:

Documento 01

Documento 02

Qual dos dois documentos te proporciona uma leitura mais agradável? Provavelmente você escolheria ler o segundo documento, não? Agora pasme: em questão de conteúdo, ambos os documentos são iguais! Somente foram alterados quanto a forma.

O primeiro documento busca economizar espaço, literalmente enfiando informações em todos os cantos disponíveis. Já o segundo trabalha melhor com alinhamento e espaços negativos (vazios), que é o que chamamos de respiro.

O uso correto do alinhamento e de espaços vazios, além de garantir uma leitura mais confortável, também proporciona uma maior possibilidade de consumo correto da sua mensagem, ou seja, do conteúdo que você deseja transmitir.

Por isso, este tópico busca te deixar a seguinte dica: use os espaços em branco tão bem quanto você usa seus espaços preenchidos!

4. JURIDIQUÊS

Agora que passamos pelos principais pontos quanto à forma do documento, vamos passar a estudar seu conteúdo.

Se você já teve contato com o meio profissional jurídico, seja como advogado, como estagiário ou mesmo como cliente, provavelmente você já ouviu falar do termo "juridiquês". Basicamente, ele pode ser entendido como o uso excessivo de jargões jurídicos em uma conversa ou documento, é aquela linguagem difícil, carregada de termos que só fazem confundir o interlocutor.

Em que pese ter sido muito utilizado no passado e, inclusive, "visto com bons olhos" por profissionais mais conservadores, vemos que essa forma de linguagem perdeu espaço (e muito!) dos dias atuais. Nosso estudo do Legal Design tem tudo a ver com simplificação da mensagem, de modo que o verdadeiro conteúdo importante possa ser transmitido de uma forma mais clara.

Portanto, vamos ver alguns exemplos[6]:

Ao invés de usar:	Use:
Abroquelar	Fundamentar
Areópago	Tribunal
Cártula chéquica	Cheque
Com espeque/fincas/supedâneo no artigo	Com base no artigo
Consorte supérstite	Viúvo(a)
Digesto obreiro	CLT
Ergástulo público	Cadeia
Estipêndio funcional	Salário
Excelso sodalício	STF

Esses são somente alguns dos inúmeros exemplos dos termos jurídicos desnecessários que dificultam a comunicação em nossa área. Se inclusive você, profissional do Direito, teve dificuldade em entender alguns destes termos, imagine seu cliente que não possui formação jurídica. É quase tentar conversar em chinês com um italiano: não dar certo.

Conforme colocado, a "simplificação do Direito" pode até não ser tão bem vista por alguns operadores mais conservadores, entretanto, é inevitável. Vivemos em um mundo cuja globalização é exponencial, de modo que as fronteiras são a cada dia menores e as barreiras entre os conhecimentos quase inexistentes, de modo que as disciplinas restam cada vez mais integradas.

Veja que tornar a disciplina jurídica mais "entendível" não tem somente a ver com uma "comodidade" para as pessoas de fora da área, mas sim com uma verdadeira *democratização do Direito*.

Deixe-me lhe perguntar, caro leitor, quando ingressamos com um processo judicial ou confeccionamos um contrato (no caso dos advogados privados), quando confeccionamos um parecer ministerial ou intervimos como fiscais da lei (no caso da

---

6. Adaptação da imagem disponível em: https://br.pinterest.com/pin/389772542735334635/. Acesso em: 28 jun. 2022.

advocacia pública) ou quando proferimos um despacho ou julgamos um processo (no caso dos magistrados), é o direito de quem que está na mesa? Dos profissionais jurídicos ou de uma pessoa fora da área jurídica?

Como profissionais jurídicas, temos nas mãos diariamente a discussão de direitos de inúmeras pessoas que, na maioria das vezes, não fazem ideia do que está acontecendo. Você vê a contradição? O cliente deve ser a primeira pessoa a entender o que está acontecendo no seu caso.

A Constituição Federal ensina que o advogado é indispensável à justiça. Eu acredito que muitos operadores jurídicos pensem que, ao "simplificar" o Direito, estariam caminhando para uma realidade em que a figura do advogado não seria tão essencial assim.

Eu não acredito nessa ideia.

Ao passo em que as pessoas passam a entender melhor sobre seus direitos e sobre os procedimentos da justiça, elas ficam mais empoderadas, sim. Mas isso somente auxilia os operadores do Direito a fazer um trabalho mais justo, auxiliando, inclusive, a alcançar o que realmente importa num processo: o direito material.

Eu sempre começo minhas palestras sobre inovações no Direito perguntando ao público o que eles acham que é mais importante: o processo em si ou o direito material que será resultado do processo.

Quando a pergunta é colocada desta forma, fica muito fácil responder que o correto é a segunda opção, pelo próprio princípio da instrumentalidade das formas. Porém, muitos profissionais jurídicos não atuam com essa visão no seu dia a dia, fazendo que processos e procedimentos sigam inesgotavelmente como se o fato de ter vários processos em andamento conferisse alguma "vantagem".

Portanto, a mensagem deste tópico é a seguinte: *simplifique*. Se encontrar palavras simples para transmitir sua ideia, não precisa ficar buscando transformá-la em palavras "bonitas" ou rebuscadas. Claro, se for realizar uma sustentação oral ou uma apresentação comercial em um ambiente que exija maior formalidade, use uma linguagem mais formal, leia a sala. Agora, esse não é o caso em 99% das vezes.

5. PLAIN LANGUAGE E UX WRITING

Já estudamos o que deve ser evitado (juridiquês), agora vamos estudar o que deve ser feito.

Plain language pode ser traduzido livremente como "linguagem simples". Tudo a ver com o que estudamos no tópico anterior, não?

Basicamente, consiste na técnica de comunicar com seu interlocutor de uma forma que ele entenda da primeira vez que ler ou ouvir sua mensagem[7]. O conceito oficial desta técnica é trazido pelo *Plain Writing Act of 2010*[8]:

---

7. Disponível em: https://www.plainlanguage.gov/about/definitions/. Acesso em: 28 jun. 2022.
8. Disponível em: https://www.govinfo.gov/app/details/PLAW-111publ274/summary. Acesso em: 28 jun. 2022.

COMO ORGANIZAR O DOCUMENTO COM *DETOX LAW*

Writing that is clear, concise, well-organized, and follows other best practices appropriate to the subject or field and intended audience.

Tradução livre: escrita que é clara, concisa, bem organizada e segue as melhores práticas em relação ao objeto da mensagem de modo que seja facilmente entendido pelo seu *interlocutor*.

Há algumas dicas que podem ser aplicadas rapidamente e já auxiliam muito na simplificação da linguagem, como[9]:

- utilizar "você" e outros elementos que remetam diretamente ao leitor;
- usar voz ativa na redação, não passiva;
- criar frases e parágrafos curtos;
- utilizar palavras comuns, do dia a dia;
- utilizar elementos de design que facilitam o entendimento, como esta lista que você acabou de ler!

O uso das técnicas de *Plain Language* é tão benéfico, que inclusive grandes organizações de outras áreas, como a World Health Organization (área da saúde), recomendam seu uso e sugere algumas dicas[10].

Mas afinal, há alguma forma padronizada a ser seguida para utilizar essa técnica? Para nossa felicidade, sim existe. A Associação Internacional de *Plain Langugage*[11] criou um "passo a passo" de 5 etapas para uma boa aplicação desta ferramenta[12]:

Passo 1	*Audiência e propósito:* comece considerando o que você quer alcançar com aquela comunicação. Você deve entender quem é seu destinatário se fazendo perguntas como: para quem estou escrevendo? Qual sua idade, profissão, educação e habilidades? Qual informação provavelmente meu leitor já tem e qual ele precisa? O que meu leitor busca ao ler meu texto?
Passo 2	*Estrutura:* utilize a estrutura correta para a forma da sua comunicação. Se pergunte: quais são as estruturas de texto comum para essa minha forma de comunicação? Com quais estruturas o leitor está familiarizado? Qual é a sequência lógica de eventos que o leitor deve entender? Algumas técnicas aplicáveis são: usar sumários para apresentar as informações-chave antes dos detalhes e dividir "porções de texto" em colunas/parágrafos com medidas parecidas.

---

9. Disponível em: https://www.plainlanguage.gov/about/definitions/. Acesso em: 28 jun. 2022.
10. Disponível em: https://www.who.int/about/communications/understandable/plain-language. Acesso em: 28 jun. 2022.
11. Saiba mais em: https://plainlanguagenetwork.org/. Acesso em: 28 jun. 2022.
12. Disponível em: https://plainlanguagenetwork.org/plain-language/what-is-plain-language/. Acesso em: 28 jun. 2022.

Passo 3 *Design:* investir na aparência do texto, considerando layout, tipografia e informações gráficas. Quanto ao layout, é interessante utilizar bem as margens e abusar do conceito de "respiro" que vimos anteriormente. Em relação à tipografia, deve ser escolhido um conjunto de fontes que faça sentido em relação à mensagem que deseja se transmitir. Por fim, sempre que possível, deve-se substituir trechos escritos por informações gráficas, como esquemas, figuras e imagens que auxiliem a compreensão da ideia central do documento.

Passo 4 *Expressões:* avalie a forma como você deseja se expressar. Preste atenção em itens como *tom* (busque utilizar pronomes pessoais, escrevendo como se estivesse conversando com seu leitor); *escolha de palavras* (use as palavras mais simples que consigam expressar sua mensagem); *jargões* (evite ao máximo utilizar jargões e, caso necessário, faça questão de explica-los ao leitor, principalmente quando externo à área jurídica); *frases* (busque não ultrapassar 20 palavras em cada frase); *verbos* (use voz ativa em detrimento da passiva – exemplo: escreva "O Réu abordou o Autor" ao invés de "O Autor foi abordado pelo Réu").

Passo 5 *Revisão:* sempre revise o texto antes de enviar seu documento. Para facilitar a conferência do correto preenchimento dos elementos da *Plain Language*, há alguns materiais gratuitos disponíveis muito interessantes, que podem ser acessados abaixo:

Checklist de Plain Language[13]

---

13. Disponível em: https://www.plainlanguage.gov/resources/checklists/. Acesso em: 28 jun. 2022.

Materiais bônus

Artigo "Os Elementos da *Plain Language*", disponível no website oficial do Governo dos Estados Unidos[14]:

Artigo "Top 10 Princípios da *Plain Language*", disponível no website oficial dos Arquivos Nacionais dos Estados Unidos[15]:

Top 10 Princípios da Plain Language

Agora que você sabe o que é *Plain Language*, ficará bem mais fácil entender o *UX Writing*. Conforme você já leu nos capítulos anteriores desta obra, *UX* é a abreviação de *User Experience* (Experiência do Usuário). Logo, o *UX Writing* nada mais é do que uma escrita centrada no usuário, não muito diferente da *Plain Language*, que já estudamos.

Entendemos importante trazer este termo pois você pode se deparar com ele em sua jornada no Legal Design. Não vamos nos aprofundar, pois os princípios basilares são bem próximos dos trazidos neste tópico. Caso você deseje aprofundar no assunto, separamos um artigo genial que traz inclusive muitas dicas de diferentes mídias, como livros, artigos, guias práticos e podcasts para mergulhar no tema, é só acessar o QR Code abaixo[16]:

---

14. Disponível em: https://www.plainlanguage.gov/resources/articles/elements-of-plain-language/. Acesso em: 28 jun. 2022.
15. Disponível em: https://www.archives.gov/open/plain-writing/10-principles.html. Acesso em: 28 jun. 2022.
16. Disponível em: https://medium.com/uxcopy-co/quero-ser-ux-writer-1fdcebb377b. Acesso em: 28 jun. 2022.

6. MAPAS MENTAIS, LINHAS DO TEMPO E FLUXOGRAMAS

Por fim, caro leitor, conforma havíamos conversado no início deste capítulo, há uma "zona de interseção" entre o Detox Law e o Visual Law, onde são utilizados esquemas gráficos para auxiliar no melhor entendimento de um documento.

Nesse caso, as figuras mais famosas e que melhor se encaixam na prática jurídica são: os mapas mentais, as linhas do tempo e os fluxogramas. Vamos entendê-los melhor e aprender como os criar neste tópico!

Vamos começar pela fase "pré-documento", num momento em que você ainda vai começar a confeccionar sua peça. Nesta etapa, você pode utilizar o *mapa mental*. Não aplicando-o em sua peça diretamente, mas para lhe auxiliar a organizar as ideias antes de inseri-las no papel. É uma ferramenta muito útil para lhe ajudar a "enxergar o todo" e encontrar alguma argumentação que provavelmente passaria batida.

Um mapa mental pode ser entendido como uma forma visual de apresentar ideias[17]. Ele possibilita a elaboração detalhada de ideias, auxiliando em sua organização e também na memorização de determinados conteúdos. É muito útil também para apresentar ideias em uma reunião ou até para um magistrado que se mostra mais aberto para inovações.

Você pode criar um mapa mental numa folha de papel, sim, mas há algumas ferramentas online específicas para aplicação desta técnica, o que te permitirá a criação e organização de ideias de uma forma muito mais profissional! Deixamos abaixo algumas dicas de ferramenta:

Websites para criação de *Mapas Mentais*
https://www.mindmeister.com/pt
https://miro.com/mind-map/
https://www.canva.com/pt_br/graficos/mapa-mental/

---

17. Descomplica. *Como fazer um mapa mental*. Disponível em: https://descomplica.com.br/artigo/como-fazer-um-mapa-mental/6KX/. Acesso em: 28 jun. 2022.

Ainda não entendeu muito bem os benefícios de um mapa mental? Veja um exemplo abaixo fazendo um esquema simples envolvendo uma petição inicial[18]:

Uma outra forma muito útil de aplicação do Detox Law por meio de esquemas gráficos se dá pela criação de *Fluxogramas*. Diferente do Mapa Mental, que permite você desenvolver e explorar uma ideia em detalhes, o Fluxograma tem como objetivo principal demonstrar um procedimento, um passo a passo de acontecimentos, ou seja, um "fluxo" de informações[19].

É uma ferramenta poderosa para utilizar em contratos e peças judiciais. Em contratos, por exemplo, é possível explicar o passo a passo da relação contratual, com as obrigações e prazos estabelecidos para as partes:

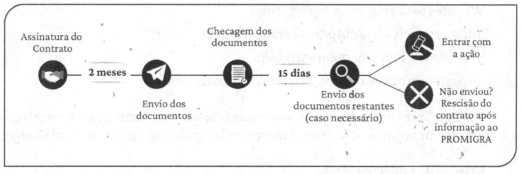

Material produzido durante o curso Open Visual Law XP, promovido pelo Legalhack.

Já em peças judiciais, os Fluxogramas se mostram grandes aliados para montar esquemas, por exemplo, para demonstrar os vínculos familiares num caso de direito de família, ou para demonstração de formação de grupo econômico num pedido de desconsideração da personalidade jurídica, as possibilidades são infinitas!

Você provavelmente se lembra da imagem abaixo, da época da graduação[20]:

---

18. Mindmeister – Eu Tenho Direito. *Petição inicial*. Disponível em: https://www.mindmeister.com/pt/844692253/peti-o-inicial?fullscreen=1. Acesso em: 28 jun. 2022.
19. CASTRO, Bruna Amaral. *Guia do fluxograma*: tudo sobre essa ferramenta poderosa! Disponível em: https://blog.smlbrasil.com.br/5-passos-para-criacao-de-um-fluxograma/. Acesso em: 28 jun. 2022.
20. Imagem disponível em: https://brainly.com.br/tarefa/37440908. Acesso em: 28 jun. 2022.

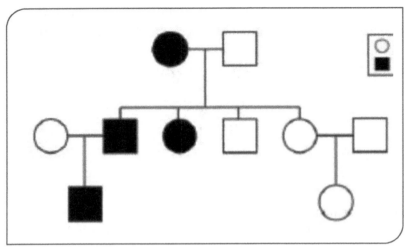

Esquema para demonstrar relações de parentesco.
Comum em aulas de Direito de Família.

Você também pode utilizar esquemas como este para que sua petição fique muito mais compreensível! Para isso, deixamos abaixo algumas ferramentas que você pode utilizar para criar fluxogramas profissionais:

Websites para criação de *Fluxogramas*
https://creately.com/pt/lp/fluxograma-online/
https://www.lucidchart.com/pages/pt
https://www.canva.com/pt_br/graficos/fluxograma/

Para finalizar, vamos deixar algumas dicas adicionais de ferramentas para criação de outras técnicas que auxiliam na construção de um documento com Legal Design:

Criação de *Linhas do Tempo*
https://creately.com/pt/lp/fabricante-de-linha-do-tempo/
https://spark.adobe.com/pt-BR/make/timeline-maker/
https://templates.office.com/pt-br/linhas-do-tempo
https://www.lucidchart.com/pages/pt/exemplos/linha-do-tempo-online

Criação de *Gráficos*
https://www.canva.com/pt_br/graficos/
https://pt.venngage.com/features/gerador-de-grafico
https://spark.adobe.com/pt-BR/make/charts/
https://infogram.com/pt/criar/grafico

7. CONCLUSÃO

Agora você já domina as técnicas das áreas mais importantes do Legal Design: o Visual Law e o Detox Law.

Esperamos que você tenha realmente gostado dos conteúdos desta obra e faça bom uso das técnicas aqui compartilhadas. Com certeza você alcançará resultados incríveis!

Estamos ansiosos para lhe encontrar no meio jurídico como um novo Legal Designer!

Conte sempre conosco. Um forte abraço!

Tales e Bruno.

8. REFERÊNCIAS

DESCOMPLICA. Como fazer um mapa mental. Disponível em: https://descomplica.com.br/artigo/como-fazer-um-mapa-mental/6KX/. Acesso em: 28 jun. 2022.

EDITORA AELA.IO. *Tipografia*: o que é e como ela contribui para a experiência do usuário. Disponível em: https://medium.com/aela/tipografia-o-que-%C3%A9-e-como-ela-contribui-para-a-experi%C3%A-Ancia-do-usu%C3%A1rio-4888163e4ca7. Acesso em: 28 jun. 2022.

GOVINFO. *Plain Writing* Act of 2010. Disponível em: https://www.govinfo.gov/app/details/PLAW-111publ274/summary. Acesso em: 28 jun. 2022.

MARDER, Lucas. *O que é Detox?* Disponível em: https://my.oceandrop.com.br/o-que-e-detox/. Acesso em: 28 jun. 2022.

PATEL, Neil. *Tipografia*: o que é e melhores tipos de letras e fontes para design. Disponível em: https://neilpatel.com/br/blog/tipografia/. Acesso em: 28 jun. 2022.

PINTEREST. https://br.pinterest.com/pin/389772542735334635/. Acesso em: 28 jun. 2022.

PLAIN LANGUAGE ASSOCIATION INTERNATIONAL. Saiba mais em: https://plainlanguagenetwork.org/. Acesso em: 28 jun. 2022.

PLAIN LANGUAGE ASSOCIATION INTERNATIONAL. *Whats is plain language?* Disponível em: https://plainlanguagenetwork.org/plain-language/what-is-plain-language/. Acesso em: 28 jun. 2022.

PLAINLANGUAGE.GOV. *What is plain language?* Disponível em: https://www.plainlanguage.gov/about/definitions/. Acesso em: 28 jun. 2022.

RALLO, Rafael. *Tipografia*: como usar um dos pilares do Design Gráfico a seu favor. Disponível em: https://rockcontent.com/br/blog/tipografia/. Acesso em: 28 jun. 2022.

WORLD Health Organization. *Use plain language*. Disponível em: https://www.who.int/about/communications/understandable/plain-language. Acesso em: 28 jun. 2022.

31

O LEGAL DESIGN COMO FERRAMENTA PARA MELHORAR A EXPERIÊNCIA DO USUÁRIO EM CONTRATOS COMERCIAIS[1]

Bruno Calaza

Pós-Graduando em Marketing e Mídias Sociais pela Faculdade Getulio Vargas (FGV). Graduado em Administração pela Universidade Federal de Uberlândia (UFU). Head de Desenvolvimento na Lancio, responsável pela criação de conteúdo da empresa e desenvolvimento do time. Host do Podcast Café Jurídico. Membro da Comissão de Direito, Inovação e Tecnologia da 13ª Subseção da OAB. Fundador do Calaza Legal Studio e do Curso Do Zero Ao Legal Designer.

Tales Calaza

Mestrando em Direito pela Universidade Federal de Minas Gerais (UFMG). Pós-graduado em Direito Digital, em Processo Civil e em Direito do Consumidor na Era Digital. Extensão em Direito Contratual pela Universidade de Harvard. Presidente da Comissão de Direito, Inovação e Tecnologia da 13ª Subseção da OAB. Head de Direito Digital e Propriedade Intelectual no escritório Rocha Advogados. Coordenador e Autor da Coleção Direito 5.0. Coordenador do CIED – Comunidade Internacional de Estudos em Direito Digital. Head Member do Uberhub Legaltech. Founder & Host do Podcast Café Jurídico. Fundador do Calaza Legal Studio e do Curso Do Zero Ao Legal Designer. Palestrante. Advogado. Legal Designer. Entre em contato via: talescalaza@gmail.com.

https://youtu.be/zdUQSf9gszc

https://youtu.be/a_zOfB2NMYg

Sumário: 1. Introdução – 2. Referencial teórico; 2.1 Experiência do usuário; 2.2 Contratos comerciais; 2.3 Legal design – 3. Metodologia – 4. Resultados da pesquisa – 5. Considerações finais – 6. Referências.

1. Capítulo elaborado a partir da monografia de Bruno Calaza, apresentada ao curso de Graduação em Administração, da Universidade Federal de Uberlândia (UFU), no ano de 2020, tendo como Orientadora a Profa. Dra. Renata Rodrigues Daher Paulo.

1. INTRODUÇÃO

Por volta de 60 anos atrás, os compradores somente desenvolviam uma percepção e opinião sobre o produto após sua compra, assim como suas experiências só eram repassadas para as pessoas mais próximas de seu círculo social.

Com o advento da internet e o desenvolvimento das relações de consumo, os consumidores passaram a ocupar uma posição de maior empoderamento, sendo a eles possibilitado buscar comentários e avaliações sobre os produtos de forma prévia à sua compra. Nesse modelo, é propiciado ao consumidor a possibilidade de conhecimento outras experiências e compartilhamento de suas próprias com outros consumidores, em qualquer localidade do globo, referente ao produto ou serviço em questão[2]. Se antes era preciso ir até a loja para obter informações sobre um produto, marca ou empresa, hoje basta acessar sites, blogs e redes sociais.

Na era da informação, o indivíduo busca viver experiências diferenciadas, busca e almeja algo novo, que o impacte positivamente. Além disso, com tantas opções de diferentes marcas, produtos, serviços, fornecedores, revendedores e importadores à disposição, os consumidores podem se dar ao luxo de valorizar os que conseguem oferecer as experiências mais positivas e diferenciadas entre eles[3]. Numa realidade onde a informação é tão abundante e de fácil acesso, cada vez mais os clientes têm expectativas elevadas sobre as empresas e seus produtos, daí a necessidade de impactá-los positivamente com uma boa experiência[4].

Criada em 2011, a ISO 9241-210 define a experiência do usuário como "as percepções e reações de uma pessoa que resultam do uso ou utilização prevista de um produto, sistema ou serviço"[5]. De acordo com essa definição, a experiência do usuário inclui todas as emoções, crenças, preferências, percepções, respostas físicas e psicológicas, comportamentos e realizações do usuário que ocorrem antes, durante e após a sua interação com o produto ou serviço em questão. Em outras palavras, pode ser definida como o conjunto de fatores que interferem nas sensações do usuário com um determinado produto ou serviço, gerando uma percepção positiva ou negativa sobre a empresa como um todo.

Donald Norman foi o primeiro autor a utilizar o termo na década de 1990, e reforça que a experiência do usuário é de natureza subjetiva, pois é sobre a percepção e o pensamento individual de cada pessoa[6].

---

2. SANTOS, F. *Marketing na era digital*: análise de marca Chico Rei. 2014. 59f. Trabalho de Conclusão de Curso (Graduação) – Faculdade de Comunicação Social da Universidade Federal de Juiz de Fora, UFJF. 2014.

3. CASTELLS, M. *A era da informação*: economia, sociedade e cultura. Lisboa: Fundação Calouste Gulbenkian, 2016.

4. GUEDES, L. *Era da informação*: o que é e quais são os efeitos nas empresas. Fia, 2019. Disponível em: https://fia.com.br/blog/era-da-informacao/. Acesso em: 28 jun. 2022.

5. ISO 9241, Parte 210. *Projeto centrado no ser humano para sistemas interativos*. Associação Brasileira de Normas Técnicas. ABNT, 2011.

6. AGNI, E. *Don Norman e o termo "UX"*: User Experience não se resume a um layout bonito, mas sim a forma com que você experimenta um produto ou serviço. MERGO, 2016.

Um dos momentos em que se verificam grandes dificuldades e atritos gerados para o usuário, clamando por melhorias urgentes na experiência propiciada, é justamente na fase que antecede à compra e interação com o produto/serviço: o momento de assinatura do contrato comercial.

Rodrigo Rebouças, consultor jurídico, coordenador e professor do INSPER, afirma ser hora do Direito se reinventar[7]. Para o autor, os gestores e profissionais da área jurídica precisam ter em mente que a atividade por eles desenvolvida está sempre focada em um cliente, interno ou externo. Rebouças também considera que o Direito, como um todo, tenha mudado pouco desde a revolução industrial, pois em que pese "algumas ferramentas terem sido substituídas", a forma de estudar e trabalhar a disciplina se manteve imutável. O consultor afirma a necessidade de conectar as ferramentas jurídicas com tecnologia, dados e a experiência do cliente, para simplificar e facilitar a vida deste último.

Na direção da provocação levantada por Rebouças, surge a figura do Legal Design, uma técnica criada por Margaret Hagan, em meados de 2010, na Universidade de Stanford[8]. Com essa nova técnica de aplicação jurídica, é possível facilitar o entendimento dos contratos comerciais pelo leitor, buscando a confecção do documento da seguinte forma: o contrato deve ser técnico, porém simples, organizado e claro, preciso e completo, entendível e que atenda a experiência do usuário.

A partir do referencial anteriormente apontado, o presente estudo foi desenvolvido com o objetivo de analisar se o Legal Design poderia ser utilizado como ferramenta para cumprir o nobre propósito desenvolvido nesta introdução, qual seja: melhorar a experiência do usuário em contratos comerciais. No desenvolvimento da pesquisa, foram utilizados os métodos de revisão bibliográfica, análise empírica e entrevistas, de modo a entender a percepção de profissionais, na prática, sobre o tema em questão.

2. REFERENCIAL TEÓRICO

Para o desenvolvimento da presente pesquisa, de início, buscou-se aprofundar os principais conceitos envolvidos, por meio do método de revisão bibliográfica, quais sejam: experiência do usuário, contratos comerciais e Legal Design.

2.1 Experiência do usuário

Quando são consideradas as necessidades e os comportamentos dos usuários, emergem questões usuais como: quais espécies de informação os usuários buscam,

---

7. FENALAW DIGITAL. *Legal Design, UX e Economia Comportamental no Direito*: saiba mais sobre isso. 2019. Disponível em: https://digital.fenalaw.com.br/fenalaw/legal-design-ux-e-economia-comportamental-no-direito-saiba-mais-sobre-isso. Acesso em: 28 jun. 2022.
8. HAGAN, M. *Law by Design*: podemos tornar o mundo dos serviços jurídicos e da prática jurídica melhor por meio do design. Disponível em: https://www.lawbydesign.co/. Acesso em: 28 jun. 2022.

quanta informação é suficiente para saciá-los, e como eles realmente interagem com sua arquitetura[9]. O conceito de experiência do usuário surgiu para responder a essas perguntas e nomear essa série de questões que são levantadas quando se busca agregar valor aos clientes.

É possível encontrar a definição de experiência do usuário (também conhecida como UX, advinda do inglês "*user experience*") na norma ISO 9241– 11:2010[10]:

> O Projeto Centrado no Ser Humano é uma abordagem para o desenvolvimento de sistemas interativos que objetiva tornar os sistemas utilizáveis e úteis, dando ênfase aos usuários, suas necessidades e exigências, pela aplicação de conhecimentos e técnicas de usabilidade e fatores humanos/ergonomia. Esta abordagem aumenta a eficácia e a eficiência, aprimora o bem-estar do ser humano, a satisfação do usuário, a acessibilidade e a sustentabilidade; e neutraliza possíveis efeitos adversos do seu uso na saúde, na segurança e no desempenho (ISO 9241-210, 2011, p. 7).

Tullis e Albert diferenciam os termos usabilidade e UX, conceituando o primeiro como a habilidade de utilizar determinado objeto para realizar a sua tarefa com sucesso, enquanto o segundo possui uma abordagem mais ampla, analisando toda a interação do indivíduo com o mesmo objeto, assim como seus pensamentos, sentimentos, e percepções que resultam da interação[11].

Park *et al.*[12] confirmam essa teoria em seu estudo, no qual buscaram desenvolver definições para experiência do usuário e identificar os fatores que podem influenciá-la diretamente. Os autores a definem como uma experiência global, que consiste em todos os aspectos da interação dos usuários com um produto ou serviço e, segundo eles, muitos pesquisadores e profissionais concordam que ela inclui todos os aspectos da interação do usuário.

De acordo com Ravanello, Wolff e Ribeiro[13], existem cinco níveis pelos quais as empresas passam na evolução da aplicação do UX no desenvolvimento de produtos:

> **Nível 1:** Ainda não há aplicação dos conceitos de experiência do usuário na empresa. Os produtos são apresentados com foco apenas nas funcionalidades, sem se importar com a praticidade ou facilidade que o design traria.

> **Nível 2:** A empresa percebe que é preciso projetar experiência e o faz em apenas um produto, com pequenas melhorias. Fora isso, nada mais é acrescentado.

---

9. ROSENFELD, L; MORVILLE, P; ARANGO, J. *Information architecture*: for the web and beyond. Canadá: O'Reilly Media, 2015.

10. ISO 9241, Parte 210. *Projeto centrado no ser humano para sistemas interativos*. Associação Brasileira de Normas Técnicas. ABNT, 2011.

11. TULLIS, T.; ALBERT, B. *Measuring the user experience*: collecting, analyzing, and presenting usability metrics. Boston, MA: Morgan Kaufmann, 2008.

12. PARK, J.; AHN, S. H.; KIM, H. K.; CHO, Y. *Developing elements of user experience for mobile phones and services*: survey, interview and observation approaches. Human Factors and Ergonomics in Manufacturing & Service Industries, v. 23, n. 4, p. 279-293, Jul/Aug 2013.

13. RAVANELLO, I. M.; WOLFF, F; RIBEIRO, V. G. *Uma revisão sistemática da produção bibliográfica sobre experiência do usuário no campo do Design*. Blucher Design Proceedings, v. 2, n. 9, p. 3979-3990, 2016.

Nível 3: Os gestores percebem os erros nos produtos e começam a investir mais seriamente em experiência do usuário nos processos, os quais passam a ser realizados com foco no cliente.

Nível 4: Percebe-se que isso traz um bom retorno sobre o investimento e a empresa adiciona especialistas em experiência do usuário à suas equipes.

Nível 5: A experiência do usuário não é mais entregue em apenas um produto da empresa: agora ela faz parte da organização. Os profissionais trabalham de forma integrada, e começam a entregar sempre a melhor experiência para consumidores, usuários e empregados.

Como Rebouças afirmou em sua entrevista à Fenalaw Digital[14], os contratos comerciais ainda integram um grupo no qual quase não se visualiza a aplicação da experiência do usuário. É muito raro encontrar um documento dessa espécie em que o redator realmente levou em consideração o entendimento de seus leitores.

2.2 CONTRATOS COMERCIAIS

Segundo Gomes[15], o conceito atual de contrato formou-se da junção de duas correntes de pensamento: a dos canonistas e a da Escola do Direito Natural. A primeira delas contribuiu ao atribuir, de um lado, o consenso, e do outro, a fé jurada (cumprir sua palavra, o ato de a pessoa afirmar que será verdadeira perante algo ou alguém). Ela valorizava o consentimento e defendia que a vontade é a fonte da obrigação. Já a segunda, racionalista e individualista, afirmava que o nascimento da obrigação se encontrava na livre vontade dos contratantes e que o consentimento basta para obrigar.

O autor define o contrato como[16]:

Acordo de vontades por meio do qual as pessoas formam um vínculo jurídico a que se prendem se esclarece à luz da ideologia individualista dominante na época de sua cristalização e do processo econômico de consolidação do regime capitalista de produção.

Negreiros[17], em outra abordagem sobre o tema, afirma que:

... o formalismo deu lugar ao consensualismo, e a força obrigatória dos contratos passou a ser justificada pela ideia de respeito à palavra voluntariamente dada. O contrato passou então a pressupor tão-somente o consentimento mútuo, sem que uma forma específica fosse (em regra) essencial à sua validade. A vontade passa a ser o cerne do contrato.

Portanto, é possível definir a figura do contrato como um negócio jurídico bilateral ou plurilateral, sendo este traduzido em qualquer relação jurídica entre duas (caso seja bilateral) ou mais pessoas (plurilateral). Logo, ele poderia ser conceitua-

---

14. FENALAW DIGITAL. Legal Design, UX e Economia Comportamental no Direito: saiba mais sobre isso. 2019. Disponível em: https://digital.fenalaw.com.br/fenalaw/legal-design-ux-e-economia-comportamental-no-direito-saiba-mais-sobre-isso. Acesso em: 28 jun. 2022.
15. GOMES, O. Contratos. 26. ed. Rio de Janeiro: Editora Forense, 2007.
16. Idem.
17. NEGREIROS, Teresa. *Teoria do contrato*: novos paradigmas. Rio de Janeiro: Renovar, 2006.

do em uma análise inicial, de forma direta e objetiva, como a instrumentalização e formalização da vontade das partes em um documento.

Ainda na entrevista à Fenalaw Digital[18], Rebouças afirma que os contratos comerciais ainda são muito longos e complexos para a maioria dos leitores. Buscando utilizar de elementos textuais complexos para mostrar autoridade e conhecimento, os advogados criam documentos que seus clientes não conseguem compreender por serem leigos em linguagem jurídica.

Portanto, cabe ao advogado colocar o ser-humano[19] no centro de suas atividades e começar a praticar a empatia com o leitor. Uma das formas de praticar esse ideal, facilitando a leitura e entendimento de um contrato, é utilizando como ferramenta o Legal Design.

2.3 Legal Design

Para Hagan[20], há algum tempo o direito demanda uma nova roupagem. A autora percebeu que a metodologia desatualizada já não agradava mais a "nova era" de advogados que chegou em conjunto com o século XXI.

Diante desse contexto, após ter iniciado seus estudos jurídicos, Hagan decidiu ingressar na escola de Design, onde começou a estudar quais outras estratégias e ferramentas poderiam ser utilizadas no Direito para servir melhor aos clientes e aos próprios profissionais da área.

Após sua formação, ela deu início a sua carreira na *Stanford Law School* onde fundou o *Legal Design Lab*[21]: uma equipe interdisciplinar que trabalha na interseção do design centrado no ser-humano, da tecnologia e do direito, visando construir uma nova geração de produtos e serviços jurídicos.

O objetivo afirmado por Hagan consiste em propor um sistema jurídico melhor, mais empático, no qual as pessoas possam proteger seus direitos, resolver seus problemas e melhorar suas comunidades, com facilidade de compreensão e utilização[22].

---

18. FENALAW DIGITAL. Legal Design, UX e Economia Comportamental no Direito: saiba mais sobre isso. 2019. Disponível em: https://digital.fenalaw.com.br/fenalaw/legal-design-ux-e-economia-comportamental-no-direito-saiba-mais-sobre-isso. Acesso em: 28 jun. 2022.
19. Leia-se homem médio – leigo jurídico – quem possivelmente será o destinatário final da relação jurídica firmada em âmbito contratual.
20. HAGAN, M. *Law by Design*: podemos tornar o mundo dos serviços jurídicos e da prática jurídica melhor por meio do design. Disponível em: https://www.lawbydesign.co/. Acesso em: 28 jun. 2022.
21. Tradução livre: Laboratório de Legal Design.
22. HAGAN, M. *Law by Design*: podemos tornar o mundo dos serviços jurídicos e da prática jurídica melhor por meio do design. Disponível em: https://www.lawbydesign.co/. Acesso em: 28 jun. 2022.

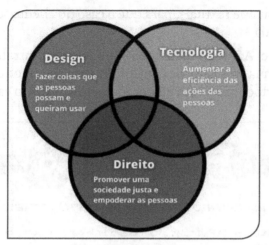

Figura 1: Pilares do Legal Design

Fonte: *Legal Design Lab*, 2020, p. 1.

Existem três ordens de objetivos para o Legal Design:

Objetivo 1: Auxiliar o leigo e o profissional do direito.

Objetivo 2: Criar um melhor *front-end* (apresentação visual dos documentos) para o sistema jurídico e um melhor *back-end* (democratização do Direito).

Objetivo 3: Trabalhar para melhorias incrementais de curto prazo e mudanças revolucionárias de longo prazo.

Hagan personaliza o mundo jurídico com dois personagens principais: o leigo e o profissional jurídico. Para o primeiro (o leigo quanto a assuntos ligados ao Direito), traz a seguinte provocação: como é possível torná-lo mais inteligente, com mais poder e no controle das complexidades de seus assuntos jurídicos e das leis que a ele se aplicam? Quanto ao segundo (profissional com conhecimentos ligados ao Direito): como é possível apoiá-lo em uma melhor prática da advocacia, de modo a atender seus clientes de maneira mais rica e eficiente?

Segundo Azevedo[23]:

> O Visual Law é uma subárea do Legal Design que emprega elementos visuais para tornar o Direito mais claro e compreensível. O que se busca, em síntese, é transformar a informação jurídica em algo que qualquer pessoa consiga entender. As técnicas são as mais variadas e envolvem a utilização de vídeos, infográficos, fluxogramas, storyboards, bullet points, gamificação, entre outros recursos.

O autor ainda afirma que esta técnica pode ser utilizada para os mais diversos tipos de documentos, inclusive os contratos comerciais, por meio da combinação

---

23. AZEVEDO, Bernardo. *Como aplicar o Visual Law na prática*. 2019. Disponível em: https://bernardodeazevedo.com/conteudos/como-aplicar-o-visual-law-na-pratica/. Acesso em: 28 jun. 2022.

entre elementos visuais e textuais, para que o caso do cliente seja traduzido de uma forma mais detalhada.

Como exemplo, Azevedo menciona o modelo de contrato da Super Revendedores, uma plataforma brasileira de controle de vendas e estoque para revendedores de venda direta. O documento foi elaborado pelo escritório carioca Faria, Cendão e Maia:

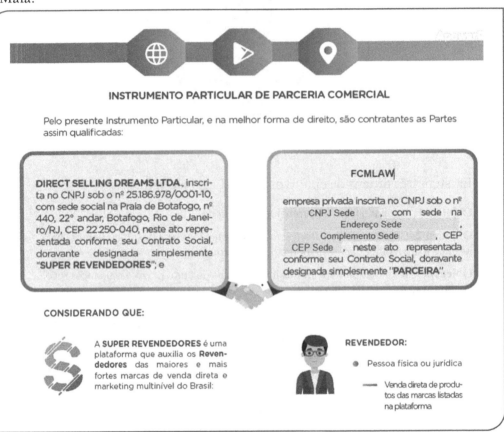

Figura 2: Contrato com aplicação do Legal Design.
Fonte: Azevedo, 2019, p. 1.

Portanto, é verificada a abrangência do Legal Design como ferramenta aplicável a diferentes documentos jurídicos, de modo que se apresenta como potencial solução para a provocação inicialmente levantada quanto aos cuidados nos contratos comerciais quanto à experiência do usuário.

3. METODOLOGIA

Uma vez realizado o estudo bibliográfico inicial sobre o tema, o presente estudo passou por uma fase de pesquisa descritiva, elaborada através de entrevistas semiestruturadas. Segundo Silveira e Códova[24], a pesquisa descritiva permite uma percepção mais próxima e realista da atividade a ser investigada.

Quanto ao método, de acordo com Lakatos e Marconi[25], a entrevista é utilizada para se obter informações através de um roteiro de perguntas criadas com base em uma problemática central. Optou-se pela semiestruturada, pois, segundo as autoras, dá a possibilidade de os entrevistados discorrerem livremente sobre suas experiências, além de permitir respostas espontâneas, para as perguntas anteriormente estruturadas.

Para Minayo[26], a entrevista privilegia a obtenção de informações através da fala individual, a qual revela condições estruturais, sistemas de valores, normas e símbolos e transmite, através de um porta-voz, representações de determinados grupos.

O roteiro de entrevista foi elaborado com base no referencial teórico e consistiu nas seguintes perguntas:

Roteiro de entrevista

Pergunta 1: Você acha que seu cliente entende a maior parte das cláusulas em um contrato comercial?

Pergunta 2: Quais são as maiores dúvidas e dificuldades dos usuários para entender os contratos?

Pergunta 3: Como você acha que esses contratos poderiam ser redigidos de forma que o entendimento do usuário fosse facilitado?

Pergunta 4: Você utiliza alguma técnica para melhorar a experiência do usuário nos contratos? Como ícones, tópicos destacados, setores divididos por cores e outros.

Pergunta 5: Quais objetivos você espera alcançar utilizando o Legal Design para melhorar a experiência do seu usuário?

Foram selecionados escritórios de advocacia de localidades diversas. As entrevistas foram realizadas entre os dias 23/11/2020 e 26/11/2020, em horários previamente agendados com cada entrevistado, por meio da plataforma *Google Meet*.

Não foi considerado o cargo dos entrevistados no momento da seleção, mas sim a familiaridade com o Legal Design. A preferência foi entrevistar pessoas que já utilizaram a técnica (prática no mercado), seguido pelos estudiosos (realização de cursos, leituras etc.) e, caso nenhum colega do escritório tivesse conhecimento prévio sobre o tema, foi utilizado o critério de hierarquia, iniciando pelos sócios nominais. O Quadro 1 mostra algumas das características dos entrevistados, como cidade em que trabalha, tempo de atuação como advogado, cargo etc.

---

24. SILVEIRA, D. T.; CÓDOVA, F. P. A pesquisa científica. In: GERHARDDT, T. E. e SILVEIRA, D. T. (Org.). *Métodos de Pesquisa.* Porto Alegre: Editora de UFRGS, 2009. p. 31-42.
25. LAKATOS, E. M.; MARCONI, M. A. *Fundamentos de metodologia científica.* 5. ed. São Paulo: Atlas, 2003.
26. MINAYO, Maria Cecília de Souza. *O desafio do conhecimento*: pesquisa qualitativa em saúde. 13. ed., São Paulo: Hucitec, 2013.

Entrevistado	Cargo	Já usou Legal Design?	Localização do escritório	Duração da entre-vista	Tempo de atuação
1	Sócio	Sim	Rio de Janeiro (RJ)	13 minutos	6 anos
2	Associada	Sim	Uberlândia (MG)	12 minutos	2 anos
3	Head de Direito Digital	Sim	Uberlândia (MG)	14 minutos	3 anos

Quadro 1: Características dos advogados entrevistados.

Fonte: Elaborado pelos autores.

As entrevistas foram gravadas com o consentimento dos entrevistados e, posteriormente, transcritas para análise. A análise dos dados coletados buscou identificar os aspectos positivos e negativos que os respondentes identificam na ferramenta Legal Design, além de quais procedimentos podem ser utilizados para implementá-la nos escritórios de advocacia para melhorar a experiência dos usuários de contratos comerciais.

Visando enriquecer os resultados encontrados, foi realizada uma pesquisa quantitativa, com entrevistas de profissionais de diferentes estados brasileiros.

Para este segundo momento investigatório, foi considerado o cargo ocupado pelo profissional em seu escritório, o tempo de interação com o Direito e perguntas objetivas sobre sua percepção entre a interação cliente-contrato comercial.

Com intuito de afastar vieses, buscou-se com a presente pesquisa abranger territórios nacionais variados (MG, RJ, RS, SC, SP e MT), assim como profissionais ocupando diferentes posições em escritórios (sócios, associados, estagiários, autônomos e advogados empregados) e diferentes tempos de interação entre aquele profissional e a matéria jurídica (profissionais que atuam até 2 anos, entre 2 e 5 anos, entre 6 e 10 ano e há mais de 10 anos).

4. RESULTADOS DA PESQUISA

Quando questionados se acreditam que seus clientes entendem a maior parte das cláusulas em um contrato comercial, os entrevistados disseram que, na maior parte das situações percebem, que os clientes não entendem os contratos, como pode ser observado nas falas dos entrevistados 1 e 3.

"Se for um contrato comercial que eu fiz, sim. Mas na maioria dos contratos a gente percebe que as pessoas não entendem" (Entrevistado 1).

"Não entende praticamente nada. Porque na maior parte das vezes essas cláusulas estão ali extremamente confeccionadas em torno do juridiquês, com uma linguagem extremamente complicada, que ele vai precisar de um advogado para traduzir aquilo para ele. Então ele não vai conseguir entender aquilo de maneira efetiva" (Entrevistado 3).

Os dados extraídos da pesquisa descritiva são suportados pela pesquisa quantitativa, vez que 80% do universo entrevistado acredita que os clientes de serviços jurídicos não entendem a maior parte de um contrato comercial padrão:

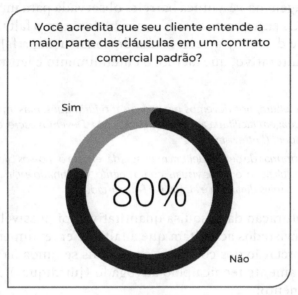

Figura 3: Gráfico 1.
Fonte: Elaborado pelos autores.

Pela pesquisa descritiva, verificou-se que a maior problemática no entendimento dos contratos pelos clientes provém da linguagem utilizada na construção dos contratos, da forma como o contrato é elaborado e da falta de empatia de quem vai escrevê-los:

> "A linguagem utilizada é o maior problema. Muitos advogados utilizam termos específicos da área para poder desenvolver um contrato que eles pensam ser mais bonito" (Entrevistado 2).

> "As maiores dúvidas aparecem por conta da forma como é escrito o contrato, a linguagem muito técnica, utilizando jargões da área. A segunda barreira do entendimento é a forma de construção, eles são feitos em um formato muito agressivo. A terceira barreira é a falta de alguns elementos de empatia realmente sobre o que você vai fazer. O que chamamos de UI – interface do usuário – como se você comparasse a interface da Microsoft de 20 anos atrás com a de hoje" (Entrevistado 3).

Outro grande problema que foi possível observar durante a fase de entrevistas foi a questão do "juridiquês" – jargões jurídicos utilizados por profissionais da área – e como ele atrapalha a interpretação pelo cliente:

> "Sem dúvidas o juridiquês atrapalha muito o entendimento. Nossos clientes não fizeram cinco anos de uma faculdade de Direito. Eles não precisam entender tudo que demoramos cinco anos para aprender" (Entrevistado 1).

> "O juridiquês é um dos maiores problemas. Muitos advogados pensam que é bonito encher o contrato com termos bonitos e específicos de nossa área, mas a verdade é que o contrato mais bonito é aquele que o cliente entende tudo" (Entrevistado 2).

> "Eu já até fiz essa pergunta para alguns clientes. Eles sempre me falam a mesma coisa: que existem muitos termos que eles não entendem e isso tira totalmente o interesse deles. Isso nós chamamos de juridiquês: jargões e termos específicos que nós utilizamos" (Entrevistado 3).

Mas a linguagem não é a única barreira observada para uma melhor experiência do cliente. Os entrevistados também mencionaram a falta de entendimento sobre a finalidade dos contratos, a forma de construção, a falta de ícones e de um design mais interativo, que facilite o entendimento e leitura do documento como um todo:

> *"Para facilitar a leitura, nós devemos parar de usar o juridiquês, mas, mais que isso, devemos utilizar uma linguagem facilitada até mesmo para leigos. Devemos escrever de forma que todos consigam entender" (Entrevistado 1).*
>
> *"Existem muitas formas de deixar a leitura mais agradável para os nossos clientes. O Legal Design é uma delas. Você utiliza de técnicas visuais, como negrito, sublinhado e várias outras, com o intuito de deixar a leitura mais dinâmica e atrativa." (Entrevistado 2).*

Com a estruturação da pesquisa quantitativa, foi possível identificar que a maioria dos entrevistados acreditam que a falta de entendimento por parte dos clientes na interpretação dos contratos comerciais se funda na utilização da linguagem excessivamente técnica pelo advogado (juridiquês) e pelo excesso de páginas do documento:

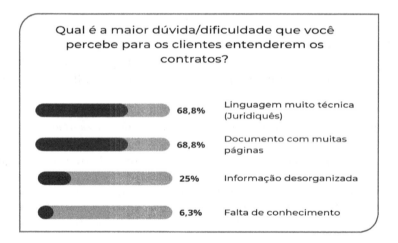

Figura 4: Gráfico 2.
Fonte: Elaborado pelos autores.

Veja que, conforme apontado pelos próprios advogados entrevistados, o problema na interpretação não seria causado pela falta de conhecimento de seu cliente, mas sim pela má estruturação da informação pelo próprio advogado.

Para solucionar este problema identificado, a pesquisa apontou como melhores soluções propostas entre os colegas: organização do documento com Visual Law (68,8%); Técnicas de redação para escrita objetiva (62,5%); e a eliminação do juridiquês com a simplificação da linguagem (50%):

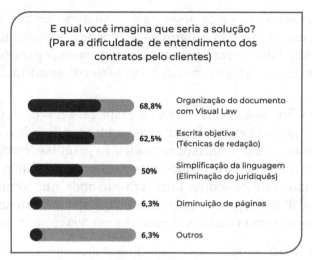

Figura 5: Gráfico 3.
Fonte: Elaborado pelos autores.

Quando questionados se utilizam alguma técnica para melhorar a experiência do usuário nos contratos, na pesquisa descritiva, os entrevistados responderam que utilizam diversas técnicas. Cada escritório utiliza uma metodologia diferente, mas foi possível notar algumas que se assemelham entre eles, como o uso de cores para destacar informações importantes e ícones para chamar a atenção e tornar a leitura mais descontraída, menos desgastante.

Da pesquisa quantitativa, foi identificado que 75% do universo entrevistado utiliza pelo menos alguma técnica dedicada a melhorar a experiência do usuário na leitura de seus contratos:

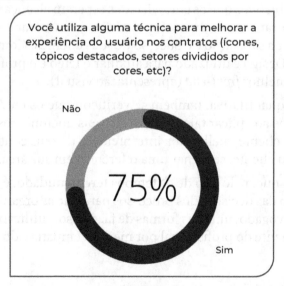

Figura 6: Gráfico 4.
Fonte: Elaborado pelos autores.

Quanto aos entrevistados da pesquisa quantitativa que não utilizam técnicas para melhorar a experiência do usuário na leitura de seus contratos, as principais justificativas foram: falta de conhecimento de ferramentas para este fim; acreditar que seu documento já é suficientemente bom; e falta de oportunidade, à mando de seus superiores.

Como Ravanello, Wolff e Ribeiro[27] preconizam, existem cinco etapas de evolução das organizações quanto à experiência dos usuários. Analisando todo o processo de criação de contratos dos escritórios entrevistados, na pesquisa descritiva, percebeu-se que aqueles onde trabalham os entrevistados 1 e 3 estão no 5º nível, pois, em todas suas ações, o usuário está no centro. Já o escritório onde atua o entrevistado 2 pode ser classificado no 4º nível, pois eles perceberam que dar mais atenção para o cliente traz um bom retorno, porém não investem muita energia como os outros escritórios.

> *"Antes de mais nada fazemos um briefing – reunião de alinhamento – com o cliente, para entender pelo que ele está passando e como podemos ajudá-lo. Depois da primeira reunião, estruturamos o documento e fazemos outra reunião para entregar o contrato em mãos e esclarecer todas as possíveis dúvidas que ele tiver" (Entrevistado 1).*

> *"Gostamos de tornar o contrato o mais simples e dinâmico possível. Através das técnicas que eu te falei antes, deixamos a informação facilitada e assim entregamos algo diferente para o cliente, que fica mais satisfeito com o trabalho" (Entrevistado 2).*

> *"Sempre que eu vou fazer um documento, a primeira coisa que eu faço é a diagramação. Escrevo tudo de qualquer forma e depois começo a dividir as informações da forma que faça mais sentido e que facilite a leitura. Depois disso, começo a aplicar o design colocando nas cores do escritório e utilizando ícones para chamar a atenção. Após a entrega do documento, gosto de fazer um retorno com o cliente para alinharmos todas as questões do contrato e fazermos uma análise para entender se todas as expectativas foram alcançadas" (Entrevistado 3).*

Quanto aos objetivos que os entrevistados esperam alcançar utilizando o Legal Design para melhorar a experiência dos usuários, informaram que fazem sua aplicação para garantir a satisfação e o sucesso de seus clientes. Como Hagan (2020) já afirmava, o Legal Design é utilizado para auxiliar o leigo e o profissional do direito, além de criar um melhor *front-end* (apresentação visual).

Na pesquisa quantitativa, também se verificou que os entrevistados almejam diferentes objetivos ao aplicar tais técnicas em seus documentos, entre eles: alcançar a satisfação do cliente; melhorar a interpretação de seus contratos; trazer maior segurança para seu cliente; se tornar uma referência em sua área, entre outros.

Hagan indica que, pelo fato de os tempos terem mudado, é necessário colocar o cliente no centro das decisões dos processos para que as organizações alcancem o sucesso. Para o advogado, uma das formas de fazer isso é utilizando o Legal Design, aproximando o cliente do profissional por meio da empatia e do Design Thinking.

---

27. RAVANELLO, I. M.; WOLFF, F.; RIBEIRO, V. G. *Uma revisão sistemática da produção bibliográfica sobre experiência do usuário no campo do Design*. Blucher Design Proceedings, v. 2, n. 9, p. 3979-3990, 2016.

"Lá no escritório, nós temos uma designer para deixar todos os documentos no mesmo modelo, de forma que se um cliente pegar documentos diferentes, eles seguem um padrão e o entendimento fica facilitado, pois a forma de se ler os dois documentos é a mesma" (Entrevistado 1).

"Acho que o mais importante é fazer com que o cliente entenda o documento inteiro como um só. Então, você não pode começar de um jeito e terminar de outro. Uma das características do Legal Design é facilitar a leitura é um dos melhores jeitos de fazer isso é seguindo um padrão estabelecido durante todo o contrato para que o cliente não se perca no meio de tanta informação" (Entrevistado 3).

Após analisar as respostas dos entrevistados, nas pesquisas descritiva e quantitativa, foi possível perceber que a maioria acredita na relevância de melhorar continuamente a experiência dos usuários de contratos comerciais dos escritórios, departamentos e empresas onde atuam. Eles também entendem que o Legal Design é uma ferramenta com grande potencial para embasar essa melhoria.

5. CONSIDERAÇÕES FINAIS

Escritórios e advogados já utilizam o Legal Design como ferramenta para melhorar a experiência de seus clientes em contratos comerciais. Foi possível observar nas entrevistas que, cada vez mais, os profissionais jurídicos precisam se reinventar caso deseje alcançar um melhor posicionamento no mercado e, uma das melhores formas de fazê-lo, é por meio do oferecimento de uma experiência do usuário diferenciada[28].

Durante o processo de evolução da experiência do usuário, muitos advogados e empresas devem utilizar esta técnica somente para atração de novos clientes, o que é comum para aqueles que estão entre o 3º e 4º estágios[29]. Porém, acredita-se que a tendência é intensificar o compromisso com o usuário e com o processo quando se verificam os bons resultados e, assim como no escritório do primeiro entrevistado, esses profissionais e empresas busquem começar a criar estratégias para tornar os procedimentos mais humanos e aproximá-los dos usuários.

E é exatamente esta a função do Legal Design: aplicar, através do Direito, técnicas do Design Thinking para gerar empatia com o cliente, tornando-o mais empoderado e consciente sobre os seus direitos[30].

Com menos de dez anos de criação, o Legal Design vem ganhando muita força e se tornando parte do dia a dia de advogados e escritórios.

Profissionais jurídicos já perceberam que não basta confeccionar contratos e acreditar que os clientes vão, de pronto, entendê-los e aceitá-los, principalmente em uma realidade dinâmica e digital onde o consumidor é empoderado. Os profissionais

---

28. ROSENFELD, L; MORVILLE, P; ARANGO, J. *Information architecture*: for the web and beyond. Canadá: O'Reilly Media, 2015.
29. RAVANELLO, I. M.; WOLFF, F.; RIBEIRO, V. G. *Uma revisão sistemática da produção bibliográfica sobre experiência do usuário no campo do Design*. Blucher Design Proceedings, v. 2, n. 9, p. 3979-3990, 2016.
30. HAGAN, M. *Design jurídico como uma coisa*: uma teoria da mudança e um conjunto de métodos para criar um sistema jurídico centrado no homem. Questões de projeto, v. 36, n. 3, p. 3-15, 2020.

entendem que, para manter vantagem competitiva, é necessário colocar o cliente no centro de todas as decisões e aplicar técnicas de outras áreas de conhecimento, como a experiência do usuário.

Dessa forma, com base nas conclusões obtidas pelas referências estudadas sobre o assunto e nos resultados da pesquisa de campo, entende-se que o Legal Design não apenas pode, como deve ser utilizado para melhorar a experiência do usuário em contratos comerciais.

Para pesquisas futuras sugere-se entrevistar os clientes de escritórios de advocacia para verificar se, em sua visão, a aplicação do Legal Design efetivamente melhora sua experiência com os contratos comerciais.

6. REFERÊNCIAS

AGNI, E. *Don Norman e o termo "UX"*: User Experience não se resume a um layout bonito, mas sim a forma com que você experencia um produto ou serviço. MERGO, 2016. Disponível em: https://uxdesign.blog.br/don-norman-e-o-termo-ux-6dffb3f8d218. Acesso em: 28 jun. 2022.

AZEVEDO, Bernardo. *Como aplicar o Visual Law na prática*. 2019. Disponível em: https://bernardodeazevedo.com/conteudos/como-aplicar-o-visual-law-na-pratica/. Acesso em: 28 jun. 2022.

BASTOS, A. *História do Direito*: como a profissão foi construída ao longo dos anos. SAJADV. Disponível em https://blog.sajadv.com.br/historia-do-direito/. Acesso em: 28 jun. 2022.

CASTELLS, M. *A era da informação*: economia, sociedade e cultura. Lisboa: Fundação Calouste Gulbenkian, 2016.

FENALAW DIGITAL. *Legal Design, UX e Economia Comportamental no Direito*: saiba mais sobre isso. 2019. Disponível em: https://digital.fenalaw.com.br/fenalaw/legal-design-ux-e-economia-comportamental-no-direito-saiba-mais-sobre-isso. Acesso em: 28 jun. 2022.

GOMES, O. *Contratos*. 26. ed. Rio de Janeiro: Editora Forense, 2007.

GUEDES, L. *Era da informação*: o que é e quais são os efeitos nas empresas. Fia, 2019. Disponível em: https://fia.com.br/blog/era-da-informacao/. Acesso em: 28 jun. 2022.

HAGAN, M. Design jurídico como uma coisa: uma teoria da mudança e um conjunto de métodos para criar um sistema jurídico centrado no homem. *Questões de projeto*, v. 36, n. 3, pág. 3-15, 2020.

HAGAN, M. *Law by Design*: podemos tornar o mundo dos serviços jurídicos e da prática jurídica melhor por meio do design. Disponível em: https://www.lawbydesign.co/. Acesso em: 28 jun. 2022.

ISO 9241, Parte 210. Projeto centrado no ser humano para sistemas interativos. *Associação Brasileira de Normas Técnicas. ABNT*, 2011.

LAKATOS, E. M.; MARCONI, M. A. *Fundamentos de metodologia científica*. 5. ed. São Paulo: Atlas, 2003.

MINAYO, Maria Cecília de Souza. *O desafio do conhecimento*: pesquisa qualitativa em saúde. 13. ed., São Paulo: Hucitec, 2013.

NEGREIROS, Teresa. *Teoria do contrato*: novos paradigmas. Rio de Janeiro: Renovar, 2006.

PARK, J.; AHN, S. H.; KIM, H. K.; CHO, Y. Developing elements of user experience for mobile phones and services: survey, interview and observation approaches. *Human Factors and Ergonomics in Manufacturing & Service Industries*, v. 23, n. 4, p. 279-293, Jul/Aug 2013.

RAVANELLO, I. M.; WOLFF, F.; RIBEIRO, V. G. Uma revisão sistemática da produção bibliográfica sobre experiência do usuário no campo do Design. *Blucher Design Proceedings*, v. 2, n. 9, p. 3979-3990, 2016.

ROSENFELD, L; MORVILLE, P; ARANGO, J. *Information architecture*: for the web and beyond. Canadá: O'Reilly Media, 2015.

SANTOS, F. *Marketing na era digital*: análise de marca Chico Rei. 2014. 59f. Trabalho de Conclusão de Curso (Graduação) – Faculdade de Comunicação Social da Universidade Federal de Juiz de Fora, UFJF. 2014.

SILVEIRA, D. T.; CÓDOVA, F. P. A pesquisa científica. In: GERHARDDT, T. E. e SILVEIRA, D. T. (Org.). *Métodos de Pesquisa*. Porto Alegre: Editora de UFRGS, 2009. p. 31-42.

STANFORD LEGAL DESIGN LAB. *Legal tech design*, 2020. Disponível em: http://www.legaltechdesign. com/. Acesso em: 28 jun. 2022.

TULLIS, T.; ALBERT, B. *Measuring the user experience*: collecting, analyzing, and presenting usability metrics. Boston, MA: Morgan Kaufmann, 2008.

32

O LEGAL DESIGN COMO INSTRUMENTO PARA APRIMORAR O NÍVEL DE ARGUMENTAÇÃO DO ADVOGADO

André Medeiros

Tem atuado por mais de 20 anos na condução de projetos por todo o Brasil e no exterior. Desenvolveu sua carreira no Carrefour como diretor de auditoria interna e no Grupo Pão de Açúcar como Controller e também na Control Solutions International, onde atuou como consultor para a América Latina. Durante cinco anos André atuou como gerente sênior responsável pelo departamento da área de Melhoria de Desempenho (Performance & Technology) na KPMG, uma das maiores empresas de auditoria e consultoria do mundo e conduziu projetos em diversos segmentos do mercado. Atualmente é sócio na Advoco Brasil, consultoria especializada no desenvolvimento integral de escritórios de advocacia. André é palestrante e professor de Legal Growth Hacking e Legal Design.

Sumário: 1. Argumentação do advogado. 1.1 A estrutura da argumentação utilizada pelo advogado. 2. A questão que se coloca é: Ou você melhora sua argumentação, ou o Legal Design, ao invés de ajudar, irá atrapalhar. 2.1 A estrutura básica da argumentação. 3. Como discordar de uma argumentação ou como não usar argumentações fracas. 3.1 Como então poderia ser uma boa estrutura de contra-argumentação? 4. Argumentação baseada na estrutura das relações entre afirmação, razão e evidência. 4.1 Afirmação. 4.2 Razões. 4.3 Evidências. 4.4 Ressalvas e respostas. 4.5 Princípios. 5. Argumentação baseada na análise perspectiva do verossímil, do plausível e do provável. 6. argumentação baseada na análise do Diagrama de Ishikawa de Causa e Efeito. 6.1 Como podemos fazer uma conexão com o dia a dia do advogado e aprimorar sua argumentação? 6.2 Quais são as vantagens e benefícios em usar o diagrama de Ishikawa. 6.3 Como usar o diagrama de Ishikawa. 6.4 Você pode usar a abordagem dos 5 porquês para investigar melhor a causa raiz dos problemas e aprimorar sua argumentação. 6.5 Como usar na prática a abordagem dos 5 porquês? 7. Argumentação baseada nA análise comparativa de Gravidade, Urgência, Tendência e impactos financeiros. 7.1 O que é Matriz GUT (Matriz de Priorização)? 7.2 Entenda a Metodologia GUT. 8. Argumentação baseada na análise de riscos do Método William T. Fine. 8.1 Esqueça o Provável, Possível e Remoto. 8.2 Como fazer o mapeamento de riscos utilizando o método T. Fine.

1. ARGUMENTAÇÃO DO ADVOGADO

> " De nada adianta você 'enfeitar' toda sua produção jurídica com elementos gráficos, cores, e esquemas gráficos, se sua argumentação não estiver bem estruturada, sua estratégia probatória bem embasada e principalmente, sintética e coesa. "

Quero começar com uma premissa: Ninguém mais tem tempo, paciência, atenção e concentração para ler textos longos, monótonos e que dão voltas e mais voltas sem chegar direto ao ponto.

E mesmo quando chegam, a estrutura de argumentos, a estratégia probatória e até mesmo a coesão, não estão claros.

Quando eu digo, que ninguém lê, é ninguém mesmo, nem seu cliente, nem o juiz, nem você mesmo.

A forma de leitura mudou radicalmente com o passar do tempo. Antigamente se escrevia as peças para impressão: formato A4, espaçamento duplo, margem, justificação, títulos, etc.

Hoje, fazemos exatamente a mesma coisa, como se ainda estivesses em um ambiente analógico, quando ao contrário, estamos em um ambiente totalmente digital. Mesmo a peça que você envia ao judiciário, trafega por um ambiente digital e é 'lido' em um ambiente digital. Raramente se imprimem documentos jurídicos para ler e tomar decisões.

Então porque não se pode aprimorar a forma de demonstrar sua produção técnica, como uma estruturação melhorada e adaptada a este ambiente?

Bom esta questão é bem complexa e o Legal Design no Brasil ainda está embrionário e precisará de um certo tempo até que todos os interlocutores do sistema jurídico estejam bem abertos a isto, mesmo que com poucas exceções, ainda há certa rejeição em agentes mais conservadores.

Uma das formas de aprimorar esta relação entre advogado e seu público é usando o Legal Design com outros elementos na construção da sua narrativa. Ou seja, é possível enriquecer seus argumentos de forma a facilitar a compreensão do seu interlocutor nos pontos que você julga mais relevantes.

Em outras palavras, este é um dos motivos mais relevantes para combinar elementos de Design para desenvolver um texto ainda mais sucinto, coeso, focado no interlocutor e principalmente, sem poluições prolixas.

1.1 A estrutura da argumentação utilizada pelo advogado

> 66 Tese, antítese, síntese, silogismos, dado, fato, interpretação, lógica dedutiva, indutiva, como tudo isso pode ser aplicado de uma forma mais simples para aprimorar seu nível de argumentação? 99

O advogado, em geral, utiliza argumentação lógica para sustentar seus pontos e assim, nem sempre é o caminho mais adequado para defender um ponto. Mesmo que sua estratégia probatória esteja bem sustentada, ainda assim, é preciso discorrer por um caminho mais focado no seu interlocutor, nas estruturas sociais, nos princípios e até mesmo, questões sociais.

Os profissionais mais focados no estudo da lógica, explicam que, pode-se distinguir os tipos de raciocínio lógico em dedução, indução, tese, antítese, síntese, silogismos e mais todos elementos que são a base principal para construção dos argumentos no Direito e muito discutidos na Academia.

2. A QUESTÃO QUE SE COLOCA É: OU VOCÊ MELHORA SUA ARGUMENTAÇÃO, OU O LEGAL DESIGN, AO INVÉS DE AJUDAR, IRÁ ATRAPALHAR

Você sabe e aprendeu que, uma boa argumentação é parte integrante de qualquer peça jurídica. Argumentos são premissas, colocações demonstradas como verdadeiras e devem ser sempre acompanhadas de um bom encerramento, uma declaração de conclusão, convincente o suficiente para fazer seu interlocutor, entender e atender seu pedido.

Parece simples, não é? contudo, vemos repetições de textos antigos, muito 'copiar e colar', abordagens desconexas e fora de uma estrutura textual mais amadurecida. Mesmo com um rigor gramatical, ainda pouco convincentes.

Você e seu interlocutor não conseguem tempo, paciência e atenção suficiente para, simplesmente entender de uma forma mais direta, o âmago, a principal mensagem, e assim, ao ler, tomar a decisão que se espera.

2.1 A estrutura básica da argumentação

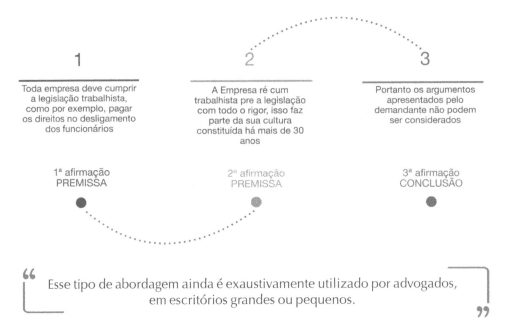

> Esse tipo de abordagem ainda é exaustivamente utilizado por advogados, em escritórios grandes ou pequenos.

Em nossa atuação como consultores – trabalhando exclusivamente para advogados há mais de nove anos – temos ajudado na revisão de um sem-número de instrumentos jurídicos, com um olhar externo e independente, focado na estrutura argumentativa e na qualidade textual.

O que temos observado é que essas técnicas argumentativas, também chamadas de esquemas argumentativos, são as mais básicas das estruturas, e tendem a convencer muito pouco, juízes mais atentos, ou cheios de trabalho, julgadores sem tempo e paciência para ler mais uma peça longa, preto e branco, e cheia de poluição.

E não é só em instrumentos jurídicos. É comum vermos propostas comerciais, relatórios gerenciais e mesmo publicações no mundo online, cheios de argumentos padronizados, como *commodities*.

3. COMO DISCORDAR DE UMA ARGUMENTAÇÃO OU COMO NÃO USAR ARGUMENTAÇÕES FRACAS

> Não se trata de querer ganhar qualquer tipo de discussão ou não usar argumentações fracas, mas ter um guia rápido para se aprofundar na estrutura de bons argumentos.

Em muitos instrumentos jurídicos, como defesas, pedidos iniciais, contestações, embargos declaratórios ou mesmo em outros momentos processuais como, pedidos de inquéritos, queixas-crime, relaxamentos de prisão, abraços, entre outros, ou em situações de conciliação ou audiência de arbítrio, podem exigir que você tenha um arsenal para discordar da estrutura de argumentação do seu interlocutor.

Paul Graham, um dos dinossauros da internet, investidor e ensaísta, criou em 2008 uma estrutura hierárquica muito interessante sobre Como discordar – "How to Disagree[1]".

Preocupado com o comportamento das pessoas na internet, ele descreve uma espécie de 'checklist', não para se ganhar qualquer tipo de discussão ou ter a sensação de que seu opositor precisa ser refutado a qualquer custo, mas alertar o que não se pode usar em sua estrutura argumentativa, ao mesmo tempo em que pode avalia essa estrutura na argumentação da outra parte.

> **CASE**
>
> Veja esta argumentação do Ministério da Educação: imagine que você deve precisa ajudar uma instituição de ensino no interior de São Paulo a abrir um curso de Medicina, sabendo-se que o Ministério da Educação já proibiu a abertura de novos cursos pelos próximos 3 anos, alegando que o número de médicos por 1.000 habitantes já está alto e que há uma série de cursos com baixa qualidade, e que a prioridade máxima agora é promover uma espécie de direcionamento de médicos para cidades, lugarejos, comunidades ribeirinhas e menos atendidas e, portanto com menor quantidade de médicos, principalmente com uma nova reformulação do Programa Mais Médicos.

E mais, demonstra por A + B que a OMS (Organização Mundial de Saúde), avalia o Brasil com uma população de médicos bem dimensionada e ainda, que as instituições de ensino se tornaram verdadeiros caças-níqueis.

Esta argumentação parece muito bem sustentada não é mesmo? OMS, números, estatísticas, comunidades carentes e com poucos médicos, Programa Mais Médicos sendo reformulado, enfim, o MEC é uma instituição do Estado, muito 'Golias' para se brigar e ganhar.

3.1 Como então poderia ser uma boa estrutura de contra-argumentação?

Primeiramente é preciso ter um aprofundamento especial no caso específico, nas causas, no contexto e principalmente em pontos que podem ser superiores a própria Lei.

Veja que mais acima neste capítulo falamos que, muitas vezes, os princípios são mais poderosos e complexos do que muitas Leis, justamente porque a sociedade se movimenta culturalmente, geograficamente, na faixa etária, nos índices de pobreza e desenvolvimento, que nem sempre é possível que a Leis, regras e demais determinações cubram todas as nuances.

Como orientado pelos pesquisadores Gregory G. Colomb e Joseph M. Williams, muitas vezes a estrutura dos argumentos, são mais importantes que as razões, as evidências, e os próprios argumentos em si.

---

1. http://www.paulgraham.com/disagree.html

Como poderíamos estruturar uma boa contra-argumentação:

Argumentação aparentemente bem sustentada pela outra parte

Em 2018 as metas traçadas para criação de 11 mil vagas anuais em cursos de medicina já foram atingidas, portanto o Ministro da Educação decidiu suspender a abertura de editais para criação de novos cursos de medicina no país até 2023.

Todos os detalhes regulamentados na Lei 12.871/2013 que institui o programa MAIS MÉDICOS, que tem como objetivo formar mais médicos para atender ao SUS, além de pelo menos três medidas administrativas que sustentam e prevêem ainda mais limitações às aberturas.

Uma boa contra-argumentação sustentada pelo advogado

1. A OMS e o próprio CFM (Conselho Federal de Medicina), contestam o indicador de médicos por 1.000 habitantes como uma espécie de número mágico para definir o número de médicos.

Fonte: xyz

2. Há dezenas de outros países, inclusive na América Latina, com números superiores de médicos por 1.000 habitantes, o que não significa que a população é má atendida, apenas que, é preciso aprimorar a distribuição no Brasil.
O Brasil como um todo concentra menos médicos que a maioria dos países desenvolvidos. Além disso, também fica atrás de países como Cuba, Argentina, Uruguai e México

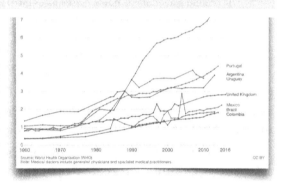

3. Mesmo considerando a taxa de médicos por 1.000 habitantes como sendo um indicador relevante, e já refutado pela OMS e CFM, a cidade requerente tem uma proporção menor do que todas as demais cidades circunvizinhas.

Cidade 1	3,17
Cidade 2	2,88
Cidade 3	2,45
Cidade 4	2,27
Cidade 5	1,95
Cidade 6	1,93
Cidade requerente	1,82

4. A taxa de crescimento da cidade requerente é igual ou maior a das cidades circunvizinhas, ou seja, a população cresce no mesmo ritmo das outras cidades, porém mantem uma proporção de médicos menores.

Município	Taxa de Crescimento
Cidade 1	10%
Cidade 2	14%
Cidade 3	10%
Cidade 4	11%
Cidade requerente	12%

5. O IDH (índice de desenvolvimento humano), que compara a riqueza, alfabetização, educação, esperança de vida, natalidade e outros fatores para os diversos países do mundo, em sua última avaliação, apurou o índice mais baixo na cidade requerente em comparação com as cidades circunvizinhas.

Município	IDH-M
Cidade 1	0,806
Cidade 2	0,805
Cidade 3	0,800
Cidade 4	0,800
Cidade requerente	0,734

6. Há uma Desproporção entre cursos ligados à área da saúde. Segundo o último censo da educação superior realizado pelo INEP em 2018, há mais de 1 milhão de alunos interessados em ingressar nos cursos de medicina. No gráfico, quantidade de alunos por vaga no INEP 2018.

Não se pode afirmar que atualmente há um excesso de vagas de medicina. As vagas em cursos de medicina disponibilizadas para a sociedade, segundo o censo, são menores que os cursos de Odontologia, Enfermagem, Psicologia.

O cidadão deve ter garantida pela constituição o direito à educação estudo e se tornar médico.

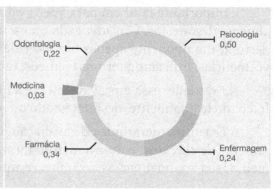

7. Escassez de médicos no Brasil. Nos últimos dois anos houve um apagão com perda de vagas no PMM, inclusive em grandes cidades, mas as mais afetadas, obviamente, estão no interior do país.

Na cidade requerente há apenas 02 médicos o PMM na ativa. Fonte: xyz

> "Além disso, a ideia central na estrutura do "Como discordar", é justamente favorecer o aprofundamento dos argumentos que você não pode usar de jeito nenhum."

Podemos incluir mais uma série de contra-argumentos na lista acima, – quantos mais forem necessários para sustentar, não apenas as questões racionais, de evidências, ou focadas nas ressalvas, – mas, os pontos começam como numa espécie de funil e cercam o interlocutor até o fim.

A ideia de estruturar os argumentos desta forma, em uma hierarquia que abrange desde o todo, ao particular, não deixando escapar do 'funil' que envolve a cadência argumentativa para fazer o interlocutor ser convencido dos pontos apresentados:

1º OMS e CFM refutam o principal indicado do Ministério da Educação

2º Brasil em relação a outros países não tem tantos médicos assim, e mesmo que tenha, isso não deveria ser um problema

3º Mesmo considerando o indicador de médicos por 1.000 habitantes, a cidade requerente, tem um número muito menor

4º A cidade requerente tem taxa de crescimento alta, IDH baixo e apenas dois médicos do 'programa mais médicos'

5º O direito do cidadão se formar médico é constitucional, ou seja, o advogado apela aqui para o 'princípio', que neste caso, deve ser considerado mais relevante do que a Lei em si.

LEMBRE-SE, CADA PONTO, CADA ARGUMENTAÇÃO, CADA AFIRMAÇÃO APRESENTADA POR VOCÊ, IDEALMENTE DEVE SER ACOMPANHADA POR UMA PROVA CLARA, OU UMA FONTE QUE SEJA SUFICIENTEMENTE CONFIÁVEL E DÊ A LEGITIMIDADE NECESSÁRIA PARA SUSTENTAR TUDO O QUE VOCÊ DISSER.

É importante também para você avaliar, rapidamente, argumentos intelectualmente desonestos. Um advogado ou escritor eloquente pode dar a impressão de derrotar um oponente apenas usando palavras fortes, falando ou escrevendo com veemência e utilizando termos técnicos, rebuscados ou mesmo, cheios de *latim*.

Na verdade, essa é provavelmente a qualidade definidora de um profissional fraco intelectualmente, desinteressado ou mesmo um demagogo.

A estrutura hierárquica de avaliação de argumentos abaixo não é só uma ferramenta de *checklist*, é uma poderosa forma de análise interna de como estruturar melhor sua argumentação e reconhecer argumentações fracas da outra parte.

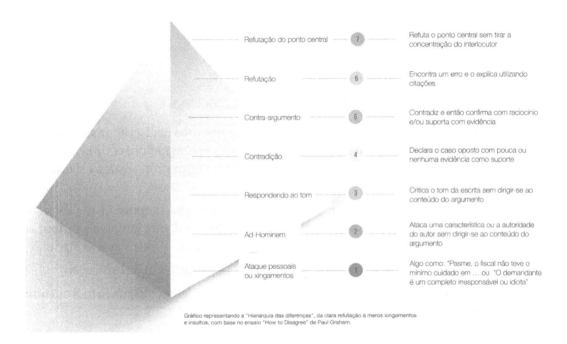

Gráfico representando a "Hierarquia das diferenças", da clara refutação à meros xingamentos e insultos, com base no ensaio "How to Disagree" de Paul Graham.

4. ARGUMENTAÇÃO BASEADA NA ESTRUTURA DAS RELAÇÕES ENTRE AFIRMAÇÃO, RAZÃO E EVIDÊNCIA

Com mais de 400.000 cópias impressas, The Craft of Research é o recurso interessantíssimo para o advogado aprimorar sua argumentação.

Os pesquisadores Gregory G. Colomb e Joseph M. Williams apresentam como construir um argumento que estruturados, por exemplo: como criar bons introduções e conclusões que respondam à pergunta mais exigente, "E daí?, como você consegue sustentar seu ponto?"

Inicialmente a estrutura é proposta por Booth, Colomb e Williams[2] é focada na pesquisa, contudo, se olharmos com mais cuidado, a construção de um instrumento jurídico, é essencialmente sustentado por uma boa estrutura de pesquisa.

A estrutura desta abordagem é composta de seis partes:

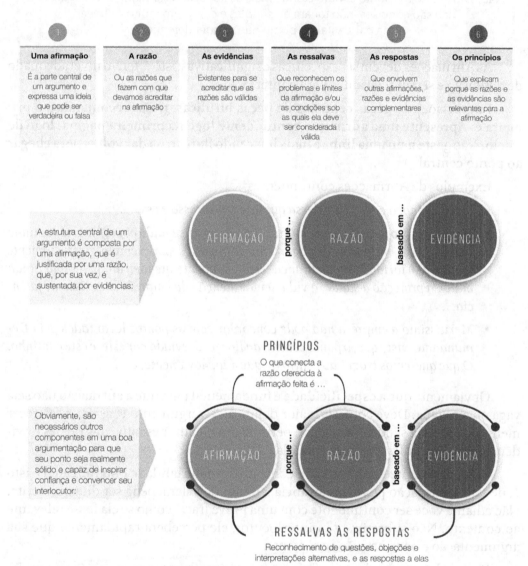

---

2. Booth, W. C. (2008). The craft of research (3rd ed). Chicago: University of Chicago Press.

4.1 Afirmação

> " A afirmação é a parte central de um argumento. Representa a ideia principal sendo defendida, aquilo de que queremos convencer o outro. Parece simples? Não, não é! Este é o ponto central e onde mais os advogados falham. Não são diretos, não são concisos, não focam no simples e demoram muito a chegar na parte vital do ponto que se quer defender "

As **Afirmações** devem ser específicas e significativas, isto é, terem nível adequado de definição e serem relevantes para o interlocutor.

Em revisões de peças centenas de peças jurídicas, nossa recomendação primeira é: Apresente uma afirmação contundente logo na primeira página, logo de início. Não gaste nem uma linha a mais buscando florear, ou dar voltas para chegar ao ponto central.

Exemplos de Afirmações contundentes:

- *Meritíssimo, a causa raiz dessa questão é essa, essa e essa...*

- *Meritíssimo, o fato do cliente não ter, inicialmente, seguido por este e este caminho (cumprido as obrigações de pagamento de impostos, por exemplo), foi justamente porque a prioridade momentânea, era justamente atender um princípio ainda maior, a proteção à saúde, à vida, à manutenção da empresa com risco de falência...*

- *Meritíssimo a empresa não pode concordar com os pontos levantados pela Demandante, visto que, o ponto central da lide foi desviado por este, e este caminho. O que queremos trazer ao centro da questão, novamente, é ...*

Obviamente que a **especificidade** é fundamental para que a **afirmação** não seja vaga ou ambígua. Deve conferir maior definição ao argumento e, assim, esclarecer melhor o que está sendo afirmado. e permite uma melhor escolha das razões e evidências a serem utilizadas para apoiá-la.

Além disso é preciso observar o conceito de **materialidade** e **significância**, isto é, de que a afirmação possua relevância a ponto de valer a pena ser dita ou escrita. Não adianta você ser contundente com uma prova fraca, como se ela fosse relevante ao contexto. Não subestime seu interlocutor, ele perceberá rapidamente que sua argumentação é boa, mas não se sustenta.

Depois da precisão de uma afirmação, o seu interlocutor examinará mais cuidadosamente sua materialidade e significância, ao ponto dele se convencer ou mesmo mudar o que pensa.

Em outras palavras, a significância está relacionada a quão nova ou impactante é a afirmação, e a quanto suas repercussões são importantes, caso ela seja verdadeira.

4.2 Razões

> " As razões, juntamente com as evidências, devem responder à pergunta
> **"Por que eu devo acreditar nessa afirmação?"** "

As **RAZÕES** envolvem a relação de causa e efeito que conecta os conceitos envolvidos na afirmação.

No meio jurídico há muitos argumentos complexos e, muitas vezes, necessitam de mais de uma razão, que podem vir antes ou depois da própria afirmação, e podem, por sua vez, estar apoiadas em mais de um conjunto de evidências.

Exemplos de textos que podem ser melhor sustentados quando vêm acompanhados da RAZÃO:

- Meritíssimo, as razões pela qual o Demandado seguiu por este caminho e repriorizou o pagamento desse tributo em especial foram: razão 1, razão 2, razão 3...

- Meritíssimo, o ponto central apresentado inicial, não se sustenta, por esta razão, esta razão e esta razão.

- Meritíssimo, apresentamos aqui, as 3 principais razões para o não cumprimento, que não impactaram de forma alguma nas relações da empresa com a sociedade, a saber: razão 1, razão 2 e a razão 3 ...

- Meritíssimo, sobre a ação ordinária ajuizada pela demandante no intuito de ver declarada a ilegalidade do repasse a mais da contribuição dos impostos x e y apresentados em suas faturas, apresentamos aqui as razões da não observância dos pagamentos: 1 – razões para a inadmissibilidade do recurso são .... , razões para não provimento do recurso são ..., razões da RFB para não incidência dos impostos x e y são ....

4.3 Evidências

> " Os interlocutores não julgam um argumento apenas pela força das evidências,
> mas também pelo quanto eles conseguem avaliar sobre a confiabilidade
> de quem os está defendendo "

Os advogados costumam chamar isso de "fatos", e precisam ser demonstrados, idealmente de uma forma sistemática, rigorosa e cuidadosa.

As evidências podem ser apresentadas da seguinte forma:	
Precisas	Específicas o suficiente para minimizar as dúvidas e ambiguidades, que possam enfraquecer suas afirmações
Suficientes	Para não deixar desguarnecidos as afirmações e razões, ou trazer apenas um caso isolado
Materiais	Para que estejam alinhadas a algo realmente significativo
Fontes qualificadas	Muito utilizado por advogados nas citações de Leis, Jurisprudências e similares. Importante fazer uma conexão resumida, antes de falar das fontes, isso também influencia na sua confiabilidade

Há um ponto fraco dos argumentos sustentados por evidências, quando elas não são suficientemente estruturadas nas formas acima.

Em muitos casos, em nossas análises, verificamos evidências derivadas de experiências pessoais ou locais (específicas demais ao contexto da empresa, por exemplo, ou, coletada de forma superficial e, por isso, sem materialidade. Isso não quer dizer, que seus argumentos não estejam corretos, apenas que as evidências oferecidas podem ser frágeis e contribuir negativamente aos seus pontos.

4.4 Ressalvas e respostas

> " Chamamos isso de '**inventário de objeções**', ou seja, para cada argumento que você está apresentando, você deve fazer imediatamente uma lista de todos os pontos onde seu interlocutor pode confrontá-lo. "

Quando você está apresentando seus argumentos, seu interlocutor pode reconhecer algumas limitações e encontrar ali pontos que fortaleceram eventualmente uma ou outra situação que podem ser desfavoráveis a você.

É necessário antecipar-se às possíveis objeções aos seus argumentos e responder a elas demonstra seu rigor crítico e reconhecimento da importância de considerar todos os aspectos relevantes.

É como num jogo de xadrez, cada jogada deve prevê a próxima, a próxima e quantas você conseguir, para proteger seu rei, neste caso, seu argumento.

Obviamente que há um fator adicional quando você faz o inventário de objeções, você pode encontrar outras alternativas que podem fortalecer seus argumentos.

4.5 Princípios

> " Isso pode parecer meio impactante para alguns advogados, mas às vezes os princípios são mais fortes que as próprias Leis, regras e quaisquer decisões baseadas em momentos que podem não funcionar mais "

Muitas vezes apresentar evidências, razões, jurisprudências, ou outras decisões, não são suficientes para defender determinado ponto. Questões relacionados à princípios podem ser vistas como as mais desafiadoras, porém, podem, se bem utilizadas, fazer parte de um rol de argumentações interessante.

Por exemplo, temas relacionados à violência extrema, pena de morte, aborto, atos conduzidos por questões religiosas, ou afins, não são tão simples e sustentados apenas pela letra fria da Lei.

Pode não ficar claro para o interlocutor, porque as razões apresentadas, por vezes, não são, aparentemente relevantes para a afirmação, ou porque não fica claro a conexão lógica entre uma coisa e outra. Por isso, é preciso ter uma visão mais ampliada de situações culturais, regionais, de saúde, entre outros.

O advogado deve ter uma vivência cultural, contextual e de empatia, muito maiores do que lhe são apresentados na academia.

Como vimos, construir um argumento não é tão simples como pode parecer à primeira vista.

Para cada afirmação, uma série de outros elementos precisam ser construídos e oferecidos ao interlocutor para que o argumento consiga se sustentar. Contudo, se você usar essa estruturação, a chance de ter seu ponto rapidamente entendido e atendido, será muito maior.

5. ARGUMENTAÇÃO BASEADA NA ANÁLISE PERSPECTIVA DO VEROSSÍMIL, DO PLAUSÍVEL E DO PROVÁVEL

No Tratado da Argumentação de Perelman e Olbrechts-tyteca, há uma preocupação em agrupar e descrever essas técnicas argumentativas, de modo que elas possam ser identificadas em diferentes contextos.

Este é um ótimo começo para advogados aprimorarem suas habilidades para convencer seu interlocutor com uma discussão bem estruturada.

Este tratado é conhecido como uma das últimas palavras na arte de convencer, contudo, não é um livro adotado nas faculdades de Direito no Brasil.

Perelman e Olbrechts-tyteca[3] revolucionaram a teoria da argumentação, trouxeram vida a uma área do conhecimento pouco explorada na academia.

Durante o tempo que se chama hoje, reviver a importância de uma boa estrutura argumentativa, se tornou uma necessidade vital.

Não se trata de uma questão estratégica, mas de sobrevivência como profissional em qualquer área do Direito.

---

3. https://www.amazon.com.br/Tratado-argumentação-retórica-Chaim-Perelman/dp/8578279042#customerReviews

Muito se fala de retórica no meio jurídico, como um instrumento fundamental para estruturar o nível argumentativo e de convencimento de um determinado interlocutor ou público, no entanto, Perelman e Olbrechts-tyteca assumem a retórica como uma questão secundária em seu tratado, não se prendem a ela, mas ultrapassam seus os limites e desenvolvem nova abordagem, com o objetivo de demonstrar que uma boa argumentação pode e deve ser trabalhada em todos os níveis, seja com amigos, ao redor da mesa familiar, ou diante de um juiz.

O mais incrível nesta abordagem é que ela é focada principalmente à escrita, instrumento mais utilizado no meio jurídico atualmente.

Em resumo, há duas abordagens principais nas técnicas de argumentação apresentadas, chamadas de **esquemas de ligação e dissociação**.

No esquema de Ligação é apresentada a seguinte estrutura: incompatibilidade, identificação, reciprocidade, transitividade e probabilidade.

Nessa classe argumentativa, os autores examinam as ligações de sucessão (o vínculo causal, argumento pragmático e relação meio/fim) e as ligações de coexistência (argumento de autoridade).

Os argumentos baseados na estrutura do real procuram estabelecer uma ligação entre o que é admitido pelo interlocutor e aquilo que o advogado almeja promover. Por isso, é essencial que o que se pretende admitir pareça suficientemente garantido, de modo a permitir o desenvolvimento da argumentação

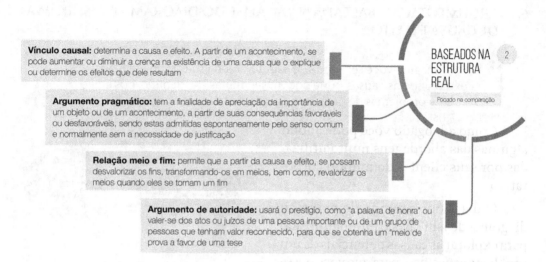

Os argumentos que fundam a estrutura do real: o modelo, o exemplo, ilustração e a analogia, caracterizam-se por generalizar o que é aceito em um caso particular (ser, acontecimento, relação), bem como, transpor o que é admitido de um domínio específico para outro.

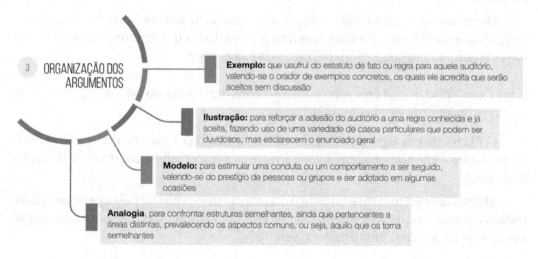

6. ARGUMENTAÇÃO BASEADA NA ANÁLISE DO DIAGRAMA DE ISHIKAWA DE CAUSA E EFEITO

> " Imagine você ser capaz de estruturar toda sua argumentação explorando as causas – que podem ser muitas – e identificar os efeitos e problemas de uma forma ainda mais visual e entendível. "

Como advogado você pode adotar algumas das abordagens muito utilizadas por seus clientes do mundo corporativo.

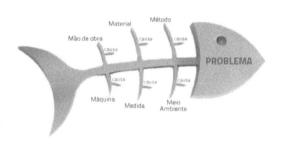

O diagrama espinha de peixe ou diagrama de Ishikawa é muito utilizado para explorar as causas potenciais de um problema específico, para que você possa resolvê-los de maneira mais eficaz.

Após a investigação e exploração de possíveis das questões que lhe são apresentadas, você pode classificá-las em grupos para entender melhor a causa raiz do problema.

Desenhar um diagrama no formato aproximado de uma espinha de peixe é uma forma bastante útil quando você não tem muitos dados quantitativos disponíveis e só pode contar com sua experiência ou a da sua equipe.

6.1 Como podemos fazer uma conexão com o dia a dia do advogado e aprimorar sua argumentação?

O diagrama em espinha de peixe ou "diagrama de causa e efeito" ou Diagrama de Ishikawa – em homenagem ao seu inventor, o especialista em qualidade Kaoru Ishikawa).

Muitos advogados têm utilizado o diagrama em espinha de peixe para visualizar todas as causas possíveis de um problema, enfocar a causa mais relevante e antecipar as consequências com uma análise de efeito(s).

6.2 Quais são as vantagens e benefícios em usar o diagrama de Ishikawa

VOCÊ SE CONCENTRA NAS CAUSAS, AO INVÉS DOS SINTOMAS

O uso de um diagrama em espinha de peixe **ajuda advogados a realmente chegar ao cerne do motivo pelo qual algo está ocorrendo**, em vez de simplesmente descrever a situação e confundir as causas secundárias com a causa raiz.

VOCÊ APRIMORA SUA ARGUMENTAÇÃO QUANDO CONSEGUE DEMONSTRAR MELHOR AS CAUSAS

Um diagrama em espinha de peixe exibe várias causas, ordenadas logicamente, de maneira visual.

Seu interlocutor pode explorar e compreender como elas se encaixam de forma ampla, ou seja, **você consegue argumentar melhor o que consegue demonstrar melhor.**

VOCÊ TIRA A POLUIÇÃO DE SEUS ARGUMENTOS QUANDO SE CONCENTRA NA CAUSA RAIZ

Em vez de identificar as causas de um problema independentemente, o diagrama em espinha de peixe permite que o advogado se concentre em trabalhar analisando e priorizando diferentes possibilidades até chegar à causa raiz.

Lembre-se: a causa raiz pode ser a forma mais impactante de demonstrar sua argumentação

6.3 Como usar o diagrama de Ishikawa

DEFINA O PROBLEMA DE FORMA CONTUNDENTE

Crie uma declaração que explique exatamente qual é o problema, como e quando ele ocorre. Isso deve ser adicionado ao lado direito de seu diagrama, como a "cabeça" do peixe. Peça ajuda a outros sócios ou à sua equipe para avaliar se o problema está sendo definido adequadamente antes de mergulhar na exploração das causas.

ESTRUTURE AS CAUSAS NO ESQUEMA 6M

Em quais categorias as causas potenciais se enquadram? Por exemplo, se você está tentando diagnosticar um problema de aumento de ações trabalhistas em determinada empresa, então convém examinar o aumento da produção, a troca da hierarquia, férias de outros membros, demissões, manutenção no maquinário, chegada de concorrente, entre outros.

PARA ENCONTRAR A CAUSA RAIZ, COMBINE COM O ESQUEMA DOS 5 PORQUÊS

Depois de ter suas categorias, é hora de listar todas as causas individuais para cada segmento. Eles se tornam os "ossos" dos peixes, que você pode usar como base para diagnosticar a causa raiz do problema. Alguns advogados usam o diagrama espinha de peixe em conjunto com os 5 porquês para sistematicamente cavar mais fundo e descobrir novas causas potenciais.

6.4 Você pode usar a abordagem dos 5 porquês para investigar melhor a causa raiz dos problemas e aprimorar sua argumentação

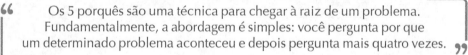

> Os 5 porquês são uma técnica para chegar à raiz de um problema. Fundamentalmente, a abordagem é simples: você pergunta por que um determinado problema aconteceu e depois pergunta mais quatro vezes.

No mundo jurídico é pode significar muito mais do que isso. Tudo isso nasceu na Toyota, a pioneira na técnica dos 5 Porquês como um componente crítico de seu treinamento para solução de problemas.

Ao repetir a pergunta cinco vezes, fica mais fácil chegar ao cerne do problema e descobrir uma solução.

A estrutura dos 5 porquês permite que você tenha uma discussão focada e não se distraia com outras coisas que podem poluir sua análise.

Você simplesmente começa com uma definição do problema, examina por que esse problema existe e, em seguida, continua avançando cada vez mais até identificar uma questão central sobre a qual possa agir.

Importante: nem sempre precisará fazer as cinco rodadas dos porquês – se no meio da trajetória você conseguir chegar a uma conclusão satisfatória, pare!

6.5 Como usar na prática a abordagem dos 5 porquês?

Para usar esta técnica, idealmente você deve envolver outros advogados, desta forma, as ideias ganham mais amplitude a partir de diferentes pontos de vista.

Você também pode usar *post-its* e classificar cada "porque" em níveis de urgência ou gravidade para investigar a causa mais do problema que se quer investigar.

> **CASE**
>
> Imagine que você esteja tentando defender um cliente que, segundo consta, está sendo indevidamente condenado a pagar mais impostos sobre as faturas de energia do que deveria. Imagine que as ações já tramitaram em várias instâncias e agora está em instância superior. A outra parte contratou um ex-desembargador para fazer um parecer totalmente desfavorável à sua defesa, o que diminui drasticamente a possibilidade de êxito nesta fase do processo. Você já esgotou todo seu estoque de argumentação e jurisprudências possíveis, e agora com este parecer, aparentemente milhões de 'dinheiros', impactarão o resultado do ano (lucro), do seu cliente. Sua missão: Apresentar um Memorial ao Ministro do STx pela não admissão do recurso especial interposto pela outra parte.

Exemplo da aplicação do "5 porquês":

OS 05 PORQUÊS

Por que o Fiscal autuou com glosa as despesas aplicando multas de 75% e juros de 28% no valor principal?

Por que houve um vício na fundamentação, das atividades específicas no negócio da Impugnante que não foram observadas pelo Fiscal?

Por que há um Regime Especial para os produtos e serviços da Impugnante?

Por que ....

Por que ...

7. ARGUMENTAÇÃO BASEADA NA ANÁLISE COMPARATIVA DE GRAVIDADE, URGÊNCIA, TENDÊNCIA E IMPACTOS FINANCEIROS

O GUT$ – é o jeito mais inteligente de lidar com as prioridades. Quanto maior a gravidade, maior a urgência e maior a tendência, mais prioridade você deve dar às demandas que se apresentam.

7.1 O que é Matriz GUT (Matriz de Priorização)?

> O GUT$ – é o jeito mais inteligente de lidar com as prioridades. Quanto maior a gravidade, maior a urgência e maior a tendência, mais prioridade você deve dar às demandas que se apresentam.

A Matriz GUT foi criada por Charles H. Kepner e Benjamin B. Tregoe com o propósito ajudar na resolução de problemas complexos.

Em sua essência, a Matriz GUT é uma ferramenta utilizada para a priorização de tomadas de decisões. Também conhecida como Matriz de Prioridades.

Então, como o advogado poderá utilizar este tipo de análise para aprimorar suas argumentações?

Em primeiro lugar é preciso entender o que significa materialidade. No Direito entende-se como um atributo da relação jurídica e o conjunto de termos essenciais dessa relação, que podem ser formadas a partir de um direito material, ou seja, não processual.

Exemplo de painel de visualização das iniciativas que podem ser priorizadas

Nós sempre insistimos nas orientações, aulas e análises prática do uso do Legal Design: A grande maioria das questões jurídicas, nascem na operação, no chão de fábrica, nas questões pessoais, ou seja na materialidade.

Portanto, **materialidade é o conjunto das partes e do objeto e da forma da relação jurídica.** Os elementos da relação jurídica, em geral, consistente no dever de alguém de dar, fazer ou não fazer alguma coisa, ou seja, isto é a essência da materialidade.

Em outras palavras, a materialidade está ligada diretamente com a relevância, pois pressupõe que exista materialidade quando há relevância nos fatos e imaterialidade quando os fatos são irrelevantes.

É exatamente por isso que o encadeamento de prioridades, impactos, e as relações entre demandas, podem ajudar na argumentação do advogado, ao apresentar por exemplo, como as coisas chegaram onde chegaram, ou porque muitas prioridades não foram observadas, antes mesmo do problema jurídico se formar.

7.2 Entenda a Metodologia GUT:

G — GRAVIDADE
GRAVIDADE
Leva em conta quanto de impacto negativo o problema pode causar se não for resolvido.

U — URGÊNCIA
URGÊNCIA
Considera o prazo para resolver o problema. Não se esqueça de levar em conta o tempo a ser despendido na tarefa e que, quanto mais tempo você tem para fazê-la, menos urgente ela é.

T — TENDÊNCIA
TENDÊNCIA
É a medida do quanto o problema está predisposto a piorar com o tempo.

$ — IMPACTO FINANCEIRO
IMPACTO FINANCEIRO
Se não agirmos agora, deixaremos de ganhar dinheiro? ou teremos perdas de dinheiro relevantes?

Nós fizemos uma adaptação para a realidade dos escritórios de advocacia e acrescentamos a análise do impacto financeiro ao modelo matemático. Sempre que temos análises um pouco subjetivas, idealmente precisamos transformar as análises em números, e assim sustentar melhor nossas argumentações.

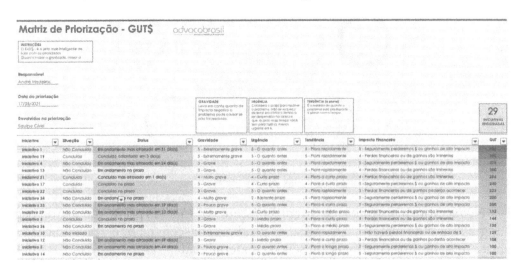

No exemplo acima, que é de uma situação real, vê-se que cada iniciativa – risco mapeado – há uma avaliação de gravidade, urgência tendência e impacto financeiro. Ou seja, quanto mais alto, mais prioritariamente deve haver ações para eliminar ou mitigar o risco.

Se alguma das iniciativas for considerada cm GUT$ alto, a modelo matemático ficará da seguinte forma:

- Gravidade alta: Extremamente Grave = 5
- Urgência alta: Precisa de ação imediata = 5
- Tendência alta: Irá piorar rapidamente se nada for feito = 5
- Impacto financeiro alto: seguramente perderemos dinheiro ou ganhos de alto impacto = 5

Portanto: 5 x 5 x 5 x 5 = 625 ou seja, GUT$ Alto e esta iniciativa deve ser priorizada.

8. ARGUMENTAÇÃO BASEADA NA ANÁLISE DE RISCOS DO MÉTODO WILLIAM T. FINE

> A gestão de risco é hoje usada em muitas áreas diferentes como uma abordagem estruturada para lidar com riscos inerentes a negócios e às relações em geral.

Advogados muitas vezes lidam com operações que envolvem muitos milhares de 'dinheiros', ou mesmo que não envolva transações financeiras, há muitas outras relações que envolvem riscos que poderiam ser analisados de uma forma ainda mais sistemática.

No livro: O futuro da Lei, "The Future of Law", Richard Susskind prevê uma mudança de paradigma na abordagem da resolução de problemas à prevenção de problemas:

"Os problemas de 'judicialização' não serão eliminados facilmente num futuro próximo, mas tendem a diminuir, por sua materialidade e significância. A ênfase mudará para a gestão de risco legal apoiada por análises mais preditivas."

8.1 Esqueça o Provável, Possível e Remoto

Não estou falando da análise básica de riscos, como muito se vê ainda em relatórios de status que são enviados às empresas: Provável, Possível e Remoto, por exemplo, ainda são análises realizadas por advogados em todo lugar.

Esta análise é limitada e muitas vezes não consegue demonstrar o que de fato deve ser priorizado, muito menos nível de esforço, impactos em outras áreas de negócio, como imagem, operação, governança, entre outros.

Um percentual enorme de casos é resolvido em todo Brasil, o que é muito positivo, contudo, isso não significa que há celeridade no sistema jurídico como um todo. Pelo contrário, há uma superlotação de processos, o que prejudica toda a sociedade.

Essa abordagem de análise de riscos é capaz de dar ainda mais subsídios para acelerar a tomada de decisão dos interlocutores. Principalmente clientes-gestores, em situações de conciliação, arbitragem e principalmente, no dia a dia do contencioso.

No exemplo abaixo o advogado fez uma abordagem utilizando uma análise sobre o nível de maturidade dos controles internos e os impactos jurídicos. É importante demonstrar como essa análise pode contribuir para acelerar a tomada de decisões. Embasa de uma forma muito rica como os riscos podem interferir nas decisões e ajudar na priorização das ações e na sustentação dos argumentos.

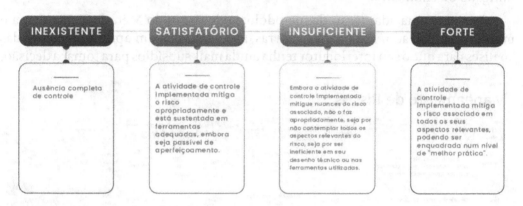

Em resumo, uma avaliação de riscos bem estruturada, pode transformar o processo decisório e trazer ainda mais luz para acelerar a tomada de decisões.

8.2 Como fazer o mapeamento de riscos utilizando o método T. Fine

O formato de uma avaliação de riscos é sempre um ponto crítico, em outras palavras, até onde o advogado pode ir na hora de fazer o mapeamento. Por este motivo aplicar uma metodologia é o ideal.

Quando falamos em análises de riscos a partir de uma análise corporativa, os dois pontos principais são: **Probabilidade versus Impacto**. Ou seja, qual é a probabilidade do risco se concretizar, e em caso positivo, qual é o impacto causado?

Uma imagem simples para ilustrar essa ideia é: Qual a probabilidade da barreira da represa romper? e sem se rompendo, qual é o impacto? Neste caso a resposta é razoavelmente simples. Se houver bons controles, sistemas de segurança, equipamentos de suporte, sistemas de gerenciamento, equipe bem treinada e com contingente adequado, sistemas de contingência e monitoramento em tempo real, então a probabilidade de rompimento é bem baixa, mas se mesmo assim houver o rompimento, então o impacto será catastrófico.

Resumidamente, se para cada uma das probabilidades você tiver boas análises, é improvável que sua análise de riscos não esteja bem sustentada.

Agora imagine esta mesma análise para uma ação trabalhista, uma análise contratual, um caso de divórcio, ou mesmo, questões mais complexas no mundo contencioso.

Esta análise já é bem interessante em si, mas o Método William T. Fine pode deixar tudo ainda mais aprofundado.

As variáveis de probabilidade e impacto por si só, deixam de lado um dos fatores mais importantes para qualquer análise de riscos, que é o dinheiro! ou quanto custa pare resolver cada um desses riscos, além é claro, do esforço para fazer o risco ser mitigado ou eliminado.

Fizemos uma adaptação da metodologia de riscos do Método T. Fina para o mundo do advogado. Em outras palavras, apresentamos um aprofundamento das análises para que o seu interlocutor tenha ainda mais subsídios para tomar a decisão.

18/03/2021

Mapeamento de Riscos

Método William T. Fine

Mês do Registro do Risco	Risco Identificado	Qual o nível de Controle atual?	Pessoas, Processos, Sistemas ou Eventos Externos?	Fator Consequência (Impacto)	Fator Exposição ao Risco (Probabilidade)	Fator Probabilidade	Grau de Criticidade
janeiro	Não há uma estrutura de Governança estabelecida sobre proteção de dados, riscos de vazamento e imagem, bem como acessos indevidos, fraudes e riscos de imagem	Inexistente	GOVERNANÇA - RESPONSABILIDADE CORPORATIVA	Moderado	Raramente possível, sabe-se que pode ocorrer, mas não com que frequência	Completamente possível – 50% de chance	Correção urgente – requer atenção
janeiro	Servidos de email e/ou antispam não é efetivo	Fraco	SISTEMAS - SEGURANÇA LÓGICA	Grave	Já ocorreu, ou pode ocorrer com frequência ou várias vezes ao dia.	Espera-se que aconteça.	Correção imediata – risco tem que ser reduzido
fevereiro	Ausência de políticas de privacidade	Inexistente	GESTÃO - POLÍTICAS E PROCEDIMENTOS	Leve	Pode ocorrer a qualquer momento ou frequentemente.	Completamente possível – 50% de chance	Correção urgente – requer atenção
fevereiro	Ausência de controles nas estações de usuários para impedimento de instalação de aplicações não homologadas ou piratas	Fraco	SISTEMAS - SEGURANÇA LÓGICA	Severo – Prejuízos	Pode ocorrer a qualquer momento ou frequentemente.	Espera-se que aconteça.	Correção imediata – risco tem que ser reduzido
fevereiro	Ausência de treinamentos periódicos de segurança e proteção de dados para os colaboradores	Insatisfatório	PESSOAS - LIDERANÇA	Moderado	Já ocorreu, ou pode ocorrer com frequência ou várias vezes ao dia.	Espera-se que aconteça.	Correção imediata – risco tem que ser reduzido

No exemplo acima, para cada risco identificado, o advogado precisa avaliar qual os seguintes fatores:

MATURIDADE DOS CONTROLES	
Inexistente	Ausência completa de controle
Fraco	Existe abordagem ad hoc de controle, que tende a ser aplicado individualmente, caso a caso. A responsabilidade pelo controle é deixada ao nível individual, havendo um grau elevado de confiança no conhecimento das pessoas e, consequentemente, maior probabilidade
Insatisfatório	Embora a atividade de controle implementada mitigue nuances do risco associado, não o faz apropriadamente, seja por não contemplar todos os aspectos relevantes do risco, seja por ser ineficiente em seu desenho técnico ou nas ferramentas utilizadas.
Satisfatório	A atividade de controle implementada mitiga o risco apropriadamente e está sustentada em ferramentas adequadas, embora seja passível de aperfeiçoamento.
Forte	A atividade de controle implementada mitiga o risco associado em todos os seus aspectos relevantes, podendo ser enquadrada num nível de "melhor prática".
Fraco	Existe abordagem ad hoc de controle, que tende a ser aplicado individualmente, caso a caso. A responsabilidade pelo controle é deixada ao nível individual, havendo um grau elevado de confiança no conhecimento das pessoas e, consequentemente, maior probabilidade

FATORES (FONTE) DE RISCO	
PESSOAS	Qualidade de Vida no trabalho, Competências, Conduta, Liderança, Carga de Trabalho, Eficiência
PROCESSOS	Adequação à legislação, Pontos de controle, Comunicação Interna, Modelagem, Segurança Física
SISTEMAS	Rede de comunicação, Análise e programação, Hardware e Software, Segurança Lógica
EVENTOS EXTERNOS	Fornecedores e Parceiros, Desastres naturais e catástrofes, Ambiente regulatório Ambiente Social, Meio ambiente
GOVERNANÇA	Equidade, Prestação de Contas, Transparência, Responsabilidade Corporativa
PROTEÇÃO DE DADOS	LGPD

Grau de Criatividade

Tratamento do Risco

Risco deve ser monitorado

Correção urgente – requer atenção

Correção imediata – risco tem que ser reduzido

Tratamento do Risco

Risco deve ser monitorado

Fator Consequência

Catastrófico quebra da atividade fim da empresa

Severo – Prejuízos

Grave

Moderado

Leve

Nenhum – Pequeno impacto

Fator Exposição ao Risco

Já ocorreu, ou pode ocorrer com frequência ou várias vezes ao dia.

Pode ocorrer a qualquer momento ou frequentemente.

Pode ocorrer a qualquer momento ou ocasionalmente.

Pode ocorrer no ano, ou no mês. É uma probabilidade irregular.

Raramente possível, sabe-se que pode ocorrer, mas não com que frequência

Remotamente possível, não sabe se já ocorreu

Fator de Probabilidade
Espera-se que aconteça.
Completamente possível – 50% de chance
Coincidência se acontecer
Coincidência remota
Extremamente remota, porém possível
Praticamente impossível, uma chance em um milhão

Fator de Custo
R$ 0,00
R$ 50,00
R$ 200,00
R$ 2.000,00
R$ 20.000,00
R$ 50.000,00

Todas as combinações acima, que são feitas a partir de uma ferramentas que disponibilizaremos a partir do QRCode abaixo, poderão exigir um painel de decisões extremamente útil para que o advogado amplie seu arsenal de argumentação, com base em uma análise de riscos com um dos métodos mais interessantes e usados no mundo corporativo.

LISTA DE VÍDEOS

APRESENTAÇÃO

https://youtu.be/ckfenUsTHS0

https://youtu.be/RmrlxsrRWII

PARTE I
ASPECTOS CONCEITUAIS E METODOLÓGICOS

1. LEGAL DESIGN: A APLICAÇÃO DE RECURSOS DE DESIGN NA ELABORAÇÃO DE DOCUMENTOS JURÍDICOS

Erik Fontenele Nybø

https://youtu.be/q3YKy3WvwMw

3. METODOLOGIA ÁGIL E O LEGAL DESIGN EM PROJETOS DE TRANSFORMAÇÃO DIGITAL

Gisele Ueno

https://youtu.be/o-znbrdxkuY

4. *LEGAL CUSTOMER EXPERIENCE*

Bruno Feigelson, Fellipe Branco e Horrara Moreira

https://youtu.be/kxTy_8I4J-4

6. O PROFISSIONAL DO DIREITO NO SÉCULO XXI

José Luiz de Moura Faleiros Júnior

https://youtu.be/sU6aPs69VYE

7. *VISUAL LAW* E O DIREITO

Leonardo Sathler de Sousa

https://youtu.be/6Td4ay0kcOM

7. TIPOGRAFIA JURÍDICA: A BUSCA DO NOVO PELO NOVO *VERSUS* A PROMOÇÃO DE ACESSO À JUSTIÇA

Júlio Miranda Gomes Xavier e Lília Carvalho Finelli

https://youtu.be/oSsy-PUeMxg

9. LEGAL DESIGN E *VISUAL LAW* – CASES PRÁTICOS

Lillian de Souza Oliveira Coelho

https://youtu.be/v3nQJGAdVdA

PARTE II
LEGAL DESIGN APLICADO

13. ELES, OS ELEMENTOS VISUAIS, VISTOS POR ELA, A MAGISTRATURA ESTADUAL

Bernardo de Azevedo e Souza

https://youtu.be/QiY_P0dl-Jc

14. LEGAL DESIGN E A UTILIZAÇÃO DE *NUDGES* NOS CONTRATOS DE CONSUMO

Arthur Pinheiro Basan e Rhaissa Souza Proto

https://youtu.be/YkC60D9x-uo

15. EXPERIÊNCIA DO USUÁRIO (*USER EXPERIENCE*) E LEGAL DESIGN

Camilla Telles

https://youtu.be/p6rcZPHbdCs

18. TERMOS DE USO E POLÍTICA DE PRIVACIDADE: DESIGN E *VISUAL LAW* COMO PROMOTORES DO PRINCÍPIO DA TRANSPARÊNCIA

Beatriz Haikal, Daniel Becker e Pedro Gueiros

https://youtu.be/Z3UIMnW6NR4

19. LEGAL DESIGN E SEGUROS: IMPACTO REAL E DURADOURO

Anthony Novaes

https://youtu.be/Emmd-k2j0q8

PARTE III
LEGAL DESIGN NA PRÁTICA

20. *JOBS TO BE DONE* E O LEGAL DESIGN

Bruno Calaza e Tales Calaza

https://youtu.be/h9Q9UzJy2hM

21. LAB DE INOVAÇÃO: PRATICANDO A METODOLOGIA DO LEGAL DESIGN E APLICANDO NO ENSINO JURÍDICO

Chrys Kathleen, Daniela Pacheco e Heloísa Barci

https://youtu.be/yzv9L4P28Mc

22. A IMPORTÂNCIA DO LEGAL DESIGN PARA *STARTUPS*

Pietra Daneluzzi Quinelato e Gabriel Fernandes Khayat

https://youtu.be/gehXjqlGeC0

26. REFLEXÕES SOBRE A IMPORTÂNCIA DO LEGAL DESIGN NO DESENVOLVIMENTO DE SISTEMAS OPERACIONAIS A PARTIR DA EXPERIÊNCIA DA ADVOCACIA PÚBLICA FEDERAL

Cristiane Rodrigues Iwakura e João Henrique Cardoso Ribeiro

https://youtu.be/Pzbb6eVU7dY

27. A UTILIDADE DAS FERRAMENTAS DE LEGAL DESIGN PARA O CONSENTIMENTO EFETIVAMENTE ESCLARECIDO

Carla Carvalho e Laís Tatagiba

https://youtu.be/IuBA3Mjt07E

28. TESTAMENTO VITAL E LEGAL DESIGN

Luciana Dadalto

https://youtu.be/cFxzcT-7IUg

29. COMO APLICAR O *VISUAL LAW* NA PRÁTICA

Tales Calaza e Bruno Calaza

https://youtu.be/QltypaK8RUc

31. O LEGAL DESIGN COMO FERRAMENTA PARA MELHORAR A EXPERIÊNCIA DO USUÁRIO EM CONTRATOS COMERCIAIS

Bruno Calaza e Tales Calaza

https://youtu.be/zdUQSf9gszc

https://youtu.be/a_zOfB2NMYg

Anotações